Collection
Le Patrimoine des
Communes de France

F L O H I C
— EDITIONS —

# Le Patrimoine des Communes des Hauts-de-Seine

FLOHIC
— EDITIONS —

Dans la même collection
*Le Patrimoine des Communes de France :*

Le Val-de-Marne
Les Hauts-de-Seine

COLLECTION DIRIGÉE PAR
Jean-Luc Flohic

RESPONSABLE ÉDITORIAL
Didier Lamare

RÉDACTION ET RÉALISATION
Laurence Jankowski de Niewmierzycki
Didier Lamare
Laurence Péan
Clotilde Brégeau

SECRÉTARIAT DE RÉDACTION
Laurence Péan

RESPONSABLE DE LA DOCUMENTATION
Clotilde Brégeau

COLLABORATION RÉDACTIONNELLE
Agnès Barbier, Monique Barrier, Diane Bazerbe, Muriel Carasso, Philippe Chaplain, Yves Desgrées du Loù, Marie-Paule Ferrandi, Catherine Flohic, Anne Fontaine, Michel Guillot, Michel Martin, Thomas Lardeur, Marianne Leblanc, Judith Leroy, Anne Lescot, Karine Olejnik, Éric Pagliano, Dominique Raymond, Cendrine Robert, Caroline Roudet, Anne Sohier, Gilles Springmann, Samuel Szoniecky, Laurence Touffait, Karine Villar, Maïté Vissaux

PHOTOGRAPHES
Pascal Cadiou, Emmanuel Carlier, François Doury, Bruno Gosse, Alain Nicolas, Christian Vigier

RESPONSABLES
CAMPAGNES PHOTOGRAPHIQUES
Aline Billaud, Édith Bauer, Claire Angelini-Fabre, Emmanuelle Piquart

DIRECTION ARTISTIQUE
Chantal Morillon, Danièle Rouzaire, Alain Verstichel

MAQUETTE PAO
Agence CR&A, Chantal Morillon, Agence Quasar, Danièle Rouzaire


ISBN : 2-908958-95-3

# AVANT-PROPOS

Avec ce deuxième volume, consacré au département des Hauts-de-Seine, la collection *Le Patrimoine des Communes de France* s'enrichit d'un nouveau regard posé sur notre environnement, d'une nouvelle attention portée aux témoignages quotidiens de notre passé, qui souvent, faute de repères, nous échappent.

Fidèle à ce qui faisait déjà l'originalité de notre premier volume – multiplication des sources, analyse de leurs recoupements, collaboration avec les historiens locaux et les archives municipales –, *Le Patrimoine des Communes des Hauts-de-Seine* choisit de poursuivre l'exploration selon les mêmes conceptions : présenter au lecteur chacun des éléments de patrimoine qui a traversé les âges pour atteindre notre époque, comme un héritage des générations antérieures, comme la mémoire, souvent fragile, parfois défaillante, de ce qui fait notre culture.

Parce que la notion de patrimoine est inséparable de celle de durée, et donc de recul, nous avons volontairement soustrait de notre travail les éléments postérieurs à la fin des années cinquante.

Le département des Hauts-de-Seine est jeune encore, trente années d'une unité qui n'est ni géographique, ni historique. Il n'a pas la réputation de ces ensembles constitués siècles après siècles autour d'une volonté ou d'une civilisation. La rumeur le banalise, à l'instar de ses proches voisins, sous l'appellation de banlieue, et le vocable résonne comme une coquille vide. Et pourtant, il suffit de regarder, d'écouter, de dérouler l'écheveau. Les premiers hommes sont venus ici fonder les bases de nos villes, leurs successeurs ont prié dans les sanctuaires qu'ils venaient d'édifier, les artistes ont écrit, peint, composé, les empereurs et les rois sont venus vivre et gouverner, tandis que les humbles incarnaient une existence qui n'est plus la nôtre et qui nous est cependant si familière. Les âges se sont succédé, les activités ont évolué, mais il nous reste aujourd'hui, à portée de curiosité, l'inépuisable patrimoine d'un département.

Une collection est avant tout un projet, une volonté. Elle n'existe que parce qu'elle est vivante, riche déjà de ses premiers pas, promesses de ceux qui viendront mois après mois la constituer. L'architecture, l'art, les traces plus ou moins lisibles de ceux qui ont forgé notre histoire, le patrimoine n'est pas seulement un vestige plus ou moins conservé, un monument intangible et indéchiffrable, il est surtout une source volubile, un déferlement ininterrompu d'histoires qui ne demandent qu'à être racontées, qu'à être écoutées. Aussi avons-nous voulu le porter au jour, le laisser s'exprimer sans contrainte à travers les photographies, lui offrir les mots qui le rendent intelligible.

SOMMAIRE

# LES HAUTS-DE-SEINE

## CARTE ADMINISTRATIVE

ARRONDISSEMENTS :

NANTERRE

BOULOGNE-BILLANCOURT

ANTONY

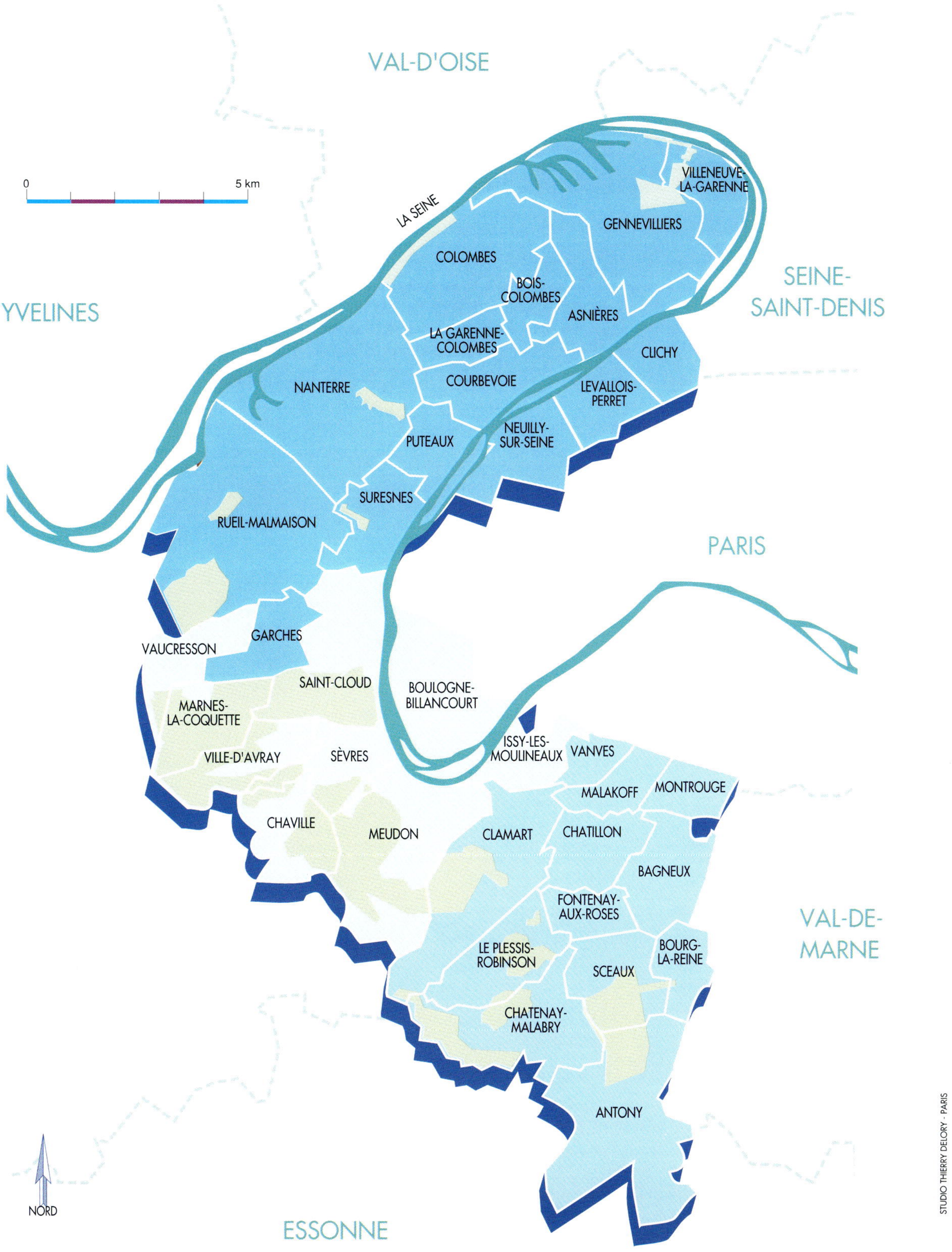
VAL-D'OISE
YVELINES
SEINE-SAINT-DENIS
PARIS
VAL-DE-MARNE
ESSONNE
0
5 km
LA SEINE
VILLENEUVE-LA-GARENNE
GENNEVILLIERS
COLOMBES
BOIS-COLOMBES
ASNIÈRES
LA GARENNE-COLOMBES
CLICHY
COURBEVOIE
NANTERRE
LEVALLOIS-PERRET
NEUILLY-SUR-SEINE
PUTEAUX
SURESNES
RUEIL-MALMAISON
GARCHES
VAUCRESSON
SAINT-CLOUD
BOULOGNE-BILLANCOURT
MARNES-LA-COQUETTE
VILLE-D'AVRAY
SÈVRES
ISSY-LES-MOULINEAUX
VANVES
MALAKOFF
MONTROUGE
CHAVILLE
MEUDON
CLAMART
CHATILLON
BAGNEUX
FONTENAY-AUX-ROSES
LE PLESSIS-ROBINSON
BOURG-LA-REINE
SCEAUX
CHATENAY-MALABRY
ANTONY
NORD
STUDIO THIERRY DELORY - PARIS

# LE MONT VALÉRIEN :
## Un lieu de mémoire oublié

CRYPTE
Mont Valérien

On peut s'étonner que l'auteur si perspicace des *Lieux de mémoire*, Pierre Nora, qui a trouvé matière à écrire sept volumes sur les hauts-lieux de la mémoire nationale, ait oublié de faire référence au Mont Valérien.

Cette butte témoin, qui domine le bassin parisien de ses cent soixante-deux mètres, ne serait-elle, pour nos contemporains, que l'émouvant souvenir de la Résistance ou l'un des lieux – miraculeusement intact – où l'on puisse encore de nos jours évoquer les combats de 1870 et de la Commune de Paris ?

Et pourtant, avant d'être une forteresse réputée imprenable et le pèlerinage patriotique des Français qui viennent chaque année célébrer le 18 juin, le Mont Valérien – autrement dit « le Calvaire », comme on peut le lire sur une ancienne gravure – fut l'un des lieux populaires les plus fréquentés des Parisiens.

Après que des ermites furent venus y chercher la solitude à la faveur des guerres, des famines et des épidémies du XVe siècle, les pèlerins, appelés ici par un spectaculaire pèlerinage à la Croix, affluèrent durant deux siècles (1634-1830), à peine interrompu par l'intermède révolutionnaire – ici très bref (moins de cinq ans !). Ils vinrent chaque année, de mai à septembre, battre les flancs de la *montagne* à la manière d'une marée et troubler ce que les ermites, installés à demeure de 1543 à 1831, continuaient de nommer une *solitude.* Il est vrai que Port-Royal et son « affreux vallon » ne sont pas loins et que plusieurs de ses hôtes firent souvent – évitant Versailles au passage – le chemin qui conduit de Chevreuse à Nanterre.

C'est à l'ombre des *Trois Croix* – autre nom de notre site – que le futur diacre Pâris passa une partie de son enfance, pensionnaire des Génovefains, et que son ami Marie-Dominique Varlet, neveu du créateur de *Tartuffe* et futur évêque janséniste, vécut une jeunesse studieuse qui devait le conduire de Montréal à Rome et en Hollande, où il fut à l'origine de l'Église Vieille-Catholique d'Utrecht.

Jansénistes et amis des Jésuites se disputaient d'ailleurs le site – déjà stratégique – comme une tribune d'où ils pouvaient s'adresser aux foules. Grignon de Montfort, l'une des gloires du parti jésuite, y vint lors d'une des périodes d'hésitation et de recherche qui caractérisent sa vie. Benoît Labre y passa peut-être. Le Père de Clorivière, restaurateur de la *Compagnie* en 1814, y vécut les dernières années de l'Ancien Régime et s'y cacha durant la Révolution, après que ses confrères, supprimés en 1763, furent parvenus à extirper les germes de Jansénisme qui subsistaient chez des ermites qui se réclamaient naturellement - à travers la Trappe – des Pères du Désert. Laïcs et travailleurs, libres de se retirer quand bon leur semblait, nos *hermites* fournissaient, dès la fin du XVIIe siècle, la réponse à la question par laquelle les philosophes interpelleront leur temps. C'est dans cet esprit de liberté, né en Orient, qu'ils puiseront le courage – c'en est un en 1793 – de tenter de conformer leur communauté d'artisans et de cultivateurs aux lois de la République naissante.

C'est dans la crypte de la chapelle régimentaire – même si elle ne fut achevée qu'en 1845 – qu'il nous faut évoquer ces moines dont la communauté – ils étaient quarante-cinq en 1789 – était née un siècle plus tôt d'une demi-douzaine de frères entourant l'un d'eux, le *Reclus*, qui ne sortait de sa cellule « que pour aller au ciel », comme le dit joliment un auteur du XVIe siècle.

ESCALIER DES CENT MARCHES
Mont Valérien

Dans l'escalier des *Cent Marches*, construit vers 1670, nous devons en revanche évoquer les onze stations du chemin de croix gallican (celui que Rome préconise en compte quatorze) dont chacune des chapelles fut offerte par l'une des belles dames que l'on appelaient les *belles amies* de Port-Royal, Mmes de Condé, Guémenée, Guise, Liancourt et autres... Les chapelles ne sont plus là, avec leurs statues grandeur nature, vivement colorées, qui devaient rappeler quelque musée Grévin dévot, mais les marches subsistent, que l'on montait parfois à genoux. Les paliers, maintenant bordés de sépultures romantiques, rappellent chacune des stations du calvaire qui dressait ses grands bras à l'emplacement approximatif du fronton de Cortot, qu'orne la Résurrection... étonnante continuité !

La Terreur passée, les ermites rétablirent le pèlerinage, bientôt rejoints par les Trappistes – de lointains cousins – qui après une odyssée qui les avait conduits jusqu'en Russie et, pour certains, en Amérique, furent autorisés par l'Empereur à revenir sur la pointe des pieds. Ils furent néanmoins trop bruyants – ou, du moins, trop exigeants sur la morale – quand en 1811 ils rétractèrent le serment de fidélité qu'ils avaient cru utile de prêter à Napoléon, au moment de son divorce avec Joséphine et de l'arrestation du Pape.

Le vieux monastère fut rasé et à son emplacement, mais tourné vers Saint-Cloud où résidait le souverain – qu'il fut Bonaparte ou Bourbon – une bâtisse connue sous le nom de *Bâtiment de 1812* se dressa. Nous devons nous arrêter un moment dans son antichambre ou au pied de l'un des escaliers pour évoquer la farandole des Demoiselles de la Légion d'honneur, en rubans multicolores, pour qui la maison fut construite, mais qui ne vinrent jamais l'habiter.

Imaginons plutôt, soutane noire et grand chapeau tricorne, les fameux *missionnaires* de Charles de Forbin-Janson, lui-même ancien émigré, dont la prédication unissait dans une même passion le Trône (restauré) et l'Autel (restauré lui-aussi, du moins le croyaient-ils) qu'il allait entraîner dans sa chute. Émule de Chateaubriand, Charles de Forbin avait hérité du domaine familial du Mont Valérien. Il lui avait ajouté des tourelles frappées de la croix de Lorraine, dessiné un jardin anglais orné d'arbres rares et de vestiges empruntés aux collections du musée des monuments français, dont son parent, le marquis de Forbin, était conservateur ; il avait aussi construit la chapelle néo-gothique destinée à abriter les tombeaux de sa famille. Cette chapelle, qui fit parfois illusion, gagna ses lettres de noblesse quand de 1941 à 1944, elle abrita les derniers instants des fusillés, assistés par l'aumonier catholique allemand Franz Stock – le dernier « saint » du Mont Valérien – que l'on appelle aussi « l'aumônier de l'enfer », mort en France, prisonnier volontaire, en 1948.

Pour achever son église orientée nord-sud, dont il ne subsiste quasiment rien, Charles, évêque de Nancy, ouvrit le cimetière du Calvaire aux anciennes familles aristocratiques de ses relations. L'Empereur avait créé les cimetières parisiens où la promiscuité religieuse la plus grande devait régner. Les descendants des victimes de la Terreur aména-

CHÂTEAU DE FORBIN-JANSON
Mont Valérien

BÂTIMENT DE 1812
Mont Valérien

geaient Picpus, Charles eut l'idée de réunir au Calvaire, et moyennant finances, les rescapés de l'Émigration. Mal lui en prit, car c'est autant contre les pensionnaires « ultras » du cimetière que contre la prédication – enflammée et incendiaire – que les vignerons suresnois, radicaux par tempérament, et les carriers de Nanterre, viscéralement républicains, s'acharnèrent lors des journées de juillet 1830 et d'avril 1831. Le préfet de la Seine eut la prudence d'abattre lui-même les trois croix pendant que les émeutiers cassaient quelques statues. Le nouveau roi des Français fit le reste, il supprima les missions et le domaine de vingt-cinq hectares fit retour à l'État, qui hésita un temps sur sa destination. Cette maison construite pour la vie commune serait-elle pension, hôpital ou caserne ?

C'est la dernière solution qui l'emporta et à partir de 1837, après que l'on eut dressé nombre de plans où la forteresse prenait de plus en plus d'importance, le Mont Valérien, que d'aucuns continuaient à appeler « Forteresse du Calvaire », devint le plus important ouvrage d'art du système défensif parisien.

Le Roi-Citoyen, anglomane convaincu et qui avait passé une grande partie de ses années d'exil sur les terres de sa Gracieuse Majesté, n'avait pas encore inauguré les prémices de la fameuse politique d'Entente cordiale qui s'épanouira à la fin du siècle.

Faut-il rappeler que c'est au pied du Mont Valérien que passait l'une des deux routes par lesquelles déferlait l'ennemi héréditaire du moment : l'Anglais. Les Parisiens, dont la ville n'avait jamais été assiégée depuis le temps d'Henri IV, avaient conservé un souvenir détestable de l'occupation alliée en 1814 et 1815.

Les travaux, conduits par le colonel Van Eechout sous la direction du général Dode de la Brunerie, furent menés rondement. La forteresse, commencée sur un plan modeste, avant même que la loi de 1841 vînt officialiser le projet, fut le plus grand des quatorze forts prévus pour défendre la capitale. Elle coûta cent quarante millions et l'on dut ajouter au domaine primitif des servitudes et des glacis dont l'aménagement – un énorme travail de terrassement – devait occuper 49 000 ouvriers et maçons aidés de 14 000 chevaux et de 25 000 brouettes !

Les pierres servant à construire les fortifications venaient du sol même d'Île-de-France, meulières de Beauce, provenant des carrières de la vallée de Chevreuse, et pierres de liais de Châtillon, Bagneux et Montesson.

La forteresse du Mont Valérien, inspirée des théories de Vauban, revues et mises à jour en fonction des progrès de l'artillerie, est un véritable musée vivant des fortifications, et l'accumulation des termes techniques dont elle offre de nombreux exemples est une énumération quasi-rabelaisienne, ce ne sont que bastions, contrescarpes, poternes, demi-lunes, glacis, pas-de-souris et autres casemates, dont seul un plan et une visite sur place peuvent donner idée...

Et tout cela ne servit qu'une fois, en 1870-1871, pour tirer tour à tour sur l'armée prussienne encerclant Paris puis sur les fédérés insurgés. Le fameux canon Valérie, une des rares gloires de cet épisode guerrier, n'atteignait que sept kilomètres et dans

PORCHE DU FORT
Mont Valérien

GRILLE
Mont Valérien

Paris, ne dépassa guère l'église russe de la rue Daru. Il permit en revanche, couvrant l'avancée des Versaillais, l'entrée des troupes régulières dans le Paris révolté.

La guerre finie, le modèle était dépassé. Deux événements tragiques illustrèrent, en 1882 et 1898, l'histoire du Fort, l'explosion bêtement accidentelle d'une cartoucherie improvisée et le suicide du lieutenant-colonel Henry qui devait ouvrir la révision du procès Dreyfus, dont les conséquences devaient profondément marquer l'histoire suresnoise.

En même temps, d'ailleurs, le fort s'apprêtait à écrire une toute nouvelle page de l'histoire militaire. À la tour du télégraphe Chappe – inaugurée dès 1794 – puis aux pigeons voyageurs – utilisés à partir de 1870 – le Mont Valérien devait ajouter son titre de *berceau des transmissions* grâce aux travaux du général Ferrié qui, dès 1896, perfectionnait la télégraphie sans fil. C'est du 8e régiment du Génie – les fameux sapeurs-télégraphistes – qu'est issu le 8e régiment des Transmissions, souche de la nouvelle arme.

La visite du *musée colombophile* – un colombier traditionnel – et du *musée technique des transmissions*, tous deux basés au Mont Valérien, s'impose donc.

Ce sont d'ailleurs les transmissions – et leurs recherches techniques favorisées par le site – qui sauvèrent le Mont d'une destruction certaine en 1918 et 1939, avant que l'épopée de la Résistance vienne en faire un haut lieu national. Les projets les plus fous – le projet permettant tous les espoirs – furent élaborés pour le sommet du Mont : héliport avant la lettre, mausolée des morts de la guerre, siège d'une cité administrative, qui tous prévoyaient la démolition du bâtiment napoléonien et de la chapelle dont personne, excepté des archéologues rêveurs, ne soupçonnait alors l'intérêt et la force évocatrice.

Le projet de Mémorial de la France combattante, inspiré par le souvenir des fusillés de 1940-1944, devait sauver le site ; il succédait à un calvaire édifié dès 1944 par une association patriotique sur la butte des Cendres (cimetière de Nanterre) et bientôt détruit, victime à la fois du vandalisme et de l'oubli.

La mort du dernier compagnon de la Libération – à qui est réservé le dix-septième cercueil resté vide dans la crypte du mémorial – viendra clore l'épopée. Le temps sera venu pour l'historien de rappeler aux nouvelles générations pour qui et pour quoi les fusillés du Mont Valérien, les ermites d'autrefois, les résistants de tous les temps, les reclus, les prisonniers volontaires ou non, ont vécu et sont morts. Qui le fera ?

Il y a dans le nom de *mémorial* le mot mémoire. Il reviendra désormais aux historiens d'expliquer, de conter, d'aider à célébrer les légendes qui sont nées et vivent encore derrière les murs de la forteresse. Sans cette mesure – dont nous souhaitons que chacun soit partie prenante – le rite, si pieux soit-il, deviendrait folklore.

Le Mont Valérien, lieu de mémoire oublié, ne doit pas devenir lieu d'amnésie. Ceux qui y ont vécu ne le méritent pas.

Michel Guillot
Conservateur du musée de Suresnes

MÉMORIAL
Mont Valérien

FOREST
Maisons
Sartrouville
le Mesnil
Houilles
Besons
Montesson
Carrieres
Nanterre
Courbevoye
Chatou
Croissy
Ruel
Putaux
Mont Valerien
Suresnes
St. GERMAIN
Fourqueux
Mareil
Marly
l'Etang
Louvecienne
Bougival
Noisy
Bailly
Garches
St. Cloud
Boulogne
Vaucresson
Marne
Villedavre
Sevre
Bellevue
St. Antoine
Meudon
Montreuil
Chaville
Viroflay
VERSAILLES
St. Cyr
Velisy
Buc
les Loges
Jouy
Bievres
Billancourt
Garenne de Colombes
Fontenay
Guyencourt

Carte établie par Jacques CASSINI. 1750

# UNE HISTOIRE D'EAU : LA SEINE ET LES PEINTRES

L'ÎLE SAINT-DENIS
1872. Alfred Sisley
Paris, musée d'Orsay

Derrière soi, l'incessant grondement de la ville. L'étourdissant mirage vers lequel il semblait que tout artiste devait aller pour ne pas se confiner dans sa province, risquait d'être « refusé ». Et puis la rumeur – contre laquelle on ne peut rien – et les rumeurs, aussi, les fureurs, les mépris, les intrigues « qui broient les volontés et détruisent les courages » (Octave Mirbeau) comme les coteries, les jurys, les académismes pompiers, l'emphase des esthétiques décadentes et les minables jalousies. Derrière soi, Paris. Mais, devant soi, l'Ailleurs : un autre monde fluide, autour du fleuve devenu lent et voluptueux après sa traversée de la ville, sillonné de navires et parsemé d'îles dans l'environnement encore champêtre inscrit dans ce XIX$^{e}$ siècle finissant.

Invitant au voyage, la Seine qui sait créer à travers les transparences de l'onde et les sortilèges de la lumière une apaisante alchimie, un refuge pour les âmes bleuies.

Comme une discrète aimantation – et incitation – à ne pas rester là ; à ne pas en rester là.

Au fil du fleuve, naît une corrélation forte du rêve à ses territoires bucoliques – où, enfin, le moi ne s'oppose plus au monde.

L'EMBRANCHEMENT DU CHEMIN DE FER À BOIS COLOMBES
1886. Paul Signac
Grande-Bretagne, Leeds, Art City Gallery

Au fil des sous-bois, des banlieues de l'Ouest, canotiers, guinguettes ou restaurants flottants, les arpenteurs d'espaces peuvent descendre des eaux douces aux salines jusqu'au port du Havre (ville intuitivement ouverte, d'ailleurs, à l'avant-garde artistique) et à la mer – si proche, si surprenante et perpétuellement renouvelée – initiatrice sans doute de bien des vocations autour de Boudin, Bazille, Jongkind, Whistler ou Monet. Au-delà, en aval encore, l'Angleterre de Constable et Turner, sa Tamise incertaine et embrumée...

Tandis que, donnant déjà au paysage l'aspect du désir et du rêve, à la gare Saint-Lazare – familière des peintres de l'« impression » – de fougueuses locomotives sont là, ferrées, piaffant, encore immobiles (la première liaison Paris-Le Pecq date de 1837), à fumer des naseaux sous de vastes hangars à toiture vitrée, impatientes de filer à toute vapeur de plus en plus vite – et loin – sur le chemin des boucles de la Seine, parages dont la sensibilité impressionniste demeura longtemps, et quasi rituellement si friande, jusqu'aux embruns des côtes normandes ; faim de sources vives, qui n'atteint pas encore celle de Gauguin, unique et radicale jusqu'à l'exotique et au primitif.

Entraînés par le courant dans une mouvance symbolique – puisque préférée aux statismes académiques – et inlassablement traquée du pinceau, les artistes s'ouvrent la voie de l'expérience et de l'audace, dans la lumière alternée des saisons. Car déjà là, tout près, à peine passées les portes de la ville, se goûtent simplement l'euphorie saine du plein air, le refuge d'une vie modeste (pour des bourgeois) et tranquille, l'intuition d'une harmonie mystérieuse qui lie à la nature.

Les chevalets, toiles et tubes de couleurs, portatifs maintenant, ont suivi aussi le cours de la rivière pour permettre une peinture sur le motif, et dans l'instant qui ne reviendra plus. Tant d'émerveillements, de points d'exclamation, de bonheurs dont il s'agit de savoir prolonger l'écho ; et, devant la sinuosité vagabonde du fleuve, se laisser fasciner par la vacuité du temps, l'étirement et la paresse tout en sachant encore les énergies profondes de l'eau et de la peinture – inflexibles – et toujours capables de faire basculer quelque nef, même si elle paraît à priori solide, de se déchaîner contre la terre ferme ou de se figer, gelée, perfide, pendant les hivers froids.

Surtout quand le courant, qui porte toute une génération arrivant à maturité, se cimente d'amitiés pures et de solidarités souvent profondes dans un long temps de purgatoire partagé.

Le flux toujours mouvant, invariant et fluant, au murmure bavard (harmonie exacte encore venue de la nature elle-même) traverse en les scellant des toiles souvent jumelles, éminemment proches, des peintres impressionnistes, comme les innombrables lieux de mémoire que la Seine traverse après la boucle de Boulogne pour s'évanouir au couchant (Asnières, Fontenay, Gennevilliers, Garches, Clichy, Clamart, Saint-Cloud, Sèvres, Ville-d'Avray... et toutes les îles, symboles par excellence du paradis).

Appels, répliques, chants alternés : le fleuve crée

LE PRINTEMPS À TRAVERS LES ARBRES :
L'ÎLE DE LA GRANDE JATTE
1878. Claude Monet
Paris, musée Marmottan

LE RESTAURANT DE LA SIRÈNE À ASNIÈRES
1887. Vincent van Gogh
Paris, musée d'Orsay

une cohérence dans le concert des célébrations qui se donne autour de son tempo et met en relation comme dans un jeu de miroirs tous les membres du chœur qui, se cherchant, se recherchent et se joignent. Si quelque chose peut rivaliser avec leur chant, c'est son écho ; si quelque chose peut rivaliser avec les berges qu'ils hantent, c'est sans doute le reflet de celles-ci dans l'eau du fleuve, mirage dont la surface en long ruban toujours vierge ne saurait garder la mémoire. Car ce n'est pas du fond fangeux qu'ils se préoccupent : rêveries, images claires et gaies n'oscillent pas de part et d'autre du plan de l'eau, ne sollicitent ni visions abyssales, ni fantasmes subconscients, pas vraiment la « réalité » d'ailleurs : seulement l'agréable « impression ».

Et que célèbrent-ils ? Des fleurs ? Elles sont déjà fanées. Un repas ? Il est desservi maintenant. Des régates ? Les suivantes déjà s'organisent dans une autre boucle de la Seine. La robe verte d'une femme ? Voici qu'elle connaît le bleuissement de la mort. Et Monet, Renoir, Pissarro, tel jardin, telle guinguette à la mode qui fait courir bourgeois, ouvriers et grisettes... qui n'existent plus aujourd'hui.

Le fleuve n'est-il pas lui-même en perpétuel devenir ? Pourtant, captant l'impression d'un moment arrêté, revenant au culte de la sensation pure, les milliers de toiles impressionnistes – contrairement au fleuve qui les baigne – conservent la mémoire, au-delà des anecdotes, d'une époque et de ses hommes, à l'aube des temps industriels – et des grandes mutations.

La Normandie, l'Eure, les Hauts-de-Seine surtout, plus proches de Paris, ne sont plus à présent des campagnes mais des faubourgs ; leurs paysages, inévitablement, n'ont plus guère à voir avec les territoires foulés par les impressionnistes ; or il est çà et là un regard qui s'attarde sur le miracle d'une amorce de modernité : un pont de chemin de fer (Renoir à Chatou), une locomotive dans la neige (Monet-1875), l'architecture métallique d'une gare (Monet à Saint-Lazare en 1877). Mais les détails, mangés par la lumière vive, oblitérés par des effets de fumée, de brouillard ou de poussière gardent, dans le flou, leur secret. L'objet est noyé.

L'imprécision, dissociant les détails, en renforce l'empreinte et favorise l'impact, comme le souvenir. Mais, en vérité, la toile à la fois propose et fait dériver vers le rêve qui est l'autre vision, la même, l'intérieure. Car seule sa réalité fugace et dilatée importe, celle que – brièvement mais fortement – l'on perçoit.

Procédant d'une philosophie de l'impermanence, le peintre est un miroir. L'eau un miroir dans le miroir. L'un pétri de subjectivité, l'autre impersonnel et impassible.

« Remuez l'eau et vous verrez les montagnes bouger » dit un Haï-Ku troublé par la force de l'illusion. C'est peut-être sur la surface ondoyante de la Seine qu'il convient d'aller chercher le reflet du style délié des Japonais dans leurs Haï-Ku et leurs estampes, qui emportaient alors tous les suffrages ; la sensation du frémissement infime qui se répète, se renouvelant toujours, même imperceptiblement, reproduit quelque inhalation enivrante d'un « monde flottant » articulé autour d'une cohérence

LA PLAINE DE GENNEVILLIERS,
VUE DES COTEAUX D'ARGENTEUIL
1886. Gustave Caillebotte
Collection privée

UNE BAIGNADE À ASNIÈRES
1883-1884. Georges Seurat
Londres, The National Gallery

première, et vitale. L'Okyo-E, « dolce vita » nippone, pousse « à se laisser porter par le courant de la vie comme une gourde flotte au fil de l'eau (Asai Ryoi, XVII^e siècle), ou comme le poisson nage dans l'eau vive, allègre. Plénitude de la vie qui n'a foi qu'en soi. Finitude du poisson dans son mouvement, du fleuve dans son bondissement, de l'homme dans ses pulsations, du peintre dans le rendu optique du principe de vie qu'il perçoit.

Mais s'ils vont souvent – jeunes surtout – par bandes, les poissons comme les artistes savent aussi jouir de leur élément en toute indépendance.

Histoire de se communiquer leur énergie, ils ont beaucoup parlé, d'abord de cet amour du fleuve et de ses rives rustiques faites à l'échelle humaine qui leur était venu à tous en même temps, du désir d'animer ses méandres, d'emprunter ses bateaux, de côtoyer ses îles, de peupler ses quais, de se laisser bercer par son flot ou plonger dans ses eaux et de peindre, surtout, infiniment son eau qui multiplie reflets et effets de lumière... jusqu'à, pour certains, ne plus vouloir rester citadin en goguette à la campagne le temps d'un dimanche : jusqu'à y émigrer (quitte à garder longtemps, comme Monet le fit jusqu'en 1879, un atelier à Paris).

Le cap était proche. Il était redoutable.

De tout cela, ils ont discuté au Café Guerbois autour de Manet et de Zola à partir de 1869, se sont organisés en 1874 en Société anonyme coopérative d'artistes peintres, sculpteurs, graveurs (Monet, Pissarro, Sisley, Renoir, Cézanne, Degas, Guillaumin, Berthe Morisot...), huit fois exposé ensemble dans une structure parallèle au Salon officiel, fré-

LES BORDS DE SEINE
1872. Alfred Sisley
Musée de l'Ermitage, Saint-Petersbourg

quenté les mêmes auberges, les mêmes marchands, les mêmes collectionneurs, les mêmes maisons et les mêmes jardins (comme celui de la maison de Monet à Sèvres, près de Ville-d'Avray où furent peintes les *Femmes au jardin* en 1866-1867), assisté aux mêmes combats du jour et de l'ombre, suivi les mêmes régates dites « d'Argenteuil », depuis Gennevilliers (Caillebotte, Monet, Renoir, Manet...), rencontré Monet dans sa Barque Atelier reliant les deux rives, eu les mêmes amis et les mêmes ennemis.

Mais, la maturité venue, chacun a suivi son propre chemin : il fallait éviter de tuer le souffle en réfléchissant trop, ou en théorisant un peu. Il fallait préserver la légèreté et la nuance ; ne pas penser la relation avec le monde, seulement la sentir. Ne pas l'endiguer : laisser courir l'eau vive.

Et d'ailleurs, la Nature ne se prête guère aux Écoles.

L'impressionnisme, qui n'en fut pas une, n'en fut pas moins une révolution. Son optique novatrice considérait, avec Zola : « Il y a deux éléments dans une œuvre : l'élément réel, qui est la nature, et l'élément individuel qui est l'homme. L'élément réel, la nature, est fixe, toujours le même... pour tout le monde ;... l'élément individuel, au contraire, l'homme, est variable à l'infini : autant d'œuvres et autant d'esprits différents ;... La question pouvait se poser des "écoles "... »

Car sont apparues, au fil des toiles et du temps, des techniques et personnalités fort distinctes ; l'eau de la Seine accompagne depuis longtemps déjà la dissolution des civilisations de la durée. L'impressionnisme s'y est dissous et les impressionnistes ont emprunté autant de cours d'eau d'un même réseau hydrographique pour en laisser, chacun, ses images émerveillées qui en immortalisent les charmes évanescents. Chacun a trouvé son île :

van Gogh, Gauguin bien sûr, Cézanne dans les mares de la Sainte Victoire... et chacun ses miroirs, préférant parfois les mondains à ceux des eaux, comme Degas ou Toulouse-Lautrec, ou chacun son jardin, asservissant volontiers la nature à son œil et à son pouvoir.

À présent, la ligne était dissoute, avec la facture achevée, le modelé lisse et, dans la toile, on entendait passer le vent dans les feuilles, vibrer la lumière et toujours frémir l'eau... Inébranlablement.

L'empire de l'eau... Pendant les vingt-sept dernières années de sa vie (1899-1926), Monet scruta obsessivement les nymphéas à la surface de son étang artificiel de Giverny, un peu plus loin vers la mer, dans le mariage changeant des eaux et du ciel. Jusqu'à l'hallucination, Monet s'aveuglait. Peut-on ainsi, impunément quêter l'instant dans le miroitement de l'eau ? La couleur et la lumière ? Comme si l'univers des formes se dérobait au regard du peintre, la cataracte (c'est aussi une cascade) opacifiait, comme symboliquement, sa vue. Il ne fut pas le seul, fait étrange, à endurer ce supplice aggravé pour un peintre : Edgar Degas, devenu presque aveugle, s'adonnait après 1898 à la sculpture : et Mary Cassatt mourait dans une cécité quasi totale. Les ciels et les eaux seraient-ils malsains au voisinage de la Seine ? Seraient-ce ses goules, nains, elfes, ondines ou... nymphes ?

Ou le soleil, que Monet avait regardé se lever dès 1872, dans le port du Havre ?

Peintres qui succombez au charme mystérieux des eaux, prenez garde... Car beaucoup, à leur suite... Joan Mitchell, un peu plus loin, Alechinsky, presque voisin, le jardinier J.-P. Raynaud...

Mais, après tout, de tous les fleuves des Enfers dont les tourments attendent les condamnés : l'Achéron – et ses douleurs, le Phlégéton – et ses brûlures, le Cocyte des lamentations, les horreurs du Styx, aucun n'est pire que le Léthé, c'est-à-dire l'Oubli.

La Seine ne l'a pas rencontré : elle est encore gorgée des souvenirs chers au cœur de la peinture. L'avenir y est en suspension.

Marie-Paule FERRANDI

LE PONT À ASNIÈRES
1887. Vincent van Gogh
Houston, collection Dominique du Mesnil

# UN PATRIMOINE À DÉCOUVRIR : LES CARTES À JOUER

Il est difficile de soupçonner l'ancienneté et la richesse d'un objet aussi quotidien qu'un jeu de cartes, pour qui ne connaît pas l'univers de la carte à jouer. Et, cependant, l'étude de ces petits cartons se révèle un moyen des plus efficaces pour découvrir les différents talents et comportements de l'homme à travers le temps et l'espace ; entendons par là non seulement la capacité d'imaginer ou de fabriquer de telles images, mais aussi de les utiliser en tant qu'instruments de jeu. Concentré d'histoire de l'art, les cartes à jouer sont le plus souvent un témoignage – toujours actuel – d'une esthétique utilitaire. Concentré d'histoire, un jeu de cartes est un peu comme une gazette capable de refléter, sur un mode naïf, les tendances et événements d'une époque donnée...

## APPARITION ET PROVENANCE

Il semble que les jeux de cartes soient apparus dans le dernier quart du XIVe siècle en Europe occidentale et méridionale (on ne trouve pas de cartes à jouer en Angleterre avant le XVe siècle). Le développement de la gravure sur bois est, sans aucun doute, un des facteurs décisifs de cette diffusion. Nombre de textes d'époque donnent l'Orient comme provenance : un jeu Mamelouk, conservé au musée Topkapi d'Istanbul, confirmerait cette assertion tant il ressemble aux plus anciens jeux italiens. Les Mamelouks ne sont toutefois pas les inventeurs des cartes qui semblent venir de plus loin à l'Est, de Perse certainement et, au-delà, de Chine.

En France, les plus anciennes cartes conservées sont postérieures à 1450 et proviennent prioritairement de Lyon et de sa région. La plupart du temps, c'est sous la forme de *feuilles de moulage*, souvent rognées – récupérées dans le plat de reliure d'ouvrages anciens qu'elles venaient rigidifier – que les cartes primitives nous sont connues.

CARTES À JOUER AU *PORTRAIT DE PARIS*
Deuxième moitié du XVIIe siècle, France, anonyme
Gravure sur bois, pochoir

Si les joueurs français d'aujourd'hui ne connaissent plus qu'un seul type de cartes à jouer, cela n'a pas toujours été le cas. En effet, avant 1800, on comptait de nombreux « portraits » (les « têtes » ou « figures » traditionnelles : rois, dames, valets, représentées debout), différents au sein du royaume. Au cours du XVIe siècle, tout en témoignant d'une grande liberté de création, on assiste à la fixation de figures identiques à l'intérieur d'une même région. Rouen, Paris, Lyon en fournissent de beaux exemples. Dès 1581, de par la volonté d'Henri III, apparaît l'idée de lever un impôt sur « *ces instruments du diable* ». Face à l'opiniâtre résistance des artisans cartiers, le pouvoir est amené à composer. Le XVIIe siècle voit donc se succéder des périodes d'imposition et de liberté. Le règne de Louis XIV va cependant marquer une nouvelle aire fiscale décisive pour l'avenir de ces images : désormais tous les cartiers, en nombre limité, dans une sélection de villes autorisées, devront se conformer au modèle en usage dans leur région. Les *portraits régionaux* simplifiés, appauvris graphiquement, se voient ainsi codifiés par la loi. Si la création en souffre, les joueurs, eux, sont satisfaits : ils ont désormais peu de chance d'être distraits de l'essentiel.

CARTE À JOUER LYONNAISE
Fin du XVe siècle, Lyon, anonyme
Gravure sur bois, pochoir

Lorsque la Révolution éclate, la France offre neuf portraits régionaux de cartes ordinaires : *Provence, Bourgogne, Dauphiné* autour de *Lyon* ; *Limousin, Guyenne, Languedoc* autour de *l'Auvergne* ; la moitié nord du pays est déjà vouée au *Portrait de Paris*, ancêtre de nos cartes actuelles au *Portrait français*.

À l'origine des cartes françaises modernes, le *Portrait de Paris* semble désormais remonter au début du XVIe siècle. L'étude récente d'une « feuille de têtes » et d'une « empreinte d'enveloppe », possédées par le musée français de la Carte à Jouer, complétée par la découverte d'autres documents conservés par le British Museum de Londres, confirme la mise en place d'un portrait typé dès cette époque. Les planches d'Issy-les-Moulineaux, dues à un artisan cartier du nom de Guyon Guymier, constituent, à ce jour, le plus ancien témoin connu du *Portrait de Paris*. On y reconnaît déjà la plupart des noms auxquels nous sommes accoutumés : *David, Alexandre, Cézar, Charles* (pour Charlemagne), qui appartiennent à la légende médiévale des *Neuf Preux* et représentent les quatre royaumes traditionnels (Hébreux, Grecs, Romains, Chrétiens). Les dames s'appellent *Pallas, Argine, Rachel* et *Judic* (pour Judith), les valets se prénomment *Hogier, Hector de Troys* (pour « Troie » en Asie Mineure) et *Lahire*, sans qu'on ne comprenne vraiment ces choix. Le seul valet issu de la légende des *Neuf Preux* est Judas Maccabée (devenu *Lancelot* au XIX$^{e}$ siècle). Les enquêtes savantes menées tant à propos du portrait du XVII$^{e}$ siècle, encore proche des gracieuses figures de Guyon Guymier, que sur les portraits plus stéréotypés du XVIII$^{e}$ siècle, permettent aujourd'hui de retracer près de cinq siècles de l'histoire d'un portrait... Au-delà de la Révolution, une prééminence de plus en plus grande est accordée au « *Portrait de Paris* ». Malgré la tentative d'un portrait unique instauré par Napoléon et l'intervention éphémère (1810) du peintre Jacques-Louis David, c'est encore ce même « *Portrait de Paris* » – revu au goût néo-classique du moment – qui s'impose en 1813, puis définitivement en 1816. Nous utilisons encore ces cartes ordinaires, dites au « *Portrait français* » (avec deux nuances intervenues depuis : la mise en double-tête, vers 1830, et l'apparition des index en coins, dans les années vingt).

FEUILLE DE TÊTES
Début du XVI$^{e}$ siècle (?), Paris,
Guyon Guymier
Gravure sur bois

LA RÉVOLUTION, UNE PARENTHÈSE ORIGINALE

La Révolution française, l'espace de deux années (1793-1794), va se servir des cartes à jouer comme d'un véritable *instrument de propagande*. La Convention, en imposant la suppression des « signes de royauté et de féodalité sur les cartes », va favoriser l'éclosion de figures nouvelles et expressives : les *génies*, les *libertés*, les *égalités* vont rivaliser avec les *sages*, les *vertus* et les *braves*, ou bien encore avec les *éléments*, les *saisons* et les *cultivateurs*, ces dernières allégories, toutes poétiques, inspirées directement du calendrier républicain. Nées avec l'estampe, produits de grande consommation et donc symboles d'une production massive, les cartes à jouer nous racontent une histoire en image vieille de plus de six cents ans...

JOUEUR ET RÈGLES DE JEU...

L'étude du « mode d'emploi » des cartes à jouer ne peut être dissociée de celle de leur iconographie. Dernier aspect, et non des moindres, l'étude du joueur est inséparable de celle de ses « outils » (marqueurs, coffrets de jeu), de son mobilier spécifique, de sa représentation (scènes de jeu) et, plus encore, de la connaissance des règles du jeu depuis les débuts. Déjà, Rabelais dans *Gargantua* (1534) ne cite pas moins de trente jeux, tels le *flux*, la *prime*, le *trente et un*, le *taraud*, le *glic*, parmi les deux cent dix-sept noms de jeux énoncés. Chaque siècle propose un cortège de jeux nouveaux plus ou moins savants : le *reversis*, l'*hombre*, au XVII$^{e}$ siècle ; le *pharaon*, le *quadrille*, le *whist*, au XVIII$^{e}$ siècle ; la *manille*, la *belote*, le *bridge*, plus près de nous.

SCÈNE DE QUADRILLE
XVIII$^{e}$ siècle, Allemagne,
J. E. Nilson
Gravure sur métal

COFFRET DE JEU
XVIII$^{e}$ siècle, France
Bois laqué, jetons en ivoire peint, dans cassetins

LA FABRICATION TRADITIONNELLE DES CARTES À JOUER

Sans doute destinée, à ses débuts, à l'impression sur étoffe, la gravure sur bois rencontre le papier à la fin du XIV$^{e}$ siècle. Elle rend dès lors possible la multiplication mécanique des images. On pense néanmoins que les premières cartes à jouer, même ordinaires, ont dû être dessinées et coloriées à la main. Dès 1450, les «artisans-cartiers» français utilisent la *gravure sur bois* (le cuivre n'est utilisé qu'à partir du XVII$^{e}$ siècle) pour l'impression du dessin ; ils posent les couleurs à l'aide de *pochoirs*. Si la technique d'impression est semblable à celle des images, la fabrication d'un jeu de cartes nécessite des étapes supplémentaires. On n'imprime pas les cartes individuellement mais en *planches* et trois types de papier sont nécessaires. Le papier « *au pot* » forme le dessus de la carte et reçoit l'impression des figures et des points ; le papier *d'étresse* ou *main brune*, placé au milieu, opacifie la carte ; enfin, le papier *cartier* (généralement blanc jusqu'au début du XIX$^{e}$ siècle) constitue le dos. Une fois ces feuilles *mêlées* puis *contrecollées* (sous presse pendant six heures au moins !), enfin *imprimées*, il reste à les *lisser* avec une pierre dure – non sans les avoir préalablement *chauffées* et *savonnées* – pour les rendre glissantes. Le tout est alors *découpé* et *assorti* pour former les jeux. Les enveloppes sont pareillement imprimées. L'apparition de nouvelles techniques d'impression, après 1850, ainsi que l'industrialisation, ont totalement bouleversé ces modes de fabrication à l'échelle internationale. Aujourd'hui, la fabrication des cartes à jouer relève d'une technologie très sophistiquée représentée au sein de quelques grandes sociétés.

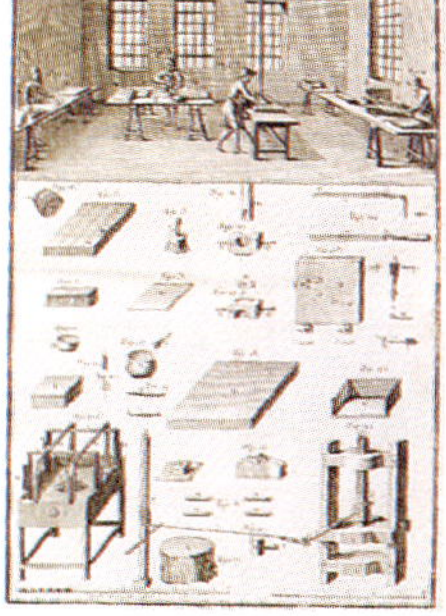

PLANCHE EXTRAITE DE
*L'ART DU CARTIER*
1762, Paris,
Duhamel du Monceau

PORTRAIT DE VENISE
1970, Trévise (Italie),
Dal Negro

Par ailleurs, l'Europe n'a pas l'exclusivité des cartes à jouer : l'Asie orientale (Chine, Japon) et l'Inde sont également d'importants centres de fabrication et d'utilisation de la carte à jouer. Nées avec l'estampe, produits de grande consommation et donc symboles d'une production massive (pour les quelques jeux survivants, patiemment rassemblés çà et là dans les collections publiques autant que privées, il a fallu produire des millions et des millions de ces cartons !), les cartes à jouer nous racontent une histoire en image vieille de plus de six cents ans... Les collections riches et diversifiées du musée français de la Carte à Jouer en témoignent.

Agnès Barbier
Conservateur du musée français de la Carte à Jouer
Issy-les-Moulineaux

LE TAROT

Variante du jeu de 52 cartes ordinaire, le tarot n'est en fait que l'amplification (78 cartes) de ce dernier par ajout d'une série complémentaire (22 atouts) et renforcement des figures, qui passent de trois à quatre (un *cavalier* vient s'intercaler entre le *valet* et la *reine*).
Malgré une légende tenace, on est aujourd'hui certain que le tarot a bel et bien été conçu pour le jeu – relativement complexe, certes, puisqu'il prend en compte la notion moderne d'atout – et que son utilisation à des fins divinatoires remonte seulement aux dernières années du XVIII^e^ siècle. Traditionnellement, il existe deux grands types de tarots : les *tarots classiques*, d'origine ancienne, à *enseignes* (couleurs) *italiennes* avec *coupes, épées, bâtons, deniers* – avec atouts symboliques et stéréotypés (la Justice, le Pendu, la Roue de fortune...) – et les *tarots modernes* à *enseignes françaises* avec *cœurs, piques, carreaux, trèfles* où des scènes diverses ont remplacé les allégories d'autrefois. Le jeu de « carte da trionfi » (« triomphes», du nom donné aux atouts permanents) est mentionné à Ferrare, en Italie du Nord, pour la première fois en 1442. On connaît des cartes de tarot, peintes à la main, vers 1430-1450, parmi lesquelles les très beaux jeux commandés par la puissante famille Visconti-Sforza de Milan. La carte de tarot datée de 1450, possédée par le musée français de la Carte à Jouer, appartient à la catégorie de ces cartes magnifiquement enluminées. Attribuée à l'école de Ferrare, elle est peinte dans un style souple et élégant sur un fond estampé d'or et représente « le Chariot », atout qui tient en général la septième place dans le jeu. Sa représentation s'inspire de celle des triomphes romains antiques remis à l'honneur dès le XIV^e^ siècle, notamment par Pétrarque dans ses poèmes mythologiques « *I. Trionfi* ». Le musée national de Varsovie possède, de son côté, deux cartes d'honneur issues du même jeu. Sur l'une d'elles apparaît de manière fortuite l'emblème des Sforza...

CARTE D'UN JEU
DE TAROT : LE CHARIOT
Vers 1450, Italie du Nord,
école de Ferrare ?
Peinture à fond estampé
d'or sur carton
(17 × 8,2 cm)

Ainsi, né dans l'une de ces deux cours princières, le tarot, dès le début du XVI^e^ siècle, va se répandre en France à la faveur des guerres d'Italie. Rabelais le mentionne dans son *Gargantua* en 1534 ! L'utilisation de la gravure sur bois, puis sur cuivre ne fera qu'accentuer cette tendance pendant tout le XVII^e^ siècle. Le « siècle des lumières » paraît être la période conquérante du tarot en Italie avec le *Minchiate* (tarot de 97 cartes) ; en France où, mises à part des créations originales telles le *tarot de Adam de Hautot* à Rouen, si nombreux sont les tarots du même modèle dus à des fabricants cartiers marseillais que l'on parle à leur propos de « tarot de Marseille » ; dans les pays germaniques, enfin, où il subit quelques modifications sous l'influence de la Réforme (la *Papesse* et le *Pape* deviennent *Junon* et *Jupiter* !). Vers le milieu du XVIII^e^ siècle, les cartiers allemands abandonnent même le modèle italien au profit des enseignes françaises et d'atouts totalement profanes (scènes d'animaux, scènes de chasse, personnages costumés...). De cette évolution est issu notre tarot français actuel avec ses petites scènes « bourgeoises ». Le modèle original n'a cependant pas totalement disparu en France où, vers 1920, le cartier Baptiste-Paul Grimaud décidait de rééditer l'ancien « Tarot de Marseille » mais en le destinant spécialement à la cartomancie...

A. B.

TRACTION AVANT
Citroën, 1934
Levallois-Perret, Clichy

Au milieu du siècle dernier, les Parisiens, qui vont volontiers se délasser en fin de semaine dans des escapades champêtres, se détendre dans les restaurants et guinguettes des bords de Seine, ne se doutent pas que les vignobles de Puteaux et Suresnes feront bientôt place aux ateliers du marquis de Dion, de Talbot, Unic ou Saurer, que près de la ferme de la Garenne, à proximité du château de Bécon ou du Moulin des Bruyères, vont naître les usines Hispano-Suiza, Berliet ou Peugeot, que l'implantation progressive et rapide de dizaines d'ateliers de mécanique liés à un nouveau moyen de locomotion va transformer ces villages, plutôt voués à la vigne, en véritable berceau mondial de l'automobile. Les petits carrossiers et selliers, les dessinateurs et les maréchaux-ferrants, qui rivalisent pour satisfaire la clientèle des voitures hippomobiles, vont participer activement à cette évolution naturelle vers la « voiture sans chevaux », qui sera construite au-delà du bois de Boulogne, à proximité des quartiers aisés de la capitale. Après de Dion à Puteaux, ce sont les frères Renault qui s'installent à Boulogne, Darracq et Talbot à Suresnes, où le discret Ferdinand Forest essaie depuis près de vingt ans d'exploiter les célèbres moteurs de son invention ; après Ader et Clément à Levallois, ce sont, à Courbevoie, Jeantaud et DFP, que les méchantes langues surnomment les « Dernières Ferrailles Parisiennes », la FN, Ravel et Alcyon à Neuilly, Chenard et Walcker à Gennevilliers, Krieger à Colombes... Les cultures maraîchères cèdent encore la place à de nouvelles firmes. Les pionniers, devenus industriels, acquièrent des lots de terrain, abandonnés à bas prix, pour y installer leurs ateliers et leurs dépôts. Progressivement, de nouvelles industries et leurs cités ouvrières vont s'accoler aux ateliers des villages qui prospèrent, aux blanchisseries et aux fabriques de sommiers de Boulogne, aux produits chimiques, aux encres d'imprimerie et aux étoffes de Puteaux, à la colle forte de Nanterre, aux « engrais de Javel » de Courbevoie, aux buanderies à vapeur d'Issy ou aux fabriques de conserves de Levallois. Les habitants de ce hameau, qui s'appelle encore La Vigne-aux-Prêtres, ne savent pas que leur futur village accueillera en quelques années la plus forte concentration de constructeurs automobiles qui ait jamais existé.

AFFICHE DES AUTOMOBILES HISPANO-SUIZA
René Vincent
Levallois-Perret, de 1911 à 1914,
puis Bois-Colombes

C'est ainsi qu'à la fin du siècle, la Société de carrosseries Clément, ancienne fabrique de vélocipèdes, emploie jusqu'à mille trois cents ouvriers, et Levallois compte deux ans plus tard soixante-dix « maisons » se rapportant à cette industrie. La société de Gustave Eiffel, qui y est installée depuis trente ans, emploie, elle, quatre cents ouvriers, tandis qu'à Boulogne les frères Renault, qui occupent six ouvriers dans 300 m², vont s'étendre, dès 1905, sur deux hectares et demi avec neuf cents ouvriers. De Boulogne à Clichy, de Neuilly à Suresnes ou à Colombes, ce sont plusieurs centaines d'ateliers qui vont naître et se développer, produisant moteurs, châssis, pièces détachées, accessoires, et aussi des automobiles, encore réservées à une clientèle aisée, qui seront habillées alentour par plusieurs dizaines de carrossiers.

6 CYLINDRES
Tracta, 1930
Asnières

2 CV
Citroën, 1953
Levallois-Perret

Le paysage se transforme petit à petit, et s'impose la nécessité de construire les nouveaux ponts de Billancourt, d'Asnières (alors la plus petite commune du canton de Courbevoie) et de Clichy. Les équipages d'autrefois font place aux chauffeurs, et les calèches font place à ces mi-curieuses, mi-effrayantes « voitures sans chevaux ». La tâche et la lutte des hommes demeurent, mais dans un autre registre que celui du vigneron ou de la blanchisseuse, celui de l'ouvrier spécialisé, forgeron, limeur, menuisier ou vitrier.

C'est ainsi que vingt-cinq des trente-six communes qui forment aujourd'hui le département des Hauts-de-Seine accueilleront, en soixante ans, pas moins de trois cent dix ateliers ou usines d'automobiles, plus de cent carrossiers et plusieurs centaines de fabriques de pièces détachées et accessoires liés à ce nouveau mode de locomotion, qui fut probablement le phénomène majeur du siècle.

Mais si, grâce aux commandes de l'armée, la Première Guerre mondiale a contribué à accélérer cette expansion, la crise des années trente et la Seconde Guerre mondiale auront raison de cette exceptionnelle concentration géographique, obligeant les communes devenues les plus riches de la couronne de Paris à transformer peu à peu leurs industries et leurs commerces.

Si quelques coteaux et maisons sages de l'ouest parisien survivent aujourd'hui, vestiges du passé, le canotage et la natation ont quitté les bords de Seine, de l'île Seguin à celle de la Jatte, si chère aux impressionnistes. Disparus, ou presque, les ceps de vigne qui hérissaient les flancs de Suresnes et du mont Valérien, le linge qui séchait dans les prés de

CABRIOLET SPORT
Grégoire, 1955
Asnières

Boulogne et de Courbevoie. De même qu'avaient déjà cessé de s'agiter, au sommet des collines, les bras du télégraphe de M. Chappe, de même que, plus tard, se sont éteints les lampions des cascades de Saint-Cloud et que se sont tus les grands mirlitons, très vite on ne boit plus sur les tréteaux le « casse-poitrine », ce petit vin de la Garenne, et l'on a presque oublié Madeleine, la belle marchande ambulante des Tuileries, qui avait donné son nom aux petits gâteaux qui firent en leur temps à Paris la renommée de Nanterre.

Comme par une revanche de la nature, après la fermeture de Billancourt, l'industrie automobile aura à son tour presque totalement disparu du territoire des Hauts-de-Seine, telle une enfant qui, arrivée à l'âge adulte, va partir vivre loin de son berceau natal.

C 11
Voisin, 1927
Issy-les-Moulineaux

Il reste au département la mémoire de ce patrimoine hors du commun, la naissance et les débuts de l'automobile dont l'influence sur notre mode de vie fut énorme, cet instrument de liberté qui, en quelques décennies, a économisé les peines et la fatigue des hommes, a aboli leurs frontières en raccourcissant les distances, a embelli leurs loisirs en élargissant leur horizon, en multipliant leurs possibilités de communiquer. À cette véritable révolution historique née dans l'ouest parisien, à cette victoire sur le temps et l'espace, l'automobile a ajouté celle de cette grande conquête sociale qui lui a donné sa vraie dimension, celle qui faisait s'exprimer ainsi Marcel Prévost : « Accroître le rendement

4 CV
Renault, 1958
Boulogne-Billancourt

de la vie dans un temps donné, c'est proprement triompher du temps, c'est allonger la vie, c'est créer la vie. »

Aussi, pour rendre l'hommage particulier qui est dû au département des Hauts-de-Seine, pour que soit conservée la mémoire de ce patrimoine, un musée pas comme les autres, un musée vivant est né. Traité à l'inverse des autres musées automobiles, conservatoires de véhicules anciens réunis pour le plaisir nostalgique, celui de la Défense raconte cette passionnante aventure, d'abord celle des pionniers, puis celle des prouesses technologiques mises à la portée du plus grand nombre, celle enfin de cette conquête humaine et industrielle qui permit, en quelques dizaines d'années, de passer du stade de la fabrication artisanale à celui de la grande série. Au cœur du département, répondant au défi du site prestigieux qui l'accueille, situé près de la Grande Arche de la Défense, le musée automobile de la Défense, mémoire vivante de ce patrimoine, grâce à la présentation chronologique des voitures dans leur contexte à la fois historique et socio-culturel, s'est efforcé de traiter le parallèle entre cette conquête sociale et le développement d'un extraordinaire moyen de communication, objet de rêve, de désir et d'évasion, qui a tant contribué à sa richesse économique et à la prospérité de ses villages.

Yves Desgrées du Loù
Directeur général
du musée automobile de la Défense

LA CÈNE
1636. Simon Vouet
Huile sur toile

# LES COMMUNES DES HAUTS-DE-SEINE

Antony
Asnières-sur-Seine
Bagneux
Bois-Colombes
Boulogne-Billancourt
Bourg-la-Reine
Châtenay-Malabry
Châtillon
Chaville
Clamart
Clichy-la-Garenne
Colombes
Courbevoie
Fontenay-aux-Roses
Garches
La Garenne-Colombes
Gennevilliers
Issy-les-Moulineaux
Levallois-Perret
Malakoff
Marnes-la-Coquette
Meudon
Montrouge
Nanterre
Neuilly-sur-Seine
Le Plessis-Robinson
Puteaux
Rueil-Malmaison
Saint-Cloud
Sceaux
Sèvres
Suresnes
Vanves
Vaucresson
Ville-d'Avray
Villeneuve-la-Garenne

# Antony

Blason : lys de France, écu et besants pour l'abbaye de Saint-Germain-des-Prés ; la tour évoque l'ancienne maison forte surveillant le gué de la Bièvre ; le lion provient des armes de Hugues de Lionne, premier marquis de Berny.

Canton d'Antony
Arrondissement d'Antony

Superficie : 959 ha – Population 1990 : 57 770 hab.
Habitants : les Antoniens – Voies : A86, RN186, RN20

Origine du nom : dérivé d'*Antoniacum*, le domaine possédé par le gallo-romain Antonius au IIIe ou IVe siècle de notre ère.

## HISTORIQUE

Le nom d'Antony apparaît pour la première fois en 829 sous sa forme latine originelle *Antoniacum cum ipsa capella* dans un diplôme impérial carolingien par lequel Louis Ier le Pieux, fils de Charlemagne, confirme aux religieux de l'abbaye parisienne de Saint-Germain-des-Prés le don du domaine d'Antony. Son histoire a été plus mouvementée que les seuls actes du cartulaire de Saint-Germain nous le révèlent. Le village, situé sur le plat pays à mi-chemin entre Paris et la place-forte de Montlhéry, a subi tous les soubresauts de l'histoire de l'Île-de-France. À la fin de la guerre de Cent Ans, la paroisse, ravagée, pillée, ses habitants molestés ou tués, n'avait plus qu'une centaine d'habitants. Au XVIe siècle, François Ier décide de paver la route directe de Paris à Orléans. Des auberges et des relais s'y établissent alors et une autorisation royale de 1549 permet l'ouverture d'un marché. Malgré les misères des guerres de religion, puis au XVIIe siècle de la Fronde, qui ravagent la région, les villageois survivent, grâce à l'élevage sur les prairies communales de la Bièvre, à la culture des céréales et de la vigne sur les « graviers et les grouettes » des coteaux. Au XVIIe siècle vient aussi s'adjoindre l'exploitation des carrières de gypse pour la production du plâtre. Le XVIIIe siècle voit la création de la Manufacture royale de cire qui a le privilège de fournir Versailles et emploie une centaine d'ouvriers. Antony compte alors un millier d'âmes. À la Révolution, les habitants d'Antony ne font qu'échanger le maître lointain de l'abbaye contre les acheteurs de biens nationaux. Leurs conditions de vie ne s'en trouvent guère modifiées, sinon que les disettes de Paris épuisent le plat pays environnant, car, une fois de plus, les récoltes sont réquisitionnées.

L'arrivée du chemin de fer en 1854 bouleverse complètement la vie d'Antony, et ce, surtout après la guerre de 1870. Les cultures se spécialisent : primeurs, fruits, fleurs même sont transportés sur le marché parisien par le petit train de l'Arpajonnais, construit en 1884. Mais le bourg rural et ses annexes se voient cernés par la construction hâtive de pavillons. Les Parisiens, à l'étroit dans leurs murs, viennent s'installer le long de la voie ferrée, « en banlieue », sur des terrains moins chers. C'est la grande poussée des lotissements. Cette croissance est une lourde charge pour les municipalités d'alors mais aussi un formidable essor. La multiplication des équipements scolaires, sportifs et culturels, le développement des transports, la création de commerces, l'implantation d'une aire industrielle et d'une zone de haute technologie, l'amélioration de l'urbanisme enfin assurent à Antony une animation autonome et en font une ville à part entière.

ÉGLISE SAINT-SATURNIN
*VIIIe, XIIe et XVe siècles*
*Façade*
*Place de l'Église*

Située dans le joli cadre d'une place plantée de tilleuls, sur l'emplacement de l'ancien cimetière, l'église Saint-Saturnin présente un triple intérêt : historique, archéologique et esthétique. Typique des églises rurales de la région, avec son plan rectangulaire, sa façade et son chevet plat, son clocher latéral, elle révèle, à l'intérieur, trois époques de construction correspondant à trois époques de relative prospérité de l'Île-de-France : VIIIe siècle, XIIe siècle et, après la guerre de Cent Ans, fin du XVe siècle. La façade a été modifiée au XIXe siècle, par l'ajout de fausses fenêtres et d'ornements. (Cl. M. H., 1928)

ARC SOUS LA TOUR
*Vers le IXe siècle*
*Église Saint-Saturnin*

La base du clocher, à l'intérieur de l'église, frappe par l'épaisseur de ses murs et le caractère massif de la paroi nord du chœur. Lors des travaux de rénovation de l'église en 1981, le tracé d'un arc en plein cintre à claveaux égaux, correspondant à celui qui desservait le chœur, s'est trouvé dégagé de ces murs épais. Au-dessus de cet arc, on découvrit alors une fenêtre haute, étroite, aux proportions d'un tiers pour trois tiers, sans ébrasement, typiquement carolingienne. Nous sommes là en présence de la tour lanterne d'une chapelle attestée dès 829 dans une donation de Louis Ier le Pieux, fils de Charlemagne, à l'abbaye de Saint-Germain-des-Prés : *Antoniacum cum ipsa capella.* Cet acte étant une simple confirmation, on peut en conclure que la chapelle devait être antérieure à cette date, ce qui ferait d'elle l'un des restes d'architecture religieuse les plus anciens de l'Île-de-France. Elle était sans doute, selon un schéma classique, la chapelle annexe du grand domaine d'un Gallo-Romain ou d'un Mérovingien du nom d'Antonius. Sur la paroi, un Christ de bois sculpté par J. Rabeau, artiste antonien (1923).

CHAPITEAU SCULPTÉ
*XIIe siècle*
*Bas-côté nord*
*Église Saint-Saturnin*

CHŒUR
*XIIe siècle*
*Église Saint-Saturnin*

Lors de la prospérité revenue en Île-de-France sous Louis VI et Louis VII, l'agrandissement de la chapelle a commencé par le chœur et l'actuelle dernière travée des bas-côtés nord où les chapiteaux aux pommes de pin évoquent la tradition romane. Il s'est poursuivi en deux autres étapes, vers le sud, pour créer le chœur actuel : d'abord, vers 1144, la travée du fond, aux arcs à peine brisés et à la maçonnerie encore rustique ; puis la travée centrale (au-dessus de l'autel actuel) avec un ensemble d'arcs brisés et de voûtes sur croisée d'arêtes, plus élégants et plus soignés ; elle pourrait correspondre aux années 1177, date à laquelle la chapelle a été élevée au titre de paroisse. La lecture même de cette architecture est d'un grand intérêt : c'est un cas exemplaire de la naissance de l'art gothique et du passage de la charpente à la voûte d'arêtes. En effet, lors de la rénovation, on découvrit, au-dessus des arcs, des fenêtres latérales bouchées et recoupées par les voûtes d'arêtes. En cours de travaux, forts sans doute des nouvelles expériences de Saint-Denis et d'autres églises d'Île-de-France, les maîtres d'œuvre ont changé de parti : ils ont supprimé les fenêtres latérales, monté des piliers contre les murs et lancé les nervures des voûtes, avec méplats, tores et arêtes typiques de ce premier gothique. L'ensemble fut ensuite éclairé du fond de l'église par une belle fenêtre ornée de colonnettes engagées et baguées.

VOÛTE
*XVe siècle*
*Nef*
*Église Saint-Saturnin*

NEF
*XVe siècle*
*Église Saint-Saturnin*
Après les destructions et les abandons de la guerre de Cent Ans, pendant laquelle l'église servit de refuge, on entreprend à Antony la construction – ou la reconstruction – de la nef. D'un seul jet, elle forme un ensemble harmonieux avec ses piliers hexagonaux sans chapiteaux, d'où s'arrachent les nervures qui structurent la voûte. Malgré sa belle unité, le travail reste encore celui d'artisans, bien dirigés sans doute, mais peu expérimentés comme l'atteste l'alignement capricieux des clefs de voûte, dont le décor a disparu à la Révolution.

LE MARTYRE DE SAINT SATURNIN
*XIXe siècle. Vitrail*
*Bas-côté gauche*
*Église Saint-Saturnin*
Le vocable de saint Saturnin, attesté pour l'église d'Antony dans un acte du roi Henri Ier en 1049, pourrait remonter aux premiers âges de la chapelle carolingienne. Mort en 250, saint Saturnin est l'un des premiers saints martyrs vénérés en Gaule, dès le Ve siècle. Évêque de Toulouse, il renverse les idoles païennes et se heurte à la furie de la foule. Dans l'hymne qu'il lui a consacré, l'évêque de Clermont-Ferrand Sidoine Apollinaire (430-486) rapporte ainsi son supplice sur les marches du Capitole : « Il fut attaché par la foule en fureur au flanc d'un taureau qui n'avait point connu le joug, afin que la bête, lancée violemment sur cette forte pente, dispersât dans sa course les membres déchirés du cadavre et teignît les pierres de la pulpe chaude du cerveau déchiqueté. »

CLOCHER
*Église Saint-Saturnin*
Cet élégant clocher révèle plusieurs étapes de construction. Sa base, prise dans la masse de l'église, est carolingienne. À l'extérieur, la partie gothique s'élance sur une base carrée à la maçonnerie épaisse : tour carolingienne ou romane comme pourraient le laisser penser les trois modillons de la paroi est, sculptés grossièrement. Au-dessus, les hautes lancettes à double voussure donnent au clocher une grande élégance. Elles pourraient être datées du XIIIe siècle. Mais le visiteur de l'archidiacre de Jouy-en-Josas signale dans son inventaire, en 1460, la destruction de ce clocher. Aurait-il été refait à l'identique au XVe siècle ? Quant à la flèche d'ardoise, cantonnée de quatre clochetons, elle venait d'être refaite quand le premier historien d'Antony, l'abbé Enjalvin, la décrit en 1852. Avait-elle alors remplacé la belle « flèche de pierre » dont s'émerveillait l'abbé Lebeuf au XVIIIe siècle ? La cloche de 1730 est ornée d'un crucifix et d'une Vierge à l'Enfant avec une inscription moulée dans la masse et donnant les noms des parrains, curés et marguilliers.

FONTS BAPTISMAUX
*XVIIIe siècle*
*Église Saint-Saturnin*
La grande cuve en pierre sur pied, décorée de côtes concaves surmontées d'une chaînette, est l'un des rares souvenirs de la décoration du XVIIIe siècle dans l'église Saint-Saturnin.

CHAIRE
*XIXe siècle*
*Bois sculpté*
*Église Saint-Saturnin*
Installée dans l'église dans la seconde moitié du XIXe siècle, la chaire, avec ses boiseries de chêne sculpté, témoigne de l'engouement de l'époque pour le style néo-gothique.

VITRAIL
*1901. Champigneulles*
*Abside*
*Église Saint-Saturnin*
Évoquant l'imagerie pieuse courante au tournant de notre siècle, ce vitrail illustre le thème du Christ-Roi. Il est offert en 1901 à la paroisse par M. Bidoire, descendant d'une famille de notables d'Antony, propriétaire du château voisin, vaste demeure construite à la fin du XVIIe siècle par un bourgeois parisien, qui sera détruite peu après la Seconde Guerre mondiale.

VITRAIL
*1938. M. C. Barie*
*Église Saint-Saturnin*
Situé à l'origine au-dessus de la liste des morts de la guerre de 1914-1918, ce vitrail se place dans la tradition des Arts décoratifs. L'hommage aux morts y est exprimé à travers l'iconographie de la Passion sous la forme d'une pietà-Vierge éplorée et descente de croix, surmontée de l'archange portant épée et bannière évoquant la victoire du Christ sur la mort.

LA CÈNE
*XIXe siècle*
*Peinture murale*
*Bas-côté nord,*
*Église*
*Saint-Saturnin*
L'Inventaire général des œuvres d'art réalisé en 1880 signale cette peinture, comme une copie anonyme d'une Cène de Philippe de Champaigne. Vingt-sept autres copies l'accompagnaient alors, qui n'ont pas survécu au temps et à la séparation de l'Église et de l'État. C'était l'époque où, depuis le second Empire, l'on confiait à de jeunes élèves des Beaux-Arts la réalisation de copies d'œuvres sacrées, ensuite offertes aux églises, afin de redonner aux paroissiens le goût de la belle peinture religieuse.

MOSAÏQUE
*IVe siècle. Nord de la Syrie*
*(400 × 410 cm)*
*Église Saint-Saturnin*
Posée dans l'église en 1990, cette mosaïque faisait à l'origine partie d'un pavement multicolore, sans doute placé au centre d'une nef, dans la région d'Antioche, à quelques centaines de kilomètres au nord de Jérusalem. La conversion au christianisme de l'empereur Constantin en 312 permet un développement de l'art chrétien au long du IVe siècle. Hautement symbolique, la composition de cette mosaïque s'ordonne autour de la croix centrale. Les boucliers hexagonaux, inspirés de ceux des légionnaires de la République romaine, soulignent le triomphe de la Croix. L'arc-en-ciel aux quatre couleurs des tresses est le symbole biblique de l'alliance entre Yahvé et Noé, entre Dieu et les hommes. La représentation végétale stylisée évoque le thème de la résurrection, entre le lierre au feuillage pérenne – souvent présent dans l'iconographie funéraire – et la vigne du renouveau printanier. De même les roses – fleurs de printemps, fleurs de Paradis – s'allient-elles aux grenades – fruits d'automne associés à la fertilité et à l'abondance.

CHRISMON
*IVe siècle. Nord de la Syrie*
*Détail de la mosaïque*
*Église Saint-Saturnin*
L'ensemble de la composition s'organise autour du médaillon central figurant un chrismon : croix grecque symbolisant le monogramme du Christ – ΧΠ (ΧΠΙΨΤΟΨ en grec) – l'X étant représenté en entier tandis que le P n'est qu'évoqué sous la forme d'une courbe. De part et d'autre, l'alpha et l'omega – première et dernière lettres de l'alphabet grec – signifient le commencement et la fin, tandis que deux roses rappellent que la croix est nouvel arbre de vie. Objet liturgique, c'est aussi l'une des premières apparitions connues de la croix comme symbole de vénération du Christ et de son mystère. Une autre mosaïque de même provenance, portant une inscription funéraire, est visible dans les locaux de la bibliothèque municipale.

BORNE KILOMÉTRIQUE
*49, rue de Châtenay*
Ancienne borne de distance, indiquant la direction de Paris, à huit kilomètres et demi en passant par Sceaux. Située sur les hauteurs d'Antony, la borne marque le repère d'altitude du « nivellement général de la France », à 78,40 mètres, tandis que la Bièvre traverse Antony à une altitude de 55 mètres.

FONTAINE
*XVIIIe siècle*
*Place de l'Hôtel-de-Ville*
D'installation récente, cette fontaine possède encore tout le charme du XVIIIe siècle.

MANUFACTURE ROYALE DE CIRE
*Début XVIII^e siècle*
*Sœurs de Saint-Joseph de Cluny*
*14, avenue du Bois-de-Verrières*
Fondée en 1702 par Péan de Saint-Gilles, la fabrique de cire d'Antony obtient le titre de manufacture royale en 1719. Elle détient alors le privilège de la fabrication des bougies et chandelles pour la cour de Versailles. Prospère jusqu'à la Révolution, elle emploie soixante-dix ouvriers. La demeure de maître originelle disparaît entre 1810 et 1842 pour être remplacée par une bâtisse de style Restauration, propriété de la famille Trudon pendant plus d'un siècle. Entrée en décadence, la manufacture disparaît vers 1884. Il n'en demeure, depuis les démolitions des années soixante, que les communs, dans lesquels est installée aujourd'hui la maison de retraite des Sœurs de Saint-Joseph de Cluny.

ÉCUSSON
*1714*
*Manufacture royale de cire*
*Sœurs de Saint-Joseph de Cluny*
La fabrication des bougies destinées à l'éclairage de la Cour s'opère en plusieurs étapes : récolte de la cire dans les ruches, fusion dans les bâtiments de la fonderie, blanchiment sur le pré à l'herberie et coulage à la fabrique. L'exclusivité de la production relève de la conjonction entre la présence de longtemps attestée des abeilles à Antony, et la qualité des eaux d'affleurement, filtrées par le gypse. L'écusson, portant ruche et abeilles, témoigne de ce qui fut la précieuse activité de la manufacture, soulignée par la devise latine : « Elles travaillent pour Dieu et le roi. » (Ins. M. H.)

HORLOGE « LA TRUDONNE »
*XVIII-XIX^e siècles*
*Manufacture royale de cire*
Cette horloge couronne l'un des bâtiments d'origine de la manufacture. Offerte aux ouvriers au tournant des XVIII^e et XIX^e siècles par l'épouse de Charles Trudon, propriétaire de la fabrique en 1789, elle constitue alors un don intéressé puisqu'elle fait office d'horloge pointeuse pour les horaires de travail. Aujourd'hui encore en fonctionnement, elle conserve, sur le cadran de la cour intérieure, les chiffres d'origine.

CHARPENTE
*XVIIIe siècle*
*Manufacture royale de cire*
La toiture de l'un des communs de l'ancienne manufacture couvre cette magnifique charpente en forme de coque de bateau renversée. L'ensemble, constitué de fermes et de voliges, ne possédait à l'origine aucune pièce transverse. La savante organisation de cette charpente serait l'ouvrage de compagnons charpentiers de marine, réalisé à l'occasion de leur tour de France. On ne trouve que rarement de telles dispositions en Île-de-France, les principaux modèles connus se trouvant dans la région de Cluny.

MAISON DES ARTS
*Vers 1860*
*Parc Bourdeau*
*20, rue Velpeau*
Cette belle maison second Empire, au cœur de son magnifique parc, n'apparaît sur les plans qu'après 1860. Elle est acquise en 1894 par Mme de Livio, veuve d'un ancien consul de France. Leur fils Auguste de Livio, diplomate, ministre plénipotentiaire, conserve la propriété jusqu'à sa mort en 1931. Elle passe ensuite entre les mains de Charles Bourdeau d'Antony, gendre du diplomate. Propriété communale en 1967, la demeure accueille la bibliothèque municipale, puis, transformée et rénovée à partir de 1991, elle devient la Maison des arts, lieu d'expositions et siège de l'Atelier-musée du pays d'Antony.

STATUETTE
DU PETIT BOUGNAT
*XIXe siècle*
*Moulage*
*Atelier-musée d'Antony*
Fidèle moulage d'une enseigne de marchand de charbon, dont l'original est toujours en place au 125 de l'avenue Aristide-Briand, ce petit bougnat attend le client depuis le milieu du XIXe siècle.

VASES FUNÉRAIRES
*Vers le XIVe siècle*
*Céramique*
*Atelier-musée d'Antony*

Cet ensemble de vases en terre cuite flammulée – sur lesquels le feu de cuisson a fixé les couleurs du décor peint à la barbotine rouge – est découvert en 1991, lors des travaux d'extension de l'Institution Sainte-Marie, à l'emplacement d'un grand cimetière attesté sur les plans terriers des XVIe et XVIIe siècles. En compagnie de quelques menus bijoux, ils constituent le mobilier funéraire de tombes remontant probablement au XIVe siècle. Guerre de Cent Ans, grandes pestes de 1348 et 1379, les désastres du temps obligent à cet agrandissement du cimetière originel voisin de l'église. Certains des vases contiennent du charbon de bois, ce qui tendrait à prouver leur fonction prophylactique – ce matériau étant alors sensé absorber les miasmes morbides et ainsi éviter tout risque de contagion.

PANNEAU DÉCORATIF
*XXe siècle. D'après Dufy*
*LAP (10 × 15 cm)*
*Atelier-musée d'Antony*
La famille Séailles, propriétaire d'une maison autrefois sise avenue du Bois-de-Verrières, invente au début du siècle le LAP – contraction de l'« art antique des lapidaires » – matériau de synthèse rappelant le marbre. Primé lors de l'Exposition internationale des arts décoratifs de 1925, le procédé Séailles connaît alors son heure de gloire, participant notamment à l'ornement des façades des magasins Nicolas. De nombreux panneaux seront commandés pendant l'entre-deux guerres, tel celui-ci, exécuté d'après un carton du peintre Raoul Dufy.

CARICATURE DE M. PERSIL
*XIXe siècle. Gravure*
*Revue* La Caricature
*Atelier-musée d'Antony*
Propriétaire de la maison dite de « La Belle Levantine » de 1820 à 1870, Jean-Charles Persil (1785-1870) connaît la célébrité comme garde des Sceaux et ministre des Cultes de Louis-Philippe. Avec sa rigueur conservatrice, le ministre Persil est le symbole de la politique du « juste milieu ». Il exacerbe d'autant plus la verve satirique que son profil, dominé par un nez d'importance, est un défi au trait acéré du caricaturiste. La mode est égyptienne – on vient d'installer en 1831 l'obélisque de Louxor sur la place de la Concorde – et Persil est ici légendé : « Obélisque de Luxe-Nez, pyramide nasicale du juste-milieu ». Le monument lui-même est orné, en guise de hiéroglyphes, des armes et décorations bourgeoises et des symboles de la vie politique : parapluie, clystère, la Bourse, la Chambre des députés, les Tables de la Loi. Louis-Philippe et les siens y sont cruellement représentés sous les traits d'une poire entourée d'oies.

HUÎTRES FOSSILES
*Oligocène*
*Atelier-musée d'Antony*
Découverts lors du creusement de la tranchée du TGV, ces fossiles d'*ostrea cyathula*, étonnament bien conservés depuis trente-cinq millions d'années dans les marnes à huîtres, témoignent de l'ère où le Bassin parisien était recouvert par les mers tertiaires.

ATELIER DE BOURRELIER
*XIXe et XXe siècles*
*Atelier-musée d'Antony*
« Bourrellerie, sellerie, carrosserie, harnais de luxe et de commerce », telle était l'enseigne de l'atelier fondé en 1902 à Antony par Charles Goudet et tenu, après sa mort en 1922, par son fils Paul Goudet, jusqu'en 1967. Le bourrelier travaille sur les pièces de harnachement des bêtes de somme, et principalement sur le cuir qui les constitue. L'ensemble de l'atelier, fidèlement reconstitué grâce au don de la fille de Paul Goudet, s'organise autour des meubles et outils d'origine, polis par l'usage quotidien. C'est le rare et émouvant témoignage d'un artisanat disparu.

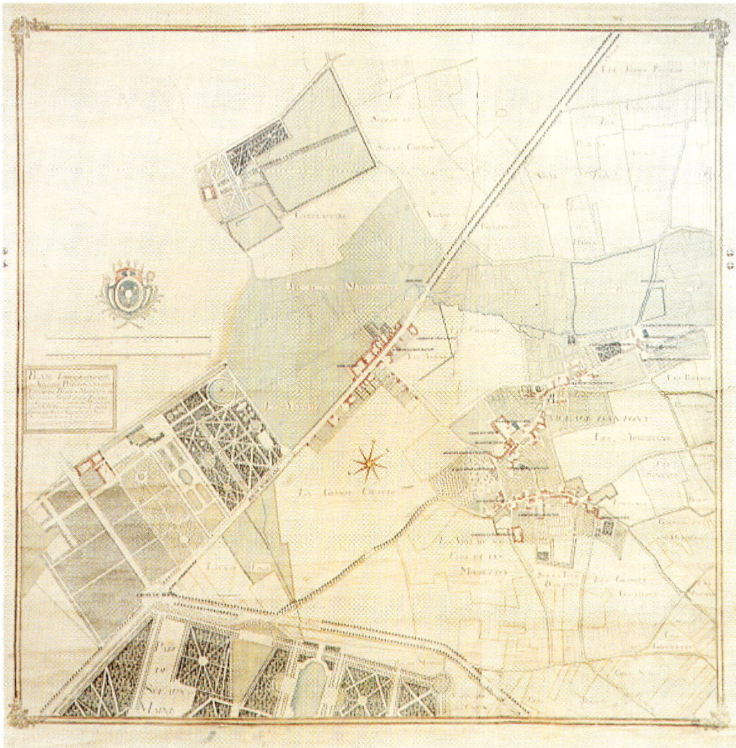

GRAFFITIS RÉVOLUTIONNAIRES
*1792*
*31, avenue Aristide-Briand*
Témoignage social d'une époque riche en promesses et en bouleversements, ces graffiti sont encore visibles au fond d'une cour, dans l'ancien logement du valet d'une humble ferme. Gravés à la pointe dans le plâtre du mur, ils font à la fois office de proclamation des idéaux révolutionnaires et de livre de compte. L'écriture anglaise soignée du modeste ouvrier agricole – probablement apprise à l'école paroissiale – détaille la formule républicaine, encore incomplète : « Liberté, Égalité, 1792 », surmontant une note utilitaire : « reçu de M. Viel un sac de son d'avoine ».

PLAN TERRIER
*1753 (117 × 160 cm)*
*Archives nationales (NI Seine 30)*
*(reproduction)*
*Atelier-musée d'Antony*
Ce magnifique plan terrier est levé et dessiné au milieu du XVIIIe siècle par Bernard Borde, arpenteur du roi, à la demande du révérend père Laneau, général de l'ordre des Bénédictins de l'abbaye de Saint-Germain-des-Prés qui est alors seigneur d'Antony. On y distingue avec une grande précision le noyau de l'ancien village, structuré autour de l'église et de la ferme seigneuriale, de même que les bâtiments ruraux et auberges qui s'établissent le long de la route d'Orléans, pavée depuis deux siècles, et les grands parcs et propriétés : manufacture royale de cire, Sceaux, Berny, etc.

PORTRAIT DE VELPEAU
*XIXe siècle*
*Gravure*
*Atelier-musée d'Antony*
Alfred Velpeau (1795-1867), fils d'un maréchal-ferrant de Tours, entre modestement dans la carrière médicale en autodidacte, à force de lecture et de volonté. Remarqué par un médecin des environs, il est admis à l'hôpital de Tours où on lui confie le soin de panser les malades. En 1820, Velpeau s'intègre à la vie hospitalière parisienne, où il se spécialise en anatomie. Il ne manque pas d'ailleurs d'enrichir son expérience en matière de pansement, mettant au point le fameux bandage compressif par bande roulée qui immortalisera son nom. Auteur d'un traité d'anatomie chirurgicale admiré en 1825, il est nommé chirurgien à Saint-Antoine en 1828, puis à La Pitié en 1830. En 1834, on lui confie la chaire de clinique chirurgicale à La Charité.

Respecté, il se consacre tout entier à l'enseignement et devient membre de l'Institut en 1856. Malgré ses prises de position maladroites hors de son domaine de prédilection – une haine du microscope et un mépris pour l'antisepsie –, il demeure une des grandes figures de la chirurgie du siècle dernier. En 1860, il achète à Antony une propriété remontant au XVIIe siècle, et dont il ne reste aujourd'hui que le parc, dans la pouponnière départementale Paul-Manchon, avenue Léon-Blum.

DEMEURE
DE FRANÇOIS MOLÉ
*Communs*
*XVIIIe siècle*
*1, rue des Sources*
De la résidence aux champs du comédien François Molé, construite sous Louis XV, ne demeurent que les communs. Le bâtiment principal, démoli vers 1815, a été remplacé par une bâtisse second Empire. Ces communs d'origine conservent leur ornementation de façade, avec ses têtes de cerfs, désormais privées de ramures. Acteur chéri du public, sociétaire de la Comédie-Française, François-René Molé (1734-1802) crée durant sa longue carrière une centaine de rôles. « Sa diction était pure et facile ; sa langue très mobile ; son organe agréable, mais quelquefois rauque ; personne ne récita la prose avec plus de feu, et ne débita les vers avec plus d'élégance », disait-on de lui dans les gazettes. Séjournant souvent à Antony, il était très aimé de la population. (Ins. M. H.)

TOMBE DE FRANÇOIS MOLÉ
*Vers 1802*
*Rue Roger-Salengro*
Molé avait coutume d'affirmer que, tout comédien qu'il fût et par principe excommunié, il serait après sa mort porté au Paradis. Il en fut ainsi fait, son tombeau étant érigé au fond du parc de sa propriété au lieu-dit « le Paradis ». Il y fut inhumé de nuit, mais muni des sacrements de l'Église, grâce à la dévotion de sa fille et à l'amitié de l'abbé Chaisneau, curé d'Antony. (Ins. M. H.)

AMANDIER
*XIXe siècle*
*Rue des Champs*
La tradition veut que cet amandier ait été planté du temps de Napoléon. Cher aux Antoniens, cet arbre, splendide lors de sa floraison, est le seul vestige du verger d'une propriété de style Directoire. De 1896 à 1940, la demeure appartient à la famille de M. Fayet de la Tour, conservateur-adjoint à la Bibliothèque nationale. C'est à son emplacement que s'élève désormais le nouvel hôtel de ville.

MAISON DITE DE
« LA BELLE LEVANTINE »
*Seconde moitié du XVIIIe siècle*
*Maison Saint-Jean*
*5, rue Maurice-Labrousse*
Cette modeste demeure appartient en 1751 à l'abbé Byont puis à la famille des Collette, meuniers à Antony. Elle est achetée en 1805 par Marie-Joseph de Chénier (1764-1811), l'auteur du texte du *Chant du départ*, pour sa mère Elisabeth de Santi-Lomaca, surnommée la Belle Levantine en raison de ses origines grecques. La mère et le fils seront enterrés dans le parc en 1808 et 1811, avant le transfert de leurs dépouilles à Paris. Contrairement à la légende, le frère de Marie-Joseph, le poète André Chénier (1762-1794), guillotiné sous la Terreur, n'a jamais connu la demeure d'Antony. De 1820 à 1870, la maison appartient à Jean-Charles Persil (1785-1870), ministre de Louis Philippe et arrière-grand-père du peintre André Dunoyer de Segonzac (1884-1974). À partir de la fin du XIXe siècle, la demeure connaît d'autres destinées : séminaire, hôpital pendant la Première Guerre mondiale, elle est actuellement la maison Saint-Jean, dépendance de l'Institution Sainte-Marie. (Ins. M. H.)

FOLIE DE CASTRIES
*XVIIIe siècle*
*Dépendance*
*4, rue Prosper-Legouté*
Beau encore, malgré ses transformations, ce pavillon était une « fabrique » dans le parc d'une propriété probablement constituée en 1749 par un notable parisien, M. Gromaire de la Bapommeraye. De 1772 à 1782, l'ensemble de la propriété appartient à Charles Eugène Gabriel de la Croix, marquis de Castries (1727-1801), lieutenant général de cavalerie durant la guerre de Sept Ans, et ministre de la Marine en 1780. Député à l'assemblée des notables, hostile à toute réforme, le marquis de Castries rejoint sous la Révolution l'armée des émigrés aux côtés des Prussiens et finit sa vie en exil. Quelque temps habité par l'archevêque de Cambrai, Mgr Mériadec de Rohan, le domaine est saisi comme bien national et le château est détruit en 1815. Il n'en demeure que cet élégant pavillon.

PORTAIL
*XVIIIe siècle*
*Folie de Castries*
On a mis longtemps à résoudre l'énigme des initiales enlacées qui sont inscrites sur le portail, surmontées d'une couronne princière. Une légende tenace voulait que la folie eût été la propriété de Marie-Thérèse de Savoie-Carignan, princesse de Lamballe (1749-1792), surintendante de la maison de la reine et épouse du châtelain de Sceaux, petit-fils de Louis XIV, Antoine-Louis de Bourbon. Le silence des archives rend l'hypothèse improbable. Il s'agirait plutôt des initiales entrelacées – A. L. et C. – des prénoms des enfants du marquis : Armand et Adélaïde de la Croix de Castries. (Ins. M. H.)

DEMEURE DES DAMES
DE SAINT-RAPHAËL
*XVIIIe siècle*
*2, place du Carrousel*
Les plans terriers du XVIe au XVIIIe siècle mentionnent déjà l'existence de cette demeure aux bâtiments groupés autour d'une cour carrée. Les terres qui en dépendaient furent partagées entre différents propriétaires, puis réunies à la fin du XVIIIe siècle par le Parisien M. Després. Un siècle plus tard, le domaine est à nouveau divisé. En 1892, la demeure abrite quelques mois l'écrivain Léon Bloy (1846-1917). Cet écrivain de combat se débat dans la misère, il y achève la rédaction de son livre *Le Salut par les Juifs*, où la violence de l'invective s'allie à l'effusion mystique.

PORTAIL
*XVIIIe siècle*
*Dames de Saint-Raphaël*
*2, place du Carrousel*
En 1895, les Dames de Saint-Raphaël acquièrent la propriété. Elles y fondent alors une œuvre charitable, qui sera l'une des premières en France à accueillir les « filles-mères » et leurs enfants. Cette vocation originelle se poursuit de nos jours sous la forme d'un hôtel maternel.

ESCALIER INTÉRIEUR
*XVIIIe siècle*
*Bois et ferronnerie*
*Dames de Saint-Raphaël*

STATUE
*Vers 1830*
*Demeure aux Antiques*
Un soin tout particulier préside à l'ornementation de cette demeure, dont le surnom provient des statues et bustes placés dans les niches et médaillons des façades.

DEMEURE AUX ANTIQUES
*Vers 1830*
*5, avenue Aristide-Briand*

FONTAINE
*XVIIIe-XXe siècles*
*Ruelle à Riou*
Ce point d'eau est connu à Antony depuis 1707, date de la construction du puits. Enrichi de nouvelles adductions en 1835, il est transformé en fontaine et habillé d'une construction protectrice. L'eau s'écoule désormais par la gueule d'un lion installé en 1970.

CHÂTEAU DU SIEUR DE MORICQ
*XVIIe, XVIIIe, XIXe et XXe siècles*
*Résidence du Moulin de la Bièvre*
*1, rue Prosper-Legouté*
Vestiges de l'ancien château d'Antony, cette belle propriété a été considérablement transformée par l'adjonction d'ensembles immobiliers et la disparition de son parc. On trouve mention du premier propriétaire connu en 1634 : le sieur de Moricq, qui deviendra conseiller d'État et président de la Cour des comptes en 1648. De cette époque, la tourelle seule a subsisté, le bâtiment principal et ses ailes ayant été reconstruits aux XVIIIe et XIXe siècles. Le domaine est agrandi au siècle dernier par son propriétaire, M. Michalon, carrossier parisien. Au fond du parc est édifiée, à l'emplacement d'un regard des eaux ancien, une fontaine (disparue en 1929) qui portera son nom avant de le léguer à une station du RER. Le parc, loti, est aujourd'hui une résidence immobilière.

ROUE
DE MOULIN
*XIXe siècle*
*Fonte*
*Angle des rues des Sources et du Moulin*

Attesté dès 1248, le moulin à eau d'Antony est le moulin banal appartenant à la seigneurie de l'abbaye parisienne de Saint-Germain-des-Prés ; les Antoniens étaient tenus de venir y moudre leur grain contre redevance. Agrandi après la Révolution, le moulin et ses magasins brûlent en 1885. Il n'en subsiste que la roue, en fonte anglaise du XIXe siècle, récemment restaurée.

PIGEONNIER
*XVIIIe siècle*
*Communs du château de Moricq*
*3, rue Prosper-Legouté*
Cette pittoresque construction, abritant autrefois les nichées de pigeons, droit seigneurial, fait partie des anciens communs du château du sieur de Moricq

CALVAIRE
*1933-1934*
*Chapelle Sainte-Jeanne-de-Chantal*
*6, rue des Saules*
En 1932, devant l'accroissement de la population d'Antony et l'extension des lotissements, l'abbé Sauvanaud, curé de Saint-Saturnin, fonde trois nouveaux lieux de culte qui deviendront au fil du temps églises paroissiales.

Parce que ces bâtiments sont souvent des constructions de fortune, rachetées d'occasion, l'abbé Sauvanaud est surnommé « le curé des cathédrales en bois ». Ainsi, l'église Sainte-Jeanne de Chantal s'installe dans un pavillon provenant de l'Exposition coloniale de 1930. Le bâti de la cloche et le calvaire de ciment signalent toujours le caractère sacré du baraquement.

CLOCHER
DE BOIS
*Vers 1932*
*Chapelle Sainte-Jeanne-de-Chantal*
*6, rue des Saules*

ÉCOLE FERDINAND-BUISSON
*Vers 1905*
*Rue Augusta*
Construit en meulière avec décor de céramique de couleur, ce bâtiment scolaire appartient à la tradition architecturale des écoles du temps de Jules Ferry. L'ensemble du groupe scolaire est le fruit d'agrandissements et de modifications successives, à partir des locaux de la plus ancienne école d'Antony, remontant à 1870.

MONUMENT
AU GÉNÉRAL LECLERC
*1950.*
*Sculpteurs : Joël et Jean Martel*
*Place du Général-Leclerc*

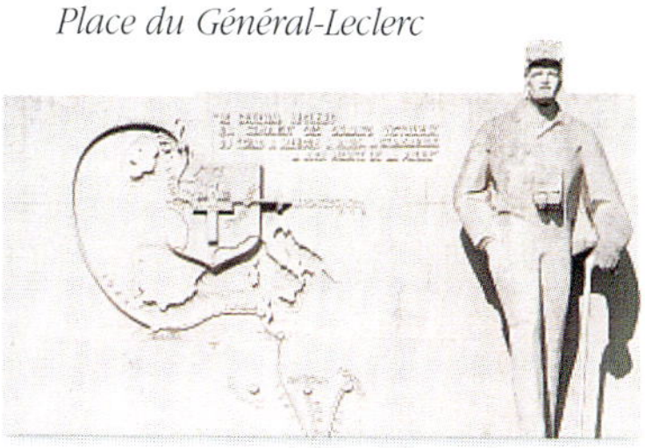

Le 25 août 1944, la commune d'Antony est la première du département de la Seine à être libérée par la deuxième division blindée, commandée par le général Philippe Leclerc de Hauteclocque (1902-1947). Sa brillante carrière militaire, commencée en 1940 auprès du général De Gaulle, se déroule de victoire en victoire à travers l'Afrique, puis lors du débarquement allié de juin 1944. Il reçoit la capitulation de la garnison allemande de Paris, et contribue à la libération de Strasbourg. Nommé inspecteur des forces d'Afrique du Nord en 1946, il meurt dans un accident d'avion l'année suivante. Il est élevé à la dignité de maréchal de France à titre posthume en 1952.

COLONNES
DE L'ANCIENNE MAIRIE
*1835*
*« Résidence dorique »*
*44, rue Auguste-Mounié*
L'ancienne mairie, construite en 1835, et devenue, après la construction du nouvel hôtel de ville en 1967, un commissariat de police, disparaît en 1992. Mais on peut encore voir les colonnes de son portail, réinsérées dans la façade d'une construction moderne.

MAISON
AVEC GALERIE
*XIXe siècle*
*Centre aéré des Castors*
*Avenue Pierre-Brossolette*
Cette maison à la façade ornée d'une galerie de bois est encore entourée d'un beau verger, souvenir du temps où l'activité principale d'Antony était la fourniture des fruits et primeurs.

BOULANGERIE
*XVIIe siècle*
*Rue de l'Église*
Cette maison, attestée en 1675, conserve la lucarne de grenier par laquelle on hissait les sacs de farine grâce à un système de rouleau fixé au pied de la fenêtre.

CALVAIRE
*XIXe siècle*
*Cimetière*
Érigé par un dénommé Paulet, en action de grâce d'un voyage effectué en 1816 et 1817 à Rome, ce calvaire dominait autrefois le carrefour de l'ancienne rue de la Mairie et de la route d'Orléans (café des sports). Il est désormais conservé au cimetière.

BELVÉDÈRE
*Fin XIX^e^ siècle*
*Ancien lotissement Murat*
*7, villa Saint-Georges*
Division des petites exploitations agricoles, partage des parcs des propriétés, l'urbanisation d'Antony progresse au rythme des lotissements durant la seconde moitié du XIX^e^ siècle, puis de nouveau entre 1920 et 1930. L'augmentation rapide de la population entraîne la construction de nouveaux quartiers autour des nouveaux moyens de transport, notamment le chemin de fer de la ligne de Sceaux.

TOUR CARRÉE
*Maison fin XIX^e^ siècle*
*Décor de céramique*
*24, rue Velpeau*

MAISON
*1910*
*Ancien lotissement*
*32, rue des Rabats*
Maison typique de la période des lotissements.

MAISON À DÉCOR
DE FAUX BOIS
*Fin XIX^e^ siècle*
*6, rue Gabriel-Péri*

MAISON À DÉCORS
DE CÉRAMIQUE
*XX^e^ siècle*
*23, chemin Latéral*
Véritable maison du « facteur Cheval », cette modeste demeure, surprenant miracle de l'imaginaire, est entièrement habillée de cassons de faïence de couleur, habilement utilisés.

MAISON
*XIXe-XXe siècle*
*15, rue Germaine*
Curieusement ornée d'une statue dans un oculus, cette maison à l'étroit mur pignon témoigne des anciennes parcellisations des terrains agricoles ou viticoles.

MAISON
*XIXe-XXe siècle*
*Meulière*
*6, rue de l'Abbaye*
Cette maison est caractéristique des constructions en pierre meulière du Bassin parisien.

PAVILLON DE HANOVRE
*1751*
*Parc de Sceaux*
Rocambolesque destin que celui de ce pavillon, folie architecturale édifiée primitivement à Paris, boulevard des Italiens, pour Louis François Armand de Vignerot du Plessis (1696-1788), maréchal de Richelieu et descendant du cardinal. Spirituel, libertin et sans scrupules, le maréchal s'offre ce caprice avec les profits de l'expédition de Hanovre (1756-1757), c'est-à-dire le produit des pillages et exactions qui lui feront retirer ses charges militaires. Utilisé à partir de 1841 comme magasin d'exposition d'orfèvrerie par la maison Christofle, il est vendu en 1931 afin de permettre la construction de l'école Berlitz. Démonté pierre par pierre, il est remonté à l'identique dans le parc de Sceaux, à cheval sur la frontière communale entre Antony et Sceaux. (Cl. M. H.)

# Asnières-sur-Seine

Cantons d'Asnières-sur-Seine nord et sud
Arrondissement de Nanterre

Superficie : 482 ha – Population 1990 : 72 250 hab.
Habitants : les Asniérois – Voies : A86, RN309
Rivière : la Seine

Origine du nom : du latin *asinariae* – troupeau d'ânes, lesquels paissaient dans les garennes.

Blason : la barque symbolise le canotage, les trois fleurs de chardon rappellent l'étymologie du nom de la commune, et les léopards proviennent des armes d'Argenson qui fut châtelain d'Asnières.

## HISTORIQUE

La plus ancienne mention connue d'Asnières apparaît en 1158 dans une bulle du pape Adrien IV, confirmant des droits sur la paroisse à l'église collégiale parisienne de Saint-Marcel. Mais le territoire est peuplé de plus longue date, à en juger par les sépultures et récipients découverts lors des travaux d'aplanissement du parc d'Argenson menés par les terrassiers au XVIIIe siècle, ou bien lors du chantier d'aménagement du centre-ville en 1933. La seigneurie d'Asnières, impliquant le droit de haute justice, appartient dès avant 1224 à l'abbaye de Saint-Denis.

Jusqu'à la fin du XIIIe siècle, Gennevilliers dépend de la paroisse d'Asnières, et s'en sépare en 1302. En 1460, la population d'Asnières, presque anéantie par la guerre de Cent Ans, n'est que de cinq feux, soit environ vingt-cinq habitants. Le grand événement de la Renaissance est en 1541 la dédicace de l'église Sainte-Geneviève par Jean Guillaume, évêque de Sébaste en Asie Mineure et abbé du monastère de Saint-Sébastien, par permission du cardinal Jean du Bellay, évêque de Paris.

Au XVIIe siècle, l'habitante la plus célèbre du village est Anne de Gonzague de Clèves, princesse palatine. À la fin du siècle, l'abbé Lemoine, seigneur par usufruit du chapitre de Saint-Marcel, tente de modifier le nom du village en « Asnières Belle-Isle », en raison de sa situation géographique. Entre 1719 et 1721, Mme de Parabère, maîtresse du Régent, possède une maison à Asnières, à l'emplacement de l'actuel château. Au milieu du siècle, le duc de Luynes et son fils le duc de Chevreuse acquièrent l'ancienne propriété de la princesse palatine. Si la Révolution ne produit pas de bouleversements majeurs dans la vie de la cité, la Restauration voit la population s'accroître. La ville ensuite prend de l'expansion grâce à la construction en 1826 du pont qui la relie à Clichy, puis, quelques années plus tard, par l'arrivée de la ligne de chemin de fer Paris-Saint-Germain. Vers 1850, se crée un club de canotage, qui deviendra l'un des symboles de la ville au XIXe siècle, attirant une telle foule que l'on compare Asnières à Palos de Moguer, le port espagnol d'où partit Christophe Colomb. Après l'année terrible de 1870, nombre de peintres – Georges Seurat, Émile Bernard, Paul Signac – enchantent les paysages asniérois et Van Gogh en peint le pont en 1887. La population est passée de 514 habitants en 1831 à 11 352 en 1881. L'urbanisation de la ville s'accélère considérablement jusqu'à la fin de la Première Guerre mondiale. Une seconde poussée démographique intervient durant l'entre-deux-guerres, liée au développement de la banlieue. Longtemps juxtaposition de villages, puis de quartiers, Asnières tisse désormais une trame urbaine, où le résidentiel le dispute à l'activité économique.

CHÂTEAU VOYER D'ARGENSON
*1750*
*Architecte : Jacques Hardouin-Mansart*
*89, rue du Château*

Le parc et la maison seigneuriale d'Asnières sont à vendre lorsqu'au milieu du XVIII^e siècle Marc René de Voyer de Paulmy d'Argenson (1722-1782) décide de faire bâtir à Asnières une résidence digne de son statut. De haute lignée, le marquis de Voyer est le fils du châtelain de Neuilly, le comte d'Argenson (1696-1764), ministre de la Guerre de 1742 à 1757. Le jeune marquis – il a 28 ans lorsque Louis XV lui confie la direction générale des haras de France – achète la propriété d'Isaac Thelusson, envoyé de la république de Venise, y adjoint quelques propriétés environnantes, fait raser la bâtisse et confie la construction du nouveau château à Jacques Hardouin-Mansart, comte de Sagonne (1709-1776), architecte du roi, constructeur de la cathédrale Saint-Louis de Versailles, et petit-fils de Jules Hardouin-Mansart (1646-1708), l'un des grands noms de l'architecture sous le règne de Louis XIV. Deux cents ouvriers travaillent à l'édification de la demeure, probablement sur une partie des fondations de l'ancien château. Les dépenses sont tant fastueuses que l'on murmure à Versailles : la moindre suggestion du fils est soumise par le père au roi, et l'on a vite fait de dire que ce sont les caisses royales qui financent l'œuvre. (Cl. M. H., 1971)

CHÂTEAU VOYER D'ARGENSON
*1750*
*Avant-corps*

L'avant-corps en demi-cercle s'inspire de la formule employée avec succès au Raincy et à Vaux-le-Vicomte. Le toit en balustrade souligne la majesté de l'ensemble, qui comprenait à l'origine une aile en retour d'équerre, démolie entre 1788 et 1812. Les trumeaux de la partie centrale accueillaient deux demi-reliefs de Guillaume II Coustou (1716-1777) – Mercure et Vénus – dont la destinée est mystérieuse. Disparus lors des changements de propriétaires, ils ont été remplacés par des moulages, lesquels sont d'ailleurs aujourd'hui déposés. Les dernières recherches tendraient à prouver que les originaux sont à Newport (États-Unis), au château « The Elms », réplique presque exacte du château d'Asnières, édifiée en 1901 par Edward J. Berwind, et désormais musée.

MASCARON
*1750*
*Château Voyer d'Argenson*

Si la structure du bâtiment est représentative de l'art Louis XV, l'ornementation et l'aménagement intérieurs ne déparent pas. Associés à Hardouin-Mansart, Nicolas Pineau (1684-1754) et son fils Dominique (1718-1786), sculpteurs du roi, œuvrent aux ornements du château. Les peintures en camaïeux du salon sont de la main de Jean-Baptiste Pierre (1714-1789), artiste de premier plan, élève de Natoire et futur directeur de l'Académie. Le marquis, amateur éclairé de peinture, fait aménager en sa demeure une galerie où il expose ses collections personnelles, plus de soixante-dix tableaux principalement de peinture flamande : Rubens, Rembrandt, Bruegel de Velours... Tant de beautés coûte, et le marquis délaisse sa résidence d'Asnières sous la pression des créanciers pour se réfugier en son château de Vendée. En 1769, il est contraint de vendre à un riche bourgeois, M. Vaillant.

PARC D'ASNIÈRES, LE CHÂTEAU
*XIXe siècle. A. Provost*
*Lithographie (16,9 × 23,8 cm)*
*Archives municipales*

Épargné par la tourmente révolutionnaire parce que ses propriétaires sont roturiers, le château passe de militaires en banquiers. Sous la seconde République, son propriétaire – l'ancien maire Jean-Baptiste Duchesnay – poursuit le morcellement de la propriété, et la loue à des entreprises qui y organisent des fêtes de qualité. Le parc d'Asnières et son château accueillent, sous le second Empire, les Parisiens pour de joyeux divertissements, bals costumés, cafés-concerts. Les réjouissances sont sur toutes les lèvres depuis qu'Offenbach, dans *La Vie parisienne*, fait chanter au tonitruant Brésilien : « Qu'on me mène au bal d'Asnières ! » Mais le château et Offenbach tombent avec Napoléon III à Sedan. Occupée par les troupes prussiennes – les salons servant d'écuries – la résidence du marquis de Voyer d'Argenson se dégrade rapidement. On morcelle la propriété, on disperse décorations et boiseries.

CHAPELLE
*1928. Architecte : Parent*
*Cour du château*
À la fin du XIXe siècle, le château appartient à l'école ecclésiastique Ozanam, qui le transforme. En 1913, c'est au tour des dominicaines de l'institution Sainte-Agnès de prendre en main les lieux. Diverses bâtisses annexes sont abattues, tandis qu'une étrange chapelle de brique rouge vient s'accoler à la façade. Les religieuses, qui avaient sauvegardé ce qu'elles pouvaient, quittent Asnières en 1974. Vacant depuis – avec toutes les dégradations supplémentaires que cette situation entraîne – le château, propriété de la ville depuis 1992, est l'objet ces dernières années d'un grand projet de réhabilitation.

PARC VOYER-D'ARGENSON
*Jardins du château Pouget*
*Rue du Château*
À l'origine, ce terrain appartient au parc du château Voyer d'Argenson, descendant vers la Seine. Son morcellement commence dès 1845. En 1886, Vital Pouget (1846-1929), riche professionnel du pari sur les champs de courses, en acquiert une partie afin d'y construire une résidence, que l'on dira le « château Pouget ». La ville d'Asnières en devient propriétaire en 1926 et ouvre le parc au public. Quant au château Pouget, un temps transformé en dispensaire et en centre de transfusion sanguine, il disparaît en 1980, remplacé par un moderne centre départemental de transfusion.

ÉGLISE SAINTE-GENEVIÈVE
*Façade*
*XVIIIe siècle*
*Rue du Cardinal-Verdier*
Mentionnée pour la première fois en 1158 – une bulle du pape Adrien IV confère au chapitre Saint-Marcel à Paris « les droits de nomination à la cure et à la perception des dîmes » –, l'église Sainte-Geneviève primitive subit les affronts du temps. Parmi les faits marquants du XVIe siècle, on peut noter une nouvelle dédicace en 1541. Trop petite et délabrée, avec son clocher au-dessus du chœur, la reconstruction de l'église est décidée en 1701. Les travaux sont entrepris sous l'égide de l'abbé Lemoine, docteur de la Sorbonne et seigneur par usufruit et en partie d'Asnières, et du curé Jubé. Le 6 septembre 1711 la nouvelle église est consacrée par l'évêque de Chalon. La façade et le clocher-tour carré seront restaurés en 1866 par l'architecte Lequeux, puis de nouveau

en 1877, après les destructions causées par les combats de 1871. En 1929, on agrandit l'église d'après des plans des architectes Bourdeau et Paternoster, l'extension étant inaugurée le 16 mars 1930 par le cardinal Verdier, futur promoteur des chantiers du cardinal. Ainsi la façade possède-t-elle des éléments remployés de l'édifice originel : une partie du portail baroque à colonnes toscanes, des vantaux de porte du XVIIIe siècle, le tout surmonté d'une statue moderne de sainte Geneviève, réplique de celle du Sacré-Cœur de Montmartre. (Ins. M. H., 1929)

CHŒUR
*XVIIIe siècle*
*Église Sainte-Geneviève*
Le curé Jacques Jubé, théologien savant, pratiquant l'hébreu, l'arabe et le syriaque, est un janséniste notoire. Il tente de pratiquer en sa nouvelle église les rites primitifs, impose la présence d'une bible et rétablit la pénitence publique. Toutes choses

qui font alors scandale, d'autant qu'Asnières devient sous sa coupe un noyau du jansénisme en Île-de-France. Pour échapper à l'embastillement, il s'exile en 1724, tout d'abord en Hollande, puis à Moscou où il tente un rapprochement avec l'Église orthodoxe. Le chœur de l'église d'Asnières est la partie qui témoigne au mieux de l'église originelle. Le maître-autel, en pierre peinte de gris et d'or, est daté du XVIIIe siècle (Ins. M. H., 1984). Au-dessus s'élève une gloire représentant des anges. Derrière le maître-autel figure une *Présentation au Temple* de 1859, signée Boncza.

CONSOLE LOUIS XV
*XVIIIe siècle*
*Église Sainte-Geneviève*
La richesse et la finesse des décors floraux de cette console en bois peint rehaussé d'or, surmontée d'un plateau en marbre, et dont le galbe aux formes arrondies et sinueuses est typique du style Louis XV dit rococo, en font un meuble de toute beauté. Elle fait partie d'une paire se trouvant dans le chœur de l'église, de part et d'autre du maître-autel.

PLAQUE DE CUIVRE
*Reliquaire de Bénédictine de Brunswick*
*1730*
*Cuivre gravé*
*Église Sainte-Geneviève*
Retrouvée en 1868, dans les fondations du chœur de l'église, cette plaque faisait partie d'un reliquaire recueillant les entrailles de la « très puissante et très excellente princesse Bénédictine Philippine Henriette Palatine de Bavière ». Troisième fille du prince palatin Édouard de Bavière et d'Anne de Gonzague de Clèves, Bénédictine se marie à Asnières en 1668. À la mort de son époux, le prince Jean-Frédéric, duc de Hanovre, de Brunswick et de Lunebourg, en 1679, elle se retire en France. À partir de 1685, elle réside souvent dans sa maison de campagne d'Asnières, héritage de sa mère, d'où elle nourrira de ses largesses les travaux d'aménagement de la nouvelle église. Décédée en 1730 à Asnières, elle est la mère de l'impératrice d'Autriche Wilhelmine-Amélie de Brunswick, femme de Joseph Ier, empereur de 1705 à 1711. (Cl. M. H., 1982)

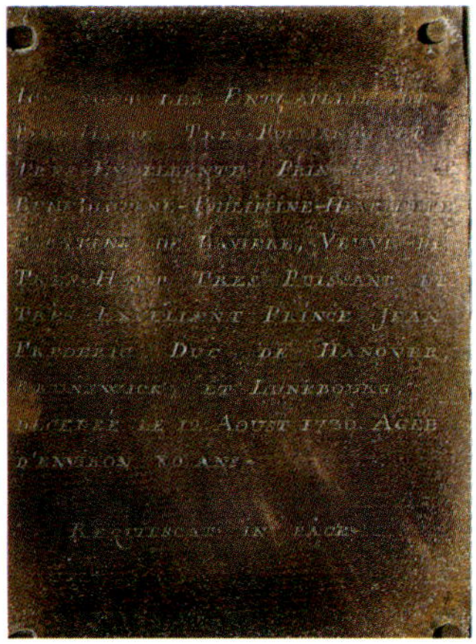

SAINTE GENEVIÈVE
*1932. Léon Baillif*
*Église Sainte-Geneviève*
Parce que ses prières ont préservé Paris des hordes d'Attila en 451, sainte Geneviève (v. 422-502) est souvent invoquée pour éloigner les désastres. Le peintre asniérois Léon Baillif (1864-1934) s'inspire ici d'un Asnières d'autrefois et figure l'église avant sa reconstruction, d'après un plan ancien.

KIOSQUE À MUSIQUE
*1891*
*Square Maréchal-Leclerc*
Le parc de la mairie constitue un vestige d'un jardin fort ancien, attesté au XVIII^e^ siècle, intégré dans la propriété de M. Vanin de Courville.

ANCIENNE MAIRIE
*1899. A. Eubriet*
*Huile sur bois*
*Hôtel de ville*
Avant 1822, Asnières ne connaît pas de maison communale, le domicile des maires en faisant office. Des bâtiments annexes sont ensuite utilisés, et délaissés à mesure de l'augmentation de la population. Ce n'est qu'en 1875 que la ville achète la propriété de M. Vanin de Courville, ancien magistrat décédé l'année précédente. Le bâtiment central est le plus ancien, remontant au XVIII^e^ siècle. L'ensemble sert de centre administratif mais, malgré un aménagement mené en 1893, il se révèle de nouveau trop exigu.

HÔTEL DE VILLE
*1899*
*Architecte : Emmanuel Garnier*
*Place de l'Hôtel-de-Ville*
En 1895, un concours d'architecture est ouvert afin de procéder à l'édification du nouvel hôtel de ville. Le lauréat, Emmanuel Garnier, dirige la construction de 1897 à 1899, temps record pour une bâtisse de cette importance. L'ensemble est représentatif de cette architecture républicaine d'apparat qui se développe alors dans la région. En façade, des bas-reliefs représentent les armes de Paris, de Saint-Denis et d'Asnières-sur-Oise, ces dernières en raison d'une appropriation un peu hâtive. Les nouvelles armes d'Asnières-sur-Seine ne seront créées qu'en 1900, par Henri Lacouture.

SALLE DES MARIAGES
*1901-1904*
*Hôtel de ville*
Fin 1899, on organise un nouveau concours pour la décoration de la salle des fêtes et mariages. La tradition orale, non vérifiée, voudrait que le jeune et encore inconnu Henri Matisse s'y soit présenté et ait été exclu dès le premier tour. C'est au Marseillais Henry Bouvet (né en 1859) qu'échoit la réalisation des quatre grands panneaux peints, dont le règlement du concours impose qu'ils représentent des scènes exclusivement locales. Les mariés de Bouvet se promènent alors le long de l'île de la Grande Jatte. L'estrade en bois verni, achevée en 1901, est de l'ébéniste Préau.

FOLKLORE BRETON
*1888. Émile Bernard*
*Lithographie*
*Bibliothèque municipale*
Résidant à Asnières, Émile Bernard (1868-1941) peint les environs de la maison familiale, notamment *Les Chiffonniers : ponts de fer à Asnières* (1887). L'année suivante, il retrouve Gauguin à Pont-Aven. Leur collaboration donne naissance à une nouvelle école où dominent aplats cernés de contours sombres et sinuosités inspirés de l'estampe japonaise.

PANNEAU PEINT
*Vers 1900. Henri Lacouture*
*Salle du conseil*
*Hôtel de ville*
On doit les très belles décorations de la salle du conseil au peintre-décorateur Henri Lacouture (né en 1841). Ici – symbole républicain s'il en est – un lion défendant le suffrage universel. Membre de la Société des artistes français, peintre attitré des Monuments historiques, Henri Lacouture travaille également à la restauration de la Sainte-Chapelle de Paris et sera distingué pour les décorations du château d'Azay-le-Rideau (Indre-et-Loire). Les sculptures de la salle du conseil sont de la main de M. Raynaud, dont l'ouvrage est également visible au sein de l'hôtel de ville de Levallois-Perret.

PLAFOND PEINT
*1903. Henri Courselles-Dumont*
*Salle des mariages*
*Hôtel de ville*
Figures allégoriques des arts, autour de la couronne de lauriers, de la tablette et du stylet, dans une atmosphère empreinte des canons antiques, le somptueux plafond peint de la salle des mariages est l'œuvre d'Henri Courselles-Dumont (1856-1918). Les moulures, écoinçons et autres ornements, sous le ciseau des sculpteurs Romain Chevré, père et fils, rehaussent encore le faste de la composition.

ACTE DE NAISSANCE
D'HENRI BARBUSSE
*17 mai 1873*
*Registre des naissances 1872-1874*
*Archives municipales*
Né à Asnières, Adrien Gustave Henri Barbusse (1873-1935) s'initie tôt à la littérature par le biais du journalisme. Poète sensible dans la mouvance des symbolistes, sa conscience sociale affronte néanmoins avec lucidité la douleur de l'époque. Sa chronique de mœurs *L'Enfer* fait scandale en 1908 par sa brutalité. Il s'engage aux premières heures de la Grande Guerre, et publie en 1916 *Le Feu, journal d'une escouade*, premier récit de la vie des tranchées, où le cauchemar traumatique est traversé d'aspirations pacifistes. L'œuvre lui vaut le prix Goncourt en

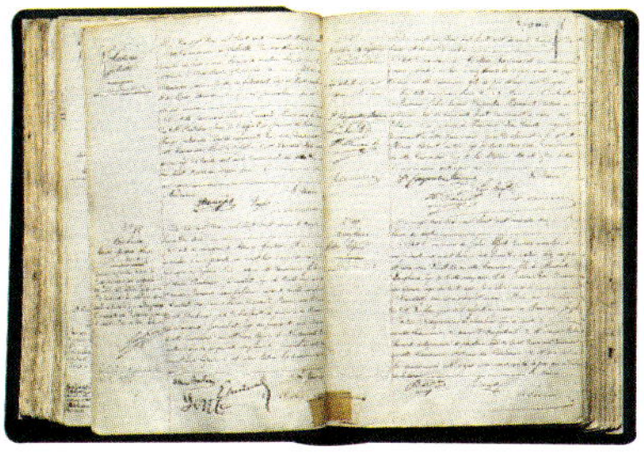

1917. Démobilisé, Henri Barbusse cristallise sa rébellion sociale autour des idéaux communistes. Militant actif du parti communiste français dès sa création en 1920, il effectue de nombreux voyages à Moscou, où il mourra en 1935.

ACTE DE MARIAGE
*Marie de Bavière*
*10 mars 1671*
*Registre paroissial 1648-1692*
*Archives municipales*
Fille aînée du prince palatin Édouard de Bavière et d'Anne de Gonzague de Clèves, Marie de Bavière épouse

en 1671, à Asnières, Théodore Otton, prince souverain de Salm. L'acte de mariage est revêtu de signatures de personnalités non négligeables en cette Europe du XVIIe siècle : la mère de la mariée, Anne de Gonzague de Clèves (1616-1684), qui après une jeunesse tumultueuse et des sympathies marquées pour la Fronde, mène dans sa maison de campagne d'Asnières une vie plus paisible ; Louis II de Bourbon, dit le Grand Condé (1621-1686), chef de guerre qui, hostile à Mazarin, prend le parti des frondeurs ; battu par Turenne, il ne retourne en grâce qu'en 1660, menant à la tête des armées royales la conquête de la Franche-Comté et la guerre de Hollande ; Jean II Casimir (1609-1672), réfugié en France, roi de Pologne à partir de 1648 sous le nom de Casimir V et qui abdique en 1669, à la suite du traité d'Androussovo qui cède Smolensk et l'Ukraine à la Russie. Signent également le duc d'Enghien, Henri-Jules de Bourbon, fils du Grand Condé, et son épouse, Anne de Bavière, seconde fille d'Anne de Gonzague.

ESCALIER ET FERRONNERIES
*XVIIIe siècle*
*9, rue de l'Église*
C'est un marchand drapier qui fait construire vers 1736 cette demeure, dont les ferronneries de l'escalier sont comparables à celles que l'on pouvait trouver autrefois dans le château d'Argenson voisin. Transformée au XIXe siècle par l'adjonction d'un étage, la demeure est alors aménagée en pensionnat. Aujourd'hui, elle est redevenue un lieu d'habitation.

INSTITUT DÉPARTEMENTAL BAGUER
*XIXe et XXe siècles*
*35, rue de Nanterre*
En 1863, Charles Henri Berchoud fonde ici un établissement d'instruction primaire qui fonctionne jusqu'à ce qu'en 1893 le département de la Seine s'en rende acquéreur. Enrichie d'un parc et de domaines voisins, la propriété devient en 1894 un institut d'enseignement spécialisé à l'usage des enfants sourds-muets. En raison de l'augmentation constante du nombre des élèves, les bâtiments s'agrandissent entre 1901 et 1906, d'après des plans des architectes Ulmann et Tournaire. Une nouvelle campagne d'extension a lieu à la fin des années vingt. Dans les caves de l'établissement, on inaugure en 1938 un poste de secours destiné aux futures victimes de bombardements.

ALLÉGORIE DE LA JUSTICE
*1934. René Collamarini*
*Centre administratif et social*
*16, place de l'Hôtel-de-Ville*

Afin de pourvoir aux nouveaux besoins de la ville en matière d'équipement, l'on décide en 1932 de construire un centre administratif et social, comprenant des services administratifs, une salle des fêtes et un gymnase. L'ensemble, réalisé d'après un projet des architectes communaux Chevallier et Launay, est inauguré en 1935. L'ornementation extérieure est notamment commandée à René Collamarini (1904-1983) qui exécute cette allégorie de la Justice, drapée et munie des attributs symboliques de la loi et du code. Familier du travail conjoint avec les architectes, Collamarini fera une longue carrière, émaillée de réalisations monumentales – bas-relief pour le Trocadéro, statue pour le musée d'Art moderne de Paris en 1936, École normale de Pointe-à-Pitre, palais présidentiel d'Abidjan en 1961. Son art s'est également illustré autour de personnalités, comme son épouse l'actrice Mona-Dol en 1931, le maréchal de Lattre de Tassigny en 1946, ou le président tunisien Bourguiba en 1964.

MONUMENT COMMÉMORATIF
*Guerres de 1870 et de Crimée*
*1901. Sculpteur : Auguste Maillard*
*Place Aristide-Briand*

Cruellement marquée par la guerre de 1870, la ville d'Asnières élève au début de notre siècle ce monument aux morts, également dédié aux victimes de la guerre de Crimée, menée en 1854-1855 contre le tsar Nicolas Ier. La figuration est édifiante et semble s'inspirer de l'iconographie sacrée : un soldat mourant soutenu par la mère-patrie qui lui présente le drapeau comme suprême espoir.

BUSTE DE GUSTAVE BAGUER
*1920*
*Institut départemental Baguer*
*35, rue de Nanterre*
Ce buste, érigé dans la cour de l'établissement en 1920, rend hommage à Gustave Baguer, qui en fut le directeur entre 1894 et sa mort survenue en 1919. L'enseignement spécialisé dispensé aux jeunes sourds-muets se poursuit de nos jours.

MENHIR
*Époque néolithique*
*Grès (5 tonnes)*
*Square Maréchal-Leclerc*
Ce menhir a été découvert en 1933, lors des travaux de construction du Centre administratif et social. À quelque trois mètres de profondeur, au milieu d'ossements humains et d'outils, il marque l'emplacement d'une sépulture collective de l'époque néolithique datant d'environ 3 500 années avant notre ère. Transporté dans le parc de la mairie, il

LES MUSES
*Vers 1934. René Collamarini*
*Bas-relief en pierre*
*Centre administratif et social*
Créé pour orner l'ancienne salle des fêtes, ce bas-relief orne désormais la volée de l'escalier du théâtre inauguré dans le centre administratif et social en 1981. En situation, les Muses, filles de Zeus et de la déesse de la mémoire Mnémosyne, font souffler l'inspiration divine. Ainsi Euterpe est-elle la muse de la musique, Clio, celle de l'histoire, Thalie, de la comédie et de la poésie pastorale, Terpsichore, de la danse et du chant, Calliope, de la poésie épique, Polymnie, de la poésie lyrique, Uranie, de l'astrologie, Erato, de la poésie amoureuse, et Melpomène, de la tragédie.

est replacé sur un socle constitué de fragments de sépultures. Depuis 1948, l'immémorial monument sacré est incrusté d'un anachronique médaillon du général Leclerc.

ANCIEN HÔTEL DES POSTES
*1904*
*Place de l'Hôtel-de-Ville*
Édifié lors des progrès de l'urbanisation de la ville, l'hôtel des postes se voit adjoindre en 1924 un central téléphonique construit par l'architecte Lecœur. Le toit a été profondément remanié en 1992.

BAS-RELIEF
*Vers 1920-1930*
*Immeuble L'Abeille*
*2, rue Sadi-Carnot*
L'immeuble, blasonné d'une abeille, fut érigé par la célèbre compagnie d'assurances homonyme.

ÉGLISE NOTRE-DAME-DU-PERPÉTUEL-SECOURS
*1936. Architecte : Nasousky*
*35, rue Albert-Ier*
Le cardinal Verdier pose en 1934 la première pierre de cette église – soixante-quatrième ouvrage des chantiers du cardinal. La réalisation en est confiée à l'architecte Nasousky, à qui l'on doit déjà l'église Saint-Joseph-des-Quatre-Routes, en 1911. L'église du Perpétuel Secours n'est pas achevée lors de son inauguration en 1936, et attend toujours son clocher définitif.

HÔTEL PARTICULIER
*XVIIIe siècle*
*53-55, rue Maurice-Bokanowski*
Attesté en 1765, cet hôtel particulier avec son parc alors immense est acheté en 1792 par Anne Jeanne Rœttiers de la Chauvinerie, cousine germaine d'un ancien gentilhomme ordinaire de la chambre du roi, épouse de François de Lalaurencie, marquis de Charras. La famille est décimée par la guillotine en 1794, seul le marquis de Charras, malade, y échappant. La demeure sera propriété de deux maires d'Asnières, Pierre Privat de 1825 à 1845, puis Thomas Pierre Durand en 1852, qui y transfère un établissement d'enseignement secondaire, lequel poursuivra ses activités jusqu'en 1909. Conjointement, entre 1901 et 1904, une école d'électricité s'y installe. En 1909, on projette d'en faire un lieu de rééducation pour les prostitués des deux sexes, ce qui soulève un scandale quasi national. De la Première Guerre mondiale aux années cinquante, il accueille une fabrique de lampes à rayons X. Réhabilité à partir de 1981, l'hôtel particulier est aujourd'hui un immeuble d'habitation. (Ins. M. H., 1929)

HBM DE LA VILLE D'ASNIÈRES
*1932*
*3, rue du Capitaine-Bossard*
Créé en 1922, l'Office public d'habitations à bon marché de la ville d'Asnières initie la construction de ce groupe de cent huit logements, achevé en 1932.

CITÉ DES GRÉSILLONS
*1935*
*Square François-Fabié*
*98-106, avenue des Grésillons*
Le conseil municipal de Paris décide en décembre 1930 la construction de la cité des Grésillons, dans le programme de construction d'« habitations à bon marché », sur les anciens champs d'épandage de la ville de Paris. Cette cité-jardin, composée d'immeubles en brique rouge, séparés par des espaces verts, propose 750 logements.

MARCHÉ FLACHAT
*1899*
*Rues Henri-Martin,*
*Paul-Bert et Benoît-Malon*
Tout d'abord nommé marché Parmentier, le nouveau marché d'Asnières est ouvert le 24 février 1899.
En 1922, on envisage de le transférer sur le chemin des Quatre-Routes, mais, impopulaire, le projet est abandonné et le marché réouvert le 3 février 1925. De nouveau menacé en 1986, le marché Flachat doit sa survie à la détermination des riverains, fidèles à ce lieu de mémoire populaire.

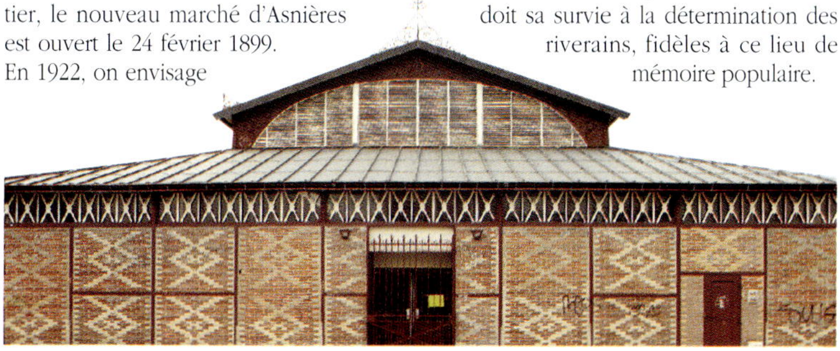

BUSTE DE SILVAIN
*1934*
*Sculpteur : Félix Benneteau-Desgrois*
*Square Silvain*
Offert par « Les Amis et admirateurs de Silvain », ce buste rend hommage à l'un des doyens de la Comédie-Française, Eugène Silvain (1851-1930) qui est considéré comme l'un des plus grands tragédiens du moment. À sa mort, le *Journal de la Seine* déclare :

« Pure, souple, nuancée était sa diction, et sa puissance vocale était telle qu'il la menait, cette voix sonore, vibrante, claironnante, là où il voulait, qu'il l'élevait aux sommets les plus altiers, les moins accessibles de la passion humaine. » Fin helléniste, Silvain laisse de nombreuses adaptations de tragédies antiques, parmi lesquelles *Hécube, Les Perses,* et *Andromaque.*

MAISON VUITTON
*Vers 1860*
*Musée Vuitton*
*18, rue du Congrès*
Louis Vuitton (1821-1892) quitte très tôt son Jura natal pour la capitale où il amorce sa formation comme apprenti chez un layetier emballeur. Habile et imaginatif, il est distingué par l'impératrice Eugénie et les élégantes du second Empire, à qui il permet le voyage tout en préservant l'élégance. Fort du succès de ses premières malles, il fonde sa propre société à Paris en 1854. Deux ans plus tard, ce sont les premières malles à couvercle plat, qui permettent l'empilement. En 1860, Louis Vuitton s'installe à Asnières, où

il fait construire une maison et des ateliers. Le choix lui est dicté par la proximité de la Seine, d'où arrive le bois de peuplier nécessaire à la fabrication des malles, et celle du train vers Paris. L'expansion internationale commence : Londres en 1885, Philadelphie en 1895. La maison Vuitton traversera notre siècle, forte d'un succès jamais démenti.

MALLES VUITTON
*XIXe et XXe siècles*
*Musée Vuitton*
Le fils de Louis, Georges Ferréol Vuitton (1857-1936), est également inventeur. C'est à lui que l'on doit les premières serrures inviolables qui équipent malles et valises de la marque. Ici, deux exemples des productions des ateliers : une malle de 1876, en toile rayée, surmonte une de ses sœurs de 1906, revêtue du fameux monogramme L et V, imaginé en 1896.

TEA CASE
*1926*
*Musée Vuitton*
En 1926, le maharadjah de Baroda, au nord-ouest de l'Inde, commande à Vuitton ce coffre à thé, qu'il désire emporter avec lui lors de ses chasses au tigre. La théière, le réchaud et le pot à eau sont démontables.

MALLE ANCIENNE
*XVIIIe siècle*
*Musée Vuitton*
Autre pièce majeure des collections du musée, cette malle du XVIIIe siècle en bois et cuir, renforcée de croisillons en fer.

MONUMENT À BARRY
*1901*
*Cimetière des chiens*
Ce surprenant cimetière est l'une des curiosités les plus célèbres d'Asnières. Il est créé en 1899, sur l'ancienne île des Ravageurs, par la Société française anonyme du cimetière pour chiens et chats, fondée par le publiciste Georges Harmois et Marguerite Durand, directrice du journal féministe *La Fronde*. On y trouve non seulement chiens, chats et oiseaux, mais aussi des chevaux et des lions, inhumés dans des caveaux parfois monumentaux, voire extravagants. Ici, le monument édifié à la gloire du célèbre saint-bernard Barry, qui sauva quarante personnes et fut tué par la quarante et unième. (Cl. M. H., 1987)

SALON ART NOUVEAU
*Vers 1900*
*Musée Vuitton*
La première maison Vuitton fait office de musée, réunissant les pièces majeures de la marque, et les collections personnelles du petit-fils du fondateur, Gaston-Louis Vuitton (1883-1970).

MAISON
*1907. Architecte : L. Varet*
*16, avenue de la Marne*
L'architecte Varet et le sculpteur Lemit s'associent dans les premières années de notre siècle pour édifier cette très belle demeure qui s'inscrit dans le style Art nouveau, amorcé en France sous l'égide de l'architecte Hector Guimard (1867-1942).

MALLE ANCIENNE
*XVII^e^ siècle*
*Musée Vuitton*
Cette magnifique malle française, en cuir clouté et très riche décor de rinceaux de fleurs et de lys, faisait partie de la collection personnelle de Gaston-Louis Vuitton.

TOMBE DE MÉMÈRE
*1929*
*Cimetière des chiens*
Plus de cent mille animaux sont enterrés à Asnières. Mémère, la mascotte des chasseurs à pied, repose auprès de nombreux autres compagnons. Parmi les animaux des personnalités qui sont ou furent inhumés à Asnières, on peut noter : les chiens de l'Infant d'Espagne, ceux du prince Alexandre de Russie, de Sacha Guitry, Courteline, du musicien Camille Saint-Saëns, de la danseuse Isadora Duncan, mais également les chats de Barbey d'Aurevilly, de Cléo de Mérode ou d'Henri de Rochefort. Le cimetière compte à ce jour 1 161 concessions validées.

ÉGLISE SAINT-JOSEPH
DES QUATRE-ROUTES
*1911 et 1934*
*Architecte : Nasousky*
*187, rue du Mesnil*
Fondée par l'œuvre de bienfaisance de Saint-Joseph des Quatre-Routes, la chapelle est bénie en 1911, puis remaniée en 1934. La tombe est celle de l'abbé Jean Glatz, vicaire de Saint-Joseph des Quatre-Routes entre 1934 et sa mort au champ d'honneur le 23 mai 1940.

TOMBE DES FAMILLES BIDEL
ET RANCY
*Cimetière ancien*
*Rue du Ménil*
Le cirque Rancy est fondé en 1856 à Rouen par Théodore Rancy (1818-1892), enfant de la balle et excellent cavalier. Son association avec François Bidel (1839-1909), dompteur de prestige – « Lion parmi les lions » selon le mot de Victor Hugo –, ouvre avec faste l'âge d'or du cirque français. À la mort du patriarche, son fils Alphonse Rancy (1861-1932) reprend en main les destinées du cirque, accompagné de son épouse, la fille du dompteur Bidel. Le cirque s'installe à Asnières en 1904. Flamboyant jusqu'à la Première Guerre mondiale, on y compte une centaine de chevaux, des lions, des éléphants, un corps de danseurs de vingt-cinq personnes, et un chapiteau abritant 2 600 spectateurs. Le cortège parcourra la France jusque dans les années quarante. Les descendants des deux familles ont depuis perpétué la tradition des gens du voyage.

ESCALIER
*1954*
*Architectes : Cazalières et Chevallier*
*Place Georges-Clemenceau*
L'impressionnante spirale de ces escaliers hélicoïdaux, qui se déroule autour d'un cylindre intérieur, dessert un immeuble-tour de onze étages conçu comme une rupture dans un quartier où prédominaient des immeubles de dimensions plus modestes.

MAISON DE RETRAITE
LÉOPOLD BELLAN
*1928*
*129, rue des Bas*

Léopold Bellan (1857-1936) crée en 1884 la Société d'enseignement moderne, devenue après la Première Guerre mondiale l'Association Léopold Bellan. Partie de Bry-sur-Marne (Val-de-Marne), l'œuvre philanthropique essaime dans toute la région parisienne. Cette maison de retraite est construite en 1928, à proximité de courts de tennis, afin que, selon le vœu de Bellan « les vieillards voient la jeunesse s'ébattre et s'amuser ».

USINE ASTRA-CALVÉ
*Années trente et cinquante*
*14, rue Louis-Armand*

Pharmacien, chimiste, Hippolyte Mège-Mouriès (1837-1880) invente en 1869 la margarine, à la demande de l'empereur Napoléon III qui cherchait un corps gras de longue conservation pour agrémenter le quotidien des marins de sa flotte. Le principe obéit à la reproduction par voie physico-chimique du processus naturel amenant

à la production de lait. La première margarinerie est fondée à Yvetot en 1910, par l'ingénieur Jean Motte. Confiant en la destinée du produit, il lui donne le nom d'Astra – le ciel –, allusion au dernier mot d'un vers latin : « Courage, enfant, c'est ainsi qu'on s'élève jusqu'au ciel ! » Associée à diverses industries complémentaires, la société Astra s'installe à Asnières dans les années trente, sur un terrain situé dans le quartier des Grésillons et dont une partie avait appartenu à la famille du peintre Édouard Manet. Le bâtiment principal – la « cathédrale », une architecture de voûte de quarante-cinq mètres de haut – sera gravement touché par les bombardements de la Seconde Guerre mondiale, et l'entreprise Astra renaîtra sur un site reconstruit dans les années cinquante.

POSTE
*1936. Architecte : J. Bukiet*
*Place Aristide-Briand*

Cette construction très moderne et résolument symétrique se présente sur un site à l'époque dégagé, ce qui permet un plan homogène et régulier, entièrement indépendant de l'environnement. La façade principale est percée de neuf grandes baies verticales, qu'un encadrement en pierre polie agrémenté de ferronneries vient rythmer. L'effet est tout entier dans la lumière envahissant le hall, clarté soulignée par les baies percées au-dessus des façades latérales. Au-delà du plan, l'harmonie des matériaux – un magnifique ensemble de blanc, de blond et de brun – participe au rythme de l'ensemble. De plus, les jeux des différents niveaux du bâtiment, les avancées et les retraits, allient savamment unité et diversité.

MAISON DE RETRAITE
LÉOPOLD BELLAN (détail)

# Bagneux

Blason : le raisin et les blocs de pierre en référence aux deux exploitations principales de la ville : les vignobles et les carrières.
Les trois chevrons évoquent la propriété du cardinal de Richelieu à Bagneux.

Canton de Bagneux
Arrondissement d'Antony

Superficie : 419 ha – Population 1992 : 36 500 hab.
Habitants : les Balnéolais
Voie : RN20

Origine du nom : sans doute dérivé du latin *balneolum*, qui indique la présence dans ce lieu d'eaux thermales.

## HISTORIQUE

La position élevée dont jouit Bagneux, sur le faîte d'une colline, a favorisé son peuplement rapide dès les premiers temps de la civilisation. La découverte de nombreux vestiges datant de l'époque néolithique démontre une occupation très ancienne du site. Des témoignages écrits de l'époque mérovingienne (VIe siècle) ont même été conservés, en particulier celui du père Daniel, un historien. D'autres auteurs prétendent que des médailles à l'effigie de Caribert, roi franc de Paris et de l'ouest de la Gaule de 561 à 567, ont été retrouvées dans le village. De cette très ancienne paroisse religieuse dépendent pendant plusieurs siècles les bourgades environnantes. Bagneux est mentionné au IXe siècle comme fief du chapitre de Notre-Dame de Paris, qui en conserve la suzeraineté jusqu'à la Révolution. La ville est touchée par les guerres civiles du XVe siècle, puis par les luttes religieuses du XVIe siècle. Conservée à la Bibliothèque nationale, une lettre d'Henri IV à Gabrielle d'Estrée est datée de Bagneux, le 31 octobre 1559, à son retour d'une expédition en pays de Caux : « Je suis à Bagneux, et j'ai eu tant de plaisir qu'il se peut. » Lieu de résidence recherché aux XVIIe et XVIIIe siècles, la ville attire de grands personnages, tels Richelieu, Mme de Chevreuse qui est Dame de Bagneux, le propriétaire du fief de Garlande, M. de Surbeck. On y trouve encore le comte de Givry, l'astronome Fortin et les nombreux officiers de la garde suisse qui, placés là à cause de la situation stratégique du village, vivent chez l'habitant.

Constituée en municipalité dès 1787, Bagneux traverse calmement la période de la Révolution. Le XIXe siècle voit l'installation du général Masséna et de sa maîtresse, Eugénie Renique, puis du poète Béranger. Les carrières abandonnées sont transformées en champignonnières ou en jardins. Éprouvé par de violents combats lors de la guerre de 1870, Bagneux retrouve par la suite une vie plus paisible. Des opérations de voiries et la création de nombreux logements collectifs dans les années soixante transforment la physionomie de la ville, qui comme toute banlieue doit faire face à une démographie galopante.

Bagneux a su préserver ses quartiers du centre et reste aujourd'hui une ville dont le caractère témoigne d'une grande qualité historique et culturelle autour de son clocher séculaire.

ANCIENNE MAIRIE
*1875*
*Rue de la Mairie*
Le 19 janvier 1873 est votée la construction d'une mairie, jusque-là itinérante, rue Pavée, rebaptisée aujourd'hui rue de la Mairie. Ce bâtiment d'aspect très simple conserve encore aujourd'hui ses fonctions de salle des mariages.

TREUIL D'EXTRACTION
*Fin XIXe siècle. Paul Flech*
*Peinture marouflée*
*Ancienne Mairie*
Cette toile, représentant le treuil d'extraction d'un puits de carrière, rappelle que, depuis le XIIIe siècle jusqu'à la Seconde Guerre mondiale, les carrières de gypse et de calcaire ont été un élément familier du paysage balnéolais, fournissant les principaux chantiers parisiens. L'extraction se faisait soit à ciel ouvert, soit grâce à des puits de 5 à 20 mètres de profondeur.

PLAN CADASTRAL
*Début du XIXe siècle*
*Archives de l'hôtel de ville*
Ce plan cadastral de Bagneux témoigne de l'état de la commune à la veille de la Révolution. Ce village rassemblait une bourgeoisie, arrivant à la belle saison, à côté d'une paysannerie de cultivateurs et de vignerons. Autour du bourg, de belles demeures forment une sorte de ceinture de parc et de jardins.

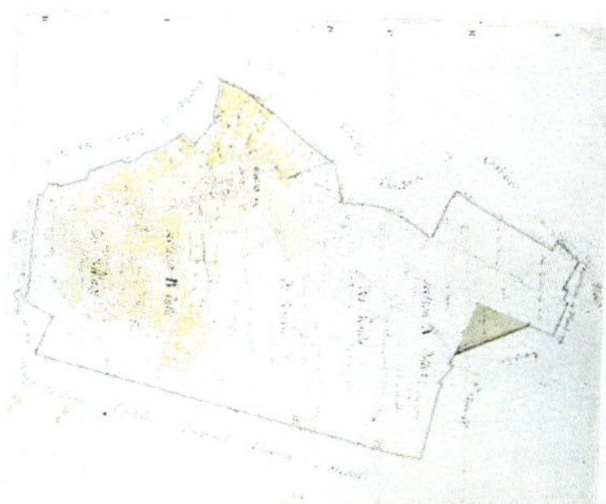

BAS-RELIEF
*1943. Jean-René Debarre*
*Salle du conseil*
*Ancienne Mairie*
Ce bas-relief, exécuté en 1943 par Jean-René Debarre, se veut le témoignage de toute l'histoire de Bagneux et rend hommage à la récolte du « jus divin », en référence au passé viticole de la ville. Héritage d'une tradition issue du Moyen Âge, l'exploitation des vignes a continué jusqu'au début du XXe siècle. Ce panneau rassemble en outre de nombreuses autres allusions à l'histoire de la commune : le travail des

carriers, les saints de la ville, l'église Saint-Hermeland et le domaine de Garlande, aujourd'hui disparu mais qui fut l'une des plus belles propriétés de Bagneux. L'un des maîtres des lieux, M. de Surbeck, y reçut Jean-Jacques Rousseau lors de son premier voyage à Paris...

TORQUE GAULOIS
*800 av. J.-C.*
*Bronze*
*Les amis de Bagneux*
Découvert place Dampierre, ce bijou à la belle patine verte atteste de l'occupation du site par les Gaulois au début de l'âge du fer. Le collier, finement ciselé de rayures, mesure 14 cm de diamètre et se termine par deux tampons. D'usage courant chez les Celtes, le torque est perçu comme une parure masculine – bien qu'il ait parfois été découvert dans des sépultures féminines – et apparaît fréquemment représenté dans la statuaire de la Gaule et du midi de la France au cou de guerriers gaulois. On perd toute trace de ces bijoux au moment de la conquête romaine, les derniers se trouvant associés aux premières monnaies.

ÉGLISE SAINT-HERMELAND
*XII^e-XIII^e siècle*
*Place de la République*
Devant l'accroissement de la population, une église placée sous le vocable de saint Hermeland, dont Bagneux possède un petit ossement du pied depuis 1848, est édifiée sur les restes d'un édifice antérieur. Personnage des temps mérovingiens, saint Hermeland (v. 640-v. 720), fondateur d'un monastère bénédictin dans l'estuaire de la Loire, a longtemps fait l'objet d'une vénération en Bretagne, en Touraine, en Normandie et en Île-de-France. De cette première église disparue dont il ne reste que peu de vestiges, une pierre découverte dans les fondations du portail de l'église actuelle a permis de fixer la date de construction à 1011. La nouvelle église participe du grand essor architectural du moment qui voit l'avènement de l'art gothique. Construite dans le dernier quart du XII^e siècle (1175), sous le règne de Philippe Auguste, elle est achevée un demi-siècle plus tard sous celui de Louis IX dans les années 1230-1240. S'appuyant sur un style de transition entre le plein cintre et l'ogive, l'édifice se compose de huit travées dans la nef et six dans le chœur, l'abside étant carrée comme dans nombre de petites églises d'Île-de-France. La présence de colonnes rondes dans la nef, d'oculus et de tribunes sous charpente s'ouvrant sur chaque travée par deux ou trois baies en plein cintre, révèle, au niveau des proportions relatives de l'édifice, l'influence de Notre-Dame de Paris. L'intérieur de l'édifice, le clocher, les combles et les deux façades donnant sur la voie publique sont restaurés lors de deux campagnes en 1844 et 1870. (Cl. M. H., 1862)

SOUBASSEMENTS DU CLOCHER
*Début XII^e siècle*
*Église Saint-Hermeland*

Vestiges de l'église primitive du XI^e siècle, les soubassements de la base intérieure du clocher contrastent, par leur style purement roman, avec le reste de l'édifice. Cette assise de pierres massives est constituée de deux belles arcades en plein cintre et d'un arc en tiers-point s'ouvrant sur le chœur.

CHŒUR
*XII^e-XIII^e siècle*
*Église Saint-Hermeland*
Construit sur un plan carré, le chœur, sensiblement moins élevé que le reste de l'édifice, est divisé en six travées. Il fut élevé en deux temps, au XII^e puis au XIII^e siècle, les parties hautes semblant appartenir au premier quart du XIII^e siècle. La belle voûte du chœur sur arcs diagonaux est supportée par des arcs doubleaux composés de deux tores parallèles, parfois séparés par une arête ou une bande carrée.

CHAPITEAUX
*Début XI^e siècle*
*Église Saint-Hermeland*
Alors que le tympan de la façade principale est décoré de bas-reliefs de la fin du XII^e siècle, les chapiteaux des colonnettes qui supportent le linteau et l'archivolte semblent appartenir à l'église primitive. Chacun des chapiteaux de style roman présente une iconographie particulière faisant symboliquement référence à un épisode biblique. Ces deux chapiteaux situés à gauche du portail représentent l'Annonciation et saint Michel.

BÉNITIER
*XVII$^{e}$ siècle*
*Église Saint-Hermeland*
Ce bénitier, sculpté dans une pierre d'un grain très fin, est scellé sur le fût du premier pilier monocylindrique que l'on rencontre après avoir franchi le portail, à droite de l'entrée principale. Les initiales gravées sur le socle sont celles de Louis François Dériot, argentier et garde vaisselle de la maison du roi, dont le corps repose aujourd'hui près de ce bénitier qu'il avait offert à l'église en 1633.

VITRAIL
*XV$^{e}$-XVI$^{e}$ siècle*
*Chœur*
*Église Saint-Hermeland*
Dans le chœur, au centre du grand vitrail moderne, subsiste un fragment de l'ancienne verrière figurant une crucifixion. L'adresse de la composition autant que le choix des couleurs semblent indiquer qu'il s'agit d'une œuvre due à un talentueux peintre verrier du XV$^{e}$ ou du XVI$^{e}$ siècle.

FONTS BAPTISMAUX
*XIX$^{e}$ siècle*
*Église Saint-Hermeland*
De facture récente, ces fonts – formant une cuve en marbre veiné fermée par un couvercle de bois –, situés en face de la chapelle de la Vierge, ont remplacé les originaux du XII$^{e}$ siècle, plus richement décorés.

DALLE FUNÉRAIRE
*1546*
*Calcaire. H. : 255 cm. L. : 110 cm*
*Église Saint-Hermeland*
La présence d'un grand nombre de pierres tombales allant du XIII$^{e}$ au XVI$^{e}$ siècle fait de l'église de Bagneux un monument unique dans la région parisienne. En bon état de conservation, bien que certaines aient été retaillées pour être adaptées au pavement de l'église, les dalles, œuvres d'artisans-artistes qu'on appelait tombiers ou lapicides, sont ornées d'effigies ou de simples inscriptions : celles de prêtres ou de riches bourgeois parisiens propriétaires de terres à Bagneux. Datée de 1546, cette dalle funéraire, dressée contre le mur à droite de la porte du clocher, présente l'effigie d'un prêtre en chasuble – un clerc du Mont près Verberie – portant le calice, au centre d'un cadre architectural de style

gothique flamboyant. Au centre des pinacles et des niches, se dressent neuf personnages, parmi lesquels on remarque saint Pierre et sa clef et saint Hermeland vêtu d'une robe et d'un manteau.

TRIBUNE D'ORGUES
*XIV$^{e}$ siècle*
*Église Saint-Hermeland*
Œuvre de menuiserie originale, la tribune est adossée au mur de façade au-dessus du portail, sous le buffet d'orgues. Elle est divisée en treize panneaux séparés entre eux par quatorze petits pilastres ornés de motifs végétaux et surmontés de chapiteaux. Les panneaux ornés de légers rinceaux sont, alternativement, décorés d'un médaillon d'homme ou de femme. L'ornementation la plus curieuse et la plus belle de la tribune se situe au niveau des deux personnages suspendus au-dessus du vide, représentant un prophète et un bourgeois.

CHÂTEAU DIT MAISON DES MARRONNIERS
*XVIII^e siècle*
*6, rue Pablo-Néruda*
Propriété du comte Beugnot jusqu'en 1835, ce château de style Louis XVI constitué de deux corps de bâtiment était à l'origine entouré d'un grand parc. S'ouvrant sur une belle perspective, il dominait toute la vallée environnante. Successivement avocat, conseiller de Lucien Bonaparte, préfet de la Seine inférieure, avant d'occuper les fonctions de ministre de l'Empire et de la Restauration, Jacques Beugnot (1761-1835) s'est éteint dans ce château où il a sans doute rédigé les précieux souvenirs d'une existence qui s'étend de la seconde moitié du XVIII^e siècle au règne de Louis-Philippe. En référence aux événements qu'il a vécus sous l'Ancien Régime, la Révolution, l'Empire et la Restauration, ses mémoires font acte en particulier du plus grand scandale qui éclate à la veille de la Révolution et qui contribue grandement à discréditer la royauté : l'affaire du collier de la reine. La maison est remaniée en 1880 à l'initiative d'un nouveau propriétaire. Le toit s'alourdit de mansardes, mais la façade principale reste intacte.

FRESQUES
*XIX^e siècle*
*Château dit Maison des Marronniers*
Ces fresques de carrelage représentent, au centre d'un médaillon en trompe l'œil, des monuments des environs. Ils sont encore visibles dans les appartements.

PLAFOND PEINT
*1899. Ledoux*
*Château dit Maison des Marronniers*

Ce plafond de l'ancien château présente un décor de grisaille, rehaussé de tons ocres, mêlant des figures mythologiques, des médaillons en trompe-l'œil, et des guirlandes végétales.

PIÈCE DE MONNAIE
*I^er siècle av. J.-C.*
*Bronze*
*Les Amis de Bagneux*
Les fouilles archéologiques menées depuis le début du XIX^e siècle ont exhumé de nombreux vestiges démontrant une présence presque continue de l'homme dans un large périmètre autour de Bagneux, depuis le début du néolithique jusqu'au Moyen Âge. On doit une grande partie de ces fouilles à un Balnéolais de souche, collectionneur infatigable, Albert Maugarny (1872-1944). En bon état de conservation, cette pièce en bronze, datant du I^er siècle avant notre ère, fait

partie des plus anciennes monnaies découvertes dans la région. Mise au jour à la limite des lieux-dits « Les Bulles » et « Les Thurbœufs » désignés par les spécialistes comme un haut lieu d'occupation gallo-romaine, elle a été désignée comme appartenant à la tribu gauloise des Suessionnes. Une tête de Janus bifrons – une des divinités les plus anciennes du panthéon romain représentée avec deux visages opposés reliés par la nuque (bifrons) – apparaît sur l'avers tandis que l'on reconnaît au revers un lion avec un anneau sous le ventre et trois sur le dos.

FONTAINE GUEFFIER
*XVIII^e siècle*
*Rue de la Fontaine*
Cette fontaine édifiée en 1767 par Claude Pierre Gueffier, libraire sur le parvis de Notre-Dame et citoyen de Bagneux, apparaît aujourd'hui – après restauration – telle qu'elle était au XVIII^e siècle. Mais si les bancs rustiques, en pierres du pays, entourés de vieux marronniers séculaires sont encore là, la source qui l'alimentait est tarie. Une plaque en calcaire de Bagneux, apposée en 1967 à l'occasion du bicentenaire de la fontaine Gueffier et mentionnant sa date de construction et le nom de son instigateur, a disparu depuis. Plusieurs lieux-dits portent encore le nom d'un ruisseau ou d'une source, souvenirs des eaux qui coulaient autrefois en abondance à Bagneux.

MONUMENT AU COMMANDANT DAMPIERRE
*1874. Architectes : de Metz et Lalanne. Sculpteur : Vasselot*
*Cimetière communal*
*Rue René-Cross*
Érigé par souscription des habitants de la commune, ce monument rend hommage au commandant Dampierre (1836-1870) et à ses soldats tombés au front le 13 octobre 1870. C'est au cours d'un combat dans Bagneux livré contre des éléments bavarois de l'armée allemande, laquelle venait de pénétrer dans Paris, que Anne Marie André Picot, comte de Dampierre et commandant des mobiles de l'Aube, est mortellement blessé. Inauguré le 13 octobre 1874, ce monument est l'œuvre des architectes de Metz et Lalanne, et du statuaire Marquet, comte de Vasselot (1840-1904).

CITÉ DU CHAMP DES OISEAUX
*1932. Beaudouin, Lods*
*Avenue Henri-Barbusse*
La construction de la cité du Champ des oiseaux par les architectes Beaudouin et Lods marque une étape importante du développement urbain autant qu'architectural de la ville de Bagneux. Cet ensemble d'habitations à bon marché bâti sur un terrain vague éloigné du centre ville regroupe bientôt près de 2 500 personnes, devenant rapidement un nouveau pôle bien vivant au sein de la commune. En tant que première construction d'immeubles préfabriqués de France, la conception de cette cité est une véritable révolution architecturale. La cité du Champ des oiseaux, qui doit son nom au lieu-dit où elle a pris place, a été récemment restaurée et entourée de nouveaux bâtiments.

PORTE
*Époque Empire*
*3, rue Pablo-Néruda*

L'entablement de cette porte massive appareillée de gros blocs de pierre s'inspire de l'architecture des temples grecs. Elle fait alterner métopes et triglyphes dans le plus pur style des frises doriques dont les plus belles sont peut-être au Parthénon à Athènes.

PLAQUE COMMÉMORATIVE
*22, rue Paul-Vaillant-Couturier*
Alors que depuis quatre jours la mairie de Bagneux est aux mains de la Résistance qui y a installé son comité de Libération, des barricades sont dressées dans les rues pour faire face à l'ennemi qui contre-attaque. Cette plaque rend hommage à André Ox tué au cours de ces combats, dans la nuit du 22 au 23 août 1944, à l'âge de 18 ans. Malgré le lourd bilan de cette Seconde Guerre mondiale, le développement de la ville reprend, dès les années cinquante-soixante, par la construction de nombreux immeubles d'habitations, d'écoles, d'équipements sportifs.

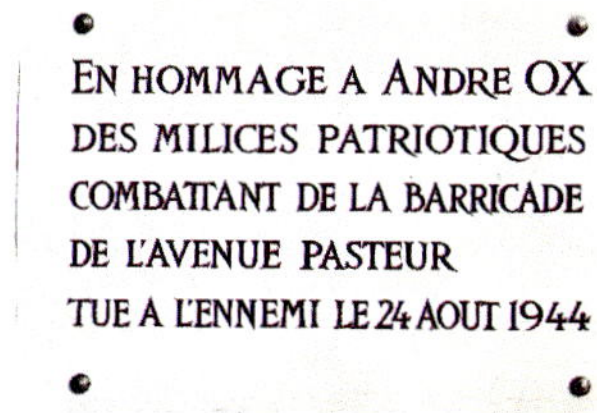


PORTAIL AVEC COLONNES
*Calcaire*
*9, rue Pablo-Néruda*
Ce portail encadré de colonnes ainsi que le mur extérieur, au large appareillage de blocs de calcaire, sont les seuls vestiges d'un pavillon – où résida Pierre-Jean Béranger – détruit en 1927 par le nouveau propriétaire Alexandre Pluchet pour y construire sa maison. Originellement château de Marchal de Sancy, économe général du clergé de France, cette demeure était l'une des plus belles de Bagneux. Elle comportait sept corps de bâtiment, un grand salon aux boiseries peintes et même un théâtre. En 1830, date à laquelle Béranger vient s'y installer, il n'est plus question que d'un pavillon de deux étages. Témoin de la prise de la Bastille alors qu'il est enfant, d'abord typographe, puis commis dans une banque, Béranger (1780-1857) écrivit très tôt ses premiers vers. Avec la Restauration, il trouve son genre propre, la « chanson libérale et patriotique », selon les mots de Sainte-Beuve. Fervent défenseur de la cause républicaine, poète épris avant tout de liberté, il laisse quatre recueils de chansons, une biographie et sa correspondance qui ne sera publiée qu'en 1860.

MAISON RICHELIEU
*XVII^e^ siècle*
*4, rue Étienne-Dolet*

Reconvertie en école maternelle, la maison qu'avait fait construire Richelieu (1585-1642) pour abriter ses négociations secrètes renferme encore bien des mystères. Officiellement occupée par M. de Bénicourt, homme de confiance du cardinal, le bâtiment comportait à l'époque un pavillon donnant sur la rue Saint-Étienne. Démoli pendant la Révolution, le pavillon révéla la présence d'un puits muré au fond duquel auraient été découverts les ossements de quarante cadavres ainsi que des lambeaux de vêtements et des bijoux. Oubliettes de Richelieu ? Rien ne peut être affirmé à propos de cette découverte qui a donné lieu aux hypothèses les plus diverses. La résidence du Cardinal, ornée d'un fronton percé d'un oculus, a été modifiée par l'adjonction d'un nouveau bâtiment reliant les deux ailes entre elles. Quelques boiseries du XVII^e^ siècle sont encore visibles dans les appartements.

PARC MUNICIPAL DE RICHELIEU
*XVII^e^ siècle*
*4, rue Étienne-Dolet*

Récemment transformés en parc municipal, les jardins du domaine de Richelieu ont été redessinés et accueillent aujourd'hui un jardin d'enfant fermé par une clôture de pierre, ainsi que des bains-douches en brique. Deux pilastres situés au début de l'allée principale sont respectivement surmontés d'un curieux cadran solaire et d'un groupe de deux enfants nus se tenant par la main. La statue représente Mars sous les traits du cardinal de Richelieu et Vulcain sous ceux de son favori, M. de Bénicourt. Les nombreuses autres sculptures que le Cardinal avait fait exécuter pour son parc ont aujourd'hui disparues.

CÈDRE
*XVII^e^ siècle*
*Parc municipal de Richelieu*

Lors de l'aménagement des jardins de Richelieu en parc municipal, les cèdres, datant sans doute de la même époque que la propriété, ont été préservés. De nombreux autres arbres séculaires, certains remontant à la fin du XVIII^e^ siècle sont aussi conservés dans le sud du département, à Bagneux, Châtillon, Sceaux...

FRAGMENT DE POUTRE
*XVII^e^ siècle*
*Maison de Richelieu*
*Les amis de Bagneux*

Des vestiges des poutres peintes de la charpente ont été découverts en 1993 lors de l'installation d'un escalier de secours intérieur.

GNOMON
*XVII^e^ siècle*
*Calcaire*
*Parc municipal de Richelieu*

Sur un piédestal sculpté se dressent deux grands anneaux entrecroisés et scellés l'un à l'autre. Cet étrange monument est un gnomon, un type de cadran solaire simplifié, non parallèle à l'axe terrestre. Il est constitué d'un socle sur lequel s'entrecroisent un octaèdre (figure à huit faces) régulier et un anneau elliptique de forme complexe. Ses différentes faces sont graduées et couvertes de courbes. Sans doute unique en son genre, ce gnomon réunit plusieurs cadrans solaires, chacun remplissant une fonction précise en fonction des heures et des saisons. L'origine de ce cadran solaire et sa date de construction ne sont pas connues ; on sait seulement d'après des textes qu'il est antérieur à 1708. Démonté, il est actuellement en restauration.

BOISERIES
*Époque Empire*
*Ancienne propriété Masséna*
*Communauté Saint-Augustin*
*10, place de la République*
L'ancien presbytère bâti en 1760 à l'initiative de François de Chabannes de Rhodes, docteur en théologie en Sorbonne et curé de Bagneux, est acheté en 1808 par André Masséna (1756-1817). Ce maréchal d'Empire qui s'est distingué lors des campagnes napoléoniennes – en particulier

à Rivoli (1797) – est présenté par Stendhal comme un homme « aussi célèbre par ses succès que par ses conquêtes amoureuses ». Celui que Napoléon appelait « l'enfant chéri de la victoire » voit néammoins sa réputation ternie par son goût immodéré des plaisirs et sa passion galante pour la belle Eugénie Renique, danseuse à l'Opéra. C'est pour sa jeune maîtresse qu'il fait aménager la maison du chanoine, qu'il vient d'acquérir. Conçue en effet pour un ecclésiastique, la maison doit être organisée différemment pour une jeune fille : on y ajoute entre autres une aile en façade accueillant un salon à la mode. Cependant ces dépendances, de même que les lieux d'aisance et leur fosse, s'appuient directement sur le mur du collatéral nord de l'église Saint-Hermeland, ce qui provoque l'indignation de la communauté ecclésiastique. Ils sont bientôt détruits sur ordre du conseil municipal. Le salon, alors réduit aux proportions d'un boudoir, a été épargné par les transformations du siècle suivant et conserve encore aujourd'hui son beau décor de boiseries peintes. Ces dernières sont décorées de peintures légères et pleines de fraîcheur. Guirlandes, vases, fleurs, papillons et oiseaux les animent, inspirés des fresques romaines antiques. Ce goût de l'époque pour l'art de l'Antiquité est alors très en vogue depuis la découverte des villes englouties par l'éruption du Vésuve en 79 av. J.-C., telles Herculanum et Pompéi. Actuellement le presbytère abrite la communauté Saint-Augustin.

BOUDOIR D'EUGÉNIE RENIQUE
*Époque Empire*
*Ancienne propriété Masséna*
*Communauté Saint-Augustin*
De même que Napoléon loge Marie Walewska dans une maison de Boulogne-Billancourt qui a conservé son décor de plafonds peints, Massena fait aménager pour Eugénie Renique un boudoir dans l'ancien presbytère de Bagneux, éclairé de deux fenêtres et décoré de peintures florales et animalières et d'une très belle cheminée en marbre. (Ins. M. H., 1990)

PORTRAIT D'EUGÉNIE RENIQUE
*Époque Empire*
*Ancienne propriété Masséna*
*Communauté Saint Augustin*
Ce portrait, peint sur le panneau central des boiseries du petit salon, est celui d'Eugénie Renique, danseuse d'opéra et maîtresse de Masséna. Elle nous apparaît sous les traits d'une jeune fille blonde au teint clair, d'environ dix-sept ans. À la vue des motifs à peine esquissés apparaissant sous le buste, on peut penser que le portrait est resté inachevé.

# Bois-Colombes

Canton de Bois-Colombes
Arrondissement de Nanterre

Superficie : 192 ha – Population 1990 : 24 450 hab.
Habitants : les Bois-Colombiens – Voies : RN186, RN309

Origine du nom : des bois touffus qui recouvrent le territoire jusqu'au XIXe siècle, et de la ville mère, Colombes.

Blason : le chêne d'or évoque le souvenir des bois disparus ; en chef, les armes de Colombes, trois colombes d'argent sur fond d'azur.

## HISTORIQUE

L'histoire ancienne de Bois-Colombes se confond avec celle de Colombes, dont elle est issue. À l'origine, le territoire de l'actuelle commune est constitué d'un îlot de petits bois situé entre Asnières et Colombes. Son peuplement est très récent mais des vestiges préhistoriques tendent à prouver qu'il en fut autrement dans un passé très reculé. Sous l'Ancien Régime la région est un terrain de chasse appartenant à l'abbaye de Saint-Denis. En 1815, après la chute du premier Empire, les cosaques y établissent un campement.

Les premières habitations sont des guinguettes construites pour accueillir les promeneurs du dimanche, de plus en plus nombreux en raison de l'extension d'Asnières. Parmi ceux-ci, on retient le nom d'Alexandre Thiéfine, restaurateur très renommé de l'époque, qui reçoit la fine fleur de la société. Il aurait été le premier habitant de ce qui n'était qu'un bois.

Sous Louis-Philippe, on cherche à baptiser cet endroit. Le nom de Thiéfine est proposé, mais l'on retient celui qui était communément donné au territoire : « Bois-de-Colombes ».

En 1846 la construction de la ligne de chemin de fer d'Argenteuil contribue au peuplement du territoire de Colombes. La croissance du bourg est rapide. Après la guerre de 1870, apparaissent de très nombreuses constructions de plaisance. Dès 1874 les projets séparatistes prennent forme au sein des habitants du Bois. Les Bois-Colombiens, essentiellement représentés par de gros négociants, des industriels, des savants et des artistes, fournissent quarante-quatre pour cent des recettes du village et déplorent que cet argent ne profite qu'aux seuls quartiers de Colombes et de La Garenne. L'absence de trottoirs, les mares d'eaux stagnantes et l'obscurité des rues contrastent avec l'embellissement des deux autres pôles de la commune. La lutte entre Bois-Colombiens et Colombiens va durer vingt ans. Elle aboutit à l'acte de baptême de Bois-Colombes, le 17 mars 1896, désormais espace indépendant de 186 hectares et 10 000 habitants. De nombreuses transformations interviennent alors pour rendre ce quartier incohérent digne du statut de commune. La chapelle est érigée en paroisse, deux écoles voient le jour en 1888 et 1908, les industries s'installent. De 1935 à 1937, la commune se dote enfin d'une nouvelle mairie, reconnue comme l'une des plus réussies de la banlieue parisienne. En 1943 la ville est bombardée, en raison de la présence des usines Hispano-Suiza.

Dès 1950, la ville reprend son essor et continue son effort de modernisation à l'échelle humaine avec ses équipements culturels et sportifs. Elle garde encore aujourd'hui, grâce à ses quartiers pavillonnaires, ce caractère pittoresque et privilégié d'un village aux portes de la capitale, mais ouvert néanmoins sur le futur.

HÔTEL DE VILLE
*1936. Architectes :*
*Berthelot et Bovet*
*Place de la République*

En 1930, le bâtiment de la rue des Carbonnets qui fait office de mairie pour la jeune municipalité de Bois-Colombes menace ruine. Le concours destiné à choisir un projet pour le futur hôtel de ville s'ouvre en 1933. Il est remporté par MM. Berthelot et Bovet. L'édifice est imposant. Brique rouge, bandeaux et encadrements de pierre constituent les façades d'inspiration classique, avec leurs frontons triangulaires. L'originalité du bâtiment réside dans les proportions des fenêtres hautes, et la présence du campanile.

ESCALIER D'HONNEUR
*1936*
*Ferronnerie*
*Hôtel de Ville*

Le majestueux escalier en ferronnerie, tout comme l'horloge et le grand lustre, est une réalisation des établissements Pelletier de Colombes. La chute d'une bombe place de la République pendant la Seconde Guerre mondiale a entraîné la réfection du hall de l'escalier. De nos jours, une série de gravures de Dali viennent orner ce principal lieu de passage entre les différents niveaux du bâtiment.

CAMPANILE
*1936. Architectes : Berthelot et Bovet*
*Hôtel de ville*

Surprenant – il a été à l'époque fort discuté – le campanile de l'hôtel de ville se dresse dans l'axe principal de la place de la République. Dès l'origine, il est recouvert de cuivre, afin que la patine verte du temps lui confère un contraste avec la teinte rouge profond du bâtiment. L'ensemble ne manque pas d'évoquer les beffrois des Flandres.

SALLE DES MARIAGES
*1936. Architectes : Berthelot et Bovet*
*Hôtel de Ville*
La vaste salle reçoit la lumière à travers les très hautes fenêtres de façade, et la multiplie par le jeu des miroirs ornant les portes monumentales. En harmonie avec les boiseries, la décoration en stuc de ton ivoire est de Labouret. Elle fut rénovée après la Seconde Guerre mondiale.

FRESQUE ALLÉGORIQUE
*1937-1938. Georges Le Caron*
*Salle des mariages*
*Hôtel de Ville*

La réalisation d'une fresque décorative pour la salle des mariages est confiée en 1937 à Georges Le Caron (né en 1899), artiste discret qui travailla beaucoup en forêt de Fontainebleau, et collaborateur occasionnel des architectes Berthelot et Bovet. L'œuvre champêtre peut se lire comme une allégorie de la famille à travers ses divers constituants : la mairie, le mariage, le couple et les âges de la vie.

ÉGLISE NOTRE-DAME-DE-BON-SECOURS
*Troisième quart du XIX^e^ siècle*
*31, rue du Général-Leclerc*
À la fin du siècle dernier, l'abbé Lecomte prend l'initiative de pallier l'absence de lieu de culte à Bois-Colombes en construisant une petite chapelle avec l'aide de quelques fidèles. Elle servira d'annexe à la grande église Saint-Pierre-Saint-Paul de Colombes jusqu'en 1897. La chapelle est dédiée à Notre-Dame-de-Bon-Secours en 1885, en souvenir de la protection accordée par celle-ci pendant la guerre de 1870. La rusticité du bâtiment entraîne dès 1899 de

grandes modifications, sous l'égide de l'architecte Edmond Touret : restauration du clocher quadrangulaire et installation de l'orgue dessus la tribune. Une campagne d'agrandissement est menée en 1923 par l'architecte Temporel. Viennent se greffer au bâtiment principal les bas-côtés et la nouvelle sacristie. La façade de l'actuelle église laisse deviner les différentes étapes de la construction.

SAINT PIERRE
*1875. H. Chabin*
*Vitrail*
*Église Notre-Dame-de-Bon-Secours*
Les travaux d'agrandissement de l'église ont donné jour à deux petites chapelles. Celle de gauche est réservée à l'emplacement de la crèche au moment de Noël tandis que celle de droite accueille de modernes fonts baptismaux. Cette dernière est éclairée par la figure de saint Pierre, portant les clés du Paradis, tel que l'iconographie traditionnelle le représente. Travail du peintre verrier parisien Chabin, ce vitrail est offert par M. et M^me^ Aymar-Bression, fils et petite-fille de l'un des maires les plus estimés de Colombes, lequel œuvra beaucoup pour sa commune.

APPARITION DE LA VIERGE
*XIX^e^-XX^e^ siècle*
*Vitrail*
*Église Notre-Dame-de-Bon-Secours*
Ce vitrail évoque l'apparition de la Vierge à la jeune Bernadette Soubirous en 1858. À l'époque, le fait est presque d'actualité, et marque profondément les consciences religieuses. La future sainte Bernadette Soubirous (1844-1879) – elle ne sera canonisée qu'en 1933 –, par ses visions mystiques de la Vierge, est à l'origine du pèlerinage de Lourdes. Le maître verrier souligne avec art toute la luminosité qui se dégage de la personne de Marie, et l'humilité de la jeune paysanne. Ce vitrail est un don du premier curé de Bois-Colombes, l'abbé Collignon.

PLAN CADASTRAL
*1854*
*Archives municipales Hôtel de Ville*

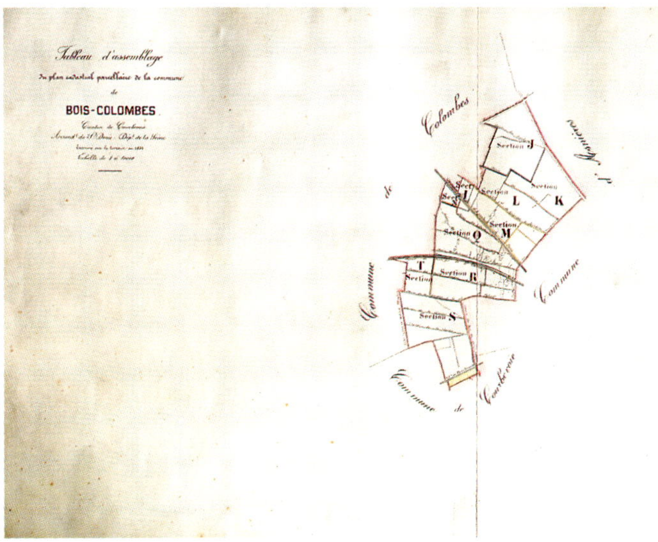

CHÂTEAU DES TOURELLES
*Avant 1879*
*Architectes : frères Leseine*
*Square Franklin-Roosevelt*
*65-67, rue Charles-Duflos*
Au sein d'un des plus importants vestiges des bois d'autrefois, aujourd'hui le square Franklin-Roosevelt, ce manoir flanqué de deux tours est construit par les frères Leseine avant 1879, pour M. Burtin. Il constitue un très beau vestige de l'architecture fin de siècle, dans l'esprit du style dit républicain qui se développait souvent alors autour des grandes propriétés privées et des hôtels de ville. Les tourelles évoquent un Moyen Âge revisité, comme l'époque en était friande. Imposante par sa conception, la demeure ne néglige pas l'ornementation des façades, où la brique se mêle à la pierre des chaînages d'angle. La ville achète en 1928 la propriété, et la transforme en jardin public. Depuis 1950, le château des tourelles fait office de bureaux pour la Sécurité sociale.

CAFÉ « LE LOUIS XV »
*Milieu du XIXe siècle*
*Intérieur*
*31 bis, rue des Bourguignons*
Situé sur l'ancienne propriété de M. Thiéfine, l'un des premiers habitants du futur territoire de Bois-Colombes, « Le Louis XV » est le plus ancien café-billard de la ville. On signale son existence depuis au moins 1857, date de mise en service de la première gare de Bois-Colombes. L'intérieur de la salle offre une décoration soignée, faisant appel à certains éléments du style Louis XV, parmi lesquels un portrait en pied du roi lui-même.

SCULPTURE
*Fin du XIXe siècle*
*Portail villa Bain*
*Avenue Robert-Bain*
Avec son portail orné de sculptures, la voie privée qui autrefois desservait la demeure de M. et Mme Bain est aujourd'hui l'un des endroits les plus romantiques de la ville. Le lieu appartient, avant 1896, au couple Bain, particulièrement impliqué dans la vie de leur commune. M. Bain fait donation de terrains pour l'amélioration des équipements, et milite en faveur de l'agrandissement de la gare. Son épouse contribue au développement des œuvres sociales. À la suite de la mort de leur fils Robert Bain – dont le nom a été attribué à l'ancienne voie privée menant à leur propriété – M. et Mme Bain créent une dotation destinée à récompenser les meilleurs élèves de la ville.

GROUPE SCOLAIRE PAUL BERT
*1888*
*Architecte : M. Ploncq*
*25, rue Auguste-Moreau et*
*62, rue Paul Déroulède*

Imposant, l'édifice correspond aux souhaits des habitants du quartier de Bois-Colombes, lesquels se plaignaient de ne point posséder d'équipement à la mesure de leurs besoins. L'architecture en est classique, avec ses façades de pierre, largement percées de fenêtres hautes, sobrement rehaussées de bandeaux en briques. Le groupe scolaire, initialement dit des Carbonnets en raison du nom de la rue sur laquelle il est édifié, prend en 1905 le nom de Paul Bert, ministre de l'Instruction publique en 1881 et 1882, ardent défenseur des réformes et de l'aménagement de l'école laïque.

GROUPE SCOLAIRE JULES-FERRY
*1908, 1933-1937*
*Architectes : Rischmann, père et fils*
*61-63, rue Charles-Chefson*
L'autre grand groupe scolaire des origines de Bois-Colombes est créé en

1908, regroupant alors une école maternelle et une école de filles. L'école des garçons était alors installée au 7 de la rue Marceau-Delorme. L'architecture, à base de briques rouges, en est profondément modifiée lors des travaux d'agrandissement en 1933 et 1937. Il ne sera considéré comme achevé que dans les années cinquante, qui voient l'ouverture de l'établissement aux garçons. L'école des garçons deviendra un lycée d'enseignement professionnel.

USINE HISPANO-SUIZA
*1914*
*Rue du Capitaine-Guynemer*
En 1901, la société espagnole La Cuadra, chargée par la ville de Barcelone d'étudier un projet d'omnibus électrique, fait appel à l'ingénieur suisse Marc Birkigt (1878-1953), jeune spécialiste de ce qu'on appelait alors la « fée électricité ». Le projet n'aboutit pas, mais la reprise en main de la société, épaulée par l'apport de fonds espagnols, conduit à la création de la firme Hispano-Suiza, en hommage aux nationalités de ses deux principales composantes. Le savoir-faire de Birkigt s'applique également à la conception de moteurs à explosion, et en 1911 ouvrent deux centres de production automobiles, l'un à Barcelone, l'autre à Levallois-Perret. Bois-Colombes accueille son usine Hispano-Suiza en 1914. Elle participe immédiatement à l'effort de guerre, et fournit les moteurs d'avion qui équipent l'escadrille des Cigognes, dont Georges Guynemer (1894-1917) est le capitaine. En hommage à ce pionnier disparu dans le ciel de Belgique, Hispano-Suiza adopte en 1919 l'emblème de la cigogne. Elle le conservera, modernisé, jusqu'à nos jours. L'usine Hispano-Suiza de Bois-Colombes est désormais une filiale de la SNECMA.

SOUFFLERIE
*1936*
*Usines Hispano-Suiza*
*Rue du Capitaine-Guynemer*

Forte de ses succès en matière d'avionique, depuis la création du révolutionnaire moteur en V de 150 CV – en aluminium avec refroidissement par eau – qui équipait les SPAD de l'escadrille des Cigognes, Hispano-Suiza n'a cessé de perfectionner son centre de production de Bois-Colombes. En 1936, elle construit une soufflerie aérodynamique permettant d'effectuer des essais sur le refroidissement des moteurs d'avions, en recréant les mêmes conditions que celles rencontrées pendant le vol. C'est la plus importante soufflerie privée du monde. Le courant d'air est obtenu par un ventilateur de douze pales de huit mètres de diamètre. Le débit de l'air aspiré peut atteindre 100 000 mètres cubes à la minute. À la sortie du diffuseur, des anneaux ont pour but d'ouvrir la veine d'air afin de ralentir le vent dans le voisinage. Depuis les années cinquante, la soufflerie n'est plus en service. La spécialité aéronautique de l'usine de Bois-Colombes ne doit pas faire oublier les superbes automobiles Hispano-Suiza de l'entre-deux-guerres.

MAISON SYNARÔME
*XIXe siècle*
*40, rue Raspail*
Cette maison à tourelle conserve toute l'élégance des demeures du siècle dernier. Le perron à péristyle, soutenu par des colonnes corinthiennes, domine l'entrée de ce qui était, depuis 1881, la propriété de M. Ancillon, concessionnaire du marché de Bois-Colombes. En 1943, la demeure appartient à la société « De Luzy Parfumeur ». Elle est achetée onze ans plus tard par l'ingénieur chimiste Hubert Fraysse, fondateur de la société Synarôme. La tradition du parfum – qui fut la principale activité économique de Bois-Colombes avec l'aviation – demeure vivace, sous l'égide de Synarôme et de l'International Flavors and Fragrances. Depuis sa création en 1926, Synarôme n'a cessé de développer tous les secteurs de son activité de parfumerie : chimie organique ou de synthèse pour les senteurs de base, alchimie savante des spécialités aromatiques, et compositions parfumantes.

MONUMENT AUX MORTS
*1922. Sculpteur : Émile Pinchon*
*(L. : 360 cm)*
*61, rue du Général-Leclerc*
Par ce monument, la ville commémore le souvenir des morts de Bois-Colombes durant le premier conflit mondial. L'œuvre est réalisée conjointement par l'architecte Albert Parenty et le statuaire Émile Pinchon. Le piédestal est entouré d'un bas-relief qui évoque les horreurs de la guerre et les bienfaits de la paix. Au centre, un arbre est représenté desséché du côté de la guerre et chargé de fruits de l'autre. L'ensemble est dominé par la figure d'un soldat armé protégeant un enfant. Les dates de 1935-1945 ont été rajoutées par la suite.

GARE
*1937*
*Place Gabriel-Péri*
Bois-Colombes est déjà traversé à la fin du siècle dernier par trois lignes de chemin de fer qui permettent de rallier rapidement la capitale. L'arrêt sur la ligne Paris-Argenteuil existe depuis 1857. L'actuelle gare est mise en service en 1937 et remplace la précaire cabane du chef de gare, M. Boivin. Son architecture, notamment en raison de la flèche qui surmonte le bâtiment, défraie la chronique de l'époque.

JEUNE FILLE À LA SANDALE
*XXe siècle. Lenoir*
*Pierre (H. : 120 cm environ)*
*Square Stalingrad*
Située derrière l'hôtel de ville, cette sculpture que le soleil au couchant teinte de rose, est un don du département. Elle domine le square en partie constitué par l'ancienne propriété de la cantatrice Marie Grisier-Montbazon. Sa célébrité, relative, remonte à la création parisienne de l'opérette *La Mascotte* (1880), œuvre enjouée du compositeur Edmond Audran (1842-1901), condisciple de Ménager et de Saint-Saëns.

L'EMBRANCHEMENT
DU CHEMIN DE FER
À BOIS-COLOMBES
*Paul Signac, 1886*
*Huile sur toile*
*(33 × 47)*
*Art Gallery, Leeds*

# Boulogne-Billancourt

Cantons de Boulogne-Billancourt nord-est, nord-ouest et sud
Arrondissement de Boulogne-Billancourt

Superficie : 616 ha – Population 1990 : 101 971 hab.
Habitants : les Boulonnais – Rivière : la Seine – Voies : RN10, RN307

Origines du nom : Boulogne : dérivé du gaulois *bona* signifiant fondation. Billancourt : de Bullencourt ou Bolencourt signifiant domaine du coteau, de l'ancien français *court*, cour du roi, enclos, et du germanique *bol*, coteau ; à moins qu'il ne s'agisse de Belcourt ou Bel en court, bel enclos.

Blason : la nef évoque la navigation et le commerce exercés de longue date sur la Seine, le poisson rappelle la pêche pratiquée sur ce fleuve et la fleur de lys symbolise la royauté. (œuvre des frères Martel, hôtel de ville)

## HISTORIQUE

À l'origine de la ville moderne se trouvent deux hameaux, Menuls-les-Saint-Cloud et Billancourt, dont la mention la plus ancienne remonte à des documents du XIIe siècle. Implantés en bordure de Seine, non loin de la forêt de Rouvray, ils dépendent respectivement de l'abbaye de Montmartre et de celle de Saint-Victor. Au début du XIVe siècle est fondée l'église Notre-Dame de Boulogne, à la demande du roi Philippe IV le Bel en souvenir d'un pèlerinage effectué à Boulogne-sur-Mer. Les Menuls prennent désormais le nom de Boulogne-la-Petite, la forêt de Rouvray changeant d'appellation pour devenir le bois de Boulogne. Durant des siècles, la vie quotidienne des Boulonnais – population traditionnelle de cultivateurs, de vignerons et de blanchisseurs, à laquelle s'ajoute au XVIIIe siècle celle de bourgeois et de grands seigneurs en villégiature – ne connaît que peu de changements. C'est à partir du milieu du XIXe siècle qu'avec l'implantation industrielle s'opère en quelques décennies la mutation spectaculaire de Boulogne, jusqu'alors simple cité rurale, à laquelle est rattachée Billancourt en 1860. Si la tradition de riches villégiatures perdure au nord de la ville avec la création du Quartier des Princes, c'est à Billancourt que les pionniers de l'aviation et de l'automobile implantent leurs ateliers puis leurs usines : Voisin, Farman, Esnault-Pelterie, Renault et son immense empire, impriment au tournant du siècle à la nouvelle cité – la commune prend le nom de Boulogne-Billancourt en 1925 – le caractère de ville des Temps Modernes dont elle ne se départira plus. Car la ville des moteurs devient également, et dans le même temps, terre d'élection des plus grands noms et des pionniers du cinéma (Abel Gance, Jean Renoir), de la sculpture (Landowski, Joseph Bernard, Lipchitz...), de la peinture (Juan Gris, Chagall...), de l'architecture (Le Corbusier, Perret, Mallet-Stevens, Tony Garnier...). Boulogne-Billancourt est ainsi riche du plus important patrimoine architectural des années trente en France, avec pour point d'orgue l'hôtel de ville dû à Tony Garnier, considéré comme la plus grande réussite de l'architecture administrative française de l'entre-deux-guerres. Berceau des plus grandes aventures industrielles et artistiques de ce début de siècle, riche d'un passé récent hors du commun, Boulogne-Billancourt, qui demeure placée sous le signe du mouvement, accueille aujourd'hui les activités tertiaires les plus avancées. C'est par là qu'elle s'affirme plus que jamais ville des temps modernes.

ÉGLISE
NOTRE-DAME DES MENUS
*XIVe-XIXe siècle*
*Place du Parchamp*
*et rue de l'Église*

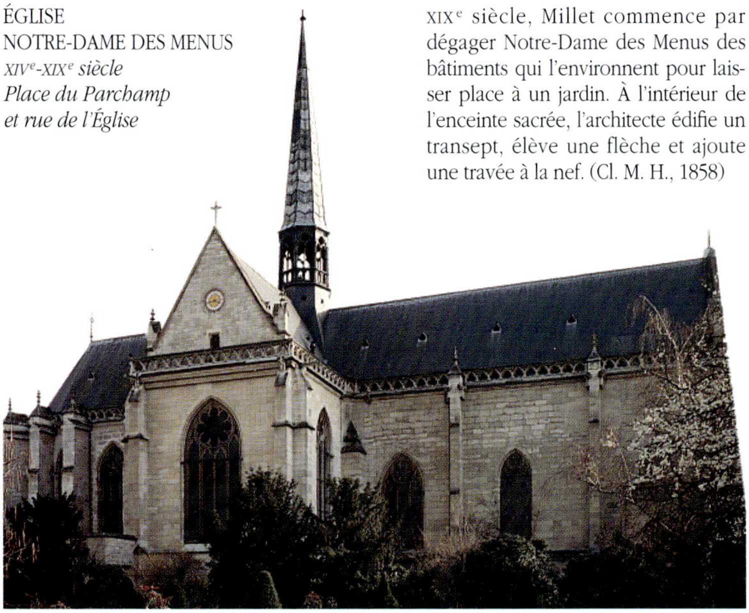

La construction de l'édifice, décidée en 1308 par Philippe IV, n'est concrétisée que sous le règne de son fils Philippe V Le Long. La première pierre est posée en 1320 et, dix ans plus tard, l'église est érigée en paroisse, distincte de celle d'Auteuil, par Hugues II de Besançon, à la demande du pape Jean XXII. Placé sous le vocable de Notre-Dame de Boulogne-la-Petite, le lieu de culte attire un grand nombre de fidèles. Au cours des XIVe et XVe siècles, l'église subit plusieurs aménagements et embellissements. Tout au long de l'Ancien Régime, Notre-Dame des Menus bénéficie de la bienveillante attention des rois. En 1745, Louis XV fait don à la paroisse d'un tableau de Charles Delafosse, *La glorification de la Vierge*, à la suite de sa guérison de la fièvre typhoïde. À partir de 1860 commence la réhabilitation de l'église. Une série de travaux (de 1860 à 1863), financés par Napoléon III et la ville de Boulogne, sont placés sous la direction de l'architecte des Monuments historiques Eugène Millet (1819-1879) – ancien élève et collaborateur de Viollet-le-Duc – qui travailla également à la restauration du château de Saint-Germain-en-Laye. Prônant l'unité de style en vigueur chez les restaurateurs dits rationalistes du XIXe siècle, Millet commence par dégager Notre-Dame des Menus des bâtiments qui l'environnent pour laisser place à un jardin. À l'intérieur de l'enceinte sacrée, l'architecte édifie un transept, élève une flèche et ajoute une travée à la nef. (Cl. M. H., 1858)

TYMPAN SCULPTÉ
*Vers 1860. Sculpteur : Michel Pascal*
*Portail*
*Église Notre-Dame des Menus*
S'inscrivant dans la ligne des travaux d'embellissement, ce tympan sculpté en bas-relief surmontant la porte gothique de forme ogivale représente la navigation miraculeuse de la Vierge de Boulogne-sur-Mer. La composition, œuvre du sculpteur Michel Pascal, collaborateur de Viollet-le-Duc, est entourée de motifs floraux. Elle relate l'apparition de la Vierge en l'an 633 dans une chapelle de Boulogne-sur-Mer. S'adressant aux Boulonnais, la Sainte Vierge leur indique la présence d'une sculpture à son image dans une embarcation venue s'échouer à cet instant sur les rives de la ville. Elle demande que soit élevée une nouvelle église dans laquelle on consacrera un culte à la miraculeuse statue. Alertés, les habitants découvrent en effet dans un esquif une Vierge à l'Enfant Jésus en bois sculpté et rapidement construisent un sanctuaire consacré à Notre-Dame de Boulogne-sur-Mer, exauçant ainsi le vœu divin. De cet épisode naît l'un des plus importants pèlerinages chrétiens du Moyen Âge.

CHAPELLE DE LA VIERGE
*XIVe-XIXe siècle*
*Église Notre-Dame des Menus*
La ville de Boulogne ayant été épargnée par la guerre de 1870 et la Commune, les paroissiens décident, en signe de remerciement à la Vierge, de financer une partie de la restauration du décor intérieur de l'église. L'architecte Just Lisch (1828-1910), qui réalisa entre autres la gare Saint-Lazare de Paris, prend en charge les travaux, assisté par le peintre Charles-Joseph Lameire et le peintre-verrier Émile Hirsch. C'est à ce dernier que l'on doit la restauration de la chapelle de la Vierge, préalablement décorée par un certain Gruz ou Gruzet. Les peintures murales ont pour iconographie principale six personnages tirés de l'histoire sainte : saint Jean, le roi David, Isaïe, saint Luc ainsi que les parents de la Vierge, saint Joachim et sainte Anne, ici représentés. Les vitraux sont illustrés des quinze mystères du rosaire issus du Nouveau Testament. La rosace, qui couronne cet ensemble, reprend la thématique de Notre-Dame de Boulogne-sur-Mer sur son bateau accompagnée de deux anges musiciens.

MAÎTRE-AUTEL
*1867. Architecte : C. Jacquemin*
*Marbre blanc*
*Chœur*
*Église Notre-Dame des Menus*
Inspiré du style gothique du XIVe siècle, ce maître-autel en marbre blanc fut exécuté pour l'Exposition universelle de 1867 et, par la suite, acquis par le conseil de fabrique. Le retable, composé de cinq niches ogivales, renferme quatre statues représentant les Évangélistes, identifiables par leurs attributs sculptés et les banderoles à leur nom. La niche centrale, de plus grande dimension, est encadrée par deux couples d'anges.

BANC D'ŒUVRE ET PEINTURE MURALE
*1888*
*Église Notre-Dame des Menus*
Ce banc d'œuvre en bois, effectué d'après les dessins du secrétaire Auguste Hébert, est installé en 1888. On distingue, au-dessus, une peinture murale qui reprend l'une des thématiques de la décoration de l'église : les flots qui évoquent la Vierge, protectrice des marins et des navigateurs, et qui rappellent la divine apparition de Boulogne-sur-Mer. Le décor de l'intérieur de l'église est peint du sol au plafond, selon la tendance en vigueur au XIXe siècle. Il évoque les différents protecteurs de Notre-Dame des Menus au travers d'écussons et armes de la famille royale. Certains de ces motifs datent du XIVe siècle. On peut également voir reproduit, notamment dans la chapelle de la Vierge, le « N » de Napoléon III qui contribua à l'embellissement de l'édifice. L'ensemble des peintures murales, de même que les vitraux, ont été restaurés entre 1984 et 1994. Cette restauration laisse pleinement apparaître la polychromie intérieure de l'édifice, élément qui donne toute son originalité à l'église Notre-Dame des Menus.

ORGUE
*1877*
*Cavaillé-Coll*
*Église Notre-Dame des Menus*
Pour remplacer l'orgue existant, le conseil de fabrique vote en 1876 l'achat d'un nouvel instrument construit par le fameux facteur d'orgues Aristide Cavaillé-Coll (1811-1899) à qui l'on doit également les orgues de l'église de la Madeleine ou encore celles de Notre-Dame de Paris. Les orgues représentées ici furent inaugurées le 4 mars 1877.

DALLE FUNÉRAIRE
*XIVe siècle*
*Pierre (261 × 132 cm)*
*Église Notre-Dame des Menus*

Le personnage évoqué par cette stèle est Jehan Le Mercier (mort en 1397), conseiller des rois Charles V et Charles VI, chrétien fervent qui vouait un culte à Notre-Dame de Boulogne-sur-Mer. La pierre sculptée en creux laisse apparaître le travail remarquable du tombier qui dévoile la silhouette du défunt, représenté tel un chevalier et logé dans un riche décor végétal et architectural. Se sont effacés ses mains et son visage, le lion qui gisait à ses pieds, une partie de l'épitaphe, les écussons et les symboles évangéliques. À gauche du personnage on distingue quelques saints apôtres.

MAISON PARTICULIÈRE
*XVIIIe siècle*
*5, rue de Montmorency*
Boulogne-la-Petite est un lieu de villégiature recherché pour son calme et sa proximité avec Paris. Les terres environnantes sont le cadre de chasses royales. Parallèlement on peut voir se construire de riches propriétés, agrémentées de jardins à la française et à l'anglaise et pourvues de dépendances. Vers 1760, le greffier des bâtiments, Foucart, édifie cinq demeures de style Louis XVI, situées rue de Montmorency, dont cette maison qui garde la trace de l'architecture de l'époque.

MAISON DE MARIE WALEWSKA
*XVIIIe-XIXe siècle*
*Vue générale*
*7, rue de Montmorency*
Cet hôtel particulier fait partie des bâtiments construits sur les terres du greffier Foucart. Il fut remanié au début du XIXe siècle, ce dont témoigne un style architectural d'inspiration Directoire. Habité par l'homme politique autrichien Klemens Metternich (1773-1859) entre 1808 et 1809 alors qu'il était ministre des Affaires

étrangères, il porte le nom de sa plus célèbre locataire, Marie Walewska dite « l'épouse polonaise » qui l'habite de 1811 à 1812. Maîtresse de Napoléon Ier, elle eut de lui un fils, le futur comte Alexandre Walewski (1810-1868) qui mena une brillante carrière politique. La demeure appartient aujourd'hui à la ville de Boulogne-Billancourt. (Ins. M. H.)

PLAFOND PEINT
*Premier Empire*
*Hôtel de Marie Walewska*
*7, rue de Montmorency*
De la décoration d'époque napoléonienne il ne subsiste de nos jours que ce plafond relativement bien conservé

peint par l'artiste Mœnsch, le mobilier ayant été vendu aux enchères par son propriétaire après la Première Guerre mondiale. La bibliothèque Marmottan possède l'esquisse préparatoire de ce plafond.

CHÂTEAU ROTHSCHILD
*XIXe siècle*
*Parc Rothschild*
*Avenue de Longchamp*
Après la chute de Napoléon Ier, certains de ses compagnons de route qui s'étaient installés à Boulogne pour être proches de la ville impériale de Saint-Cloud se retrouvent dans une situation délicate. Tel est le cas du comte Pierre François Réal (1757-1834), ministre de l'Empire en charge de la Police, qui se voit contraint de céder ses terres ainsi qu'une demeure du XVIIIe. Elles sont rachetées par le banquier Charles Davillier qui les vend en 1817 à James de Rothschild (1792-1868), installé en France depuis 1811. Le tout nouveau propriétaire étend rapidement son domaine. Sous le second Empire, il fait édifier par l'architecte Armand-Auguste-Joseph Berthelin (1812-1877) et le peintre décorateur Eugène Lami (1800-1890) l'actuel château, construction de style néo-XVIIe qui s'inspire de la cour de marbre de Versailles. La décoration intérieure est confiée à Eugène Lami et Édouard Dubufe, portraitiste de Napoléon III et de l'impératrice Eugénie. L'édifice est aujourd'hui dénaturé. En 1857, le domaine s'enrichit d'une autre demeure, le château Buchillot, construction qui date du début du XVIIIe siècle. Subsiste également le parc du domaine, avec son jardin anglais, son étang et ses cascades, réalisé par l'architecte-paysagiste Loyre, qui est à l'époque des Rothschild un lieu de fêtes très célèbre. En 1905, un jardin japonais est aménagé dans le parc. Ce parc demeure aujourd'hui un lieu de promenade prisé des Boulonnais.

HÔTEL ESCUDIER
*1858. Architecte : Jules Sédille*
*École Saint-Joseph*
*6, rue du Parchamp*
Cet hôtel particulier porte le nom du propriétaire pour lequel il a été construit sous le second Empire. L'édifice, avec son portique à colonnes baguées, est très nettement inspiré des Tuileries et du Louvre remanié par les architectes Visconti et Lefuel pour Napoléon III. De nos jours, l'hôtel Escudier loge les bureaux de la direction de l'école du Parchamp.

MAISON DU GRAND DUC
PAUL DE RUSSIE
*XIX^e^-XX^e^ siècle*
*Cours Dupanloup*
*4, rue Robert-Schumann*
Fils du tsar Alexandre II (1818-1881), le grand duc Paul de Russie (1860-1919), contraint de quitter son pays natal à cause de son mariage morganatique et de ses idées jugées trop libérales, établit sa résidence à Boulogne, à proximité du quartier du parc des Princes. Cette partie de la ville avait été bâtie à l'instigation de Napoléon III et du baron Haussmann sur des parcelles du bois de Boulogne. Il s'agissait de faire du parc des Princes un lieu réservé aux résidences de luxe et dont tout commerce ou industrie étaient proscrits. L'opération s'avéra fructueuse et nombre de célébrités du second Empire élurent domicile dans le nouveau quartier. Le grand duc Paul s'installe dans un hôtel particulier second Empire qu'il fait agrandir à partir de 1908 en lui adjoignant des communs organisés autour d'une rotonde surplombée d'une coupole vitrée. Peu après la révolution russe, l'État français réquisitionne la propriété qui est vendue aux Domaines en 1921. À la suite de son rachat, la demeure abrite l'institution religieuse Dupanloup, anciennement implantée à Paris, qui se consacre à l'éducation des jeunes filles. Les bâtiments appartiennent toujours à l'école catholique qui s'est ouverte à la mixité et s'est dotée d'un collège.

CHALET SUISSE
*1878*
*Bois*
*11, rue de l'Alsace-Lorraine*

Véritable prouesse architecturale, ce chalet en bois est construit à Coire en Suisse par l'entreprise Kuoni pour être présenté lors de l'Exposition universelle de Paris en 1878, année même où est édifié le premier palais du Trocadéro. Ayant remporté un immense succès d'estime, le bâtiment est sauvegardé et remonté dans le quartier résidentiel de Boulogne.

TROISIÈME MAIRIE
*XIX^e^ siècle*
*3, rue de Montmorency*
Au lendemain de la Révolution française, l'administration communale s'installe dans une bâtisse accolée à l'église, puis dans une simple maison située avenue Jean-Baptiste-Clément qui se révèle rapidement exiguë. La maison près de l'église est à nouveau choisie pour recevoir la maison commune. La population de la ville augmentant sans cesse, le conseil municipal décide d'acquérir en 1844 une demeure plus à même d'accueillir les différents services de la municipalité. La ville achète à la baronne Daumont son hôtel particulier sis à l'angle de l'avenue Jean-Baptiste Clément et de la rue de Montmorency qui fera office de mairie de 1844 à 1880.

SALLE DES FÊTES
*1894-1896*
*Architecte : Alexandre Barret*
*Place Bernard-Palissy*

En 1894, la commune de Boulogne échange le bâtiment de la troisième mairie, rue de Montmorency, contre l'hôtel particulier de Narbonne appartenant à Alexis Lemoine et situé juste en face. Il est décidé de construire à cet emplacement un édifice regroupant une salle des fêtes, une salle de spectacle et la justice de paix. Le projet, confié à l'architecte Alexandre Barret (1863-1921), donne naissance à une construction d'allure imposante et rigide, qui fut en son temps critiquée, mais qui témoigne néanmoins d'un certain modernisme, notamment par l'utilisation d'éléments métalliques qui constituent la structure du bâtiment.

MAISON DE REPOS
*1894-1896*
*Architecte : Alexandre Barret*
*Pierre, brique et tuile*
*56, rue des Abondances*
Pour réhabiliter l'hospice de vieillards de 1854 devenu trop

petit, l'architecte Barret reconstruit un bâtiment s'articulant autour d'un pavillon central en saillie relié à deux ailes latérales élevées d'un étage. Le tout est conçu sur un plan rectangulaire où vérandas et passages vitrés rendent l'édifice plus agréable. Le pavillon central, donnant sur le jardin d'honneur, est surmonté d'un belvédère à horloge. Il abrite l'administration de l'établissement et les salles de consultation. Les chambres des patients sont distribuées dans les différentes ailes. L'architecture d'Alexandre Barret fait ici preuve, dans certains détails et notamment la grille d'entrée, d'une connaissance du répertoire du style Art nouveau. L'édifice est agrandi entre 1928 et 1931 par l'architecte Truffot.

SQUARE LÉON BLUM
*XIXe siècle*
*Fontaine*
*Rue de l'Ancienne Mairie*
*et Route de la Reine*
En 1880, la municipalité de Boulogne vote l'achat de nouveaux terrains pour y transférer la mairie. Son choix se porte sur le domaine de M. Gaïta, composé d'un hôtel particulier et d'un parc. De ce dernier subsiste l'actuel square Léon-Blum.

COLLÈGE BARTHOLDI
*1881-1886*
*28, rue de l'Ancienne-Mairie*
Donnant sur le square, cet établissement, construit à l'époque des lois scolaires de Jules Ferry (1832-1893), porte le nom du sculpteur Frédéric Bartholdi (1834-1904), auteur de la statue *La Liberté éclairant le monde* de New York. L'artiste séjourna à Boulogne

pour les nécessités de son œuvre qui fut fondue dans les ateliers du Boulonnais Gaget. Lorsque la statue de la Liberté est inaugurée à New-York, des reproductions miniatures sont proposées au public. Celles-ci portent gravé le nom du fondeur Gaget et la tradition veut que le mot américain *gadget* soit une déformation de ce patronyme.

HÔTEL PARTICULIER
*Vers 1900*
*Architecte : Alexandre Barret*
*Meulière, brique et grès*
*62, route de la Reine*
En ce tournant de siècle qu'incarne, sur le plan architectural, Alexandre Barret, les leçons de l'Art nouveau sont désormais assimilées. En témoigne cette maison particulière dont le parti pris est résolument moderne. Barret joue ici avec les différents coloris des matériaux, les formes arrondies ou en demi-cercle et les lignes aériennes des balcons en fer forgé qui rappellent le travail d'Hector Guimard. Les motifs décoratifs en grès contribuent eux aussi à casser le rythme monotone qui prévaut parfois dans ce type de construction.

PUITS DES MENUS
*Pierre*
*Rue du Parchamp et cour du Puits*
L'installation de blanchisseries sur le site de Boulogne est due sans doute à l'abondance des eaux, celles de la Seine et celles provenant des puits – on en dénombre jusqu'à 769 en 1944. Les blanchisseurs lavent le linge de la noblesse et de la bourgeoisie parisiennes. On croyait à cette époque que la lingerie absorbait saletés et impuretés et qu'elle nettoyait le corps. On porte donc de plus en plus de sous-vêtements blancs, symboles de pureté et de distinction sociale. Le nombre de blanchisseries augmente. En 1694, on recense une quarantaine de blanchisseurs à Boulogne.

MAQUETTE DE BLANCHISSERIE
*Musée municipal*
*26, avenue André-Morizet*
Jusqu'au XVIIIe siècle le linge est nettoyé sur des bateaux-lavoirs ancrés sur les rives de la Seine. Puis, par crainte de la pollution, les lavandières s'expatrient en ville. À Boulogne, les blanchisseries sont installées dans le quartier des Menus et se déplacent peu à peu vers l'est et le sud du village. Au XIXe siècle ces établissements commencent à poser de réels problèmes aux municipalités. Les systèmes d'écoulement des eaux usées étant quasi inexistants, celles-ci sont directement déversées dans la rue et forment de véritables cloaques. L'insalubrité et

les odeurs nauséabondes font fuir la bourgeoisie. Pourtant la commune refuse de chasser les blanchisseries, première ressource économique de la ville, qui emploient quelques milliers de personnes. À cette époque, une blanchisserie se compose de plusieurs salles distinctes : la buanderie, la sécherie, la repasserie ou lisserie et le percher qui permet le séchage à l'air. Un grand porche permet de faire entrer les chevaux pour les indispensables livraisons. La littérature réaliste du XIXe siècle, avec Émile Zola (1840-1902) et Joris-Karl Huysmans (1848-1907), s'est faite le témoin du dur labeur des blanchisseuses et de leurs conditions de travail.

BLANCHISSERIE WARTNER
*XXe siècle*
*157, rue d'Aguesseau*
L'entreprise Wartner symbolise à elle seule l'importance de l'industrie de la blanchisserie dans l'histoire de Boulogne, et plus généralement, sur l'ensemble du département des Hauts-de-Seine. L'Alsacien Henri Wartner crée après la guerre de 1870 le premier établissement à Clichy. Son fils Georges déménage ensuite à Vanves avant de

s'établir dans la capitale mondiale de la blanchisserie de l'époque, Boulogne. Aujourd'hui les établissements Wartner font figure de vitrine dorée de la blanchisserie et ont su perpétuer les traditions séculaires d'un corps de métier presque disparu. On peut encore voir dans la boutique de la rue d'Aguesseau, rue où de nombreux blanchisseurs étaient implantés, de vieux fers à repasser et des poêles servant à les tenir au chaud.

MAISON SECOND EMPIRE
*1866*
*10, rue de Solférino*
Au lendemain de la Révolution, Billancourt est rattaché à la commune d'Auteuil. Le territoire s'avérant constructible, il intéresse les investisseurs tel M. de Gourcuff qui projette, dès 1840, de lotir les alentours de l'actuelle place Jules Guesde pour créer un village de Billancourt. L'opération se développe pleinement durant les années 1855-1860 et, le 1er janvier 1860, le quartier de Billancourt est rattaché à la commune de Boulogne. Sous le second Empire, de belles demeures sont construites comme celle représentée ici. Mais très vite apparaît une disproportion entre la riche Boulogne et l'industrieuse Billancourt. Rue du Fief sont installées, depuis 1834, les usines Richer chargées du nettoiement des vidanges de Paris. Celles-ci rejettent leurs déchets dans la Seine et contribuent

ainsi à l'insalubrité de Billancourt qui se plaint à la municipalité, sans beaucoup de résultats. Bientôt Billancourt veut s'émanciper de Boulogne, mais elle n'obtient que la création d'une section électorale indépendante. Limitée au nord par la rue du Vieux-Pont-de-Sèvres, à l'est par le quartier du Point-du-Jour et au sud par la Seine cette partie de la ville est composée, à la fin du XIXe siècle, des quartiers dits le Village, le Fief-Baudoin, le Dépotoir et le Hameau-Fleuri. En 1887, les aménagements du quai de Billancourt sont terminés, donnant naissance à un cadre agréable où bientôt fleurissent restaurants et guinguettes.

LE PONT DE SÈVRES
ET L'ÎLE SEGUIN EN 1821
*Jean-Louis Demarne*
*Musée municipal*
*Cliché photothèque*
En face du quartier Billancourt se dresse l'île Seguin, anciennement île de Sèvres. Le site intéresse les industriels dès la fin du XVIIIe siècle. En 1788, l'entreprise Jean Riffé et Cie y installe une importante blanchisserie qui ferme au début de la Révolution. En 1794, le chimiste Armand Seguin (1767-1835) implante sur l'île une tan-

nerie qui prospère en confectionnant les cuirs des armées de la nouvelle République jusqu'en 1799. En 1820, le vieux pont de bois qui relie Sèvres à Billancourt est remplacé par une construction en pierre, pont qui ne passe plus sur l'île. Comme on le voit sur ce tableau de Jean-Louis Demarne (1744-1829), l'endroit garde néanmoins un aspect champêtre. Il fait la joie des promeneurs et des peintres de plein air qui plantent leur chevalet sur les rives de la Seine. Les Usines Renault donneront à l'île Seguin, à partir des années trente, une nouvelle destinée.

ATELIER LOUIS RENAULT
*XIXᵉ siècle*
*Resserre*
*Rue des Cours*

En 1868, le tailleur Alfred Renault (1828-1892), Parisien de fraîche date, achète une résidence secondaire à Billancourt. Il investit dans une fabrique de boutons dont il tire peu à peu bénéfice. Chaque fin de semaine, Alfred Renault se rend à sa maison de Billancourt en compagnie de ses trois fils, Fernand, Marcel et Louis. Ce dernier, après un court apprentissage dans l'usine familiale, se consacre très tôt à la mécanique. Il découvre les premières automobiles en voyant la voiture équipée d'un moteur à vapeur de l'ingénieur Léon Serpollet (1858-1907), l'un des rares créateurs à avoir une autorisation préfectorale pour circuler. Louis Renault (1877-1944) décide de se lancer dans l'aventure de la construction automobile ; il a seize ans. Frappé par le manque de puissance et le bruit des nouveaux engins, il cherche une solution à ces problèmes et fait des essais dans une resserre de la demeure de Billancourt, aménagée pour la circonstance en atelier. En 1897, il met au point un dispositif de changement de vitesse et de transmission par cardans appelé la prise directe. Cette première invention, Louis Renault la met à l'épreuve un an plus tard en construisant un véhicule complet muni du nouveau mécanisme. Après tests et démonstrations, le succès s'avère total et les premières commandes arrivent.

FAÇADE DES ATELIERS N
*1917*
*Quai de Stalingrad*

Alfred Renault décède en 1892. Les frères aînés de Louis, Marcel et Fernand, vont le soutenir dans la réalisation de ses projets. Ensemble, ils créent la Société Renault Frères. Dans les toutes premières années de l'entreprise, les ateliers se développent à proximité de la propriété familiale. Mais très vite la place fait défaut et il est interdit de construire au sein du village de Billancourt des établissements pouvant nuire au bien-être des riverains, ce dont Louis Renault ne se préoccupe guère. Malgré les protestations, les usines poursuivent leur implantation avec l'accord tacite de la municipalité. En 1902, les îlots A et B sont édifiés ; en 1906 c'est au tour de l'usine C. Entre-temps, Marcel Renault se tue lors de la course automobile Paris-Madrid de 1903. L'entreprise multiplie les commandes et fabrique notamment les taxis parisiens. À partir de 1908, Louis est seul maître à bord des usines Renault, son frère Fernand s'étant retiré des affaires. Renault Frères devient Les Automobiles Renault. À la veille de la Première Guerre mondiale, l'entreprise emploie 4 400 salariés sur une surface de 135 824 m². Durant le conflit, l'usine se convertit dans la production d'armement. En 1917, les ateliers N sont montés et l'acquisition du quartier du Hameau-Fleuri terminée. Au service de la Défense nationale, Louis Renault profite de la situation pour tisser sa toile sur Billancourt en toute impunité. L'année 1917 est également marquée par l'agitation sociale au sein des usines et, le 13 juin, un incident provoque la mort de plusieurs ouvriers. Louis Renault concède alors aux ouvriers quelques améliorations de leurs conditions de travail. Après la guerre, il se retrouve face à des groupes de pression qui souhaitent endiguer l'expansion de l'« autocrate Renault ».

ÎLE SEGUIN
*Usines Renault*
*Vue générale*
Après avoir « annexé » le quartier du Point-du-Jour de Boulogne, Louis Renault regarde toujours plus loin et dans sa ligne de mire se profile l'île Seguin. Durant la fin des années vingt, il négocie avec les principaux propriétaires et parvient à racheter la quasi-totalité de l'île, hormis la demeure et les terrains de Georges Gallice qui souhaite préserver son cadre de vie. L'épouse de ce dernier cédera finalement ses biens à la Régie Renault en 1946. Pour relier les usines de Billancourt aux ateliers de l'île Seguin, un pont est édifié en 1930 : c'est le pont Pigeaud, baptisé du nom de son architecte.

CHAÎNE DE MONTAGE
MONASTELLA
*1930*
*Usines Renault*
*Île Seguin*
Pour Louis Renault, il s'agit maintenant de faire de l'île Seguin une usine modèle. Inspirée des méthodes de travail américaines du constructeur Henry Ford (1863-1929), la production des véhicules résulte des longues chaînes de montage où toute tâche est soigneusement calculée. De 1928 à 1932, cinq cents voitures sortent chaque jour des usines. Outre les voitures de tourisme de grand luxe, une partie de la production est consacrée aux véhicules industriels et utilitaires. Véritable cité industrielle, conçue, au contraire de Billancourt, sur un plan préétabli, l'île Seguin est considérée comme « l'usine de demain ». Elle marque la fin de la conquête territoriale de Louis Renault sur Boulogne-Billancourt. Les modèles de véhicules Monastella sont construits entre 1928 et 1932. Ce sont des voitures grand luxe de six cylindres et de 1 500 $cm^3$.

4 CV
*Régie Renault*
Si une partie de la création Renault est consacrée aux voitures de sport et de prestige, à partir du milieu des années trente les recherches s'intensifient dans le domaine du véhicule économique et populaire. Le ton est donné avec la Primaquatre, déclinée et modernisée par les Monaquatre, Vivaquatre, Celtoquatre et autres Juvaquatre. Pendant la Seconde Guerre mondiale, toutes les études nouvelles dans le domaine des voitures particulières sont interdites. Cependant, des ingénieurs de chez Renault planchent sur le projet d'un véhicule d'après-guerre dans le secret le plus total. 1946 est la grande année de la voiture grand public signée Renault. La 4 CV, présentée au Salon de l'auto, provoque étonnement et enthousiasme. Celle qu'on surnomme bientôt « le hanneton » ou encore « la petite motte de beurre » se distingue par sa petite taille et son moteur placé à l'arrière. Les premiers modèles sont livrés en octobre 1947 et rapidement les cadences de production s'accélèrent. Cinq cent mille voitures sortent des usines Seguin en 1954 et le million est atteint quatre ans plus tard. La

construction est arrêtée en 1961 mais la 4 CV reste le symbole d'une réussite sans précédent pour Renault.

RÉGIE RENAULT
*1992*
*Vue du Trapèze et de l'île Seguin*
Au commencement du deuxième conflit mondial, Louis Renault adopte une position attentiste. Il ne souhaite pas se lancer dans la production d'armement comme il l'avait fait durant la Première Guerre mondiale. Son neveu par alliance, François Lehideux, est placé à la tête de l'entreprise par le gouvernement et prend en charge l'effort de guerre des usines Renault. En 1940, la production de chars, camions, mines d'infanterie et autres grenades est entièrement mise en place et les cadences sont chaque jour accélérées. Louis Renault est toujours le patron de ses usines mais c'est François Lehideux qui décide. La collaboration des usines Renault avec l'occupant en fait une cible privilégiée des bombardements des forces alliées. Dès 1942, les ateliers de Boulogne sont détruits à quarante pour cent. L'île Seguin subit le même sort. La production est ralentie mais non stoppée. À la Libération, Louis Renault est emprisonné et décède en 1944. Le gouvernement de Gaulle réquisitionne cette même année les usines et nomme Pierre Lefaucheux (1898-1955) au poste d'administrateur. Le 23 octobre 1944 la municipalité exprime le vœu de la nationalisation de Renault. Le 16 janvier 1945 est signée l'ordonnance de la nationalisation des usines Renault, rebaptisées Régie nationale des usines Renault. Lefaucheux relance progressivement l'entreprise dans une économie d'après-guerre peu favorable. Mais à partir 1947, la Régie Renault devient le premier constructeur national. De nombreux modèles seront produits dans les usines de l'île Seguin jusqu'au vendredi 27 mars 1992, date qui sonne le glas de soixante-dix années de production.

ATELIER VOISIN
*1904*
*Bois et carton bitumé*
*4, rue de La Ferme*
La conquête du ciel, au début du XXe siècle, fait partie des préoccupations majeures des ingénieurs et des industriels. Ce sont les découvertes du secteur automobile qui bientôt vont enfanter l'industrie aéronautique. Les pionniers de ce nouveau secteur s'implantent tout naturellement à proximité de leurs « grands frères », les constructeurs automobiles, à Boulogne. La Société de dirigeables Surcouf, puis Surcouf-Astra, s'installe rue de Bellevue. C'est ici que le jeune architecte bricoleur Gabriel Voisin (1880-1973) fait ses débuts. Les aérostats disparaissant peu à peu au profit de l'aviation, il s'associe tout d'abord avec Louis Blériot (1872-1936), puis avec son frère Charles (1882-1912)

dans la construction de planeurs qu'ils vendent à d'intrépides sportifs épris de vitesse tel Henri Farman qui effectue le premier kilomètre en circuit fermé sur un appareil Voisin. Logée dans de vieux hangars en bois, l'entreprise des frères Voisin poursuit son travail d'expérimentation et s'étend progressivement. La Première Guerre mondiale donne lieu à de nombreuses commandes pour Voisin et leurs concurrents. Ensuite Gabriel Voisin se retire peu à peu de son usine d'aviation pour se consacrer à la construction automobile. Semblable est l'itinéraire du constructeur Robert Esnault-Pelterie (1881-1957) qui se reconvertit après-guerre dans l'astronautique. De toutes ces entreprises pionnières, seule celle des frères Farman survit au conflit de 1914-1918 en s'engageant dans la voie de l'aviation civile, et de son succès résulteront sa nationalisation et son intégration au sein d'Air France en 1933.

LMT
*1925-1928*
*Usines Thomson*
*Quai Alphonse-le-Gallo*

L'ancienne société Le Matériel Téléphonique, originellement implantée à Paris, s'installe en 1925 à Boulogne, sur les quais de la Seine. Elle participe au développement du réseau public des PTT, en mettant au point un nouveau système téléphonique appelé Rotary. Le matériel de LMT équipe nombre de grandes entreprises comme Renault, EDF, les principaux centraux téléphoniques. En 1937, est installé, en haut de la Tour Eiffel, l'émetteur le plus puissant de l'époque construit par l'entreprise boulonnaise. Actuellement, le bâtiment de LMT abrite les usines Thomson.

INSTITUT MAREY
*1902*
*Musée municipal*
*Cliché photothèque*

Étienne-Jules Marey (1830-1904) fait partie de la longue liste des savants touche-à-tout qui sont à l'origine de la plupart des grandes inventions de notre siècle. Docteur en médecine – il est entre autres l'inventeur de plusieurs appareils cardiographiques et du thermographe – Marey se consacre à de multiples recherches. À Boulogne, installé dans sa station physiologique du parc des Princes, il travaille sur le problème de la décomposition du mouvement. Il met au point un fusil photographique, qui enregistre douze images par seconde sur une même plaque, et le chronophotographe sur plaque fixe puis mobile. Ces inventions permettent de rendre visible à l'œil la décomposition du mouvement. Marey analyse ainsi le vol des oiseaux, les différentes étapes du saut à la perche ou encore la simple marche de l'homme. Les découvertes d'Étienne-Jules Marey sont à classer dans le domaine des recherches sur la relation espace/temps qui fascine encore plus d'un savant.

STUDIOS DE BOULOGNE
*1943*
*Rue de Silly*
*et avenue Jean-Baptiste-Clément*

Les travaux de Marey, d'Auguste (1862-1954) et Louis (1864-1948) Lumière donnent bientôt naissance au cinématographe. Parmi les premiers studios à s'installer dans la région parisienne, ceux de Boulogne apparaissent en 1912, avec l'Éclipse et Pathé. Nombre de films muets sont alors tournés dans ces studios non insonorisés qui sortent peu à peu du stade expérimental. En 1926, Henri Diamant-Berger crée les Studios Billancourt, remplacés par la société Paris-Studio-Cinéma, en 1932. Cette dernière fête son cinq centième film en 1963. Les studios de Boulogne, au nombre de trois, sont quant à eux plus tardifs et datent de 1941-1947. C'est ici que sont réalisés plusieurs chefs-d'œuvre du cinéma français et international : *Le Diable au corps* (1947) de Claude Autant-Lara, *Les Belles de nuit* (1952) de René Clair, *Le Jour le plus long* (1962) de Darryl F. Zanuck...

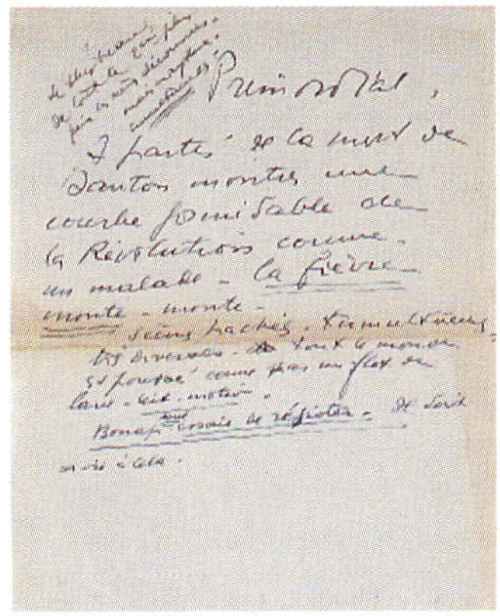

MANUSCRIT DU NAPOLÉON D'ABEL GANCE
*1925*
*Musée municipal*

Installé à Paris, Abel Gance fait ses débuts au cinéma en tant qu'acteur. En 1917, il présente l'une de ses premières créations, Mater Dolorosa, dont la mise en scène est des plus recherchées et la photographie des plus soignées. Avec *J'accuse*, l'année suivante, et *La Roue* en 1923, les talents du jeune réalisateur se confirment. Le 17 janvier 1925, le tournage de son œuvre maîtresse, *Napoléon*, commence. Des six longs métrages initialement prévus, Abel Gance ne réalise que celui-ci pour cause de difficultés financières. L'histoire conte l'ascension du jeune Bonaparte et se finit par la campagne d'Italie. Le réalisateur enlève à la caméra son aspect rigide en lui imposant un maximum de mobilité. Il crée la polyvision avec un triple écran qui présente en même temps plusieurs dizaines d'images. Malgré ou à cause de son aspect novateur, le *Napoléon* est rejeté par le public et la critique lors de sa projection en 1927.

SCÈNE DE TOURNAGE D'AUSTERLITZ
*1960*
*Musée municipal*

L'avènement du cinéma parlant porte un coup dur à la carrière d'Abel Gance qui ne se sent pas à son aise avec ces nouvelles contraintes techniques. En 1930, il sort son premier long métrage parlant, *La Fin du monde*, qui se révèle un échec. Il sort en 1935 une nouvelle version de son *Napoléon*, parlante et enrichie de nouvelles scènes. De 1940 à 1963, il ne tourne que cinq films dont *Austerlitz* (1960) qui voit le jour en partie grâce à André Malraux. Gance pense toujours à son film *Napoléon*, et travaille sur un nouveau montage postsynchronisé qui se concrétise par la sortie, en 1971, de *Bonaparte et la Révolution*. Enfin, le film est restauré en 1980 et projeté à New-York où il obtient une légitime consécration. Une partie des précieuses archives Abel Gance sont conservées au musée municipal de Boulogne-Billancourt.

ESPACE DÉPARTEMENTAL
ALBERT KAHN
*14, rue du Port*

L'œuvre d'Albert Kahn est concentrée sur l'unique but auquel il travailla sa vie durant : le développement de la coopération universelle entre les peuples. Voulant donner une orientation nouvelle à la société, il créa un univers qui se voulait l'image d'un monde réconcilié. Fidèle à l'esprit de son concepteur, l'espace départemental Albert Kahn est un lieu ouvert sur les deux parties de l'œuvre aujourd'hui accessibles au public : l'ensemble des jardins et les Archives de la Planète. Après avoir obtenu son baccalauréat qu'il révise avec Henri Bergson, Albert Kahn (1860-1940) s'introduit dans les milieux financiers où il réussit rapidement. Les mines d'or et de diamant d'Afrique du Sud dans lesquelles il aurait investi seraient à l'origine de son immense fortune. Mais Albert Kahn a des préoccupations d'un tout autre ordre. Habité d'une volonté de rapprochement entre les peuples basé sur une meilleure connaissance d'autrui, il crée en 1898 les Bourses autour du monde qui permettent à de jeunes intellectuels de parcourir le monde et d'apprendre au contact d'autres civilisations. La création de son domaine de Boulogne participe du même esprit. Il veut donner naissance à un lieu fait d'harmonie et de paix, qui engage au dialogue et à la réflexion. Durant une dizaine d'années, Albert Kahn achète des parcelles de terrains jouxtant sa propriété pour la conception de jardins aux origines multiples. L'aménagement de ces derniers nécessite des moyens techniques et financiers très importants. Ainsi, la Forêt bleue, qui occupe 3 500 m², est plantée de cèdres venus de l'Atlas tandis que la Forêt vosgienne se compose d'épicéas et de pins venus de l'Alsace natale d'Albert Kahn.

FORÊT BLEUE

PALMARIUM

En 1906, Albert Kahn crée Le Cercle autour du monde où se retrouve l'élite intellectuelle, religieuse et politique de l'époque. Anatole France, Auguste Rodin, Henri Bergson, Maurice Barrès, Colette, aux côtés de princes orientaux, font partie des prestigieux hôtes du mécène. Ces rencontres sont organisées non pas par lui-même – il y est souvent absent – mais par ses jeunes boursiers et sont destinées à l'élite internationale. En 1916, il fonde le Comité national d'études sociales et politiques et publie une série de revues traitant des problèmes de l'époque. De retour d'un tour du monde, effectué en 1908-1909, Albert Kahn lance le grand projet des Archives de la planète. Il s'agit d'établir un inventaire photographique du monde du début du XXe siècle. Conscient que son époque est bientôt révolue et que d'importantes mutations se préparent, Albert Kahn engage des opérateurs qui partent filmer et photographier la vie quotidienne et les événements socio-économiques et politiques de l'époque aux quatre coins du globe. « La vie, il faut aller saisir la vie là où elle est, à l'étranger, dans la rue, partout. » disait-il. Le résultat : 183 000 mètres de film et 72 000 autochromes réalisés entre 1910 et 1931. C'est au géographe Jean Brunhes (1869-1930) que Kahn confie en 1912 la direction de cet inventaire sans précédent. Véritable travail géo-ethnographique, les Archives de la planète immortalisent aussi bien des scènes de pêche, de processions religieuses en Bretagne, que des événements sociaux-politiques telles la guerre de 14-18, la déclaration Balfour en Palestine (1925), ou encore l'Exposition coloniale de 1931. De tous les pays qu'Albert Kahn visite, c'est sans aucun doute le Japon qui le fascine le plus. Il établit de chaleureux rapports avec l'empereur Meiji et reçoit de nombreuses fois la famille impériale à Boulogne ou dans sa villa du Cap Martin. Désireux de recréer un cadre qu'il aime tant, Albert Kahn travaille, à partir de 1898, et pendant une dizaine d'années, à l'élaboration de son jardin japonais. Deux phases de construction se succèdent : un petit village rural d'abord, puis une sorte de site sacré composé d'une pagode aujourd'hui disparue, d'une reproduction du célèbre pont de Nikko, de lanternes de bronze, le tout implanté dans une végétation typique entretenue par des jardiniers japonais. Selon un principe qui lui est cher, Kahn procède ici avec un grand souci de l'authenticité. Le krach boursier de 1929 met un terme à ses projets. C'est pratiquement ruiné que cet humaniste meurt en pleine Seconde Guerre mondiale, le 14 novembre 1940.

JARDIN JAPONAIS

JABEL
*1930*
*Granit*
*Musée Paul Landowski*
*14, rue Max-Blondat*

Les artistes venus s'installer durant les années trente dans le paisible Boulogne sont nombreux. Ainsi, le sculpteur Paul Landowski (1875-1961) loue une maison où il travaille et vit jusqu'à sa mort. De conception assez classiques, ses œuvres remportent un vif succès et les commandes publiques affluent. En 1933, Paul Landowski est nommé directeur de l'Académie de France à Rome puis, quatre ans plus tard, directeur de l'École supérieure nationale des Beaux-Arts. Au titre de ses plus célèbres œuvres on trouve *Le Boxeur tombé*, *David combattant*, *Le mur du héros* ou encore *Le Cantique des Cantiques*. Son atelier, aménagé depuis en jardin-musée, regroupe une centaine de ses œuvres. Il est situé rue Max-Blondat (1872-1925), du nom d'un autre sculpteur boulonnais, contemporain de Landowski.

L'HYMNE À L'AURORE
*Bronze*
*Musée Paul Landowski*
*14, rue Max-Blondat*
L'*Hymne à l'Aurore* est l'une des pièces sculptées que Landowski destine à son projet monumental de temple édifié à la gloire de l'homme. Une autre composition, *Les Fils de Caïn*, fait également partie de ce travail qui le motive sa vie durant.

ÉGLISE SAINTE-CÉCILE
*1897*
*44, rue de l'Est*
Avant qu'elle ne soit érigée en paroisse en 1963, l'église Sainte-Cécile n'était qu'une simple chapelle de patronage, placée sous le vocable de l'Enfant Jésus. Élevé sur une vaste crypte, l'édifice se compose d'une nef centrale séparée des bas-côtés par des colonnes toscanes. L'intérieur du bâtiment, éclairé grâce à de nombreux oculus, a été restauré en 1965.

SYNAGOGUE
*1911. Architecte : Emmanuel-Élisée Pontremoli*
*Brique et pierre*
*Vue extérieure*
*Rues des Abondances et de l'Abreuvoir*
Essentiellement implantée à Paris, la communauté juive s'installe peu à peu dans la banlieue ouest et plus particulièrement à Boulogne. Il devient alors nécessaire d'élever un lieu de culte adapté. La construction d'une synagogue, maintes fois reportée, débute à l'initiative du baron Edmond de Rothschild (1845-1934) et de sa femme Adélaïde (1853-1935). Ces derniers cèdent à la communauté judaïque un terrain faisant partie du domaine Rothschild sur lequel sera construite la synagogue. La baronne s'engage à financer les travaux et fait appel à l'architecte Emmanuel-Élisée Pontremoli. L'édifice est ouvert au culte le 21 septembre 1911. (Cl. M. H.)

TRIBUNE LATÉRALE
*1911*
*Synagogue*
*Rues des Abondances*
*et de l'Abreuvoir*
Alors que la plupart des lieux de culte judaïques sont édifiés dans un style romano-byzantin, Emmanuel-Élisée Pontremoli (1865-1956) s'inspire ici plus nettement du répertoire des formes byzantines. Ancien élève des Beaux-Arts et Prix de Rome en 1890, l'architecte a souvent voyagé en Asie mineure. Pour la décoration de la synagogue de Boulogne, il s'adjoint les talents du peintre Gustave-Louis Jaulmes (1873-1959). Pontremoli veut exprimer dans son architecture l'identité et la culture juives. Il préfère au plan basilical le plan centré, moins répandu, mais selon lui plus adapté au rite hébraïque. Ainsi, la bima, estrade de lecture, est située au centre, tandis que la coupole centrale, très largement inspirée de Sainte-Sophie de Constantinople, évoque l'unité divine. L'extérieur de l'édifice laisse deviner les volumes intérieurs et, dans un souci de sobriété, les formes byzantines sont simplifiées et modernisées.

ÉTOILE DE DAVID
*1911*
*Détail de la façade*
*Synagogue*
Dans sa décoration, la synagogue de Boulogne fait preuve de dépouillement. Respectant le principe de non-représentation, seules quelques rosaces ou vignes sont visibles çà et là. Des carreaux de verre soufflé font office de vitraux et laissent passer une lumière tamisée. Le judaïsme est évoqué par le motif des deux Tables de la Loi, des inscriptions comme le Chema (Deutéronome 6, 4) et le Maguen, bouclier ou étoile de David, dont les six branches peuvent s'inscrirent dans un carré ou un cercle parfait.

ÉGLISE SAINTE-THÉRÈSE-DE-L'ENFANT-JÉSUS
*1927-1945*
*Architecte : Charles Bourdery*
*Pierre, brique et béton*
*Vue générale*
*62, rue de l'Ancienne-Mairie*

En 1907, la paroisse Notre-Dame de Boulogne décide de faire construire une chapelle annexe placée sous le vocable de sainte Thérèse d'Avila. Au premier bâtiment provisoire, se substitue en 1911 un édifice fait de brique et de béton. Puis, le cardinal Dubois prend à sa charge la construction d'une nouvelle église, érigée en paroisse en 1927 et placée sous la protection de sainte Thérèse de l'Enfant-Jésus, canonisée deux ans auparavant. Il s'agit, en effet, d'apporter le message des Évangiles dans ce quartier ouvrier qui jusque-là n'était pas couvert par la paroisse de Boulogne, ni par celle de Billancourt. L'édifice n'est réellement achevé qu'en 1939. Elle est restaurée et décorée de 1941 à 1945.

CHEMIN DE CROIX
*1941-1945. Jean Lambert-Rucki*
*Nef*
*Église Sainte-Thérèse-de-l'Enfant-Jésus*
La décoration intérieure de l'église est l'œuvre du sculpteur d'origine polonaise Jean Lambert-Rucki (1888-1967), ami des peintres Kisling et Modigliani, qu'il côtoie à la Grande Chaumière. Les sculptures de Lambert-Rucki se distinguent par leurs couleurs souvent vives, leurs formes élancées ainsi que leur sobriété. Dans le présent chemin de croix, l'artiste fait transparaître toute la tension contenue dans la scène de la crucifixion avec une grande économie de moyens. Bientôt engagé dans la voie mystique, Lambert-Rucki se consacre au renouveau de l'art sacré. En dehors de la religion, l'œuvre de Lambert-Rucki puise son inspiration dans les arts africains, et certaines de ses créations peuvent être rattachées au style cubiste.

VIERGE REPASSANT
*1941-1945. Jean Lambert-Rucki*
*Chapelle*
*Église Sainte-Thérèse-de-l'Enfant-Jésus*
À la fin des années vingt, l'Église de France s'engage dans la voie du renouveau de la foi chrétienne. Des associations catholiques s'organisent, telle la Jeunesse ouvrière chrétienne créée en 1927 par l'abbé Guérin. Son but : agir pour un monde plus juste et solidaire. Les thèmes religieux de la décoration de l'église Sainte-Thérèse de Boulogne sont empreints de cet esprit et reflètent un souci d'humilité et d'expressivité. Ainsi, la Vierge Marie est représentée sous les traits d'une repasseuse pour évoquer l'industrie principale de la ville mais également la condition ouvrière de l'époque.

MAISON DE DANIEL-HENRY KAHNWEILER

*XIXe siècle. Brique et pierre*

*12, rue de l'Ancienne-Mairie*

C'est en 1921 que le galeriste Henry Kahnweiler (1884-1979) s'installe à Boulogne. D'origine allemande, il commence sa carrière professionnelle dans la banque avant de trouver sa véritable vocation dans le commerce des œuvres d'art. Celui qu'on appellera bientôt « l'homme de l'art » achète sa première galerie de peinture en 1907 et découvre les premières toiles cubistes. Les artistes que Kahnweiler révèle et contribue à rendre célèbres sont, pour ne citer que les plus connus, Pablo Picasso, Georges Braque, Juan Gris, Fernand Léger ou encore André Masson. Lorsque Kahnweiler emménage rue de l'Ancienne-Mairie, il est âgé d'une quarantaine d'années et s'est déjà fait connaître comme mentor des peintres cubistes. La conjoncture économique est peu favorable à la vente de tableaux, mais l'époque est en revanche propice aux réunions et aux échanges d'idées. De 1921 à 1927, Henry Kahnweiler et son épouse Lucie organisent à leur domicile les « dimanches de Boulogne » où peintres, écrivains et autres artistes viennent discuter, boire, manger ou chanter. Parmi les familiers des lieux, les peintres soutenus par Kahnweiler, les écrivains Max Jacob, Antonin Artaud, André Breton, Michel Leiris – qui épousera la fille de Lucie Kahnweiler et non sa sœur comme il est souvent dit – ou encore le sculpteur Henri Laurens, le compositeur Erik Satie et l'Américaine Gertrude Stein, écrivain et collectionneuse d'œuvres cubistes.

MAISON DE JUAN GRIS

*Plaque commémorative*

*1987*

*8, rue de l'Ancienne-Mairie*

Des peintres que Kahnweiler soutient, c'est sans doute Juan Gris (1887-1927) qu'il préfère. La rencontre entre le jeune Madrilène et le collectionneur a lieu en 1908 sur le bateau-lavoir où Kahnweiler rend visite à Picasso. Juan Gris, de son vrai nom José Gonzales, débute comme dessinateur pour des revues satiriques (*Charivari*, *L'Assiette au beurre*) avant de se consacrer pleinement à la peinture. Son style, qui s'apparente au cubisme, lui est pourtant très personnel. Devenu l'ami et l'un des artistes sous contrat de Kahnweiler, Juan Gris vient habiter, en 1922, rue de l'Ancienne-Mairie, à deux pas de son marchand. Le grenier de son appartement lui sert d'atelier. Il travaille, de 1922 à 1924, pour les décors des ballets russes de Serge de Diaghilev. Alors qu'il semble avoir atteint une nouvelle forme d'expression, le peintre succombe à la suite d'une crise d'asthme le 11 mai 1927, à l'âge de quarante ans.

RÉSIDENCE-ATELIER MIESTCHANINOFF ET LIPCHITZ

*1924. Architecte : Le Corbusier*

*Béton armé*

*9, allée des Pins et 7, rue des Arts*

L'architecture moderne tient une grande place dans l'histoire de l'urbanisme à Boulogne. Les plus célèbres architectes, tenants du style international, viennent rivaliser de talent dans le quartier résidentiel du parc des Princes, entre 1920 et 1940. Le plus connu d'entre-eux est Charles-Édouard Jeanneret dit Le Corbusier (1887-1965). Associé avec son cousin Pierre Jeanneret (1896-1967), il construit tout d'abord à Boulogne la résidence-atelier du sculpteur Jacques Lipchitz qu'il conçoit en liaison avec celle d'un autre sculpteur, Oscar Miestchaninoff. Le bâtiment est élevé au coin de deux rues selon les principes puristes de l'architecte : circulation verticale, libération des espaces, ouverture des volumes, transparence et luminosité. Le Corbusier tire pleinement parti des propriétés du béton armé qu'il a étudié à loisir auprès de l'architecte Auguste Perret. Les deux ateliers ont un plan en « L » et se rejoignent autour d'un jardin privé ; escaliers, ponts-passerelles, terrasses sont au service de l'organisation des volumes.

VILLAS COOK ET COLLINET
*1926-1927. Architectes : Le Corbusier et Mallet-Stevens*
*Béton armé*
*6 et 8, rue Denfert-Rochereau*

Les deux hôtels particuliers des 6 et 8, rue Denfert-Rochereau sont l'œuvre de deux architectes différents : Le Corbusier pour la villa de William Cook et Robert Mallet-Stevens (1886-1945) pour celle de M^me^ Collinet. Cette dernière villa est édifiée selon un plan carré déterminé par la parcelle de terrain. Mallet-Stevens utilise lui aussi le béton armé, lui permettant de supprimer murs et poteaux poutres qui jusque-là cloisonnaient l'espace intérieur. La façade blanche est rythmée par les ouvertures des fenêtres, horizontales pour les étages et verticales pour la cage d'escalier. Lorsque Le Corbusier construit un peu plus tard la villa Cook, il prend en compte les caractéristiques architecturales de la maison voisine pour mettre en accord les deux façades. Le terrain disponible étant lui aussi exigu, l'architecte doit s'appliquer dans le choix de la disposition des pièces, tout en restant soucieux de leur fonctionnalité. Les principes mis en œuvre dans la villa Cook, Le Corbusier les portera quelques années plus tard à leur ultime perfectionnement dans les maisons Stein de Vaucresson et Savoye de Poissy.

IMMEUBLE MOLITOR
*1934. Architecte : Le Corbusier*
*Béton armé, verre et acier*
*24, rue Nungesser et Coli*

En 1931, une société immobilière commande l'immeuble de rapport Molitor à Le Corbusier qui, de ce fait, reprend contact avec Boulogne. Il veut faire de cette ville une sorte de cité radieuse, empreinte de modernité. L'architecte utilise une fois encore le béton armé pour les structures du bâtiment et des matériaux de construction industrialisés pour la façade, tels le verre et l'acier. Celle-ci est rythmée par des bow-windows, tandis que sur le toit Le Corbusier construit son appartement-atelier recouvert d'une voûte en berceau et dans lequel il demeure jusqu'en 1965.

IMMEUBLE DE RAPPORT
*1933-1936*
*Architecte : Georges-Henri Pingusson*
*Béton armé*
*5, rue Denfert-Rochereau et 15, allée des Pins*

C'est à cet emplacement que Le Corbusier élève une villa pour le couple Ternisien en 1927. Les commanditaires du projet estimant la réalisation non-conforme à leurs vœux, la villa est rasée et la construction d'un immeuble de rapport confiée à l'architecte Pingusson (1894-1978), membre comme Le Corbusier de l'Union des artistes modernes fondée en 1929 par Mallet-Stevens. Georges Pingusson garde le principe de l'avancée en pointe que Le Corbusier avait élaborée pour coller à la forme triangulaire du terrain. L'immeuble de quatre étages, avec son coin arrondi en forme de proue et ses fenêtres comme des hublots, évoque dans une certaine mesure le style paquebot.

RÉSIDENCE-ATELIER DORA GORDINE
*1929*
*Architectes : Gustave et Auguste Perret*
*Béton armé, verre et brique blanche*
*21, rue du Belvédère*

Les frères Perret conçoivent, à la fin des années trente, deux résidences-ateliers rue du Belvédère, l'une située au numéro 25 pour le maître verrier Marguerite Huré et celle, ici représentée, commandée par le sculpteur Dora Gordine. Comme dans la plupart de leurs constructions, les frères Perret mettent de côté toutes préoccupations esthétiques pour privilégier les aspects pratiques et fonctionnels. La façade est composée de trois travées vitrées et de deux allèges en briques blanches ; une corniche saillante ornée d'une clef centrale fait office de protection contre les intempéries. L'ensemble de la construction se distingue par une certaine austérité. L'atelier de l'artiste occupe toute la travée centrale sur plus de huit mètres de côté. Le principe de la fenêtre verticale est privilégié, au contraire des ouvertures horizontales prônées par Le Corbusier.

HÔTEL PARTICULIER
*1928*
*Architecte : Louis-Raymond Fischer*
*Béton armé*
*4, rue du Belvédère*
Formé à l'école des plus importants architectes modernes, Alfred Loos, Frank Lloyd Wright et Walter Gropius, Louis-Raymond Fischer (1898-1988) retire de ses années d'apprentissage une conception très puriste de l'architecture. La demeure qu'il construit à Boulogne pour l'Australien Godfray fait l'économie de tout décor. Seule la façade arrondie est traitée en polychromie : le blanc pour les murs, les fenêtres et portes vertes et l'auvent de l'escalier donnant sur la terrasse en rouge. Ces peintures ont depuis disparu mais les ouvertures dissymétriques du bâtiment témoignent encore des innovations de l'époque.

RÉSIDENCE-ATELIER LOMBARD
*1928. Architecte : Pierre Patout*
*Béton armé*
*2, rue Gambetta*
*et 1, avenue J.-B.-Clément*
Le propriétaire et l'architecte de cette maison, Alfred Lombard (1884-1973) et Pierre Patout (1879-1965), sont liés par l'amitié mais également par leur travail. Ils participent tous deux, avec l'ébéniste Jacques-Émile Ruhmann, à l'aménagement intérieur des paquebots Île-de-France, Atlantique et Normandie. Ce qui influencera l'architecture de Pierre Patout. Située sur une parcelle de terrain rectangulaire donnant sur le bois, la résidence possède de nombreux décrochements qui donnent la sensation de volume. L'atelier du peintre est logé à l'angle de l'édifice tandis que les entrées sont reléguées dans les rues adjacentes. Les principales décorations tiennent dans la mosaïque du vestibule composée par Lombard et dans la coloration en bleu et orange du vaste escalier intérieur.

HÔTEL PARTICULIER
*1936-1937*
*Architecte :Marcel-Victor Guilgot*
*Béton armé*
*32 bis, rue de la Tourelle*
*et 1, rue du Pavillon*

Édifiée au coin de deux rues, cette maison est agencée pour l'acteur Albert Préjean par l'architecte Marcel-Victor Guilgot, lequel s'est surtout distingué par son travail sur la Côte d'Azur, avec notamment les casinos de Nice et de Juan-les-Pins. À Boulogne, l'architecte crée un édifice en arc de cercle composé d'un corps principal et de deux ailes qui épouse la forme de la place, formule architecturale des plus classiques. Cependant, le bâtiment est à classer dans le registre de la modernité par son articulation interne et le rejet de toute ornementation.

HÔTEL DUJARRIC DE LA RIVIÈRE
*1928-1930*
*Architecte : Louis Faure-Dujarric*
*Pierre et béton armé*
*18, avenue Robert-Schuman*
*et 2, rue Salomon-Reinach*
Célèbre pour sa façade du magasin « Les Trois Quartiers », les stades de Colombes et de Roland-Garros, Louis Faure-Dujarric (1875-1943) travaille également pour de riches propriétaires comme le professeur Dujarric de la Rivière et son épouse. Musicienne, cette dernière commande à l'architecte une salle d'orgue haute de sept mètres et qui s'étend sur cent quatre-vingt mètres carrés. Ces vastes dimensions conditionnent la disposition des autres pièces et entraînent une disproportion en façade entre la baie de la pièce de musique et les autres fenêtres. L'idée de volume est produite par les terrasses en retrait mais l'ensemble de l'édifice respecte l'art de la rigueur cher à Faure-Dujarric.

MAISON RENARD
*1926-1928*
*Architecte : Jean-Léon Courrèges*
*Brique et tuile*
*19 bis, avenue Robert-Schuman*
Si la plupart des maisons construites durant les années trente revendiquent leur appartenance au style international, il n'en est rien pour cette demeure commandée à Jean-Léon Courrèges (1885-1948) par M. et Mme Renard. L'architecte puise son inspiration dans l'esthétisme néo-rural, les principes de l'école de Glasgow et préconise le style décoratif. Courrèges ne fait pas sien le mot d'ordre de l'architecte Loos qui clame que l'ornement est un crime. Ainsi, la demeure est parée d'un mur pignon aux motifs de fruits et de fleurs, les fenêtres hautes à meneaux sont devancées par des balcons en fer forgé en forme d'arabesque. Le premier étage de l'édifice sera habité par André Malraux de 1945 à 1962.

HÔTEL PARTICULIER
*1928-1931. Architecte : Emilio Terry*
*Pierre*
*5, rue Gambetta*
Les conceptions architecturales d'Emilio Terry sont également assez éloignées de celles d'un Le Corbusier. Lorsque son ami d'enfance, Gilbert Blanchard des Crances, lui demande de concevoir sa maison, l'architecte s'inspire du répertoire des formes néo-classiques et baroques. En témoignent la fenêtre attique surmontée d'un fronton et l'épaisse porte basse à caissons. La chanteuse Édith Piaf habite un temps la demeure et prévoit d'y installer un ring pour Marcel Cerdan. Quant à Emilio Terry, qui se qualifie lui-même d'inventeur du style Louis XVII, il travaille après-guerre pour de fortunés particuliers comme Stavros Niarchos, Héléna Rubinstein, Charles de Noailles et Charles de Beistegui, tous deux proches du groupe surréaliste. L'architecte construit également à Boulogne une maison de style Directoire, de 1957 à 1961, située rue Marcel-Loyau.

HÔTEL DE VILLE
*1931-1934. Architecte : Tony Garnier*
*Façade*
*26, avenue André-Morizet*
L'hôtel de ville de Boulogne a vu le jour grâce à l'opiniâtreté du maire André Morizet (1875-1942) associée au talent de l'architecte Tony Garnier (1869-1948). Dès son élection aux municipales de 1919, André Morizet est conscient de la nécessité de doter Boulogne d'un hôtel de ville digne de ce nom. En 1925, il envoie des observateurs en Belgique pour étudier l'architecture de certains édifices publics conçus selon les principes modernes de l'époque. L'exemple de l'hôtel de ville de Schaerbeek inspire le maire-urbaniste qui décide de faire appel à l'architecte lyonnais Tony Garnier. Ce dernier travaille à Lyon pour le maire Édouard Herriot, socialiste comme Morizet, où il réalise notamment l'hôpital Grange Blanche, les abattoirs de la Mouche ou encore le stade municipal Gerland. Ancien grand prix de Rome, Tony Garnier s'est très vite singularisé par ses conceptions modernistes qui lui font allier esthétique et fonctionnalité. C'est sans doute ce parti pris qui plaît à André Morizet tant il est désireux de faire de sa future mairie une sorte d'« usine municipale » où fonctionnaires et visiteurs se sentiraient à leur aise. (Ins. M. H., 1975)

HALL DES GUICHETS
*1931-1934. Architecte : Tony Garnier*
*Hôtel de ville*
La construction de l'hôtel de ville ne commence pas avant 1931. Tony Garnier ne pouvant pas assurer la direction des travaux, c'est le beau-frère de Morizet, l'architecte Jacques Debat-Ponsan (1882-1942), qui est choisi pour superviser l'exécution des plans de Garnier. Trois années sont nécessaires à la construction du bâtiment, constitué de deux parallélépipèdes accolés dans le sens de la longueur, dont l'un est réservé aux réceptions et l'autre aux services. Ce dernier renferme l'immense hall des guichets avec ses trois rangs de galeries en encorbellement, où de larges baies vitrées et l'éclairage signé André Salomon (1891-1970) participent à la clarté de cette partie du bâtiment qu'André Morizet comparait à une nef de cathédrale. Selon la volonté de ce dernier, tous les services sont immédiatement visibles et faciles d'accès ; les habituels couloirs, symboles des dédales administratifs, sont définitivement bannis.

ESCALIER D'HONNEUR
*1931-1934. Architecte : Tony Garnier*
*Hôtel de ville*
Menant aux salles dites de réception, cet escalier d'honneur se situe dans le prolongement de l'entrée principale de la mairie. Ici l'architecte utilise la pierre rosée de Comblanchien pour différencier la fonction de cette partie de l'édifice du hall des guichets construit en béton armé. Les formes sont épurées et la décoration, à l'origine un ensemble de sculptures puis une toile monumentale d'Olivier Debré (1988), est très limitée, comme dans l'ensemble du bâtiment.

SALLES DES MARIAGES
*1931-1934. Architecte : Tony Garnier*
*Hôtel de ville*
Au premier étage se trouvent les salons divisés en cinq parties et qui communiquent entre eux grâce à des portes coulissantes. L'une des pièces, avec ses soubassements en marbre noir et ses murs dorés, fait office de salle des mariages. Deux poteaux oblongs en soulignent les dimensions imposantes, près de dix mètres de hauteur, tandis que le plafond, récemment peint par l'artiste Georges Mathieu, reprend les couleurs noire et or dans une sorte de motif calligraphique. L'intégralité du mobilier, aux lignes pures et sans parti pris luxueux, est l'œuvre de René Herbst (1891-1982).

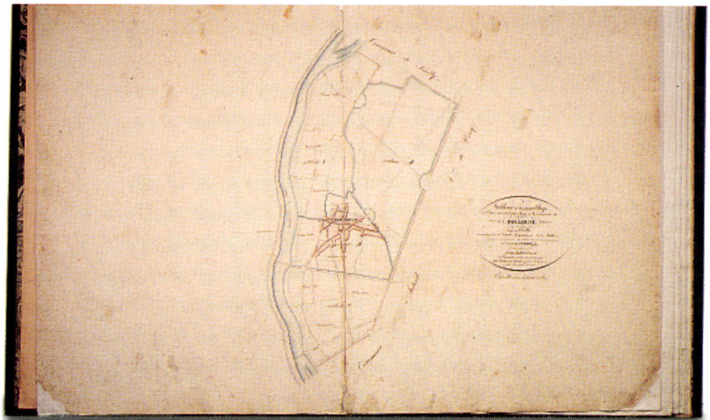

PLAN CADASTRAL
*1825*
*Archives municipales*
*Hôtel de ville*
Ce plan de la ville, conservé aux archives municipales, permet de montrer l'accroissement de la population, concentrée dans le quartier des Menus et les rues de la Rochefoucault et Jean-Baptiste-Clément. S'y dégagent également les deux axes principaux de la ville primitive, l'avenue Jean-Baptiste-Clément et la route de Sèvres.

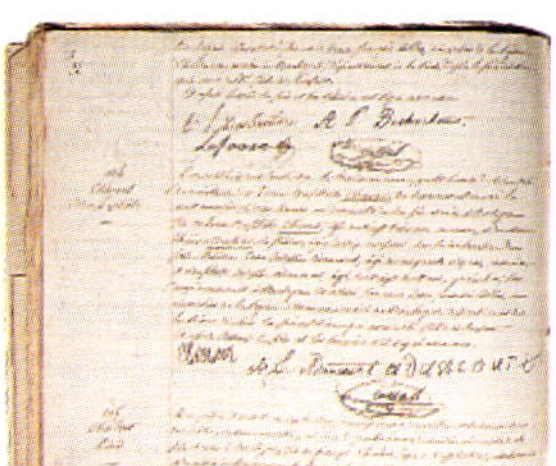

ACTE DE NAISSANCE
DE JEAN-BAPTISTE CLÉMENT
*1836*
*Archives municipales*
*Hôtel de ville*
Bien que de nombreuses célébrités se soient établies à Boulogne, peu d'entre elles sont boulonnaises de naissance. C'est néanmoins le cas du chansonnier engagé Jean-Baptiste Clément (1836-1903), créateur du *Temps des cerises*. Journaliste et militant républicain, il est condamné à mort par contumace durant la Commune et s'exile en Grande-Bretagne. De retour en France, il gagne les rangs des socialistes.

HÔTEL DES POSTES
*1937-1938*
*Architecte : Charles Giroud*
*29, avenue André-Morizet*
Faisant face à la mairie, l'hôtel des postes devait constituer, avec le centre d'hygiène social, une sorte de grand-place à la manière des villes du nord et de Belgique. Édifié par l'architecte Charles Giroud, Lyonnais comme Tony Garnier, le bâtiment est suffisamment audacieux pour soutenir la comparaison avec l'hôtel de ville. Moins haut mais plus étendu que ce dernier, l'hôtel des postes possède également une marquise au-dessus de l'entrée tandis que la façade en béton armé relève des mêmes lignes puristes. L'ensemble des services de l'hôtel des postes est regroupé au rez-de-chaussée alors que le premier étage renferme le central téléphonique. Les étages supérieurs sont réservés aux logements de fonction. Charles Giroud anticipa un éventuel agrandissement de l'édifice en prévoyant une surélévation. Celle-ci eut effectivement lieu en 1960 et dénature quelque peu le bâtiment.

AFFICHE
*1925-1926*
*Archives municipales*
*Hôtel de ville*
Lorsque le décret de changement de nom de Boulogne en Boulogne-Billancourt est mis en application en 1925, il s'agit, au-delà d'un simple changement de dénomination, de mettre sur le même plan économique et social Boulogne et Billancourt. Cet événement demeure représentatif de la politique d'André Morizet qui s'attacha à propulser Boulogne-Billancourt au rang de première ville de banlieue.

ANNEXE DE LA MAIRIE
*1938-1946*
*Architecte :Roger Hummel*
*Ancien centre d'hygiène sociale*
*26, avenue André-Morizet*
Anciennement centre d'hygiène sociale, cet édifice est le second bâtiment d'importance situé aux abords de la mairie. Le projet, cher à André Morizet tant sur le plan architectural que social, est confié après concours à Roger Hummel (1900-1983). Celui-ci est bien entendu tenu de prendre en considération les caractéristiques architecturales de l'hôtel de ville de Garnier. Hummel décide de séparer sa construction de la mairie par un jardin épousant la forme sinusoïdale de l'édifice. Les courbes du centre d'hygiène sociale forment ainsi un contrepoint à la linéarité de l'hôtel de ville. La construction, commencée en 1938, est interrompue par la Seconde Guerre mondiale et n'est achevée qu'en 1946. Elle regroupe aujourd'hui des services municipaux ainsi que le musée de la ville.

BAS-RELIEF
*1920*
*Sculpteur : Joseph Bernard*
*Ciment pierre*
*Musée municipal*
Joseph Bernard (1886-1945) fait partie des nombreux sculpteurs vivant à Boulogne durant l'entre-deux-guerres. Il possède un atelier situé non loin de celui de son condisciple Paul Landowski. Formé à l'école des Beaux-Arts puis chez Auguste Rodin, Joseph Bernard garde néanmoins un language artistique très personnel. Ses personnages, comme cette *Femme à l'enfant*, semblent inspirés ou méditatifs. Son œuvre la plus célèbre reste la frise de *La Danse* (1913), dont un moulage en plâtre est exposé dans les salons de l'hôtel de ville.

SALON CHINOIS
DE MADAME DUBLY
*Vers 1920*
*Jacques-Émile Ruhlmann*
*Dessin sur calque*
*Musée municipal*

Ce dessin illustre et complète l'évocation des demeures et villas construites pour de riches propriétaires. Œuvre du créateur de mobilier Art déco Jacques-Émile Ruhlmann (1869-1933), ce projet donne un aperçu des intérieurs soignés qu'artistes et architectes conçoivent et planifient à l'avance selon leurs propres critères esthétiques mais aussi à la demande des commanditaires.

PARAVENT
*1930*
*Le Chevallier et Barillet*
*Métal et verre*
*Musée municipal*
Les grands architectes du style international, comme Le Corbusier et Mallet-Stevens, sont également créateurs d'une ligne de mobilier à nouveau très prisée de nos jours. Ce paravent aux motifs géométriques qui évoquent les lignes de certaines architectures est une création de Le Chevallier et Barillet pour Robert Mallet-Stevens. Ce dernier est l'auteur des fameuses chaises qui portent son nom et qui équipent les services de la mairie depuis sa création.

PORTRAIT
DE MADEMOISELLE COURMES
*1921*
*Alfred Courmes*
*Musée municipal*
Élève du peintre Roger de La Fresnaye en 1917 qui l'influence durablement, Alfred Courmes (1898-1993) est un artiste amoureux du détail et de la peinture avant tout réaliste. Dans plusieurs de ses portraits, il joue avec les effets de lumière et campe ses personnages dans des décors d'architecture imaginaire. Si la facture de ses tableaux peut le cataloguer comme un peintre proche de l'académisme, certaines audaces thématiques, parfois proches de l'irrévérence, font de Courmes un artiste atypique.

GHULAM MOHAMAD KASHMIRI
*1931*
*Alexandre Iacovleff*
*Musée municipal*
Outre les œuvres d'inspiration Art déco, le musée de Boulogne-Billancourt possède en dépôt une partie du fonds du musée des Arts africains et océaniens de Paris. Sculptures, affiches ou bien peintures illustrent la période coloniale et évoquent les charmes de pays exotiques très en vogue à cette époque, comme en témoigne l'immense succès remporté par l'Exposition coloniale de 1931.

PORTRAIT DE MALLET-STEVENS
*1933. Jacques-Émile Blanche*
*Huile sur toile*
*Musée municipal*
Connu surtout en tant que portraitiste, le peintre Jacques-Émile Blanche (1861-1942) fut également écrivain et critique d'art. Fréquentant assidûment les milieux artistiques et littéraires, il prit régulièrement pour modèles les célébrités de l'époque, comme ici l'architecte Robert Mallet-Stevens.

COIFFEUSE
*1er quart du XXe siècle*
*Jacques-Émile Ruhlmann*
*Musée municipal*

PIERRE BRISSAUD
*1908*
*Georges Lepape*
*Musée municipal*
Georges Lepape (1887-1971), dessinateur en vogue, travaille longtemps pour le couturier Paul Poiret. Avec Pierre Brissaud, il fut l'un des dessinateurs fétiches de *Vogue* et de la *Gazette du Bon Ton.* Le peintre représente ici son ami et collègue dans son intérieur, décoré de plusieurs tableaux. Pierre Brissaud, portraituré en pied, revêt une allure décontractée, bien que le raffinement de ses vêtements soit la marque d'une certaine élégance. Le tableau est animé par des différences de plans, tandis que la porte, ouverte, semble inviter le spectateur à faire la rencontre de l'artiste.

ÉCOLE JEAN-BAPTISTE CLÉMENT
*1932-1933*
*Architecte : Jacques Debat-Ponsan*
*34 bis et 36, rue de Sèvres*
Décidé et construit en même temps que les établissements Ferdinand-Buisson, le groupe scolaire Jean-Baptiste-Clément est l'œuvre de Jacques Debat-Ponsan. Outre l'aménagement de larges espaces lumineux avec ses façades traitées comme de véritables verrières, cet édifice se distingue par la spécificité de chaque salle et la présence d'équipements collectifs et sanitaires peu répandus pour l'époque.

GROUPE D'HABITATIONS
DU POINT-DU-JOUR (détail)
*1928-1932. Architectes :*
*Bassompierre, Rutté et Sirvin*
*Béton armé et brique*
*54 et 56, quai du Point-du-Jour*
Pour pallier la crise du logement, le conseil municipal crée un office municipal de HBM (Habitations à bon marché) en 1921. Mais il faut attendre la fin des années vingt pour voir s'élever des immeubles à l'emplacement d'un ancien dépôt de tramways. Divisés en quatre îlots séparés par des allées, neuf cent soixante-treize logements sont créés, pourvus chacun d'un certain confort moderne. L'architecture est quant à elle assez austère et privilégie la robustesse plutôt que d'éventuelles considérations esthétiques.

IMMEUBLES LE POINT-DU-JOUR
*Architecte : Fernand Pouillon*
*Avenue Pierre-Grenier*
*et rue des Longs-Prés*
Cette série d'immeubles est érigée sur l'ancien terrain des usines Salmson par le Comptoir national du logement. Mille quatre cents appartements sont construits pour parer aux dégradations de l'habitat durant la Seconde Guerre mondiale. Priorité est donnée aux logements sociaux améliorés. Dans ce cadre, on fait appel à l'architecte Fernand Pouillon qui érige, dans le quartier du Point-du-Jour, ces immeubles de conception architecturale originale pour l'époque.

ÉCOLE FERDINAND BUISSON
*1932-1933. Architectes :*
*Émile Cauwet et Ogé*
*29, avenue Pierre-Grenier*
Soucieux de moderniser sa ville, André Morizet s'investit dès son premier mandat dans une série d'aménagements et de constructions que certains comparent aux travaux du baron Haussmann : l'éclairage public électrique, les constructions de HBM, l'organisation des artères principales de la ville, le plan d'aménagement de la place de la mairie confié à Le Corbusier – ce projet ne sera pas réalisé –, enfin l'arrivée du métropolitain à Boulogne en 1934. Le groupe scolaire Ferdinand-Buisson fait partie des nouveaux équipements communaux voulus par le maire afin de promouvoir l'enseignement pour tous. Celui-

ci est constitué d'une maternelle et de deux écoles élémentaires. L'architecte Émile Cauwet soigne l'agencement des volumes et joue avec les lignes verticales et horizontales qu'il met en opposition avec l'arrondi de l'extrémité du bâtiment. Les terrasses, que l'on retrouve dans la plupart des constructions modernes de l'époque, servent ici de lieux de récréation et de gymnastique pour les enfants.

SCARABÉE
Fabrique Gentil et Bourdet
Musée municipal
de Boulogne-Billancourt

# Bourg-la-Reine

Canton d'Antony-Nord
Arrondissement d'Antony

Superficie : 182 ha – Population 1990 : 18 635 hab.
Habitants : les Réginaburgiens – Rivière : la Bièvre – Voie : RN20

Origines du nom : ancien « Bourg de la Reine », pas moins de neuf hypothèses sont avancées concernant ce personnage royal, parmi lesquelles : Colombe, reine de Frise, enjeu d'un duel à Bourg-la-Reine entre son amant et son époux ; Rigunthe, fille de Chilpéric, dévalisée près de Bourg-la-Reine en 584 ; Adélaïde, épouse de Louis le Gros, qui fit une donation à l'abbaye de Montmartre d'une terre dont les limites coïncident avec Bourg-la-Reine.

Blason : les fleurs de lys pour la France, l'hermine pour la Bretagne.

## HISTORIQUE

Le nom de Bourg-la-Reine apparaît dès 1134 sur une charte de dotation de Louis le Gros aux dames de Montmartre, qui en ont les droits de justice jusqu'en 1334. Le territoire boisé est peu à peu défriché par les soins du chapitre de Notre-Dame et des abbayes de Sainte-Geneviève et de Saint-Germain. Les chroniques de Saint-Denis relatent le courage d'un sergent d'armes du roi Saint Louis, Guillaume de Bourg-la-Reine, pendant la bataille de la Mansourah. Celles de l'historien Froissart racontent l'installation du roi Edouard III en 1359 à Bourg-la-Reine, pendant la guerre de Cent Ans. En 1380, avec la rivalité des régents de Charles VI, Bourg-la-Reine est pillé, comme beaucoup d'autres dans la région. Le XIV<sup>e</sup> siècle s'achève sur une terrible épidémie. En 1562, le prince de Condé, chef de l'armée protestante, stationne à Bourg-la-Reine avec ses troupes. Il y revient en 1567 et brûle l'église paroissiale. Lassés de tant de guerres, les Réginaburgiens obtiennent la permission en 1589 de s'entourer de murailles. En usèrent-ils ? Aucune preuve ne permet de l'affirmer formellement, si ce n'est l'appellation « murs de Bourg-la-Reine » sur des plans et actes du XVII<sup>e</sup> siècle. On sait seulement qu'en 1680, il restait deux portes à l'entrée et à la sortie du bourg. La poste royale est logée à Bourg-la-Reine jusqu'en 1751.

La ville est témoin en 1722 de la rencontre du jeune roi Louis XV avec Marie-Anne-Victoire, infante d'Espagne, en vue d'épousailles qui ne se feront pas. En 1773, vient s'installer la première faïencerie de Bourg-la-Reine, qui en comptera jusqu'à sept. Elles contribuent au développement économique et culturel de la ville.

Devenu depuis 1787 chef-lieu d'arrondissement, Bourg-la-Reine devient district en 1790. Cette même année, Camille Desmoulins épouse Lucile Duplessis et vient séjourner avec son épouse à Bourg-la-Reine dans la propriété de leurs parents.

Le 5 septembre 1792, Révolution oblige, Bourg-la-Reine devient « Bourg-Égalité » et ne retrouvera son vrai nom que vingt ans après, par décret de Napoléon, le 7 octobre 1812. 1794 voit la mort du marquis de Condorcet dans la prison de Bourg-la-Reine. En 1820, le cimetière est déplacé et dès 1833, les grandes transformations commencent avec la construction d'une nouvelle église, de la mairie, et le percement de nouvelles rues. La guerre de 1870 vide le village de ses habitants obligés de se réfugier à Paris. A peine remis de cette épreuve, ils doivent affronter les pillages des communards en 1871.

Dès le début du XX<sup>e</sup> siècle, Bourg-la-Reine ne cessera de s'accroître et de réaliser de grands travaux d'aménagement et d'embellissement, pour le bonheur et la quiétude de ses concitoyens.

Nombre de personnalités ne s'y sont d'ailleurs pas trompées, qui séjournèrent plus ou moins longtemps à Bourg-la-Reine : Jean de La Fontaine, François Villon, ou, plus récemment, Joseph Kessel, Albert Camus et Charles Péguy, pour ne citer que les écrivains.

MAIRIE
*1845 et 1910-1911*
*Architectes : Claude Naissant et Fremaux*
*6, Boulevard Carnot*

Après approbation par le conseil municipal d'un premier devis de l'architecte Molinos en 1836, c'est un second devis, de l'architecte Claude Naissant en 1843, qui conduit à la réalisation d'une mairie, intégrant également des bâtiments destinés aux écoles. L'ensemble est inauguré le 1er juillet 1845. En 1910 et 1911, l'architecte Fremaux réhausse la mairie d'un étage, la dote d'une façade plus élégante et d'un aménagement intérieur plus confortable. L'inauguration aurait dû avoir lieu en mai 1911 par le préfet de la Seine, M. de Selves. Malheureusement ce jour-là, le ministre de la Guerre Berteaux est tué par l'hélice d'un aéroplane sur le champ de maœuvres d'Issy. Aussi l'inauguration fut-elle reportée au 9 juillet suivant, par le nouveau préfet de la Seine, M. Delanney, et le colonel Candelot, maire de Bourg-la-Reine.

VERS L'AVENIR
*Vue de Bourg-la-Reine*
*1901. Victor Menu*
*Toile marouflée*
*Salle du conseil*
*Mairie*

CUEILLETTE DE ROSES
*Vers 1900. Edmond Tapissier*
*Toile marouflée*
*Salle du conseil*
*Mairie*

Les peintures ornant la salle du conseil illustrent les activités ayant contribué à la renommée de Bourg-la-Reine : culture des fruits, des fleurs et fabrication de céramique. *Cueillette de Roses*, exécutée par Edmond Tapissier (1861-1943), rend hommage aux rosiéristes locaux, Ferdinant Jamin, la famille Margottin et Pierre Oger.

ÉGLISE SAINT-GILLES-SAINT-LEU
*1835-1837*
*Architecte : Auguste Molinos*
*8, Boulevard Carnot*
A compter de 1835, date de la démolition de l'ancienne église du XIIe siècle, il ne faut que deux ans pour édifier un nouveau lieu de culte. Construite par Molinos fils, architecte départemental, la nouvelle église est bénie le 23 mars 1837.

EXTASE DE SAINT BENOÎT
*XVIIIe siècle. Attribuée à Restout*
*Huile sur toile*
*Eglise Saint-Gilles-Saint-Leu*
La controverse n'est pas encore éteinte au sujet de cette toile, attribuée tantôt à Jean-Bernard Restout (1732-1797), tantôt à son père Jean II Restout (1692-1768). Il semblerait qu'elle soit une reprise de 1746 par Jean II d'une de ses toiles datée de 1730, et qui représente l'extase de saint Benoît de Nursie, fondateur vers 529 de l'abbaye du Mont-Cassin, et rédacteur de la règle qui deviendra celle de l'ordre des bénédictins. Mais certains ont cru plutôt y voir l'apothéose de saint Bruno, fondateur de l'ordre des chartreux.

SAINT VINCENT DE PAUL
*Vers 1732. Frère André*
*Huile sur toile*
*Église Saint-Gilles-Saint-Leu*
Cette apothéose de saint Vincent de Paul, ou selon son titre exact saint Vincent de Paul s'élevant au ciel et donnant sa bénédiction aux supérieurs généraux qui vont lui succéder, est due au talent du peintre Jean André (1662-1753), frère dominicain. Y figurent sur la gauche les sœurs de la Charité, conduites par sainte Louise de Marillac. La toile faisait partie d'une série de onze tableaux commandés pour le couvent de Saint-Lazare à Paris en 1732. Réduite depuis, la toile est installée en l'église de Bourg-la-Reine lors des travaux d'agrandissement de la fin du XIXe siècle. (Cl. M. H. 1907)

CHŒUR
*1893-1897*
*Église Saint-Gilles-Saint-Leu*
De 1893 à 1897, on ajoute à l'édifice une prolongation notable qui lui donne la forme d'une croix latine. Le transept s'étend de part et d'autre de la nef, et le chœur assez profond est encadré par une double sacristie. On transfère une des cloches, bénite en 1780 par Messire Jean Mortier, chanoine de Saint-Denis-du-Pas à Paris, laquelle avait pour marraine Marie-Louise de Montmorency-Laval ; elle remplit toujours son office... ce depuis deux cents ans !

ASSOMPTION
*1632. École flamande*
*Huile*
*Église Saint-Gilles-Saint-Leu*
De fort belle facture, cette œuvre représente l'Assomption - c'est-à-dire l'élévation au ciel de la Vierge après sa Dormition - terme traditionnel employé pour désigner la mort de Marie (Cl. M. H. 1907).

TEMPLE PROTESTANT
*XXe siècle*
*26, rue Ravon*
Appartenant à la confession d'Augsbourg, ce temple n'était qu'une simple salle de culte en 1861. Il se voit adjoindre avant guerre une petite maison de briques puis en 1945 une petite baraque de bois. Prolongé à l'arrière en 1950, il est considérablement agrandi en 1964. La paroisse réformée couvre principalement les villes de Bourg-la-Reine, Sceaux, L'Haÿ-les-Roses, Chevilly-la-Rue, Rungis et Fresnes, et s'étend jusqu'à l'Essonne.

ABREUVOIR AUX CHEVAUX
*XVIII-XIXe siècle*
*Cour*
*114, avenue du Général-Leclerc*

PIGEONNIER
*XIX-XXe siècle*
*40, boulevard Joffre*

IMMEUBLE
*XVIII-XIXe siècle*
*Ancien relais de poste*
*114, avenue du Général-Leclerc*
Reconversion réussie pour cet ancien relais de poste, première étape sur la route de Saint-Jacques-de-Compostelle, rénové et transformé en logements sociaux.

PIGEONNIER
*Institut de jeunes sourdes*
*85, avenue du Général-Leclerc*
Ces vestiges fort remaniés, ayant servi de pigeonnier, rappellent l'article dix du cahier des doléances de la municipalité de Bourg-la-Reine, daté du 14 avril 1789, concernant la fermeture saisonnière des colombiers seigneuriaux, et la liberté de chasse des volatiles durant les périodes autorisées.

ÉCOLE DE LA RÉPUBLIQUE
*1884. Architectes : Nepveu et Simonet*
*26, avenue de la République*
Les bâtiments de la mairie servant d'école depuis 1846 étant devenus trop exigus, la municipalité achète un terrain appartenant à la famille Angot. Sur les indications de l'architecte communal Nepveu, elle devait comprendre une école maternelle avec deux sections, une école de garçons et une école de filles. Pendant sa construction surgissent de graves désaccords, et l'on fit appel à un nouvel architecte, M. Simonet. Ce n'est qu'en 1889, après une dernière délibération du conseil municipal approuvant la plantation de vingt-six tilleuls dans la cour qu'elle peut enfin être inaugurée.

OGIVE
*XIIe siècle*
*Vestige de l'ancienne église*
*40, boulevard Joffre*

Ces modestes vestiges de l'ancienne église, construite après 1152 par les religieuses de Montmartre, ont été préservés et déplacés. Brûlée en 1567 par les huguenots, l'église originelle est reconstruite sur un plan plus petit. Elle sera définitivement abattue en 1836. Elle reçoit au XVIIe siècle la visite insolite de Jean de La Fontaine, en route vers Poitiers, qui assiste à une messe en attendant le passage du carrosse.

COLONNE À CHAPITEAU
*XIIe siècle*
*Vestige de l'ancienne église*
*Place Condorcet*

PLAQUE COMMÉMORATIVE
*Maison natale d'Évariste Galois*
*54, avenue du Général-Leclerc*

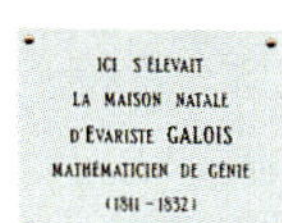


Les recherches d'Évariste Galois (1811-1832), mathématicien de génie, sur le rôle des groupes dans la résolution des équations algébriques ont été d'une fécondité inégalée. La conduite indisciplinée du jeune savant le conduit à se battre en duel pour les beaux yeux d'une demi-mondaine. Il y trouve la mort à l'âge de 21 ans.

BUSTE DE CONDORCET
*1892. Truphème*
*Mairie de Bourg-la-Reine*

Marie Jean Antoine de Caritat, marquis de Condorcet (1743-1794) s'intéresse très jeune aux mathématiques et devient membre de l'académie des sciences à vingt-six ans. Encyclopédiste, philosophe, économiste, il devient membre du conseil municipal de Paris en 1791, puis conseiller général, et enfin membre de l'assemblée législative en 1792. Il s'oppose alors aux idées de la Convention, ce qui le met « hors-la-loi ». Pourchassé, traqué, il sera arrêté en 1794 dans une auberge de Clamart, puis transporté en charrette dans une prison de Bourg-Égalité - nom donné sous la Révolution à Bourg-la-Reine. On le retrouvera mort deux jours après. Empoisonnement volontaire ou crise d'apoplexie ? La question demeure... Le buste est l'œuvre d'André François Joseph Truphème, sculpteur né à Aix en 1820.

VILLA SAINT-CYR
*Vers le XIXe siècle*
*25, boulevard Carnot*
Désormais villa, ce bâtiment, fortement remanié au cours des âges, appartenait au dernier propriétaire de l'ancienne manufacture royale de cire, fondée en 1643 à Paris par la famille Trudon des Ormes, puis transférée à Antony au début du XVIIIe siècle, avant de poursuivre la fabrication de bougies à Bourg-la-Reine jusqu'en 1971. La ville, qui vient de l'acquérir, l'a baptisée du nom du propriétaire du domaine au XVIIIe siècle, Louis Hippolyte Gourdon, sieur Dumesnil de Saint-Cyr, gendarme de la garde du roi.

BORNE
*Fin du XIXe siècle*
*Fonte*
*Angle RN20*
*et rue Ravon*
Une des trois bornes séparées les unes des autres de 500 mètres, que l'on peut encore trouver à Bourg-la-Reine, le long de la nationale 20. On est ici à neuf kilomètres de Notre-Dame de Paris.

BORNE DE NIVELLEMENT
*Pierre, fonte*
*12, rue de Fontenay*

MAISON HENNEBIQUE
*1901-1903*
*Architecte : Hennebique*
*Béton armé*
1, avenue du lycée Lakanal
C'est à Bourg-la-Reine que l'architecte François Hennebique (1842-1921) achète un terrain afin de construire sa demeure familiale, manifeste de toutes les audaces permises par le béton. Agrémentée de jardins suspendus, de patios intérieurs et de grandes baies vitrées, la maison s'intègre à merveille à l'environnement, selon les trois thèmes directeurs de l'architecte « fleurs, lumières et aération ». Il s'offre avec cette villa la possibilité unique de prouver au monde entier les ressources du ciment armé dans l'architecture. Il déposera par la suite plus de vingt mille projets de par le monde, parmi lesquels l'immeuble du 1 de la rue Danton à Paris ou le pont du Risorgimento à Rome, édifié en 1911. Hennebique repose dans le cimetière de Bourg-la-Reine. Sa tombe se distingue par son architecture originale en ciment armé. (Ins. M. H. 1971)

BELVÉDÈRE
*Vers le XIXe siècle*
*19, rue Demmler*
Ce belvédère servait d'abri au garde chargé de surveiller les cultures environnantes.

VILLA ANNE-MARIE
*1896. Architecte : Sénèque*
*16, boulevard Carnot*
Construite en 1896 par l'architecte Sénèque, cette propriété comprend trois pavillons formant un ensemble de cinquante-deux pièces. Elle sert à l'origine de maison de vacances aux trois filles de M. Bailly, propriétaire d'une grande entreprise de déménagements à Paris. Le prénom Anne-Marie était celui de son épouse. Après être devenue la propriété d'un médecin qui avait une maison de retraite juste à côté, elle est achetée en 1974 par l'Éducation nationale pour servir de lieu de formation à l'Institut des sciences sociales du travail.

ESCALIER
*Vers le XVII^e siècle*
*Institut des jeunes sourds*

HENRI IV
*Vers le XIX^e siècle*
*Parc*
*Institut des jeunes sourds*
Cette statue d'ornement aurait été mutilée par les Prussiens lors de la guerre de 1870.

ENSEIGNE
*Fin du XIX^e siècle*
*Cuivre et fer forgé*
*67, avenue du Général-Leclerc*
Cette clé rappelle l'ancienne entreprise de serrurerie de M. Perrot auparavant située au numéro 64.

PUITS
*Cour de l'école Notre-Dame*
Traversée par le Rû de la Fontaine du Moulin et bordée par la Bièvre, Bourg-la-Reine compte de nombreux puits dans ses jardins particuliers.

BUSTE DU MARÉCHAL FOREY
*Fin XIX^e siècle*
*Cimetière*
Elie Frédéric Forey (1804-1872) contribue en 1851 au coup d'État qui porte Louis Napoléon Bonaparte au pouvoir. Général de division l'année suivante, il se distingue en Italie puis au Mexique où il prend la ville de Puebla. Le 20 mai 1859, il remporte en Italie la victoire de Montebello, contre les Autrichiens. Le 1^er juin 1867, la place publique de Bourg-la-Reine prend momentanément le nom de place Montebello. La santé du maréchal de France Forey l'empêche de faire campagne en 1870.

PAVILLON HENRI IV
*XVIe-XIXe siècle*
*Institut des jeunes sourds*
*85, avenue du Général-Leclerc*

Comme pour tout bâtiment ancien, la tradition veut que cette vaste propriété ait été un lieu de rendez-vous galant pour Henri IV et Gabrielle d'Estrées. Selon une récente enquête de l'association historique locale, la demeure semble exister dès 1573. En 1650, la mère du Grand Condé, Charlotte de Montmorency, qui avait aimé elle aussi Henri IV, aurait également séjourné dans cette maison, avant de se retirer dans son château du Berry. Depuis 1861, les lieux sont tenus par les sœurs de Notre-Dame du Calvaire, qui accueillent et instruisent de jeunes enfants mal-entendants.

HACHES PRÉHISTORIQUES
*Âge du bronze*
*Fouilles de la rue Fontaine-Grelot*

La découverte de silex taillés, d'une hache en pierre et de haches en bronze dans le quartier de la Fontaine Grelot, sur la rive gauche de la Bièvre, démontre une implantation humaine précoce sur le territoire actuel de Bourg-la-Reine. Comme souvent, les premiers peuplements se sont établis à prudente distance de l'eau, nourricière et dévastatrice.

VILLA JEANNE D'ARC
*1894. Architecte : Parcq*
*13, rue de la Bièvre*

Dominée par une statue de Jeanne d'Arc, cette résidence privée comprend dix-huit maisons présentant pour la plupart des frises en faïence, des tourelles harmonieuses, et même, souci du détail, des volets ornés de chardons, le tout rappelant le style écossais. Construite en 1894 par les architectes Parcq, père et fils, elle attire immanquablement le regard des promeneurs. Parmi ceux qui y ont séjourné, on peut citer le peintre Léon Haudeville, ou Emmanuel Bénézit, auteur du dictionnaire des peintres, sculpteurs et graveurs qui porte son nom.

PLAQUE COMMÉMORATIVE
*XVIIIe siècle*
*Institut des jeunes sourds*

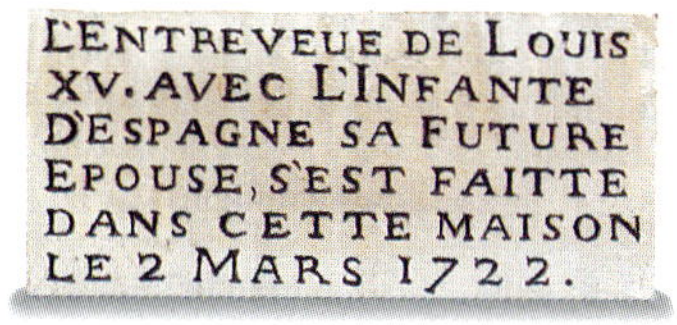

La demeure reçoit avec faste le 2 mars 1722 le roi Louis XV, âgé de douze ans, et Marie Anne Victoire, infante d'Espagne, qu'on lui destinait comme épouse. Le mariage n'aura pas lieu, et la jeune infante, qui séjourne à Paris, retourne trois ans plus tard à la cour d'Espagne. Son représentant déclarera que « les Français n'auraient pas assez de larmes pour pleurer une telle princesse ».

PLAQUE COMMÉMORATIVE
*Charles Péguy et Léon Bloy*
*7, rue André-Theuriet*
Cette plaque signale l'emplacement d'une demeure qui fut celle de Charles Péguy, puis de Léon Bloy (1846-1917). Péguy, élève au lycée Lakanal de Sceaux, vient habiter à Bourg-la-Reine au cours de l'été 1913. C'est là qu'il met la touche finale à son grand poème *Ève* et qu'il écrira sa dernière œuvre *Note conjointe*. Mobilisé au tout début du mois d'août 1914, il meurt un mois après lors de la contre-offensive de la Marne. Proche de Jaurès durant l'affaire Dreyfus, Charles Péguy (1873-1914) s'éloigne du socialisme auquel il reproche son anticléricalisme. À partir de 1908, au plus profond de sa foi catholique, il associera dans ses écrits patriotisme et élans mystiques.

COQ
*XIX-XX<sup>e</sup> siècle*
*Faïence Dalpayrat*
Dès son arrivée à Bourg-la-Reine en 1889, Pierre-Adrien Dalpayrat (1844-1910), céramiste de talent originaire de Limoges, se lance dans la fabrication et la commercialisation des « grès flammés » qui feront sa renommée. Dès 1893, il expose avec succès, de Chicago à Paris, en passant par Londres, Bruxelles, Berlin, Turin. Il crée même une couleur rouge de cuivre que l'on appellera « rouge Dalpayrat ».

MAISON LAURIN
*XIX[e] siècle*
*2, rue André-Theuriet*

CHEMINÉE
*XIX[e] siècle*
*Faïence Laurin*
*Maison Laurin*

Louis-François Laurin et son fils François comptent dès 1842 parmi les plus célèbres faïenciers de Bourg-la-Reine. C'est dans leur fabrique que sont mises au point les faïences décorées à base de « barbotine ». Elles seront présentées à l'exposition de Vienne en 1873, puis à Paris en 1874 et 1878.

ANDRÉ THEURIET
*1913. Sculpteur : Charles Perron*
*Square André-Theuriet*
Cette statue, en hommage au maire de Bourg-la-Reine, est inaugurée le 9 novembre 1913 par le président de la République Raymond Poincaré.

MAISON DALPAYRAT
*Fin du XIXe siècle*
*43, avenue du Général-Leclerc*
Les façades de la maison de Dalpayrat sont ornées de panneaux de faïence, comme une vitrine de son savoir-faire.

MAISON « BOIS FLEURI »
*Milieu du XIXe siècle*
*14, avenue Victor-Hugo*
Homme de lettre, membre de l'Académie française, André Theuriet (1833-1907) est maire de Bourg-la-Reine de 1894 à 1900. Il habite alors cette élégante demeure, dont les façades ont conservé une ornementation soignée. L'œuvre de Theuriet, où se mêlent nature et réalisme, se partage entre la poésie et le roman.

TOMBE DE LÉON BLOY
*1917*
*Cimetière*
Familier des environs - il demeure un temps à Antony - Léon Bloy (1846-1917), après avoir habité place Condorcet, s'installe au début de l'année 1916 dans l'ancienne maison de Charles Péguy. Révolté permanent contre son temps, il s'est converti au catholicisme et prêche dans ses écrits l'exigence de pauvreté qui doit s'attacher au christianisme. Sa tombe est ornée d'un bas-relief représentant une femme qui pleure, sculpté par Frédéric Brou.

TOMBE PELLETAN
*XIXe siècle*
*Cimetière*

En 1793, le chirurgien Philippe-Jean Pelletan (1747-1829) est appelé pour tenter de sauver Marat, poignardé par Charlotte Corday. Deux ans plus tard, on lui confie, aux fins d'identification, l'autopsie de Louis XVII, mort enfant à la prison du Temple.

IMMEUBLE
*1896. Architecte : Lewicki*
*Céramique Brocard et Leclerc*
*3, rue Ravon*

GARE
*Milieu du XIXe siècle*
Construite au milieu du XIXe siècle, la gare de Bourg-la-Reine rappelle qu'en 1844, une concession pour la première ligne de chemin de fer entre Paris et Sceaux fut accordée à l'ingénieur Jean-Claude Arnoux, inventeur et promoteur du système de trains articulés. Cette ligne, longue de dix kilomètres et demi, partait de la barrière de Denfert pour rejoindre la gare de Sceaux avec quatre arrêts : Arcueil, Bourg-la-Reine, Fontenay-aux-Roses et Sceaux. Cette ligne et ses extensions ont été un élément primordial dans l'essor économique de Bourg-la-Reine.

# Châtenay-Malabry

Canton de Châtenay-Malabry
Arrondissement d'Antony

Superficie : 661 ha – Population 1990 : 29 197 hab.
Habitants : les Châtenaysiens – Voies : A86, RN186

Origine du nom : du latin *castanetum* qui indique la présence ancienne et en abondance de châtaigniers, et du lieu-dit Malabry, déformation du mot maladrerie ou de mal abri, lieu de chasse battu par les vents, ou encore du nom d'un chanoine propriétaire de terres au début du XVI^e siècle.

Blason : feuille de châtaignier d'or garni de ses fruits d'argent rappelant l'origine de la commune et couleuvre tortillée évoquant les armes de Colbert, seigneur de Châtenay.

## HISTORIQUE

La découverte de « fonds de cabanes » au début du XX^e siècle atteste l'implantation d'hommes à Châtenay, aux lieux-dits Les Porchères et la Cerisaie, dès la période néolithique (5000-2000 av. J.-C.). Quelques fragments de poteries gauloises et de nombreux vestiges gallo-romains confirment la continuité d'une présence humaine sur ce site, recherché pour son ensoleillement, sa verdure et sa proximité d'avec Lutèce. Néanmoins, la première mention du nom de Châtenay n'apparaît pour la première fois qu'en 829, dans le polyptyque de l'abbé de Sainte-Geneviève, Irminon, dans lequel il mentionne *Castanetum cum ecclesia*, Châtenay avec son église. Érigé en paroisse au siècle suivant, Châtenay, dont les terres appartiennent alors au chapitre de Notre-Dame de Paris, couvre un territoire considérable, englobant notamment toutes les terres des villes actuelles de Sceaux et du Plessis-Robinson. Rivalisant d'importance avec Bagneux, Châtenay prend alors parfois le nom, jusqu'à la Révolution, de Châtenay-lès-Bagneux. En 1266, les habitants de Châtenay s'affranchissent, grâce à la politique équitable de Saint Louis, au prix de 1 400 livres payées au chapitre, afin d'abolir les pratiques du servage, en les remplaçant par une contribution financière. Au XIII^e siècle, Sceaux devient aussi indépendant. La paroisse de Châtenay s'étend toujours sur une grande superficie, comprenant notamment Châtenay, les hameaux d'Aulnay, du Petit-Châtenay et de Malabry, auxquels s'ajoutent encore quelques parcelles de territoire. Mis à part les chanoines de Notre-Dame, seigneurs « naturels » du lieu, Châtenay possède plusieurs seigneurs particuliers, dont certains sont célèbres comme Jean-Baptiste Colbert ou encore Nicolas de Malézieu, favori de la duchesse du Maine. À la Révolution, Châtenay est constitué en commune. Son territoire connaît dès lors peu de modifications, si ce n'est en 1834 et 1938.

Au XX^e siècle, la vocation agricole de la commune s'estompe peu à peu au profit de grandes propriétés qui se créent sur le domaine, et qui transforment les cultivateurs en pépiniéristes et arboriculteurs. De même, avec la proximité de Paris, Châtenay adopte petit à petit un caractère plus résidentiel. En 1920, un décret associe les deux noms de Châtenay et de Malabry, où une agglomération s'est installée au début du XX^e siècle. En 1936, l'installation d'une cité-jardin, « La Butte-Rouge » en bordure de l'ancien village, sous l'impulsion du maire de l'époque, Jean Longuet, bouleverse l'assiette démographique de la commune, qui passe alors de 4 000 habitants à cette date à environ 30 000 aujourd'hui. Au début des années soixante-dix, la commune accueille l'École centrale de Paris et la faculté de pharmacie.

ESCALIER
*Début XVIIe siècle*
*Parc du château de la Roseraie*
La famille Arouet – nom de la famille de Voltaire d'origine poitevine – possède déjà une maison des champs à Châtenay lorsqu'en 1712 elle l'échange contre cette propriété dont il ne reste que l'escalier. Le domaine passe à la sœur de Voltaire, Mme Mignot en 1722, puis à Simon Mercier de la Souche, maréchal de camp qui y mourut en 1791. De 1812 à 1848, il devient propriété de Louise d'Osmond, comtesse de Boigne (1781-1866). Aristocrate née, elle épouse en 1798 le comte de Boigne, un homme immensément riche, pour sortir de la misère sa famille ruinée et exilée à Londres. Elle s'aperçoit vite de l'imposture dont elle a été victime : son mari s'appelle en réalité Benoît Leborgne, il est fils de bourgeois et surtout marié à une princesse persane qui lui a donné deux enfants. Elle rompt sur-le-champ avec son faux mari – qui lui conte néammoins un amour sincère – et s'installe au château. Elle reçoit dans son salon, le plus célèbre de la monarchie de Juillet, de nombreux diplomates, savants et poètes – Mme Récamier, Mme de Staël, le chancelier Pasquier. M. Roland-Gosselin, propriétaire déjà du château voisin de la Roseraie, rachète la maison Arouet en 1851, la détruit deux ans plus tard désireux d'annexer ce terrain à sa propriété attenante.

CHÂTEAU DE LA ROSERAIE
*XVIIe siècle*
*Place Voltaire*
Avec ses élégantes façades ornées de reliefs, ce château du XVIIe siècle est l'ancienne demeure des Arouet, un temps estimée être la maison natale de Voltaire. Considérablement remanié et agrandi sous Louis XVI, il reste l'un des rares exemples de châteaux de l'époque néo-classique, époque qui préfère privilégier les demeures de moindres dimensions, telles les résidences de plaisance ou semi-campagnardes. En 1829, la Roseraie devient propriété de M. Roland-Gosselin, agent de change. Désirant agrandir le domaine, il rachète l'ensemble des terres avoisinantes, englobant celles du défunt général Boigne. Sa fille, Mlle Roland-Gosselin fait édifier un orphelinat, puis, près de celui-ci, la maison dite de poupée. Elle devient chapelle dédiée à sainte Anne en 1919, lorsque que Mlle Anne-Marie Appert et sa cousine se font religieuses. Bénite par M. Liégeois, curé de Châtenay, elle est fréquentée par la famille, le personnel de maison et de nombreux ecclésiastiques amis de M. Roland-Gosselin et reçus à la Roseraie. (Ins. M. H.)

CHAPELLE
*XVIIIe siècle*
*Château de la Roseraie*

PAVILLON COLBERT
*1659*
*35, rue Jean-Longuet*
Construit en 1659, ce pavillon en rez-de-chaussée est acheté par Jean-Baptiste Colbert (1619-1683), alors seigneur de Sceaux et de Châtenay, pour y loger son intendant. C'est une des plus anciennes demeures de la ville de Châtenay ; elle reste réputée pour ses façades et sa toiture, typiques de cette époque. L'érudit Pierre de Clairambault (1651-1740), attaché aux bibliothèques de Colbert, puis à celles du roi, réside dans cette propriété, appelée alors la Tourelle. Au XVIIIe siècle, Nicolas de Malézieu (1650-1727), ordonnateur des fêtes de la duchesse du Maine, en hérite ; suivi en 1820 par Jean-Louis Quiclet, ancien maire de Châtenay de 1820 à 1826. Longtemps laissé à l'abandon, le château est ensuite acheté par la commune, qui le restaure en 1985 et l'affecte à la Direction départementale de l'agriculture. (Ins. M. H., 1974)

ÉGLISE SAINT-GERMAIN-L'AUXERROIS
*XIe et XIIIe siècles*
*Pierre*
*Place de l'Église*
L'église de Châtenay est consacrée en paroisse le 12 septembre 1512, sous l'invocation de saint Germain (378-448), évêque d'Auxerre. De sa construction primitive au Xe siècle, rien ne subsiste aujourd'hui. Au XIe siècle, l'église se compose d'une nef unique charpentée, typique de celles de l'époque qu'on rencontre en Île-de-France et en Normandie, d'un clocher non achevé et d'une chapelle. Au cours des siècles suivants, l'église se modifie considérablement. À la fin du XIe siècle, elle se pare d'un beau clocher roman à baies géminées et flèche plus récente, cantonnée de quatre petits clochetons. Ensuite, une nouvelle chapelle sud est ajoutée, le chœur agrandi, et la nef surélevée. Le collatéral sud, avec sa file de piles rondes, reste l'unique témoignage à Châtenay de l'influence de Notre-Dame de Paris. En 1504 sont édifiés une chapelle nord et l'escalier. La charpente actuelle date de 1846.

PLAQUE FUNÉRAIRE
*1716*
*Église Saint-Germain-l'Auxerrois*
Fixée à un pilier du sanctuaire, cette inscription gravée sur un marbre noir carré rappelle que dans cette église a été inhumé le cœur de Jacques-Louis de Malézieu. Troisième fils de Nicolas de Malézieu, secrétaire des commandements de Louis-Charles de Bourbon, il meurt à Paris, chez son père, le 11 janvier 1716 à l'âge de vingt et un ans.

CLOCHER
*XIe et XIIe siècles*
*Église Saint-Germain-l'Auxerrois*
Divisé en trois étages, le clocher conserve sa construction primitive. Le rez-de-chaussée, bâti à la fin du XIe siècle, est couvert d'une voûte d'arêtes renforcée par quatre doubleaux reposant sur des colonnes engagées à chapiteaux sculptés, et percée sur les quatre côtés. Le second étage de la même période est percé d'une baie par face, et limité par une corniche à modillons sculptés de têtes grossières. Le dernier étage, élevé dans les années 1120-1130, dévoile deux baies géminées par face, brisées, à colonnes à chapiteaux sculptés de godrons stylisés, ce qui le place dans la plus pure tradition des clochers romans de l'Île-de-France.

PORTE EXTÉRIEURE
*XIX^e siècle*
*Église Saint-Germain-l'Auxerrois*
Le fronton de cette porte représente saint Germain l'Auxerrois en compagnie de saint Loup et de sainte Geneviève.

BLASON PEINT
*XVIII^e siècle*
*Église Saint-Germain-l'Auxerrois*
Placé sur un pilier au sud de la nef, ce blason de Nicolas de Malézieu, seigneur de Châtenay, décorait à l'origine la litre funéraire du défunt décédé le 4 mai 1727 à Paris, et inhumé le lendemain à Châtenay.

INSCRIPTION
*1504*
*Clefs de voûte*
*Église Saint-Germain-l'Auxerrois*
Sur la clef de voûte, on peut lire cette inscription gothique MVIV, « l'an de grâce 1504 ». Cette année-là sont édifiés la chapelle nord à la voûte d'ogives très plates, et l'escalier au noyau encore flamboyant.

FONTS BAPTISMAUX
*XVII^e siècle*
*Église Saint-Germain-l'Auxerrois*

PLAQUE FUNÉRAIRE
*1806*
*Église Saint-Germain-l'Auxerrois*
Cette pierre tumulaire est celle d'Henry Droin, décédé le 3 octobre 1806.

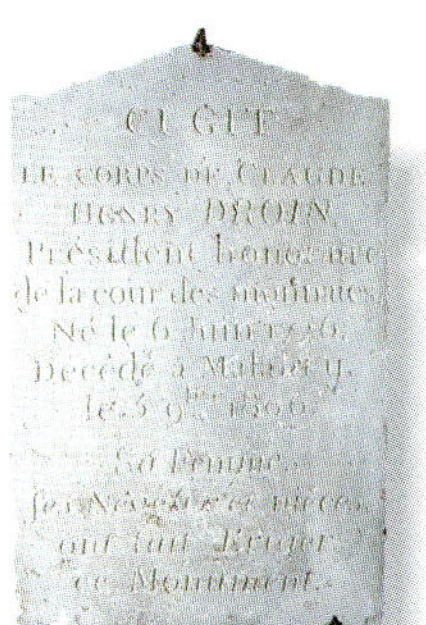


CHAPITEAUX ROMANS
*XI^e siècle*
*Église Saint-Germain-l'Auxerrois*
Dans la tradition des clochers romans de l'Île-de-France de la fin du XI^e siècle, tel celui de Saint-Germain-des-

Prés, ces chapiteaux romans représentent des monstres, des chimères, des hommes soufflant dans une trompette ou soupesant un sac d'argent.

PIERRE TOMBALE
D'ALEXANDRE DELARRARD
*Début XIXe siècle*
*Plaque gravée*
*Cimetière ancien*
Cette pierre tombale d'Alexandre Jean Marie Delarrard – noble, propriétaire du château de la petite Roseraie pendant la Révolution et décédé le 15 février 1812 – s'avère la plus ancienne présente dans le cimetière.

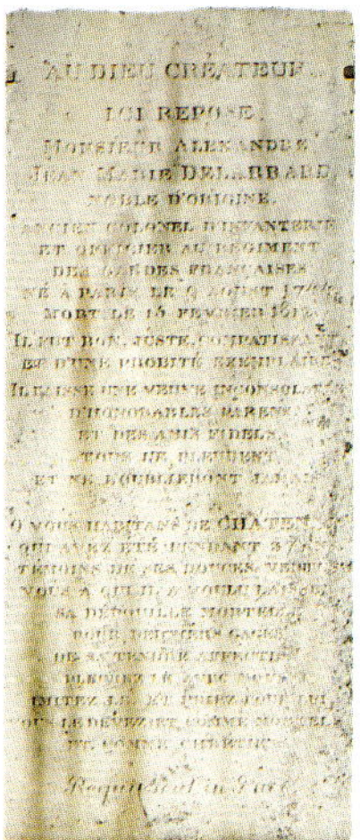


TOMBE D'HENRI DE LATOUCHE
*1851. David d'Angers*
*Médaillon sculpté*
*Cimetière ancien*
Ce médaillon en bronze est l'œuvre de David d'Angers (1788-1856), sculpteur français, ami d'Henri de Latouche. Cet artiste s'est surtout rendu célèbre pour les cinq cents médaillons qu'il modela de personnages célèbres de son époque, et dont la majeure partie se trouve actuellement au musée d'Angers. « Un visage aux traits nets encadré de cheveux bouclés, un cœur ardent, un tempérament amoureux, Henri de Latouche (1785-1851) inspira plus d'un dévouement de femme et se fit aimer », écrit Sainte-Beuve à son propos. Sa première maîtresse ne sera autre que l'actrice et le poète mélancolique Marceline Desbordes-Valmore (1786-1859). Homme de lettres, auteur de comédies et de romans, Henri de Latouche est également l'un des journalistes les plus brillants de son temps. Travailleur infatigable et scrupuleux, il enquête sur l'assassinat du magistrat Fualdes, dénonce la « camaderie littéraire » dans un article

qui fait grand bruit et défend ses idées républicaines au moment des Trois Glorieuses, en 1830, dans le journal satirique, *Le Figaro*. Poète lui-même, il aide aux débuts de George Sand, édite les poésies d'André Chénier et traduit Goëthe, Hoffmann et Shakespeare. Sa compagne, Pauline de Flaugergues, lui fait élever ce tombeau dans la crypte duquel elle dépose sur des étagères des livres et des souvenirs de l'écrivain. La tombe fut cambriolée en 1916 et tous les objets disparurent.

TOMBE DE PAUL LÉAUTAUD
*1956*
*Cimetière ancien*

Écrivain français, misanthrope bourru ne se plaisant que dans la compagnie des chats, Paul Léautaud (1872-1956) est célèbre pour sa collaboration au *Mercure de France*, à la *Nouvelle Revue française* ainsi qu'aux *Nouvelles littéraires*. Il est l'auteur de récits en grande partie autobiographiques – *In memoriam* (1905), *Amours* (1906) – et d'un *Journal littéraire* (1954-1965) qui dévoile son ironie de philosophe sceptique.

TOMBE DE JULES BARBIER
*1901*
*Médaillon sculpté*
*Cimetière ancien*
Librettiste français, Jules Barbier (1825-1901) est l'auteur de nombreux livrets d'opéras, de vaudevilles, de comédie, de ballet. Ses œuvres sont jouées au théâtre Beaumarchais ou à l'Opéra-Comique sur des musiques d'Ambroise Thomas (*Psyché*, 1857), de Camille Saint-Saens (*Le Timbre d'argent*, 1877), ou de Charles Gounod (*Faust*, 1859, *Polyeucte*, 1878). Auteur dramatique, il fait jouer comédies, drames, à-propos en vers ou en prose, souvent en collaboration avec Michel Carré. *La Loterie du mariage* (1868) voit les débuts d'une actrice qui deviendra plus tard célèbre, Sarah Bernhardt (1844-1923). Il a habité un temps la propriété l'Île verte à Châtenay.

CITÉ-JARDIN DE LA BUTTE-ROUGE

*1935-1965. Architectes :*

*Bassompierre, de Rutte et Sirvin*

Située entre la Becquinière et la Grande Hachère, la cité-jardin de la Butte-Rouge doit son nom à la butte sur laquelle elle s'étend et à la couleur de l'argile, extrait de cet endroit dès le XVIIIe siècle avec l'établissement du Pavé du Roi. Œuvre des architectes Bassompierre, de Rutte et Sirvin, sa construction débute à partir de 1935.

Proposant pas moins de 4 000 logements sur une superficie de 74 hectares destinés à des personnes des classes moyennes, cette œuvre reste un modèle dans sa conception, avec ses toits-terrasses, ses façades libres, ses pilotis, ses loggias. L'idée des cités-jardins est née à l'aube de ce siècle en Angleterre à l'initiative philanthropique de quelques riches industriels pour répondre aux problèmes économiques et sociaux de Londres, alors surpeuplée. Reprise en France par Georges Benoît-Lévy, cette idée prend toute son ampleur avec Henri Sellier (1883-1943), maire de Suresnes et véritable maître d'œuvre des cités-jardins.

STATUE AVEC CHÈVRE

*Parc hôtel de ville*

STATUE

*1930*

*Parc hôtel de ville*

Ce couple allongé est l'œuvre de A. Bardery.

ÉGLISE SAINTE-THÉRÈSE-D'AVILA

*1954-1955. Architectes : Henri Vidal et P. Isnard*

*281, avenue de la Division-Leclerc*

Afin de desservir la cité de la Butte-Rouge, une chapelle en bois dédiée à sainte Madeleine est construite. Pour la remplacer, Henri Vidal et P. Isnard édifient cette église, érigée en paroisse le 18 janvier 1955 et bénie le 1er mai suivant par le cardinal Feltin. Elle est recouverte d'un toit à deux pentes. La façade est ornée d'un parement de tuiles plates brunes posées de champ et d'un relief de terre cuite

représentant sainte Thérèse (1515-1582), carmélite et mystique espagnole, sculptée par Philippe Koeppelin. Un campanile carré peu élevé mais élancé complète l'ensemble.

THÉÂTRE

*1970-1980*

*Cité-jardin*

*Avenue de la Division-Leclerc*

Sur cet emplacement, une piscine, intégrée à un ensemble sportif, est construite en 1936, avec son solarium et sa cheminée. Désaffectée à la fin des années soixante-dix, elle est remplacée par un théâtre qui a accueilli la troupe du Campagnol dirigée par Jean-Claude Penchenat, jusqu'en 1993, aujourdh'ui remplacé par celle de Pierre Pradino, le chapeau rouge.

GROUPE SCOLAIRE THOMAS MAZARIK

*1943*

*1, rue Lamartine*

Cette école traduit bien les préoccupations pédagogiques de l'époque. Située près du bois, ses classes bénéficient d'un ensoleillement maximum et s'ouvrent sur des terrasses qui permettent d'organiser des cours à l'extérieur. On lui a attribué le nom du sociologue et homme politique Thomas Mazarik (1850-1937) qui fut le premier président de la république tchécoslovaque.

MAISON CHATEAUBRIAND
*XVIIIe siècle*
*La vallée aux Loups*
*87, rue de Chateaubriand*
Exilé à quelques lieues de Paris par Napoléon à la suite d'un article paru dans *Le Mercure* fustigeant la tyrannie, Chateaubriand (1768-1848) acquiert en 1807 cet ermitage de la Vallée aux Loups, construit dans les années 1807-1809. Il y reste dix ans, en compagnie de son épouse Céleste. « Ce lieu me plaît, il a remplacé pour moi les champs paternels, je l'ai payé du produit de mes rêves et des mes veilles. » Des personnages illustres lui rendent alors visite, comme le duc de Montmorency et Mme Récamier. Passionné par le jardinage, il crée le parc de la Vallée aux Loups, faisant œuvre de peintre et de paysagiste. Il y plante des arbres en provenance du monde entier, qui lui rappellent ses propres voyages et nourrissent « au fond de son cœur d'autres illusions » : magnolias, tulipiers, catalpas et ifs du Canada, roseaux du Nil, cyprès de Virginie… Ruiné, rayé de la liste des ministres à la suite de la parution de son livre *La Monarchie selon la charte*, il doit vendre, avec regrets, sa « maison de jardinier, cachée par mille collines couvertes de bois » en 1817 à Mathieu de Montmorency. « Voici, écrit-il dans *Les Mémoires d'outre-tombe*, les dernières lignes que je trace dans mon ermitage. (…) Je ne verrai plus le magnolia, qui promettait sa rose à la tombe de ma Floridienne, le pin de Jérusalem, le cèdre du Liban (…), le platane de la Grèce au pied duquel je peignis Blanca, chantai Cymodocée, inventai Velleda…. » Cette demeure se compose de trois corps de bâtiments, dont le plus petit s'avère d'origine. Les deux autres ont été rajoutés en 1820 et 1865. En 1914, le docteur Henri le Savoureux achète la demeure, y fonde la Société Chateaubriand et y accueille de nombreux hommes de lettres, notamment Jean Paulhan et Paul Léautaud. En 1970, le département des Hauts-de-Seine en devient propriétaire, le restaure, et depuis 1987, l'ouvre au public. (Cl. M. H)

PORTIQUE À CARIATIDES
*XIXe siècle*
*Maison Chateaubriand*
C'est en souvenir d'un voyage à Athènes que Chateaubriand installe ce portique soutenu par deux colonnes de marbre noir et de deux cariatides de marbre blanc.

SALON

*XIXᵉ siècle*

*Maison Chateaubriand*

Dans cet ermitage romantique, fidèlement restauré, ce salon aménagé dans le style « Mme Récamier » restitue toute l'atmosphère de cette époque. En 1826, Mathieu de Montmoreny loue la propriété à cette « amoureuse de l'amitié », Mme Récamier, celle auprès de laquelle il était le rival de Chateaubriand. Elle prend là quelque repos et copie les trois premiers livres des *Mémoires d'outre-tombe* constituant ainsi ce fameux « manuscrit de 1826 » si précieux pour les éditions actuelles.

CHAPELLE

*1818*

*Orangerie*

*Maison Chateaubriand*

Désireux d'agrandir la demeure, Mathieu de Montmorency fait édifier cette chapelle en 1818, consacrée en présence de la duchesse d'Angoulême, fille de Louis XVI. Cette chapelle, plus connue sous l'intitulé de Notre-Dame d'Aulnay, se trouve dans une partie de l'orangerie du domaine.

MÉRIDIENNE

*XIXᵉ siècle. Georges Jacob*

*Maison Chateaubriand*

Œuvre de Georges Jacob, ce meuble s'avère être l'exacte copie de celui sur lequel repose Mme Récamier (1777-1849) dans le célèbre portrait peint par David. Mme Récamier, amie de Chateaubriand, habite dans la résidence en 1826. En 1986, le conseil général du département acquiert la méridienne, la restaure, et l'expose à la Vallée aux Loups.

TOUR VELLÉDA

*XVIIIᵉ siècle*

*Maison Chateaubriand*

Cette tour, située au milieu du parc, abrite au rez-de-chaussée la bibliothèque et au premier étage, le bureau de Chateaubriand. Velléda, prêtresse et prophétesse germaine du Iᵉʳ siècle de notre ère, symbole de la femme sauvage, ardente et fidèle, a inspiré à Chateaubriand *Les Martyrs.* C'est là que ce dernier commence la rédaction des *Mémoires d'outre-tombe*, écrit *Les Martyrs, Les Abencérages, Moïse, L'Itinéraire de Paris à Jérusalem*.... Légende ou vérité, cette tour de brique aurait été édifiée par le brasseur Acloque, propriétaire à la fin du XVIIIᵉ siècle du domaine, juste avant la Révolution, pour y accueillir la reine Marie-Antoinette.

ESCALIER

*Début XIXᵉ siècle*

*Acajou*

*Maison Chateaubriand*

Chateaubriant mène de front travaux littéraires et embellissement de sa « chaumière » comme il se plaît à appeler sa maison. Aussi fait-il installer cet amusant escalier à double volée provenant d'un navire et « disposé pour y mettre des fleurs ».

PARC ROMANTIQUE
*XIX$^{e}$ siècle*
*Ancienne propriété Croux*

Ce parc de 35 hectares aux spécimens rares et séculaires, culture de fleurs, arbustes et arbres, est l'œuvre de la famille Croux, marchands d'arbres et pépiniéristes depuis 1679. Entre 1891 et 1895, Gustave Croux et les paysagistes Denys et Marcel créent autour de la pièce d'eau un arboretum, aussi célèbre que splendide.

ARC EN PIERRE
*XVII$^{e}$ siècle*
*Rue Chateaubriand*

Les sources d'Aulnay possèdent depuis l'époque gallo-romaine une certaine réputation. Au XVII$^{e}$ siècle, Colbert, alors possesseur d'une seigneurie à Sceaux, décide l'ouverture de travaux pour faire venir l'eau d'Aulnay à Sceaux. Des ouvriers se lancent ainsi dans la construction de ce véritable complexe de pierres, grès et plomb, dont cet arc en pierre, d'un mur situé à l'aplomb de la voûte, est l'une des survivances.

DOLMEN
*Époque néolithique*
*Plateau de Malabry*

À la suite de recherches entreprises en 1934 par l'écrivain Claude Seignolle sur le plateau de Malabry, divers vestiges de monuments mégalithiques, dont un menhir, ont été retrouvés, tel ce dolmen consistant en une table oblongue soutenue par deux piliers de 50 cm de haut. Selon toute vraisemblance, un autel druidique se trouvait autrefois sur ce site.

BORNE
*XVIII$^{e}$ siècle*
*N 186*

Cette borne d'époque Louis XV est installée le long de la voie royale reliant Versailles à Choisy-le-Roi, actuelle N 186.

CÈDRE PLEUREUR
(CÉDRUS ATLANTICA)
*1895*
*Parc romantique*
*Ancienne propriété Croux*

Ce cèdre pleureur – l'un des plus vieux d'Europe – fait partie de l'arboretum du parc départemental de la Vallée aux Loups. Ses ramures affichent 26 mètres de diamètre, et sa surface couvre 600 m$^{2}$, assez d'espace pour bâtir deux pavillons. Planté en 1895, il se trouve sur la demeure des Croux, à qui l'on doit la création de ce parc.

CLAIRIÈRE DES FUSILLÉS
*XX$^{e}$ siècle*
*La Vallée aux Loups*
*Parc départemental*

À l'emplacement de cette clairière située près du chemin des Martyrs-de-la-Résistance, sont fusillés de nombreuses victimes pendant la Seconde Guerre mondiale. Ces crimes ont inspiré le peintre Jean Fautrier (1898-1964), lequel réalise une série de dessins, peintures et sculptures qu'il

appelle *Les Otages* et qu'il lègue au Musée de l'Ile-de-France peu avant sa mort en 1964. Une pancarte rappelle l'événement : « cette terre est baignée du sang des fusillés (1940-1941) ; chaque arbre porte en lui les blessures des balles. »

DEMEURE
*XVIII^e siècle*
*Ancienne propriété Croux*
*62, rue de Chateaubriand*
Dans la vallée d'Aulnay, cette grande maison bourgeoise, appelée parfois château, appartient pendant un certain temps à la famille Croux. Jean Gabriel Croux, pépiniériste, deviendra maire de Châtenay de 1868 à 1870. À l'intérieur, on peut remarquer le petit salon à cheminée et le trumeau Louis XVI.

MAISON EMMANUEL MOUNIER
*1836*
*Murs Blancs*
*19, rue Henri-Marrou*
La résidence les Murs blancs est le siège de la revue *Esprit* dès 1944. Fondée par Emmanuel Mounier (1905-1950) en 1932, elle se veut le fer de lance du « personnalisme », une doctrine qui prône la synthèse du christianisme et du socialisme en affirmant « le primat de la personne humaine sur les nécessités matérielles et sur les appareils collectifs qui soutiennent son développement ». Toute sa vie, Emmanuel Mounier défend son idée, appuyé par des amis fidèles, Jean-Marie Domenach, Paul Fraisse, Jean Baboulène et, plus tard, Jacques Ricœur. Une bibliothèque personnaliste est mise à la disposition des chercheurs.

LES PORCHÈRES
*XIX^e siècle*
*48, rue Roger-Salengro*
Sur la propriété les Porchères, située sur une petite colline, s'élève cette maison d'époque Restauration. Dans le jardin, on découvre un lac de petite envergure alimenté par une source d'eau ferrugineuse. Georges Lacour-Gayet (1856-1935) occupe cette demeure au début du XIX^e siècle. Historien, spécialiste de l'histoire maritime et contemporaine, il reste célèbre pour ses ouvrages *La Marine militaire sous Louis XVI* (1905), et son *Talleyrand* en quatre volumes publié en 1931. Des fouilles entre-

prises par Claude Seignolle à côté du domaine dévoilent des traces de la colonisation romaine au cours des premiers siècles de notre ère. Avec notamment la découverte de fondations d'une villa gallo-romaine en mortier rose, ainsi qu'une cruche contenant 27 pièces de monnaie à l'effigie de divers empereurs romains, en argent et bronze.

ANCIENNE MAIRIE
*XIX^e siècle*
*Bibliothèque-Discothèque*
*94, rue Jean-Longuet*
De 1869 à 1874, Hippolyte Taine (1828-1893) effectue dans cette maison bourgeoise de brefs séjours. Critique littéraire, philosophe, historien, son œuvre majeure, *De l'intelligence*, fait de lui l'un des plus importants représentants du déterminisme. En 1931, Jean Longuet, avocat à la Cour et maire de Châtenay, de 1925 à 1938, achète la demeure pour le compte de la commune afin d'y établir la mairie. En 1977, elle se transforme en bibliothèque-discothèque. Figure majeure de Châtenay, petit-fils de Karl Marx (1818-1883), Jean Longuet (1876-1938) est l'un des principaux artisans de l'unité socialiste au début du XX^e siècle et grand ami de Jean Jaurès auquel il sera fidèle sa vie durant. Sous son autorité, la ville dont il préside la destinée pendant treize ans passe doucement de la petite bourgade agricole qu'elle était encore à une ville moyenne de la banlieue parisienne, tout en préservant son âme à l'ombre de ses beaux arbres. Modernisation des équipements municipaux – voirie, transport, eau et gaz... –, promotion de l'enseignement avec la création d'écoles et action en faveur des classes sociales défavorisées – développement de l'hygiène, aide aux chômeurs, construction de bâtiments à loyer modéré... –, tels sont les mots d'ordre de Jean Longuet au long de ses mandats successifs. Il réussira à faire de Châtenay une commune à part entière.

PROPRIÉTÉ BARBIER
*Vers 1830*
*L'Île verte*
*129, rue Anatole-France*
Cette maison de maître élevée sur deux étages est vendue en 1852 par les époux Blot à Paul-Jules Barbier (1825-1901), auteur dramatique et librettiste français. En 1867, il fait agrandir la propriété en acquérant une pièce de 1 526 m². La maison reste alors dans sa famille pendant une centaine d'années. En 1945, Jean Fautrier (1898-1964) en devient locataire. Peintre et sculpteur, il s'impose comme l'un des créateurs de la peinture dite informelle, soutenu par André Malraux et Francis Ponge. Il s'inspire des paysages de Châtenay et de sa région pour réaliser certaines de ses toiles. L'une d'entre elles s'intitule d'ailleurs *L'Île verte* et a donné son nom actuel à la propriété.

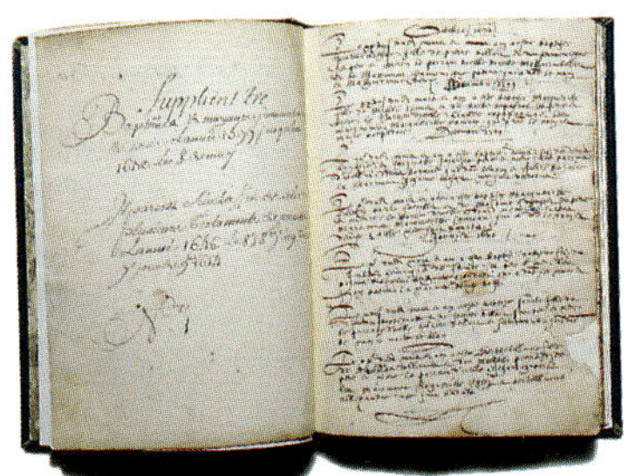

REGISTRES PAROISSIAUX
*1599-1630*
*Archives municipales*
Châtenay-Malabry est l'unique ville de la banlieue sud parisienne qui possède actuellement ses archives communales, préservées et répertoriées depuis 1794. Le premier registre paroissial de Châtenay débute le 9 janvier 1599. Il fait suite à un édit obligeant les curés à tenir un registre des baptêmes et des enterrements sur leur commune.

ANCIENNE FONTAINE
SAINTE-MARIE
*1885-1890*
*Angle des rues des Prés-Hauts*
*et du Dr Le Savoureux*
Après la guerre de 1870 le problème de l'eau potable est crucial. De nombreux puits et fontaines ont été détruits ou sont inutilisables. Dès 1873 la municipalité commence à équiper la ville de bornes-fontaines publiques bien nécessaires. Celle ici représentée, la borne Sainte-Marie, est installée sur un terrain cédé à cette époque par M. Briancon. Elle se situe aujourd'hui à la croisée de trois rues dont celle du Dr Le Savoureux. Médecin psychiatre, Henri Le Savoureux (1881-1961)

installe une maison de repos dans la propriété de la Vallée-aux-Loups dans laquelle il héberge pendant la Seconde Guerre mondiale de nombreux résistants. Radical-socialiste, il est conseiller municipal de Châtenay et vice-président de la section locale des Droits de l'homme. Il perpétue en outre le souvenir de l'auteur des *Natchez* et du *Voyage en Amérique* en créant la Société Chateaubriand.

MAISON SULLY PRUDHOMME
*1864. Architecte : Loiseau-Wiethoff*
*60, avenue Jean-Jaurès*
Construite en 1864 par Loiseau-Wiethoff, cette petite maison de deux étages blottie dans la verdure se rend célèbre de 1902 à 1907 en accueillant un illustre locataire en la personne de Sully Prudhomme. Homme de lettres, membre de l'Académie française, encouragé par Sainte-Beuve et ami de Hérédia, il rêve d'unir la poésie et la science et compose de vastes poèmes philosophiques. Ses œuvres les plus célèbres restent *Stances et Poèmes* (1865) et *Solitude* (1869).

PROPRIÉTÉ THÉVENIN
*XVII^e^-XVIII^e^ siècle*
*69, rue Chateaubriand*
Du nom de ses propriétaires depuis plus d'un siècle, cette grande maison à combles à la française, coiffée d'ardoises, est composée d'un corps central du XVII^e^ siècle et d'une aile de la fin du XVIII^e^ siècle, qui rappelle certains caractères analogues à ceux du pavillon Colbert. Ayant peu connu de modifications au cours des siècles, elle reste un remarquable témoin de l'architecture au XVII^e^ siècle.

VOLTAIRE
*Époque Louis-Philippe*
*Niche*
*1, place Voltaire*
Cette niche, située au-dessus du café et construite dans la première moitié du XIX^e^ siècle, présente un buste doré de Voltaire (1694-1778). Ce monument est érigé en souvenir de sa naissance – peu probable et controversée – à Châtenay, où ses parents ont séjourné en 1694, année de sa naissance. Le général Appert pense que ce buste a été installé à cet endroit par un voisin graveur, dévot du culte voltairien, désireux de l'apercevoir de sa fenêtre !

MAISON DE LATOUCHE
*XVIII^e^ siècle*
*108, rue Chateaubriand*
Cette maison plutôt modeste construite en 1781 par l'abbé de la Noüé pour devenir son ermitage conserve son aspect d'origine. Elle s'est rendue célèbre pour avoir comme propriétaire, entre 1823 et 1851, Henri de Latouche (1785-1851), journaliste, conteur et poète français du XVIII^e^ siècle. Balzac, Béranger, George Sand ou encore Alfred de Vigny ont fréquenté son salon, qui s'est ainsi transformé en un des hauts lieux du romantisme, dont Henri de Latouche était le promoteur. En 1845, il se retire définitivement dans « sa maison de curé », comme il se plaît à l'appeler. Selon sa volonté, ses biens passent ensuite dans les mains de Pauline de Flaugergues (1799-1878), sa compagne. Sully Prudhomme (1839-1907), poète français et prix Nobel de littérature en 1901, y habite avant de se rendre dans l'actuelle rue Jean-Jaurès, où il décèdera.

MONUMENT À VOLTAIRE
*1906. Marguerite Syamour*
*Rue Jean-Longuet*

Au début du XX^e^ siècle, une association, dénommée les Arouettistes en référence au nom de famille de Voltaire, voit le jour à Châtenay, afin de rappeler – une fois encore – la possibilité de la naissance de Voltaire à Châtenay. En 1906, elle fait élever ce monument, œuvre de Marguerite Syamour, élève d'Antonin Mercié. Il sera inauguré le 18 novembre 1906 par M. Dujardin-Beaumetz, sous-secrétaire d'État aux Beaux-Arts

PLAQUE DE CHEMINÉE
*XVII^e siècle*
*Propriété Thévenin*
*69, rue Chateaubriand*
La cuisine de la propriété Thévenin conserve sa cheminée à hotte, ornée d'une taque aux armes de Colbert, et son four à pain.

BUSTE DE JEAN-JAURÈS
*1914. Gabriel Pech*
*École Jean-Jaurès*
Professeur de philosophie, historien et brillant orateur, Jean Jaurès (1859-1914) prend position pour la reconnaissance de l'innocence du capitaine Dreyfus. Fondateur de *L'Humanité*, il défend hardiment les lois pour l'enseignement laïc et se bat pour la cause des ouvriers. L'un de ses proches collaborateurs n'est autre que Jean Longuet, maire de Châtenay, qui tient à partir de 1904 la chronique de politique étrangère à *L'Humanité*. Jean Jaurès devient l'un des chefs du parti socialiste français – la SFIO, créée en 1905. Pacifiste, opposé à la politique coloniale, il est assassiné à la veille de la Première Guerre mondiale par un nationaliste, R. Villain.

MAISON DES SŒURS
DE SAINT-VINCENT DE PAUL
*XIX^e-XX^e siècle*
*11, rue des Vallées*
Les sœurs de Saint-Vincent de Paul s'établissent dans la commune de Châtenay en 1854, rue des Vallées, après le don d'un terrain par la famille Roland-Gosselin. La congrégation va ainsi gérer et animer sur Châtenay pendant plus d'un siècle une école, un asile, un orphelinat, un patronage et un dispensaire.

LAVOIR
*1787*
*Rue du Lavoir*
En 1826, M. Foucher, notaire royal et nouveau maire de Châtenay – il le restera jusqu'en 1831 – a deux priorités. Il veut couvrir le lavoir pour protéger les lavandières des intempéries et réparer l'abreuvoir qui présente un état pitoyable au point qu'on est obligé de conduire les bêtes à Antony, à la Bièvre ou à l'étang du Plessis-Piquet pour les faire boire. Dans le même temps, la rue de la Fontaine est pavée afin de faciliter son accès aux habitants, mais celle qui mène au lavoir et à l'abreuvoir est seulement pourvue d'un « blocage bien encaissé, préférable au pavé, moins glissant pour les animaux dans la saison d'hiver ». Ce lavoir, autrefois en pleine activité, a été restauré et réaménagé récemment.

ÉCOLE SAINT-VINCENT DE PAUL
*XIX^e-XX^e siècle*
*7, rue des Vallées*
Lorsqu'elles s'installent à Châtenay en 1854, les sœurs se voient confier l'éducation des enfants, dans le but de secourir les familles indigentes. Elles y établissent une école de filles – transférée au collège Sophie Barat en 1967 –, un orphelinat – fermé en 1930 –, un dispensaire gratuit et une maternelle – jusqu'en 1984.

ANCIEN PRESBYTÈRE
*XVIIIe siècle*
*Halte-Garderie*
*15, rue Henri-Marrou*
En 1843, le maire de Châtenay, Auguste Griois, notaire de profession, achète la maison, faisant anciennement partie de la propriété de Malézieu, afin d'y établir un presbytère et une école. Aujourd'hui, elle accueille

la halte-garderie et un club du troisième âge. Vers 1840, l'écrivain Eugène Sue (1804-1857) habite cette propriété où il compose *Mathilde*, et surtout, commence la rédaction des *Mystères de Paris*, ce qui lui vaut, en partie, d'être élu député en 1848.

MAISON LA FAULOTTE
*XVIIe siècle*
*Foyer de jeunes filles*
*Rue Henri-Marrou*
Maison bourgeoise par excellence, La Faulotte, du nom d'un propriétaire du XIXe siècle, date du XVIIe siècle et se rencontre alors sous le nom d'Hôtel des Carnaux ou des Créneaux. Peu remaniée, elle dévoile toujours une recherche architecturale certaine, avec un nombre symbolique des ouvertures multiples de 3 et 11, sa simplicité, sa symétrie, son fronton triangulaire et ses bandeaux. La société de Patronage de Jeunes Filles l'acquiert en 1889.

BIBLIOTHÈQUE
*1825*
*Place Jean-Longuet*
Ce bâtiment abritait autrefois l'ancienne mairie.

COUR INTÉRIEURE
*XVIIIe siècle*
*88, rue Jean-Longuet*

ÉCOLE JEAN-JAURÈS
*1927*
*Château de Malabry*
*444, avenue de la Division-Leclerc*
Au XIXe siècle, Malabry ne comporte que quelques maisons, une ferme et une demeure, appelée château de Malabry. On pense qu'Edmond About (1828-1885), journaliste et écrivain, y a séjourné un certain temps, avant d'y décéder le 28 mai 1870. Le parc de ce château comportait de nombreuses futaies forestières et des arbres fruitiers. Lors de la construction de l'école Jean-Jaurès, un artiste-peintre a choisi tout naturellement le thème de l'arbre dont les fruits ne sont autres que les classes de cette école.

# Châtillon

Canton de Châtillon
Arrondissement d'Antony

Superficie : 292 ha – Population 1990 : 26 411 hab.
Habitants : les Châtillonnais

Origine du nom : fait référence à une ferme fortifiée existant au Moyen Âge – castillon en langue d'oc – située à l'intersection de deux routes importantes.

Blason : d'azur au château donjonné d'argent et ajouré de sable.

## HISTORIQUE

C'est en 1192 qu'est apparu pour la première fois le nom de Châtillon, pour désigner quelques maisons rurales au croisement de deux routes, groupées autour d'une ferme fortifiée et d'une chapelle dédiée à saint Eutrope, martyr à Saintes au IVe siècle. Il est fief de l'abbaye de Saint-Germain-des-prés depuis 1061. Au début du XVe siècle, une église, dédié à saint Jacques et saint Philippe, est construite à l'emplacement de la chapelle et Châtillon devient paroisse. Le fief, dévasté et ruiné durant les guerres de Religion, est cédé, en 1597, par l'abbaye de Saint-Germain au conseiller du roi, Richard Tardieu. La ruine de la famille Tardieu au XVIIe siècle permet à Colbert de rattacher la seigneurie de Châtillon à sa baronnie de Sceaux, seigneurie qui finit, à la fin du XVIIIe siècle, entre les mains du duc de Penthièvre, héritier illégitime de Louis XIV. Au cours des XVIIe et XVIIIe siècles, de riches Parisiens font édifier des résidences d'été sur le territoire de Châtillon, à l'image de la Folie Desmares achetée par le banquier Hogguer pour l'actrice Charlotte Desmares. Progressivement, le bourg rural s'ouvre aux activités artisanales : le sable, le gypse, le calcaire, présents en abondance dans le sous-sol, suscitent le développement d'entreprises d'extraction de la pierre, de faïence, ou encore de fonderie. La Révolution ne perturbe guère la vie du village qui élit sa première municipalité en 1790. La guerre de 1870 et la Commune marquent profondément Châtillon et plusieurs édifices, dont l'église, sont partiellement détruits. Le XXe siècle est marqué par un accroissement progressif et constant de la population. Après la Première Guerre mondiale commence le morcellement et le lotissement de la ville ; les maisons rurales cèdent la place aux pavillons de banlieue et aux premiers immeubles qui s'élèvent le long des voies de circulation. Parallèlement, les carrières sont remplacées par des champignonnières et les premières industries s'installent avec notamment l'usine Brandt devenue plus récemment l'Aérospatiale. À l'heure actuelle, la ville s'investit dans d'importants travaux d'aménagement pour accueillir des activités nouvelles, tournées vers la haute technologie. Châtillon se modernise également avec la construction de nouveaux équipements.

Impasse Samson

MANÈGE DE CARRIÈRE
*XIXe siècle*
*Rue Ampère*
C'est ainsi qu'à partir du XIXe siècle, le sous-sol châtillonnais devient l'un des sites privilégié de cette exploitation. Deux matériaux en sont principalement extraits : d'une part le gypse à partir duquel est fabriqué le plâtre et d'autre part le calcaire grossier, gros pourvoyeur en pierre pour la construction de la capitale. L'apogée de l'exploitation du calcaire à Châtillon est atteinte vers 1870. Alors que les carrières de gypse sont accessibles par des galeries en pente douce, les exploitations de calcaire le sont par des puits. C'est au sommet de ces puits que les carriers installent les systèmes de levage leur permettant de remonter des blocs de plusieurs tonnes. Jusqu'au milieu du XIXe siècle, ils utilisent un système similaire à celui de la cage d'écureuil sur lequel grimpait un ou plusieurs hommes. Cette grande roue de huit à quinze mètres de diamètre est ensuite avantageusement remplacée par des treuils à manège utilisant la traction animale. Le treuil est constitué de deux grosses piles de maçonnerie supportant un gros tambour en bois sur lequel s'enroule un câble. Le manège est quant à lui formé de deux petites piles de maçonnerie et d'une charpente soutenant un ensemble de démultiplication par engrenage. Ceci permettait à un cheval de remonter sans effort des blocs de pierre pouvant peser jusqu'à six tonnes.

TREUIL DE CARRIÈRE
*XIXe siècle*
*Rue Ampère*
Comme de nombreuses autres communes situées au sud de Paris, Châtillon ne dévoile aux yeux du promeneur que sa partie paisible. Une autre ville plus secrète, plus mystérieuse, s'est pourtant développée, elle aussi, au fil des siècles. Cette ville qui s'étend sur près de 75 % du territoire de la commune se situe entre dix et quarante mètres sous les pieds des Châtillonnais : il s'agit des anciennes carrières de gypse et de calcaire. Depuis l'époque gallo-romaine, l'homme ne cesse d'exploiter les richesses minérales du sous-sol, notamment pour la construction des très nombreux bâtiments et édifices religieux de la capitale. Lorsqu'au XVIIIe siècle, ces richesses viennent à manquer au sous-sol de Paris, les carriers étendent progressivement l'extraction de ces matériaux aux villages situés au sud de la cité, entre les plaines de Montrouge et de Châtillon.

TREUIL DE CARRIÈRE
*XIXe siècle*
*Détail*
*Rue Ampère*
Alors qu'à la fin du siècle dernier plusieurs dizaines de ces treuils à manège sont recensés de la plaine de Montrouge à celle de Châtillon, seul le treuil de carrière des « Boulottes » est parvenu jusqu'à nous, sauvé de la destruction et de l'oubli par l'association locale PICAR, institut de sauvegarde et de réhabilitation du patrimoine industriel des carrières. (Ins. M. H., 1993)

ÉGLISE SAINT-PHILIPPE-SAINT-JACQUES
*XV$^{e}$-XVI$^{e}$-XIX$^{e}$ siècle*
*Façade*
*1, place de l'Église*
L'église Sainte-Philippe-Saint-Jacques succède au début du XV$^{e}$ siècle à une chapelle dédiée à saint Eutrope et Châtillon devient paroisse. Elle subit de nombreuses rénovations, la plus importante datant de 1872-1873, après la guerre de 70 et les combats de la Commune. Le clocher actuel est construit à cette époque, l'ancien étant situé du côté opposé, au nord-ouest. Du bâtiment d'origine, ne subsistent que sept piliers trapus et une partie de leurs chapiteaux, le grand arc doubleau, les deux latéraux correspondants et les arcatures entre nef et collatéraux, les unes du XV$^{e}$ siècle, les autres du XVI$^{e}$ siècle. (Ins. M. H., 1928)

PORTAIL
*XIX$^{e}$ siècle*
*Église Saint-Philippe-Saint-Jacques*
Le portail se situe sous le chocher, ce dernier bâti sur la petite place d'entrée de l'église primitive. De style Renaissance, il est l'œuvre de l'architecte Claude Naissant, comme la restauration de l'ensemble du bâtiment.

CHAPITEAU
*XV$^{e}$ siècle*
*Nef*
*Église-Saint-Philippe-Saint-Jacques*
Vestige de l'église du XV$^{e}$ siècle, ce chapiteau possède quatre faces ornées de feuilles de vigne et de grappe de raisin. La vigne était alors abondamment cultivée sur le territoire de la paroisse. Le thème de la vigne est également à mettre en parallèle avec la symbolique du sang eucharistique. Aux quatre coins du chapiteau, sont sculptés des mascarons.

CHAPITEAU
*XVI$^{e}$ siècle*
*Nef*
*Église-Saint-Philippe-Saint-Jacques*
Plus récent que le précédent, sans doute de 1520-1530, ce chapiteau est sculpté de motifs de feuillages, d'angelots, de volutes. Sur l'une des faces, on distingue une tête d'allure primitive encadrée par une sorte d'arc en ciel en relief. Cette figure semble évoquer le thème de la résurrection.

VIERGE
*XX$^{e}$ siècle*
*Gabriel Rispal (H. : 135 cm)*
*Chapelle du collatéral nord*
*Église Saint-Philippe-Saint-Jacques*
Œuvre du sculpteur Gabriel Rispal (1892-1970), cette Vierge est la réplique plus petite de la statue que l'artiste a réalisée pour l'église Notre-Dame de l'Assomption à Rome. D'une grande simplicité de style, la sculpture représente la Vierge Marie s'élevant au ciel lors de son Assomption.

CORNEILLE
*XXᵉ siècle*
*Plâtre (H. : 192 cm)*
*Les Amis du vieux Châtillon*
Ce plâtre original patiné du sculpteur Gabriel Rispal qui eut son atelier 23 bis, rue Victor-Hugo, servit à l'élaboration de la statue en bronze de Corneille qui se trouve sur la place du Panthéon à Paris.

MAIRIE
*1838-1851. Claude Naissant*
*Place de la Libération*
Elle est construite entre 1838 et 1851 à l'angle de la rue de Bagneux et de la rue de Fontenay par l'architecte Claude naissant. Elle abrite, à son origine, la première école de Châtillon.

FOLIE DESMARES
*Début du XVIIIᵉ siècle*
*Façade sur cour*
*17, rue de la Gare*
La demeure acquise par Antoine Hogguer commence d'être édifiée en 1705 pour le danseur Claude Ballon. Lorsque le baron financier Hogguer en prend possession trois ans plus tard, celui-ci poursuit les aménagements, fait décorer de marbre, stucs, peintures et autres bronzes les appartements destinés à Charlotte Desmares. Des portraits de cette dernière, qui est l'amie et le modèle du peintre Watteau, ornent chacune des pièces de la Folie. La demeure comprend un corps de logis principal prolongé à chaque extrémité par deux ailes basses qui encadrent une cour pavée qui s'ouvre sur la rue par un portail en demi-lune. (Ins. M. H., 1924)

PORTRAIT
DE CHARLOTTE DESMARES
*1838*
*Reproduction*
*Mairie de Châtillon*
Née à Copenhague en 1682, Charlotte Desmares est la fille d'un couple d'acteurs de renom qui lui transmet très tôt la passion du théâtre. L'adolescente débute dès 1699 à la Comédie française dans le rôle d'Iphigénie du *Oreste et Pylade* de Lagrange-Chancel. Devenue célèbre, Charlotte Desmares charme par son talent et sa beauté les plus grands du royaume, notamment le Grand Dauphin et Philippe d'Orléans. Le banquier suisse Antoine Hogguer achète pour l'actrice une « folie » à Châtillon qu'il fait aménager luxueusement.

FOLIE DESMARES
*Début XVIIIe siècle*
*Façade sur parc*
*17, rue de la Gare*
La façade ouest de l'édifice, la plus décorée, donnait autrefois sur un vaste jardin de près de quatre hectares. Elle offre en son centre un balcon ouvragé avec une balustrade en fer forgé, soutenue par quatre colonnes à chapiteaux ioniques. Au dessus, quatre pilastres à chapiteaux corinthiens sont surmontés d'un fronton triangulaire.

VESTIBULE SUR JARDIN
*Début XVIIIe siècle*
*Folie Desmares*
Le jardin de la Folie Desmares était agrémenté de deux orangeries, d'une serre ainsi que de plusieurs puits et pièces d'eau. L'une des ailes de la demeure abrite un large vestibule. La façade de celle-ci est ornée de mascarons à têtes féminines. De nombreux propriétaires succèdent à Charlotte Desmares, qui se retire de la scène à partir de 1721. En 1854, les sœurs dominicaines s'installent dans la propriété et y fonde le Refuge de Sainte-Anne. La demeure est acquise en 1986 par la municipalité de Châtillon.

MAISON DU PARC
*XVIIe siècle*
*Pierre et ciment*
*13, rue de Bagneux*
Datant de 1676, cette demeure est l'une des plus anciennes maisons bourgeoises de Châtillon. Elle subit des restaurations successives qui parfois l'ont défigurée. Sa façade nord, avec son fronton, laisse deviner un

bel équilibre. Elle donne sur le parc municipal Henri Matisse qui possède quelques cèdres plus que centenaires.

LE GLANEUR
*1930*
*Bronze*
*Parc municipal Henri-Matisse*
Située sur la pelouse du parc Henri-Matisse, cette sculpture est une fonte de Paul Lamy d'après l'œuvre de Laurent Roustan. Cet enfant à la gerbe de blé est le témoin du passé agreste de Châtillon.

MAISON DU CÈDRE
*XIXe siècle*
*Pierre et crépis*
*12, rue de Bagneux*
Le nom de cette maison tire son origine du cèdre de trente mètres de haut et d'une circonférence de cinq mètres qui se situe au sud de la demeure. Cette dernière date de 1824 et succède à un autre édifice construit par l'architecte royal Jules Hardouin-Mansart pour l'une de ses proches parentes à la fin du XVIIe siècle. La maison du cèdre abritait un orphelinat agricole tenu par les sœurs franciscaines avant de d'accueillir un institut médico-pédagogique.

MAISON DU VIGNERON
*XVe siècle*
*Maison des Arts et de la Nature*
*11, rue de Bagneux*
Vestige de l'ancienne demeure de Robert Gaguin, cette bâtisse était la maison du gardier, laboureur et vigneron, chargé de cultiver les terres et vignes des religieux de Châtillon et de Bagneux.

PROPRIÉTÉ FRÉMONT
*XVIIIe siècle*
*Maison des Arts et de la Nature*
*11, rue de Bagneux*
Prenant son origine dans l'hôtel des Mathurins appartenant à la fin du XVe siècle au parisien Robert Gaguin, cette propriété subit de profonds bouleversements au XVIIIe siècle. Elle est vendue au lendemain de la Révolution à un orfèvre parisien, puis à un libraire qui la cède enfin à un chirurgien. Au début du XIXe siècle, le jardin est planté de nombreux arbres fruitiers et autres arbres rares. De 1827 à 1837, la demeure est la propriété du duc de Bermingham. L'éditeur Louis Hachette lui succède et c'est lui qui fait réunir les deux corps de bâtiments, séparés par une première cour, au moyen d'une longue galerie surmontée d'une terrasse à l'italienne, tandis que par souci de symétrie, il fait abaisser d'un étage le grand pavillon et surélever le petit. En 1912, l'artiste peintre Suzanne Frémont se rend acquéreur de la demeure qui porte aujourd'hui son nom. La municipalité la rachète enfin en 1990, y crée la Maison des arts et de la nature, et l'ouvre au public lors d'expositions temporaires et de concerts ; jardins et demeures sont actuellement restaurés par celle-ci. L'ensemble deviendra un lieu conservatoire des collections du musée.

CÉRÈS
*XVIIIe siècle*
*Pierre (H. : 170 cm)*
*Propriété Frémont*
Située dans le parc de la propriété Frémont, cette statue représente Cérès, déesse romaine protectrice des moissons. Elle rappelle le passé agricole de la commune.

SUZANNE FRÉMONT
*1922. Swann*
*Huile sur toile (95 × 102 cm)*
*Amis du vieux Châtillon*
Née à Châtillon le 10 avril 1876, Suzanne Frémont fréquente les ateliers des peintres Maximilien Luce, Eugène Carrière et Pierre-Georges Jeanniot. Ses œuvres sont marquées par la technique de ses maîtres impressionnistes. Suzanne Frémont fut chargée de missions ethnographiques et fonda l'école des Beaux-Arts de Tananarive à Madagascar.

MAISON ANCIENNE
*XVIIe siècle*
*Pierre calcaire*
*16, rue de Fontenay*
Propriété au XVIIIe siècle d'un riche bourgeois, M. Raffard, qui faisait commerce de glace, cette maison est l'une des plus anciennes de la ville. Elle possède un bel escalier intérieur en pierre.

MÉCANISME
DE POMPE
À EAU
*XVII^e ou*
*XVIII^e siècle*
*Fer*
*16, rue de Fontenay*
Ce mécanisme en fer forgé servait anciennement à tirer l'eau du puits situé dans la cave de la maison de M. Raffard.

CHAMPIGNONS
*XX^e siècle*
*Pierre*
*111, boulevard de Vanves*
Ce détail du portail de la maison d'un champignonniste évoque l'activité aujourd'hui disparue de la culture des champignons de Paris dans des carrières souterraines.

FONDATION LAMBRECHTS
*XIX^e siècle*
*Pierre et brique*
*44, rue de Fontenay*
Accueillant actuellement une maison de retraite, cette demeure, construite en 1830, est située sur l'emplacement d'une ancienne manufacture de laine réputée pour sa teinture écarlate, jugée supérieure à celle des Gobelins.

ONERA
*XX^e siècle*
*Béton armé*
*29, avenue de la Division-Leclerc*
Construit à l'emplacement d'anciens jardins ouvriers, cet édifice de taille imposante né de l'initiative de l'homme d'affaires Serge Alexandre Stavisky. Celui-ci fait construire, en 1932, un sanatorium destiné à s'appeler Maison de santé mutualiste, mais la banqueroute frauduleuse de Stavisky – qui fut à l'origine de l'un des plus grands scandales politico-financiers de la III^e République – causa l'arrêt des travaux. L'immeuble reste inachevé jusqu'au lendemain de la Seconde Guerre mondiale où il est affecté à l'Office national d'études et de recherches aérospatiales.

LA TOUR BIRET
*1930. Eugène Veder*
*Aquarelle*
*Amis du vieux Châtillon*
En 1764, le duc Emmanuel de Croÿ, passionné d'astronomie, fait élever un belvédère, véritable observatoire de cinquante pieds de haut sur la butte de la glacière de M. Raffard. La tour est détruite vers 1871-1872 et vingt ans plus tard, François Biret se rend acquéreur du terrain. Il y fait élever une tour en bois de quatre étages qui devient dès 1896, une guinguette très fréquentée. Le propriété disait de celle-ci : « Du haut de cette tour on découvre le plus beau panorama de Paris et de ses environs et, 152 communes à l'œil nu, sur une distance de trente-cinq kilomètres. »

TOUR BIRET
*Fin du XIX^e siècle*
*Béton*
*65, avenue de la Division-Leclerc*
En 1920, la tour est détruite et remplacée par une tourelle en béton de taille plus modeste et surmontée d'une plate-forme octogonale qui s'inscrit au-dessus d'un café.

SALLE DES FÊTES
*1900. Architecte : Mériot*
*Pierre et brique*
*3, rue Sadi-Carnot*
Construite en 1900, la salle des fêtes de Châtillon possède un riche décor en façade. Le fronton et les fenêtres, dont les arcades sont entourées de céramique, sont séparés par des bas-reliefs verticaux en terre cuite représentant des motifs scéniques, le tout dans un enchevêtrement de feuillage. L'inauguration a lieu le 1er avril 1900 avec la représentation de la *Dame aux Camélias*. Le lieu est aujourd'hui le siège du théâtre de Châtillon.

ÉGLISE NOTRE-DAME DU CALVAIRE
*1933-1935*
*Architectes : Flandrin et Froidevaux*
*Brique*
*2, avenue de la Paix*
La première pierre de cette église de style néo-gothique est posée en mars 1933 par le cardinal Verdier dans le cadre de ses célèbres chantiers. Elle est érigée en paroisse deux ans plus tard pour répondre à l'accroissement de la population du secteur.

CHŒUR ET TRANSEPT
*1933-1965*
*Église Notre-Dame du Calvaire*
L'intérieur de l'église, très vaste, est entièrement peint. Une majeure partie des fresques sont de la main de l'ate-

lier de Pierre Laurens d'après les projets de celui-ci, l'artiste étant décédé en 1932.

VIERGE AU CALVAIRE
*Milieu du XXe siècle*
*Fresque latérale*
*Église Notre-Dame du Calvaire*
Vibrante et dépouillée, cette fresque a donné son nom à l'église. L'exécution est de Gabriel Genies, d'après une esquisse de Pierre Laurens.

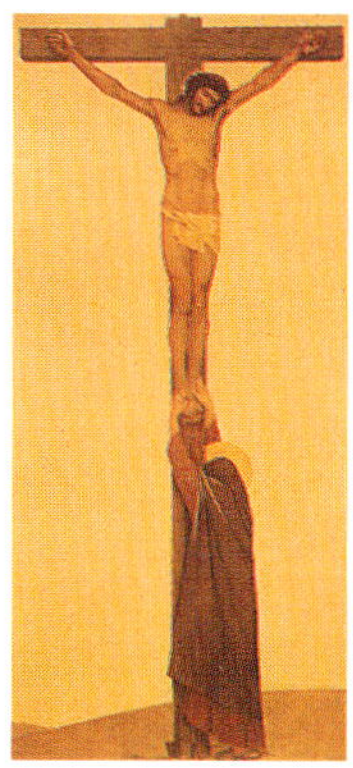

FRESQUE
*1933-1965. Gabriel Genies*
*Chœur*
*Église Notre-Dame du Calvaire*
Située derrière l'autel, cette peinture murale représente le couronnement de la Vierge inspiré de l'Apocalypse selon saint Jean. De chaque côté de la Vierge se tiennent le Père et le Fils

dépeint avec une ressemblance frappante. La colombe du Saint-Esprit surplombe la figure de Marie.

BUSTE
*XIX[e]-XX[e] siècle*
*Céramique*
*(50 × 33 cm)*
*Amis du vieux Châtillon*
Œuvre du céramiste Edmond Lachenal (1855-1948), ce buste de style Renaissance est d'une grande finesse et son émail d'un velouté soigné. Il s'inspire d'une sculpture modelée du statuaire Prosper d'Épinay. Formé auprès de Théodore Deck avec lequel il signe quelques pièces, Edmond Lachenal collabore par la suite avec les sculpteurs Auguste Rodin, Louis Dejean et René de Saint-Marceau. En 1880, il installe son atelier à Châtillon et invente un procédé de dorure sur faïence. Haut technicien, il touche à toutes les variétés céramiques et crée le « bleu Lachenal ». La nature est sa principale source d'inspiration. L'atelier Lachenal se situait au 21, rue du Pouceau.

PORTRAIT DU PÈRE DE RODIN
*Fin du XIXe siècle. Auguste Rodin*
*Bronze*
*Amis du vieux Châtillon*
Ce bronze fondu par Rudier d'après l'œuvre originale d'Auguste Rodin (1840-1917) possède l'émouvante particularité d'avoir été dédicacée par le maître en hommage à son père.

# Chaville

Blason : trois lézards d'argent
et trois étoiles d'or
pour les armes de la famille Le Tellier.

Canton de Chaville
Arrondissement de Boulogne-Billancourt

Superficie : 355 ha – Population 1990 : 17 784 hab.
Habitants : les Chavillois – Voie : RN10

Origine du nom : *Inchadi villa*, maison d'Inchadus, évêque de Paris au IXe siècle, puis par déformation : Chadivilla, Catavilla, Chaville.

## HISTORIQUE

Les armes et les outils datant des périodes paléolithique et mésolithique, mis au jour lors de fouilles proches de l'étang d'Ursine, ont révélé la présence des premiers hommes depuis environ 8 000 ans avant notre ère. Du IIe au IVe siècle, mention est faite du camp romain du village d'Ursine, à proximité de la voie romaine joignant Lutèce à la Normandie.

Vers 811, sous Louis le Débonnaire, l'évêque de Paris, Inchadus, édifie une métairie autour de laquelle se groupent quelques maisons et une chapelle formant le hameau d'Inchadivilla. Radulphus de Cativilla, premier seigneur de Chaville, est mentionné en 1120. Le territoire s'étend alors sur une superficie de 300 arpents (environ 10 ha) et, en 1322, compte quarante feux (environ deux cents habitants). Chaville, village paisible du doyenné de Châteaufort depuis 1348, se développe et prend bientôt le pas sur Ursine, paroisse dont il dépendait, en dépit des ravages dus à la peste, puis à l'occupation anglaise, durant la guerre de Cent Ans. À partir de 1401, Chaville devient possession du Châtelet de Paris. L'Hôtel-Dieu, tombé sous la juridiction de l'évêque de Paris par donations et échanges, reste le seigneur de Chaville jusqu'en 1477, date à laquelle la seigneurie est revendue à Jean Bureau, seigneur de Montglat, premier d'une série de suzerains nobles qui se succèdent jusqu'à la fin du XVIe siècle. En 1596, après la mort du seigneur Simon de Vigny qui laisse son château en ruines, Chaville est acheté par Michel Le Tellier, très fortuné, qui était auparavant son vassal. Son petit-fils Michel III Le Tellier, chancelier de France, agrandit le domaine et construit un nouveau château vers 1660, source d'une nouvelle prospérité pour le village, mais qui sera vendu au Grand Dauphin en 1695.

Au XVIIIe siècle, l'histoire de Chaville se confond avec celle de la seigneurie et traverse les périodes, de la Révolution à l'Empire, sans grands changements, hormis l'occupation meurtrière de la guerre de 1870. Le XIXe siècle voit l'essor de la population et la transformation du village avec l'arrivée du chemin de fer – qui partage le parc du château en 1838 sans trop d'atteinte pour le site. L'abondance de l'eau favorise l'éclosion de petites industries : la blanchisserie, la tannerie et la brasserie s'ajoutent à la traditionnelle briqueterie, remontant au XVIIe siècle. Le village, qui comptait 600 habitants en 1817, passe à 13 226 habitants en 1878 et en compte près de 18 000 aujourd'hui. Chaville dans son vallon encadré de forêts, a connu une urbanisation croissante un peu radicale et oublieuse du passé, mais a néanmoins conservé son caractère résidentiel et privilégié avec ses quarante pour cent d'espaces verts.

CHÊNE DE LA VIERGE DU DOISU
*XIVe siècle*
*Forêt de Chaville*
Considéré comme le plus vieil arbre de la forêt de Chaville, ce chêne, qui daterait du XIVe siècle, mesure une trentaine de mètres de hauteur, avec un tronc de près de six mètres de diamètre. Un oratoire du XVIIe siècle, voué à la Vierge et aujourd'hui disparu, était adossé au tronc de l'arbre. Une célébration qui remonte à des temps immémoriaux, dont seule la tradition orale peut rapporter l'existence, fait de cet oratoire le lieu d'un pèlerinage populaire annuel. Pour la fête du 15 août, qui dans la tradition catholique célèbre l'Assomption, une procession se rend à l'oratoire où sont déposées des fleurs blanches. Les fidèles fêtent Marie, Vierge et mère de Dieu. L'assomption, qui inspira les plus grands peintres, est l'enlèvement miraculeux par les anges et l'élévation dans les cieux de Marie après sa mort. En France, la fête de l'Assomption a un caractère national depuis son institution par le roi Louis XIII consacrant le pays à la Vierge. Pie XI, pape de 1922 à 1939, a donné la Sainte Vierge dans son assomption comme patronne de la France.

MÉDAILLON
*XIXe siècle*
*146 à 196, rue Roger-Salengro*
Vers 1768, Charmat de la Gaité, procureur au Parlement, construit une demeure qui, entre autres propriétaires, comptera, pendant la période révolutionnaire, le conventionnel Santerre, lequel installe dans la propriété une brasserie disparue en 1804. La communauté religieuse Saint-Thomas de Villeneuve occupe les lieux à partir de 1856, date à laquelle le comte de Chambaudoin d'Erseville lui fait don du bâtiment pour fonder une école. Le seul vestige du couvent était une chapelle construite en 1863, aujourd'hui démolie. Sur un mur sont conservés deux médaillons, portraits anonymes d'un homme et d'une femme.

EX-VOTO
*XVIIe-XXe siècle*
*Chêne de la Vierge du Doisu*
L'oratoire est détruit en 1975, mais il reste néanmoins sur le tronc de l'arbre des plaques et des ex-voto, déposés par les fidèles venus implorer sainte Marie.

CHAVILLE, CHEMIN DES PETITS BOIS, LE CHÂLET DE L'ARTISTE
*1865. Paul Huet*
*Huile sur bois (30 × 36 cm)*
*Sceaux, Musée de l'Île-de-France*

Paul Huet (1804-1869), élève de l'atelier de Guérin et du baron Gros, est l'un des premiers peintres paysagistes romantiques français s'élevant contre le paysage historique académique. Il s'installe à Chaville dans une modeste maison, rue des Petits-Bois, voisine de l'actuel conservatoire de musique. Paul Huet peint beaucoup de paysages de la région d'Île-de-France et de Normandie, mais notamment des vues de Chaville. Il meurt d'une crise d'apoplexie après avoir travaillé toute la nuit à ce qui restera son ultime tableau : *Le Ciel*. Une collection de ses œuvres est conservée au musée de Sceaux.

MONUMENT AUX MORTS
*1921*
*Sculpteur : Lesieux*
*Pierre artificielle, bronze*

Le monument est érigé en 1921 à la mémoire des enfants de Chaville morts pour la France à la Grande Guerre de 1914-1918. S'y sont joints les hommages aux soldats des autres guerres et aux civils morts en déportation. D'inspiration patriotique, le monument du sculpteur Lesieux figure le cadavre d'un poilu mort au combat dominé par un belliqueux coq gaulois.

MAIRIE
*1815*
*Calcaire, pierre de taille*
*1456, avenue Roger-Salengro*

Le 31 janvier 1790 s'est constituée la première municipalité de Chaville, avec l'élection au poste de maire du citoyen Laroque par vingt suffrages sur quarante et un citoyens actifs participant à la formation du conseil municipal. Le pavillon de chasse, construit en 1815 pour le comte d'Artois, futur Charles X – qui y réside jusqu'à son accession au trône à la mort de son frère Louis XVIII en 1824 – devient la mairie en 1910. Le bâtiment subit des agrandissements et des aménagements en 1938, puis voit, en 1981, l'édification de la salle du conseil.

MAISON
*XIXe siècle*
*9, rue des Petits-Bois*

Cette grande demeure harmonieuse, achetée par la commune, abrite aujourd'hui le conservatoire municipal de musique.

ÉGLISE
NOTRE-DAME-DE-LOURDES
*1930. Architecte : A. Richardière*
*1427, rue Roger-Salengro*

La première chapelle de Chaville est bâtie au IX^e siècle. En 1269, mention est faite de l'érection en paroisse de l'église Saint-Jean au détriment de la cure d'Ursine attachée à Chaville auparavant et qui, jusqu'en 1482, dépend de la paroisse de Montreuil. Après la mort de Simon de Vigny, seigneur de Chaville, Michel Le Tellier, son riche suzerain, rachète la seigneurie en 1596. Vers 1635, son petit-fils Michel III Le Tellier, secrétaire d'État à la guerre puis grand chancelier de France, agrandit considérablement l'église qui sera restaurée à plusieurs reprises, et notamment en 1769. Lors de l'accroissement de la population et la rénovation du quartier, le bâtiment est démoli. La construction d'une nouvelle église est alors entreprise en 1930, sur les plans de la basilique de Lourdes, et vouée à la Vierge apparue à Lourdes à sainte Bernadette. En 1952, un presbytère y est adjoint.

VITRAIL
*Apparition de la Vierge*
*à Catherine Labouré*
*1930*
*H. Ripeau (680 × 390 cm)*
*Église Notre-Dame-de-Lourdes*

Ce vitrail évoque l'apparition de la Vierge à Catherine Labouré, jeune fille pensionnaire de la Charité, rue du Bac à Paris, en 1830. La partie supérieure représente la chapelle où a eu lieu l'apparition. Les six panneaux latéraux portent les emblèmes des litanies de la Vierge. La verrière est offerte par M^gr le chanoine Bouret et par la paroisse.

VITRAIL
*Apparition de la Vierge*
*à Bernadette de Lourdes*
*1930*
*Albert Gsell (680 × 390 cm)*
*Église Notre-Dame-de-Lourdes*

Sur la verrière est figurée la Vierge apparaissant à Bernadette, représentation très libre de la véritable scène de Lourdes où, à plusieurs reprises, la Vierge apparaît à la jeune paysanne, Bernadette Soubirous, en 1858, dans l'une des grottes bordant le Gave à Lourdes. À la suite de ces visions est né le fameux pèlerinage. Les pèlerins, de nombreux infirmes et malades, se rendent à Lourdes pour prier dans la grotte et se baigner dans la source, dans l'espoir d'une guérison miraculeuse. Le vitrail porte le nom de ses donateurs : « En souvenir de M. et M^me Schmidt et du D^r et M^me Brochin. »

ÉGLISE APOSTOLIQUE
ARMÉNIENNE SAINT-GRÉGOIRE
L'ILLUMINATEUR
*XIX^e siècle*
*6, rue du Père-Komitas*

Première nation à avoir adopté le christianisme comme religion officielle, l'Arménie a subi, depuis l'annexion du pays par l'empire Ottoman au XVII^e siècle, une série de massacres qui se transforment, au début du XX^e siècle, en une extermination systématique des habitants par les Turcs. Une importante communauté arménienne ayant fui le génocide s'installe en France, notamment en région parisienne. L'église construite au début du siècle est vouée à saint Grégoire l'Illuminateur (v. 240-v. 326), à l'origine de la conversion du roi Tiridate vers 302, acte qui marque le début de la chrétienté en Arménie. La vie du saint apôtre et premier patriarche de l'église au début du IV^e siècle est l'objet de plusieurs légendes. Arménien de sang royal, il passe sa jeunesse à Césarée de Cappadoce où il est baptisé. De retour dans son pays, il convertit le roi.

# Clamart

Cantons de Clamart et de Vanves
Arrondissement d'Antony
Superficie : 858 ha – Population 1990 : 47 755 hab.
Habitants : les Clamartois – Voie : RN189

Origines du nom : du latin *clamartium* ou *clamardum* qui indique le clos d'un dénommé Marcus Martins, ou Médard ; ou bien de *claumar* ou *clanmar*, mot d'origine celtique signifiant clos de l'Étang.

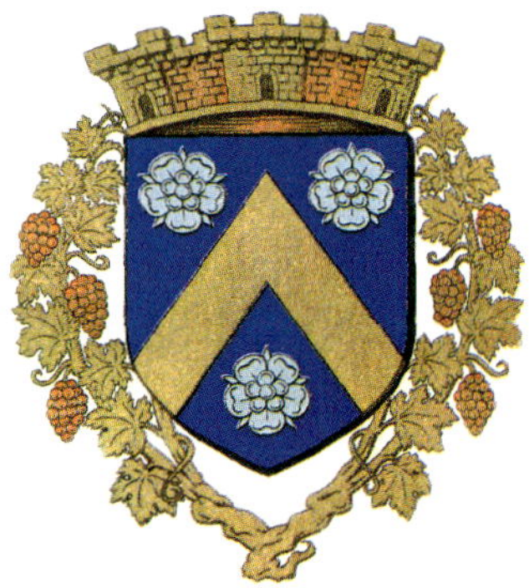

Blason : les armes du seigneur Jean de Livres ; un cep de vigne et des pampres qui évoquent le passé vinicole de Clamart.

## HISTORIQUE

Des découvertes de vestiges préhistoriques et néolithiques attestent de la lointaine occupation du site, constitué primitivement d'un simple hameau ceint par la forêt. La première mention du nom Clamart apparaît dans une charte datant du XIe siècle. Les moines bénédictins du prieuré de Saint-Martin-des-Champs, qui dépendent de l'abbaye de Cluny, sont possesseurs d'une partie des terres de Clamart et de son église à partir du XIIIe siècle, et ce jusqu'en 1621. Le territoire de Clamart est en fait partagé, dès le XIVe siècle, en quatre fiefs distincts : les fiefs de Saint-Martin, de l'Hôtel-Dieu, de Clamart ou Desprez et de Chef-de-Ville que dirigent des seigneurs différents. Parmi eux se distingue Jean de Livres, échevin de Paris et seigneur du fief de Clamart à partir de 1435, dont le blason figure dans les armoiries de la ville. Au XVIe siècle, Jean de Cuigy et son fils, possesseurs du fief de l'Hôtel-Dieu, rachètent le domaine des moines de Saint-Martin. Ces deux propriétés sont acquises en 1657 par le baron de Meudon, Abel Servien, qui bientôt leur adjoindra le fief de Clamart. Au XVIIe siècle, seul le fief de Chef-de-Ville demeure indépendant. Intégré au domaine de Meudon, le village porte alors le nom de Clamart-sous-Meudon. Le ministre Louvois, puis Louis XIV en 1694 succèdent à Abel Servien en tant que seigneurs de Meudon, et par voie de conséquence, également de Clamart. La réunion des quatre fiefs de Clamart est effective en 1774, date à laquelle Louis XVI achète le fief de Chef-de-Ville. Le roi fonde dans le village des pépinières dont la renommée dépasse les frontières. L'activité économique du pays repose sur l'exploitation de la vigne et sur les cultures céréalières. Au lendemain de la Révolution de 1789, Clamart change une nouvelle fois de dénomination et devient Clamart-le-Vignoble. En 1791, l'Assemblée constituante attribue le hameau de Fleury – jusque-là propriété de Clamart – à la commune de Meudon. Au XIXe siècle, de nombreux écrivains comme Stendhal, Émile Zola ou Alphonse Daudet viennent momentanément s'installer à Clamart, à la manière du poète Delille un siècle auparavant. La première photo aérienne, réalisée par Félix Tournachon dit Nadar, est prise à la même époque au-dessus du Petit-Bicêtre. Cette partie de la ville qui était anciennement constituée de fermes seigneuriales devient, en 1916, le Petit-Clamart. La Belle Époque apporte à la commune son cortège de guinguettes, de bals populaires et de promenades en forêts. Malgré son développement moderne et nécessaire, Clamart a su préserver son patrimoine historique et culturel ainsi que ses traditions qui lui confèrent une allure villageoise.

PIERRE AUX MOINES
*6 000 av. J.-C.*
*Grès*
*Bois de Clamart*
Sans doute vestige d'un ancien dolmen effondré, la Pierre aux Moines est le monument le plus ancien du département. À l'origine, il existait deux mégalithes dressés : la Pierre aux Moines et la Pierre de Chalais. La première ayant disparu, la seconde prend par confusion son nom lorsqu'elle est redécouverte au XIXe siècle par le savant Marcellin Berthelot (1827-1907). Cette pierre levée, d'une hauteur visible de deux mètres cinquante, est l'un des éléments constituants de l'alignement mégalithique qui traverse l'Europe sur une ligne droite de 1 700 km, de la côte de la Manche au golfe de Tarente. (Cl. M. H., 1895)

ÉGLISE SAINT-PIERRE-SAINT-PAUL
*XVIe-XVIIe-XIXe siècle*
*Façade*
*Place de l'Église*
Le premier édifice religieux de Clamart semble n'être, au XIe siècle, qu'un simple oratoire concédé par le prieuré de Saint-Martin-des-Champs. L'église proprement dite est érigée à la fin du XVe siècle et bénie en 1508 par l'évêque de Pamiers. Elle est jugée rapidement trop petite. Aussi les habitants de la paroisse mettent-ils en œuvre son agrandissement en 1513.

PORTAIL FLAMBOYANT
*XVIe siècle*
*Église Saint-Pierre-Saint-Paul*
Élargie à ses deux extrémités, l'église est consacrée une nouvelle fois le 18 mai 1523, par l'évêque de Paris. Durant les dix années nécessaires aux travaux, la tour carrée primitive est transformée en clocher, la nef et ses bas-côtés sont restaurés et un portail nord est élevé. Cette porte, de style flamboyant, est encadrée d'un arc en anse de panier surmonté d'un fleuron qui abrite une statue de la Vierge située dans une niche moulurée. Durant les siècles suivant, l'église de Clamart subit plusieurs détériorations en raison des différents conflits qui ravagent la région, notamment la guerre de 1870. Les multiples restaurations donnent à l'édifice un caractère architectural des plus hétéroclites, dû au mélange des styles. (Cl. M. H.)

DALLE
*XVe siècle*
*Pierre*
*Chapelle Saint-Vincent*
*Église Saint-Pierre-Saint-Paul*
La fête de saint Vincent fut, jusqu'à une date très récente, l'objet de processions dans les rues de Clamart.

L'importance de la vigne pour la ville est en effet de tout temps constatée. Ici, cette dalle gravée du XVe siècle indique un échange de terrains viticoles entre deux seigneurs locaux. Une autre stèle – de type funéraire – représente le corps du tonnelier sire Pier, dont la profession est symbolisée par deux tonnelets figurés à ses pieds. Sous la Révolution, le nom, un temps institué, de Clamart-le-Vignoble atteste une fois encore du caractère prégnant de la vigne dans l'histoire de la commune. Clamart-le-Vignoble veut également se différencier de l'appelation Clamart, nom d'un cimetière du faubourg Saint-Marcel de Paris qui devait sa dénomination à une possession locale d'un seigneur de Clamart.

CHAPITEAU
*XVIe siècle*
*Nef*
*Église Saint-Pierre-Saint-Paul*
Au nombre des chapiteaux ornés de frises sculptées, celui-ci illustre le thème de la vigne, très présent dans l'église. L'écusson évoque le pouvoir seigneurial. La tête d'angelot s'ajoute aux représentations d'animaux, de guirlandes et de motifs floraux qui décorent la base des chapiteaux.

VITRAIL
*XIXe-XXe siècle*
*Chapelle Saint-Vincent*
*Église Saint-Pierre-Saint-Paul*
Placée sous le vocable de saint Pierre et de saint Paul – leurs statues ornent la façade du bâtiment –, l'église possède primitivement deux autels consacrés l'un à saint Jacques et l'autre à sainte Barbe. Plus tard, saint Vincent et la Vierge deviennent les protecteurs des deux chapelles latérales.Vincent, saint patron des vignerons mort en Espagne en 304, est traditionnellement représenté tenant la palme du martyr, dans un décor rappelant la vigne. (Cl. M. H.)

HÔTEL DE VILLE
*XVIIe-XIXe siècle*
*Façade*
*1, place Maurice-Gunsbourg*
Au début du XIXe siècle, les institutions communales sont regroupées au sein d'un bâtiment situé place de l'Église. Lorsque, vers 1840, l'ancienne propriété seigneuriale du fief Chef-de-Ville est vendue et séparée en lots, la municipalité se rend acquéreur de la partie du domaine comprenant le château Barral. Ce dernier, qui porte le nom de ses derniers propriétaires, est destiné à accueillir la nouvelle mairie. En 1897, on adjoint à cet édifice une ancienne maison bourgeoise qui vient compléter, en retour d'angle, les bâtiments communaux.

PLAQUE GRAVÉE
*XVe siècle*
*Pierre*
*2, rue du Trosy*
De la fontaine publique Saint-Pierre qui fournissait autrefois la ville en eau, il ne subsiste que cette borne. Située auparavant en bas du mur du presbytère de l'église, elle marquait l'emplacement de la fontaine du village, du lavoir et de l'abreuvoir. Un temps conservée dans l'église, la plaque a été récemment apposée rue du Trosy.

TOUR
*XIVe siècle*
*Hôtel de ville*
La tour ou colombier qui constitue la partie centrale de l'actuelle mairie est le seul élément architectural qui témoigne d'une des anciennes demeures seigneuriales de Clamart. Selon les sources historiques, cette tour est le vestige soit du château du fief Chef-de-Ville, soit de celui du fief de Clamart, également appelé Després ou Desprez. Il semble que ce colombier ai appartenu en 1418 au grand fauconnier de France, Guillaume Desprez. Un texte atteste également de son existence en 1426.

JOSUÉ ARRETANT LE SOLEIL
DURANT LA BATAILLE DE GABAON
*XVII^e siècle*
*Salle des commissions*
*Hôtel de ville*
Attribué un temps au peintre Giambattista Tiepolo (1696-1770), cette œuvre constitue, avec deux autres toiles, la décoration de la salle des commissions de la mairie. Successeur de Moïse, Josué conduisit les Hébreux en Terre promise. On lui attribue certains prodiges : le passage du Jourdain à pied sec, la chute des murailles de Jéricho au son des trompettes et l'arrêt du soleil lors de la bataille de Gabaon, miracle ici représenté. En dessous de cette peinture, des frises traitées en grisaille du XIX^e siècle illustrent les thèmes de la navigation, du combat naval, des vendanges, du commerce et de l'agriculture.
(Cl. M. H., 1990)

VITRAIL
*Jean Bazaine*
*Salle du conseil*
*Hôtel de ville*
Ce vitrail contemporain est l'œuvre du peintre Jean Bazaine (né en 1904). Si la plus grande partie de son travail est consacrée à la peinture, il est cependant le créateur de plusieurs vitraux destinés à des églises, notamment pour la cathédrale de Saint-Dié dans les Vosges, et de mosaïques.

PEINTURE MURALE
*1950-1951. Despierre*
*Salle des mariages*
*Hôtel de ville*
Les peintures qui ornent la salle des mariages puisent leur iconographie dans l'histoire de la commune. L'une d'elles représente le travail des carriers qui extrayaient la pierre destinée à la construction des monuments de Paris et de sa banlieue. D'immenses roues servant à élever les blocs de pierre des profondeurs du sol rythmaient le paysage clamartois. Aujourd'hui cette industrie a entièrement disparu. Ces peintures illustrent également les grands hommes de la commune comme La Fontaine.

PEINTURE MURALE
*Début XX^e siècle*
*Salle du conseil*
*Hôtel de ville*
L'une des particularités de Clamart demeure son implantation géographique qui offre un panorama souvent verdoyant grâce aux abords de la forêt et une vue dégagée de Paris et sa région.

ENLÈVEMENT DE CÉPHALE
PAR AURORE (détail)
*XVII^e siècle (320 × 213 cm)*
*Salle de commissions*
*Hôtel de ville*
Cette œuvre de l'école vénitienne a été effectuée par le peintre Ercole Graziani. Elle fut initialement exécutée comme peinture de chevalet.

PAN SERVI PAR LES SAISONS
*XVII^e siècle*
*Salle des commissions*
*Hôtel de ville*
Peinte par Domenico Piola, cette œuvre génoise a été, comme la précédente, conçue sur une toile tendue sur châssis et encadrée.

PAVILLON LOUVOIS
*XVII[e] siècle*
*18, rue Taboise*
Lorsqu'en 1679 le ministre de Louis XIV, Louvois (1639-1691), se rend acquéreur du château de Meudon et de la seigneurie de Clamart, le domaine est de taille conséquente, et ce grâce au précédent propriétaire Abel Servien. Ce dernier avait en effet acheté de nombreuses parcelles pour augmenter son bien. Louvois continue l'œuvre de son prédécesseur et clôt son domaine d'une enceinte dont le franchissement est assuré par les portes de Fleury, Clamart, Trivaux et Châtillon, aujourd'hui disparues. Parmi les possessions du ministre, on trouve cette propriété qui lui sert alors de pavillon de chasse.

PUITS
*XVII[e] siècle*
*Pavillon Louvois*
Après la mort de Louvois, Louis XIV fait l'acquisition du domaine pour son fils le Grand Dauphin. Une taque aux armes de ce dernier confirme une présence royale dans cette maison. La tradition veut que ce pavillon soit relié au château de Meudon par un souterrain dont la trace est aujourd'hui perdue. Le bâtiment héberge actuellement la communauté religieuse des sœurs de saint Jean l'Évangéliste. (Cl. M. H.)

MAISON DELILLE
*Fin XVIIIe siècle*
*26, avenue du Président-Roosevelt*
Le poète et académicien Jacques Delille (1738-1813), traducteur de Virgile et l'un des précurseurs des Romantiques, séjourne à la fin de sa vie dans cette demeure clamartoise. La famille Micou, propriétaire de la maison, lui en laisse jouissance durant un mois, chaque été. C'est ici que l'auteur écrit *L'Imagination* (1806) et *Les Trois règnes de la nature* (1809). Une vingtaine d'années plus tard, ce sera au tour de Stendhal (1783-1842) de puiser son inspiration à Clamart et de rédiger son ouvrage *Armance* (1827).

TOUR CARRÉE
*XIX[e] siècle*
*10, rue de Meudon*
Ancien point géodésique, cette curieuse tour est construite à la fin du siècle dernier pour le Belge Elmer Dwight Edouard (1802-1903) qui désirait avoir une vue panoramique sur Paris et la campagne.

MAISON DE RETRAITE FERRARI
*XIXe siècle*
*Vue générale*
*Fondation Brignole-Galliera*
*1, place Ferrari*
La maison de retraite Ferrari est née de la munificence de la duchesse Galliera (1811-1888). Marie de Brignole-Sale, marquise de Ferrari et duchesse de Galliera, mariée à un riche industriel italien, vient s'installer dans l'hôtel Matignon de Paris à la mort de celui-ci. Elle achète une maison de campagne à Clamart, appelée la Croix-Blanche.

CLOÎTRE
*XIXe siècle*
*Maison de retraite Ferrari*
*Fondation Brignole-Galliera*
La duchesse de Galliera, sensibilisée aux malheurs des plus démunis, distribue sa fortune en œuvres de bienfaisance. Elle est à l'origine de la fondation Brignole-Galliera, jugée d'utilité publique en 1878. De cette institution dépend l'hospice Ferrari et l'orphelinat Saint-Philippe de Meudon. L'établissement de Clamart revêt à plusieurs égards un aspect conventuel, notamment dans son architecture et la quiétude qui se dégage de ses murs.

CHAPELLE
*XIXe siècle*
*Maison de retraite Ferrari*
*Fondation Brignole-Galliera*
La chapelle de la maison de retraite se situe au centre du bâtiment. Elle se distingue par son décor soigné et coloré qui recouvre murs et plafond, selon l'usage en vigueur à la fin du XIXe siècle.

ROTONDE
*XIXe siècle*
*Maison de retraite Ferrari*
L'ensemble de l'hospice est conçu de manière à s'adapter aux problèmes physiques des pensionnaires et à leur offrir le plus grand confort possible. Ainsi des rotondes formant terrasses permettent-elles aux personnes immobilisées de prendre l'air sans avoir à descendre d'escaliers.

CHÂTEAU D'EAU
*Parc*
*Maison de retraite Ferrari*
Ce château d'eau, situé dans le parc de la maison de retraite, est antérieur à la construction de l'établissement. Au même titre que les puits et fontaines de la ville, il pourvoyait au besoin d'eau de la population.

VIEILLE MAISON
*XVII^e^ siècle*
*9, rue Chef-de-Ville*
Seule survivante du vieux village avec ses estaminets et ses commerces, cette ancienne auberge est le lieu, selon la tradition, de l'arrestation de Marie Jean Antoine Caritat, marquis de Condorcet (1743-1794) le 7 Germinal an II (27 mars 1794). Son crime : appartenir au clan des Girondins. Philosophe et politicien de la Révolution, collaborateur de Diderot et de d'Alembert pour l'*Encyclopédie*, Condorcet est élu à l'Assemblée législative en 1791, puis à la Convention un an plus tard. Ses idées devenant rapidement suspecte à la dite Convention, il est contraint à la clandestinité et quitte Paris en 1793.

VIEILLE MAISON
*XVII^e^ siècle*
*10, rue Pierre-et-Marie-Curie*
Condorcet cherche refuge à Fontenay-aux-Roses chez son ami l'écrivain Jean-Baptiste Suard (1732-1817). Ce dernier refuse de le cacher et Condorcet poursuit son errance et sa quête d'un asile. Ses pas le mènent à Clamart et, soucieux de trouver quelques nourritures, il s'arrête dans l'auberge Crespinet. Mais son allure est rapidement jugée suspecte, et il est arrêté quelques heures plus tard. Mené à la prison de Bourg-Égalité (Bourg-la-Reine), Condorcet décède deux jours après. Une plaque commémore son souvenir au Panthéon. Son corps, sans doute déposé dans une fosse commune, ne fut jamais retrouvé. L'origine de sa mort reste indéterminée : maladie, suicide par empoisonnement, assassinat sont les différentes thèses en vigueur. Il est de tradition locale d'appeler la vieille maison de la rue Chef-de-Ville la « Maison Condorcet ».

COURS CONDORCET
*Institut d'enseignement privé*
*12, rue de l'Église*

STATUE BICÉPHALE
*XVII^e^ siècle*
*Parc municipal*
*Rue Georges-Huguet*
Composée de deux têtes, l'une féminine, l'autre masculine, cette statue, avec son pendant à l'identique, marquaient l'entrée de la ferme de la propriété Barral. Elles proviennent de l'ancien château du fief de l'Hôtel-Dieu qui était situé à l'emplacement actuel de la mairie. Divinités de la mythologie grecque et romaine au pouvoir protecteur, il s'agiraient de Déméter ou Cérès – déesse des moissons – et de Dionysos ou Bacchus, le dieu de la vigne.

HÔPITAL MILITAIRE PERCY
*1917-1919*
*Façade*
*Avenue Henri-Barbusse*
Actuellement en complète restauration, l'hôpital d'instruction des armées Percy – du nom du chirurgien de la Grande Armée napoléonienne – possède encore, mais semble-t-il plus pour longtemps, sa façade et son porche d'origine.

CARMEL DE L'INCARNATION
*XIXe-XXe siècle*
*3, rue de l'Est*
Le carmel de l'Incarnation de Clamart est celui de la rue Saint-Jacques de Paris, fondé en 1604. Première maison de Carmélites déchaussées en France, le carmel de la rue Saint-Jacques est fondé par les religieuses espagnoles, Anne de Jésus et Anne de Saint-Barthélemy, selon la règle de sainte Thérèse d'Avila (1515-1582). Cette dernière avait réformée l'ordre du carmel et l'ouvre aux religieuses féminines. Sœur Madeleine de Saint-Joseph est la première prieure française du carmel de la rue Saint-Jacques. Lors de la séparation des biens de l'Église et de l'État en 1905, les Carmélites sont expulsées de Paris. Elles viennent s'installer à Clamart à partir de 1920 après être allées en Belgique.

VIERGE À L'ENFANT
*XIVe siècle*
*Pierre polychrome*
*Carmel de l'Incarnation*
Cette remarquable Vierge à l'Enfant sculptée, d'où émane une grande douceur, date du XIVe siècle. Elle est restaurée au courant du XIXe siècle, et c'est à cette époque que les symboles de la royauté – couronne et fleurs de lys – lui sont ajoutés. Une autre œuvre importante compose le mobilier du Carmel : il s'agit d'un tableau attribué au peintre Charles Le Brun (1619-1690) qui représente le Christ en train de désigner à mère Anne de Jésus et sœur Anne de Saint-Barthélemy le monastère qu'elles doivent fonder en France. La toile est actuellement en restauration.

CRÈCHE SAINTE-ÉMILIE
*1880*
*Brique et pierre*
*26, rue du Trosy*
La crèche Sainte-Émilie est un autre témoignage concret d'un acte de bienfaisance et du souci de la prévoyance sociale de certains Clamartois. L'institution voit le jour en 1880 grâce à la générosité du notaire Charles-Adolphe Schneider qui s'émeut du sort des enfants dont les mères sont appelées à travailler hors de leur domicile. Cette fondation inspira d'autres réalisations consacrées à la petite enfance, dont une crèche-garderie, en 1898, fonctionnant sans interruption tous les jours, fait particulièrement rare à l'époque et encore aujourd'hui.

VILLA MANRÈSE
*1876 et 1952*
*5, rue Fauveau*
La villa Manrèse est un centre de retraite spirituel tenu par des pères jésuites. La chapelle, construite en 1952 par l'architecte Billecocq, renferme un calvaire catalan daté du XIIe siècle. Le nom de Manrèse vient de celui de la ville d'Espagne Manresa où Ignace de Loyola passa plusieurs mois de solitude et de méditation.

ÉGLISE SAINT-FRANÇOIS-DE-SALES
*1933. Architecte : Lacourrège*
*Béton et pierre*
*340, avenue de la Libération*
Le quartier du Petit-Clamart, dont la population est en constante augmentation depuis la fin de la Première Guerre mondiale, ne possède pas de lieu de culte au début des années trente. L'archevêque de Paris, le cardinal Verdier, mène à cette époque une action en faveur de l'édification d'églises, dans les quartiers jugés déshérités des villes de la banlieue parisienne. C'est dans ce contexte que l'église Saint-François-de-Sales est construite, grâce en partie au don de la famille des Roys. Érigée en paroisse en 1933 et bénie l'année suivante, l'église de forme triangulaire n'a jamais vu s'élever le clocher de quarante mètres qui lui était destiné.

FONTAINE SAINTE-MARIE
*Bois de Clamart*
*Route de la Fontaine-aux-Lynx*
Autrement appelée la fontaine aux Lynx, la fontaine Sainte-Marie est un nom bien connu des Clamartois et des promeneurs du bois. Elle est un élément patrimonial de la forêt qui évoque le temps où, outre cette fontaine, il existait une guinguette et un bal du même nom fréquentés en fin de semaine par des Parisiens en quête de verdure.

ÉGLISE SAINT-JOSEPH
*1932-1939*
*Architectes : Vieux et Péronne*
*145, avenue Jean-Jaurès*
C'est pour remplacer une chapelle aménagée en 1910 dans une ancienne cidrerie qu'il est décidé en 1932 de construire l'église Saint-Joseph. Celle-ci est entièrement constituée de briques roses et n'est éclairée que par de petites ouvertures vitrées toutes conçues à l'identique.

BIBLIOTHÈQUE
LA JOIE PAR LES LIVRES
*1966*
*Architectes : Renaudie et Priboulet*
*Cité de la Plaine*
*Rue de Champagne*
C'est à l'initiative de l'association « La Joie par les livres » que la bibliothèque est créée, en 1966, sur un terrain cédé par l'Office de HLM. Entretenu par la mairie, le bâtiment destiné aux enfants est remarquable par sa conception architecturale de type circulaire.

PLAQUE ALPHONSE DAUDET
*XX^e siècle*
*Pierre*
*46, rue de Sèvres*
L'écrivain Alphonse Daudet (1840-1897) élit domicile quelque temps à Clamart, en compagnie de l'écrivain Paul Arène. Là, il collabore à la rédaction d'un recueil de contes, les *Chroniques provençales*. Plus connus sous le titre de *Lettres de mon moulin*, ces courts récits, inspirés à l'écrivain par sa Provence natale, mêlent la fantaisie à la peinture réaliste de la vie quotidienne, la cocasserie à la poésie. Parmi les plus célèbres, *La Chèvre de monsieur Seguin*, *L'Élixir du révérend père Gaucher* ou encore *La Mule du pape*.

BUSTE DE JULES HUNEBELLE
*XIX^e siècle*
*Maison Sainte-Émilie*
*81, avenue Schneider*
Suivant les vœux de son épouse Émilie Nast, Adolphe Schneider lègue à la commune de Clamart sa propriété située près de Fleury pour être transformée en hôpital-hospice. L'établissement est, selon le souhait du donateur, réservé uniquement aux vieillards et malades de Clamart. L'hospice est mis en fonction en 1890. Pourtant, les structures s'avèrent bientôt insuffisantes. Le maire de l'époque, Jules Hunebelle, prend alors à sa charge la construction d'un nouveau pavillon qui voit le jour en 1899. L'œuvre de Jules Hunebelle en tant que maire de Clamart ne s'arrête pas à l'agrandissement de l'hospice Sainte-Émilie. Pendant les presque cinquante ans que dure son mandat (de 1856 à 1900), cet industriel fortuné n'a de cesse de moderniser sa ville et d'effacer les désastres de la guerre de 1870. Ses multiples travaux lui ont valu d'être comparé au baron Haussmann.

CIMETIÈRE PAYSAGER
*1956. Architecte : Robert Auzelle*
*Cimetière intercommunal*
*Rues du Pavé-Blanc et de la Porte de Trivaux*
Auteur d'un ensemble de maisons dans le quartier de la Plaine au début des années cinquante, l'architecte Robert Auzelle s'intéresse également, dès cette époque, au problème de la conception des cimetières. Ses recherches l'amènent à créer les premiers cimetières-parcs en France, dont celui de Clamart est un exemple. Sur les 12 400 sépultures du cimetière intercommunal, 400 d'entre-elles forment de petits ensembles de tombes dispersées entre les arbres. La pierre tombale traditionnelle est bannie de ce paysage où la sépulture est évoquée par une stèle verticale ou seulement un bouquet de fleur.

SCULPTURE
*Andras Beck*
*Bronze*
*Place du Garde*
D'origine hongroise, né en 1911, le sculpteur Andras Beck élit domicile à Clamart en 1973 après avoir séjourné à Paris et en Italie. Son œuvre, intitulée *Lueur*, semble jaillir du sol telle une flamme et trouver tout naturellement sa place à l'entrée de la forêt.

MONUMENT AUX MORTS
DES EAUX ET FORÊTS
*1920*
*Bois de Clamart*
*Place du Garde*
Implanté symboliquement aux abords du bois, ce monument à caractère national rend hommage aux préposés des Eaux et Forêts morts pour la France lors des Première et Seconde Guerres mondiales.

MONUMENTS AUX MORTS
*1870 et 1918*
*Cimetière communal*
Ces deux monuments aux morts, érigés en mémoire des victimes de la guerre de 1870 et du premier conflit mondial, sont d'une iconographie très différente. Celui de la première Guerre mondiale se singularise par une mise en scène tragique qui souligne l'importance du traumatisme causé par celle qui devait être la « Der des Der ».

FONDATION JEAN ARP
*1928*
*21, rue de Châtaigniers*
Située aux confins du bois de Clamart et de la forêt de Meudon, la maison-atelier de Jean Arp (1887-1966) et Sophie Taeuber offre de prime abord une impression d'austérité due à son architecture résolument moderne. Elle regroupe pourtant les plus belles œuvres des deux artistes qui participèrent au renouveau du langage plastique et pictural. Arp et Taeuber se recontrent à Zurich, dans les milieux

dadaïstes, en 1916. Bientôt mariés, ils diffèrent quelque peu dans leurs conceptions artistiques. Jean Arp se fait proche du surréalisme tandis que le travail de Sophie Taeuber s'apparente au constructivisme. C'est cette dernière qui conçoit la maison-atelier dans laquelle est actuellement implantée la fondation Arp.

CLAMART AUX BRAVES
*Pierre*
*Cimetière communal*
Cette pierre provient des vestiges de l'ancien cimetière établi place Hunebelle, anciennement place Saint-Pierre. Elle avait été posée à la mémoire des Clamartois morts pour la Patrie avant 1870.

CARRÉ MILITAIRE
*Cimetière communal*

VIERGE
Carmel
XVI^e^ siècle
Clamart

# Clichy-la-Garenne

Blason : la couronne antique rappelle le territoire des rois mérovingiens. Les deux huchets ou cors de chasse évoquent les anciennes remises de chasses royales. Ils sont surmontés des armes de Gaucher III de Châtillon, premier seigneur de Clichy.

Cantons de Clichy et de Clichy-Levallois
Arrondissement de Nanterre

Superficie : 307 ha – Population 1993 : 48 200 hab.
Habitants : les Clichois – Rivière : la Seine – Voie : RN140

Origine du nom : du latin *Cleppiacum* ou *Clippiacum*, domaine de Cleppius. La garenne, petit bois avec remises de chasse, souligne qu'au XIIIe siècle le territoire était riche en gibier.

## HISTORIQUE

Les premières traces d'habitat sur le territoire de Clichy sont des restes archéologiques de l'époque gallo-romaine, comme le vase funéraire conservé au musée de Clichy. Au VIe siècle, les rois mérovingiens auraient possédé une villa à Clippiacum, d'après une charte de Chilpéric Ier, l'époux de Frédégonde, la cruelle. En 626, Clotaire II y marie son fils Dagobert avec Gomatrude : on suppose alors l'existence d'une chapelle, bien qu'aucun vestige de construction mérovingienne n'ait encore été trouvé. En 781, Charlemagne (742-814), roi des Francs depuis 768, issu de la dynastie des Carolingiens, signe une charte à Clippiaco dans le palais public. En 1193 s'établit la seigneurie : Philippe Auguste donne à Gaucher III de Châtillon une grande partie des terres royales de Clichiacum – cette orthographe se substitue alors à la précédente. À la fin du XIIe siècle, la paroisse de Clichy s'étend jusqu'aux portes du Louvre – porte Saint-Honoré –, englobant Montceaux, Courcelles, les Ternes et Levallois, le Roule et la Ville-L'Évêque. Au début du XIIIe siècle, cette plaine constitue des remises de garenne pour les chasses royales, d'où le nom de Clichy-la-Garenne. C'est la figure de saint Vincent de Paul, nommé curé de Clichy de 1612 à 1625, qui imprime le XVIIe siècle. En 1690, le quartier du Roule, érigé en paroisse, se détache des terres de Clichy. À la fin du siècle, Philippe de Vendôme, grand prieur de France, possède rue du Landy un pavillon de chasse fort luxueux. Au XVIIIe siècle, Crozat de Tugny, premier président du Parlement, hérite d'une magnifique maison de plaisance, voisine du pavillon de chasse Vendôme. En 1755, Clichy compte 669 habitants comprenant les premiers blanchisseurs. Recherchée comme lieu résidentiel, la ville l'est aussi comme terrain de chasse favori du roi et des princes. À la Révolution, le mur des fermiers généraux réduit le territoire, et la première municipalité de Clichy voit le jour. Sous le Consulat, le banquier Récamier loue le château de Clichy ; sa femme tient salon et y reçoit Mme de Staël et le frère du futur empereur, Lucien Bonaparte. À partir de la monarchie de Juillet, le développement industriel s'accentue à Clichy : la commune devient bientôt l'un des pôles productifs de la petite couronne parisienne. D'où un accroissement rapide de la population pendant tout le XIXe siècle, bien que le territoire de Clichy subisse des amputations successives : annexion à Paris du quartier des Batignolles en 1860, création de la commune de Levallois en 1866. Clichy conquiert son territoire définitif en 1930 lorsque Paris s'empare de la zone de fortification et du cimetière des Batignolles. La ville a peu à peu perdu son caractère champêtre pour devenir un centre industriel et urbain important.

PORTAIL
*Fin XVII^e^ siècle*
*Pavillon Vendôme*
*7, rue du Landy*

On ne connaît pas encore bien les origines de ce petit domaine de Clichy-la-Garenne, sinon qu'il appartenait de 1670 à 1693 à Jean Delaunay, marchand banquier, bourgeois de Paris. Sa fille, Marie-Anne, vend la propriété en 1697 à Françoise Moreau, chanteuse renommée de l'Académie royale de musique. Sa beauté lumineuse séduit Philippe de Vendôme (1655-1727), arrière-petit-fils d'Henri IV et grand prieur de France, qui lui voue un amour infini. C'est lui qui finance l'achat puis les travaux de ce pavillon de chasse, afin « d'habiter la campagne six mois par an comme un Tartare » avec sa belle-aimée. En 1699, Philippe

de Vendôme engage une série de travaux d'embellissement de la demeure, conduite par une équipe artistique ayant œuvré à Versailles et dans les plus grandes maisons de France : Jean-Baptiste Poultier, Claude III Audran... Une porte cochère marque l'entrée de la luxueuse propriété, dont le parc descendait jusqu'à la Seine. Cette porte en pierre est ornée de luth et de carquois. Ses vantaux sont sculptés par Jean Hanard, sculpteur-ébéniste, membre de l'académie Saint-Luc.

FRONTON
*Fin XVII^e^-début XVIII^e^ siècle*
*Pavillon Vendôme*

Le frontispice du pavillon de chasse Vendôme affiche un luxe peu ordinaire pour une maison de campagne : l'ordonnance classique de la façade était alors enrichie d'une galerie lambrissée qui donnait sur les jardins ; sur le fronton de l'attique, un décor sculpté offre en spectacle, aujourd'hui encore, une bacchanale, exécutée certainement par Jean-Baptiste Poultier (1653-1711) et Jean Delapierre, tous deux sculpteurs ordinaires de Louis XIV, membres de l'Académie royale de peinture et de sculpture.

PLAFOND
*Fin XVII^e^-début XVIII^e^ siècle*
*Pavillon Vendôme*

Le plafond du grand salon, faisant office de vestibule, est peint par Claude III Audran (1658-1734). On peut y admirer des scènes de chasse liées au mythe de Diane qui se développent dans un paysage composé de rinceaux et de fleurons. Ce décor est caractéristique de ce peintre ornemantiste, fils du graveur Germain Audran et peintre ordinaire du roi vers 1690. Outre les réalisations effectuées pour Louis XIV et le Grand Dauphin, il a travaillé à la décoration des châteaux de Sceaux, Marly, Meudon et à la Ménagerie du parc de Versailles. Son activité au pavillon de chasse Vendôme marque vraisemblablement une innovation dans l'histoire de l'architecture privée.

ESCALIER
*Fin XVII^e^ siècle*
*Pavillon Vendôme*

L'escalier qui mène aux appartements privés et à trois chambres conserve une élégante rampe en fer forgé.

ORNEMENTATIONS
*Fin XVII^e^ siècle*
*Boiseries sculptées*
*Pavillon Vendôme*

ÉGLISE SAINT-MÉDARD
*1623-1630*
*94, boulevard Jean-Jaurès*
Un édifice mérovingien en bois a probablement existé du temps du roi Dagobert. À celui-ci succède une église, édifiée sous le vocable de saint Médard. Évêque de Noyon et de Tournai, Médard (v. 457-v. 545) est un saint très populaire à qui l'on attribue une influence sur le beau et le mauvais temps. Au moment des invasions, ses reliques passent par Clichy. L'église prend par la suite le nom de Saint-Médard, marquant ainsi son passage dans le village. Restaurée ou reconstruite en 1525, l'église est consacrée la même année par François Poncher, évêque de Paris. Au début du XVII<sup>e</sup> siècle, elle est desservie par l'abbé François Bourgoing, prédicateur célèbre de l'époque, qui laisse peu après sa cure entre les mains de saint Vincent de Paul pour entrer à l'Oratoire, congrégation fondée par l'abbé Bérulle, dont il devient le supérieur général. Bossuet (1627-1704) prononcera pour lui une de ses puissantes et lyriques oraisons funèbres. Vincent de Paul (1576-1660) prend donc possession de la cure laissée vacante le 2 mai 1612. Il ne réside à Clichy qu'une seule année, mais n'en reste pas moins curé de la paroisse les années suivantes. À partir de 1623, il fait restaurer l'église. En 1626, avant même l'achèvement des travaux, il résigne la cure au profit de son vicaire, Jean Souillard. Le clocher est reconstruit en 1628 et l'édifice achevé en 1630. C'est là qu'est enterré, en 1696, le frère de l'écrivain Boileau qui habitait aux Ternes. Flanquée de contreforts, l'église se compose d'une nef unique. Ses murs latéraux sont percés de fenêtres en plein cintre et son clocher carré formant porche est ajouré de deux fenêtres sur chaque face. (Ins. M. H.)

FONTS BAPTISMAUX
*XVII<sup>e</sup> siècle*
*Marbre*
*Église Saint-Médard*
Deux ans après avoir quitté la paroisse de Clichy, en 1627, saint Vincent devient précepteur des enfants de Philippe-Emmanuel de Gondi, frère du cardinal de Retz (1613-1679). Nommé aumônier général des galères, il s'intéresse de près à la misère des forçats, qui, selon la légende, lui attribuent le nom familier de Monsieur Vincent. Sur la moulure supérieure du pied de la cuve baptismale est gravé 1612, date qui rappelle l'arrivée de Vincent de Paul à Clichy-la-Garenne.

ÉGLISE SAINT-VINCENT-DE-PAUL
*1900-1969*
*94, boulevard Jean-Jaurès*
L'église Saint-Médard est devenue trop étroite pour accueillir les paroissiens toujours plus nombreux. On décide alors de lui adjoindre, en 1895, une nouvelle église dédiée tout naturellement à saint Vincent de Paul. Cet édifice néo-gothique, œuvre de l'architecte Jacques Lequeux, est orienté perpendiculairement à l'ancienne église que l'on a amputée de son abside. Les travaux du nouveau bâtiment sont effectués de 1900 à 1905, mais laissés inachevés. En 1955-1956, sur l'emplacement prévu pour le chœur, on construit une abside d'une seule travée ainsi que des locaux paroissiaux. En 1968-1969, le clocher est restauré et l'arcade, qui faisait communiquer ancienne et nouvelle église, est bouchée, rendant à chacune son autonomie. L'église actuelle se compose d'une nef de cinq travées voûtées sur croisée d'ogives. Les bas-côtés sont couverts de voûtes aplaties.

PORTRAIT
DE SAINT VINCENT DE PAUL
*Huile*
*Ancienne église*
*94, boulevard Jean-Jaurès*

Ce tableau présente le saint homme dans ses vêtements sacerdotaux, se préparant peut-être à exercer certaines fonctions liturgiques. Sa vie durant, saint Vincent travaille sans relâche, multipliant les missions charitables dans toute la France : il auditionne les confessions, visite les forçats de Toulon ou de Paris, dirige les visitandines – religieuses de l'ordre de la Visitation Sainte-Marie –, prend soin des domestiques de la maison de Gondi... Mais à aucun moment il n'oublie les paroissiens de Clichy.

PLAQUE GRAVÉE
*XVII^e siècle*
*Marbre*
*Ancienne église*

Une plaque gravée, accrochée au-dessus des fonts baptismaux, rappelle la venue de saint Vincent de Paul dans la paroisse de Clichy. Né dans un village des Landes, à Pouy, il fait ses études chez les Cordeliers avant d'être ordonné prêtre en 1600 à Périgueux. Capturé par les Maures lors d'un voyage de Marseille à Narbonne, il est vendu comme esclave à Tunis. Après trois années de captivité, il convertit son maître et, ensemble, ils réussissent à s'évader. Il devient ensuite aumônier de Marguerite de Valois (1553-1615), la première femme d'Henri IV. En 1612, il est nommé curé de Clichy par le cardinal Bérulle (1575-1629), fonda-

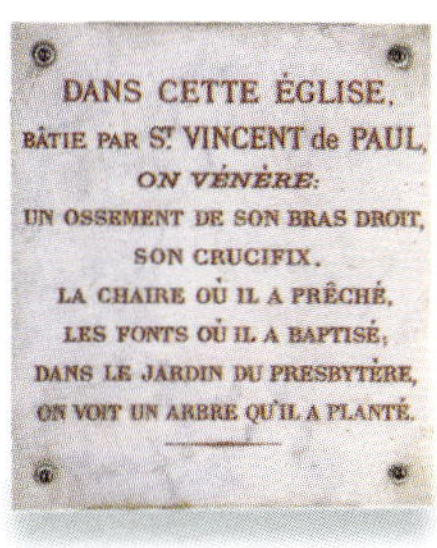
DANS CETTE ÉGLISE,
BÂTIE PAR S^T VINCENT de PAUL,
*ON VÉNÈRE*:
UN OSSEMENT DE SON BRAS DROIT,
SON CRUCIFIX,
LA CHAIRE OÙ IL A PRÊCHÉ,
LES FONTS OÙ IL A BAPTISÉ,
DANS LE JARDIN DU PRESBYTÈRE,
ON VOIT UN ARBRE QU'IL A PLANTÉ.

teur de la congrégation de l'Oratoire et de l'ordre des Carmélites. Dispensé de résidence en 1613, malgré les prières de ses paroissiens, saint Vincent reste curé mais ne vient dans son église que de loin en loin, appelé dans tout le royaume, chacun voulant le voir attaché qui à sa personne, qui à sa ville...

CRUCIFIX
DE SAINT VINCENT DE PAUL
*XVII^e siècle*
*Bois, ivoire*
*Ancienne église*

La paroisse de Clichy conserve encore aujourd'hui un crucifix de bois et d'ivoire ayant appartenu au saint homme. Béatifié en 1723, canonisé en 1737, ses reliques furent transférées à la chapelle des Lazaristes. C'est là même, au prieuré Saint-Lazare, qu'il créa la Congrégation des prêtres de la mission.

CHAIRE
DE SAINT VINCENT DE PAUL
*XVII^e siècle*
*Ancienne église*

Ce modeste ouvrage d'ébénisterie relève de la simplicité et de l'humilité de saint Vincent de Paul qui y prêcha. Bossuet, son élève et admirateur, dans une lettre au pape Clément XI à l'occasion de la canonisation du saint, parle de « ... son admirable charité, la gravité de ses mœurs, son zèle pour le salut des âmes... »

VITRAIL DE LA VIE
DE SAINTVINCENT DE PAUL
*1860. Maître-verrier : Fialix du Mans*
*Ancienne église*

Selon la tradition médiévale, le vitrail, ouvrage coûteux, est offert à l'église par un donateur. Par cet acte généreux, il peut racheter ses péchés et augmenter sa chance d'admission au paradis. Ces trois verrières sont ainsi données à l'église par Louis-Joseph Maës, maire de Clichy de 1858 à 1870 et propriétaire fameux d'une des plus belles cristalleries de l'époque. À l'intérieur des six médaillons sont narrés quelques épisodes de la vie de saint Vincent de Paul.

VITRAIL DE LA COUR
DE DAGOBERT
*Début XXe siècle*
*Église Saint-Vincent-de-Paul*

Les fenêtres hautes de la nef sont ornées de vitraux qui présentent certains dignitaires de la cour de Dagobert (v. 600-639) à Clippiacum. Le maître-verrier choisit de cerner les personnages avec un motif d'entrelacs, typique du haut Moyen Âge. Celui qui reconstitue l'unité du royaume franc avec Paris pour capitale, de 629 à 639, semble mener dans son palais une vie dissolue avec trois femmes et de nombreuses concubines. Judicaël, roi des Bretons, vient faire sa soumission en 636 à Dagobert. Mais quelque peu choqué par tant de désinvolture, il préfère s'intaller chez Dadon, référendaire de Dagobert et futur saint Ouen.

MUSÉE-CENTRE CULTUREL
DU LANDY
*1899*
*80, boulevard du Général-Leclerc*

Le musée historique de Clichy-la-Garenne occupe actuellement la chapelle de l'ancien couvent des Sœurs du Bon Conseil, fondé par le Dr Lannelongue. Il conserve des objets divers, relatifs au patrimoine artistique, culturel et industriel de la ville, datant de l'époque gallo-romaine, où les premières traces de civilisation apparaissent à Clichy, jusqu'au début du XXe siècle.

OBJETS DE CRISTALLERIE
DE CLICHY : PRESSE-PAPIERS,
BOULES D'ESCALIER, FIOLES
*XIXe siècle*
*Musée historique de Clichy*

Forte d'un succès jamais égalé, la cristallerie Maës décroche toutes les médailles aux expositions universelles. À la fameuse exposition du Crystal Palace de Londres, en 1851, les boules de Clichy émerveillent les visiteurs au point que les industriels britanniques tentent de débaucher des ouvriers verriers de Clichy. Baccarat et Saint-Louis, les deux autres grandes cristalleries de l'époque, renoncent même à y participer en raison de la qualité exceptionnelle des travaux présentés par Maës : compositions des presse-papiers millefiori ou roses de Clichy, fioles et autres objets de verre mince filigrané aux couleurs vives. Les boules presse-papiers, qu'apprécie et collectionne d'ailleurs la reine Victoria, ont sauvé les grandes manufactures qui ne vendaient plus d'articles de table à la suite des difficultés économiques dues à la révolution de 1848.

CRISTALLERIE MAËS
*XIXe siècle*
*Musée historique de Clichy*

Ancien élève des chimistes Thénard, Gay-Lussac et J.-B. Dumas, Louis-Joseph Maës (1815-1898) devient en 1838 partenaire de François Rouyer,

propriétaire de la cristallerie de Boulogne. En 1841, il épouse la fille de Rouyer, descendante de la sœur du dramaturge Jean Racine, et s'installe à Clichy en 1842. Rapidement, ses productions, d'une qualité exceptionnelle, sont recherchées sur toutes les foires internationnales. À New York, à Londres, en Pologne, au Portugal, les médailles se multiplient. Patron d'esprit libéral, saint-simonien rallié à Napoléon III et au second Empire, Maës est élu maire de 1858 à la défaite de 1870, date à laquelle il se retire de son mandat et de ses affaires, qu'il confie à ses fils. En 1885, les frères Maës renoncent à la manufacture et louent le fonds de commerce à Sèvres, prenant ainsi le nom de Cristalleries de Sèvres et Clichy réunies.

BUSTE D'APPERT
*1885. E. Hirou*
*Terre cuite*
*Musée historique de Clichy*
L'artiste modèle le portrait de Louis Appert dans la terre pour immortaliser la figure de l'industriel clichois. À cette époque, la photographie n'a pas encore complètement fait disparaître les métiers de modeleur et de portraitiste-sculpteur. L'impressionnante force de caractère du modèle transparaît dans la matière brute. Appert semble ici comme autrefois surveiller ses productions.

CRISTALLERIE APPERT
*1835*
*Musée historique de Clichy*
Louis Appert crée une verrerie à Clichy en 1875, rue des Chasses. Son fils, Léon Appert, innove la technique du soufflage à air comprimé afin de réaliser de grandes pièces : verres à vitre, verres pour l'horlogerie, vases, pichets et autres pots. Il s'adjoint les talents d'un peintre, Eugène Rousseau, qu'il nomme directeur artistique.

VASE FUNÉRAIRE GALLO-ROMAIN
*Terre cuite*
*Musée historique de Clichy*
Cette belle poterie, découverte en 1904 sous la rue Dagobert, confirme l'existence d'un hameau ou d'une villa romaine sur le territoire de Clichy-la-Garenne. Le musée présente d'autres tessons de terre cuite datant de cette lointaine époque.

PROGRAMME DE CONCERT
LÉO DELIBES
*XIX^e^ siècle*
*Musée historique de Clichy*
Léo Delibes (1836-1891), compositeur d'opéras-comiques – dont le célèbre *Lakmé* – et de ballets – *Coppélia, Sylvia* –, possède une demeure remontant aux premières années du siècle, située au 58, rue du Landy. À sa mort, sa femme en fait don à la ville de Paris afin d'y recueillir des enfants malades. L'asile est inauguré en 1897 par son médecin, M. Hellet, qui est également le maire de Clichy. La propriété, qui s'ornait d'un grand jardin, a aujourd'hui disparu.

BOUGIES DE LA MANUFACTURE CUSIMBERCHE
*XIX^e^ siècle*
*Musée historique de Clichy*
Pendant cent trente ans, de 1850 à 1979, la stéarinerie a fait partie du paysage industriel de Clichy. L'une des plus imposantes, la manufacture Cusimberche, doit son existence à deux hommes : Jean Cusimberche (1779-1846), originaire de Savoie, serrurier de son état et installé à Paris comme commissionnaire en droguerie, teinture et couleurs ; et le chimiste Eugène Chevreul (1786-1889), découvreur de l'acide stéarique issu des graisses animales. Ce produit miraculeux remplace les bougies de cire et les chandelle de suif qui ont l'inconvénient de couler, de noircir les murs et d'être malodorantes. Le fils aîné de Jean, Joseph Cusimberche (1813-1864), reprend le flambeau. Sa fabrique de bougies devient vite l'une des plus modernes de France. À l'occasion d'une cérémonie offerte à l'empereur et à l'impératrice par le duc de Morny, président du corps législatif, la manufacture de Clichy réalise des milliers de bougies pour éclairer flambeaux et lustres. Sur chacune d'elles un artiste a peint au pochoir un portrait de Napoléon III et d'Eugénie.

SAVONS DE CLICHY
*XIX^e^-XX^e^ siècle*
*Musée historique de Clichy*
Outre la stéarinerie, la savonnerie représente l'une des principales activités de l'industrie clichoise et emploie une bonne partie de la population. Elle est liée au développement des blanchisseries dans la commune au cours du XIX^e^ siècle. Quatre établissements de renommée produisent des savons, en particulier celui dirigé de main de maître par M^me^ Cusimberche. Son fils Jules imagine d'introduire dans chacun des savons une pièce d'un sou comme cadeau pour les lavandières. Celles-ci, qu'elles travaillent sur les bateaux-lavoirs ou dans les blanchisseries de Clichy, d'Issy-les-Moulineaux ou de Boulogne-Billancourt, achètent de préférence ce savon-là. Une lavandière célèbre de Clichy, Louise Weber (1866-1929), dite « La Goulue », a travaillé comme blanchisseuse avant de conquérir Paris au Moulin-Rouge et de devenir le modèle préféré de Toulouse-Lautrec.

HÔTEL DE VILLE
*1878. Architecte : Depoix*
*80, boulevard Jean-Jaurès*

FRESQUE DE LA SALLE DU CONSEIL
*1910. Eugène Béringuier*
*Hôtel de ville*
En 1878, on inaugure la nouvelle mairie, conçue par l'architecte Depoix, suivant une typologie alors courante au XIXe siècle. Trente ans plus tard, la mairie commande au peintre Eugène Béringuier (1874-1927), élève de Jean-Paul Laurens, une fresque pour la salle du conseil municipal. Élève de Benjamin Constant, il expose aux Artistes français et au Salon des indépendants de 1927. Le sujet choisi est l'élection de la première municipalité de Clichy le 3 février 1790. Cette grande fresque historique est traitée dans un style néo-classique, soulignée par le décor de stuc et de dorure qui l'encadre.

ESCALIER D'HONNEUR
*XIXe siècle*
*Pierre, fer forgé, bronze*
*Hôtel de ville*

L'escalier d'honneur de l'hôtel de ville conduit vers le palier de la salle des mariages. Sa rampe en fer forgé à main courante de bronze suit la courbe légère de l'ascension. De chaque côté, deux grandes fresques représentent, de l'un, une vue en hauteur du territoire de Clichy au XVIIe siècle, et de l'autre le même paysage à la fin du XIXe siècle. Elles sont l'œuvre du peintre et architecte Théodor Joseph H. Hoffbauer (1839-1922).

PLAFOND DE LA SALLE
DES MARIAGES
*1877. Oscar Mathieu*
*Hôtel de ville*
La décoration de la salle des mariages est confiée à Oscar Mathieu, peintre de scènes historiques et de portraits, natif de l'Hérault, qui expose au Salon de Paris de 1864 à 1881. La commission des Beaux-Arts du département de la Seine suit attentivement le projet. Dans le jury, Viollet-le-Duc et le peintre Hébert critiquent le premier projet de Mathieu, mais acceptent le second. Dans un style néo-classique, le peintre illustre le thème du mariage suivant une iconographie en vogue à cette époque : les deux époux, posés sur un nuage porté par Chronos, sont unis par une femme, allégorie de la Loi. Dans les médaillons d'angles, amours et angelots symbolisent les vertus conjugales : amour, fidélité, vérité et protection. La composition est orientée de telle façon que les mariés puissent la contempler pendant la cérémonie d'union. Les archives de Clichy-la-Garenne possèdent l'acte de mariage du compositeur Claude Debussy (1862-1918).

VASE
*1940. Émile Grittel*
*Céramique*
*Hôtel de ville*
Émile Grittel (1870-1953), graveur et céramiste, appartenant au groupe de Saint-Amand avec J. Carriès et G. Hœntochel, donne à la mairie en 1940 deux vases en céramique. Leurs motifs agricoles rappellent peut-être l'époque où les maraîchers étaient nombreux à Clichy-la-Garenne. Émile Grittel fonde au début du siècle la Société artistique de Clichy, à l'origine du Salon de printemps.

PORTAIL DE LA PROPRIÉTÉ CROZAT LE RICHE
*XVIII<sup></sup>e siècle*
*Angle des rues du Landy et Martre*
Ce portail monumental, dont le temps et la pollution ont altéré la pierre, est l'unique vestige d'une magnifique propriété du XVIIIe siècle. En 1697, Antoine Crozat (1655-1738), dit le riche, secrétaire de Louis XIV et de ses finances, échange avec Jérôme de Ferron une propriété à Clichy-la-Garenne, jouxtant le pavillon Vendôme, propriété de Françoise Moreau. Pendant quarante ans, Antoine Crozat va en faire une merveille d'architecture et de luxe. À sa mort, son fils Joseph-Antoine (1696-1751) en hérite. Collectionneur d'œuvres d'art, il orne la demeure de plus de deux cents tableaux et estampes d'artistes aussi fameux que Poussin, Watteau, Véronèse. Beaucoup d'entre eux sont aujourd'hui au musée de l'Ermitage à Saint-Pétersbourg. Les difficultés dues à la succession sonnent le glas de cette grande propriété, qui sera plus tard morcelée en de nombreux lots.

VASE
*1896, bronze*
*Place des Martyrs*
Deux vases de bronze, offerts en 1896 par le conseil général, proviennent du parc de Bagatelle où le mécène Richard Wallace (1818-1890), collectionneur d'art et philanthrope anglais, les avaient fait placer. Un vase semblable y trouve encore sa place. Ils sont installés dans les années vingt dans un jardin de Clichy où l'on peut admirer leurs bas-reliefs laissant apparaître le blason de Paris.

PLAQUE HENRY MILLER
*4, rue Anatole-France*
En 1932, l'écrivain américain Henry Miller (1891-1980) s'installe à Clichy dans un modeste appartement qu'il partage avec l'un de ses amis, le journaliste Fred Derles, correspondant du *Chicago Tribune*. Il y reste deux années durant lesquelles il écrit *Printemps noir* et *Tropique du Cancer*, préfacé par sa muse Anaïs Nin. Il quitte ensuite Clichy pour la villa Seurat à Paris où il rédige, en 1940, *Jours tranquilles à Clichy*, roman mis en image en 1990 par Claude Chabrol. Ami de Raymond Queneau et de Blaise Cendrars, Henry Miller publie une œuvre très personnelle, largement autobiographique, qui fait scandale. Elle est d'ailleurs interdite aux États-Unis jusqu'en 1960, pays que l'écrivain appelle « ce cauchemar climatisé ».

THÉÂTRE RUTEBEUF
*Début XXe siècle. Architecte : Guidetti*
*Ancienne salle des fêtes*
*16, allée Léon-Gambetta*
Cette ancienne salle des fêtes, conçue dans un style néo-classique tardif, est réalisée sous le mandat de Louis Gaudier (1908-1925). C'est vers 1970 que l'on nomme cet édifice théâtre Rutebeuf, en hommage au poète médiéval dont la statue trône dans le hall. Trouvère, jongleur, poète et romancier du XIIIe siècle, Rutebeuf est l'auteur en particulier du *Miracle de Théophile* et de *Renard le Bestourné*. Cet espace est aménagé en théâtre en 1990. Les quatre sœurs Pitoëff, filles des célèbres acteurs et metteurs en scène de théâtre Georges et Ludmilla Pitoëff (Odile Versois, Hélène Vallier, Olga Ken et Marina Vlady), ont habité à Clichy, rue d'Alsace. Enfin, Clichy a été le cadre de tournage de plusieurs films ou séquences, tels un film de Maigret avec Jean Gabin (1957) ou Le *Dernier Métro* de François Truffaut.

FONDATION ROGUET
*1904*
*58, rue Georges-Boisseau*
C'est la marquise de Sanzillon, deuxième femme et veuve du général Roguet, dont le père fut anobli par Napoléon Ier, qui est à l'origine de la fondation. En 1895, elle lègue des terrains et une somme nécessaire pour créer une institution philanthropique à Clichy, « dans le but d'éterniser la mémoire de son mari ». En 1904, le président de la République Émile Lou-

bet (1838-1929), celui qui gracia Dreyfus, inaugure la Fondation Roguet qui abrite un hospice-orphelinat. Un grand centre de gériatrie fonctionne encore aujourd'hui dans ces lieux.

MAIL ET KIOSQUE À MUSIQUE
*1898*
*Place des Martyrs*

C'est par un décret municipal, en juillet 1883, que l'on décide d'aménager une place des Fêtes entre le boulevard National (Jean-Jaurès) et la rue Martre. On édifie au centre un kiosque à musique à colonnes de fonte. P. L. Hellet, maire de Clichy de 1886 à 1900, transforme cette place en square en la bordant d'arbres.

HÔPITAL BEAUJON
*1933*
*Architectes : Plousey, Cassan, Walter*
*Boulevard du Général-Leclerc*
Tout commence en 1775 lorsque Nicolas Beaujon (1708-1786), receveur des Finances et conseiller d'État, se fait construire une jolie folie par l'architecte Girardin et, en face, fait édifier un hôpital-hospice-orphelinat, dû au même architecte. L'Assistance publique, devenue propriétaire de l'établissement, décide de le transférer à Clichy sur un terrain dont elle dispose. Commencé en 1933, le nouvel hôpital reste l'un des grands chantiers de l'entre-deux-guerres et une source d'étonnement pour bon nombre de visiteurs. Le journal *L'Illustration* n'a-t-il pas parlé de « l'incontestable hardiesse de ce gratte-ciel de la souffrance ». Cet hôpital-bloc de douze étage est conçu par Jean Walter, qui a trouvé son inspiration lors d'un voyage d'études aux États-Unis, en collaboration avec Urbain Cassan et Plousey. Trente ascenseurs et monte-charges, de larges mezzanines dans les étages supérieurs afin que les malades puissent jouir d'une vue exceptionnelle, des étages différenciés par couleur, tout ici est fonctionnel.

HÔPITAL GOUIN
*1886. Architecte : Wilbrold Chabrol*
*2, rue Gaston-Paymal*
Grâce à la générosité du bienfaiteur Jules Gouin, propriétaire industriel à Clichy et régent de la Banque de France, un hôpital-dispensaire voit le jour dans la commune. Jules Gouin le destine d'abord aux familles ouvrières travaillant dans ses usines des Batignolles, avant de décider d'y accueillir tous les Clichois. Inauguré en juin 1896, l'hôpital commence à fonctionner sous la présidence du prince Auguste d'Arenberg. Les bâtiments sont édifiés par l'architectecte Wilbrold Chabrol, prix de Rome et très en vogue dans les milieux gouvernementaux. Le docteur Destouches, alias l'écrivain Louis-Ferdinand Céline (1894-1961), installe son cabinet particulier au 36, rue d'Alsace, avant d'être nommé médecin au dispensaire de la rue Fanny. Dans *Voyage au bout de la nuit*, il parle de sa vie à Clichy, dont il change le nom : « Alors j'ai été m'accrocher en banlieue, mon genre, à La Garenne-Rancy... Ayant posé ma plaque à ma porte, j'attendis... »

PONT DE GENNEVILLIERS
*1920*
*Fonte*
Le pont de Gennevilliers franchit la Seine depuis Clichy dans le prolongement de la rue du Général-Roguet. Ses sept arches de fonte moulée ont récemment fait l'objet d'une restauration.

PONT DE BIAIS, CHEMIN DE FER
*Fin XIXe siècle*
*Gustave Eiffel*
*Métal*
*Rue des Chasses*
Le célèbre ingénieur Gustave Eiffel (1832-1923), spécialiste des grandes constructions en charpentes métalliques, réalise à Clichy deux types d'ouvrages : les gazomètres et un pont de biais reliant le chemin de fer de l'Ouest à l'usine à gaz du quartier du bac d'Anières.

INTÉRIEUR
*Maison du peuple*
*1939*
*Architectes : Lods, Prouvé, Beaudoin*

MAISON DU PEUPLE
*1939*
*Architectes : Lods, Prouvé, Beaudoin*
*39, boulevard du Général-Leclerc*
Issue de l'idéologie du Front populaire – d'où le choix de son nom –, la Maison du peuple présente des caractéristiques de conceptions architecturales tout à fait novatrices. Prototype de l'architecture métallique, construite en 1939, elle est l'œuvre de Jean Prouvé (1901-1984), en collaboration avec les architectes Marcel Lods et Eugène Beaudoin. Fils du peintre, graveur et sculpteur Victor Prouvé, qui a succédé à Gallé à la présidence de l'École de Nancy, Jean Prouvé commence par exercer en tant que ferronnier d'art. Plus tard, ingénieur et métallurgiste, ami de Le Corbusier, il s'inscrit dans le courant de l'architecture moderne, inspiré du Bauhaus, désirant réconcilier architecture et industrie. Il s'agit pour lui de créer un bâtiment à usage polyvalent entièrement transformable, comprenant un marché, un cinéma de 700 places, susceptible d'être transformé en salle de réunion, et des bureaux destinés aux syndicats et associations de la ville. Cette construction, associant le métal et le verre, est la première réalisation de type mur-rideau en tôle d'acier. Des cloisons coulissantes, des planchers amovibles et un toit ouvrant à verrières mobiles censé distribuer un maximum de lumière, font de la Maison du peuple un édifice tout à fait original. En 1951, dans ce théâtre d'avant-garde, l'acteur Gérard Philipe (1922-1959) est venu interpréter *Le Prince de Hombourg*, du dramaturge allemand Heinrich von Kleist. (Cl. M. H., 1984)

CITÉ JOUFFROY-RENAULT
*1870-1880*
*Rue des Cailloux*
De 1846 à 1863, le nombre d'habitants triple à Clichy : cette augmentation coïncide avec l'arrivée de Bretons et d'Auvergnats. Ces derniers, employés pour la plupart dans les blanchisseries, ont pour tâche principale les corvées d'eau chaude. Leurs conditions de vie restent très précaires. Entre 1865 et 1875, Mme veuve Thénard fait édifier dans le quartier des Cailloux, sur un terrain lui appartenant, un lotissement de soixante-seize pavillons tous semblables. Loués, puis vendus aux ouvriers « méritants », chacun comprend un rez-de-chaussée, un étage et un jardinet.

AFFICHE PUBLICITAIRE BIC
*Illustrateur : Savignac*
Lancée par le baron Marcel Bich et Edouard Buffard en 1950, la société Bic est restée fidèle à Clichy. La société connaît, dès sa création, un succès immédiat avec l'implantation de filiales dans le monde entier. Pour promouvoir les stylos à bille, Marcel Bich commande au grand illustrateur Raymond Savignac (né en 1907) des affiches publicitaires. Nombre d'entre elles sont exposées au musée de l'Affiche et de la Publicité.

AFFICHE PUBLICITAIRE L'ORÉAL
*Illustrateur : Savignac*
La Société des savons français, plus connue sous le nom de Monsavon, naît en 1920 à l'initiative d'un courtier, M. Wiesner, associé avec le Dr Henri de Rothschild. Elle est rachetée en 1928 par Eugène Schueller, inventeur de la lotion capillaire OCAP et féru de communication. C'est lui qui a l'idée audacieuse d'utiliser l'affichage mural, les animations de rues et les slogans publicitaires chantés à la radio pour vanter ses produits. Clichy abrite toujours le centre de recherches dédié à la mémoire de Charles Zviak, ingénieur-chimiste comme Eugène Schueller, entré à L'Oréal en 1945, et qui en fut le président de 1982 à 1988.

ENTREPÔTS DU PRINTEMPS
*1906-1920*
*Ingénieur : François Hennebique*
*Céramiste : Alexandre Bigot*
*69, boulevard du Général-Leclerc*
Au début du siècle, la société des magasins du Printemps situés à Paris est en plein développement. Elle décide de construire une annexe à Clichy, un bâtiment modifiable suivant les besoins. Édifié en 1908 – il servira effectivement tour à tour d'entrepôt, d'atelier de confection et de bureaux –, il est signé du talent de deux hommes : l'ingénieur François Hennebique (1842-1921), inventeur du ciment armé et Alexandre Bigot, céramiste très en vogue à l'époque, collaborateur d'Hector Guimard et de Jules Lavirotte. Le premier conçoit la structure en béton, le second, le décor de la façade qui joue sur les structures de métal et de brique, agrémentée de céramique dessinant le nom de l'établissement sur le fronton courbe, et de carreaux de grès flammé jaune et bleu. La travée de gauche est constituée d'une arche d'une seule volée et de trois étages entièrement métalliques. Le tiers gauche de l'édifice, construit en 1923, tient compte du style de l'époque. L'angle droit et le béton remplacent l'arc de cercle et le métal. Il est dû aux architectes Demoisson et Wybo – ce dernier étant connu pour avoir construit, avec son confrère Lefranc, le palace Georges-V à Paris. (Ins. M. H.)

ENTREPÔTS DU PRINTEMPS (détail)
*1906-1920*
*Céramiste : Alexandre Bigot*

IMMEUBLE
*1911. Architecte : Gallier*
*2, allée Gambetta*
À partir de 1908, l'avenue Gambetta prolonge la place des Fêtes au-delà de la rue Martre. Pendant le mandat de Marc-Émile Laruelle (1900-1908), plusieurs immeubles se dressent aux extrémités. C'est une architecture au fort caractère haussmannien, monumentale, coiffée de dômes, et qui nie absolument les formes de l'Art nouveau représenté à Paris par Hector Guimard.

IMMEUBLES
*1909-1912*
*Architectes : Cousteix, Deligny*
*7-9-11, place de la République*
Au début du XX^e siècle, divers travaux d'aménagement urbain sont entrepris pour structurer la ville grandissante : les rues sont achevées, une place en forme de rond-point circulaire (place de la République) est créée. Trois immeubles de rapport sont élevés côte à côte autour de la place et forment un bloc concave. L'harmonie des façades est toutefois interrompue par le dernier immeuble à droite, qui rompt le rythme imprimé par les deux constructions de gauche.

IMMEUBLE
*1908. Architecte : Varet*
*Sculpteur : Lémit*
*Boulevard Jean-Jaurès*
Ce très bel immeuble des années 1900 fait partie de cette vague de constructions qui répond à la forte augmentation des Clichois. Le jeu linéaire, floral , et l'imitation de tapis qui pendent à la fenêtre animent la façade massive. Ce déploiement éclectique de formes fait de cet immeuble un des plus originaux de la ville.

IMMEUBLE
*1907. Architecte : P. Meunier*
*52, boulevard Jean-Jaurès*

IMMEUBLE
*Années trente*
*Rue Madame-de-Sanzillon*
Les bas-reliefs Arts déco des linteaux et les balustrades en fer forgé ornent cette sobre façade d'immeuble en briques des années trente. L'ornementation est censée évoquer la figure de Jeanne d'Arc.

# Colombes

Cantons de Colombes nord-est, nord-ouest et sud
Arrondissement de Nanterre

Superficie : 791 ha – Population 1990 : 79 058 hab.
Habitants : les Colombiens – Rivière : la Seine
Voies : A86, RN192, RN186, RN309

Origine du nom : du latin *columna* signifiant colonne, en référence à une ancienne colonne, mégalithe qui aurait servi au culte druidique ou bien vestige d'une maison gallo-romaine à atrium.

Blason : un colombier sur un mur crénelé encadré par deux colombes et la devise de la ville : *dulcis ascendo, pertinax volo* signifiant « je vole avec persévérance et monte avec douceur ».

## HISTORIQUE

Le hameau de Colombes est signalé pour la première fois dans une bulle papale datant de 1160. L'abbaye de Saint-Denis est alors seigneur des terres que les moines s'attachent à défricher. Ces derniers affranchissent les habitants du hameau au XIII^e^ siècle. Durant les siècles suivants, Colombes se développe peu à peu et concentre son activité dans les travaux d'agriculture et de la vigne. Le village accueille un hôte illustre au XVII^e^ siècle, Henriette-Marie de France, sœur de Louis XIII et épouse du roi d'Angleterre Charles I^er^. Bientôt Colombes devient un lieu de villégiature prisé qui attire la noblesse et la bourgeoisie parisienne. L'île Marante, avec le Moulin Joly, charme par son aspect champêtre peintres et promeneurs. En 1787, Courbevoie est érigé en commune distincte et, par le même acte, apparaît à Colombes la première municipalité. La période révolutionnaire est vécue avec une relative sérénité. Les Colombiens, bien qu'acquis aux thèses révolutionnaires, défendent face à la Convention l'ancien fermier général et le propriétaire de la demeure de la reine Henriette, le comte de Verdun. L'ère industrielle voit le jour à Colombes sous la Restauration, époque durant laquelle s'installent notamment des fabriques de colles qui voisinent encore avec des champs cultivés. Peu après apparaissent sur le territoire colombien de grandes maisons de parfumeurs dont Guerlain. Au milieu du XIX^e^ siècle, se constituent deux écarts de Colombes, le petit Colombes et Charlebourg, ce dernier aujourd'hui situé sur le territoire de La Garenne-Colombes. À la même époque arrive le chemin de fer auquel tout d'abord s'oppose la population. Une fois desservie par le train, Colombes réalise le parti à tirer de ce moyen de transport et de nouvelles gares voient le jour à La Garenne-Colombes en 1887 et aux Vallées en 1897. L'écart de Bois-Colombes, né sous le second Empire grâce au chemin de fer, revendique son indépendance et obtient son autonomie en 1896. Mêmes causes et mêmes effets pour La Garenne-Colombes, commune indépendante à partir de 1910. L'industrie connaît alors son plein développement et Colombes accueille les usines Goodrich, ancêtre de Kléber-Colombes, Éricsson ou encore la Compagnie des compteurs, futur établissement Schlumberger. À partir des années vingt, la municipalité mène une politique de l'habitat adaptée aux nouveaux besoins qui donne naissance à des ensembles de HBM dont bon nombre sont des réussites architecturales. Aujourd'hui Colombes, ville de près de 80 000 habitants, tourne son activité vers les industries de hautes technologies qui détiennent une part substantielle du secteur économique de la cité.

ANCIENNE ÉGLISE SAINT-PIERRE SAINT-PAUL
*XII$^{e}$-XVII$^{e}$ siècle*
*Clocher et travées*
*Place du G$^{al}$-Leclerc*
L'exhumation de plusieurs sarcophages mérovingiens laisse supposer l'existence d'une première église remplacée au XII$^{e}$ siècle par un édifice dont il ne subsiste aujourd'hui que le clocher et quelques travées. Placée sous le vocable de saint Pierre et saint Paul, l'église est reconstruite au cours du XVI$^{e}$ siècle, en dehors du clocher qui est lui remanié un siècle plus tard. Durant le XIX$^{e}$ siècle, l'église est maintes fois transformée pour être finalement détruite en 1968, à l'exception du clocher qui, bien que restauré, reste un bel exemple d'architecture moyenâgeuse. Une nouvelle église Saint-Pierre-Saint-Paul, située rue Beaurepaire, est édifiée entre 1967 et 1968 par l'architecte Hébrard.
(Ins. M. H., 1937)

CHAPITEAU
*XVI$^{e}$ siècle*
*Ancienne église Saint-Pierre-Saint-Paul*
Bien que datant du XVI$^{e}$ siècle, ce chapiteau s'inspire de l'iconographie médiévale. Il met en scène différents personnages entourés de phylactères aux inscriptions latines.

FONTS BAPTISMAUX
*XVII$^{e}$ siècle*
*Marbre et cuivre*
*Nouvelle église Saint-Pierre-Saint-Paul*
Situés dans l'église moderne Saint-Pierre-Saint-Paul, ces fonts baptismaux de marbre noir sont ornés sur le couvercle en cuivre des profils des deux saints patrons de la paroisse. Une inscription indique la date de 1676 et le nom des donateurs : Denis Guiol et son épouse Barbe Bricard.

SARCOPHAGE MÉROVINGIEN
*V$^{e}$-VIII$^{e}$ siècle*
*Plâtre*
*Musée municipal de Colombes*
Exhumé lors des travaux de démolition de l'ancienne église Saint-Pierre-Saint-Paul, ce sarcophage daterait du haut Moyen Âge.

SAINT BENOÎT REFUSANT LES HABITS D'ÉVÊQUE
*XVIIe siècle. École liégeoise, Boulogne le Jeune*
*Huile sur toile*
*Musée municipal de Colombes*
Cette peinture flamande du XVIIe siècle met en scène Benoît de Nursie (Vers 480-547), saint fondateur de l'ordre des Bénédictins refusant par humilité et détachement de recevoir les habits d'évêque.

LE TRIOMPHE DE DAVID
*XVIIe siècle. Hendrick van Balen*
*Huile sur toile*
*Musée municipal de Colombes*
Ce tableau représente l'entrée triomphante à Jérusalem du roi Saül et de son futur successeur David. Ce dernier tient dans sa main droite la tête du guerrier philistin qu'il vient de terrasser d'un jet de pierre : le géant Goliath.

ABRAHAM ET MELCHISÉDECH
*XVIIe siècle. Théodore van Thuldeu*
*Huile sur toile*
*Musée municipal de Colombes*
Ce tableau – parfois également identifié comme *La Réconciliation d'Essaü et de Jacob* –, ainsi que le *Triomphe de David*, proviendrait des collections d'œuvres d'art de Charles Ier d'Angleterre et d'Henriette de France qui furent dispersées à la suite de l'exécution du roi. Ces deux tableaux furent probablement rachetés par le cardinal de Mazarin et redonnés à son ancienne propriétaire, la reine Henriette. Au début du XIXe siècle, ils devaient très vraisemblablement être la possession du comte de Verdun.

PORTRAIT DE LA REINE HENRIETTE
*Gravure*
*Musée municipal de Colombes*
Le château de Colombes, dont il ne subsiste aucun vestige, est au début du XVIIe siècle une vaste maison de campagne appartenant au conseiller d'État, Pierre de Camus. Celui-ci s'adjoint les services du peintre de la cour Simon Vouet qui compose un magnifique plafond peint représentant *L'Alliance de Bacchus avec Vénus et les Amours*, peinture qui se trouve actuellement au château des Lions à Port-Marly. En 1656, la propriété est acquise par Basile Fouquet, frère du surintendant des Finances de Louis XIV qui la cède un an plus tard à Henriette-Marie de France (1609-1669), reine d'Angleterre, fille d'Henri IV et veuve de Charles Ier d'Angleterre. Reine catholique d'un pays anglican, Henriette est peu appréciée des Britanniques. Plusieurs révoltes mènent rapidement l'Angleterre à la guerre civile qui se solde par la victoire d'Oliver Cromwell, la condamnation à mort et l'exécution du roi Charles Ier en 1649. Réfugiée en France depuis 1648, la reine Henriette va passer une grande partie de son temps à la cour et dans son château de Colombes. Elle fait néanmoins un voyage en Angleterre en 1660 pour assister au couronnement de son fils, Charles II. De retour à Colombes elle achète un domaine voisin de sa propriété, nommé le « Petit château d'en-bas ». Lorsque la guerre éclate entre la France et l'Angleterre, Henriette veut mettre fin à ce conflit qui oppose son neveu Louis XIV et son fils Charles II. Elle organise en son château de Colombes plusieurs entrevues et conférences qui contribuèrent à la paix de Bréda de 1667. Henriette de France s'éteint deux ans plus tard à Colombes où elle est inhumée dans son caveau du château. Son corps n'y demeure que quelques jours avant d'être transféré sur ordre de Louis XIV à Saint-Denis.

TOMBE DU COMTE DE VERDUN
*XIXᵉ siècle*
*Cimetière*

Après être resté la propriété de la famille royale, puis celle de hauts dignitaires, le château de Colombes devient le bien, en 1775, du fermier général et comte M. de Verdun. Celui-ci fait de son château un lieu où se côtoient artistes, hommes de lettres et industriels. Il réunit sa propriété au « Petit château d'en-bas », qui depuis Henriette de France avaient été séparés. D'une grande générosité, le comte de Verdun est un personnage aimé des Colombiens. Lorsque la Convention entreprit d'exécuter tous les anciens fermiers généraux, la population se mobilise pour soutenir Verdun. Une supplique collective est alors signée par le maire, le curé et une centaine de notables qui obtiennent ainsi l'acquittement du comte de Verdun. Lorsque celui-ci meurt en 1822, la municipalité accorde une concession à perpétuité pour sa dépouille et s'engage à entretenir sa tombe.

BATELIERS AU PORT HENRY IV
*1904. Paul Michel Dupuy*
*Huile sur toile (163 × 237 cm)*
*Musée municipal de Colombes*

Né en 1869, le peintre de genre Paul Michel Dupuy a représenté dans ce tableau les bateaux de la Société Havre – Paris – Lyon – Marseille, dont les mariniers étaient alors les salariés. Au premier plan, on distingue une « flûte de Bourgogne », bateau particulier à la haute Seine et aux canaux du centre.

LE MOULIN JOLY
*XVIIIᵉ siècle. Claude Henri Wattelet*
*Gravure*
*Musée municipal de Colombes*

Au XVIIIᵉ siècle, le Moulin Joly est la propriété de Jacques-Roger Lecomte, procureur au Châtelet. Elle est aménagée en un jardin « à l'anglaise » par Claude Henri Wattelet, également poète, académicien et graveur à ses heures. La demeure et son jardin qu'il aménage en bordure de Seine et sur l'île Marante provoquent rapidement l'admiration de tous. Le peintre Élisabeth Vigée-Lebrun décrit la propriété comme suit : « Voilà un de ces lieux qu'on oublie pas ; si beau ! si varié ! pittoresque, élyséen, sauvage, ravissant enfin ! représentez-vous une grande île couverte de bois, de jardins, de vergers, et que la Seine coupait par le milieu... » Parmi les autres visiteurs célèbres du Moulin Joly on trouve l'abbé Delille, Mᵐᵉ Geoffrin, Jean-Jacques Rousseau, d'Alembert ou encore le peintre Hubert Robert. Vendue en 1850 par le baron Le Roy, la parcelle de terrains sur laquelle s'élevait le Moulin Joly est, depuis le rattachement de l'île Marante à la rive, intégrée à l'espace vert Lagravère qui fut aménagé en 1969.

AUTOPORTRAIT
*XIXᵉ siècle. Théodule Ribot*
*Huile sur toile*
*Musée municipal de Colombes*

Théodule Ribot (1823-1890) peint l'essentiel de son œuvre à Colombes où il s'installe en 1871. Auparavant, l'artiste demeurait dans une maison d'Argenteuil dans laquelle s'installa peu après Claude Monet. Ribot peint aux contacts des impressionnistes mais son art est peu influencé par les conceptions de

ces derniers. On parla à l'époque de lui comme du seul peintre français de la descendance des Hals, des Rembrandt et des Ribera. Son autoportrait est en effet très fortement marqué par la touche et le rendu du clair-obscur chers à Rembrandt. Peintre et graveur reconnu en son temps, Théodule Ribot ne jouit cependant plus d'une grande notoriété.

LA VIEILLE COMMODE FLEURIE
*XIXᵉ siècle. Gustave Bienvêtu*
*Huile sur toile*
*Musée municipal de Colombes*

Théodule Ribot enseigna son art à Gustave Bienvêtu, connu à Colombes comme peintre de fleurs mais aussi comme maire de la commune de 1887 à 1888. L'artiste eut un petit succès d'estime et l'homme politique, connu pour ses convictions républicaines et son anticléricalisme, fut à l'origine des premiers établissements scolaires de la commune.

INSTITUTION JEANNE-D'ARC
*XVII^e-XIX^e et XX^e siècles*
*9, boulevard de Valmy*
Le « Petit château d'en-bas », affecté aux gardes anglais du temps de la Reine Henriette, revient, au milieu du XIX^e siècle, aux sœurs de la Providence de Portieux qui y dirigent une fondation créée par le baron Le Roy. Celui-ci est le dernier propriétaire du petit-château, de l'île Marante, du Moulin Joly et de nombreux autres biens qu'il met en vente en 1850. Alors commencent les premiers lotissements. L'établissement des sœurs de la Providence est fermé au début du XX^e siècle lorsque sont appliquées les lois anticléricales de 1901. Le pensionnat rouvre ses portes en 1904 et prend le nom d'Institution Sainte-Jeanne-d'Arc. Durant la Première Guerre mondiale, les bâtiments sont mis à la disposition de la Croix-Rouge et accueillent un hôpital militaire. Ceux qui abritent aujourd'hui l'institution Jeanne-d'Arc datent des XIX^e et XX^e siècles.

PAVILLON
*1884*
*Stade Yves du Manoir*
Colombes possède à la fin du XIX^e siècle un hippodrome, les courses de chevaux étant très en vogue depuis le second Empire. De cette période subsiste un ancien pavillon de pesage, servant à surveiller la bonne conformité du poids des jockeys avant et après les courses. Distraction très prisée, les courses sont une source régulière d'animation, mais aussi de revenus pour les commerçants et pour la commune de Colombes. Au début du XX^e siècle, le champ de courses est transféré au Tremblay. Le journal *Le Matin* décide en 1907 de récupérer les lieux pour y organiser des réunions à caractère sportif.

STADE OLYMPIQUE
YVES DU MANOIR
*1922-1924. Architectes : Louis Faure-Dujarric et Jacques Roussel*
*12, rue François-Faber*
De nombreuses compétitions internationales se déroulent alors au stade de Colombes. Ellles attirent des milliers de spectateurs qui, selon le journal *Le Matin* consacrent « à cela le tout neuf repos hebdomadaire... pour venir applaudir... le jeu divin des muscles, la splendeur de la santé... les jambes nues courant sur l'herbe verte... ». En 1914, le coureur Jean Bouin bat le record mondial de l'heure en course à pied. Lorsqu'en 1921, le Comité Olympique désigne la ville de Paris comme organisatrice de la VIII^e olympiade, la ville de Colombes pose sa candidature pour recevoir les Jeux. Le Racing Club de France, locataire du stade de Colombes à partir de 1922, joue de son influence pour que le projet se réalise et la municipalité promet de faire tous les aménagements nécessaires pour accueillir dans de bonnes conditions les sportifs internationaux. C'est ainsi que les Jeux olympiques de Paris se déroulent en majeure partie à Colombes, la Ville de Paris ayant refusé de modifier le parc des Princes en conséquence.

TRIBUNE
*1924-1978*
*Stade Yves du Manoir*
L'agrandissement et la modernisation du stade de Colombes sont confiés à l'architecte Louis Faure-Dujarric, également vice-président du Racing Club de France et ancien sportif, secondé par Jacques Roussel. Le Racing s'engage à construire à ses frais les installations sportives telles que les stades d'athlétisme, la piscine, les terrains de tennis, et ce après un accord conclu avec le Comité Olympique qui comprend notamment une possibilité d'achat du stade, pour le Racing, à des conditions intéressantes.

VASE « DOUBLE SCULL »
*1924. Robert Lallemant*
*Faïence*
*Musée municipal de Colombes*
Ce vase est réalisé pour la VIII$^{e}$ olympiade dont la cérémonie d'ouverture se déroule le samedi 5 juillet 1924 en présence du président de la République Gaston Doumergue, et, notamment, du prince de Galles, du shah de Perse et du prince de Suède. Lorsque celle-ci s'achève vingt-deux jours plus

tard, le bilan côté français est marqué par les médailles de l'escrimeur Roger Ducret et celles des coureurs cyclistes Armand Blanchonnet et Lucien Michard. Mais cette olympiade a surtout été dominée par la performance du coureur de fond finlandais Paavo Nurmi qui quitte Colombes avec cinq médailles d'or, celle du prêtre presbytérien écossais Eric Liddell qui bat le record mondial sur 400 mètres, et enfin la prestation du nageur Johnny Weissmüller – futur héros des films *Tarzan* – dans les épreuves de 100 et 400 mètres crawl.

AFFICHE
*1938*
*Musée municipal de Colombes*
Après les Jeux olympiques, le stade de Colombes continue à accueillir de grandes compétitions sportives, notamment la coupe du monde de football de 1938. Quatre des matches s'y déroulent, dont la finale qui oppose l'équipe d'Italie, gagnante, à celle de Hongrie. Durant plusieurs années, la finale de la coupe de France de football se dispute à Colombes en présence du président de la République. Le rugby n'est pas en reste dans ce stade baptisé Yves du Manoir (1904-1928), en mémoire de ce rugbyman et aviateur décédé peu après les Jeux olympiques dans un accident de voiture. Parfois le sport laisse place à d'autres manifestations, comme ce jour du 28 août 1932 où entrent sur le stade un orchestre de 120 musiciens, 500 exécutants, des chevaux, des chameaux ou encore des éléphants pour une représentation exceptionnelle d'*Aïda* de Verdi.

GLOIRE AUX SPORTS
*Début XX$^{e}$ siècle*
*Régule. Sculpteur : E. Picault*
*Collection Étoile sportive colombienne*

Depuis les Jeux olympiques, les Colombiens ont gardé l'amour du sport. De nombreux complexes sportifs ont été construits dans la ville, une association sportive locale, l'Étoile sportive colombienne créée en 1894, vient de fêter son centenaire. Aujourd'hui encore certains athlètes se distinguent à l'exemple du patineur Philippe Candeloro, médaillé olympique lors des Jeux d'hiver 1994 et vice-champion du monde cette même année.

TROPHÉE
*1930*
*Régule. Sculpteur : Salesio*
*Collection Étoile sportive colombienne*
Représentant un coureur de fond, ce trophée se distingue par sa polychromie et par le rendu du mouvement.

VASE TROPHÉE ALICE NOGUET
*1936*
*Collection Étoile sportive colombienne*
Ce vase porte le nom de la cantatrice Alice Noguet, épouse de M. Guenot, fondateur en 1894 de l'association l'Étoile sportive colombienne. Cette récompense qui couronnait une compétition sportive a été attribuée de 1936 à 1938.

COUPE DE CHALLENGE D'ESCRIME
*1910*
*Musée municipal de Colombes*
Gagnée pour la première fois en 1910 par l'escrimeur Vannier cette coupe a été remise en jeu de 1967 à 1969 et récompensa M$^{mes}$ Annie Lesaffre et Pascale Barrey.

FLACONS DE PARFUM GUERLAIN
*XIXe-XXe siècle*
*Verre*
*Musée municipal de Colombes*
Sous le règne de Napoléon III, Pierre François Pascal Guerlain dirige la maison de parfum qui porte son nom, fondée en 1828. En 1853, il devient le parfumeur breveté de l'impératrice Eugénie grâce à sa composition *Eau de Cologne impériale* présentée dans un flacon décoré des abeilles impériales. Les usines de distillation, jusque là situées à Paris, sont tranférées en 1854 à Colombes. Quelques dix années plus tard, la famille Guerlain se fait construire une demeure sur cette même commune. À la mort de Pierre François Pascal Guerlain en 1864, c'est son fils Aimé qui prend la direction de l'entreprise familiale. Avant que les usines de production ne soient déplacées à Bécon en 1894, quarante années de création Guerlain se sont déroulées à Colombes, donnant naissance à des parfums prestigieux dont *Jicky*, créé en 1889.

TOMBE FAMILLE GUERLAIN
*XIXe siècle*
*Cimetière*
*50, rue Gabriel-Péri*
Outre ce caveau familial, la ville de Colombes abrite la demeure Guerlain, bel édifice de style second Empire, située rue Ménelotte. Actuellement en rénovation, la maison va accueillir un centre médicalisé pour les handicapés de l'association Perceneige.

FLACONS DE PARFUM SAUZÉ
*XXe siècle*
*Verre*
*Musée municipal de Colombes*
Plus récente que la maison Guerlain, l'usine des parfums des frères Sauzé s'installe rue Ménelotte à Colombes en 1913. Elle y fabrique durant cinquante ans des parfums et des eaux de Cologne de luxe. Certains flacons, aux formes caractéristiques du style Arts déco, ne sont pas sans évoquer les créations de Lalique pour les parfums Coty.

PRODUITS DE BEAUTÉ DJER KISS
*XXe siècle*
*Musée municipal de Colombes*
Confectionnés par la société Kerkoff, également implantée à Colombes, ces produits de beauté sont, par leur emballage, un exemple de la production du début du siècle. Ville des parfums, Colombes accueille un autre parfumeur, la maison Dorin, en 1936. Cette dernière peut se prévaloir d'une grande ancienneté puisqu'elle fournit en fards la cour de Louis XVI. Au début du XIXe siècle, Dorin est le premier producteur français de produits de beauté et l'initiateur du parfum masculin.

TÉLÉPHONES ÉRICSSON
*XXe siècle*
*Musée municipal de Colombes*
Créée en 1911, la société de téléphonie Éricsson installe une importante usine à Colombes l'année suivante. Après l'arrêt de la production provoquée par la Première Guerre mondiale, les activités reprennent en association avec l'administration des PTT. Cette dernière confie à Éricsson l'installation de plusieurs terminaux téléphoniques manuels, puis des centraux automatiques tels « Anjou », « Solférino » ou encore « Opéra ». Le matériel Éricsson équipe alors un tiers des bureaux téléphoniques de Paris. La société développe durant les années trente sa production et diversifie ses activités. Elle fournit notamment du matériel pour l'armée à l'aube de la Seconde Guerre mondiale. Après avoir fait construire sur Colombes de nouveaux bâtiments, la société Éricsson est finalement absorbée par Thomson CSF.

ANCIENNE MAIRIE
*1846*
*4, boulevard Henri-Barbusse*
Il semble que, contrairement à bon nombre de communes du département, Colombes possède dès les premières heures de la République un local faisant office de salle municipale. La maison commune est entretenue au cours du XVIIIe siècle, réparée en 1816 et finalement détruite trente ans plus tard pour laisser place, en 1850, au bâtiment qui existe encore aujourd'hui et qui abrite la Maison des Associations.

HÔTEL DE VILLE
*1913-1923*
*Architectes : Albert et Paul Leseine*
*Place de la République*
La pose de la première pierre de l'hôtel de ville eut lieu en 1913, mais la nouvelle mairie de Colombes n'est achevée que dix années plus tard, les travaux ayant été interrompus par la Première Guerre mondiale. L'hôtel de ville est inauguré en présence du ministre de l'Assistance, sénateur de la Seine, M. Paul Strauss. L'architecture du bâtiment, conçue par les frères Leseine, est assez semblable à la plupart des édifices municipaux de l'époque. Le beffroi fait ici figure de symbole du pouvoir édilitaire.

SALLE DES MARIAGES
*1913-1923*
*Hôtel de ville*
D'une décoration de style très classique, la salle des mariages est une pièce aux larges proportions, avec un plafond à caissons ornés de fresques.

BOISERIES
*1913-1923*
*Détail*
*Hôtel de ville*
Encadrant le plafond de la salle des mariages, une série de moulures dorées représente des putti tenant des écus marqués des initiales de la République française.

ESCALIER
*1913-1923*
*Hôtel de ville*
L'escalier d'honneur de la mairie, qui mène aux diverses salles du premier étage, est décoré de deux peintures murales de l'artiste Loys Prat. Très influencé par l'œuvre de Puvis de Chavannes, le peintre a représenté de chaque côté de l'escalier *Une Visite de Marie-Antoinette au Moulin-Joly* et *Le Couronnement d'un athlète*.

ACTE DE DONATION
*1516*
*Archives municipales*
*Hôtel de ville*
Les archives de Colombes sont riches de témoignages du passé qui, fort heureusement, n'ont pas été détruits lors des différents conflits et guerres, comme ce fut souvent le cas dans les communes du département, grâce à la bienveillance du Conseil de fabrique, puis des premières municipalités. Ainsi, elles conservent des documents écrits remontant au XVIe siècle comme cet acte de donation daté de 1516.

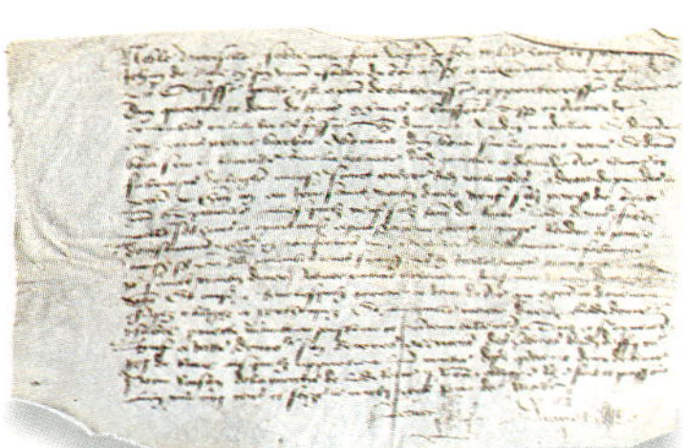

REGISTRE DE BAPTÊME
*1666*
*Archives municipales*
*Hôtel de ville*
Le premier registre de baptêmes, mariages et sépultures conservés à Colombes date de 1626. Il est tenu par le curé du village, et ce de manière ininterrompue jusqu'en 1792, date à laquelle les registres sont remis à la toute nouvelle municipalité.

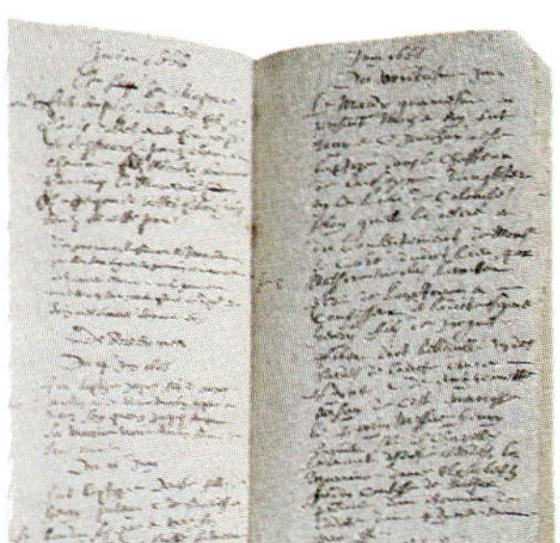

ÉCOLE HENRI-MARTIN
*1905*
*Architectes : Albert et Paul Leseine*
*Pierre meulière et brique*
*325, rue Gabriel-Péri*
Inaugurée le 16 juillet 1905 en même tant que le groupe scolaire Victor-Hugo, l'école Henri-Martin est réalisée sous le mandat du maire Pierre Geofroix. La cérémonie d'inauguration se déroula en présence de Bienvenu Martin, ministre de l'Instruction publique, des Beaux-Arts et des Cultes.

ÉCOLE VICTOR HUGO
*1905*
*Architectes : Albert et Paul Leseine*
*Pierre meulière et brique*
*58, rue des Écoles*
L'école Victor-Hugo est construite en 1905 d'après les plans des architectes Albert et Paul Leseine, également auteurs du groupe scolaire Henri-Martin et futurs concepteurs de l'hôtel de ville de Colombes.

LYCÉE TECHNIQUE
CLAUDE GARAMONT
*1920*
*Brique*
*69, rue de l'Industrie*
C'est dans l'ancien établissement du parfumeur Kerkoff que s'est implanté le lycée professionnel Claude Garamont.

USINE ÉLÉVATOIRE DES EAUX
*1894*
*82, rue Paul-Bert*
Construite en 1894, l'usine élévatoire des eaux se situe en prolongement d'un grand égoût provenant du pont de Clichy. Une fois captées, les eaux usées de la Ville de Paris étaient propulsées jusqu'aux hauteurs d'Argenteuil, passant sous la Seine grâce à un réseau de canalisations soutenues par un pont aqueduc. Les eaux usées étaient ensuite déversées dans les champs d'épandage d'Achères, terrains spécialement destinés à épurer les eaux d'égoût par filtration à travers le sol. L'usine est un exemple de performances techniques et d'architecture industrielle réussie de la fin du XIXe siècle. Restauré, le bâtiment offre toujours au regard sa structure métallique, son appareillage de briques ainsi que ses motifs décoratifs en céramique. (Ins. M. H., 1993)

ÉGLISE DU SACRÉ-CŒUR
*1900 et 1933*
*Architectes :*
*R. et A. Duthoit*
*360, rue*
*Gabriel-Péri*

De style néo-roman avec un parement en briques rouges, l'église du Sacré-Cœur est composée de la nef de l'édifice d'origine, construit en 1900, qui était destiné à être détruit pour laisser place à une nouvelle église plus grande. Cette dernière ne vit jamais le jour et ce ne sont en fait qu'un transept et un chœur qui sont élevés en 1932-1933. Endommagée durant la Seconde Guerre mondiale, l'église du Sacré-Cœur est par la suite restaurée et rouverte au culte.

ÉGLISE SAINTE-MARIE-DES-VALLÉES
*1933. Architecte : Pierre Chailleux*
*13, rue Pierre-Virol*
L'église Sainte-Marie-des-Vallées offre en façade une dissymétrie due à la présence d'un seul bas-côté et à l'inégalité des rampants de la tribune. Comme d'autres édifices religieux de la commune, cette église a été victime des bombardements de 1944 et fut restaurée peu après.

CHŒUR
*1933*
*Église Sainte-Marie-des-Vallées*
L'intérieur de l'église profite d'une belle luminosité, amplifiée par la présence de vitraux modernes, œuvres du maître-verrier Mauméjean.

BANNIÈRE
*1857*
*Musée municipal de Colombes*
Créée à l'intiative de Julien Gallé, adepte des idées saint-simoniennes, la Société de Secours mutualiste de Saint-Pierre voit le jour en 1856. Cette société permet alors aux Colombiens de bénéficier de secours en cas de maladie et de pensions de vieillesse. Malgré l'opposition première de la municipalité de l'époque, Julien Gallé réussit à installer cette société près de la voie de chemin de fer. Les sociétés mutualistes furent encouragées sous le règne de Napoléon III. La bannière de la société de Colombes est d'ailleurs un don de l'impératrice Eugénie.

ÉGLISE SAINT-ÉTIENNE-SAINT-HENRI
*1936. Architecte : Henri Vidal*
*22, boulevard Marceau*
Dépendante de la paroisse Saint-Pierre-Saint-Paul, cette église est une construction datant de la fin des années trente. Touché par les bombardements durant l'année 1942, l'édifice est restauré cette même année et son campanile reconstruit, dans un style plus simple qu'à l'origine, en 1955. L'utilisation d'un appareillage de pierres grises donne une certaine rusticité à la construction.

TOMBE D'HENRI LITOLFF
*1891*
*Cimetière*
Henri Litolff (1818-1891) fut un compositeur du XIXe siècle, auteur notamment de *Héloïse et Abélard* et *Les Templiers*. Il vécut de nombreuses années sur le territoire de Colombes aujourd'hui dévolu à la commune de Bois-Colombes.

ANCIENS BAINS DOUCHES
*1927*
*Pierre de taille et brique*
*Actuelle ANPE*
*32, boulevard des Oiseaux*
Durant les années trente la municipalité colombienne mène une politique active de construction de logements sociaux mais elle n'en oublie pas pour autant les équipements publics, tels que ces anciens bains douches qui abritent désormais une antenne de l'Agence nationale pour l'emploi.

BOULANGERIE-PÂTISSERIE
*1934*
*Façade*
*Angle des rues Denis-Papin et Paul-Lecomte*
Cette boulangerie ancienne possède encore en façade son décor de carreaux de céramiques polychromes.

ANCIEN CINÉMA
*1912*
*Façade*
*17, rue des Vallées*
De nombreuses villes de banlieue s'équipent d'une ou plusieurs salles de cinéma durant le courant des années vingt. Généralement désaffectées aujourd'hui, ces salles ont laissé place à des commerces nécessitant un vaste espace interne, comme les marchands de meubles ou encore les supérettes. L'ancien cinéma de la rue des Vallées de Colombes garde de nos jours intacte son architecture avant-gardiste.

BOUCHERIE
*Vers 1930*
*Façade*
*30, rue des Monts-Clairs*
L'emprunt aux formes géométriques est une constante du style Arts déco. Sur cette devanture de magasin, on retrouve ces motifs de cercles, de lignes et de carrés, très caractéristiques de l'époque, le tout rendu avec précision et soin par l'emploi de petits carreaux de céramique agencés en mosaïque.

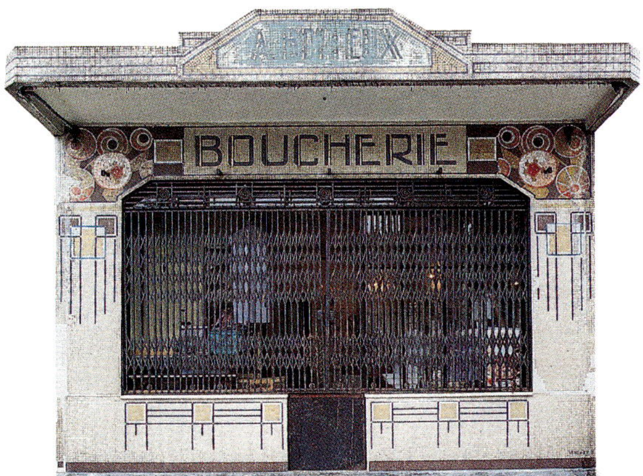

SQUARE DES OISEAUX
Ce parc est un vestige du temps où Colombes se parait de grandes propriétés à l'emplacement du domaine constitué en 1747, par le marquis de Courtanvaux, scientifique reconnu qui avait aménagé un observatoire dans une tour de l'ancienne porte dite de Saint-Denis, où fut installée provisoirement la gare du centre en 1851. Ce domaine disparut par lotissement en 1841.

ÉCOLE LAZARE-CARNOT
*1889*
*Pierre et brique*
*18, rue des Monts-Clairs*
Également appelée groupe scolaire des Monts-Clairs, l'école Lazare-Carnot est le plus ancien établissement d'enseignement public de la commune de Colombes.

HBM
*Architectes : Tréant, Mathé et Champy*
*Brique*
*1 à 4, rue de Metz*
Avec l'installation d'industries d'importance à la fin du XIX^e siècle et au début du XX^e, Colombes se retrouve face à un afflux de population ouvrière d'où découle le problème du logement. La municipalité met en place une politique de construction à la veille de la Première Guerre mondiale. À partir de 1924, apparaissent à Colombes les premières habitations à bon marché (HBM), constituées d'immeubles et de pavillons. Le début des

années trente marque l'âge d'or des HBM colombiennes, construites généralement par des architectes novateurs qui prennent en considération les impératifs d'hygiène et de confort jusque là délaissés. L'esthétique ne demeure pas en reste puisqu'il est très fréquemment fait référence au répertoire des formes du style Arts déco.

HBM
*1929. Architectes : Langelez et Croize*
*Béton armé*
*9, rue Paul-Bert*
Ensemble d'habitations aux formes puristes, ces immeubles possèdent comme unique décoration des balcons à croisillons. Rénové mais non dénaturé, cet ensemble, bien que datant de 1929, s'apparente à de nombreuses constructions contemporaines.

IMMEUBLE
*Vers 1925*
*Brique et béton*
*20, rue Cambon*
L'agencement des fenêtres de cet immeuble rappelle, par ses formes élancées presque ovigales, l'architecture gothique. Un grand soin est apporté à la ferronnerie des balcons, ornés de lignes courbes, de volutes et de motifs floraux.

HBM
*1933. Architecte : Germain Dorel*
*6, rue Paul-Bert*
Les logements sociaux ont été une sorte de champ d'expérimentation créatif pour certains architectes. L'ensemble de la rue Paul-Bert se distingue ainsi par sa polychromie et le rythme de sa façade créé par les éléments en saillie et l'opposition des lignes verticales et horizontales. Germain Dorel, l'architecte de cet ensemble, fut très influencé par les constructions à caractère social de Vienne en Autriche.

HBM
*1933*
*Détail*
*6, rue Paul-Bert*

BAS-RELIEF
*1933*
*Terre cuite*
*6, rue Paul-Bert*
Comme on peut le constater sur ces décors de balcons, la modernité des formes n'exclut pas les références classiques. Ici la cariatide antique est remplacée par une femme sculpturale tandis qu'à côté est repris le principe du bas-relief sculpté qui rappelle les métopes du Parthénon. Mais si référence à l'antique il y a, le traitement des figures est du plus pur style Arts déco.

HBM
*1932. Architectes : Gaston Tréant, Juliette Mathé et Achille Champy*
*Brique et béton*
*205 et 207, rue de Saint-Denis*
Cet immeuble avec porche a une structure très caractéristique avec son parement de briques et ses balcons en béton armé. Modèle architectural novateur, ce type de construction sera repris dans de nombreuses villes de banlieue sur une période d'une quinzaine d'années.

HBM CERISIERS-VERRIER
*1935. Architectes : Gaston Tréant, Juliette Mathé et Achille Champy*
*Brique*
*33, rue des Cerisiers*
L'emploi de matériaux comme la brique est très fréquent dans les constructions de logements sociaux des années trente. Bien qu'un peu austère par sa couleur, la brique permet une grande souplesse dans les formes et donne libre champ à des effets décoratifs des plus variés.

HBM CERISIERS-VERRIER
*1935*
*Détail*
*33, rue des Cerisiers*
Ici l'on peut voir des pilastres entièrement composés de briques, ainsi que de petits balcons en arc de cercle qui se différencient de ceux de forme triangulaire. L'alternance des formes permet ainsi de casser la monotonie de la façade aux dimensions imposantes.

SQUARE EDGAR QUINET
Seul vestige du parc du château de la reine Henriette légué à la commune par Louis Fermé, ancien conseiller et généreux donateur de la commune, ce square a été aménagé en jardin public en 1914.

# Courbevoie

Blason : le pont à trois arches traversant la Seine, la tente de garnison rappelant la présence des gardes suisses, les deux grappes de raisin en souvenir du pays de vignobles. La devise de Courbevoie : *curva via, mens recta* (voie courbe, esprit droit).

Cantons de Courbevoie nord et sud
Arrondissement de Nanterre

Superficie : 416 ha – Population 1990 : 65 649 hab.
Habitants : les Courbevoisiens – Rivière : la Seine
Voie : RN192

Origine du nom : du latin *curva via* – voie courbe – en raison des importantes différences d'altitude sur son territoire, qui obligeaient la construction de voies en lacets.

## HISTORIQUE

Au VIII^e siècle, Courbevoie est un fief dans la mouvance de l'abbaye de Saint-Wandrille, près de Rouen, fief ensuite concédé à l'abbaye de Saint-Denis. Profitant de la situation élevée du territoire, Charlemagne y fait dresser un phare à l'emplacement du parc de Bécon - lequel tire son nom du mot anglais *beacon* signifiant balise ou phare.

En 1248, avec l'affranchissement des serfs par l'abbé de Saint-Denis, Courbevoie passe sous la dépendance de la paroisse de Colombes, et ce jusqu'en 1787.

Au début du XVII^e siècle, Louis XIII chasse dans les bois de Courbevoie.

La prospérité naissante du village remonte au règne de Louis XV, qui fait construire une caserne pour les régiments de gardes suisses, à l'image de celles de Rueil et de Saint-Denis.

À la veille de la Révolution, le village est rural, et sa situation géographique au-dessus de la Seine, avec ses coteaux exposés au sud, favorise le développement de la vigne.

En 1790, Courbevoie constitue sa première municipalité. La commune deviendra chef-lieu de canton en 1829. L'année 1837 permet aux Courbevoisiens d'accéder plus aisément à la capitale, grâce à la toute nouvelle ligne de chemin de fer Paris-Versailles. Le 15 décembre 1840, débarquent à Courbevoie les cendres de Napoléon I^er, ramenées de Sainte-Hélène par la frégate *La Belle Poule*. Le cercueil passe la nuit sur le quai et est transporté le lendemain, par le pont de Neuilly, jusqu'aux Invalides.

La guerre de 1870 ravage les hauteurs de Courbevoie. Les combats de la Commune y portent également leur marque sanglante.

Dès la fin du XIX^e siècle, Courbevoie devient une importante cité industrielle : usines automobiles, carrosseries, blanchisseries, parfumeries, industries chimiques, produits pharmaceutiques et industries alimentaires se partagent les implantations industrielles. Le développement de la population rend nécessaire la construction de nouveaux équipements sociaux et scolaires.

Les bombardements de la Seconde Guerre mondiale, notamment celui de 1943, défigurent ce qui demeurait de l'ancien village.

L'essor reprend dans les années cinquante et soixante. Courbevoie connaît alors de profondes transformations, principalement avec la création du quartier des affaires de la Défense. La disparition des petites usines et des anciens ateliers, laissant la place aux sièges sociaux de grandes sociétés, permet la reconversion de Courbevoie, autrefois ville industrielle, aujourd'hui centrée sur une activité économique florissante, dominée par le secteur tertiaire.

HÔTEL DE GUINES
*Grand salon*
*XVIIIe siècle*
*Architectes : Boiston et Forestier*
*51, rue de Visien*
D'apparence discrète, cette demeure peut s'enorgueillir de posséder une des plus belles ornementations intérieures qui soit, caractéristique de l'époque Louis XVI. Elle appartient en 1782 à l'architecte, décorateur et sculpteur d'ornements Jean-Baptiste Boiston, qui se propose d'en réaliser les ornementations, en collaboration avec l'architecte Forestier, afin de la donner à bail au duc de Guines. Adrien-Louis, comte de Bonnières et duc de Guines (1735-1802), colonel des grenadiers, est chevalier d'honneur de Marie-Antoinette. Il mène une double carrière diplomatique et militaire. Flûtiste de talent, Mozart lui dédie un concerto pour flûte et harpe (K229). Émigré pendant la Révolution, il mourra à Paris en 1802. Majesté de l'ordonnance inspirée de l'antique et grâce de l'ornementation, le grand salon est caractéristique de l'art Louis XVI. Les colonnes ioniques qui rythment l'espace sont peintes à l'imitation du marbre, et les panneaux portent attributs champêtres et musicaux. En hommage au maître de maison – flûtiste, militaire et diplomate – la corniche supporte des putti musicaux ou guerriers, qui pourraient être de la main de Boiston. (Cl. M. H.)

HÔTEL DE GUINES
*Petit salon*
*XVIIIe siècle*
*Architectes : Boiston et Forestier*
Jean-Baptiste Boiston travaille au début de sa carrière avec l'architecte Ledoux pour la réalisation de décors sculptés. De 1768 à 1789, il est sculpteur de son altesse sérénissime le prince de Condé, pour lequel il réalise de nombreux ouvrages à l'hôtel de Lassay et au palais Bourbon. Émigré en Hollande à la Révolution, le sculpteur y meurt en 1814. L'ornementation du petit salon – dit aussi boudoir – procède d'un esprit différent de celui du grand salon. Sur un fond bleu d'inspiration pompéienne, le dessin des panneaux revêt plus de simplicité. Faisceaux, flèches, et armes se mêlent ici également aux instruments de musique, à l'image des lyres ciselées. Les médaillons encastrés audessus des portes seraient l'œuvre de Métivier, d'après des dessins de Jean Claude Richard, abbé de Saint-Non (1730-1791), compagnon de Fragonard en Italie. (Cl. M. H.)

HÔTEL DE GUINES
*Détail de façade*
*XIXe siècle*
*51, rue de Visien*
À la Révolution, le duc et la duchesse de Guines émigrent, de même que Boiston, et la maison est rachetée par M. Francastel, riche bijoutier, qui modifie les ornements de façade dans le style Directoire, prenant ses sources dans les motifs inspirés de la campagne d'Égypte. En 1843, la propriété est acquise par M. Mousnier de Beaumont, et est demeurée jusqu'à nos jours au sein de la même famille.

ANCIEN HÔTEL DE VILLE
*1858. Architecte : Lequeux*
*Place de l'Hôtel-de-Ville*
En 1852, le conseil municipal décide la construction d'un nouvel hôtel de ville pour répondre à l'accroissement de la population de Courbevoie. Les travaux sont placés sous la direction de l'architecte Paul Eugène Lequeux (1806-1873), élève de Guénepin et de Baltard. Nommé architecte de l'arrondissement de Saint-Denis, dont Courbevoie dépendait alors, on lui doit bon nombre d'édifices républicains et religieux, comme l'hôtel de ville de Montmartre, celui des Batignolles ou l'église Notre-Dame de Clignancourt. Les travaux durent de 1855 à 1858. La façade de style classique est ornée de colonnes doriques et d'un fronton sculpté de deux bas-reliefs : allégorie de la Justice et allégorie des Lois qui encadrent la traditionnelle horloge.

SALLE DES MARIAGES
*1889*
*Ancien hôtel de ville*
En 1880, le plafond de la salle des mariages nécessite de profondes restaurations. Il est alors décidé de reconstruire et d'embellir la salle, en répondant au goût de l'époque pour les décorations allégoriques. En 1882 s'ouvre le concours, dont le lauréat est le peintre Alexandre Séon (1855-1917). Élève de Puvis de Chavannes, il est également son collaborateur pour l'exécution des peintures du Panthéon, de la Sorbonne et du Palais Saint-Pierre de Lyon. Les toiles sont d'abord présentées lors de l'Exposition universelle de 1889, et ce n'est qu'au début de l'année suivante qu'elles sont enfin marouflées dans la salle des mariages de Courbevoie. Huit panneaux symboliques ornent les murs : *Jour de Fête, Le Repos, Le Travail, La Femme fille, La Mère, Le Dévouement, L'Aïeule, L'Éducation.* L'ensemble s'ordonne autour des ouvertures, pilastres des murs et caissons du plafond. Dessus de portes et fenêtres portent branches de chêne et laurier. (Ins. M. H.)

LA PATRIE
*1870*
*Carpeaux*
*Bronze*
*Salle des mariages*
*Ancien hôtel de ville*
Le médaillon ovale de la cheminée de style Renaissance, ceint d'une couronne de laurier, accueille un bronze qui a pris la place du plâtre original de Jean-Baptiste Carpeaux (1827-1875). La Patrie est symbolisée par un buste de femme couronnée.

L'ÉTÉ
*1889. Alexandre Séon*
*Toile marouflée*
*Plafond, salle des mariages*
Le plafond de la salle des mariages présente un ensemble de quatre toiles consacré aux saisons. L'influence des primitifs italiens et des préraphaélites anglais – on peut penser à Burne-Jones – est aussi sensible que la patte du maître de Séon, Puvis de Chavannes. Le dessin rigoureux et austère s'adoucit au sein des gammes chromatiques, en relation symbolique avec l'expression des sentiments : pureté, tristesse, mélancolie. Les lignes de force ont elles-mêmes à voir avec le symbolisme : horizontales, elles expriment le repos, en particulier pour *L'Été* et *Le Printemps* ; verticales, elles traduisent l'élévation des idées philosophiques ou religieuses. Peintre « idéaliste idéiste », Alexandre Séon se plaît au sein de scènes hors du temps, dans des décors naturels où viennent jouer des nus immatériels.

ÉGLISE SAINT-PIERRE-SAINT-PAUL
*1790. Architecte : Louis le Masson*
*Place Hérold*
La première chapelle de Courbevoie, sous la dépendance de la paroisse de Colombes, est érigée au début du XVIe siècle. Elle menace ruine vers 1770, mais les projets de restauration tournent court faute de crédits. En 1789, le nouveau curé, Hébert, propose de faire reconstruire un édifice plus vaste. L'architecte ingénieur des Ponts et Chaussées chargé de la construction est Louis le Masson, disciple de Ledoux. L'architecte choisit de gagner de l'espace en donnant à la nef la forme d'une ellipse. Cette rotonde, imitée de celle du Panthéon d'Agrippa à Rome, s'avance précédée d'un péristyle dorique à quatre colonnes et fronton. L'église de Courbevoie est, avec celle de Ville-d'Avray, la seule du département à avoir été construite sous la Révolution. L'initiateur du projet, l'abbé Pierre Hébert, meurt guillotiné en 1793.

CHŒUR
*1868*
*Église Saint-Pierre-Saint-Paul*
Une première campagne de travaux remonte à 1819, grâce à un don de la duchesse d'Angoulême, campagne qui concerne la coupole et le portail. Une seconde intervient en 1868, qui amène la construction du chœur actuel. L'ornementation intérieure est de style néo-classique.

ÉGLISE
SAINT-MAURICE DE BÉCON
*1910. Architecte : Barbier*
*216, rue Armand-Sylvestre*

Édifiée par Barbier de 1907 à 1910, afin de remplacer une chapelle érigée en paroisse en 1907, cette église présente une recherche de style, hors du cadre habituel des édifices religieux. Sa conception fut longtemps objet de curiosité.

ORGUES
*1865*
*Cavaillé-Coll*
*Église Saint-Maurice de Bécon*
Ces orgues à trois claviers, achetés en 1909 par le chanoine Oudin, curé de Saint-Maurice de Bécon, proviennent de l'atelier de Cavaillé-Coll. Fort réputé, cet atelier demandait à de jeunes organistes de venir exécuter des pièces sur chaque nouvel orgue conçu, devant un public de connaisseurs – et pour cause puisque ceux-ci s'appelaient Rossini, Liszt, Gounod... Et les jeunes organistes n'étaient autres que César Franck ou Camille Saint-Saëns.

LE BAPTÊME
DU CHRIST
*1911*
*Hermann Motte*
*Vitrail*
*Église*
*Saint-Maurice*
*de Bécon*
En harmonie avec l'ornementation intérieure de l'église, ce vitrail s'inspire de l'art de Puvis de Chavannes.

CHÂTEAU
DE BÉCON
*Vin blanc*
*Cépage Sauvignon*
Modeste production – de quatre cents à cinq cents litres de vin blanc par an – mais qui demeure un témoignage de la viticulture locale, qui s'étendait autrefois sur tout le plateau.

ENTRÉE DES CAVES
*XIX^e^ siècle*
*Parc de Bécon*
Sous l'Empire, le comte Orsini se porte acquéreur du domaine et y fait construire une vaste demeure de pierre blanche et de marbre, à la façade ornée de colonnes et au toit en terrasse, dans le goût italien. La propriété appartient pendant la Restauration au comte et à la comtesse Baschi du Cayla, d'une grande famille de Courbevoie, lesquels seront enterrés au cimetière romantique.

Considéré au milieu de notre siècle comme l'un des plus beaux cimetières romantiques de la région, le cimetière de Courbevoie conserve encore de nos jours quelques-unes des tombes qui faisaient son charme. Ici, celle de la famille Baschi du Cayla, dont le père Hercule Philippe Étienne, comte de Baschi du Cayla, était lieutenant général et gentilhomme de la chambre du roi Louis XVIII puis de celle du roi Charles X. Il repose aux côtés de sa femme et de sa fille. Le sculpteur Jean-Baptiste Carpeaux, mort à Courbevoie en 1875, fut un temps enterré ici, avant que sa dépouille ne soit transférée au cimetière de sa ville natale Valenciennes.

TOMBE BASCHI DU CAYLA
*XIX^e^ siècle*
*Cimetière romantique*
*21, boulevard Saint-Denis*

VIGNES DE COURBEVOIE
*Cépage Sauvignon*
*Parc de Bécon*

PARC DE BÉCON
*140-178, boulevard Saint-Denis*
Le domaine de Bécon est d'origine très ancienne, puisqu'il semblerait que Charlemagne y ait fait ériger une tour afin de surveiller la vallée. Les terres figurent sur les cartes de la région parisienne dès le XVII^e^ siècle. Richelieu y aurait établi l'une de ses résidences. Après la Révolution, il ne reste du domaine bâti que des vestiges de caves, les cuisines, les écuries et les souterrains.

ESCALIER MONUMENTAL
*XIXe siècle*
*Parc de Bécon*
Après la Commune, dont les soubresauts endommagent fortement le château, Bécon est racheté par le prince Stirbey. Fils de l'« hospodar » de Valachie – l'ancien prince régnant – Stirbey affirme un goût prononcé pour les arts et les belles demeures. Il restaure le château, lui rajoute deux ailes ainsi qu'un second étage. Le parc luimême reçoit les aménagements du comte, notamment de nombreuses statues, dont certaines sont de Carpeaux. Stirbey, qui vit dans le domaine aux côtés de Valérie Fould, ancienne sociétaire de la Comédie-Française, veuve du fils de l'ancien ministre des Finances de Napoléon III, Gustave Fould, offre l'hospitalité au sculpteur malade, d'abord dans sa propriété niçoise, puis au château de Bécon. Peut-être la charité devant les souffrances de l'artiste n'a-t-elle pas été la seule motivation de Stirbey, puisqu'une grande partie des œuvres de Carpeaux se retrouve dans les collections du comte. En 1875, Jean-Baptiste Carpeaux meurt à Bécon. Après le décès de Stirbey en 1925, le domaine passe aux enfants de Valérie Fould. Le bombardement de 1943 détruit la demeure en partie et ses ruines sont rasées en 1957.

FONTAINE AUX ANTIQUES
*Renaissance et XIXe siècle*
*Parc de Bécon*
Le parc de Bécon abrite encore une série de sculptures achetées par Stirbey, notamment lors de l'Exposition universelle de 1885. Parmi les vestiges des ornements sculptés du parc, *L'Amour des Anges* par Giulio Bergonzoli (1822-1868), sculpteur et peintre milanais, ou *Michel-Ange enfant sculptant le masque d'un satyre*, œuvre d'un des membres de la famille de sculpteurs florentins Zocchi, peut-être du père, Emilio Zocchi (né en 1835). La Fontaine aux antiques, quant à elle, est un ensemble composé de fragments sculptés d'origines diverses, dont une copie d'après un bas-relief de la Renaissance italienne qui côtoie quelques éléments épars.

L'AMOUR
DES ANGES
*1865*
*Sculpteur :*
*Bergonzoli*
*Parc de Bécon*

MICHEL-ANGE
ENFANT
*XIXe siècle*
*Sculpteur : Zocchi*
*Parc de Bécon*

PAVILLON DE SUÈDE
ET DE NORVÈGE
*1878. Architecte : Thrapp-Meyer*
*Musée Roybet-Fould*
*Parc de Bécon*
*178, boulevard Saint-Denis*
Le musée de Courbevoie est fondé en 1927 par Consuelo Fould, petite-fille du ministre de Napoléon III, Achille Fould et fille adoptive du prince Stirbey. Amateur d'art et peintre elle-même, la fondatrice avait émis le souhait que le musée soit installé dans sa maison d'été de Courbevoie et qu'il prenne le nom de « Roybet-Fould », en hommage au peintre Roybet dont elle appréciait l'œuvre tout particulièrement.

Le bâtiment qui abrite les collections résulte de la juxtaposition de la villa initiale, remontant aux années 1865-1870, et du pavillon de Suède et Norvège, construit à l'occasion de l'Exposition universelle de 1878, et racheté par le prince Stirbey. Ce pavillon est l'œuvre de l'architecte norvégien Enrik Thrapp-Meyer, et on le regarde comme l'un des plus anciens exemples d'architecture préfabriquée subsistant en France. Entièrement constitué de pin rouge de Norvège, il présente des bandeaux décoratifs en forme de lattes de bois compressé, matériau précurseur de l'aggloméré.

DÉTAIL DE FAÇADE
*1878*
*Musée Roybet-Fould*
*Parc de Bécon*
Constituées notamment autour des œuvres de Consuelo Fould, les collections du musée se composent d'un ensemble d'œuvres de la fin du XIX^e^ siècle, par Jean-Baptiste Carpeaux, Isidore Pils, Ferdinand Roybet, Ary Scheffer, Juana Romani, Rosa Bonheur, Léon Canniccioni, etc. De même, un fort ensemble de documents évoque le passé de Courbevoie. Ce patrimoine comprend également une collection de plus de huit cents poupées, du XVII^e^ siècle à nos jours.

PAVILLON INDIEN
*1878*
*Parc de Bécon*
Réalisé pour l'Exposition universelle de Paris 1878, ce petit bâtiment était à l'origine installé à l'intérieur de la galerie des machines et servait à la présentation des collections du Prince de Galles. À la fin de l'exposition, il est remonté à Courbevoie et devient la résidence d'été de Georges-Achille Fould-Stirbey, fils de Valérie Fould. (Ins. M. H.)

AUTEUIL ET LE MONT VALÉRIEN
*1869. Jean-Baptiste Carpeaux*
*Huile sur toile*
*Musée Roybet-Fould*
Ce paysage peint par Carpeaux, que l'on connaît mieux comme sculpteur, révèle l'attention portée par l'artiste aux couleurs et effets d'atmosphère. Subtil, à la manière presque imperceptible des effets de nuages de Turner, l'espace glisse entre l'air et les choses. Carpeaux effectue de nombreuses études préparatoires, à la craie et au fusain, qui sont empreintes de la même subtilité. Il déclarait « j'ai barbouillé bien des toiles, j'aime cet art avec passion ».

ÉTUDE POUR LA DANSE
*Vers 1869. J.-B. Carpeaux*
*Plâtre*
*Musée Roybet-Fould*

La vie de Jean-Baptiste Carpeaux (1827-1875), malgré le succès et la faveur de Napoléon III, oscille entre la gloire et la misère physique. Né à Valenciennes, élève de Rude, il développe son talent à mesure des années, pour obtenir, en 1866, la commande des décorations du pavillon de Flore aux Tuileries. Le soutien de Napoléon III sera sans faille jusqu'en 1870. De cette période datent les commandes officielles, qui sont aussi les chefs-d'œuvre de l'artiste, comme *Le Triomphe de Flore*, ou *La Danse*, sculpté pour l'Opéra de Paris, dont le musée conserve un estampage d'après la terre cuite du Musée du Louvre. Miné à partir de 1873 par un cancer de la vessie, Carpeaux s'éteindra à Courbevoie dans la propriété du prince Stirbey.

LA DÉFENSE DE LA PATRIE
*1870. J.-B. Carpeaux*
*Terre cuite*
*Musée Roybet-Fould*

Datée de 1870, cette terre cuite est la réduction de l'œuvre monumentale de Carpeaux, qui couronne l'hôtel de ville de Valenciennes. La fille de Carpeaux, Louise, honorera la mémoire de son père en faisant donation d'une très importante série d'œuvres au musée de Courbevoie. Parmi celles-ci, la maquette du groupe *Ugolin et ses enfants* ou le buste de la *Palombella* qui illustre la période où le jeune artiste, premier Grand Prix de Rome, travaille à la Villa Médicis.

AMOUR BLESSÉ
*1874. J.-B. Carpeaux*
*Terre cuite*
*Musée Roybet-Fould*

Des dernières années de souffrance de Carpeaux date cette charmante terre cuite, pour laquelle a posé l'aîné des trois enfants du sculpteur. Carpeaux, utilisant avec subtilité le langage classique, s'est fait le chantre des sentiments de l'âme humaine, devenant sans doute le plus grand sculpteur de la seconde moitié du XIXe siècle.

LE PAGE À L'ARQUEBUSE
*Ferdinand Roybet*
*Huile sur toile*
*Musée Roybet-Fould*

Au sein de l'art que l'on dit « pompier », Ferdinand Roybet (1840-1920) s'inscrit dans la filiation de Meissonnier, avec une peinture de genre en costume historique. Fréquentant l'Académie des Beaux-Arts, il effectue quelques voyages aux Pays-Bas et en Espagne, où il redécouvre l'art des peintres flamands et hollandais du XVIIe siècle. Sans doute la mode veut-elle qu'il n'en conserve que les décors et les costumes, dans un esprit de reconstitution historique, où peuvent

s'affirmer avec aisance son sens de la couleur et sa technique brillante. Selon ses dires, ses véritables maîtres, en matière de technique de composition et de lumière, sont Rembrandt, Frans Hals et Vélasquez.

FEMME AU CRUCIFIX
*XIXe-XXe siècle. Consuelo Fould*
*Huile sur toile*
*Musée Roybet-Fould*

Peintre, la fondatrice du musée, Consuelo Fould (1862-1927), travaille dans son atelier de Courbevoie, aujourd'hui salle de restauration du musée. Elle apprend l'art du portrait sous l'égide du peintre Léon Comerre. Puis, sous l'influence des milieux officiels de la IIIe République, elle expose au Salon et se spécialise dans la peinture d'histoire et les scènes de genre. Son art académique est néanmoins influencé par le symbolisme dans l'air du temps. Son travail de peintre se double d'un sens du mécénat qui témoigne d'un aspect fort méconnu de l'art officiel sous la IIIe République.

PORTRAIT DE DAME
EN COSTUME VÉNITIEN
*XIXe-XXe siècle. Juana Romani*
*Huile sur toile*
*Musée Roybet-Fould*
Élève italienne de Roybet, Juana Romani (1869-1924) traduit dans sa peinture une passion pour le portrait idéalisé, délibérément hors du temps, baignée de rêveries proches de l'idéal symboliste. On peut lire dans son œuvre, aujourd'hui oubliée, le manifeste d'un idéal féminin en vogue à la fin du XIXe siècle, la représentation de la femme séductrice, sans attache sociale, belle et richement parée, telle que le goût de l'époque la désirait.

POUPÉES ANCIENNES
*Vers 1865*
*Porcelaine*
*Musée Roybet-Fould*
Le musée conserve également une très importante collection de plus de huit cents poupées, dont les plus anciennes remontent au XVIIe siècle. Ici, trois poupées du second Empire à tête-buste de porcelaine vernissée et membres articulés.

LA SIRÈNE BLESSÉE
*1896. Adolphe Lalyre*
*Huile sur toile (330 × 210 cm)*
*Musée Roybet-Fould*
Critique d'art, élève aux Beaux-Arts de Puvis de Chavannes, Adolphe Lalyre (1848-1933) célèbre, à travers le message allégorique des mythologies, les formes féminines voluptueuses, aux chairs inspirées de Rubens. Tout ici n'est que prétexte à une peinture brillante, peu chargée de sens, sinon d'une sensualité débordante animée par une solide technique.

AFFICHE BANANIA
*Début du XXe siècle*
*Musée Roybet-Fould*
La chocolaterie Banania, qui possède au début de notre siècle des usines à Courbevoie, est fondée en 1912 par Pierre-François Lardet, ancien banquier, ancien journaliste, passionné

de voyages, et qui décide d'associer deux produits coloniaux : le cacao et la banane. Les affiches réalisées pour les campagnes publicitaires Banania relèvent du mythe colonial alors en vogue.

ANCIENNE CASERNE CHARRAS
*Façade centrale*
*1756. Architecte : Guillaumot*
*Parc de Bécon*
Ville de garnison, Courbevoie – à l'instar de ses voisines Rueil et Saint-Denis – accueille dès le début du XVIIIe siècle les régiments d'élite des gardes suisses, chargés de la protection du roi. Auparavant logés chez l'habitant, les Suisses sont regroupés, sur un décret de Louis XV en 1754, dans trois casernes dont la construction est confiée à Charles Axel Guillaumot. À l'origine, le pavillon principal au fronton sculpté, dit pavillon de l'horloge, s'intègre dans une façade de cent vingt-cinq mètres de long, encadrée de deux ailes en retour, formant cour. Les gardes suisses y logent dès 1757. Décimés aux Tuileries en août 1792, ils seront remplacés par les soldats de

la République auxquels succède la garde impériale. Le poète Alfred de Vigny y est officier, dans le troisième régiment de la garde royale. Les bâtiments prennent à la fin du XIXe siècle le nom de caserne Charras, en hommage à deux officiers aux convictions républicaines : le père, général sous l'Empire, le fils lieutenant-colonel puis secrétaire d'État sous la IIe République. Il ne reste désormais des casernes que la façade de l'avant-corps central, surmontée d'un fronton décoré – écu, traces de fleurs de lys, guirlande et attributs militaires – sculpté d'une couronne royale. Cette partie du bâtiment a été transférée dans le parc de Bécon. (Ins. M. H.)

MAISON DE VIBRAYE
*XVIIIe siècle*
*12, rue de la Montagne*
Enclavé dans les bâtiments de la clinique de la Montagne, ce pavillon à

l'ordonnance classique pourrait remonter au règne de Louis XVI. Un dessin rehaussé d'aquarelle, datant de 1777, le représente, au sein de la propriété agrémentée de jardins. À la Révolution, la propriété appartient à Anne-Renée Frémont d'Auneuil, veuve du marquis de Vibraye, colonel de la cavalerie. Parce que ses enfants ont émigré, la marquise, demeurant à Paris, est arrêtée sous la Terreur. Âgée de quatre-vingt-un ans, elle demandera au comité de Sûreté générale le droit de se retirer en sa maison de Courbevoie.

CHÂTEAU LARIVIÈRE
*dit Château « Les Violettes »*
*1860-1870*
*41, rue de Colombes*
Ce château à trois étages, en brique avec toit en ardoises, remonte aux années 1860-1870. Le propriétaire, initiateur de l'édification de la bâtisse, est Antenor Bon Renouard, dit Larivière, lequel fait appel à un élève de Charles Garnier, architecte de l'Opéra de Paris. Cette vaste demeure, dont l'escalier a été quelque peu modifié de nos jours, dominait une propriété de trois hectares. Dans les années 1870, Mlle Barnabé y fonde une confrérie religieuse destinée aux orphelines et jeunes filles d'origine modeste, qui y travaillent au sein d'un atelier de fabrication de fleurs artificielles. Laissé à l'abandon, le château est récemment réhabilité et transformé en centre culturel avec bibliothèque.

PAVILLON HAUSSMANN
*1900*
*7, rue Haussmann*
Cet hôtel particulier se caractérise par un péristyle ouvragé au-dessus de l'entrée et par deux terrasses en mosaïque avec balustrades ajourées, situées en avant et en arrière de l'immeuble. Les murs sont en brique apparente sur soubassement de pierre de taille.

MAISON DE RETRAITE
*1909*
*Union belge*
*49, rue de Colombes*
En 1888, à l'initiative de ressortissants belges travaillant en France, l'Union belge est créée, société de bienfaisance mutualiste prévenant les risques d'accidents et de maladie. La société se développe très rapidement, en raison du peu de protection sociale accordé à l'époque aux travailleurs étrangers. Chargée par les autorités belges de régler les problèmes d'entraide et de rapatriement, l'Union belge se voit accorder par le roi Léopold II le titre de Société royale, qu'elle a conservé. L'édification de la maison de retraite de Courbevoie,

commandée à l'initiative du gouvernement belge, est réalisée grâce à une fondation du baron Bischoffsheim. Mise à la disposition du gouvernement français en août 1914, la maison de retraite devient un temps hôpital militaire où seront soignés plus de cinq mille combattants belges et français. Le roi Albert Ier, accompagné du prince Léopold, visitera la maison de Courbevoie peu après l'armistice de 1918. Aujourd'hui, la maison de l'Union belge accueille les retraités valides de toutes nationalités.

ÉCOLE MATERNELLE
*1935*
*Groupe scolaire Aristide-Briand*

STADE MUNICIPAL
*1935. Architecte : Florent Nanquette*
*Boulevard Aristide-Briand*
*et rue de Colombes*
Avant la Révolution, les terrains actuels du stade municipal et du groupe scolaire Aristide Briand forment une propriété aménagée autour d'un château. En 1797, les époux Crémieux, nouveaux propriétaires, font reconstruire la demeure qui est surnommée le « château des colonnes », en raison de son architecture dans le goût antique. Morcelé en 1814 puis en 1832, le domaine est acquis en 1843 par l'Assistance publique, grâce à un legs du comte Charles de Lambrechts (mort en 1823), ministre sous le Directoire, sénateur sous l'Empire et député pendant la Restauration. La demeure, alors transformée en hospice, est restaurée par Baltard, tandis que sont dispersées les œuvres d'art qui l'ornaient. En 1844, on inaugure l'asile Lambrechts qui sera transféré en 1930 à Châtillon-sous-Bagneux. C'est à cette même époque que l'on démolit l'ancien château pour faire place à la construction d'un complexe scolaire. Sur une partie du domaine, selon un projet datant de 1925, l'architecte Florent Nanquette aménage un cynodrome – stade réservé aux courses de chiens. Les courses de lévriers s'interrompent en 1948, et le cynodrome devient stade municipal. C'est aujourd'hui le stade national d'athlétisme de Courbevoie, intégré au groupe scolaire Aristide-Briand.

LA DÉFENSE
*1881. L. E. Barrias*
*Rond-point de la Défense*
Cette sculpture de Louis Ernest Barrias (1841-1905) est érigée en souvenir des vifs combats de la Commune, après le siège de 1870, hommage à la résistance des Parisiens contre l'envahisseur prussien. Installé à l'origine au carrefour des trois communes se partageant la Défense, le groupe sculpté a été légèrement déplacé mais se situe toujours sur le territoire de Courbevoie.

GROUPE SCULPTÉ
*XIXe-XXe siècle*
*Pierre*
*Square Jean-Mermoz*

ÉTABLISSEMENTS GUERLAIN
*1950. Architecte : Tiercinien*
*9, rue Louis-Ulbach*
Les usines de parfumerie Guerlain sont installées, avant la Seconde Guerre mondiale, à La Garenne-Colombes. Détruites par un bombardement, elles s'implantent après les hostilités à Courbevoie. Ce bâtiment en brique rouge, rehaussé par un liseré de brique blanche, est construit en 1950 par l'architecte Tiercinien. L'architecture élégante se souvient encore des révolutions accomplies dans les années trente en matière de bâtiments industriels. La localisation de l'ensemble, le long de la voie ferrée, répond aux critères d'efficacité de production.

ACTE DE NAISSANCE
*Arletty, née Léonie Bathiat*
*1898*
*Archives municipales*
Léonie Bathiat (1898-1992) naît le 15 mai 1898 au 33, rue de Paris à Courbevoie. Elle débute au théâtre dans les revues parisiennes, où sa fantaisie populaire et sa noblesse naturelle s'imposent. Le cinéma la sacrera. Comédienne fétiche de Marcel Carné, elle entre dans l'histoire du septième art en 1938 grâce à une réplique d'Henri Jeanson, qu'elle lance à Louis Jouvet : « Atmosphère, atmosphère, est-ce que j'ai une gueule d'atmosphère ! » Elle interprète les grands auteurs chez les grands metteurs en scène, et sa présence n'est pas étrangère au mythe qui entoure les films désormais classiques qu'elle a illuminés. Son plus beau rôle demeure sans doute celui de Garance dans *Les Enfants du paradis.* Elle se retire de la vie publique un soir de 1966, atteinte de cécité. Sa silhouette inimitable hante désormais la mémoire des cinéphiles, à l'image de François Mauriac qui écrit : « Ces traits émergés dont on ne sait quelle incorruptible enfance, cette face immobile, cette Joconde, ce lac vivant où affleure le drame d'une vie, de plusieurs vies.» Enfant de Courbevoie, Arletty meurt à Paris le 23 juillet 1992.

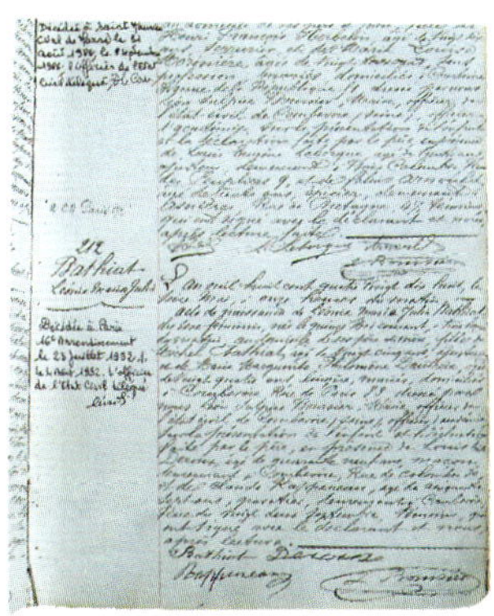

ACTE DE NAISSANCE
*Louis-Ferdinand Destouches,*
*dit Céline*
*1894*
*Archives municipales*
« Pauvre banlieue parisienne, paillasson devant la ville où chacun s'essuie les pieds, crache un bon coup, passe, qui songe à elle ? Personne. Abrutie d'usines, gavée d'épandages, dépecée, en loques, ce n'est plus qu'une terre sans âme, un camp de travail maudit, où le sourire est inutile, la peine perdue, terne la souffrance, Paris "le cœur de la France", quelle chanson ! quelle publicité ! La banlieue tout autour qui crève ! Calvaire à plat permanent, de faim, de travail, et sous bombes, qui s'en soucie ? Personne, bien sûr. Elle est vilaine et voilà tout. Les dernières années n'ont pas arrangé les choses. On s'en doute. Banlieue de hargne toujours vaguement mijotante d'une espèce de révolution que personne ne pousse ni n'achève, malade à mourir toujours et ne mourant pas. » (Céline, *Chanter Bezons, voici l'épreuve*, Cahiers n°1). Céline est né à Courbevoie en 1894, mort à Meudon en 1961.

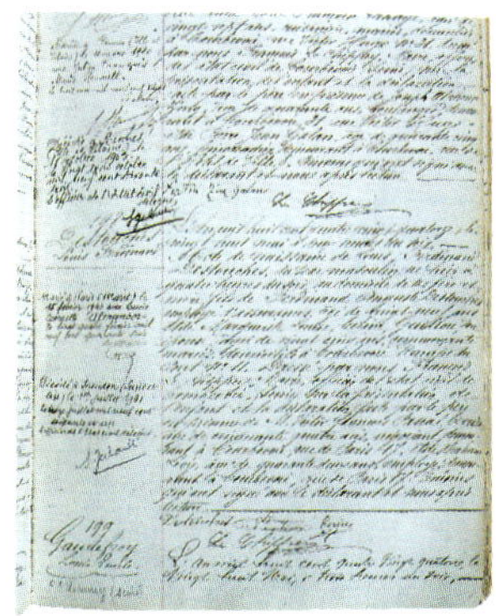

ACTE DE NAISSANCE
*Jacques-Henri Lartigue*
*1894*
*Archives municipales*
Tenté dans sa jeunesse par une carrière d'artiste peintre, Jacques-Henri Lartigue (1894-1986) se consacre jeune à la photographie, avec le regard toujours conservé de l'amateur. Son œuvre traverse le XXe siècle, comme une joie de vivre.

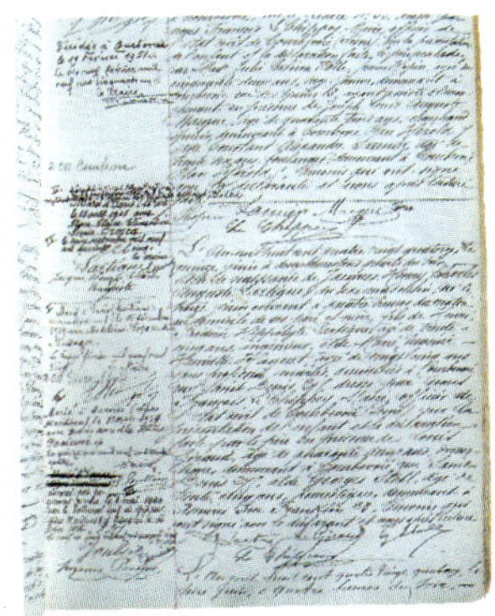

# Fontenay-aux-Roses

Canton de Fontenay-aux-Roses
Arrondissement d'Antony

Superficie : 262 ha – Population 1992 : 23 354 hab.
Habitants : les Fontenaisiens – Voie : RN7

Origine du nom : *fontanetum* du latin *fons* – source, fontaine –, en raison des nombreuses sources du site ; les roses, tradition horticole de la ville, ont été adjointes au nom de Fontenay au XVII^e siècle.

Blason : la fontaine jaillissante rappelle la présence des ruisseaux, les trois roses celle des cultures traditionnelles.

## HISTORIQUE

Les premières mentions de Fontenay remontent au XI^e siècle. Alors petit hameau, il est rattaché à la paroisse de Bagneux, d'où son nom originel de Fontenay-lès-Bagneux ou encore Fontenay-sous-Bagneux. Le village ne devient paroisse autonome sous le vocable de Saint-Pierre qu'au XIII^e siècle. Il compte deux cent cinquante âmes en 1350. Trois communautés ecclésiastiques se partagent le territoire et y exercent leur droit seigneurial : l'abbaye de Sainte-Geneviève, du XI^e siècle à 1588 ; l'abbaye de Saint-Germain-des-Prés du XII^e siècle à 1789, et le chapitre de Notre-Dame de l'an 805 à 1789. Des seigneurs laïques, comme les seigneurs de Châteaufort à partir du XI^e siècle, possèdent aussi quelques terres et droits. Village prospère jusqu'au XIV^e siècle, Fontenay est pratiquement décimé lors de la guerre de Cent Ans, après laquelle on dénombre seulement soixante habitants. Au XVI^e siècle les guerres de Religions et la Fronde sont terriblement meurtrières. En janvier 1657, on trouve pour la première fois mention de Fontenay-aux-Roses. Le village en effet, en plus de la culture de la vigne, cultive les roses. Culture des roses à usage médicinal pour les onguents, mais surtout des fameuses roses rouges de Provins qui font la gloire de la ville. Le rosier de la cour approvisionne la reine, la cour tout entière mais aussi les parlementaires tenus de porter des roses plusieurs fois l'an. Fontenay est un endroit très prisé, où il fait bon se promener dans des allées fleuries. L'écrivain français Scarron (1610-1660) y établit sa résidence comme beaucoup d'autres personnages au cours des siècles : la famille Ledru-Rollin à la Révolution, et sous l'Empire, M. et M^me Boucicaut, fondateurs du magasin le « Bon Marché ». Le poète André de Chénier (1762-1794) compose des vers en hommage à la douceur de Fontenay. Le village est acquis aux idées révolutionnaires et démocratiques : en 1790, le maire statue sur la séparation d'un couple par consentement mutuel, deux ans avant le vote de la loi sur le divorce. En 1791, les habitants sont invités à voter pour fixer la date des vendanges. Au début du XIX^e siècle, Fontenay est une paisible bourgade, à la démographie presque galopante pour l'époque ; de 696 habitants en 1801, elle passe à 3 343 en 1896, malgré l'épreuve de l'occupation prussienne de 1870 qui a causé un grand nombre de victimes. En 1854, les rosiers sont arrachés et remplacés par d'autres cultures plus rentables. En 1895, les travaux de modernisation de la ligne de chemin de fer de Sceaux, déplaçant la gare en contrebas de la ville, contribuent à un nouveau développement. Fontenay qui a vu sa population presque décupler en un siècle, a été entraîné dans une importante restructuration urbaine, mais a su perpétuer l'image de son passé.

PLAN DE
LA VILLE
*XVIII^e^ siècle*
*Archives nationales*

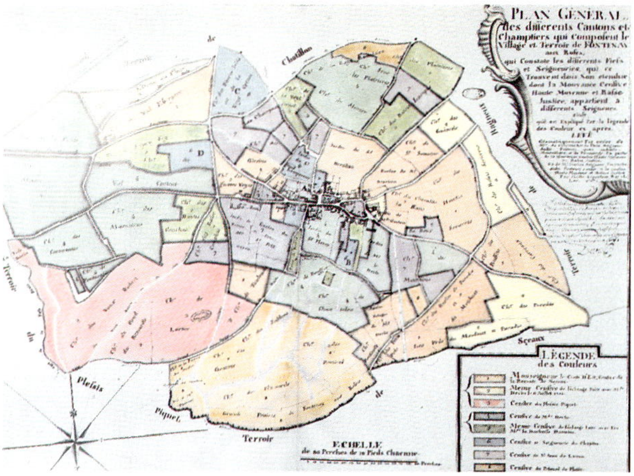


CHÂTEAU LA BOISSIÈRE
*1698*
*10, place du Général-de-Gaulle*
Denys Thierry, juge-consul et libraire rue Saint-Jacques, à l'enseigne de *Ville de Paris*, édite avec prudence, partageant les frais avec l'éditeur

Barbine, les *Fables* de Jean de La Fontaine (1621-1695). Les premières fables publiées en 1668, les dernières en 1694, rapportent à Thierry des sommes considérables grâce auxquelles il construit sa maison de campagne, demeure élégante et cossue avec son parc à la française, sa facture classique à la Mansart et ses communs de style Louis XIV. Revendu en 1720 par les héritiers Thierry, le château change à plusieurs reprises de propriétaires. L'un deux, M. Lempereur, orfèvre-joaillier, dessinateur et peintre, laisse une sanguine datée de 1773 et titrée *Vue d'un jardin*. Il s'agit du jardin du château. La propriété sera cédée en 1778 à M. Legendre, avocat au Parlement, puis à Jean-Baptiste La Boissière en 1827. En 1955, le château devient propriété des établissements Citroën. Il est un temps question de le démolir pour construire des logements sociaux. Mais acquis par la commune et réhabilité, il accueille aujourd'hui dans ses murs le centre culturel jeunesse et loisirs (CCJL) et la bibliothèque municipale. (Ins. M. H.)

MÉDAILLON
*XVII^e^ siècle*
*Plâtre*
*Château La Boissière*
Ce médaillon rend hommage au poète français Jean de La Fontaine, né à Château-Thierry, qui connaît une grande liberté grâce à sa charge de maître des Eaux et Forêts. Grand amateur de lecture et notamment d'auteurs anciens – Ovide, l'Arioste et surtout Ésope – qu'il prendra pour modèles, il fréquente les salons littéraires et écrit bientôt lui-même, aidé par des protecteurs éclairés. Ses premiers récits gracieux et parfois licencieux connaissent un ample succès à la cour. Ses fables, virtuosités de versification et remarquables exemples de sagesse moralisatrice, sont dès son époque très appréciées.

ESCALIER
*XVII^e^ siècle*
*Château de La Boissière*

GRILLE
*Le Rat des villes et le Rat des champs*
*XVII^e^ siècle*
*Fer forgé*
*Château La Boissière*
*Le Rat des villes et le Rat des champs*, fable célèbre, est illustrée par une saynète formant un motif sur la grille du vestibule du château, côté parc. Elle jouxte les armes parlantes de Denys Thierry, emblème héraldique qui rappelle le nom de leur propriétaire : trois plantes de riz dans un croissant.

BUSTE DE JEAN DE LA FONTAINE
*XIX^e^ siècle*
*Louis-Noël Picard-Déchin*
*Parc du château La Boissière*
Ce buste de Jean de La Fontaine est originellement exécuté en bronze par le statuaire Louis-Noël Picard en 1894 et inauguré la même année, sur la place de l'Église. En 1928, il est transféré dans la cour d'honneur du château Sainte-Barbe, puis dans le parc, en 1930. Il est réquisitionné pendant la Seconde Guerre mondiale et fondu en canon. Une seconde statue en pierre sculptée d'après le moule original est réalisée après la guerre par Déchin, élève et gendre de l'artiste.

PORTAIL DE LA MAISON SUARD
*XVIII^e^ siècle*
*7, avenue Jean-Jaurès*
Ce portail est le dernier vestige de la maison achetée en 1782 par J. B. Antoine Suard (1732-1817), écrivain et académicien français. Le couple Suard reçoit fréquemment dans son château une belle et nombreuse société : Talleyrand, la comtesse d'Albany (épouse du comte d'Albany, Charles-Édouard Stuart, prétendant à la couronne d'Angleterre), Trudaine (administrateur français, créateur de l'école des Ponts et Chaussées en 1747) et notamment Condorcet (philosophe, économiste, mathématicien et homme politique) dont Suard fut un temps le protégé. Diffamé sous la Révolution, inquiété et suspecté lors de la Terreur, le 25 mars 1794, le couple Suard refuse de recevoir sous son toit Condorcet alors en fuite. Ce dernier est arrêté quelques heures plus tard et conduit à la prison de Bourg-la-Reine. Il meurt le 29 mars 1794.

ÉGLISE SAINT-PIERRE
ET SAINT-PAUL
*1832. Architecte : Auguste Molinos*
*1, avenue du Parc*

Il semble que le premier lieu de culte de Fontenay soit une chapelle datant du XIII^e^ siècle vouée à saint Pierre. Sur ses vestiges, l'église, reconstruite en 1550, perdure jusque sous le règne de Louis-Philippe. En 1796, l'état de ruine de l'édifice nécessite sa démolition. Sa reconstruction, entérinée par le conseil municipal, est confiée en 1832 à l'architecte Auguste Molinos. Des travaux d'amélioration doivent être effectués en 1835 et 1836, sur décision de l'architecte Visconti, en raison de défauts de construction et des mauvais matériaux utilisés lors du premier chantier. Ces travaux, par manque de ressources, n'auront pas lieu. L'église reste telle, mais les dégradations dues aux pierres friables rendent nécessaire la rénovation du clocher qui est prise en charge en 1968 par la municipalité.

TRANSFIGURATION
*XVIII^e^ siècle*
*Huile sur toile*
*Église Saint-Pierre et Saint-Paul*
Jésus, ayant pris avec lui ses apôtres Pierre, Jean et Jacques, est venu prier sur le mont Thabor. Soudain il apparaît à ses disciples « transfiguré », s'élevant dans les cieux, le corps nimbé d'une lumière éblouissante avec, à ses côtés, les prophètes Moïse et Élie. Daté du XVIII^e^ siècle, ce tableau est une copie d'après Raphaël. *La Transfiguration* originale est une commande passée au maître italien, en 1517, par le cardinal Jules de Médicis pour la cathédrale de Narbonne. Les disciples du peintre, dont Jules Romain, achèveront cette toile en 1520, après sa mort. Le cardinal, devenu entre-temps le pape Clément VII, la fait placer à San Pietro in Mantorio. Elle y reste jusqu'à la Révolution, puis sur ordre de Pie VII, est transportée à Rome au Vatican, où elle se trouve encore aujourd'hui.

MAÎTRE-AUTEL
*XVIII^e^ siècle*
*Bois sculpté*
*Église Saint-Pierre et Saint-Paul*

De style Louis XVI, ce maître-autel en chêne sculpté, d'inspiration plutôt païenne, est orné de volutes, de couronnes de fleurs et de fruits, et, dans le médaillon central, d'une colombe. Il est offert à l'église au XVIIIe siècle par une dévote personne. L'orgue du XIXe possède un buffet en chêne. Avec l'aide de la municipalité il a été restauré en 1977.

PLAQUE DE CHEMINÉE
*XVIII[e] siècle*
*Bibliothèque municipale*
Cette plaque de cheminée sculptée présente en son centre la déesse romaine assimilée à la déesse grecque Artémis. Diane chasseresse est une vierge farouche, reine des bois et du monde sauvage et animal.

STATUE
*XIX[e] siècle*
*Façade de maison Saint-Pierre et Saint-Paul*
Cette petite statue représente un jardinier d'époque Louis XV. Elle est rénovée en 1990 par le sculpteur Daniel Rouvière qui l'a considérablement restaurée, en lui redonnant le bras qui lui manquait ainsi que son instrument agraire.

COLLÈGE
SAINTE-BARBE-DES-CHAMPS
*XVIII[e]-XX[e] siècle*
*Architecte : Henri Labrouste*
*3, rue Boucicaut*
Le premier édifice est élevé au XVIIIe siècle sur l'ancien terrain d'une demeure ayant appartenu à l'abbaye de Sainte-Geneviève, cédée en 1640 à un conseiller au Parlement de Metz. Après l'époque révolutionnaire, le château abrite jusqu'en 1831 l'institution Morin, où étudie Viollet-le-Duc (1814-1879), puis est vendu en 1852 au célèbre collège parisien Sainte-Barbe, qui veut ouvrir une annexe champêtre. Fondé en 1460 par Geoffroy Lenormant, le collège de Paris est placé sous le vocable de sainte Barbe, qui a vaincu dans la discussion les plus habiles docteurs du paganisme grec avant d'être martyrisée au IIIe siècle. L'architecte Henri Labrouste (1801-1875) entreprend l'aménagement du vaste établissement scolaire qui comptera parmi ses élèves : Paul Deschanel (1855-1922), académicien français et président de La République, Valery Larbaud (1881-1957), écrivain français cosmopolite, qui évoque ses années de collège dans son roman *Fermina Marquez* (1911). À partir de 1893, le parc accueille la société des Rosati (anagramme d'Artois, société d'encouragement poétique fondée en 1778 par des jeunes gens épris de vin, du parfum des roses et de poésie) pour la célébration annuelle de la fête des Roses. En 1899, l'établissement ferme ses portes. La bâtisse devient propriété du séminaire de Notre-Dame-des-Champs, qui est obligé de s'en séparer en 1907, sous le coup de la loi de Séparation. Le château appartient aujourd'hui à la municipalité et abrite des expositions temporaires. Son jardin est ouvert au public. (Ins. M. H.)

COLLÈGE
SAINTE-BARBE-DES-CHAMPS
*XVIII[e]-XIX[e] siècle*
*Architecte : Henri Labrouste*
*Aile gauche*

LE PRINTEMPS
*XIX[e] siècle*
*Sculpteur : Henry Schmid*
*Bronze. H. : 248 cm*
*Parc Sainte-Barbe*

Cet hymne au printemps est représenté par une femme dansant. La sculpture fait l'objet d'un dépôt du musée du Louvre depuis 1929.

HÔTEL DE VILLE
*1860. Architecte : Claude Naissant*
*Rue Boucicaut*
Le 6 avril 1790 Fontenay-aux-Roses pour la première fois de son histoire se dote d'un maire, en la personne de M. Fichet. Il est alors nécessaire de trouver un endroit pour accueillir les réunions des officiers municipaux. L'église est le premier lieu de réunion choisi en 1811, la municipalité loue la maison commune, et ce jusqu'en 1847. Le conseil municipal se tiend ensuite dans l'école des filles. Sous le mandat de M. Collin, l'architecte Claude Naissant édifie un hôtel de ville en 1860 sur l'emplacement de l'ancien cimetière. L'architecte des Monuments historiques Boiret réalise l'extension des ailes en 1975.

ÉCOLE NORMALE SUPÉRIEURE
*XVIIe-XIXe siècle*
*27-31, avenue Lombart*
Les bâtiments de l'École normale supérieure sont construits dans le parc de la demeure seigneuriale édifiée au XVIIe siècle, propriété de Colbert, puis de la famille Devin, dont les membres sont les premiers marquis de Fontenay. Thérésa Cabarrus – future Mme Tallien – qui épouse en 1789 Jean-Jacques Devin, donne des fêtes à Fontenay auxquelles sont conviés les acteurs du régime révolutionnaire, ceci jusqu'à son divorce en 1793. À la suite du départ de Devin, le 18 brumaire 1799 (9 novembre 1799), la demeure devient en 1803 propriété du sculpteur Augustin Pajou (1730-1809) jusqu'à sa mort. L'École normale supérieure, créée en 1880 à Fontenay, est édifiée dans l'ancien domaine. Le pavillon Tallien, dernier vestige du château où se trouvait le laboratoire de physique et chimie est détruit en 1964. Sous le ministère de Jules Ferry (1832-1893), dans le cadre des importantes réformes concernant l'éducation, les écoles normales supérieures d'enseignement primaire sont créées pour la formation des professeurs. À cette époque, l'école de Fontenay ne reçoit que les jeunes filles. Les élèves, toutes internes, sont admises à la suite d'un concours national ouvert aux titulaires du brevet supérieur ou aux bachelières. L'école de Fontenay assure aujourd'hui la formation des candidats à l'agrégation littéraire.

MAISON LEDRU-ROLLIN
*XVIIIe et XIXe siècles*
*44, avenue Lombart*
À la fin de sa vie, Paul Scarron (1610-1660), revient vivre à Fontenay dans sa maison natale construite par son père, conseiller au Parlement. Il est alors un écrivain âgé, célèbre pour ses pièces comiques, et vient d'épouser une très jeune fille, Françoise d'Aubigné (petite-fille du poète Agrippa d'Aubigné, future Mme de Maintenon, gouvernante des enfants du roi Louis XIV et épouse de celui-ci à partir de 1684). Sa demeure est fréquentée par les écrivains et hommes politiques du moment. Le domaine appartient ensuite à Nicolas Philippe Ledru (1731-1807), savant et inventeur qui sous le nom de Comus présente des spectacles d'illusionnisme. Il est

nommé physicien du roi et ses travaux d'électrothérapie sont reconnus par la faculté. Inquiété à la Révolution en raison de ses relations et de sa fortune, Ledru est brièvement incarcéré en 1793. Son fils cadet Jacques-Philippe, médecin et collectionneur, est maire de Fontenay de 1813 à 1826. Il agrandit et embellit la propriété. Son neveu Alexandre-Auguste Ledru-Rollin (1807-1874) hérite de la demeure. Député, candidat à la présidence de la République en 1849, condamné à la déportation, il rentre de son exil en 1871 et finit ses jours à Fontenay. Sa veuve lègue la demeure qui devient un asile municipal pour jeunes mères. Dans la maison sont conservés le cabinet de travail de Ledru-Rollin et sa collection de reliques et objets divers ramenés de l'exhumation des tombeaux de l'abbaye de Saint-Denis à laquelle il a participé.

VITRAIL
*XX^e siècle*
*Église Saint-Stanislas-des-Blagis*

ÉGLISE SAINT-STANISLAS-DES-BLAGIS
*1934*
*Architectes : Jean et Georges Braive*
*104, avenue Gabriel-Péri*
Pour remplacer la chapelle du collège Stanislas, une église est construite sur l'initiative de l'abbé Callon, grâce à des donateurs privés et aux dons du collège. Le cardinal Verdier pose pour première pierre un fragment de rocher de la grotte de Lourdes. L'édifice d'architecture très moderniste est construit sur une carcasse de béton avec des murs-rideaux en briques.

MAISON DE PAUL LÉAUTAUD
*24, rue Guérard*
Paul Léautaud (1872-1956) quitte le passage Stanislas où il vit à Paris et s'installe à Fontenay dans un petit pavillon avec un grand jardin laissé à l'abandon et livré à ses pensionnaires de la gent animale – plus d'une vingtaine de chiens et autant de chats, des singes, une oie... Il continue cependant à travailler à Paris, où il est secrétaire de rédaction au *Mercure de France*, part le matin et rentre le soir nourrir ses animaux avant de ressortir pour assister aux pièces de théâtre dont il est critique. À Fontenay, il passe longtemps pour un vieillard un peu fou, misanthrope, que l'on croise dans la ville, parfois vêtu d'une vieille robe de chambre, son cabas à la main, en quête de provisions pour ses animaux. Des entretiens à la radio en 1952 le révèlent au public et soudain aux Fontenaisiens. En dehors de collaborations à des revues littéraires, Léautaud est l'auteur de récits essentiellement autobiographiques, sarcastiques, emprunts d'un cynisme frondeur.

MATERNITÉ
*Vers 1930*
*Sculpteur : René Letourneur*
*Marbre*
*École de la Roue*
René Letourneur (1898-1990), grand prix de Rome en 1926, est un pensionnaire privilégié de la Villa Médicis durant quatre ans. Habitant Fontenay-aux-Roses, il y travaille ses sculptures et réalise dans son atelier de nombreuses commandes publiques.

HÉRO PLEURANT LÉANDRE
*1929*
*Sculpteur : Denis Puech*
*Bronze*
*Rue des Mottiés – Rue de l'Avenir*
Le poème grec de Musée du VI^e siècle, narrant l'histoire tragique de Héro et Léandre, inspire Denis Puech comme nombre d'artistes. Léandre d'Abydos aima la belle Héro, prêtresse d'Artémis. Au signal qu'elle allumait sur sa tour, Léandre venait la rejoindre en traversant à la nage l'Hellespont (le détroit des Dardanelles). Une nuit, le feu fut éteint par le vent et Léandre se noya. Après avoir pleuré son amant, Héro se précipita du haut de sa tour. On rapporte que le poète Lord Byron pour revivre ce drame traversa lui-même l'Hellespont à la nage.

# Garches

Blason : la fleur de lys et la croix pattée pour Saint Louis, les feuilles de vigne et de chêne pour les productions du terroir, la maçonnerie pour la briqueterie.

Canton de Garches
Arrondissement de Nanterre

Superficie : 269 ha – Population 1990 : 17 957 hab.
Habitants : les Garchois – Voies : A13, RN307

Origines du nom : il existe deux hypothèses principales : l'une est liée à *garziachus*, provenant de *garz*, dérivé de *harz*, signifiant petit taillis en celte ; l'autre vient du latin *quercus* signifiant chêne.

## HISTORIQUE

L'occupation du territoire de Garches est très ancienne. Des traces d'habitats préhistoriques ont été mises au jour sur le plateau de Buzenval. Au début de l'ère chrétienne, l'actuel Garches fait partie de la paroisse de Saint-Cloud, elle-même dépendant de l'abbaye de Saint-Germain-des-Prés. La construction de l'église Saint-Louis en 1298 permet à Garches de devenir paroisse au début du XIIIe siècle.

Au XVIIIe siècle, le bourg s'appelle Garches-Les-Saint-Cloud. Il est composé de trois hameaux : le grand Garches autour de l'église, le petit Garches, situé à l'est, de part et d'autre de la Grande-Rue, et le hameau de Villeneuve, au sud. De caractère rural, ces hameaux, à la veille de la Révolution, sont pour un tiers plantés de vignes. Remplacée, au XIXe siècle, par les cultures maraîchères et les vergers, la vigne disparaît complètement au début du XXe siècle, au profit de quelques industries (blanchisserie, tuilerie-briqueterie). En 1702, les terres de Villeneuve et de l'Étang sont attribuées au village voisin de Marnes.

En 1870, Garches est occupé par les Allemands. La bataille de Buzenval, qui dévaste le village, ne laisse debout qu'une demi-douzaine de maisons. La fin du XIXe siècle voit Garches renaître de ses ruines : c'est d'abord la reconstruction de l'église, puis des maisons privées et des édifices publics. Les grands domaines sont morcelés en lotissements pour y loger une population toujours croissante et accueillir des Parisiens à la recherche de maisons de villégiature.

Au XXe siècle, l'urbanisation progresse. En 1924, le lotissement Bel-Air, au nord de la commune, est aménagé pour y loger le personnel du champ de courses de Saint-Cloud. Des architectes prestigieux – tels Hector Guimard et Auguste Perret – ont signé quelques belles maisons sur ce territoire privilégié, situé à 5 km à l'ouest de Paris et à proximité de grands domaines de verdure (bois de la Malmaison, parc de Saint-Cloud).

Garches est une commune où le secteur d'activité prédominant reste le tertiaire, avec la présence de nombreux laboratoires et de plusieurs centres de recherches liés à la filière médicale, dont les Laboratoires Debat. Ces activités non polluantes préservent le cadre paisible et résidentiel de Garches, dont le quart du territoire est occupé par des espaces verts.

ÉGLISE SAINT-LOUIS
*1871-1876*
*Architecte : Blondel*
*Calcaire, pierre de taille*
*11, rue de Suresnes*

Première église érigée en France sous l'invocation du roi de France Saint Louis (1214-1270) en 1298, l'église est complètement détruite en 1871 au cours de la bataille de Buzenval dont une partie s'est déroulée sur le territoire de Garches. Reconstruit entre 1871 et 1876, l'édifice actuel s'inspire du style de l'ancienne église gothique en croix latine, précédée d'un clocher-porche.

DALLE COMMÉMORATIVE
*XIXe siècle*
*Marbre (44 × 45 cm)*
*Église Saint-Louis*

L'abbé Robert de La Marche, chapelain de Saint Louis et seigneur du lieu, fait construire, en 1298, en hommage à son maître, l'église Saint-Louis.

Souvent confondue avec la dalle funéraire de l'abbé, cette plaque commémore la pose de la première pierre de l'édifice. Détruite en même temps que l'église, la plaque originale est remplacée par cette copie qu'on peut voir aujourd'hui au-dessus de la porte de la sacristie.

OSTENSOIR ET CALICES
*Deuxième moitié du XIXe siècle*
*Laiton, argent doré et verre*
*Église Saint-Louis*
L'ostensoir est offert en 1951 par le nonce de Paris, Roncalli, le futur pape Jean XXIII (1881-1963) de la part de Pie XII (1876-1958). Le calice de droite en argent doré est un don de la vicomtesse de Caze. La famille de Caze est propriétaire du château de Villeneuve-l'Étang de 1830 à 1852, puis du château de La Marche de 1852 à 1892. Situés sur le territoire actuel de Marnes-la-Coquette, ces châteaux sont de prestigieux voisins pour la paroisse de Garches. La coupe du calice, décorée d'un double blason de la famille de Caze, est également ornée de trois médaillons représentant les trois vertus théologales : l'espérance, la foi et la charité. Sur le nœud, les symboles de l'eucharistie : le vin, le pain et l'eau. Sur le pied, trois médaillons représentent la crucifixion, la montée au Calvaire et le Christ au jardin des Oliviers.

DESCENTE DE CROIX
*Fin XIXe siècle*
*Huile sur toile (182 × 110 cm)*
*Église Saint-Louis*
Cette toile est une copie d'une œuvre du peintre flamand Rubens (1577-1640) exécutée vers 1611-1614 et conservée à la cathédrale d'Anvers. En ce début du XVIIe siècle à Anvers, grâce à la protection du bourgmestre Nicolas Rockox, le maître Rubens devient le peintre officiel de l'archiduc Albert, gouverneur des Pays-Bas. Il possède alors un vaste atelier où nombre de ses élèves travaillent pour lui à une multitude de commandes. Son style très personnel s'épanouit dans de grandes compositions religieuses, où il déploie un sens profond de la mise en scène allié à un goût passionné du mouvement, des poses instables, des visages animés.

PANNEAU PEINT
*Début du XVIIe siècle*
*Huile sur bois (96 × 65 cm)*
*Église Saint-Louis*
Cette peinture fait partie d'un groupe de trois panneaux de bois représentant des scènes bibliques. Ils devaient appartenir à un ensemble de lambris dont il manque aujourd'hui des éléments. L'iconographie de ce panneau est très proche des représentations d'un épisode de la vie de saint Pierre : ce dernier, fuyant Rome pour ne pas être supplicié, rencontre le Christ, lequel lui annonce qu'il va à Rome se faire crucifier une seconde fois.

MAIRIE
*XIXe siècle*
*Ancien château Civiale*
*Calcaire, brique, pierre de taille*
*2, avenue du Maréchal-Leclerc*
L'actuelle mairie de Garches s'est installée dans l'ancien château Civiale bâti vers 1850 selon un plan allongé avec six travées en façade. Il appartient alors à Jean Civiale (1792-1867), chirurgien et directeur de l'hôpital Lariboisière. Son plus célèbre client n'est autre que l'empereur Napoléon III lequel, souffrant de calculs aux reins, vient prendre les eaux à la source de Garches, réputée pour guérir la gravelle et diverses maladies rénales. Transformée en pensionnat en 1907, puis acquise par la commune, la nouvelle mairie est inaugurée en 1928.

MAISON LES QUATRE VENTS
*1926*
*Architecte : A. Bechmann*
*Brique, enduit, bois*
*60 bis, rue du 19-Janvier*
Construite pour le baron de Gunsburg sur un parc de quatre hectares, cette maison de style anglo-normand a été achetée par la commune en 1972, puis transformée en centre de loisirs et conservatoire de musique et de danse.

LABORATOIRES DEBAT
*1930*
*Architectes : Ferre, Maréchal et Barot*
*Béton armé, brique*
*153, rue de Buzenval*
Célèbre exemple d'architecture industrielle, les laboratoires pharmaceutiques que François Debat fait construire en 1930 sont implantés sur une ancienne briqueterie. Debat voulait que son usine ne perturbe nullement l'environnement et forme un ensemble fonctionnel au milieu d'espaces verts soigneusement entretenus. Il applique les mêmes principes d'architecture « verte », entre 1947 et 1956, à la cité ouvrière construite pour le personnel du laboratoire.

BUSTE DE MICHEL BRÉZIN
*1866*
*Sculpteur : Antoine-Laurent Dantan*
*Bronze*
*Boulevard Raymond-Poincaré*
Le sculpteur Antoine-Laurent Dantan (1798-1878), Prix de Rome en 1828 pour son groupe *La Mort d'Hercule*, travaille en 1866 au buste de Michel Brézin (1758-1828). Directeur de l'Arsenal, fondeur et frappeur de monnaie pour la Ière République, maître de forges en Normandie, il est l'un des principaux fournisseurs des armées impériales. Multimillionnaire à sa mort, il fait don de sa fortune à l'administration des Hospices civils de Paris, à charge pour elle de fonder un hospice dédié, selon le testament du fondateur, à « tous les ouvriers que j'ai pu employer » et particulièrement ceux ayant exercé « une profession à marteau ».

PLAQUE COMMÉMORATIVE
*1921*
*Faïence polychrome*
*Hall de l'école Pasteur*
*Rue de Suresnes*
Cette plaque en faïence polychrome – gris-bleu, ocre-jaune et beige – dessine une croix encadrée de deux profils d'enfants. Gravée en hommage aux instituteurs morts à la guerre de 1914-1918, elle fait partie des dernières conservées parmi toutes celles qui ont été apposées dans les écoles de Seine-et-Oise.

CHAPELLE
*1830-1833*
*Architecte : Pierre Gauthier*
*Hospice Brézin*
Selon le vœu de Michel Brézin, la réalisation de l'hospice de la Reconnaissance est confiée à François-Jacques Delannoy (Grand Prix d'architecture en 1778). À sa mort en 1835, l'architecte Pierre-Martin Gauthier (Grand

Prix d'architecture en 1810) est chargé de modifier le projet et de l'exécuter. L'hospice à cette époque est encore architecturalement très proche de l'organisation d'un monastère. La cour principale, par exemple, est entourée d'une galerie à arcades qui rappelle les formes d'un cloître. L'implantation de la chapelle montre l'influence du modèle monastique sur les premiers hôpitaux publics, et marque par sa disposition l'axe de composition de l'ensemble des bâtiments.

LA GUÉRISON DE L'AVEUGLE
*Fin XVIIe-début XVIIIe siècle*
*Attribué à Antoine Rivalz*
*Huile sur toile*
*Chapelle de l'hôpital Brézin*
Attribué, après la découverte de sa signature en 1971, à Antoine Rivalz (1667-1735), ce tableau serait l'œuvre de ce peintre et graveur qui vivait à Toulouse au XVIIe et XVIIIe siècles. Son travail est proche de celui de Carlo Maratti (1625-1713), un peintre italien qu'il fréquente pendant son séjour à Rome de 1688 à 1700. De retour à Toulouse, il crée une école de modèles pour ses élèves, transformée plus tard en académie de peinture, sculpture et architecture.

LA CÈNE
*Chœur*
*Chapelle de l'hôpital Brézin*
L'abside de la chapelle est décorée de copies d'œuvres anciennes célèbres, parmi lesquelles *La Cène* de Léonard de Vinci et *Saint Michel terrassant le Dragon* de Raphaël.

HÔPITAL RAYMOND-POINCARÉ
*1936*
*Boulevard Raymond-Poincaré*
C'est sur les terrains de l'hospice de la Reconnaissance que l'Assistance publique de Paris fait construire l'établissement auquel on donne, en 1936, le nom de l'ancien président de la République, Raymond Poincaré (1860-1934). Spécialisé dans la rééducation fonctionnelle des jeunes poliomyélitiques, cet hôpital est très tôt pourvu de classes d'enseignement primaire et secondaire, ainsi que d'un lycée pour assurer l'éducation des jeunes malades.

CLUB HOUSE
*1922-1925*
*Architecte : Hébrard*
*Béton, enduit, tuile mécanique*
*Golf de Saint-Cloud*
Situé sur les anciennes dépendances du château de Buzenval, le golf de Saint-Cloud est né du projet d'Henry Cachard, un avocat américain, qui, en 1911, achète ce terrain et confie la conception du premier parcours à l'architecte britannique Harry S. Colt. Transformé au cours des années par Audrey et Percy Boomer, le golf de Saint-Cloud possède aujourd'hui deux parcours de dix-huit trous. De nombreuses compétitions internationales, tel l'Open de France, se déroulent sur ce golf où plus de quatre-vingt-dix essences différentes d'arbres agrémentent les parcours de l'amateur et des plus grands champions. Construit sur un plan symétrique en béton, couvert d'un toit à longs pans brisés, le Club House, malgré sa masse imposante, se fond agréablement dans le paysage grâce notamment aux multiples décrochements de son architecture.

PAVILLON DE L'HORLOGE
*1922-1925*
*Architecte : Hébrard*
*60, rue du 19-Janvier*
Ce pavillon en béton crépi et faux pans de bois, couvert d'un toit en double bâtière et appentis, reprend le style architectural du Club House, mais avec plus de simplicité.

BUSTE D'HENRI REGNAULT
*XX^e^ siècle*
*Golf de Saint-Cloud*

Peintre d'histoire et de genre, Henri Regnault (1843-1871) suit la carrière classique du peintre au XIX^e^ siècle : exposition au Salon, Grand Prix de Rome (1866), voyage dans le sud de l'Europe (Italie, Espagne, Maroc). Il revient en France après la déclaration de guerre de 1870 et s'engage dans un bataillon de la garde nationale. Ce monument commémore la mort du jeune peintre, tué le 19 janvier 1871 au cours de la bataille de Buzenval, ultime tentative du maréchal Trochu pour mettre fin au siège de Paris. Henri Regnault est considéré comme l'un des maîtres de l'art officiel français de la deuxième moitié du XIX^e^ siècle.

VILLA MICHEL
*XIX^e^ siècle*
*Meulière, mœllon*
*32, avenue Brézin*
À la fin du XIX^e^ siècle, M. Michel, un antiquaire à l'esprit mystique, construit cette maison et l'orne d'éléments d'architecture religieuse récupérés sur les chantiers de démolition. Cette villa composée de morceaux plus ou moins hétéroclites possédait un clocher détruit en 1950.

MANOIR DE BUZENVAL
*XIX^e^-XX^e^ siècle*
*58 bis, rue du 19-Janvier*
Ce manoir de style anglo-normand est construit sur une partie des terres de l'ancien château de Buzenval. Charles II le Chauve (823-877), roi de France et empereur d'Occident, en fait don en 875 à son favori Boson. Il ne reste plus rien du fort originel remplacé par un château très remanié au XVIII^e^ siècle et actuellement situé sur le territoire de Rueil-Malmaison.

TOMBE D'HENRI BERGSON
*1941*
*Cimetière*
Philosophe, écrivain, diplomate, Henri Bergson (1859-1941) est considéré aujourd'hui comme l'un des plus grands penseurs du XX^e^ siècle. Membre de l'Académie française, professeur au Collège de France, cet homme, passionné par les problèmes du temps, de l'évolution et de la liberté, écrit de nombreux ouvrages pour lesquels il reçoit en 1928 le prix Nobel de littérature : *Essai sur les données immédiates de la conscience* (1889), *Le Rire* (1900), *La Pensée et le Mouvant* (1934). Chargé de mission par le gouvernement français en Espagne et en Amérique, il occupe une place importante sur l'échiquier diplomatique de la Première Guerre mondiale. Il est l'un des principaux organisateurs de la paix et de la Société des Nations de Genève. Prêt à abandonner le judaïsme pour le catholicisme, il renonce et écrit en

1937 : « Je me serais converti si je n'avais vu se préparer depuis des années la formidable vague d'antisémitisme qui va déferler sur le monde. J'ai voulu rester parmi ceux qui seront demain des persécutés. » Sa tombe, une simple dalle noire, ne porte aucun emblème religieux.

MAISON DE SYDNEY BECHET
*XX^e^ siècle*
*25, rue Frédéric-Clément*
Né comme le jazz à la Nouvelle-Orléans (Louisiane), Sydney Bechet (1897-1959), musicien, compositeur, chef d'orchestre, commence sa carrière par des tournées aux États-Unis, puis dans le monde entier avant de jouer dans la *Revue Nègre* à Paris en 1925. D'un caractère bouillant, il a, pour avoir tiré sur le guitariste Mike McKendick, quelques démêlés avec la justice, et cela malgré le témoignage de Louis Aragon. À partir de 1950, il reste en France et s'impose comme un géant du saxophone soprano. Plus puissant que la clarinette, cet instrument lui permet de diriger plus facilement les musiciens de l'orchestre. À ces débuts, fidèle à la tradition du jazz de la Nouvelle-Orléans imprégné d'une coloration créole, il invente, en France, un style mêlant le blues du Mississippi à des pas de danses européens : *Les Oignons* (1949), *Petite Fleur* (1952), *Dans les rues d'Antibes* (1952). Il s'installe à Garches en 1956 et y sera enterré en 1959.

VILLA NUBARBEUF
*1932*
*Architecte : Gustave Perret*
*Béton armé, pierre de taille*
*75, rue du 19-Janvier*
L'élévation de la villa Nubarbeuf est rythmée par les pans de béton armé laissés apparents. Cette innovation que les frères Perret appliquent à leurs constructions, comme au théâtre des Champs-Élysées de Paris, est l'une des révolutions architecturales du début du XX^e^ siècle. Très tôt les frères Perret se passionnent pour les possibilités

que ce nouveau matériau offre, mais l'emploi du béton armé comme matériau apparent leur vaut d'être considérés plus comme des entrepreneurs que des architectes. Les multiples fenêtres de cette villa aèrent la façade, assouplissent la rigidité du mur en béton et permettent à la lumière d'inonder l'espace intérieur du bâtiment. Ce travail sur le découpage du mur et son ouverture rappelle l'église Notre-Dame du Raincy où Gustave Perret a tenté de marier le verre et le béton pour faire disparaître les murs et ne laisser place qu'à la lumière.

MAISON HECTOR GUIMARD
*XIX^e^-XX^e^ siècle*
*18, rue de Neuville*
Le lierre couvre une architecture rampante où chaque fenêtre s'offre aux délires de l'architecte. Hector Guimard (1867-1942), à qui l'on doit les entrées et constructions surplombant les bouches de métro de Paris, est un représentant d'une branche du style Art nouveau qui touche toute l'Europe autour des années 1900. La grille bleue de cette maison reprend les aspirations de ce style, et notamment la ligne « coup de fouet » chère à Guimard.

VILLA SHANTI-NIVAS
*XIX^e^-XX^e^ siècle*
*106, boulevard du Général-De-Gaulle*
Le Mahatma Gandhi (1869-1948) est souvent reçu par des compatriotes demeurant dans cette maison lors des voyages qu'il fait en France. Fervent avocat de la doctrine de la non-violence active, l'*Ahimsa*, et de l'égalité des droits entre les hommes, Gandhi participe activement aux négociations pour l'indépendance de l'Inde (1947), grâce à l'influence politique qu'il exerce sur le parti du Congrès et malgré les séjours qu'il fait en prison.

CHAPELLE CIVIALE
*1852. Architecte : A. Rolin*
*Calcaire, fonte*
*Cimetière*
Dans le tombeau de la famille Civiale, érigé en 1852 par l'architecte Rolin, repose entre autres le corps de Jean Civiale (1792-1867), célèbre chirurgien des voies urinaires, le plus connu des représentants de cette illustre famille de Garches.

# La Garenne-Colombes

Blason : divisé en quatre quartiers : deux d'entre eux sont illustrés de trois chênes en souvenir des forêts qui recouvraient le territoire ; un troisième est décoré d'un cor qui symbolise les chasses qui s'y déroulaient autrefois ; le quatrième, illustré d'un aigle, évoque la famille du marquis de l'Aigle.

Canton de La Garenne-Colombes
Arrondissement de Nanterre

Superficie : 179 ha – Population 1990 : 21 754 hab.
Habitants : les Garennois – RN308, RN192

Origine du nom : La Garenne rappelle que le lieu était anciennement une terre de chasse, Colombes évoque la ville mère voisine.

## HISTORIQUE

Si l'histoire de La Garenne-Colombes en tant que commune est récente, le territoire sur lequel elle s'étend possède un long passé. Dès le XIIIe siècle, on trouve mention sur la terre de Colombes du fief de La Garenne, qui dépendait de l'abbaye de Saint-Denis. Au XIVe siècle, un registre foncier indique que l'endroit est une terre boisée et giboyeuse sur laquelle est implantée une ferme, appelée « la Tournelle ». Louis XIII vient souvent chasser dans cette forêt royale qui porte alors le nom de Petit Bois de Colombes. Au XVIIe siècle, le Petit Bois de Colombes prend le nom de La Garenne de Colombes. L'institution des dames de Saint-Cyr, créée par Mme de Maintenon, succède en tant que seigneur local à l'abbaye de Saint-Denis. Elle gardera ses droits sur le domaine jusqu'à la Révolution.

En 1790, La Garenne passe au pouvoir de l'administration des biens nationaux qui l'adjuge à Jean-Étienne-Benoît de Tanlay, en novembre 1791. Mais le nouveau châtelain de La Garenne est arrêté en septembre 1793 à cause de son appartenance à la noblesse. En 1808, le domaine est acquis par le baron Corvisart, médecin de l'Empereur. Il embellit la propriété domaniale de nombreuses plantations qui proviennent des pépinières de Versailles et la bâtisse devient peu à peu un véritable château dont il ne subsiste que quelques vestiges aujourd'hui. Corvisart vend les terres de La Garenne en 1820. En 1832, C'est le banquier Pierre-Urbain-Sartoris qui achète la propriété. Il meurt en 1833, laissant ses biens à sa descendance qui décide, en 1865, de morceler le territoire en six quartiers. Ces derniers sont à l'origine de la ville moderne. Des routes sont tracées à l'emplacement des anciens chemins de la forêt, les premières contructions apparaissent et l'édification de l'église est décidée en 1866.

Jusqu'au début du XXe siècle, La Garenne-Colombes dépend de la ville de Colombes mais en 1889, des tendances séparatistes se font de plus en plus pressantes. Le succès de l'indépendance de Bois-Colombes en 1896 encourage les revendications. Après quelques années d'affrontement avec Colombes, La Garenne-Colombes est érigée en commune distincte le 2 mai 1910. Les édifices communaux déficients sont alors peu à peu construits pour mener à bien l'indépendance de la ville. La mairie s'installe provisoirement dans une maison mais l'extension des services administratifs et les besoins de plus en plus croissants de la population aboutissent à l'édification d'un hôtel de ville en 1973. Aujourd'hui, La Garenne-Colombes n'offre plus de traces de la forêt qui recouvrait son territoire mais demeure une ville de banlieue au cadre de vie agréable qui bénéficie de sa proximité avec Paris.

FONTAINE WALLACE
*XIXe siècle*
*Jardins de l'Hôtel-de-Ville*

En 1913, Guillaume Joany, conseiller municipal, offre à la commune une fontaine Wallace, afin d'embellir le tout nouveau square municipal du boulevard de la République. Une plaque a été rajoutée qui rappelle le nom du donateur. Aujourd'hui, la fontaine orne les jardins de l'hôtel de ville construit en 1973.

ÉGLISE SAINT-URBAIN
*XIXe et XXe siècle*
*Place de la Liberté*
La première pierre de l'église Saint-Urbain est posée en 1866. L'édifice sert alors de chapelle de secours à la paroisse de Colombes. L'église est bâtie sur l'initiative et aux frais des familles Sartoris et de l'Aigle, lotisseurs de l'ancien domaine seigneurial. En 1898, elle est agrandie par l'adjonction de deux bas-côtés. Le 29 janvier 1907 la chapelle est érigée en paroisse. Entre 1933 et 1935, sous la direction de l'architecte Gautier, l'édifice est doté d'un nouveau clocher et d'un transept. Des travaux de rénovation ont à nouveau lieu en 1955. L'intérieur est orné de vitraux des XIXe et XXe siècles.

ANCIENS BAINS-DOUCHES
*1921-1925*
*40, boulevard de la République.*
À une époque où les salles de bains sont rares chez les particuliers, la création des bains-douches est décidée à La Garenne-Colombes sur déclaration d'utilité publique pour l'hygiène et la santé en 1921. Ils remplacent les bains simples des établissements Pommery qui existaient depuis 1905. Ils ouvrent leur porte le 29 janvier 1925. L'établissement ferme en 1978, compte tenu du faible taux de fréquentation. Il est réhabilité en maison des clubs en octobre 1983.

COLONNE
*1886*
*Angle de la rue Raymond-Ridel et de la rue Voltaire*
Cette colonne a probablement été érigée en 1886, en commémoration du morcellement du nouveau village de La Garenne. Ce monument sert à l'origine de borne kilométrique, comme l'indique le socle qui porte des indications de distance par rapport aux communes voisines. La colonne est restaurée en 1961, on enlève les quatre lanternes placées à mi-hauteur et on l'installe sur un parterre de fleurs.

HÔTEL PARTICULIER
*XIXe siècle*
*Bibliothèque municipale*
*48, rue de l'Aigle*
Jolie villa du second Empire dont la façade principale est ornée de très nombreuses sculptures. Cet ancien hôtel particulier est une des plus anciennes maisons de La Garenne. Elle appartient au marquis de l'Aigle à la fin du XIXe siècle. Ce dernier fit beaucoup pour l'aménagement de la commune. Depuis 1976, la demeure abrite la bibliothèque municipale.

# Gennevilliers

Cantons de Gennevilliers, nord et sud
Arrondissement de Nanterre

Superficie : 1 164 ha – Population 1992 : 45 038 hab.
Habitants : les Gennevillois - Rivière : la Seine
Voies : A86, RN186, RN310

Origines du nom : réunion de villarier, villier, domaine rural et de Gene, vocable d'origine franque ou contraction du nom de sainte Geneviève, patronne de Paris.

Blason : sainte Geneviève fait paître ses moutons ; un chef d'or – couronne franque – et un clou d'argent entouré de deux fleurs de lys d'or, symbole de l'abbaye de Saint-Denis, seigneur de la presqu'île.

## HISTORIQUE

Gennevilliers, territoire fertile et accueillant situé à l'extrémité de la boucle nord de la Seine, appartient au domaine royal sous les Mérovingiens. Dagobert en fait don à l'abbaye bénédictine de Saint-Denis. Un relevé de la dîme de 1218 mentionne le hameau pour la première fois comme écart de la paroisse d'Asnières. En 1248, l'abbaye affranchit le village contre 1700 livres mais reste propriétaire jusqu'à la Révolution.

En 1302 le lieu est érigé en paroisse. Ravagé par des guerres de pouvoir aux XIVe et XVe siècles, Gennevilliers l'est encore au XVIIe siècle par d'importantes inondations dues à sa situation géographique. Devant l'ampleur du désastre, saint Vincent de Paul vient aider les habitants.

Au XVIIIe siècle, on recense 148 familles cultivant le blé, le seigle, le froment et la vigne. Société rurale agricole, Gennevilliers est aussi un lieu de villégiature pour la noblesse. Richelieu possède une propriété où le roi vient chasser et M. de Stall, capitaine au régiment des Gardes suisses, y réside.

1791 voit la vente des biens ecclésiastiques. En 1801, la petite commune contient 977 habitants. Et, en 1844, la construction des ponts suspendus de l'Île-Saint-Denis favorise le développement du quartier de Villeneuve-la-Garenne à l'est qui devient un centre de navigation marchande et de plaisance. Mais la grande époque de Gennevilliers est celle des impressionnistes, à la fin du XIXe siècle. Édouard Manet, Berthe Morisot, Claude Monet, Auguste Renoir, Alfred Sisley, Gustave Caillebotte viennent souvent y peindre ou faire de la voile sur la Seine. La nature accueillante, les bords du fleuve ombragés et paisibles sont autant de sujets idéaux sur la palette vivante de ces artistes.

En 1873, l'ingénieur Durand-Claye crée des champs d'épandage qui changent la physionomie de la commune. Les céréales disparaissent au profit des cultures maraîchères. L'expansion économique de Gennevilliers ne fait que commencer. L'arrivée du chemin de fer en 1908, l'implantation des industries et la construction du port en 1919 contribuent à développer l'activité économique. La population s'accroît sensiblement, malgré, en 1929, l'érection en commune indépendante du quartier de Villeneuve-la-Garenne. Les terrains agricoles disparaissent peu à peu pour faire place à d'importantes entreprises.

Aujourd'hui, la ville cherche à promouvoir des technologies de pointe – électronique, robotique, mécanique de précision, recherches en laboratoire... Ses atouts principaux : une importante disponibilité foncière, une vaste zone industrielle et un dynamisme municipal qui aident à la création d'entreprises.

ÉGLISE SAINTE-MARIE-MADELEINE
*XVII^e siècle*
*Pierre, tuile de Bourgogne*
*Place Jean-Grandel*
Principal édifice de la ville, l'église aurait été édifiée pour la première fois au XIV^e siècle sur les ruines d'une chapelle du XII^e siècle. Détruite au XV^e siècle à cause des infiltrations d'eau et de la fragilité du terrain, elle est reconstruite au XVII^e siècle. La première pierre est posée par Armand, prince de Conti, le 11 juin 1650, et l'église est consacrée en 1665 par l'évêque de Dax comme en témoigne une plaque gravée de marbre noir apposée sur le mur nord de l'église. Le peuple se presse pour cette occasion mémorable au cours de laquelle l'évêque enferme dans l'autel les reliques de « saint Barthélemy, des compagnons de saint Denis, des saints Maurice, Alexandre, Valentin, Zénon et Cyr ». Mais en 1744 l'église est encore interdite d'accès car la voûte risque de s'effondrer, puis rouverte en 1749. Après de nombreuses restaurations, dont l'élévation d'une façade néo-classique en 1830, elle se compose aujourd'hui d'une nef à trois travées encadrée de bas-côtés et d'un transept non saillant. Deux sacristies enserrent un chœur pentagonal. Le clocher carré massif coiffé d'ardoises qui s'élève du bas-côté nord daterait du XVI^e siècle. Bel édifice architectural, entièrement voûté d'ogives, l'église est de proportions imposantes pour une petite paroisse.

VIERGE À L'ENFANT
*XVIII^e siècle*
*Bois doré*
*Église Sainte-Marie-Madeleine*

Toute dorée, la Vierge est ici majestueuse, portant le roi du monde, figure royale intercédant en faveur de l'humanité.

DESSUS D'AUTEL
*XVII^e siècle*
*Satin et fil d'or*
*Église Sainte-Marie-Madeleine*
Parure ornementale et précieuse recouvrant l'autel, elle est brodée, semble-t-il, de cornes d'abondance. Ce dessus d'autel rappelle les fastes de l'abbaye de Saint-Denis tout autant que l'esprit du XVII^e siècle où le divin devait être célébré dans la richesse et la beauté précieuse, à l'image de sa gloire et de sa lumière.

DESCENTE DE CROIX
*1682. Peintre : P. Mignard*
*Huile sur toile*
*Maître-autel*
*Église Sainte-Marie-Madeleine*

Ce tableau de Mignard (1612-1695), rival de Lebrun et élève de Simon Vouet, aurait été exécuté pour la chapelle du château de Saint-Cloud créé par Philippe d'Orléans sous l'Ancien Régime et détruit en 1870. La toile, commandée par le duc, reste dans la chapelle jusqu'à sa destruction en 1785, puis est déposée en 1792 au musée de Versailles. Ce n'est que sous les instances de Chappillon, curé de Gennevilliers, que Portalis, ministre des cultes de Napoléon, la fait déplacer en 1806 pour orner l'église dénudée par la Révolution. Le tableau restauré reste la propriété de l'État.

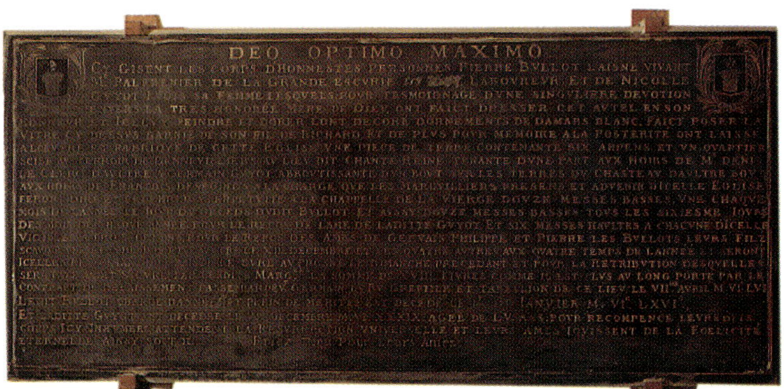


PIERRE TOMBALE
*1666*
*Marbre noir*
*Église Sainte-Marie-Madeleine*

Cet épitaphe, décoré à ses angles, de Pierre Bulot maître palefrenier de la grande écurie du roi et de sa femme Nicole Guyot, date de 1666. L'église contient plusieurs épitaphes de ce style décrivant précisément les bonnes œuvres réalisées par les défunts. Ils paient souvent très cher cette place de premier rang ou l'obtiennent par leurs mérites. Sur cette plaque les mots « du roy » ont été raturés à la Révolution, comme sur celle de Germaine Ledenoys où sont aussi effacées les fleurs de lys qui l'ornaient.

BOISERIES D'ANGES
*XIX^e^ siècle*
*Autel*
*Église Sainte-Marie-Madeleine*

Ces boiseries peintes du premier Empire montrent des anges portant les instruments de la Passion et les palmes du martyr. Au centre, un tableau datant de l'époque de la Restauration figure saint Vincent et deux marguilliers. Il atteste l'existence d'une confrérie de saint Vincent, patron des vignerons, à Gennevilliers.

SAINTE MADELEINE
*1911*
*Vitrail*
*Église Sainte-Marie-Madeleine*

Offert à l'église par Gennevilliers et Levallois, ce beau vitrail rend hommage à sainte Madeleine, la patronne de l'église, mais aussi des prostituées, des parfumeurs, des coiffeurs et des jardiniers. Trois personnages se sont confondus en elle : la pécheresse anonyme, Marie de Béthanie, sœur de Marthe et de Lazare, et Marie Magdala. Elle est représentée ici dans une architecture et un paysage rappelant la manière du quatrocento. Ses longs cheveux dénoués évoquent sa beauté avant le repentir. Elle tient son attribut

traditionnel, le vase à parfum, symbole de la scène où elle inonde de parfum les pieds de Jésus chez Simon le pharisien puis les essuie avec ses cheveux.

PIERRE TOMBALE
*XVII^e^ siècle*
*Église Sainte-Marie-Madeleine*

Aujourd'hui exposées le long des murs, les dalles funéraires des profanes enterrés dans l'église sont de précieuses indications historiques. Cette dalle devait se trouver insérée

dans le dallage et compléter probablement l'épitaphe de marbre noir du palefrenier du roi et de son épouse. Aujourd'hui fixée au mur, elle figure les deux défunts, de face et en prière. Dans l'iconographie profane, leur attitude expose leur temporalité et leur importance.

PIERRE TOMBALE
*XVI^e^ siècle*
*Église Sainte-Marie-Madeleine*

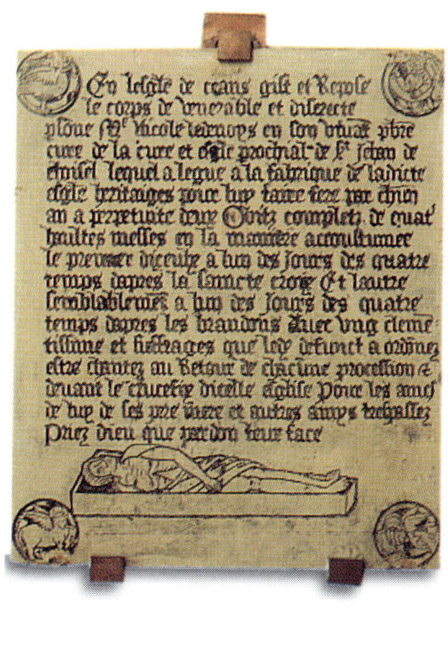

L'effigie réaliste et naïve de Nicole Ledenoys, curé de Choisel, bienfaiteur de la fabrique, représenté allongé sur son lit de mort et recouvert de son suaire, porte un texte ancien en écriture gothique. Aux quatre angles de la stèle, des médaillons figurent les symboles des évangélistes, les quatre vivants de l'apocalypse selon la vision d'Ézéchiel : l'aigle pour Jean, l'homme pour Mathieu, le taureau pour Luc et le lion pour Marc. Ces symboles très puissants portent conformément à la tradition deux ailes et tiennent le rouleau, source d'inspiration théologique.

SAINTE MADELEINE
ET SAINT NICOLAS
*1660*
*Vitrail*
*Église Sainte-Marie-Madeleine*

Ce vitrail représentant sainte Madeleine avec son vase, saint Nicolas (v. 270-343) avec sa crosse d'évêque et les deux donateurs, se trouve sur la première travée du bas-côté droit de l'église. Il est très rare de rencontrer des vitraux narratifs de cette époque car on préfère alors une clarté maximale dans l'église. Celui-ci est imposant par la taille de ses figures et le chatoiement de ses couleurs. Les donateurs attirent les bienveillances de leurs saints patrons en offrant un vitrail à l'église. Habituellement simplement dénommés, il sont ici représentés à genoux au premier plan (Cl. M. H.)

ANCIENNE AILE DU CHÂTEAU
*XVIIIe siècle*
*Cour du groupe scolaire Pasteur*
*60, rue Richelieu*

Cet édifice, converti en 1905 en école, est l'un des derniers vestiges de l'ancien château. Il témoigne d'une époque où Gennevilliers était un lieu de villégiature pour l'aristocratie du XVIIIe siècle. Ce rendez-vous de chasse appartient de 1735 à 1746 aux ducs de Trémoille. Acheté en 1749 par le maréchal-duc de Richelieu (1696-1788) – capitaine des chasses royales de la Garenne des Tuileries dont faisait partie Gennevilliers, grand personnage de la Régence et du règne de Louis XV –, ce domaine est un lieu privilégié pour les fastes de la Cour. Le 17 août 1750, après la présentation à la cour du duc de Fronsac, fils de Richelieu, le roi vient y chasser. Vendu en 1764 par lassitude ou, selon la légende, à cause d'une partie de chasse au cours de laquelle le duc aurait blessé à mort un homme, il est repris par le duc de Fronsac. Ce dernier fait représenter au château et pour la première fois la pièce de Beaumarchais, *Le Mariage de Figaro* pour le plaisir du comte d'Artois. Jouée le 26 septembre 1783, elle annonce la Révolution par ses idées de justice et de liberté. Cet événement est le moment le plus important de l'histoire de Gennevilliers, car comme le dit Danton, « Figaro a tué la noblesse ». Le domaine est cédé en 1783 au comte de Vaudreuil qui y reçoit de prestigieux personnages : le comte d'Artois, Talleyrand, Beaumarchais et Mme de Vigée Lebrun. Propriété du duc d'Orléans en 1787, confisqué à la Révolution, il reste à l'abandon au XIXe siècle. Il est racheté en 1902 par la commune, malgré son état de vétusté. On peut encore contempler le domaine grâce à des photos prises en 1896, conservées au musée Carnavalet, et à des estampes et dessins de la même époque, réalisés par Jules-Adolphe Chauvet, au musée de Sceaux.

ANCIENS COMMUNS DU CHÂTEAU
*XVIIIe siècle*
*Pierre, tuile et ardoise*
*Angle des rues Jean-Jaurès et Carnot*

Les façades du château et des communs, vastes et harmonieuses, donnaient sur le parc. Les communs réservés aux domestiques avaient été construits bas, de lignes très simples ressemblant à Malmaison. On ne connaît pas précisément l'auteur de ces bâtiments, mais on sait que le duc de Richelieu fait venir le Florentin Servandoni (1695-1766) pour effectuer divers travaux non identifiés et qu'en 1750 l'architecte réalise pour le parc une célèbre glacière couronnée d'un belvédère, petit temple d'amour rond surmonté « d'un Mercure ailé dansant au vent » d'après les *Mémoires* de Richelieu.

PLAN DU PARC
*1818*
*Archives municipales*

Sur ce plan large et détaillé, on aperçoit parfaitement l'ancienne organisation du château et de son parc. Un jardin anglais aurait été dessiné par Labrière, architecte du comte d'Artois pour le comte de Vaudreuil à la fin du XVIIIe siècle, comprenant un faux sarcophage, « tombeau » de Pétraque et de Laure, et deux petits ponts ornementaux de pierre enjambant une petite rivière. Ce style anglais est très en vogue sous la société dépensière et oisive de Louis XVI, avec son goût des ruines, ses espaces factices et ses chemins sinueux où l'esprit errait et méditait sur le monde. L'enceinte du parc, flanquée de deux douves rectilignes et arrondies en leur centre évoquant la muraille d'un véritable château féodal, protégeait ce monde singulier.

FIEF DU CHEVALIER
*1402*
*Archives municipales*

Trois fiefs sont implantés sur le territoire de Gennevilliers à l'époque où l'abbaye gère le domaine : le fief du Chevalier, le fief de la Demoiselle et le fief de Neuville. Ces domaines sont concédés par le seigneur à son vassal, à charge de certains services. C'est l'une des fermes du fief appartenant à Jehan le Redde au XVIe siècle qui constitue le futur château du duc de Trémoille.

ANCIENNE FERME
*XVIII^e siècle*
*22, rue Félicie*
Gennevilliers possède plusieurs granges fermes comme celle-ci, qui donnent à la ville le charme d'un grand village. Ce bâtiment simple, dont les agrandissements sont visibles, témoigne de l'activité agricole importante de Gennevilliers jusqu'au début du XX^e siècle.

FERME DE L'HORLOGE
*XVII^e siècle*
*Rue Jean-Pierre-Timbaud*

Vestige du temps où les terres appartenaient aux moines de l'abbaye de Saint-Denis, le bâtiment rural garde une certaine allure grâce à sa large baie aujourd'hui vitrée et son petit clocher.

MONUMENT DURAND-CLAYE
*1894. Sculpteur : Boucher*
*Square de la rue de la Paix*
Élevé par le congrès international d'hygiène de Paris et inauguré le 10 août 1894, le buste d'Alfred Durand-Claye (1841-1888) ornait la place Voltaire d'Asnières avant d'être déplacé en 1926 à Gennevilliers. Réalisé par Boucher, il repose sur un piédestal de granit où sont gravées les fonctions et activités de Durand-Claye. Inventeur du tout-à-l'égout, ingénieur en chef de l'assainissement de la Seine, il s'est toujours battu pour une épuration agricole des eaux usées et pour une utilisation populaire de l'eau dans les foyers. À la fin du XIX^e siècle, ni Paris, ni Gennevilliers ne sont pourvus d'un assainissement correct. On

hésite encore entre une épuration par le sol ou un système de bassins chimiques de dessèchement. Ce problème crucial s'accentue avec l'implantation de nouvelles usines et l'essor démographique qui en résulte. Durand-Claye sort premier des Ponts et Chaussées en 1866 et assiste M. Mille dans ses essais d'épuration des eaux par le sol à Gennevilliers. Son premier projet date de 1867 et le premier essai sur 200 hectares, de 1873. Il expérimente ainsi avec succès les champs d'épandage pour les cultures maraîchères où les eaux usées s'épurent par filtrage. Le sol pauvre de la plaine devient alors le terreau d'une culture diversifiée et intense qui alimente de ses produits les Halles de Paris. Gennevilliers rentre ainsi dans l'ère de la culture « industrielle ».

BÂTIMENT
*XIX^e siècle*
*Pierre, ardoise, céramique*
*37, rue Jean-Pierre-Timbaud*

Cette architecture classique du XIX^e siècle avec sa corniche serait peut-être une ancienne écurie de la ferme de Coustard Saint-Lô, général de la République. Cette ferme toute proche du bâtiment est détruite en 1958. Les céramiques ornant le haut des fenêtres sont surmontées de frontons néo-classiques rappelant le goût du luxe et de l'ornement de cette époque.

ANCIENNE GARE FERROVIAIRE
*1907-1909*
*Meulière, brique et céramique*
*Avenue Marcel-Paul*
Le chemin de fer s'installe sur le territoire de Gennevilliers en 1908. Construit donc dans un style encore très classique – la meulière est un matériau luxueux très employé au XIX^e siècle – cette gare présente une architecture fonctionnelle. Élevée sur deux étages avec un corps principal en avancée et un toit pentu, elle accueille actuellement le plus important trafic des marchandises de la banlieue nord.

LA PLAINE DE GENNEVILLIERS, CHAMPS JAUNES
*Gustave Caillebotte*
*1848-1894*
*Huile sur toile (54 × 65 cm)*
*Paris, collection particulière*
Peintre et collectionneur de tableaux impressionnistes, Gustave Caillebotte (1848-1894) s'installe au Petit-Gennevilliers en 1887. Conseiller municipal, il réalise, entre autres, de nombreuses installations à ses frais : éclairage, habillements de pompiers, cailloux de route... Ami de Manet et peut-être influencé par lui, il achète une propriété avec son frère sur les bords de Seine en 1881 où il reçoit ses amis peintres. Monet (1840-1926) laisse quelques toiles de la maison disparue aujourd'hui, et du jardin, fleuri de massifs d'espèces rares comme à Giverny. Caillebotte peint aussi le site, *Plaine de Gennevilliers, champs jaunes* (1884), tableau qui se déploie dans un espace minimal où l'on retrouve le goût du peintre pour l'architecture navale. Passionné de voile, il construit des bateaux et dessine des plans de voiliers. Il meurt en 1894 laissant en legs à l'État son importante collection de l'école impressionniste, avec pour condition un accrochage au musée du Luxembourg, ce qui embarrassa beaucoup les officiels de l'époque. Personnalité influente et active il contribua par sa présence à construire une nouvelle page du patrimoine de Gennevilliers.

MAISON FAMILLE MANET
*XIX^e siècle*
*Porte cochère*
*19 bis, rue Jean-Jaurès*

Cette fameuse famille, installée dès le XVIII^e siècle, largement présente dans les activités de la ville, enrichit Gennevilliers de la présence du peintre Édouard Manet (1832-1883) et de ses amis impressionnistes. La famille originaire de Mantes est vouée à la magistrature de père en fils. Construite par la famille pour ses héritiers après la mort de M^me Clément Manet, la maison est habitée par Suzanne Leenhoff, fille du peintre Berthe Morisot (1841-1895) et d'Eugène Manet, frère d'Édouard. La maison d'alors était décorée de quelques toiles dont la fameuse *Olympia* peinte en 1863 qui fit scandale par sa facture et son sujet. On raconte que les habitants de Gennevilliers venaient frapper à la porte de Suzanne en disant : « Nous venons voir mademoiselle Olympia. » Invités par les Manet, les impressionnistes viennent souvent peindre sur les bords de Seine. Berthe Morisot épouse Eugène en 1874 et s'installe à Gennevilliers où elle peint notamment *Le Champ de blé* (actuellement au Musée d'Orsay) en 1875.

ANCIEN HÔTEL DE VILLE
*1862*
*École municipale d'arts plastiques Édouard Manet*
*Place Jean-Grandel*
Achevé en 1863, trop petit pour les besoins croissants de la commune, l'hôtel de ville ne sert plus à partir de 1878. Il abrite actuellement une école d'art dédicacée à Edouard Manet, petit-fils de Clément Manet, maire de Gennevilliers de 1806 à sa mort, en 1814. En 1749, Auguste François Manet est « prévost de la prévosté de Gennevilliers », son fils Clément, un des rédacteurs du cahier des doléances, reprend ses titres en 1768 et se fait élire maire en 1795. Fortement implantée dans l'histoire de la commune, la puissante famille Manet plane sur l'ombre de ce vieux bâtiment, vestige des activités municipales.

USINES CHAUSSON
*Début XX<sup>e</sup> siècle*
*Avenue Chandon*

Cet ancien bâtiment, typique de l'époque avec son toit en dents de scie, marque de sa présence l'évolution rapide de l'industrialisation dans l'ouest parisien.

CENTRALE ÉLECTRIQUE
*1919-1923*
*Petit-Gennevilliers*

Construite au même moment que l'aménagement du port, cette centrale électrique thermique marque la vocation désormais industrielle de la ville, vocation concrétisée par l'ampleur de ses structures et de son architecture. En raison des besoins en énergie nécessaires à l'implantation de grandes entreprises, située à droite de la montée du pont d'Argenteuil, cette centrale thermique est la plus grande de France. Imposante, elle s'élance avec élégance et dynamisme grâce aux rythmes verticaux de ses ouvertures mises en évidence par le corps de briques rouges qui l'enserre, prolongés par ses cinq cheminées.

GRILLE
*Ancienne usine à gaz*
*1905*
*140, avenue Marcel-Paul*

Cette ancienne centrale gazière est l'une des premières constructions importantes fournissant un potentiel d'énergie indispensable à l'essor industriel et l'une des plus puissantes d'Europe. La grille monumentale en fer forgé finement travaillée affiche un souci décoratif caractéristique du XIXe siècle. Habituellement les entrées de ce style étaient supportées par des piédestaux de pierre qui ont ici disparu pour laisser place à une structure d'un seul tenant en fer forgé, ce qui est assez rare. L'entreprise est de nos jours, désaffectée.

BÂTIMENT DES USINES
CARBONNE-LORRAINE
*1913*
*Arrière*

En pénétrant dans cet immense complexe de sept hectares au centre de la ville, la vieille cheminée s'impose au regard. Elle évoque d'emblée l'activité qui s'y déroule. Faisant actuellement partie du grand groupe Péchiney, cette usine emploie environ 350 personnes et participe par sa situation et son importance à l'activité économique de la ville.

BÂTIMENT DES USINES
CARBONNE-LORRAINE
*1910 -1913*
*Briques rouges, béton, mâchefer*
*Façade*
*41, rue Jean-Jaurès*

Les usines Carbonne-Lorraine, groupe important appartenant à l'industrie chimique, se sont pourvues de bâtiments imposants habillés de briques rouges. La façade classique affirme son horizontalité par une corniche qui souligne l'ensemble au tiers de l'édifice. Gennevilliers est parsemé de grands groupe industriels qui racontent, par l'ampleur de leurs bâtiments, l'histoire ouvrière de la ville.

BÂTIMENT VERNIS VALENTINE
*1930*
*Brique rouge*
*185, boulevard Louise-Michel*

Cette entreprise qui accueille son personnel par une entrée monumentale typique du style des années trente participe au développement économique de la ville.

CITÉ-JARDIN
*1923-24 et 1930-34*
*Architectes : Dumail et Hebrard*
*Petites maisons*
*Rues Chevreul et Richelieu*
À l'initiative de l'urbaniste Henri Sellier, des cités-jardins sont implantées, sur les modèles britannique et allemand. La cité-jardin de Gennevilliers, dessinée par Dumail, est construite sur l'ancien parc du château de Gennevilliers. Elle se compose de petits pavillons et de longs immeubles groupés autour d'espaces libres, créant ainsi un cadre agréable de vie. Ces petites maisons jumelées possèdent chacune un petit jardin, un rez-de-chaussée en arcade et un toit de tuiles qui leur donnent un air campagnard.

SALLE DES FÊTES
ET MARCHÉ COUVERT
*1934. Architecte : G. Auzolle*
*Béton*
*41, rue des Grésillons*
Entrant rapidement dans la spéculation industrielle à partir des années vingt, la ville se dote d'une organisation sociale nouvelle d'accueil et de loisirs pour répondre aux besoins de sa population ouvrière grandissante. La salle des fêtes – la plus vaste d'Europe au moment de sa construction –, est inaugurée le 10 novembre 1938. D'un aspect majestueux et vigoureux dû à la pureté de ses lignes et à l'ampleur de ses volumes intérieurs disposés en de grands espaces largement dégagés, cet édifice offre un bel exemple d'architecture moderne. Pourvu d'une ossature en béton, il accueille aujourd'hui le théâtre de Gennevilliers, réputé pour la qualité

de son répertoire contemporain et un marché couvert animant la vie du quartier.

CHAPELLE
SAINT-JEAN-DES-GRÉSILLONS
*1898*
*Quartier des Grésillons*

La chapelle est construite en 1921 pour remplacer celle du XIXe siècle et érigée en paroisse la même année. La façade moderne reprend dans sa forme globale les arcades des côtés et les petites baies groupées deux à deux de style néo-roman qui délimitent les trois travées de la nef rectangulaire voûtée en berceau. La chapelle porte aujourd'hui le nom d'église Saint-Jean.

MAISON POUR TOUS
*1932*
*Cité-jardin*
La maison pour tous est, à l'origine, le principal centre culturel de la ville. Les plans d'urbanisme de l'époque prévoient des espaces de réunions et d'activités soutenant l'élaboration d'une vie sociale active dans les municipalités ouvrières comme celle-ci. Ce bâtiment, flanqué de deux petites tourelles, porte aujourd'hui le nom du réalisateur Jean Vigo (1905-1934), auteur de *Zéro de conduite* et du film remarquable, *L'Atalante* (1934), qui conte l'aventure poétique et la vie quotidienne des mariniers, merveilleusement interprétés par Jean Dasté et Michel Simon.

ÉCOLE MATERNELLE
*1933. Architecte : Dumail*
*Béton, pierre, petits cailloux*
*Rue Jean-Jaurès et rue Pasteur*

Au même titre que le logement, les centres commerciaux et culturels, la ville se dote, dans les années trente, de structures d'enseignement adaptées à une nouvelle population attirée par l'essor industriel. Cette école réalisée par l'architecte de la cité-jardin, Dumail, est composée d'un long corps rectangulaire et de deux ailes symétriques qui rappellent l'agencement du marché des Grésillons, conçu un an plus tard. Une terrasse ouverte entoure l'édifice unifiant l'ensemble et soulignant d'un porche l'entrée galbée. L'extérieur est recouvert de plaques en agglomérat de petits cailloux qui mettent en évidence les ouvertures et adoucissent la rigidité de l'ensemble. Lavé et restauré en 1990, ce bâtiment est un bel exemple d'une architecture qui exalte la symétrie et la puissance des lignes, tout en évitant l'austérité.

PRÉAU AVEC COUPOLE
*1933. Architecte : Dumail*
*Béton armé*
*École maternelle*

Comme pour donner plus de majesté à ce lieu de rassemblement et de jeu que constitue le préau d'une école maternelle, Dumail a pourvu cet espace d'une coupole octogonale et d'un avant-corps arrondi vitré. La lumière inonde le chœur symbolique de la partie couverte de la cour de récréation. La coupole est abritée par un auvent de béton armé éclairé par des culs de bouteille créant ainsi une luminosité diffuse.

PORT AUTONOME DE PARIS
*Plate-forme de Gennevilliers*
*1919*
*Avenue Marcel-Paul*
*et avenue du Pont-d'Argenteuil*

La première mention d'un projet concret de construction d'un port à Gennevilliers date de 1911 sous l'intitulé « Paris-Port de mer ». Les travaux commencent après la guerre, en 1919, et provoquent une formidable expansion économique et démographique. Le trafic fluvial devient intense à partir de 1948. Pour son activité principale de stockage et de tri, le port s'est doté d'un centre important de conteneurs avec de grosses capacités de transbordements et du plus grand silo d'Europe à sa construction. En 1975 le port autonome et la chambre de commerce et d'industrie de Paris créent un groupe d'intérêt économique, « Paris-Terminal » pour aménager Gennevilliers et le doter de moyens plus importants liés à l'utilisation des conteneurs. Les silos en enfilade le long des quais créent un paysage grandiose et cohérent, d'une certaine beauté pour ceux qui apprécient l'esthétique de l'ère industrielle continuellement changeante.

BATEAU LUTÈCE
*Près des pompiers fluviaux*

Ayant assuré la sécurité indispensable dans ce port rempli de combustibles et d'inflammables, cet ancien « bateau-pompier », aujourd'hui sur berge, porte le vieux nom de Paris « Lutèce » comme pour évoquer un voyage à travers les âges.

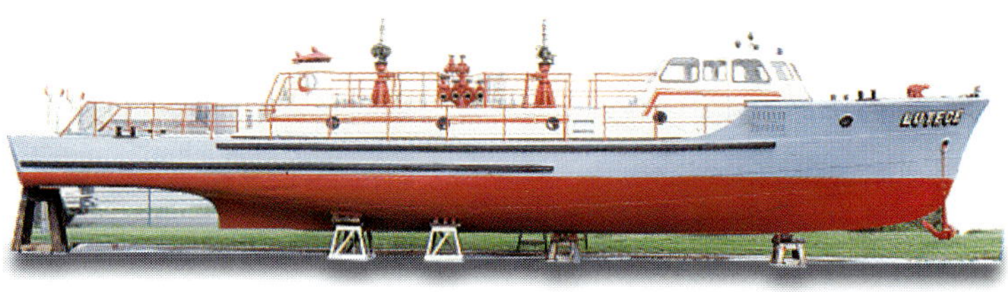

# Issy-les-Moulineaux

Cantons d'Issy-les-Moulineaux est et ouest
Arrondissement de Boulogne-Billancourt

Superficie : 425 ha – Population 1990 : 46 163 hab.
Habitants : les Isséens – Rivière : la Seine – Voies : RN187, RN189

Origine du nom : du bas latin *Issiacum* qui constitue la romanisation d'une racine celtique signifiant « sous le bois ».

Blason : un aéroplane qui fait référence à l'ancien terrain d'aviation et trois moulins qui rappellent l'étymologie des Moulineaux.

## HISTORIQUE

L'ancienneté du site d'Issy, qui fait remonter son histoire à la période gallo-romaine, est attestée par l'existence d'une voie et d'une nécropole romaines. Durant le Moyen Âge, le hameau d'Issy fait partie du domaine de l'abbaye de Saint-Germain-des-Prés. Il existe d'autres fiefs appartenant à des seigneurs locaux, tel celui de Vaudétard. Ce dernier domaine est la possession de Jean de La Haye à la fin du XVIe siècle, avant que celui-ci ne le cède en partie à la reine Marguerite de Valois. Issy attire dès le XVIIe siècle la noblesse parisienne, mais le phénomène s'accentue durant le XVIIIe siècle, notamment parce que le village est sur la route qui mène de Paris à Versailles. Marguerite de Valois et plus tard, les princes de Conti favorisent également par leur présence le développement du bourg. Le monde des arts y est à l'honneur grâce à de grands artistes qui participent à l'aménagement des demeures seigneuriales. En 1659, l'abbé Perrin et Robert Cambert composent le premier opéra français, intitulé *La Pastorale d'Issy.* À la fin du XVIIe siècle apparaissent à Issy les premières congrégations et confréries religieuses, dont la plus importante s'avère être le séminaire Saint-Sulpice. Les activités économiques du village sont essentiellement concentrées sur le travail de la terre, et notamment de la vigne qui constitue le type de culture le plus important. La ferme des Chartreux, aux Moulineaux, est rattachée à Issy en 1790 tandis que la période révolutionnaire s'installe sans trop de heurts dans le village. Par un décret du 11 décembre 1808, Issy se voit rattacher l'île de la Seine qui, de son ancienne division en deux îlots, a conservé son double nom : île Saint-Germain, dans sa partie est, et île de Billancourt à l'ouest. 1870 et, surtout, 1871 sont deux années synonymes de destruction pour la ville qui voit notamment brûler le château des princes de Conti. Le fort d'Issy est en effet la cible de bombardements et la plupart des édifices de la commune sont en partie détruits. L'État implante en 1893, dans le nord d'Issy, un champ de manœuvres militaire. Cette même année, le nom des Moulineaux est associé à celui d'Issy dans l'appellation de la commune. Avec le XXe siècle s'intensifie la période d'industrialisation de la ville. Plusieurs usines s'y établissent, notamment aux bords de la Seine, et transforment le paysage urbain. Ces mutations entraînent le développement économique de la cité. Deux modifications territoriales sont à noter en 1925 : l'annexion par Paris du champ de manœuvres qui connut les premières heures de l'aviation et la construction du Parc des Expositions sur une partie d'Issy-les-Moulineaux. Voisine de la capitale et bien desservie par les transports en commun, notamment le métro et le RER, Issy-les-Moulineaux est une ville en pleine expansion, favorisant l'installation de grandes sociétés, dont bon nombre concentrent leurs activités dans le secteur tertiaire et celui de la communication.

SARCOPHAGE GALLO-ROMAIN
*v^e^ siècle*
*Pierre*
*Collection du musée français de la Carte à Jouer*
C'est à l'occasion de travaux de terrassement en vue de la construction d'un immeuble, qu'un cimetière gallo-romain a été découvert en 1967, à proximité de la rue Séverine. Ce cimetière était composé de trente-huit sépultures dont sept furent l'objet d'une fouille complète. Cette découverte accrédite l'origine antique d'Issy-les-Moulineaux.

ÉGLISE SAINT-ÉTIENNE
*XVII^e^ siècle*
*Façade*
*Place de l'Église*
Selon la tradition – qui tient plutôt de la légende – le premier lieu de culte d'Issy-les-Moulineaux serait construit à l'emplacement d'un temple païen dédié à la déesse Isis. La première mention d'une église apparaît dans un texte du XI^e^ siècle. Sous le presbytère subsistent deux salles voûtées plus anciennes qui regroupent quelques vestiges d'architecture de l'époque mérovingienne. L'église est placée sous la protection de saint Étienne, l'un des premiers diacres et martyrs de la chrétienté. (Ins. M. H., 1929)

TYMPAN SCULPTÉ
*XII^e^ siècle*
*Église Saint-Étienne*
L'église évoquée au XI^e^ siècle est transformée en 1336. Le tympan sculpté qui représente le « Christ aux anges » provient de cet ancien édifice. Retrouvé en 1849 dans le jardin du presbytère, il est actuellement exposé à l'extrémité du bas-côté nord de l'église. Amputé de sa partie inférieure, ce bas-relief présente un Christ en majesté dans une mandorle, soutenue par deux anges et entouré des symboles de deux des Évangélistes : l'aigle pour saint Jean et l'homme pour saint Matthieu. Les deux autres Évangélistes devaient être évoqués dans la partie disparue de la pierre sculptée. De style roman, ce tympan est l'un des plus anciens de la région et il demeure à plus d'un titre remarquable, notamment par la puissante expressivité du visage du Christ. (Cl. M. H., 1905)

VANTAUX DE PORTAIL
*XVII^e^ siècle*
*Chêne*
*Église Saint-Étienne*
Au XIV^e^ siècle l'église primitive est remplacée par un édifice plus vaste dont on sait peu de choses. L'église actuelle est édifiée à partir de 1634 mais n'est bénie qu'en 1661, en raison d'un litige financier qui oppose les paroissiens d'Issy à l'abbaye de Saint-Germain-des-Prés dont ils dépendent. Sous la Révolution, l'église sert de maison commune, l'ancêtre de la mairie, et vit cette période agitée sans trop de désagréments. Ce n'est cependant pas le cas en 1871, date à laquelle l'édifice est partiellement dévasté. Il est rouvert au culte l'année suivante en présence du maréchal de Mac-Mahon, mais les travaux de restauration ne sont achevés qu'en 1880. D'un point de vue architectural, l'église Saint-Étienne se distingue par ses formes de style roman et sa décoration classique. Au titre de cette dernière, se classe le portail en chêne, offert selon la tradition par Louis XIV et sa mère Anne d'Autriche. Il est orné de deux angelots qui soutiennent les armoiries des royaumes de France et de Navarre, entourées des colliers des ordres de Saint-Michel et du Saint-Esprit. (Cl. M. H., 1906)

RETABLE
*XVII^e^ siècle*
*Chœur*
*Église Saint-Étienne*
Le chœur de l'édifice religieux est décoré d'un haut retable en bois encadré par deux colonnes corinthiennes qui soutiennent un fronton sculpté. À son sommet se tiennent deux anges adorateurs qui se font pendant. Au centre du retable a été placé un tableau datant de 1873. Œuvre d'Amélie Beaury-Saurel, ce Christ en croix est une copie d'un tableau de Rubens. De chaque côté de l'ouvrage sculpté se tient une statue des deux saints particulièrement vénérés dans la paroisse d'Issy : saint Étienne et saint Vincent. Il existe quatre autres sculptures placées dans le chœur et qui représentent sainte Geneviève, saint Denis, saint Jean et la Vierge. Ces deux dernières statues proviendraient d'un ancien calvaire élevé au-dessus de la porte principale avant l'installation des orgues.

FONTS BAPTISMAUX
*Deuxième moitié du XVII^e^ siècle*
*Marbre brèche*
*Église Saint-Étienne*
D'époque Louis XIV, cette cuve baptismale est composée d'une vasque ovale qui provient d'une fontaine du château des Conti. Elle fut offerte à la paroisse peu avant la Révolution française. (Cl. M. H., 1981)

BÉNITIER
*XVI^e^ siècle*
*Pierre*
*Église Saint-Étienne*
Ce bénitier, avec son pendant, est d'époque Renaissance. En forme de coquille, il est orné sur une face d'une tête d'angelot. (Cl. M. H., 1981)

LE MARTYRE
DE SAINT BARTHÉLEMY
*XVII^e^ siècle*
*École espagnole (180 × 213 cm)*
*Église Saint-Étienne*
L'église Saint-Étienne possède un nombre assez important de tableaux anciens, copies ou originaux. Parmi eux se trouve cette toile, attribuée par certains au peintre espagnol José de Ribera (1591-1652), qui représente l'apôtre Barthélemy – également nommé Nathanaël –, et martyrisé au Moyen-Orient.

SÉMINAIRE SAINT-SULPICE
*1892*
*Grand Bâtiment*
*Façade côté jardin*
*33, rue du Général-Leclerc*
C'est à l'emplacement de ce bâtiment central du séminaire Saint-Sulpice, qui ne sera construit qu'à la fin du XIXe siècle, qu'une première demeure, agrémentée d'un potager et d'un jardin à la française, est construite vers 1550. À cette époque, Jean puis Michel Marteau – respectivement trésorier du roi et changeur – en sont les propriétaires. (Cl. M. H., 1962)

TUNNEL
*Fin du XVIe siècle*
*Entrée*
*Séminaire Saint-Sulpice*
À la fin du XVIe siècle, le maître de la Monnaie et orfèvre du roi, Jean de La Haye devient le nouveau propriétaire des lieux. Celui-ci fait construire un passage voûté appelé le Tunnel qui lui permet d'accéder à un parc également en sa possession situé de l'autre côté de l'ancienne rue de la Glaisière, actuelle rue Minard. L'édification du Tunnel, qui passe sous la rue, est possible grâce à l'autorisation dispensée par l'abbaye de Saint-Germain-des-Prés, dont dépend le bourg d'Issy. En 1606, Jean de La Haye prête sa maison à Marguerite de Valois (1553-1615), ancienne reine de Navarre dont le mariage avec Henri IV a été annulé en 1599. La Dame, qui n'était venue à Issy que pour fuir une épidémie de peste sévissant à Paris, prend rapidement goût à sa nouvelle demeure et la rachète à Jean de La Haye.

PARC
*XVIIe-XIXe siècle*
*Séminaire Saint-Sulpice*
L'habitation de Marguerite de Valois – surnommée plus tard la Reine Margot – possède alors l'allure d'un manoir enrichi d'une cour et d'un jardin ainsi que de diverses dépendances. Le bâtiment principal, tout en longueur, est doté d'une façade à quatre colonnes de style tantôt dorique, tantôt corinthien qui soutiennent un fronton cintré, tandis qu'en haut du toit se dresse un campanile à colonnettes. Cependant, les terres attenantes à la propriété ne satisfont pas pleinement Marguerite de Valois qui cherche à agrandir ses jardins. Elle acquiert donc, en 1609, une terre à proximité qui appartient au père de Jean de La Haye. La propriété, alors surnommée le Petit Olympe, deviendra plus tard le domaine des Conti.

NYMPHÉE
*XVIIe siècle*
*Plafond*
*Séminaire Saint-Sulpice*
Appelé aussi « pavillon à rocailles », le nymphée est construit pour Marguerite de Valois. Inspiré de l'architecture italienne, l'édifice a vocation de lieu de divertissement. Ce type de construction, très en vogue durant la Renaissance, revêt l'aspect d'une grotte. Partiellement enterré, le nymphée offre une riche décoration intérieure composée, telle une mosaïque, de coquillages, cailloux et autres pierres de couleur. Cet assemblage composite forme un décor aux motifs de divinités marines et d'animaux fantastiques avec des angles de retombée ornés de lyres. Seuls le haut des murs et le plafond sont ainsi parés, les parois demeurant sans décor.

GRANDE GALERIE
*XIXe siècle*
*Grand Bâtiment*
*Séminaire Saint-Sulpice*

En 1640, la propriété est acquise par l'aumônier du roi Antoine de Sève. Avec le propriétaire suivant, Alexandre Le Ragois de Bretonvilliers (1621-1676), commence l'histoire religieuse du site. Bretonvilliers est depuis 1643 membre du séminaire de Saint-Sulpice de Paris fondé par le prêtre Jean-Jacques Olier (1608-1657), disciple de saint Vincent de Paul. Le séminaire ou Compagnie des prêtres de Saint-Sulpice a pour vocation la formation des jeunes prêtres pour les diocèses et leur préparation à une vie spirituelle et apostolique. Lorsque Bretonvilliers se rend acquéreur de l'ancien domaine de Marguerite de Valois, il prévoit d'y recevoir ses confrères et de leur aménager un lieu de repos mais aussi de travail et de recueillement. À la mort de Bretonvilliers, le domaine est légué à la Compagnie de Saint-Sulpice.

ESCALIER
*XIXe siècle*
*Grand Bâtiment*
*Séminaire Saint-Sulpice*

Les sulpiciens aménagent les bâtiments selon leurs différentes vocations. Certains sont réservés aux congés hebdomadaires et aux vacances des séminaristes. D'autres parties de l'édifice reçoivent les Solitaires, futurs sulpiciens de France, mais également du Canada et des États-Unis où est implantée la Compagnie, et qui passent ici une année de recueillement et d'études supplémentaire pour devenir supérieur de séminaire.

CHAPELLE
NOTRE-DAME DE LORETTE
*Fin du XVIIe et du XIXe siècle*
*Séminaire Saint-Sulpice*

Notre-Dame de Lorette est l'objet d'un véritable culte parmi les séminaristes et sulpiciens, sans doute en souvenir de Jean-Jacques Olier et de son pèlerinage à la maison de la Vierge à Lorette (Italie). La première chapelle Notre-Dame de Lorette est construite vers 1680, mais l'édifice qui subsiste de nos jours n'est plus celui construit à cette date. En l'an 1695, le séminaire d'Issy est le théâtre d'un événement important. Les fameux Articles d'Issy, qui clôturent les débats théologiques sur le problème du quiétisme, sont signés dans la maison de campagne des sulpiciens, en présence du supérieur général Louis Tronson, de Bossuet, évêque de Meaux, de Noailles, évêque de Châlons et de l'abbé de Fénelon. Au début du XVIIIe siècle, André-Hercule de Fleury (1653-1743), précepteur du jeune Louis XV et futur cardinal-ministre, s'installe au séminaire d'Issy dont il fait agrandir le bâtiment principal.

CHAPELLE
NOTRE-DAME DE TOUTES GRÂCES
*Début du XIXe siècle*
*Vue extérieure*
*Séminaire Saint-Sulpice*

Aux premières heures de la Révolution française, les séminaires sont supprimés et la Compagnie des prêtres de Saint-Sulpice est dissoute. Le supérieur du séminaire de Paris, Jacques-André Emery, fait d'Issy un refuge temporaire pour les prêtres. Mais l'établissement d'Issy est envahi le 15 août 1792, répertorié au titre de « bien national » quelques jours plus tard et finalement démantelé. Le domaine est divisé en quatre lots répartis comme

suit : la grande maison et le parterre; le potager et le nymphée; le grand parc; la maison de campagne des Philosophes. Après le Concordat de 1801, Jacques-André Emery entreprend la reconstitution du domaine en commençant, en 1804, par racheter et restaurer la maison de campagne pour les séminaristes et les directeurs.

CHAPELLE
NOTRE-DAME DE TOUTES GRÂCES
*Début du XIX^e^ siècle*
*Vue intérieure*
*Séminaire Saint-Sulpice*
La chapelle Notre-Dame de Lorette n'étant pas située sur la parcelle rachetée, les séminaristes édifient une nouvelle chapelle dédiée à Notre-Dame de Toutes Grâces qui est conçue comme un lieu de culte temporaire. Construit par les séminaristes eux-mêmes, le nouvel édifice, de plan polygonal, est de petite taille. Une plaque de marche est placée au dessus du porche en façade, plaque qui proviendrait de l'ancienne église des Minimes de Chaillot détruite à la Révolution et placée sous le vocable de Notre-Dame de Toutes Grâces. Le prédicateur Henri Lacordaire (1802-1861) et l'écrivain Ernest Renan (1823-1892) furent sans doute au nombre des séminaristes venus prier dans cette chapelle.

LA SOLITUDE
*1842. Architecte : Faillon*
*Séminaire Saint-Sulpice*
Après la démolition du séminaire de la place Saint-Sulpice de Paris en 1802, Issy accueille davantage de prêtres-élèves. Les bâtiments sont modifiés en conséquence et la Solitude, lieu réservé au recueillement, fait l'objet d'une nouvelle construction en 1842, édifiée à partir d'un plan en U et élevée sur trois niveaux.

CHAPELLE DE LA SOLITUDE
*1842. Architecte : Faillon*
*Vue extérieure*
*Séminaire Saint-Sulpice*
Le foyer de la Solitude est doté, toujours en 1842, d'une chapelle qui lui est propre. De style néo-gothique, elle est reliée à l'aile gauche du bâtiment par un vestibule au rez-de-chaussée et un oratoire au premier étage.

CHAPELLE DE LA SOLITUDE
*1842. Architecte : Faillon*
*Vue intérieure*
*Séminaire Saint-Sulpice*
La décoration intérieure du lieu de culte est conçue avec grand soin. Le pourtour de la nef est doté d'une rangée de niches trilobées qui abritent des statues des 12 apôtres ainsi que de 72 disciples. L'ensemble du décor ainsi que le maître-autel témoignent du goût en vogue au XIX^e^ siècle pour le répertoire des formes du Moyen Âge.

GRANDE CHAPELLE
*1898-1901*
*Architecte : Édouard Bérard*
*Façade*
*Séminaire Saint-Sulpice*
Parmi les nombreux aménagements que subit le séminaire d'Issy, on note en 1830 la construction d'une nouvelle chapelle, capable de recevoir l'ensemble des pensionnaires de l'institution. Celle-ci porte alors le nom de son commanditaire : le supérieur de la Solitude, Gabriel Mollevaut. Avant que ne surviennent les événements de la guerre de 1870 et de la Commune de Paris, le séminaire d'Issy connaît une seconde renaissance. Mais 1870 et 1871 sont synonymes pour l'établisse-

ment de destruction et par conséquent de nouveaux travaux. La chapelle Notre-Dame de Lorette, totalement incendiée, est rebâtie en 1872. Toute une série de travaux de restauration s'échelonne à partir de cette date jusqu'en 1894.

PLAFOND
*XIXe siècle. Bartolini*
*Grande Chapelle*
*Séminaire Saint-Sulpice*
Les plus beaux matériaux sont employés pour enrichir le décor de la chapelle, dont l'iconographie s'inspire des thèmes marials et de la vie de la Vierge. Ainsi, le plafond peint par Bartolini représente l'Assomption de la Vierge, œuvre exécutée d'après un carton du peintre Le Brun.

CHŒUR
*1898-1901*
*La Grande Chapelle*
*Séminaire Saint-Sulpice*
À la fin du XIXe siècle, on décide de détruire la chapelle Mollevaut pour la remplacer par une autre plus vaste. Le nouvel édifice s'appuie sur une crypte puissante et son architecture est très nettement inspirée de la chapelle du château de Versailles, bien qu'elle témoigne également du style éclectique de l'époque. L'intérieur de la grande chapelle se distingue par sa taille imposante et son agencement étudié pour recevoir les séminaristes de Paris et d'Issy, ainsi que leur famille lors des cérémonies d'ordination.

MAÎTRE-AUTEL
*XIXe siècle*
*Grande Chapelle*
*Séminaire Saint-Sulpice*
Une importante tribune à colonnes encadre le chœur de la chapelle d'où se dégagent d'immenses verrières placées ici en 1901. Le maître-autel est de style Louis XV, orné de bronze doré et surmonté d'un ciborium à colonnes torses.

CELLULE
*XIXe siècle*
*Crypte de la Grande Chapelle*
*Séminaire Saint-Sulpice*
Lors de la destruction de la prison de la Roquette en 1900, le séminaire d'Issy récupère les cellules où furent détenus, en 1871, Mgr Darboy et le séminariste Paul Seigneret. Ces cellules sont ensuite reconstituées dans la crypte de la Grande Chapelle, ainsi qu'une partie du mur du chemin de ronde devant lequel Mgr Darboy fut fusillé le 24 mai 1871. Au début du XXe siècle, le nombre de séminaristes augmente toujours. L'établissement d'Issy continue de s'agrandir, notamment dans les années trente. Mais à partir de 1960, les vocations religieuses se font plus rares. Finalement une partie du parc du séminaire est louée à la municipalité en 1976. Cet espace vert est baptisé parc Jean-Paul II, en souvenir de la visite que le souverain pontif effectua au séminaire d'Issy en 1980.

CHÂTEAU DES CONTI
*Maquette animée*
*1989*
*Bois. 1/500e*
*Collection du musée français*
*de la Carte à Jouer*

Domaine constitué au cours des XVIIe et XVIIIe siècles, le domaine des princes de Conti résulte initialement de la réunion de deux propriétés. Ce sont, en effet, la châtellenie de Villepreux et le Petit Olympe, ancienne propriété de Marguerite de Valois, qui sont réunis, en 1660, par le riche financier Berthrand de la Bazinière. Lui succède, en 1681, Denis Talon (1628-1698), Conseiller du roi et premier avocat général au Parlement. C'est lui qui prend l'initiative de construire un château dont les plans sont confiés à l'architecte Pierre Bullet (1639-1716), collaborateur de Jules Hardouin-Mansart et auteur de la porte Saint-Martin à Paris.

COMMUNS DU CHÂTEAU
*Fin du XVIIIe siècle*
*Emplacement du musée français*
*de la Carte à Jouer*

En ce qui concerne le château, l'architecte bâtit un édifice assez original pour le XVIIe siècle, à plan presque carré qui s'inspire des villas de Palladio. L'aménagement des jardins est confié à André Le Nôtre et son neveu Claude Desgots. À la mort de Denis Talon, François-Louis de Bourbon, prince de Conti, rachète le domaine. Appelé le Grand Conti, Louis-François est une figure illustre du royaume, héros militaire des campagnes d'Allemagne et de Flandres et ancien prétendant au trône de Pologne. Il se consacre, jusqu'à sa mort en 1709, à l'agrandissement et l'embellissement de sa demeure d'Issy. Il dote le château d'une façade à péristyle composé de colonnes doriques et fait édifier pour son fils une demeure nommée le Petit Château. Les communs, édifiés à la fin du XVIIIe siècle, sont les derniers vestiges du château. Ils se caractérisent par leur forme étrange qui évoque l'aile d'un oiseau.

BASSIN
*XVIIIe siècle*
*Ancien domaine des Conti*
*École Anatole-France*
*12, rue Tariel*

Le domaine d'Issy demeure dans la famille des princes de Conti jusqu'en 1776. À cette date il est racheté par Gaultier de Bésigny qui transforme l'ancien parc en un jardin « à l'anglaise ». Après la Révolution française la propriété est le bien de la famille de L'Espine, puis est en grande partie lotie par le Comptoir Central de Crédit. Comme la plupart des monuments d'Issy-les-Moulineaux, le château des Conti est gravement endommagé lors des combats de 1871. Bombardé et incendié, il est finalement démoli durant les années 1903-1904.

FONTAINE AUX DAUPHINS
*XVIIe siècle*
*3, rue Berthelot*

Des vestiges de l'ancien château des Conti, ne demeurent que les communs qui sont destinés à accueillir le musée français de la Carte à Jouer, une partie du parc devenu espace vert municipal, un bassin ainsi que cette fontaine monumentale appelée fontaine aux dauphins. Placée sur le mur des écuries princières, elle servait d'abreuvoir pour les chevaux. Grâce à l'intervention du sculpteur Auguste Rodin, le fronton de la façade sur jardin du château d'Issy fut également sauvé en 1903 et remonté dans sa villa des Brillants à Meudon. (Ins. M. H., 1933)

MAISON SUISSE DE RETRAITE
*XVIIIe siècle*
*Aile*
*23, avenue Jean-Jaurès*
Les bâtiments de la Maison suisse de retraite sont implantés dans une ancienne propriété formée au XVIIe siècle sur un terrain en pente et traité en terrasses. De la demeure d'origine du XVIIIe siècle, il ne reste que l'aile perpendiculaire qui garde également sa façade d'époque.

PORTE
*XVIIIe siècle*
*Aile*
*Maison suisse de retraite*
La propriété revêt un caractère privé jusqu'en 1845, date à laquelle commence son affectation religieuse lorsque s'y installent les pères du Sacré-Cœur de Picpus. Les sœurs de Saint-Thomas de Villeneuve occupent ensuite les locaux à partir de 1887 et ce n'est qu'en 1960 que la demeure devient la Maison suisse de retraite. Huit ans plus tard la maison de l'hôpital suisse de Paris vient occuper une partie de la propriété détruisant à priori la belle perspective des terrasses.

FONTAINE
*XVIIe-XVIIIe siècle*
*Bassin central*
*Maison suisse de retraite*
Ce sont sans aucun doute les différentes terrasses aménagées de jardins, offrant une vue sur la plaine, qui font l'originalité des lieux. Bien que les bâtiments médicaux et de repos viennent s'y greffer, ces terrasses restent un endroit agréable. Chacune d'elles possède un bassin alimenté en eau de source. Une fontaine agrémente l'un des angles arrondis du bassin de la terrasse du milieu.

CHAPELLE
*XVIIIe siècle*
*Maison suisse de retraite*
La chapelle devait à l'origine servir de vestibule, transformé à l'occasion en salle de concert. Elle ne devient lieu de culte qu'après l'arrivée des pères du Sacré-Cœur de Picpus. Agrandie au XIXe siècle, elle possède une riche décoration de pilastres à chapiteaux ioniques et de frises de rinceaux d'où surgissent des têtes d'angelots, des sirènes ou encore des animaux.

LA CÈNE
*1636. Simon Vouet*
*Huile sur toile (150 × 133 cm)*
*Maison suisse de retraite*
Ce tableau, ainsi que le suivant, a été découvert dans la chapelle de la Maison suisse, en 1990 lors d'une visite de membres de la Commission

départementale des Objets mobiliers. L'inspecteur des Monuments historiques des Hauts-de-Seine y voit la main du célèbre artiste Simon Vouet. Cette découverte, due au fruit du hasard, a de plus la chance de se situer quelque temps avant l'ouverture de l'exposition que consacre le Grand-Palais à l'artiste Simon Vouet. (Cl. M. H., 1990)

L'INCRÉDULITÉ DE SAINT THOMAS
*1636. Simon Vouet*
*Huile sur toile (150 × 114 cm)*
*Maison suisse de retraite*
Après expertise, les deux toiles sont effectivement identifiées comme étant de la main de Vouet et sont présentées dans l'exposition du Grand-Palais de juin 1990. Simon Vouet (1590-1649), premier peintre de Louis XIII, a été pendant près de vingt ans le chef de file français d'un art baroque harmonieux et éclectique. *La Cène* et *L'Incrédulité de saint Thomas* sont conçues en 1636 lorsque le peintre est au sommet de sa gloire. Leur commanditaire est le chancelier Séguier et les deux toiles sont destinées à la décoration de la chapelle de son hôtel de Paris. Ce sont les pères du Sacré-Cœur de Picpus qui vraisemblablement amenèrent les deux tableaux à Issy et permirent ainsi cette découverte inattendue. Ces deux tableaux sont actuellement en dépôt au musée des Beaux-Arts de Lyon.

MAISON DE RETRAITE
CORENTIN CELTON
*1860-1863*
*Architecte : Marcellin Vera*
*37, boulevard Gambetta*
Ancienne maison de retraite des « Petits Ménages », appelée « Corentin Celton » en hommage de ce syndicaliste fusillé en 1943, cet établissement est l'héritier de l'ancien hospice des Petites-Maisons, fondé à Paris en 1557 et transféré à Issy-les-Moulineaux en 1864. Cette architecture est un exemple des constructions hospitalières telles qu'elles étaient conçues sous le second Empire. Le bâtiment central est doté de deux ailes de trois étages qui rejoignent une chapelle grâce à des galeries à arcades. L'ensemble des bâtiments encadre une vaste cour d'honneur.

CHAPELLE
*1860-1863*
*Architecte : Marcellin Vera*
*Maison de retraite Corentin-Celton*
La chapelle de l'hospice est de style néo-roman. Son plan s'inspire de certaines basiliques primitives italiennes, comme notamment Saint-Apollinaire in Classe de Ravenne. Elle est décorée en façade de deux statues de Joachim et Anne, les parents de la Vierge. L'intérieur renferme un certain nombre de tableaux anciens, dont une *Visitation*, copie de Sébastiano del Piombo ; *Jésus chez Marthe et Marie* d'après une œuvre d'Eustache Le Sueur et *Saint Roch et Saint Fiacre*, du peintre Alexis-Simon Belle (1674-1734).

CHAPELLE NOTRE-DAME
PROTECTRICE DES ENFANTS
*1933. Architectes : Delaire et Sage*
*École Sainte-Clotilde*
*8, rue de l'Abbé-Grégoire*
Située dans l'école paroissiale de jeunes filles Sainte-Clotilde, cette chapelle dépend de la paroisse Saint-Étienne. Elle est surnommée la chapelle rose à cause de la couleur de son crépi extérieur.

HOSPICE DEVILLAS
*1863*
*Rue Ernest-Renan*
Les bâtiments de l'hospice Devillas sont attenants à ceux de l'établissement Corentin-Celton. Ils sont édifiés en 1863, grâce au legs de M. Devillas, par l'Assistance publique.

HÔTEL DE VILLE
*XVIII^e^ siècle*
*47, rue du Général-Leclerc*
En 1895, la municipalité d'Issy s'installe à l'emplacement de l'ancien fief de « La Gentillesse », dans une maison de maître héritière d'un riche passé historique. La propriété est en effet, à la fin du XVIII^e^ siècle, le lieu de résidence du financier Nicolas Beaujon qui s'est adjoint les services du grand architecte Étienne Louis Boullé. Cédée un peu plus tard au duc et à la duchesse de l'Infantado, elle va devenir la possession de la Congrégation des Dames de Saint-Augustin jusqu'en 1891. À son arrivée, la municipalité opère de nombreuses transformations dans les bâtiments, confiant les travaux à l'architecte Louis Bonnier. Un siècle plus tard, c'est une nouvelle campagne de restauration qui voit le jour. Le bâtiment, inauguré le 22 juin 1994, allie passé – le XVIII^e^ siècle en partie restauré et remis en valeur – et modernité.

SALON ÉLYSÉE
*1994*
*Hôtel de ville*
Le salon Élysée est une reconstitution du grand salon créé par Louis-Étienne Boullée pour le financier Nicolas Beaujon. Également propriétaire de l'hôtel d'Évreux à Paris – actuel palais de l'Élysée –, Beaujon confie le soin à Boullé de réutiliser certains des éléments du décor d'Issy pour sa demeure parisienne. Ainsi, on retrouve certains aspects décoratifs de la mairie d'Issy-les-Moulineaux dans le salon des Ambassadeurs de la demeure présidentielle. Cette similitude est à l'origine du nom de la salle d'Issy-les Moulineaux.

SALLE DES MARIAGES
*1894. Louis Bonnier*
*Hôtel de ville*
Louis Bonnier, auteur des remaniements de « la nouvelle mairie », transforme de manière radicale l'ancienne maison de plaisance pour l'adapter à sa nouvelle fonction. Une grande salle du conseil – actuelle salle des mariages – est alors conçue, ornée d'une grande peinture représentant les bords de la Seine à Issy au début de ce siècle. Cette œuvre est une composition du peintre Eugène-Louis Gillot (1867-1925). Cette salle vient tout récemment d'être restaurée et dénommée salle Victor-Prouvé.

LA VIE
*1878*
*Victor Prouvé*
*Hôtel de ville*
À la fin du XIX^e^ siècle, la décoration intérieure de l'hôtel de ville est confiée aux artistes Camille Lefevre, Louis Gillot et Victor Prouvé. Ce dernier

conçoit la grande peinture de l'escalier d'honneur, dont le musée municipal possède un pastel préparatoire. L'ensemble, intitulé « La Vie », est une toile marouflée d'une longueur de 11,85 mètres. Elle représente divers groupes de personnages (les fiancés, la maternité, la famille...) s'enchaînant l'un derrière l'autre dans un paysage champêtre. Son auteur est, avec Émile Gallé, une figure phare de l'École de Nancy.

ACTE DE NAISSANCE
DE NAPOLÉON MORTIER
*1804*
*Archives municipales*
*d'Issy-les-Moulineaux*
Cet extrait de registre de l'État-Civil témoigne de la naissance de Napoléon Mortier le 19 Thermidor an XII, soit le 7 août 1804. L'enfant est le fils d'Édouard Mortier, maréchal de l'Empire français et colonel général de la Garde impériale, qui deviendra plus tard duc de Trévise en 1808 et Ministre de la Guerre en 1834. Son fils porte le prénom de l'empereur dont on peut voir la signature sur ce registre d'État-Civil ainsi que celle de son épouse Joséphine de Beauharnais.

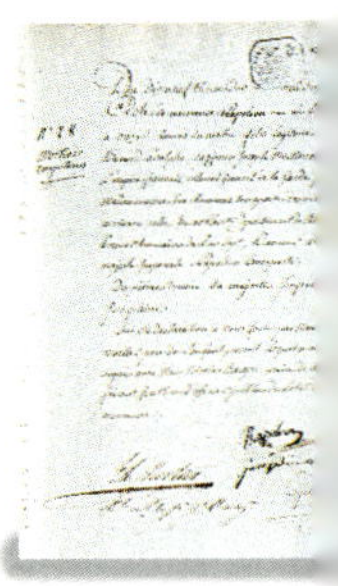

MANUFACTURE DE TABACS
*1900-1904*
*Bâtiment de l'administration*
*17, rue Ernest-Renan*
Lorsque la manufacture de tabacs de Paris, située dans le quartier du Gros-Caillou, se voit contrainte de déménager à cause de la valeur importante prise par les terrains dans le VIIe arrondissement de Paris à la fin du XIXe siècle, il est décidé d'établir la nouvelle usine parisienne à Issy-les-Moulineaux. La direction générale des manufactures de l'État – l'ancêtre de la SEITA – établit les plans des nouveaux locaux à partir de ceux créés sous le second Empire par l'ingénieur Eugène Rolland, plans qui sont invariablement déclinés pour toutes les manufactures de France. L'établissement présente en façade le bâtiment de l'administration et de la direction, flanqué de deux pavillons de gardiens. Sorte de vitrine dorée qui ressemble à un hôtel particulier, ce bâtiment cache en fait une véritable usine.(Ins. M. H., 1984)

COUR ET CHEMINÉE
*1900-1904*
*Manufacture de Tabacs*
Conçue pour abriter et surveiller un nombre important de personnes, l'architecture des locaux se veut fonctionnelle mais de ce parti-pris découle une impression austère qui n'est pas sans évoquer l'univers carcéral. Les bâtiments, puissants et lourds, affichent l'autorité de l'État. L'ensemble de l'édifice est compact, comme refermé sur lui-même et il s'organise en fonction des contraintes inhérentes à son activité, c'est à dire la concentration d'une main d'œuvre importante – en majorité féminine – et le stockage du tabac sur une grande surface.

GALERIE HAUTE
*1900-1904*
*Manufacture de Tabacs*
Les points stratégiques de la vie quotidienne de l'usine, conçue à partir d'un plan en grille, sont le portail d'entrée, le bâtiment de gestion, l'horloge et son campanile et la grande cheminée de 45 mètres. Ces éléments constituent l'axe principal de l'établissement. Des galeries séparent les différents bâtiments les uns des autres pour éviter tout risque d'incendie. Celles-ci, composées de fer et de verre, sont des témoins de l'architecture métallique dont on perçoit les avantages au début du siècle. L'activité, spécialisée dans la fabrication de cigarettes de luxe pour la clientèle parisienne, décline dans les années 1940. La fabrication est finalement arrêtée en 1978. Rénovés à la fin des années 1980, les bâtiments ont fait l'objet d'un programme immobilier important. (Cl.M.H., 1990)

TOUR EIFFEL
*1892*
*Fer*
*42, rue Ernest-Renan*
Construite en 1892, cette tour Eiffel est à l'origine l'enseigne d'un magasin de tissus et de confection, magasin ayant appartenu à l'ancien maire d'Issy-les-Moulineaux Henri Mayer. Réplique de deux mètres de la fameuse architecture d'Eiffel, cette tour en fer doré à la bronzine a été façonnée par un artisan isséen. (Cl. M. H., 1988)

HOSPICE LASSERRE

*1900*

*10, avenue Jean-Jaurès*

C'est à l'emplacement d'une ancienne maison d'habitation, léguée par le chirurgien Lasserre pour servir de dispensaire et d'hospice, que ce nouveau bâtiment est élevé en 1899-1900. Il est inauguré le 15 mars 1900 en présence du président de la République Émile Loubet.

MAQUETTE DE L'AVION VOISIN-FARMAN

*1991*

*Cuivre et laiton. 1/15e*

*Collection du musée français de la Carte à Jouer*

Le champ de manœuvres d'Issy-les-Moulineaux est créé en 1893 pour servir de terrain d'exercice à l'armée française, récemment expulsée des abords de la toute jeune Tour Eiffel. Dès 1905, ce terrain attire les premiers « fous volants » qui sont autorisés à faire leurs vols d'essais. Louis Blériot, Alberto Santos-Dumont, Léon Delagrange et Henri Farman fréquentent le terrain d'Issy. C'est ce dernier qui consacre Issy-les-Moulineaux « berceau de l'aviation ». Henry Farman (1874-1960) et son frère Maurice (1877-1964) sont épris de vitesse. Henry remporte des compétitions automobiles, puis, en 1907, commande un appareil aux frères Voisin, constructeurs d'avions installés à Boulogne-Billancourt. C'est sur cet aéroplane, dont le musée de la Carte à Jouer possède une maquette, qu'Henry Farman réalise le 13 janvier 1908 le premier kilomètre en circuit fermé sur le terrain d'Issy-les-Moulineaux. L'aéroplane Voisin est un biplan cellulaire de 10 mètres d'envergure et de 10,50 mètres de longueur. Il est équipé d'un moteur « Antoinette »

de six cylindres développant cinquante chevaux. Lors de sa performance d'Issy, Farman gagne le Grand Prix d'Aviation créé en 1904 par Henri Deutsch de la Meurthe. Le terrain d'aviation d'Issy est ensuite le théâtre de nombreux records et de départs de courses aériennes. Devenu aéroport de Paris en 1945, il est consacré aux hélicoptères et sert également de terrain d'atterrissage de secours pour les avions légers.

CELLE QUI FUT LA BELLE HEAULMIÈRE

*1885. Auguste Rodin*

*Plâtre (H : 51cm)*

*Collection du musée français de la Carte à Jouer*

Léguée à la ville d'Issy-les-Moulineaux par la veuve de Paul Cruet, ancien mouleur isséen d'Auguste Rodin, cette œuvre est intitulée *Celle qui fut la Belle Heaulmière.* L'artiste n'a pas hésité à évoquer les outrages du temps qui marquent le modèle et illustrent éloquemment la vieillesse. La chair de la femme a perdu toute sa fraîcheur, les bras sont comme décharnés et l'attitude du modèle laisse transparaître un sentiment de pudeur, voire de honte. Mais Rodin a conçu cette sculpture avec le souci d'exprimer la beauté, une beauté capable de se dégager d'un corps tel que celui de cette vieille femme car l'artiste considère que tout ce qui est dans la nature est beau. L'original de cette statue, en bronze, fait partie de la composition monumentale de *La Porte de l'Enfer* qui fut remontée dans le musée Rodin de Paris après la mort de l'artiste.

VUE D'ISSY PRISE DU PARC DE L'ANCIEN CHÂTEAU

*1910. Georges-Marcel Burgun*

*Huile sur toile (27,5 × 35 cm)*

*Collection du musée français de la Carte à Jouer*

Le musée d'Issy-les-Moulineaux conserve la collection des œuvres du peintre Georges-Marcel Burgun (1874-1964), léguée à la ville par cet Isséen de longue date. Paysagiste formé un temps à l'École des Arts décoratifs, puis auprès du peintre Émile Jacque, Burgun puise sa source d'inspiration dans les paysages qui l'entourent, et par conséquent dans la ville qu'il habite depuis 1899. La technique impressionniste et la couleur des fauves marquent durablement son œuvre. Il fait d'ailleurs connaissance avec Henri Matisse lorsque ce dernier vient résider à Issy-les-Moulineaux de 1909 à 1917.

CARTES À JOUER LYONNAISES
*Fin du XV^e siècle*
*Lyon. Anonyme*
*Gravure sur bois, pochoir*
*Musée français de la Carte à Jouer*
Entre 1981 (date de création de l'institution) et 1986, le musée d'Issy-les-Moulineaux consacre ses acquisitions et ses nombreuses expositions à l'histoire locale traitée, toutefois, de manière éclectique : « Issy à travers ses rues » ; « Issy, berceau de l'aviation » ; « Henri Matisse, l'atelier d'Issy... » ; « La *Tour aux figures* de Jean Dubuffet »... C'est cependant la présentation, en 1986, d'une première exposition sur le thème des cartes à jouer (fonds de collection donné à la ville en 1930) qui va inciter la municipalité et la direction des musées de France à créer le Musée français de la Carte à Jouer. Depuis, bien que poursuivant sa vocation initiale, ce musée de statut municipal s'est vu décerner l'appellation « d'intérêt national ». Constamment soutenue par le Conseil artistique des Musées et le FRAM, son action pour permettre l'enrichissement des collections liées à la carte à jouer, s'est formidablement développée, favorisant par là-même la mise en place d'un projet de rénovation et d'agrandissement de ses bâtiments initiaux.

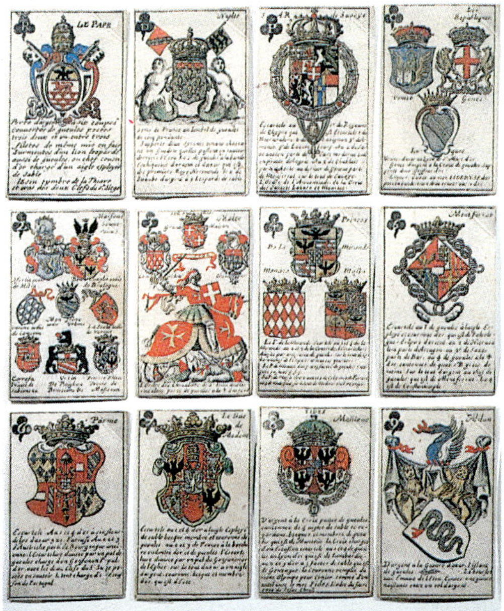

CARTES D'ARMOIRIES DE L'EUROPE
*Sous le pontificat d'Innocent XI (1676-1689)*
*Paris. Cl. Oronce Fine de Brianville*
*Gravure, gouache*
*Musée français de la Carte à Jouer*
Les cartes à jouer, par définition, s'adressent aux joueurs : l'histoire démontre néanmoins que, parallèlement aux portraits standards, partout en Europe dès le XV^e siècle, coexistent des jeux différents, créés pour s'amuser, voire pour apprendre en s'amusant... Dans un style créatif, les XVII^e et XVIII^e siècles français ont donné naissance à une série de jeux destinés à parfaire l'éducation des jeunes aristocrates : « cartes méthodiques pour apprendre le blason » accompagnées de leur manuel d'utilisation, « jeu des fortifications », « jeu de guerre »... Ces jeux sont généralement finement gravés à l'eau forte ; rares sont ceux, tel celui possédé par le musée français de la Carte à Jouer, qui nous soient parvenus coloriés. Jeux historiques, commémoratifs, géographiques, caricaturaux, politico-satiriques, comiques, artistiques, certains témoignent d'événements, expriment des sentiments, d'autres sont de pure fantaisie esthétique. À cet égard, le XIX^e siècle nous révèle un extrême foisonnement inventif, une extraordinaire diversité iconographique dans le domaine des cartes à jouer. Le XX^e siècle, lui, a vu surtout le développement de la carte publicitaire et touristique.

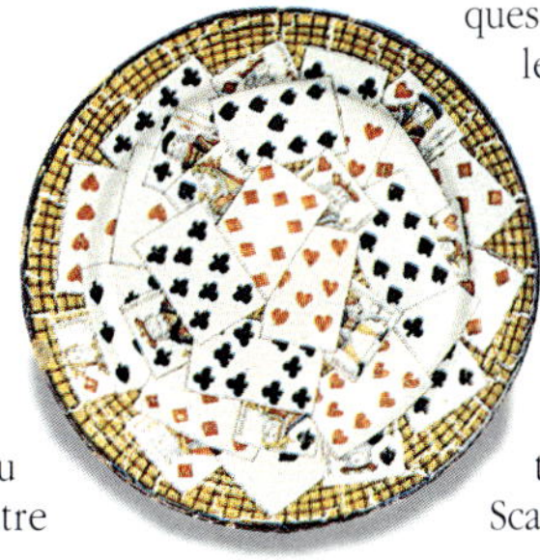

PLAT ROND À DÉCOR
DE CARTE À JOUER
*Deuxième moitié du XVII^e siècle, Lille*
*Faïence grand feu*
*Musée français*
*de la Carte à Jouer*
Les cartes à jouer ont très tôt occupé une place de choix dans les arts et leur valeur plastique ou symbolique leur ont valu d'être souvent choisies comme parties de décor. Dès l'époque classique, notamment, les cartes deviennent un élément traditionnel des « natures mortes » et plus encore des « trompe-l'œil ». Au XVIII^e siècle elles sont l'objet unique de véritables compositions sur les assiettes et plats réalisés par les grandes fabriques telles que Moustiers, Sanceny et Lille. Au siècle suivant elles se répandent à profusion sur les faïences décorées de Creil, Montereau et Choisy. Aujourd'hui encore on les trouve, traitées de manière quelque peu surréaliste, sur une série d'assiettes dessinées par Piero Fornasetti, célèbre décorateur italien des années 1950. La peinture moderne, plus précisément le mouvement cubiste dès 1910, s'est intéressé à la carte à jouer, à son dessin, à ses contours. Certaines scènes contemporaines témoignent encore de cette recherche. C'est cependant vers 1950-1960 que l'on assiste à la naissance de jeux de cartes créés par quelques grands artistes parmi lesquels Sonia Delaunay fait désormais référence. Le musée français de la Carte à Jouer s'enorgueillit de posséder quelques beaux exemples de créations récentes (J.M. Scanreigh, G. Kumpel...).

MAISON
*1893. Hector Guimard*
*Meulière*
63, avenue du Général-de-Gaulle
Construite par l'un des plus grands architectes de l'Art nouveau alors à ses débuts, Hector Guimard (1867-1934), cette demeure illustre le style de son auteur par ses raffinements décoratifs, ses surfaces asymétriques et la variété de ses accessoires : emploi de la céramique colorée pour rehausser l'aspect terne de la pierre meulière, fenêtres en cintre roman soulignées par un appareillage de briques.

MAISON D'HENRI MATISSE
*XIX^e siècle*
*92, avenue du Général-de-Gaulle*
De 1909 à 1917, le peintre Henri Matisse (1869-1954) s'installe dans cette propriété isséenne pour fuir l'agitation parisienne de son atelier du boulevard des Invalides. La maison, carrée, de deux étages, est entourée d'un grand jardin avec des bassins ainsi que d'une serre. Sur une partie du terrain, Matisse se fait construire un vaste atelier en préfabriqué, dont deux toiles célèbres dépeignent l'intérieur : *L'Atelier rose* du musée de l'Ermitage et *L'Atelier rouge* du Musée d'Art Moderne de New-York. Matisse institut le lundi comme jour de visite pour ses amis et relations et c'est ainsi que quelques unes des plus grandes personnalités de l'art moderne – Charles Camoin, Pierre-Albert Marquet, Léo et Gertrude Stein, Serguei Chtchoukine ou encore Gaston Bernheim – se rendent à Issy-les-Moulineaux. C'est également dans cet atelier que le peintre conçoit *La Danse* et sa série de toiles sur les poissons rouges.

GARE DES MOULINEAUX-BILLANCOURT
*1889*
*Brique et pierre*
*Place Jules-Gévelot*
C'est à l'occasion de l'Exposition universelle de 1889 que la gare des Moulineaux est construite sur la ligne de chemin de fer Puteaux – Champ de Mars, qui était une antenne ferroviaire de la ligne Paris-Saint-Lazare-Versailles rive droite. L'édifice se présente comme un bâtiment rectangulaire de style classique à deux étages et avec un toit mansardé. Son appareillage de brique et de pierre est assez caractéristique de l'architecture des gares de banlieue.

IMMEUBLE DES COLONNES
*1932. Architectes : Jacques Delaire et Jacques Sage*
*Angle de la rue Auguste-Gervais et de l'avenue Cresson*
La ville d'Issy-les-Moulineaux doit beaucoup de ses habitations et de ses édifices à la famille d'architectes Delaire, composée d'Émile, Jacques et Pierre. C'est Jacques Delaire qui est le constructeur de l'immeuble « les colonnes » qui se singularise par son angle en saillie composé de trois séries de « bow-windows » et séparées par de puissantes colonnes.

HALLE EIFFEL
*1884*
*Actuellement Euro RSCG*
*103, quai du Président-Roosevelt*
Ancien élément de l'usine de la Compagnie électrique du secteur de la rive gauche, ce pavillon est construit à la fin du XIX^e siècle par Gustave Eiffel lui-même ou par son entreprise : l'Atelier de construction de Levallois-Perret. Le site est acquis en 1921 par la société Métallurgie franco-belge qui demeure en ces lieux jusqu'en 1981. Il reste aujourd'hui de l'usine ce bâtiment principal à deux corps centraux qui abrite les bureaux de l'agence de publicité Euro RSCG. Composé d'une structure portante métallique avec remplissage de brique et un décor en façade de briques polychromes, l'édifice a été entièrement restauré.

HALLE
*1853-1854*
*Île Saint-Germain*
En 1840, l'île Saint-Germain n'est peuplée que par un cabaret-guinguette. Treize ans plus tard s'y installe la Société des glaces et verreries de Montluçon qui construit un pont-passerelle pour relier l'île à la rive gauche ainsi que plusieurs hauts et grands hangars. Quatre immenses halles sont également édifiées. Elles mesurent 61 mètres de longueur, 30 mètres de largeur et 12 de hauteur. Ces bâtiments changèrent de nombreuses fois de propriétaires. L'une des halles a été récemment restaurée : sa charpente est un des derniers témoins importants des réalisations en bois du XIX^e^ siècle.

FORT D'ISSY
*1840-1842*
*Entrée*
*Rue du Fort*
Élément des fortifications de Paris commencées en 1840, le fort d'Issy, situé sur les hauteurs de la ville, est un endroit stratégique de la défense de Paris car il protège la partie la plus faible de l'enceinte. Cela fait de lui le fort le plus bombardé de la ceinture de la capitale durant les attaques prussiennes de 1870 et les combats de la Commune l'année suivante. En tout, ce sont près de 20 000 projectiles qui sont lancés sur le fort d'Issy et le détruisent en partie.

THÉÂTRE – P.A.C.I.
*1932. Architecte : Marcel Chappey*
*25, avenue Victor-Cresson*
Avant de devenir théâtre et Palais des Arts et des Congrès d'Issy-les-Moulineaux, le bâtiment accueille à sa création la salle des fêtes, puis la maison du peuple. Il est constitué d'un sous-sol qui sert primitivement de gymnase et d'une salle réservée aux bals, banquets et spectacles. En 1964, le conservatoire municipal s'y installe et parallèlement de grands spectacles sont organisés. L'édifice est enfin complétement rénové en 1988, donnant naissance à une salle de mille places dont l'acoustique a été particulièrement étudiée.

VITRAUX
*1932. Louis Barillet*
*Verre*
*Théâtre – P.A.C.I.*
L'architecte Marcel Chappey s'est adjoint, pour cette construction, les services du ferronnier Raymond Subes et du maître-verrier Louis Barillet. Le premier s'est distingué par ses compositions de grilles, rampes, balcons et autres lampadaires aux formes curvilignes très épurées. Louis Barillet est quant à lui un important maître-verrier – il travaille souvent avec l'architecte Robert Mallet-Stevens –, membre du jury de l'exposition des Arts décoratifs de 1925 et de l'Exposition coloniale de 1931. Pour le théâtre d'Issy-les-Moulineaux, il crée une série de vitraux représentant des scènes de l'opéra Faust, de l'opérette « La Fille de Madame Angot » et de l'opéra comique « Manon ».

FONTAINE DU CARREFOUR
*1914. Émile Delaire*
*Angle des rues du Général-Leclerc et Minard*
La première fontaine du carrefour est édifiée à la fin du XVIII^e^ siècle pour remédier au manque d'eau qui sévit dans le bas du village d'Issy. Elle est à l'époque approvisionnée par les eaux du rû de Vanves qui prend sa source à Clamart et traverse le domaine de princes de Condé, actuel lycée Michelet. Reconstruite en 1914 par l'architecte Émile Delaire au centre du carrefour qui porte son nom, la fontaine déversait autrefois son eau par la bouche d'un dauphin en bronze. Le monument fut restauré en 1989

VIGNES LEGRAND
*XX^e siècle*
*113 bis, avenue de Verdun*
Comme dans la plupart des villes voisines du département, Issy-les-Moulineaux possède un long passé viticole. En témoigne le chemin des vignes, une ancienne voie de terre qui porte ce nom en raison de la proximité de plants de vignes cultivés à flanc de coteau. Emprunté par de nombreux ouvriers, ce chemin est rénové en 1950 et, pour le rendre plus praticable, on le dote d'un escalier à paliers successifs. La présence de vignes est attestée dès l'époque gallo-romaine et la culture du raisin se développe durant tout le Moyen Âge. Ce n'est qu'au cours du XIX^e siècle que l'activité viticole se met à décliner. Aujourd'hui seul l'établissement de M. Yves Legrand, où l'on peut voir 200 pieds de Chardonnay disposés en terrasses, perpétue une tradition isséenne vieille de plusieurs siècles.

CARRIÈRES DE BLANC DE MEUDON
*XIX^e siècle*
*133, avenue de Verdun*
La richesse du sol isséen en calcaire, sable et craie est exploitée au XIX^e siècle pour la construction d'édifices. La craie est extraite pour en retirer la chaux qui devient rapidement célèbre sous le nom de « Blanc de Meudon ». Des kilomètres de galeries, qui servirent de champignonnières dès le début du siècle puis d'abris aux habitants de la ville durant la Seconde Guerre mondiale, se font aujourd'hui les témoins de cette ancienne activité.

TOUR AUX FIGURES
*1986-1988. Jean Dubuffet*
*Propriété du centre national*
*des Arts Plastiques*
*Parc départemental*
*de l'île Saint-Germain*
Haute de 24 mètres, la *Tour aux figures* de Jean Dubuffet (1901-1985) est une architecture vivante dans laquelle le visiteur est invité à pénétrer. L'intérieur de la tour est conçue comme un habitat, avec plusieurs paliers desservis par de larges escaliers. Habitat qui ne possède cependant aucune ouverture ni aucun mobilier. Cette structure interne a été dénommée par son auteur comme le « Gastrovolve », en référence à la physionomie des escargots. À l'extérieur, elle se fait aussi sculpture et peinture. Commande de l'État, la *Tour aux figures* devait initialement être implantée place d'Italie à Paris, puis dans le parc de Saint-Cloud mais c'est le site de l'île Saint-Germain qui rendit finalement possible sa construction. Jean Dubuffet meurt avant la fin de la réalisation de son œuvre. (Ins. M. H., 1992)

PORTAIL GÉVELOT
*1902*
*Angle de la rue du Docteur-Lombart*
*et de l'allée du Père-Natter*
La Société française de munitions, fondée par la famille Gévelot en 1825, est une des premières fabriques à s'installer à Issy. Vers 1825, l'usine, à l'origine de taille modeste, se développe rapidement et se spécialise dans la fabrication de cartouches de chasse, puis en 1867, dans celles de guerre. De nouveaux ateliers sont édifiés, ainsi qu'une nouvelle entrée destinée à devenir l'accès principal de la société. Symbole de la réussite de l'établissement, cette entrée est dotée d'un portail d'allure monumentale qui affiche une grande solennité exprimée par un parti-pris architectural classique. La société Gévelot continue de prospérer jusqu'aux lendemains de la Seconde Guerre mondiale. En 1973, un incen-

die détruit une grande partie de l'établissement. La municipalité, s'étant rendue acquéreur des terrains des anciennes usines, envisage au début des années 90 de protéger ce patrimoine industriel. Commence alors le transfert du portail Gévelot à 300 mètres de son lieu d'implantation originel, opération d'envergure qui nécessite le démontage du monument pierre par pierre. Le dossier de réabilitation fut présenté par la municipalité d'Issy-les-Moulineaux au Grand Prix du patrimoine 1992. Au terme de ce véritable périple, la porte marque aujourd'hui symboliquement l'accès à l'esplanade Raoul-Follereau.

CHAPELLE SAINT-BRUNO
*1936. Architecte : Paul Rouvière*
*Façade*
*14, rue de l'Égalité*
Cette chapelle est l'un des nombreux « chantiers du cardinal » de Paris. Elle est édifiée pour desservir le quartier du Plateau. Saint Bruno en est le saint patron en mémoire de la communauté des Chartreux, dont il est le fondateur, et qui fut un temps installée à Issy-les-Moulineaux. De petite taille, l'édifice se distingue par sa toiture originale composée d'un toit en pavillon de petits toits à deux pans. Le style architectural des fenêtres évoque certaines formes gothiques, géométrisées et épurées à l'extrême.

VITRAUX DE LA CHAPELLE NOTRE-DAME-DES-PAUVRES
*1955*
*Verre et plomb. Léon Zack*
*27, boulevard Gallieni*
Le patronage fondé en 1904 par l'abbé Victor Ouvré est à l'origine de la chapelle Notre-Dame-des-Pauvres qui est construite dans un quartier alors deshérité et éloigné du centre ville. La simple chapelle en bois ayant été détruite durant la Seconde Guerre mondiale, on érige un nouveau bâtiment en 1955. L'édifice est de conception résolument moderne et se veut être à l'opposé de l'esthétisme religieux classique, souvent riche et pompeux. La construction fut en son temps décriée. L'intérieur de l'édifice est d'une grande sobriété et d'une luminosité étudiée grâce à l'importance des vitraux abstraits qui couvrent près 130 mètres carrés de surface au mur. Ils sont l'œuvre de Léon Zack (1892-1980), peintre de grand talent et l'un des pionniers de l'art contemporain du vitrail qui décora de nombreuses églises. Les vitraux sont traités en panneau, séparés par une armature en plomb et chacun d'eux possède une couleur et une tonalité qui lui est propre.

ÉGLISE SAINTE-LUCIE-DES-MOULINEAUX
*1937. Architecte : Charles Venner*
*162, rue de Verdun*
C'est pour lutter contre un phénomène de déchristianisation du quartier qu'il est décidé d'édifier une chapelle, et ce dès 1901. La famille parisienne Roland-Gosselin acquiert un terrain et finance la construction du nouveau lieu de culte. Érigée en paroisse en 1917, l'église Sainte-Lucie est cependant rapidement trop petite. Une nouvelle construction, placée perpendiculairement à l'avenue de Verdun, voit donc le jour en 1936. L'ancien bâtiment est détruit en 1988.

# Levallois-Perret

Canton de Levallois-Perret
Arrondissement de Nanterre

Superficie : 242 ha – Population 1990 : 47 548 hab.
Habitants : les Levalloisiens – Rivière : la Seine – Voie : RN309

Origine du nom : du nom de son lotisseur Nicolas-Eugène Levallois et de Champerret, du latin *campus petrosus*, signifiant champs pierreux.

Blason : trois abeilles symbolisent sa vocation de cité laborieuse tandis que la roue d'engrenage et le brûle-parfum évoquent ses deux premiers secteurs d'activités industrielles : la construction mécanique et la parfumerie.

## HISTORIQUE

Au XVIII$^e$ siècle, le site de Levallois-Perret, déjà inscrit dans ses limites actuelles, comprend deux hameaux, Villiers et Courcelles, ce dernier étant aussi appelé La Planchette, du nom de la propriété qui en dépend. Pratiquement éteints en 1820, ils cèdent la place à une nouvelle agglomération sur le lieu-dit Champerret.

Sous le règne de Louis-Philippe, on trouve le lieu-dit de la Vigne-aux-Prêtres. André Noël, notaire de la famille impériale, et qui s'est occupé des transactions pour la Malmaison, possède alors près de la moitié des terrains. Survient Nicolas-Eugène Levallois, marchand de vin. Achetant un premier terrain à André Noël en septembre 1845, il invite ses amis marchands de vins à faire de même, initiant ainsi le premier « lotissement » de la région parisienne. Un quartier artisanal et commercial se dresse désormais entre la zone résidentielle et bourgeoise de Neuilly et la commune de Clichy.

L'idée d'une commune indépendante commence à prendre forme en 1862 avec la réunion des quartiers Levallois et Champerret. Après plusieurs essais infructueux et quelques requêtes auprès du Conseil d'État, une loi du 30 juin 1866 donne une existence officielle à la commune et lui accorde le nom de Levallois-Perret : chose exceptionnelle et critiquée en un temps où la tradition veut qu'aucun homme vivant ne donne son nom à une rue, une place ou, pire encore, une ville. Pendant la Commune, les troupes fédérées y trouvent refuge, tandis que les Versaillais se cantonnent à Neuilly. Levallois-Perret rompt dès lors avec son passé et toute référence à l'Empire pour entrer dans la troisième République.

Enfant du siècle, sa vocation industrielle n'a cessé de s'affirmer. À la figure de l'artisan se substitue celle de l'industriel, à l'exemple de François Cavé (1794-1875). Autodidacte et inventeur, trois règles ont motivé sa vie : l'esprit d'entreprise, le progrès technique et le travail ; ou, dans les années vingt, d'André Citroën (1878-1935). Ingénieur et industriel, précurseur en son domaine, il inaugure le travail à la chaîne, organise les croisières Citroën et crée en 1934 sa célèbre voiture à traction avant.

Au début du siècle, Levallois-Perret se classe parmi les premières communes de France par sa population et son potentiel industriel. À l'approche de l'an 2000, son ambition est double : s'affirmer comme une véritable ville moderne – avec l'élaboration du projet d'aménagement du front de Seine – et intégrer cette modernité dans la structure urbaine existante tout en respectant le confort des habitants.

TOMBE
DE NICOLAS-EUGÈNE LEVALLOIS
*Cimetière*
*103, rue Baudin*
Nicolas-Eugène Levallois (1816-1879), menuisier puis négociant en vin, acquiert très vite la réputation d'homme d'initiative. Il s'inscrit dans la lignée de François Cavé qui avait fait de la visite de son chantier naval

– où il construisait une corvette en fer, le Chaptal, destinée à la Marine royale – la toute nouvelle promenade des Parisiens. De la même façon, l'ouverture d'une guinguette favorisée par les bas prix de l'alcool hors des tarifs d'octroi attire les foules. Promoteur visionnaire, Nicolas-Eugène Levallois imagine une ville. Sans être urbaniste ni esthète, il témoigne d'une grande fermeté de vues, englobant d'emblée dans ses plans des terrains que les propriétaires du moment ne lotissent pas encore et envisageant comme une unité tout l'espace compris entre les fortifications, le chemin de fer, la Seine et le parc du duc d'Orléans. Jouant la carte de l'équilibre entre logements et activités économiques, il opte pour un plan quadrillé aux rues régulières et nombreuses. Ses plans obéissent aussitôt à une stratégie, source d'affrontements ultérieurs avec la mairie de Clichy : préparer la naissance d'une commune autonome qui verra le jour en 1867 et portera même son nom. Souvent contredit et écarté des débats par les municipalités en place – il ne sera jamais conseiller municipal de la commune –, spolié de sa paternité, il meurt sans que son plan ait pleinement vu le jour. Pourtant, ironie de l'histoire sans doute, les limites actuelles de Levallois-Perret correspondent rigoureusement à ce qu'avait planifié son créateur.

HÔTEL DE VILLE
*1898. Architecte : Léon Jamin*
*Place de la République*
Lors de l'avènement de la République en 1870, les municipalités jouissent d'une plus grande autonomie. Pour bon nombre d'entre elles, il s'agit de se doter d'un hôtel de ville digne de ce nom. Levallois offre l'un des exemples les plus significatifs de ce mouvement, d'autant que la commune est récente et qu'elle trouve par là un moyen radical pour affirmer son indépendance. De fait, c'est avec un refus catégorique de toute aide de la préfecture qu'elle assure la construction d'un des plus somptueux hôtels de ville de l'époque. Symboliquement, l'emplacement choisi est celui-là même que Nicolas-Eugène Levallois avait projeté dès 1845. En 1895, le projet est confié à Léon Jamin, nommé architecte municipal après Hamerel. Né à Levallois en 1868, Léon Jamin n'a alors que 25 ans. Dans une commune sans passé architectural, il épuise toutes les références stylistiques possibles, de Louis XIV à Louis XVI en passant par Louis XV. Il choisit de se faire assister par le décorateur Mignon, célèbre pour avoir décoré le *Sweet-Lana*, croiseur superbe que le tsar a offert au grand duc Alexis. Mais ce chantier prend vite une tournure politique. Jean-François Trébois, maire de la commune et initiateur du projet, est victime d'une campagne de presse d'opposition qui l'accule à la démission. Ses anciens amis ne lui pardonnent pas son évolution. Outre les accusations de trafics financiers, on citera pour exemple du climat polémique qui entoure la construction de l'hôtel de ville ces quelques lignes de *La Gazette* : « Rien ne doit manquer à l'haussmannesque gloire du citoyen-maire qui veut avoir aussi l'honneur de poser encore cette première pierre pour bien montrer que sous son mandarinat, on n'a pas laissé chômer le bâtiment. » L'hôtel de ville ressemble par son architecture à celui de Paris. Il est de la même façon précédé d'un perron, surmonté d'un lanternon qui domine l'horloge et coiffé de hautes toitures d'ardoises. Son style s'accompagne d'une volonté de luxe et de solennité majestueuse. On notera ainsi en façade l'étage noble de l'avant-corps rythmé par des colonnes ioniques, et couronné d'une large corniche.

BUSTE DE LA RÉPUBLIQUE
*1905. Auguste Maillard*
*et Alexandre Falguière*
*Hôtel de ville*
*46 ter, rue Gabriel-Péri*

Figure allégorique de la République, le buste de Marianne fait son apparition dans les mairies après 1877 et remplace le portrait de Napoléon III. En 1884, il est reconnu comme représentation officielle de la République, mais sans que cela soit pour autant obligatoire. Celui ici représenté est l'œuvre du sculpteur Auguste Maillard, élève de Jules Dalou, père du *Triomphe de la République*, place de la Nation à Paris, et d'Alexandre Falguière.

VESTIBULE
ET ESCALIER D'HONNEUR
*1898*
*Hôtel de ville*

Le vestibule, éclairé par trois grandes lanternes en bronze de style Louis XV, comporte de grandes colonnes de stuc imitant le porphyre. L'escalier avec sa rampe de fer forgé du même style, rehaussée d'ornements de cuivre, est réalisé par la maison Gilon Frères. S'élançant sur une volée droite, il se subdivise en deux montées de part et d'autre d'un palier éclairé sur la cour par trois grandes baies garnies de vitraux décoratifs, où les initales de la commune sont omniprésentes. Au centre se détachent les armes de la ville.

SALLE DES FÊTES
*1898*
*Hôtel de ville*

La salle des fêtes constitue le point d'orgue de l'hôtel de ville. Elle est la plus vaste observée dans les mairies construites à cette époque, occupant tout la largeur de la façade, soit quarante-quatre mètres. Son vaisseau central est complété par un salon à chacune de ses extrémités et soutenu par des arcs en anse de panier. Le décor allie moulures sculptées, ors et faux marbres, dans un esprit tout versaillais.

PLAFOND DE LA SALLE DES FÊTES
*1898. Décorateur : Marcel Jambon*
*Hôtel de ville*

En 1875, sur les conseils de Viollet-le-Duc, la préfecture de la Seine décide de lancer un vaste programme de décoration des mairies et, pour ce faire, dégage les crédits nécessaires. Mais à Levallois, le maire Jean-François Trébois ne veut pas des thèmes décoratifs imposés par la commission artistique, souvent naturalistes ou pédagogiques. Pour ses salons d'honneur, il veut un style qui évoque la fête dans toute sa magnificence. Il choisit le décorateur Marcel Jambon (1848-1908) qui a déjà travaillé à la Comédie-Française, à l'Opéra-Comique et à l'Odéon. Ce dernier ose le trompe-l'œil, pourtant peu employé à l'époque, et brosse une architecture de rêve s'ouvrant sur un ciel où flottent des nuages. Douze lustres à pendeloques et tulipes illuminent cet ensemble des plus majestueux.

PLAFOND À CAISSONS
*1898*
*Salle du conseil*
*Hôtel de ville*
Cette salle du conseil est coiffée d'un plafond à caissons. Celui-ci est la copie d'un plafond du Louvre et possède dans ses compartiments des écus à emblèmes figurant les métiers, peints sur toile marouflée.

VERRIÈRES
*1898. Hubert et Martineau*
*Salle du conseil*
*Hôtel de ville*
La salle du conseil est ornée de trois verrières réalisées par Hubert et Martineau. Chacune offre un tableau de la société levalloisienne autour de 1898. La première est dédiée à l'agriculture : des paysans en bord de Seine regardent une charrette chargée et témoignent du fait que l'exploitation du sol n'a pas encore disparu de la commune. La deuxième, dédiée aux sciences et aux arts, présente une réunion de femmes chargées de divers attributs symboliques. La dernière enfin évoque le commerce et l'industrie autour des figures du marchand et des forgerons dans un décor de cheminées industrielles. Les bordures de ces verrières rassemblent les noms des corps de métiers de l'époque, aussi frappants par leur nombre que par leur diversité : lanterniers, luthiers ou encore brossiers.

SALLE DU CONSEIL
*1898*
*Hôtel de ville*
La salle du conseil revêt, comme il se doit, un caractère plus austère. Sur trois côtés, la salle est entourée de tribunes, ce qui révèle le souci démocratique de débattre des affaires de la commune en présence du plus grand nombre possible de personnes. Souci rare puisque, dans la plupart des mairies, l'espace dévolu au public est généralement fort réduit.

L'ESSOR
*1910*
*Sculpteur :*
*Paul Chaune*
*Parc de l'hôtel de ville*

SILÈNE IVRE
*1910. A. M. Perche*
*Parc de l'hôtel de ville*
Le conseil municipal passe plusieurs commandes de sculptures : ainsi voit-on apparaître dans les jardins *L'Essor* de Paul Chaune et *Silène ivre*, par Perche.

ALLIANCE DES TRAVAILLEURS
*1899*
*73, rue Anatole-France*
L'Alliance des travailleurs présente un excellent exemple de l'utilisation de la brique en façade et des piliers de fonte pour la charpente intérieure.

RÉSIDENCE SOCIALE
*1908*
*Rue Marie-Jeanne Bassot*

À l'origine de la Résidence sociale s'impose la figure volontaire de la religieuse Mercédès Le Fer de la Motte. D'origine bretonne, elle ouvre en 1908 sa sixième maison sociale et en confie la direction à Marie-Jeanne Bassot dont l'histoire mérite d'être racontée. En effet, alors qu'elle se déclare séduite par la pensée de la religieuse et toute prête à militer, sa famille oppose un refus catégorique, la fait passer pour folle et interner de force en Suisse. Elle parvient à s'échapper et décide d'intenter un procès à ses parents en 1909 pour séquestration arbitraire. Cette aventure fait couler beaucoup d'encre dans une France et au sein d'une presse qui se relèvent tout juste de l'affaire Dreyfus. Marie-Jeanne Bassot gagne son procès au moment même où les maisons sociales s'éteignent. Mais c'est compter sans la détermination de cette femme de cœur qui rachète non sans difficultés l'ancienne maison d'habitation d'Antonin Raynaud et le parc y attenant, grâce aux dons des États-Unis et à l'appui du mécénat industriel. Elle meurt en 1935, laissant derrière elle un dispensaire complet, offrant tout à la fois des activités sociales, culturelles et sportives.

FONDATION COGNACQ-JAY
*1910*
*3-5, rue Baudin*
L'idée du logement social apparaît sous l'impulsion de patrons et d'architectes modernistes. L'un d'eux, Ernest Cognacq (1839-1928), fondateur de la Samaritaine, la reprend, en y intégrant une conception d'« urbanisme d'îlot », des novations techniques, l'usage du béton armé et de la brique à décor industrialisé. Il a le double mérite de régler le problème de la salubrité et celui de l'espace collectif, tout en incluant des espaces verts et des équipements tels que le lavoir.

ÉCOLE SAINTE-MARIE-DE-LA-PROVIDENCE
*1884*
*Place d'Estienne-d'Orves*

Les toutes premières écoles de Levallois-Perret sont confiées aux soins des frères et des sœurs congréganistes qui demeurent fort influents, même après la laïcisation à laquelle la commune a œuvré. En 1884, les sœurs de la Providence de Portieux ouvrent ainsi une école primaire de filles, puis une maternelle en 1890. Elles sont relayées dans leur tâche en 1924 par les Ursulines. L'école prend alors le nom de Sainte-Marie-de-la-Providence.

GROUPE SCOLAIRE JULES-FERRY
*1885*
*7, rue Jules-Ferry*

GROUPE SCOLAIRE ANATOLE-FRANCE
*1885*
*81, rue Marius-Aufan*
Dès l'arrivée de Jean-François Trébois à la tête de la commune, de nombreuses réalisations municipales sont mises en route. Un concours est lancé en 1880 pour la création de deux groupes scolaires, le groupe Anatole-France et le groupe Jules-Ferry. En

hommage à deux figures de l'époque justement célèbres : Anatole France (1844-1924) qui vient juste de sortir son ouvrage, *Le Crime de Silvestre Bonnard*, et Jules Ferry (1832-1893) qui, assisté de Ferdinand Buisson, proclame la laïcité, la gratuité et l'obligation de l'enseignement primaire en 1882. Le jury comprend des architectes réputés tels Vandremer et Salleron et des conseillers municipaux comme Gustave Eiffel. Le lauréat se nomme Achille Legros, élève de Labrouste. Les deux projets sont réalisés en 1885, en pierres soigneusement appareillées avec des baies soulignées de briques.

GROUPE SCOLAIRE PAUL-BERT
*1891. Architecte Léon Jamin*
*88, rue Paul-Vaillant-Couturier*
En 1891, Jean-François Trébois confie à l'architecte municipal Léon Jamin la réalisation du groupe scolaire Paul-Bert (1833-1886), du nom du physiologiste et homme politique, ministre de l'Instruction publique, gouverneur général au Tonkin puis en Annam.

HÔPITAL ANGLAIS.
HERTFORD BRITISH HOSPITAL
*1879. Architecte : Ernest Sanson*
*48, rue de Villiers*
En 1860, la Société civile des terrains de Villiers-Neuilly créée par le marquis d'Hertford et le duc d'Albufera achète les terrains. Dix ans plus tard, Sir Richard Wallace, petit-fils et héritier du marquis et l'une des figures les plus originales de la vie parisienne de la fin du XIXe siècle, fonde rue de Villiers l'hôpital anglais sous le nom d'Hertford British Hospital qui appartient dès sa création au gouvernement britannique. Il est l'œuvre de l'architecte Paul-Ernest Sanson, très en vue à cette époque, lui qui a déjà construit le Palais rose de Boni de Castellane, avenue Foch à Paris. De style victorien, en briques et pierres, l'hôpital est d'abord destiné à soigner les blessés britanniques de la guerre de 1870 ; puis il offre des soins médicaux et chirurgicaux aux sujets de Sa Majesté résidant dans la région parisienne. À

l'origine le personnel devait en effet posséder un passeport britannique. D'inspiration néo-gothique, avec ses arcades en bois cintré et ses toits aigus en ardoises rehaussés de petites lucarnes, l'hôpital n'est pas sans rappeler l'esprit des stations balnéaires à la mode sur les côtes normandes. (Ins. M. H., 1987)

HÔTEL DES POSTES
*1910-1911. Architecte : Charles Henry*
*Rue du Président-Wilson*
Dès 1884, le terrain du nouvel hôtel des postes est acheté par la municipalité mais la décision de construire n'est prise qu'en 1909. Financé par la ville, le projet est confié à l'architecte Charles Henry qui s'engage à finir les travaux pour 1910. De nombreux contretemps interviennent, en particulier la dramatique inondation de 1910 particulièrement marquante pour la commune ou les grèves survenues la même année. L'inauguration a finalement lieu en grande pompe en juillet 1911, sous l'égide d'Edmond Lamoureux, nouveau maire et architecte de son métier.

DÉPENDANCES DU DOMAINE DE LA PLANCHETTE
*XVIIIe siècle*
*Ancien château*
*105, rue du Président-Wilson*
L'ancienne propriété seigneuriale de La Planchette comprenait à l'origine un château à l'élégante façade en pierre de taille avec, en son centre, un pavillon arrondi décoré de pilastres ioniques. C'est dans ce domaine qu'en l'été 1794, par une funeste coïncidence, Robespierre vient s'entretenir avec Charles-Henri Sanson, bourreau de profession, qui avait guillotiné Louis XVI et Marie-Antoinette et aux mains duquel il devait périr seulement quarante-trois jours plus tard. De ce domaine et de son histoire, il ne reste aujourd'hui qu'une dépendance. Achetée par le comte Bérenger, conseiller d'État, en 1806, cette propriété reste en sa possession jusqu'à sa mort en 1850. Malgré la volonté de Nicolas Levallois de lotir son « village », le comte ne tolère aucune intrusion dans son domaine. La Planchette reste ainsi le dernier îlot non loti en plein centre de la commune. L'ensemble, en trente ans, finira pourtant par être morcelé. Mais la résistance à Nicolas Levallois a été loin d'être néfaste à la topologie de la commune. En un sens, la physionomie particulière de cette ancienne grande propriété, préservée lors du morcellement général des terrains de Levallois par l'opposition de ses propriétaires, permet la création au début du XXe siècle de places publiques et surtout de l'unique espace vert de Levallois : le parc de La Planchette couvrant trois hectares.

STATUE COQ
*1907. Braun et Martin*
*Parc de La Planchette*
En 1907 est inauguré un monument à la mémoire de Braun et Martin, deux Levalloisiens qui ont participé à la mission Bretonnet en Afrique et sont morts assassinés. À l'origine place Chaptal, une relique de ce monument, le coq, se trouve actuellement dans le parc de La Planchette.

ÎLE DE LA JATTE
En 1818, le duc d'Orléans, futur Louis-Philippe, achète l'île de la Jatte pour agrandir son domaine et en faire le théâtre de somptueuses fêtes vénitiennes. Napoléon III, en revanche, la néglige. À la création de Levallois, l'île est scindée en deux parties, dévolues respectivement à Neuilly et à Levallois. Dès 1876 s'ouvre la querelle de la passerelle entre l'île et le quai Michelet, passerelle qui n'existera qu'en 1990. Redécouverte par les Impressionnistes, l'île est tout autant le lieu d'inspiration d'Alfred Sisley et de Puvis de Chavanne que celui du coup de théâtre de Seurat en 1886 à la huitème et dernière exposition impressionniste : il présente alors sa nouvelle technique, celle de la peinture optique avec son œuvre majeure, *Un dimanche après-midi à la grande Jatte*, aujoud'hui à l'Art Institute de Chicago. L'année 1895 est marquée par le duel du Moulin-Rouge, du nom de l'un des multiples restaurants qui peuplent l'île. Harry Alis, rédacteur au *Journal des Débats*, y meurt des mains de M. Le Châtelier, administrateur de la Société d'étude du Congo français, à cause d'une polémique de presse sur les affaires coloniales. Dans les années 1910, Jean Mermoz est un client assidu du Petit Poucet. Mais la guerre oblige les guinguettes à céder

la place aux usines, qui à leur tour sont abandonnées aux bandits et à la prostitution. C'est à cette époque que les usines d'aéronautiques sont transférées dans l'île, en raison des nuisances qu'elles génèrent. Parmi elles, la Société Clerget-Blin est tristement objet d'actualité en 1919 avec le naufrage du bac qui reliait les annexes de l'île à l'usine principale sur le quai.

GARE DE CLICHY-LEVALLOIS
*1902*
*5, place du 8-Mai-1945*
En 1853, Émile-Jacob Pereire (1800-1875), banquier et parlementaire, fondateur avec son frère Isaac du Crédit mobilier, est un saint-simonien convaincu. Passionné par les transports, il croit aux vertus du chemin de fer. Il achète un grand lot de 22 hectares et fait en sorte, pour donner de la plus-value aux terrains qu'il vient de lotir, qu'une gare soit implantée. Et en 1854 s'ouvre ainsi, sur la ligne Saint-Lazare-Auteuil, la gare de Courcelles-Levallois. De fait, le village est désormais relié à Paris en dix minutes pour une somme modique et confirme sa vocation de lieu de promenade des Parisiens. Lors de la Commune en 1871, la gare est détruite puis reconstruite maladroitement en bois. Une centaine de trains ne s'arrêtent pas moins quotidiennement dans ses locaux provisoires, portant au début du siècle le trafic à plus d'un million de voyageurs et à près de 4 000 tonnes de marchandises. La gare ne sera reconstruite qu'en 1902.

BUREAU D'OCTROI
*1908. Architecte : Charles Henry*
*Rue Paul-Vaillant-Couturier*
L'octroi est, à l'origine, la permission accordée par le roi aux villages de percevoir à leur profit exclusif des droits sur les marchandises qui pénètrent sur leur territoire. Certes, la Constituante de 1789 les supprime dans son souci d'effacer toute trace des privilèges issus de la royauté, mais ils restent trop profitables pour qu'une telle mesure soit appliquée. C'est ainsi qu'une des toutes premières décisions de la jeune municipalité de Levallois en 1867 est de mettre en place dix bureaux d'octroi. De 1934 à 1936, le personnel d'octroi compte dans ses rangs celui qui deviendra Jean Ève, peintre des banlieues et de l'Île-de-France. En décembre 1948, un décret abolit définitivement l'octroi qui n'est plus rentable.

PONT DE LEVALLOIS
*1919. Architecte : Van Imschoot-Roos*
*Dans le prolongement*
*de la rue Anatole-France*
À la fin du XIXe siècle, l'expansion commerciale et industrielle fait de plus en plus ressentir l'absence de moyen rapide pour traverser la Seine. Il existe bien les ponts Bineau et d'Asnières, mais leur éloignement et leurs péages en limitent l'utilisation. Seuls résistent les traditionnels bacs. En 1902, l'architecte Van Imschoot-Roos prévoit à égale distance des deux ponts un troisième pont qui doit assurer, outre le passage des véhicules, celui d'un tramway. Il est convenu d'une participation de la préfecture de la Seine, pour appuyer les efforts des municipalités. Asnières et Courbevoie refusent net tout apport financier, en conséquence de quoi les projets se multiplient mais sont écartés, jusqu'à ce que Courbevoie cède. Bien qu'Asnières soit toujours réfractaire, on s'entend pour un pont à quatre arches. En février 1912, un décret du président de la République déclare d'utilité publique cette œuvre et toute la voirie qui l'accompagne. La rampe revendiquée aussitôt par les habitants de la Jatte ne sera construite qu'en 1991. Débutés en 1913 mais interrompus par la guerre, les travaux ne reprirent qu'en 1919. Pont de Cormeille à l'origine, il prend vite le nom de Levallois.

FRAGMENT DE LA TOUR EIFFEL
*1889*
*Musée de l'automobile*
*La Défense*

CHARPENTE MÉTALLIQUE
*1902. Carrosserie Chapron*
*Concepteur : Gustave Eiffel*
*114, rue Aristide-Briand*
À Levallois même, les ateliers de Gustave Eiffel construisent la charpente du bâtiment de l'entreprise Chapron et celle de la salle des machines de l'usine automobile Clément-Bayard, quai Michelet. Cette structure, soigneusement récupérée par la municipalité actuelle lors de la démolition de l'usine Citroën, va être remontée en 1995 quai Michelet pour abriter un restaurant.

TOMBE DE GUSTAVE EIFFEL
*1923*
*Cimetière*
*103, rue Baudin*

Gustave Eiffel (1832-1923), spécialiste des constructions métalliques, est un homme affable et réservé. En 1862, il épouse Marguerite Gaudelet qui lui donne cinq enfants. La même année, le couple s'installe à Levallois. Inconsolable à la mort de sa femme, il ne se remariera pas, élevant seul ses enfants. Cinq ans plus tard, Gustave Eiffel s'établit à son compte, créant ses propres ateliers qui très vite deviennent parmi les plus performants de France en produisant des charpentes métalliques destinées à la construction de ponts, viaducs, gares, barrages et autres bâtiments. Ami de Jean-François Trébois, maire de la commune à l'époque, il entre au conseil municipal en 1880, et tente même de façon malheureuse les cantonales de 1884. 1889 est une année marquante pour Gustave Eiffel. C'est l'année de la commémoration du centenaire de la Révolution, celle aussi de l'Exposition universelle. Le 31 mars 1889, après des années de recherches et de calculs, d'énergie déployée, la tour qui porte le nom de son concepteur – la tour Eiffel – est achevée à temps pour l'ouverture de l'Exposition. La « Grande Demoiselle » loin de faire l'unanimité ne laisse pourtant pas indifférent. Levallois où fut fabriquée chaque pièce revendique une juste part de cette gloire. Sa vie durant, Gustave Eiffel rendit quotidiennement visite à son œuvre maîtresse, vers laquelle se tourne sa sépulture, rompant ainsi avec l'alignement des tombes du cimetière.

TOMBE DE MAURICE RAVEL
*1937*
*Cimetière*

Né de parents qui avaient tous deux l'amour de la musique, Maurice Ravel (1875-1937) entre au Conservatoire où il s'initie à la composition grâce à Gabriel Fauré. C'est alors le début d'une carrière féconde qui explosa dans tous les domaines musicaux, de la comédie lyrique à la musique de chambre en passant par la symphonie et les cycles de mélodies sur paroles. Trois œuvres ont particulièrement contribué à la célébrité du musicien : le *Boléro*, le *Concerto en sol* et le *Concerto pour la main gauche*. « Fleur d'humanité selon ses proches, alliant l'amitié de Schubert, la courtoisie de Mendelssohn, la générosité de Liszt et la délicatesse d'Albeniz », il s'engage malgré ses 39 ans dans la guerre de 1914-1918 et participe à la bataille de Verdun. De retour à Levallois – il s'y était installé une première fois en 1905 –, il déménage chez son frère, au 16 bis, rue Louis-Rouquier, lequel fait décorer pour lui une partie de son appartement par Léon Leyritz, un grand nom du style Arts déco. Après quatre années d'atroces souffrances, il décède d'une tumeur au cerveau.

TOMBE DE MARYSE HILSZ
*1946*
*Cimetière*

Née à Levallois, modiste de profession, Maryse Hilsz (1903-1946) est la première femme à se lancer dans de grands raids aériens. En 1930 elle tente avec succès une liaison Paris-Saïgon. Classée huitième au tour de France aérien la même année – elle était la seule femme à participer –, elle prépare un nouveau raid vers Madagascar en 1932 et reçoit la Légion d'honneur. Elle s'attaque alors aux records d'altitude. En 1936, elle détient le record mondial féminin, encore inégalé de nos jours, en atteignant 14 310 mètres, à l'air libre, par une température de – 51 degrés. Pendant la guerre, elle met ses talents au service de la France, d'abord auprès de l'armée de l'Air, puis en entrant dans la Résistance à Aix. En janvier 1946, portant les galons de lieutenant, elle s'embarque avec d'autres militaires dans un avion qui se désintègre en vol. Grande figure de l'aviation, sa tombe porte l'épitaphe émouvante « les ailes brisées ».

MONUMENT DU SERGENT BŒLTZ
*1897*
*Architecte : René J. M. Pommay*
*Sculpteur : Anatole Marquet de Vasselot*
*Cimetière*

Le sergent Bœltz se distingue pendant la guerre de 1870, notamment au siège de Phalsbourg et lors de l'évacuation du fort de la Petite-Pierre dans la nuit du 8 au 9 août. Mort à Levallois en mars 1895, un monument, œuvre du sculpteur Anatole Marquet de Vasselot et de l'architecte René Pommay (1845-1895), est érigé en son honneur grâce à une souscription. Il est inauguré en 1897.

TOMBE DE LOUISE MICHEL
*1905*
*Cimetière*

L'histoire qui lie Levallois-Perret à Louise Michel (1830-1905) débute dès janvier 1885 aux obsèques de Marianne Michel à Levallois. Une foule en nombre vient manifester sa colère car Louise, alors emprisonnée, n'a pas été autorisée à venir assister aux funérailles de sa mère. Louise Michel affirme très tôt la force de son caractère en refusant le mariage, en exhibant son mysticisme chrétien et bien sûr en militant au sein d'organisations révolutionnaires. Elle veut être poète. Grande admiratrice de Victor Hugo, ils échangeront une correspondance abondante. Arrêtée à la Commune, elle est déportée en Nouvelle-Calédonie puis revient en métropole en 1880. Ne cessant pas de militer, elle est plusieurs fois incarcérée jusqu'à ce qu'en 1886 elle s'installe à Levallois. La municipalité plus qu'admirative lui prépare un petit appartement route d'Asnières, actuelle rue Victor-Hugo. Elle est enterrée au cimetière de Levallois aux côtés de Charles-Théophile Ferré (1845-1871), son grand amour. Disciple du révolutionnaire Louis-Auguste Blanqui (1805-1881), il participe lui aussi à la Commune en luttant contre les Versaillais par lesquels il est fusillé.

LOUISE MICHEL
*Début XX<sup></sup>e siècle*
*Sculpteur : Émile Derré*
*Parc de la Planchette.*
*Rue du Président-Wilson*
Lorsque Louis Rouquier, membre de la SFIO (Section française de l'Internationale ouvrière), puis socialiste indépendant après le Congrès de Tours, est élu maire de Levallois en 1919, il clôt symboliquement la première séance sur la décision de mettre la statue de Louise Michel dans les jardins de l'hôtel de ville et non à l'entrée de la rue Baudin comme auparavant. Œuvre du sculpteur Émile Derré, dotée désormais d'une place qui la met en lien plus étroit avec le sort de Levallois, cette statue est aussi étonnante qu'émouvante : glorifiant la vieillesse et la tendresse maternelle, elle présente sous un jour neuf celle qui s'est rendue célèbre comme

« vierge de la Commune » en renonçant à une bonne part de sa nature féminine pour entrer dans un combat d'hommes. Elle se trouve aujourd'hui dans le beau parc de La Planchette.

PLAQUE COMMÉMORATIVE
DES TAXIS DE LA MARNE
*XXe siècle*
*Place du 11-Novembre*

Les sociétés de taxis se sont implantées très tôt à Levallois, tant pour sa proximité d'avec Paris que pour la réputation que la commune avait acquise avec ses fiacres. Celles-ci installent sur des terrains libres d'immenses garages entourés d'ateliers d'entretien et de réparation. Elles entrent dans l'histoire en 1914 lorsque Gallieni (1849-1916), gouverneur de Paris, décide d'envoyer des renforts au maréchal Joffre (1852-1931) en fort mauvaise posture. Pour acheminer ses hommes, il fait appel aux taxis de la G7, dont le principal lieu d'attache se trouve à Levallois.

MONUMENT AUX MORTS 14-18
*1927. Sculpteur : Yroudy*
*Architecte : Bertin*
*Cimetière*
Un concours est lancé dans l'immédiat après-guerre 1914-1918 pour élever un monument aux morts, avec pour seule consigne la sobriété. En 1923, l'architecte Bertin et le statuaire Yroudy sont retenus. Dans une seule masse de pierre, l'œuvre présente une femme, tête baissée, incarnation tout à la fois de la mère et de l'épouse, entourée de deux soldats – l'un agonisant – qui lèvent les yeux vers elle. Sur le socle, un jeune ouvrier rompt une épée, les armes brisées symbolisant la paix. Le préfet de la Seine fait savoir que la figure allégorique de l'ouvrier brisant un sabre « ne fait pas corps avec l'ensemble ». On passe outre. La polémique ne fait pourtant que commencer. Certains y voient une figure antimilitariste, ou encore la volonté de ne plus imaginer de guerre dans une Europe peuplée de « frères ouvriers », à tel point que la statue se voit mutilée une nuit de novembre 1926. On redoutera, à tort d'ailleurs, les pires violences pour l'inauguration du monument.

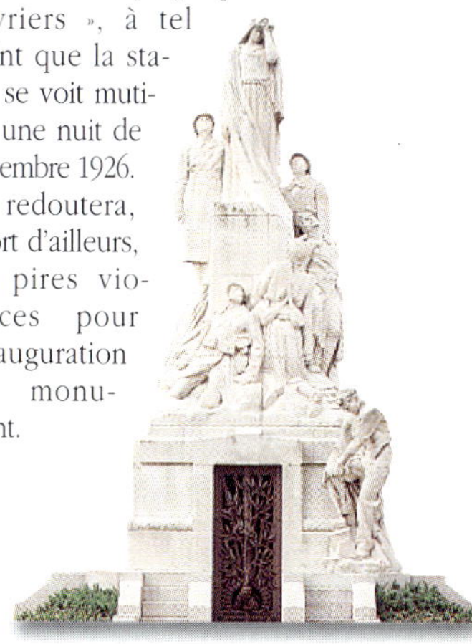

ÉGLISE SAINT-JUSTIN
*XVIII^e^-XIX^e^ siècle*
*Place d'Estienne-d'Orves*

On a dit que Nicolas Levallois avait toujours suivi le sens du pouvoir en place. Ainsi, après avoir planté symboliquement un arbre de la liberté à la proclamation de la République en 1848, il se rallie à nouveau au vent dominant en 1852 en posant la première pierre de l'église. Il fait appel à Paul-Eugène Lequeux, architecte rompu à ces villages improvisés, qui a déja travaillé aux mairies des Batignolles, de Montmartre ou à la chapelle des Ternes. L'église est consacrée en 1855 sous le vocable de saint Justin, moins pour la notoriété de ce personnage qu'en raison du prénom de la femme de Levallois, Justine. Deux ans plus tard, la modeste chapelle est tout juste jugée assez importante pour être érigée en paroisse. Pourtant la nécessité d'agrandir les lieux est à l'origine du concours lancé en 1869 pour élever un nouvel édifice. Une somme de 135 000 francs est allouée et une souscription ouverte. C'est l'architecte Anatole de Baudot qui l'emporte avec un projet néo-roman. Les autres concurrents se dressent contre lui et déclarent que le projet en question est irréalisable pour la somme alléguée. Outre ce conflit, le projet est à nouveau ajourné par la guerre de 1870, au lendemain de laquelle on se contente finalement d'agrandir l'église qui subit plusieurs campagnes d'agrandissement et de reconstruction jusqu'en 1912. Il s'agit d'un bâtiment massif aux corniches néo-médiévales, ornées de corbeaux. Des contreforts épais épaulent une façade austère. On notera toutefois une particularité : le clocher se trouve décentré à l'arrière de l'édifice à l'angle gauche et non à la croisée du transept.

VITRAIL
*1896.*
*Haussaire*
*Église*
*Saint-Justin*

1896 marque la fin des travaux de construction du chœur et du nouveau transept. C'est le temps de la pose des vitraux de l'abside, tel celui ici représenté signé Haussaire.

TEMPLE
*1912*
*Rue Anatole-France*

Ce temple est l'un des deux que possédait la commune au début du siècle – l'autre fut détruit dans les années soixante. Inauguré en décembre 1912, il est l'aboutissement d'une histoire commencée dès 1890. Deux pasteurs du temple de l'Étoile, MM. Vinard et Picard, veulent alors fonder une œuvre caritative. Ils assurent l'éducation religieuse d'environ deux cents enfants, dans le quartier des Ternes en premier lieu, jusqu'à ce que les locaux s'avèrent trop exigus. Ils constatent alors que les trois quarts de leurs élèves sont levalloisiens et décident tout naturellement de louer en 1889 pour quinze ans des terrains situés 13 bis, rue de Cormeille, future rue Anatole-France. Se contentant tout d'abord d'une construction en matériaux légers, l'expansion incessante de leurs effectifs leur impose d'envisager non seulement une construction en dur mais encore deux espaces séparés, l'un pour le temple proprement dit, l'autre pour l'ensemble de leurs associations et activités. (Cl. M. H., 1994)

STATUE
DE LA
VIERGE
*XVIII^e^ siècle*
*Chapelle*
*Sainte-Reine*
*109, rue*
*Paul-Vaillant-*
*Couturier*

HOSPICE ANTONIN-RAYNAUD
*1885-1889*
*Angle des rues Paul-Vaillant-Couturier et Mathilde-Girault*
En 1860, la partie sud-ouest de la ferme de Courcelles est achetée par l'industriel Antonin Raynaud. Il y installe l'usine de sa fameuse parfumerie Oriza, fondée en 1720 par Fargeon, parfumeur de Louis XV et de Ninon de Lenclos. Résolument moderne, il est l'un des premiers à fuir les droits d'octroi. Mais il est aussi particulièrement sensible à l'accroissement de la population dans le secteur proche des fortifications et aux problèmes qui en résultent : besoins médicaux pressants, difficultés sociales. Depuis le début, les conditions de salubrité pourtant inquiétantes n'ont que peu préoccupé les autorités en place. Les initiatives privées sont donc fort salutaires. En 1860, Antonin Raynaud décide de construire sur le reste de son terrain, et avec ses propres deniers, un hospice. Ouvert au sud

par une vaste cour, il comporte deux ailes reliées par un bâtiment central, où s'insère une chapelle qui constitue une avancée. Il met un grand soin dans l'utilisation des matériaux, alternant avec élégance briques rouges, blanches et même bleues, pierres et ferronneries. La façade est ouverte de larges baies donnant sur la verdure d'un grand jardin. Primitivement destiné aux personnes âgées, infirmes et nécessiteuses, il abrite près de cent cinquante âmes. L'administration en est confiée aux Petites Sœurs des pauvres jusqu'à sa désaffection dans les années soixante-dix. Il est actuellement le siège de l'Office départemental HLM.

CRYPTE
*XIX^e^ siècle*
*Hospice Antonin-Raynaud*
*Angle des rues Paul-Vaillant-Couturier et Mathilde-Girault*
Dans la crypte se trouve le caveau mortuaire du fondateur de l'hospice, Antonin Raynaud, chevalier de la Légion d'honneur, mort à Levallois en 1903. Il est inhumé en compagnie de ses deux femmes dans un tombeau de marbre blanc : la première, Marie Collot, décédée à 47 ans en 1889, et celle qu'il épousa ensuite, Angèle Athénaïs Blot, décédée en 1913. Antonin Raynaud est l'un des premiers industriels de la commune, qui l'a dignement remercié en l'élisant maire en 1888 et pour deux ans, reconnaissance qu'il saura payer de retour en faisant installer à la mairie son premier téléphone.

VILLA MAURESQUE
*1892. Architecte : Mittenhoff*
*13, villa Chaptal*
Témoignage remarquable du style néo-mauresque au XIX^e^ siècle, la villa est construite en 1892 par Mittenhoff, et vendue la même année au ténor Pierre Gailhard, directeur de l'Opéra de Paris de 1884 à 1907. Il la fait surélever d'un étage et lui adjoint la tourelle d'escalier. Depuis 1935, elle appartient à la Caisse nationale de vieillesse des travailleurs salariés qui la loue à des particuliers, ce qui en exclut toute visite. Certains intérieurs proviennent d'un pavillon espagnol de l'Exposition universelle de 1889. Le corps central du bâtiment est encadré sur la droite par un carré massif où se trouvent les pièces mauresques. Apparaissent d'emblée les murs ajourés de baies en arcs outrepassés et le décor de céramiques, à polychromie verte et bleue en façade. À l'intérieur, la coupole sur pendentif du petit vestibule carré, la profusion du décor du salon avec ses plafonds à caissons de bois et ses sols en azulejos sont autant de témoignages du style mauresque et des décors d'exposition. Sur les vitraux des fenêtres du salon, dans leur partie supérieure, on note l'intrusion de motifs floraux beaucoup plus proches de l'Art nouveau. (Cl. M. H., 1994)

IMMEUBLE (détail)
*1899. Architecte : Edmond Lamoureux*
*25, rue Chaptal*
En 1899, l'architecte Edmond Lamoureux poursuit son travail de création au 25, rue Chaptal, utilisant les mêmes jeux sur les matières. À noter toutefois l'anse de panier aux fenêtres du premier et du quatrième étage et la frise au sommet qui comporte en son milieu une grande fleur de tournesol.

IMMEUBLE
*1900. Architecte : Edmond Lamoureux*
*39, rue Gabriel-Péri*
À une vingtaine de mètres de la mairie se dresse cet immeuble érigé dans le plus pur style Art nouveau. Ses briques claires sont encadrées de pierres blanches sculptées de fleurs de tournesol et de feuilles d'acanthes. Son rez-de-chaussée est occupé par un magasin dont l'intérieur est lui-même orné de sculptures.

ANCIENNE POSTE
*1891. Architecte Léon Jamin*
*72, rue Aristide-Briand*
Depuis 1891, ce bâtiment, loué par les époux Sclaverand, fait office de poste principale. Il est équipé en 1904 d'un service télégraphique complet et d'un bureau téléphonique avec une cabine publique.

IMMEUBLE
*1896. Architecte : Edmond Lamoureux*
*41, rue Trébois*
Levallois se développe de façon désordonnée jusque dans les années 1880, date à laquelle émerge une volonté de renouveler et de structurer l'architecture et le paysage urbain. La commune porte dès lors la marque des Beaux-Arts sous l'influence essentiellement de Meunier et d'Edmond Lamoureux. Des bow-windows et des portes cochères encadrées de sculptures commencent à éclore dans un ton très « troisième République ». Les préoccupations architecturales donnent la primauté à l'authenticité de la matière. Ce nouvel état d'esprit transparaît dans le grand soin mis aux appositions de signatures sur les immeubles, comme si cette nouvelle génération de constructeurs redoutait d'être confondue avec l'ancienne. Edmond Lamoureux construit seize immeubles à Levallois dont onze en façade et cinq en angle. Cet immeuble ici présenté offre une belle polychromie avec alternance de pierres blanches en pied et de briques déclinées selon deux tons.

IMMEUBLE
*1906. Architectes : Edmond Lamoureux et Paul Pilliard*
*66 bis, rue Aristide-Briand*
En 1906, Edmond Lamoureux s'associe à son confrère Paul Pilliard pour la construction de son premier immeuble d'angle. À cet emplacement de choix, face à l'hôtel de ville, il s'agit de « faire beau ». La pierre blanche remplace ainsi presque intégralement la brique ; chaque fenêtre se dote d'un style différent ; des balustres figurent aux deuxième et cinquième étages ; des avancées sur la façade donnent appui à un balcon ponctué par six colonnes. L'étage supérieur comporte un cartouche surmonté d'un œil-de-bœuf, tandis qu'une corne d'abondance orne le fronton de la porte.

IMMEUBLE
*XIX^e^-XX^e^ siècle*
*92, rue Anatole-France*

DÉTAIL CÉRAMIQUE
*XIXe-XXe siècle*
*Céramique : Ch. Virion*
*92, rue Anatole-France*

IMMEUBLE
*XIXe-XXe siècle*
*31, avenue Édouard-Vaillant*

IMMEUBLE
*1899. Architecte Lamoureux*
*25, rue Chaptal*

IMMEUBLE
*1910. Architectes : Lamoureux, Carbonnel et Pousot*
*34, rue Trébois*
Carbonnel et Pousot sont les nouveaux associés d'Edmond Lamoureux. Leur architecture est très semblable avec de la pierre blanche finement jointoyée. Des encorbellements encadrent les fenêtres ou soutiennent les balcons. Les angles s'ornent de fenêtres de style varié, une frise constituée de balustres marque les deuxième et cinquième étages. Edmond Lamoureux meurt en 1956 à 95 ans. Il est inhumé au cimetière de Levallois. Les seize immeubles et l'hôtel des Postes, dont il est l'auteur, rappellent sans cesse le souvenir de ce bâtisseur qui fut aussi le premier magistrat de la ville.

IMMEUBLE
*1867. Architecte : Hamerel*
*36, rue Gabriel-Péri*
Dans les années 1860, plusieurs architectes – Bocquet, Descaves, Francard – s'installent à Levallois et ébauchent une politique de construction. L'un d'eux, Hamerel, est nommé en 1867 architecte municipal. Même si des efforts sont faits dans l'ornementation des façades, la conception d'ensemble est maintenue. Pilastres, balustres, rosettes et modillons sont ainsi le plus souvent plaqués ou seulement imprimés sur la façade. Parmi les six immeubles connus de lui, celui-ci offre au regard les lignes les plus pures. Datant de 1867, il allie une certaine noblesse à un dépouillement rigoureux : ni balcons ni ferronneries. La corniche du dernier étage est dépourvue de tout ornement. Se distingue seulement au premier étage un fronton triangulaire avec des rosaces. On remarquera une ligne verticale de fenêtres condamnées en raison de la taxe payable à l'époque sur le nombre d'ouvertures par habitation.

IMMEUBLE
*1910. Architectes : Lamoureux, Carbonnel et Pousot*
*73, rue Carnot*

IMMEUBLE
*1865. Architecte : Hamerel*
*Angle des rues du Président-Wilson et Louis-Rouquier.*
Cet immeuble, le plus ancien qui soit signé Hamerel, est stylistiquement assez proche des premiers lotissements lancés par Nicolas Levallois à partir de 1845. Mais comme tous les immeubles construits par Hamerel, il comprend quatre étages couronnés par un dernier, mansardé. Et comme souvent également, un détail discret s'insinue qui permet de personnaliser l'immeuble. Ici une fleur de lys au fronton d'une fenêtre du premier étage, là un bandeau en métal ouvragé et peint.

IMMEUBLE
*1910. Architectes : Lamoureux, Carbonnel et Pousot*
*13, rue Marius-Aufan*

CHOCOLATERIE MEUNIER
*Début du XXe siècle*
*Angle des rues Jules-Guesde et Baudin*
François Meunier crée son entreprise en 1852 à Paris. Au début du siècle, il s'installe à Levallois dans un immeuble de briques rouges de cinq étages qu'il fait construire. La fabrication des chocolats étant extrêmement longue, le travail est réparti en une

dizaine d'ateliers, celui de fabrication au premier étage, avec ses cuves pour la torréfaction des fèves de cacao, mais aussi ceux de moulage en plaques et d'étuvage. C'est au sous-sol que l'on « fait l'Algérie », c'est-à-dire que l'on enveloppe par deux fois les chocolats destinés aux colonies pour qu'ils ne prennent pas l'humidité pendant la traversée. Cette entreprise est qualifiée de sociale. Employant surtout des femmes, elle permet aux mères des pauses pour allaiter leurs enfants. Elle garantit en outre un salaire de remplacement pendant quatre-vingt-dix jours en cas de maladie, et ceci dès 1920. En perte de vitesse, la production cesse en 1950.

CHOCOLATERIE LOUIT
*1895*
*Angle des rues Victor-Hugo et Paul-Vaillant-Couturier*
À l'origine, les chocolats Louit Frères et compagnie sont fabriqués à Bordeaux. Mais face aux commandes des restaurateurs et des épiciers concentrés dans la région parisienne, on décide l'ouverture d'un entrepôt-vente à Levallois-Perret. Une véritable armée de représentants, placiers et livreurs sillonnent alors la France en voitures à cheval. La société s'enorgueillit à juste titre de la trentaine de médailles reçues pour la qualité de ses chocolats. Loin de se cantonner d'ailleurs à ce seul produit, elle fabrique des pâtes pour potages, et distribue notamment le fameux tapioca importé de Chine.

DISTILLERIE PICON
*XIXe-XXe siècle*
*Angle des rues de la Gare et Paul-Vaillant-Couturier*
Nicolas-Eugène Levallois avait été marchand de vin avant de venir à Levallois lotir les terrains d'André Noël. Et c'est à ses amis de la profession qu'il vend les premières parcelles. Ainsi, aux côtés des nombreux cafés et commerces de vins, la commune comprend au début du siècle deux grandes sociétés s'occupant de spiritueux : l'entreprise Legrain et Stinville qui fabrique des sirops et distille des liqueurs diverses dont la fameuse Florestine des Alpes utilisée comme digestif ; la Société Picon, exclusivement spécialisée dans la fabrication de l'amer Picon qui deviendra par la suite le Pikina.

# Malakoff

Canton de Malakoff
Arrondissement d'Antony

Superficie : 207 ha – Population 1990 : 30 959 hab.
Habitants : les Malakoffiots

Origine du nom : se réfère à la victoire des Français qui assiègent en 1855, lors de la guerre de Crimée, le point central de la défense de Sébastopol : la tour Malakoff.

Blason : sur fond bleu et rouge, il évoque la tour de Malakoff stylisée surmontée de fortifications et entourée à droite d'une branche d'olivier, symbole de la paix, à gauche de feuilles de chênes, symbole de la bravoure.

## HISTORIQUE

La commune de Malakoff est l'une des plus jeunes du département. Son territoire, longtemps champêtre et forestier, n'abrite que peu de maisons jusqu'à la fin du XVIIIe siècle, juste des chemins transversaux et quelques remises à gibier. Ce territoire peu peuplé dépend de la paroisse de Vanves, sous le nom de « Petit-Vanves ». Il faut attendre 1845 pour que naisse une agglomération sous l'impulsion d'Alexandre Chauvelot (1797-1861). Ancien rôtisseur fortuné, il se lance dans des opérations immobilières lucratives. Entre 1830 et 1840, il crée à Vanves les quartiers de Plaisance et des Thermopyles, sur l'actuel XIVe arrondissement de Paris. Puis il dépasse les fortifications, aménagées par Adolphe Thiers en 1841, pour y lotir la partie nord du Petit-Vanves au sud de l'enceinte. Prévoyant l'extension de Paris et l'annexion de ses communes suburbaines, il comprend que nombre d'habitants chercheront à s'établir au-delà des nouvelles limites pour échapper à l'octroi alors très élevé dans la capitale. Ainsi, il achète des terrains en friche, sur lesquels il fait bâtir de petites maisons individuelles. Cette zone urbaine achevée vers 1850, il la baptise « La Nouvelle-Californie », inspirée par la fameuse ruée vers l'or que connaît la Californie. Puis en 1855, pour mettre ses terrains en valeur, il profite de l'actualité de la guerre de Crimée et de la victoire de Napoléon III sur les troupes orientales pour édifier une réplique de la tour Malakoff au milieu d'un parc d'attraction. Très vite les Parisiens viennent s'y distraire le dimanche. Beaucoup d'entre eux, séduits par le bon marché des terrains alentour, achètent des lots et construisent.

Chauvelot meurt en 1861, mais son œuvre continue à prospérer : des maisons à jardins se multiplient le long d'impasses, de passages. Dès 1868, on appelle le quartier officiellement Malakoff. La guerre de 1870 fait des ravages et la tour ne survit pas au siège de Paris. Mais la population de Malakoff ne cesse d'augmenter et, en 1883, le président de la République, Jules Grévy, consacre l'œuvre du lotisseur Chauvelot en érigeant en commune le « village de Malakoff ». La nouvelle municipalité républicaine transforme le lotissement en ville et l'équipe d'édifices publics nécessaires. Des axes de circulation sont percés. La voie ferrée de Paris-Montparnasse dessert en 1882 la gare de Vanves-Malakoff. L'effort d'équipement et d'amélioration sociale se poursuit entre les deux guerres : écoles, industries et logements à bon marché fleurissent. Dans les années soixante, la ville s'agrandit encore. Des industries, le métro s'installent, les espaces verts se multiplient. Malakoff est devenue une véritable ville.

MAISON
*Vers 1900. Architecte : P. Troussier*
*Meulière, brique, bois, ardoise, moellons*
*39, rue Chauvelot*
Elle fait partie des précieuses maisons qui subsistent du village originel. De style éclectique, elle est construite par l'architecte P. Troussier dans les années 1900 et est teintée de régionalisme. Son étage à stries de bois fait penser à l'architecture normande. Son toit alterne de longs pans en croupe et demi-croupe. La rue porte le nom du promoteur de Malakoff : Alexandre Chauvelot. D'origine modeste, il est ouvrier, puis chansonnier populaire avant de faire fortune dans la rôtisserie. Plein d'idées et d'initiatives, il a, entre autres, celle d'inscrire sur un panneau le nom de la localité à l'entrée de chaque agglomération. Il met en vente 400 parcelles de terrains en friche, dans la partie nord de la ville. De petits commerçants, maraîchers, ouvriers, artisans y construisent des maisons modestes en moellons, de un à deux étages, disposant d'un jardin. Chauvelot ne respecte guère les règles d'urbanisme. Et sous les règnes de Louis-Philippe et de Napoléon III la spéculation immobilière resurgit en maître.

LA TOUR MALAKOFF
*1865. Dessin original*
*Place du 11-Novembre*
Cette gravure publicitaire de l'époque est destinée à promouvoir le nouveau parc d'attraction créé par Alexandre Chauvelot (1797-1861), ancien rôtisseur fortuné de la rue Dauphine et promoteur immobilier avant la lettre. Il utilise l'écho retentissant de la guerre de Crimée en France à des fins commerciales. En 1855, il érige au milieu du lotissement de la Californie une tour-guinguette. La tour Malakoff, de style russe, haute de cinquante mètres, domine le site. Les murs de chaque étage sont décorés de portraits d'officiers et de soldats qui se sont distingués lors de la bataille russe. Elle est reliée par un pont à une tourelle élevée en l'honneur de la Bastille. On y trouve également un restaurant et le fameux bal de la Butte-aux-Belles, où se presse le dimanche une foule de Parisiens. Conquis par le bon air de la campagne et les prix bas des terrains, ils n'hésitent pas à acheter. La fortune sourit à Chauvelot, le village prospère et, en 1868, on l'appelle Malakoff, en lieu et place de Californie ou Petit-Vanves. La tour succombe durant le siège de Paris en 1870 : les défenseurs de Paris la font sauter car elle servait de point de repère à l'artillerie prussienne.

CHAPELLE
*XIX^e^ siècle*
*Ancien pensionnat Notre-Dame*
*3, rue Arblade*
Construite sur les fondations de l'ancien réfectoire, cette chapelle de style néo-gothique présente quatre fenêtres étroites à baies géminées éclairant l'intérieur.

MATERNELLE ET COLLÈGE
*1896*
*Pierre de taille*
*Ancien pensionnat Notre-Dame*
*3, rue Arblade*
La façade tripartite est articulée à chaque niveau par une plate-bande qui fait saillie sur le mur.

MAISON DIRECTOIRE
*Façade*
*1840-1850*
*98, avenue Pierre-Brosselette*
L'histoire de cette demeure, l'une des plus anciennes de Malakoff, reste un mystère. Elle est l'un des rares vestiges de résidences campagnardes qui exploitent les terres maraîchères de Malakoff à la fin du XVIIIe siècle. La carte des Chasses établie sous Louis XV, vers 1760, révèle en effet que tout le sud de l'actuel boulevard Gabriel-Péri était boisé, tandis que la partie nord jusqu'à l'avenue Pierre-Larousse était couverte de cultures. Cette maison est de plan quadrangulaire et possède un toit en terrasse. Sa façade, scandée par cinq travées, alterne des fenêtres coiffées successivement de frontons curvilignes et triangulaires. Quatre niches, deux sur chaque façade, abritent des statues allégoriques représentant les quatre saisons. Acquise récemment par la ville, elle va être aménagée en Maison des arts et ses jardins reconstitués.

PLAQUE COMMÉMORATIVE
*Marbre*
*Ancienne mairie*
*28, rue Victor-Hugo*
Aux élections municipales de mai 1925, la liste commune, composée de socialistes, de communistes et de socialistes-communistes l'emporte.

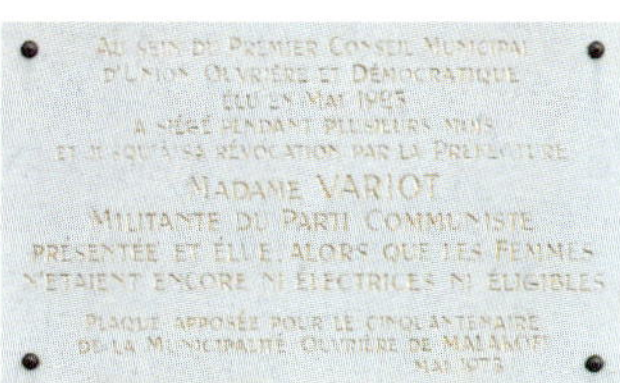


Ces nouveaux élus inaugurent une longue tradition de municipalités ouvrières à Malakoff dont l'objectif premier est de soutenir les droits des travailleurs. Sur la liste d'union se présente une femme. Son nom est gravé sur cette plaque : Madame Variot. Habitante du Clos, elle manifeste ainsi sa volonté de voir les femmes électrices et éligibles. Elle siège quelques mois au conseil jusqu'à ce que le tribunal administratif déclare nulle son élection comme contraire à la loi. Il faudra attendre 1945 pour voir les femmes accéder au droit de vote.

ANCIENNE MAIRIE
*1860*
*Calcaire, moellons, enduit, brique, béton armé*
*28, rue Victor-Hugo*
Le premier conseil municipal élu en 1884 se réunit dans les bâtiments d'une école située place du 11-Novembre, seul équipement collectif de l'époque. Ne pouvant occuper plus longtemps ces locaux, il loue peu après, au 28, rue du Camp-Francais, qui devient à la mort du poète en 1885 la rue Victor-Hugo, un immeuble destiné à accueillir les services de la mairie provisoire. Il y demeurera jusqu'à la construction du nouvel hôtel de ville, en 1976. Cet immeuble, ici représenté, est construit en 1860 et connaît des transformations jusqu'en 1884. Cette même année, les nouveaux élus sont des républicains modérés qui se donnent le but d'aménager au mieux leur commune et de la pourvoir en services publics nécessaires. Toutefois les projets avancent lentement. Si la partie nord de Malakoff est à peu près construite et urbanisée, les terrains de la Plaine et du Clos sont occupés essentiellement par des terres maraîchères. Cet immeuble abrite aujourd'hui la Maison des associations. L'actuelle mairie sise au 1, place du 11-Novembre abrite sous une verrière un grand patio sur lequel s'articulent toutes les circulations intérieures.

PUITS
*Vers 1860*
*Calcaire, pierre de taille*
*3, rue Henri-Martin*
Ce puits remonte à la construction des maisons les plus anciennes de Malakoff, à la fin du XIXe siècle. Pendant longtemps la ville est considérée comme insalubre : les rues sont des chemins bourbeux, l'éclairage public est déficient ou inexistant, les égouts à ciel ouvert et les voies d'eau absentes. Seuls des puits ont été creusés dès la naissance de la commune. En 1899 on recense trente bornes-fontaines et quarante et une bouches d'eau. Ce puits est aujourd'hui muré et impraticable.

IMPRIMERIE
*Vers 1900*
*Pierre, ciment, brique*
*11, rue Béranger*
Cette construction, à deux niveaux, est typique du début du siècle. Au rez-de-chaussée, l'atelier d'imprimerie, au premier étage le logement. Une baie cintrée ouvre sur un balcon en fer forgé suspendu. Elle sert à ses débuts de local à un graveur-imprimeur pour imprimer des cahiers d'écriture diffusés ensuite dans les librairies de Paris. Pendant la Résistance, l'imprimerie constitue un réseau de presse clandestine. Malakoff, en ce début de siècle, n'est pas encore une ville industrielle. La plus grande partie du territoire étant occupée par les cultures maraîchères. Comme seules entreprises importantes, l'usine de la Compagnie des tramways, une fabrique de toiles cirées, une autre de passementerie et une briqueterie qui tire sa matière première des glaiseries de Malakoff.

ANCIENNE POSTE
*1927*
*Brique, ciment, pierre*
*3, place du14-Juillet*
En 1925, au moment de l'accession à la mairie des socialistes-communistes, le mécontentement de la population atteint son point culminant. Sous forme de pétitions, les habitants de Malakoff exigent que leur ville soit sortie du « bourbier dans lequel elle est empêtrée, au sens propre comme au sens figuré ». Ils réclament d'urgence le pavage des rues, l'aménagement de l'éclairage public et des égouts et la maîtrise du développement urbain. L'état de certaines rues est tel que des habitants doivent se rendre à la gare en sabots. Des administrés, écœurés devant tant de saleté, vont même jusqu'à en ramasser un plein tombereau pour le déverser devant le domicile du maire. Face à cette situation alarmante et malgré la grande crise économique qui frappe le pays, le nouveau conseil municipal ouvrier décide la modernisation de la ville. En 1927, il adopte le premier plan d'aménagement, d'embellissement et d'extension de la commune. En 1932, il vote l'aménagement du centre-ville autour de la place du 14-Juillet, l'assainissement de plusieurs voies et l'installation des premiers lampadaires électriques... Cette même année voit la construction d'un immeuble qui abrite d'un côté le bureau de poste et de l'autre la justice de paix et la bibliothèque communale.

PORTAIL MONUMENTAL
*1926*
*Fer, verre*
*Ancienne École supérieure d'électricité (SUPÉLEC)*
*Université Paris V-René-Descartes*
Le portail en fer et verre translucide est inséré dans un arc en plein cintre. Deux pilastres supportent une archivolte décorée de motifs abstraits. Les battants de la porte et son tympan sont rythmés par le module d'un carré. Le traitement est caractéristique du style Art déco.

FORT DE VANVES
*1840*
*27, boulevard de Stalingrad*

Le fort de Vanves, construit en 1840 sur le territoire de Vanves, est octroyé à Malakoff lors de la séparation des deux communes, en 1883. Il sert de pénitencier militaire. En 1848, pendant les journées insurrectionnelles de juin consécutives à la fermeture des ateliers nationaux, des centaines d'ouvriers réclamant « du travail et du pain » y sont emprisonnés. Durant la guerre de 1870, le fort est encerclé par les Prussiens, mais jusqu'à la capitulation de janvier 1871 il tint tête aux forces allemandes.

ANCIENNE ÉCOLE SUPÉRIEURE D'ÉLECTRICITÉ (SUPÉLEC)
*1926*
*Université Paris V-René-Descartes*
*Briques, grès, céramique dorée, rose*
*10, rue Pierre-Larousse*

Construite en 1926, elle est le siège, en 1937, d'une des premières expériences de télévision en France. Aujourd'hui elle abrite le département de droit de l'Université Paris V. De style Art déco, l'entrée principale est décorée à son sommet de bas-reliefs représentant Zeus, Athéna et la Fée Électricité. Son rez-de-chaussée est en bossage rustique. Son élévation en brique se mêle à de la céramique dorée qui souligne les volumes stylisés.

ÉCOLE JEAN-JAURÈS
*1933. Architectes : Eugène Monnier et Gaston Chanon*
*Place du 11-Novembre*
Sur l'initiative de la municipalité ouvrière au pouvoir depuis 1925, la deuxième école de Malakoff, l'école maternelle Jean-Jaurès, est inaugurée en 1933. Le premier groupe scolaire Paul-Bert, construit en 1912, est quant à lui agrandi et surélevé pour faire face aux nouveaux besoins de la partie sud de la ville qui continue de s'urbaniser rapidement. C'est à cette époque également qu'on crée le premier groupe de logements à bon marché au 14 de la rue Hoche.

IMMEUBLE
*Vers 1930. Architecte : J. Brugnot*
*Brique, béton armé*
*55, rue Chauvelot*

Caractéristique de l'architecture des années trente, cet immeuble présente des bow-windows en avancée sur la façade, créant ainsi un rythme binaire. Il est couronné d'un tympan tronqué, flanqué d'un motif décoratif.

GROUPE HENRI-BARBUSSE
*1938*
*Brique*
*2, rue Jules-Guesdes*
Depuis 1925, date à laquelle la municipalité s'était engagée à maîtriser l'urbanisme sauvage et à assainir la ville,

Malakoff a changé de visage. En 1938, la construction du troisième groupe scolaire de la commune s'inscrit dans ce nouveau paysage urbain. Édifiée au quartier du Clos, l'école – qui n'entrera en service qu'après la guerre – reçoit le nom d'Henri Barbusse (1873-1935). Auteur de *L'Enfer* (1908), une étude de mœurs jugée trop réaliste et qui fit scandale, cet écrivain aux aspirations pacifistes reçoit le prix Goncourt en 1917 pour *Le Feu, journal d'une escouade*, le récit terrible de son expérience de la guerre de 1914 dans laquelle il s'était engagé. En juillet 1940, des soldats hitlériens occupent l'école qui accueille, dans ses classes maternelles, une partie du lycée Michelet de Vanves, à son tour réquisitionné par l'état-major nazi.

DISPENSAIRE
*1939*
*Béton armé*
*74, avenue Pierre-Larousse*
Ouvrier-charpentier originaire de Corrèze et venu s'installer à Malakoff, Léon Salagnac est adjoint au maire en 1936. Il motive l'équipe municipale dans le domaine de la construction et des équipements, sa spécialité : écoles, stade, entreprises électromécaniques, voiries pavées, éclairage généralisé, Malakoff prend un autre visage sous son impulsion. C'est à cette même époque qu'on élève ce dispensaire de style fonctionnaliste. Léon Salagnac dirigera les destinées de la ville de 1944 à 1964.

ÉGLISE DU SACRÉ-CŒUR
*1932*
*Façade*
*Impasse André-Sabatier*
Située dans la partie sud de la ville, près du cimetière, et construite comme chapelle de secours, cette église était réservée aux gens du Clos. Elle est agrandie dans les années cinquante et érigée en paroisse en 1951.

ÉGLISE NOTRE-DAME
DE LA MÉDAILLE MIRACULEUSE
*1861. Architecte : Claude Naissant*
*Brique, enduit, calcaire, moellons*
*80, avenue Pierre-Larousse*
Construite sur les plans de l'architecte Naissant, l'église est érigée comme simple chapelle, dépendant de la paroisse de Vanves, sur le Petit-Vanves en 1861 sur un terrain offert par des particuliers, MM. Turgie et Danicourt. Il faut attendre 1873 pour qu'un décret érige Malakoff en paroisse indépendante. Sa façade présente un mur pignon sommé d'un campanile. Elle s'ouvre au rez-de-chaussée par une porte rectangulaire surmontée d'un arc en plein cintre dont l'archivolte est dédoublée. Le tympan est décoré d'une Vierge dans une mandorle, faite de pattes de verres bleu et doré. Au-dessus s'ouvre une rose qui éclaire le buffet d'orgue, aujourd'hui classé.

VITRAIL
*1890. Peintre-verrier : L. Huet*
*Église Notre-Dame de la Médaille Miraculeuse*
*80, avenue Pierre-Larousse*
À l'intérieur de l'église, les collatéraux sont éclairés par des vitraux représentant le cycle iconographique de la Vierge. Le vitrail, ici présenté, raconte une présentation au Temple. La donatrice, en robe pourpre, patronne de la confrérie, est agenouillée aux pieds de la Vierge et de Dieu le Père portant son fils.

LA FUITE EN ÉGYPTE
*Attribué à Philippe de Champaigne*
*Église Notre-Dame de la Médaille Miraculeuse*
Ce tableau, situé sur le bas-côté droit de l'église, représente la fuite en Égypte. Il serait attribué sans aucune certitude au peintre Philippe de Champaigne (1602-1674). La date d'exécution demeure également inconnue. (Cl. M. H., 1907)

FONTAINE
*Vers 1860*
*Fonte*
*Place de la République*

Cette fontaine à vasque circulaire en fonte, d'où s'élance une tige, date du second Empire. Elle est rénovée par le sculpteur Garreau en 1983 pour le centenaire de la ville.

SENTIER DU TIR
*Vers 1860*

Lorsque Alexandre Chauvelot lotit ses terrains, les rues sont en terre et souvent boueuses. En 1925 le conseil municipal décide du pavage des rues, de l'assainissement de plusieurs voies, et de l'installation des premiers lampadaires. Au premier plan de ce passage, réservé uniquement aux piétons, le bec de gaz Léon, le seul de toute l'Île-de-France à fonctionner encore au gaz. On distingue au fond une maison bourgeoise de la fin du XIX^e^ siècle.

DISTILLERIE CLACQUESIN
*Vers 1920*
*Brique*
*18, avenue du Maréchal-Leclerc*
Il s'agit d'une usine de mise en bouteille et l'un des vestiges de l'architecture industrielle du début du siècle. Elle abrite la seule production malakoffiote à cent pour cent : le Clacquesin, une boisson apéritive, à base de sève et de bourgeons de sapins macérés. Dans les années 1900, Malakoff voit s'implanter quelques manufactures et fabriques de passementerie, de caoutchouc, de laine. Mais les grandes usines d'électromécanique n'existent pas encore.

USINE CAIFFA
*Vers 1910*
*Brique silico-calcaire, fer, béton armé*
*139, rue Paul-Vaillant-Couturier*
C'est l'une des plus anciennes industries de Malakoff. Elle a été construite pour servir de stockage à la torréfaction du café. On l'appelait joliment « Au planteur de Caiffa ». Son architecture rationnelle en fer et fonte est l'une des premières réalisations industrielles modernistes qui ont recours à ces nouveaux matériaux. En se fixant à Malakoff, elle ouvre la voie à l'implantation d'autres usines, pharmaceutique, électromécanique, informatique, qui feront d'elle une ville industrielle à part entière. Aujourd'hui les bâtiments s'étendent sur plus d'un hectare et abritent le siège de France Telecom.

BALCON
*Vers 1930. Architecte : C. Perrière*
*Société Forclum*
*8-10, place du 14-Juillet*

Une console florale soutient un balcon semi-circulaire de style Art déco agrémentant la façade de la Société Force et lumière électriques (Forclum).

CENTRALE ÉLECTRIQUE
*1934. Architectes : Bernard Lhotellier, Guy Robin. Ingénieur : Sevellec*
*Béton armé, brique*
*3-14, boulevard du Colonel-Fabien*
Société Ouest-Lumière, la centrale électrique éclairait la partie du Clos pendant la guerre. Aujourd'hui c'est une sous-station d'EDF. Son architecture est issue de l'esthétique industrielle et s'inscrit dans la tradition des industries productrices d'électricité du début du siècle. Accolé au bâtiment, un immeuble présente le même syle architectural.

LYCÉE D'ENSEIGNEMENT PROFESSIONNEL
*1954. Architecte : Sogorre*
*Béton armé, poutrelles d'acier*
*85, rue Louis-Girard*
Dans les années cinquante, Malakoff, avec à sa tête Léon Salagnac élu maire en 1945, s'enrichit de nouveaux équipements collectifs : le nouveau stade Marcel-Cerdan et le lycée d'enseignement Louis-Girard. L'architecture de ce dernier présente des formes géométriques et épurées. L'étage accueille le gymnase tandis que les deux niveaux du soubassement regroupent les classes.

SCULPTURE
*Vers 1954*
*Sculpteur : Gemignagni Ulysse*
*Calcaire*
*Lycée d'enseignement professionnel*
*85, rue Louis-Girard*
La sculpture représente un homme nu, un genou à terre au-dessus d'une roue. Il tient un marteau à la main, symbole de l'ouvrier artisan-métallurgiste. Il s'agit de la figure héroïque et fondatrice de Malakoff.

PORTE STYLISÉE
*Immeuble*
*1930*
*159, boulevard Gabriel-Péri*
Cette porte d'immeuble présente les caractéristiques du style Art déco, surtout sensible dans l'encadrement avec ces décrochés successifs. En outre, J. Brugnot a apporté un soin tout particulier à l'ornementation du dessus de porte.

POLISSOIR
*Époque néolithique*
*Ancien pensionnat Notre-Dame*
*Boulevard Camelina*
Ce polissoir est le plus ancien vestige historique de la ville. On l'utilisait à l'époque néolithique pour polir les outils en silex à l'aide de sable et d'eau. Il est aujourd'hui inséré dans le mur de clôture de l'ancien pensionnat Notre-Dame.

# Marnes-la-Coquette

Canton de Chaville
Arrondissement de Boulogne-Billancourt

Superficie : 365 ha – Population 1990 : 1 594 hab.
Habitants : les Marnais ou Marnois – Voie : A13

Origine du nom : vraisemblablement la nature du terrain marneux, nom auquel a été adjoint, par un décret du second Empire, le qualificatif dû à la physionomie plaisante et résidentielle de la ville.

Blason : l'aigle impériale du second Empire en souvenir de Napoléon III et d'Eugénie ; la tête de chien et les trois cristaux pour l'œuvre de Pasteur ; le châtaignier et les deux chênes pour la forêt entourant la commune.

## HISTORIQUE

Marnes, hameau de Saint-Cloud, est connu depuis le début du XIII^e siècle. Le village est fondé par Eudes de Sully, évêque de Paris de 1196 à 1208, seigneur du territoire et des dépendances de Saint-Cloud. La cure de la paroisse de Marnes dépend du chapitre de la collégiale de Saint-Cloud qui est chargé de nommer son prêtre. Cette dépendance se retrouve dans l'ancien nom du hameau : Marnes-lez-Saint-Cloud. En 1702, la paroisse de La Marche, érigée depuis 1209, est rattachée à celle de Marnes, ainsi que les terres de Villeneuve-l'Étang. Marnes devient, suite à la réunion de ces domaines, un site agréable élu par de nombreux grands personnages. Viennent y résider, des ministres tels Louis le Tellier (1668-1701), marquis de Barbezieux et Michel de Chamillart (1652-1721), propriétaires successifs du domaine de Villeneuve-l'Étang au XVII^e et au début du XVIII^e siècle ; un financier, le célèbre John Law, possesseur du domaine de La Marche en 1718 qui le revend après sa banqueroute ; un monarque enfin, Louis XVI qui acquiert en 1778 le château de Marnes : la reine Marie-Antoinette en devient propriétaire en 1785. Les bruits et la fureur de la Révolution retentissent dans ce petit village. L'église est détruite et son maire, l'avocat Simon Linguet (1736-1794), est envoyé à l'échafaud pour avoir eu des relations épistolaires avec Louis XVI. Le territoire de la commune faillit être dépecé et partagé entre les paroisses de Garches, de Ville-d'Avray et de Vaucresson. Du premier au second Empire, Marnes redevient un lieu de résidence que privilégient les plus grands dignitaires des régimes successifs : le Maréchal Soult, la duchesse d'Angoulême et enfin l'empereur Napoléon III occupent le château de Villeneuve-l'Étang. La qualité de ce village bourgeois, entouré de forêts et de parcs vaut à Marnes le surnom de « La Coquette », surnom qui sera officialisé par décret du 12 janvier 1859 signé par Napoléon III.

En 1870, les Prussiens occupent la ville causant quelques dommages, mais Marnes-la-Coquette retrouve rapidement sa prospérité. Fidèle à son nouveau patronyme, elle accueille d'autres personnalités qui marquent l'histoire de la commune : Henri Duparc, célèbre compositeur de musique, le savant Louis Pasteur, le chanteur Maurice Chevalier, le librettiste Albert Willemetz et ces dernières années, l'académicien Thierry Maulnier.

Au cours des siècles, la ville a su conserver son patrimoine naturel, et par là-même, résister aux assauts d'une urbanisation intense. Près des deux tiers de son territoire sont encore aujourd'hui occupés par des forêts domaniales.

Le lotissement des deux grands domaines des châteaux de Marnes et de La Marche n'a pas altéré la physionomie de la commune, qui accueille aujourd'hui plusieurs centres pharmaceutiques et abrite les célèbres Haras de Jardy. Avec un peu plus de 1500 habitants, la ville a su conserver son aspect résidentiel.

ÉGLISE SAINTE-EUGÉNIE
*1861. Architecte : Clerget*
*Meulière, silex, pierre de taille*
*Place de la Mairie*
La première église de Marnes, érigée en 1203, est placée sous les vocables de saint Éloi, et de saint Sébastien. Plusieurs fois remaniée et reconstruite au cours des siècles, l'église est finalement détruite en 1793. Quelques vestiges subsistent dans une propriété privée. Seule la cloche est sauvée et offerte à la paroisse voisine de Ville-d'Avray. L'église actuelle, construite

aux frais de Napoléon III en 1860, d'après les plans de Clerget - architecte du Palais de Saint-Cloud - est consacrée le 25 août 1861. En hommage au couple impérial, l'édifice est placé sous l'invocation de sainte Eugénie (183-262), vierge martyre, dont les reliques sont conservées à Rome dans la basilique des saints Apôtres. (Ins. M.H., 1993)

CHŒUR
*1861*
*Église Sainte-Eugénie*
Le plan de l'église est simple : un vaisseau allongé terminé par une abside voûtée en cul de four. L'intérieur, décoré en 1927 par deux artisans locaux, Pierre et Georges Caribaux, représente des tentures en trompe-

l'œil. Le vitrail axial, don d'Ernest Le Villain de 1878, représente le Christ du Sacré-Cœur.

VITRAIL
*1909. Charles Lorin*
*(134 × 64 cm)*
*Église Sainte-Eugénie*

Charles Lorin (1874-1940), maître-verrier à Chartres, a réalisé la plupart des vitraux ornant la nef. Offerts par des familles marnoises, ils figurent des saints, ainsi que des épisodes de la vie du Christ. Cette verrière représente l'Apparition du Sacré-Cœur à sainte Marguerite-Marie Alacoque (1647-1698). Cette religieuse visitandine, fait profession de foi en 1672 dans le monastère de la Visitation, à Paray-le-Monial, après avoir reçu les révélations d'amour de l'humanité du Sacré-Cœur dont elle contribue à répandre la dévotion. Elle est béatifiée en 1864 et canonisée en 1920.

FONTS BAPTISMAUX
*XIX^e^ siècle*
*Pierre artificielle, bois*
*Église Sainte-Eugénie*

Deux chérubins, de part et d'autre d'une feuille d'acanthe, supportent la cuve ornée de godrons.

LANTERNE
SAINT-VINCENT-DE-PAUL
*1912.*
*Sculpteur :*
*Alexis-Eugène Leclerc*
*Église*
*Sainte-Eugénie*

Alexis-Eugène Leclerc, menuisier, est l'auteur de cette lanterne néo-gothique dont il fait don à l'église en 1912. Il a également sculpté un bâton pour la confrérie de Saint-Fiacre, patron des jardiniers, et un livre d'or des enfants de Marnes morts à la Grande Guerre, qu'il donne à la paroisse, respectivement en 1911 et en 1921.

ÉTANG

*Parc de Villeneuve-l'Étang*

*5, boulevard Poincaré*

Le domaine de Villeneuve-l'Étang, auquel est rattaché le domaine voisin de la Marche, est la propriété en 1695 du marquis de Barbezieux - fils de Louvois, ministre de la Guerre sous Louis XIV - qui se fait bâtir un château en 1698 en remplacement d'une ancienne demeure. A sa mort, en 1701, ses héritiers vendent les terres à Michel de Chamillart, contrôleur des Finances et secrétaire général de la Guerre, disgracié en 1709. A nouveau vendu en 1710, le domaine est alors divisé, le château démoli. En 1737, Il devient propriété du fermier général Jean-Baptiste Hermant, bienfaiteur de Marnes. Sous le premier Empire, Villeneuve appartient au maréchal Soult dont l'activité favorite est l'élevage de moutons mérinos. Sous la Restauration, la duchesse d'Angoulême, ex-madame Royale, fille de Louis XVI achète la propriété en 1821 pour la revendre en 1830 au vicomte de Cazes qui l'habite pendant toute la monarchie de Juillet. Dans son exil, la duchesse prend le nom de comtesse de Marnes. En 1852, le prince-président, Louis-Napoléon Bonaparte, bientôt empereur sous le nom de Napoléon III, achète Villeneuve-l'Étang.

TERRASSE DE L'ANCIEN CHÂTEAU DE NAPOLÉON III

*1853*

*Institut Pasteur*

*3, boulevard Poincaré*

Dès 1853, Napoléon III fait abattre la demeure du précédent propriétaire et construit une résidence qui est, pour lui, un refuge loin des agitations de la cour. C'est ici qu'en 1853 il invite un soir à dîner la comtesse de Montijo et sa fille Eugénie. Quelques mois plus tard, l'empereur épouse Eugénie. Un chroniqueur de l'époque rapporte la première soirée du couple impérial.

« Après le dîner d'apparat au palais des Tuileries, les époux partirent incognito dans un logis discret, préparé à Villeneuve-l'Étang, et c'est là qu'Éros, grand vainqueur de la journée, ferma sur la longue traîne blanche de l'impériale mariée les portes de la chambre nuptiale ». Après la guerre de 1870 et la chute de l'Empire, Villeneuve est transformé en camp militaire. Le château est démoli. Seule la terrasse et le pavillon dit des Cent Gardes échappent aux destructions.

TABLE

*XIXe siècle*

*Marbre blanc*

*Institut Pasteur*

L'impératrice Eugénie de Montijo de Guzman (1826-1920), comtesse de Teba, voue un culte fervent à la reine, Marie-Antoinette. A son image, elle se fait construire un hameau conçu sur le modèle de celui de Versailles reconstituant ainsi une ferme et sa laiterie. Une table en marbre blanc conservée dans une annexe de l'Institut Pasteur témoigne de sa présence, dans ce lieu qui a été pour elle son véritable Petit Trianon.

PAVILLON

*XIXe siècle*

*1, Place de la Mairie*

La grille d'entrée du château de Villeneuve-l'Étang - aujourd'hui déplacée au fond du square Pasteur - est au XIXe siècle encadrée de deux pavillons. L'un, celui des Gendarmes, est loué à la commune en 1882 pour y créer des logements, et l'autre, celui du Concierge ou de la Grille, est transformé en 1897 en bureau de Poste.

PAVILLON DES CENT GARDES
*XIXe siècle*
*Institut Pasteur*
*3, boulevard Poincaré*
Près du château, Napoléon III fait bâtir une ferme dans le style suisse où logent "l'escadron des cent gardes" et leurs chevaux. Il s'agit du corps de cavalerie qui escorte l'empereur dans tous ses déplacements. En 1884, le bâtiment ainsi que le domaine sont attribués à Louis Pasteur.

MONUMENT DÉDIÉ À PASTEUR
*1903*
*Calcaire, bronze*
*Place de la Mairie*
Louis Pasteur (1822-1895), lorsque le domaine de Villeneuve-l'Étang lui est

affecté, a déjà derrière lui une œuvre considérable. Toutes les découvertes fondamentales de ses débuts, sur les cristaux et sur la fermentation, procèdent d'une longue observation et d'une solide méthode de réflexion. Il se définit lui-même comme expérimentateur. Fort de cette méthode, il découvre le rôle des microbes dans les maladies contagieuses, renvoyant aux archives de l'histoire la théorie des générations spontanées, et fonde la microbiologie. À la suite de sa compréhension de la contagion microbienne, il se fait le héraut de la lutte pour le respect de l'hygiène. En 1884, l'État lui octroie le domaine de Villeneuve-l'Étang, où il peut aménager ses laboratoires et animaleries. 1885, est l'année de la première inoculation du vaccin antirabique sur un jeune garçon du nom de Joseph Meister. La nouvelle est retentissante. Devant ce succès, une souscription internationale permet la fondation de l'institut Pasteur de Paris, inauguré en novembre 1888. Conçu par l'architecte Louis Jannier et le sculpteur Fernand Chailloux, le monument est inauguré le 12 juillet 1903.

CHAMBRE DE PASTEUR
*XIXe siècle*
*Musée des Applications*
*de la recherche*
*Institut Pasteur*
À Villeneuve-l' Étang, Louis Pasteur conserve un appartement aménagé dans le pavillon des cent gardes et qu'il regagne chaque été. C'est dans cette chambre qu'il s'éteint le 28 septembre 1895. En 1986, un musée consacré à l'épopée et à l'œuvre des pastoriens est ouvert dans les anciens appartements du savant. La lutte contre les maladies infectieuses y est

retracée à l'aide des collections du musée Pasteur de Paris, enrichies d'un don important de la famille de Gaston Ramon (1886-1963), bactériologiste dont les recherches sont à la base des vaccinations associées.

BUREAU D'ÉMILE ROUX
*XIXe siècle*
*Musée des Applications*
*de la recherche*

En 1883, dès la fondation de l'Institut qui porte son nom, Louis Pasteur fait appel à Émile Roux (1853-1933), qu'il affecte au service de microbie technique. Ce médecin met en place l'enseignement d'une nouvelle discipline : l'immunologie, l'étude de la résistance d'un organisme à un agent infectieux (microbes) ou toxique (venin). Il est le co-inventeur en 1894 du traitement de la diphtérie par l'antitoxine extraite du sérum des chevaux immunisés. En 1904 et jusqu'en 1933, date de sa mort, il est directeur de l'Institut Pasteur. C'est sur cette table qu'Émile Roux travaillait.

MICROSCOPE
*XIXe siècle*
*Musée des*
*Applications*
*de la recherche*

Ce microscope a appartenu à Elie Metchnikoff (1845-1916), zoologiste et microbiologiste russe. Disciple de Pasteur, il a découvert le rôle des phagocytes dans la défense immunitaire : les globules blancs, absorbent et digèrent les particules ou les microbes qui menaçent l'organisme. Cette découverte lui a valu le Prix Nobel de médecine en 1908.

HARAS DE JARDY
*1890*
*Boulevard de Jardy*
Les haras de Jardy sont à l'origine un prieuré fondé en 1120 par les moines de la congrégation de Tiron (près de Nogent-le-Rotrou), elle-même fondée par saint Bernard d'Abbeville, suite à un don du domaine par Girbert, évêque de Paris. En 1721, des bénédictins anglais prennent le contrôle de la petite abbaye et la louent à un fermier du nom de Cléry. Le prieuré devenu ferme est vendu en 1793 comme bien national mais conserve sa vocation agricole. En 1890, le turfiste

et éleveur Edmond Blanc achète le domaine et le transforme en haras. Les bâtiments existants, à l'exception d'une grange, sont rasés et de nouveaux accueillent l'élevage des chevaux pur-sang. Les haras acquièrent bientôt une réputation internationale qui ne faiblit pas lorsque le domaine est acquis en 1920 par Marcel Boussac.

MAIRIE
*1849. Architecte : Hippolyte Blondel*
*3, place de la Mairie*
Construit entre 1846 et 1849, ce bâtiment abrite, outre les services municipaux, une école et une salle d'asile. Le 18 mai 1884, le compositeur Henri Foucques-Duparc (1848-1933), dont les parents possèdent une propriété de vacances à Marnes-la-Coquette, est élu maire de la commune. Il exerce cette fonction jusqu'en septembre 1885. (façades et toitures Ins. M.H.)

BORNE FONTAINE
*1861*
*Place de la Mairie*
L'érection de la borne fontaine est décidée et financée par Napoléon III en même temps que l'église Sainte-Eugénie.

ANCIENNE GRANGE
*Vers 1800*
*Haras de Jardy*
*Brique, bois, tuile plate*

L'ancienne grange de la ferme occupe le quatrième côté sud de la cour des 49. Sa vocation première est conservée lorsque le domaine est transformé en haras. L'abreuvoir est alimenté en eau par une belle tête de cheval en bronze.

ÉCURIES
*Fin du XIX^e^ siècle*
*Brique, bois, tuile plate*
*Cour des 49*
*Haras de Jardy*
Les bâtiments du haras ont bénéficié des plus grands soins dans leur conception. Les écuries des 49 sont conçues dans un style anglo-normand caractérisé par l'emploi de colombages en bois ou en fer et de briques. Ce style a été adopté par la plupart des clubs sportifs privés de la première moitié du XX^e^ siècle. Disposées autour d'un paddock ou prairie sur trois côtés, les écuries sont réservées originellement aux poulinières en activité dont le nombre monte jusqu'à 65 dans les années 1900. Propriété du département, les haras appartiennent à un vaste complexe sportif composé de terrains de golf et de tennis.

TOMBE DE MAURICE CHEVALIER
*1972*
*Cimetière*
Chanteur et acteur de cinéma, Maurice Chevalier (1888-1972) conquiert le monde entier, muni de sa canne et de son célèbre canotier, avec des chansons comme *Ma Pomme* ou *Valentine*. Le cinéaste Ernst Lubitsch le dirige dans de nombreux films musicaux à Hollywood (*Parade d'amour*, 1930 ;

*La Veuve Joyeuse*, 1934). Il est inhumé dans son costume de scène, un smoking bleu nuit, son canotier posé sur la poitrine, près de sa mère.

GRILLE
*XVIII^e^ siècle*
*Fer forgé*
*Cimetière*
*Allée du cimetière*

L'ancien cimetière de Marnes jouxtait autrefois la vieille église Saint-Éloi. C'est en 1929 qu'il est transféré en bordure du bois de Fausses-Reposes, à côté de celui de Ville-d'Avray. Il est fermé par une grille à deux vantaux, bel ouvrage en fer forgé du XVIII^e^ siècle.

MÉMORIAL
DE L'ESCADRILLE LAFAYETTE
*1928*
*Calcaire, béton, marbre,*
*pierre de taille*
*5, boulevard Raymond-Poincaré*
Commémorant l'entrée en guerre des aviateurs volontaires américains de l'escadrille Lafayette pendant la Première Guerre mondiale, le mémorial, construit à l'initiative de la fondation du même nom, occupe un terrain pris sur le parc de Villeneuve-L'Étang. Le monument construit d'après les plans de Marcel Alexandre est inauguré en 1928. Il revêt l'apparence d'un arc monumental flanqué de colonnades aux extrémités desquelles sont rattachés deux pavillons. Les 68 aviateurs morts au champ d'honneur reposent aux côtés de leurs chefs, le général Brocard et le lieutenant-colonel Thenault dans une crypte semi-circulaire ornée de treize vitraux, œuvres des frères Maumejean. L'intérieur de l'arc est décoré de deux cartouches dans lesquels sont sculptés les portraits de Lafayette et de Washington. La voûte est recouverte de médaillons hexagonaux. Toute l'œuvre sculptée est due aux ciseaux de Marcel Renard et d'Ernest Dubois. Une mosaïque représente l'emblème de l'Escadrille : une tête de Sioux.

MONUMENT SÉPULCRAL
DE LA FAMILLE D'ALLEMAGNE
*1930. Architecte : L. Dupuis*
*Granit*
*Cimetière*
La famille d'Allemagne est présente à Marnes depuis la fin du XVIII^e^ siècle. En 1823, elle a donné à la commune un maire, Auguste-François d'Allemagne, brodeur du roi, à qui l'on doit un manteau de sacre qui a figuré au couronnement de Charles X, et un historien, Henry-René d'Allemagne auteur de livres sur l'histoire du jouet, du luminaire, des sports, des cartes à jouer .

# Meudon

Blason : armes du chevalier Henri de Meudon : gironné d'or et de gueule de 12 pièces au lambel de trois pendants d'argent.

Canton de Meudon
Arrondissement de Boulogne-Billancourt

Superficie : 990 ha – Population 1990 : 45 339 hab.
Habitants : les Meudonnais – Voies : RN118, RN187, RN189

Origine du nom : du celtique *moldun*, puis du latin *mellodunum*, signifiant colline de sable, la finale *dunum* associant l'idée d'une hauteur fortifiée.

## HISTORIQUE

Ville aux origines très anciennes, Meudon est remarquable par son passé historique, empreint d'une présence noble et royale qui ne se dément pas durant plusieurs siècles.

Privilégié par la proximité de la forêt qui attire autant les rois que, bien plus tard, les bourgeois parisiens et certains organismes scientifiques, Meudon s'est construit peu à peu en jouant de ses atouts et de ses disparités.

Bien appartenant en partie, au Moyen Âge, à l'abbaye de Saint-Germain-des-Prés et à des seigneurs locaux tels que Henri de Meudon, le hameau meudonnais se développe puis prospère à l'ombre de son premier château construit au XVI^e^ siècle. S'y succèdent les plus hauts dignitaires de la Couronne tels François I^er^, Charles et Henri de Guise, Henri IV, Abel Servien, Louvois et le Grand-Dauphin.

Au XVIII^e^ siècle, le hameau voisin de Bellevue se crée autour d'une demeure conçue pour la marquise de Pompadour et Louis XV. Les courtisans et serviteurs que drainent les deux châteaux contribuent au développement de ces deux quartiers, ainsi que dans les autres hameaux comme le Val, Fleury ou le Bas-Meudon.

Meudon est également, et sans doute conséquemment, un lieu de séjour prisé des écrivains et des artistes. Ronsard, Rabelais – dont la présence à Meudon n'est pas avérée –, Jean-Jacques Rousseau, Louis-Ferdinand Céline sont les grands noms du patrimoine littéraire de la ville. Quant à Armande Béjart, Richard Wagner, Marcel Dupré, Théo van Doesburg, Bram van Velde et Alberto Magnelli, leur présence à Meudon n'est pas sans conforter l'aspect culturel de la commune.

Cependant, Meudon possède aussi un passé artisanal et industriel non négligeable. Comme beaucoup de ses voisines, la paroisse tire profit jusqu'au XIX^e^ siècle des activités viticoles, de la blanchisserie et des carrières d'extraction de pierres. Le Bas-Meudon – quartier au caractère industriel - abrite entre autres la manufacture royale de verrerie de Sèvres et plus récemment une partie des usines Renault. Mais aujourd'hui, ce sont surtout les activités scientifiques et technologiques de pointe qui constituent le tissu économique de Meudon. L'Observatoire, l'Office national d'études et de recherches aérospatiales et le Centre national de recherche scientifique y ont implanté les laboratoires de leurs bureaux d'études où viennent travailler de très nombreux chercheurs. Le train, très présent avec deux gares SNCF et une de RER, n'est d'ailleurs pas un élément secondaire dans l'histoire du développement de la ville. Enfin Meudon-la-Forêt, quartier créé de toutes pièces au début des années soixante, participe avec les autres quartiers de la ville à la richesse de l'identité meudonnaise.

GAINES
*XVI^e- XVII^e siècle*
*Grande Terrasse*
*Domaine national de Meudon*
Le premier château du fief de Meudon semble n'être qu'un simple manoir perché sur les hauteurs du domaine, au milieu de champs et de vignes. Son propriétaire est Guillaume Sanguin, seigneur de Malmaison, puis de Meudon à partir de 1426. L'un de ses descendants, Antoine Sanguin, Grand Aumônier de France en 1543, fait démolir l'ancienne demeure familiale et entreprend la construction d'un nouveau château. En 1527, Antoine Sanguin fait don de sa propriété à sa nièce Anne de Pisseleu, alors favorite du roi François Ier. Le « couple » royal fréquente assez régulièrement le château de Meudon qu'il modifie et agrandit. Lorsque le roi s'éteint en 1547, Anne de Pisseleu, devenue duchesse d'Étampes, tombe en disgrâce et cède cinq ans plus tard son domaine à Charles de Guise. Cardinal de Lorraine et émissaire du roi Henri II auprès du pape, Charles de Guise s'inspire des riches demeures italiennes pour embellir son château. Il s'adjoint les services du peintre et architecte italien Le Primatice (1504-1570) qui s'est illustré auparavant par ses travaux pour le château de Fontainebleau. L'artiste crée pour le cardinal un palais de fantaisie agrémenté d'une grotte, très vite appelé par extension La Grotte. L'orangerie de quarante-huit mètres de long, ainsi que la loggia à trois arches qui la surmonte semblent quant à elles dater du siècle suivant.

ORANGERIE ET LOGGIA
*XVII^e siècle*
*Domaine national de Meudon*
Lorsque le cardinal de Lorraine meurt en 1574, son domaine devient la propriété d'Henri de Guise, surnommé Le Balafré, qui périt assassiné en 1588. Durant les guerres de Religion, Henri de Navarre, futur Henri IV, séjourne quelque temps à Meudon où il apprend qu'Henri III vient d'être assassiné, avant de partir à la conquête de Paris et du royaume. Après le court passage dévastateur des troupes du Grand Condé, la famille de Guise vend le domaine de Meudon à Abel Servien en 1654. Marquis de Sablé, garde des Sceaux et surintendant des finances, Servien transforme le château à partir de plans établis par l'architecte Louis Le Vau (1612-1670). Ce dernier redessine l'avant-corps du château et aménage une grande terrasse dont la masse imposante nécessite des murs de soutènements décorés d'un motif de gaines monumentales. Abel Servien a pour projet l'aménagement d'un vaste parc. L'orangerie et la loggia sont vraisemblablement construites pour Abel Servien. Il fait creuser les étangs de Trivaux et de Chalais, ainsi que plusieurs bassins. Pourtant, le domaine n'est pas complètement structuré lorsqu'il meurt en 1659.

PERSPECTIVE LOUVOIS
*Fin XVII^e siècle. André Le Nôtre*
*Domaine national de Meudon*
François-Michel Le Tellier, marquis de Louvois, achète en 1679 le domaine de Meudon au fils d'Abel Servien. Ministre de la Guerre de Louis XIV, Louvois aménage sans trop de fastes sa nouvelle demeure, en évitant de s'attirer les foudres du roi, comme ce fut le cas pour Fouquet avec son château de Vaux-le-Vicomte. Il fait construire une cour des offices pour les serviteurs entourée de cuisines, celliers, écuries et autres dépendances, ainsi qu'un vaste chenil agrémenté d'une porte monumentale. C'est à cette même époque que l'ac-

tuelle route des Gardes et l'avenue du Château sont aménagées, offrant ainsi un accès prestigieux au domaine. Louvois entreprend également l'achèvement des jardins. Il crée un véritable réseau hydraulique capable de relier tous les points d'eau et de capter les sources, en vue d'alimenter bassins et fontaines des différents jardins. Vers 1680, le ministre fait appel à André Le Nôtre (1613-1700) qui s'est auparavant illustré dans la conception des jardins de Versailles. Ce dernier achève le projet d'Abel Servien. Il joue avec les irrégularités du terrain et aménage la Grande Perspective,

immense pelouse bordée d'épicéas qui prend naissance au parterre du château pour atteindre Trivaux. Cette grande trouée verdoyante est ponctuée de points d'eau, jardins et bosquets. À côté de l'ancienne Grotte, un parterre est dessiné. Il est décoré d'un globe en marqueterie de marbre, avec ses mers et ses continents. En 1691, Louvois meurt et le domaine de Meudon revient à sa veuve, Anne de Souvre. Celle-ci l'échange quatre ans plus tard avec le Grand Dauphin contre une rente et le domaine de Choisy.

CORPS DE GARDE
*Début XVIII^e^ siècle*
*Jules Hardouin-Mansart*
*Domaine national de Meudon*

Louis XIV, qui apprécie le château de Meudon, veut en fait y loger son fils le Grand Dauphin, jusqu'alors installé à Choisy, afin qu'il se rapproche ainsi de Versailles. Désormais, le château de Meudon doit s'adapter à son prestigieux propriétaire et être à même de recevoir la famille royale et la cour. Des aménagements s'imposent donc rapidement et les travaux sont confiés à Jules Hardouin-Mansart (1646-1708), le surintendant des bâtiments du roi.

PORTE DITE « PORTE VERTE »
*Fin XVII^e^ siècle*
*Domaine national de Meudon*

L'ancienne cour des offices est réorganisée autrement pour recevoir les invités tandis que les domestiques sont relégués dans de nouveaux communs, situés dans le prolongement du

chenil de Louvois et devant lesquels on construit un corps de garde. Jules Hardouin-Mansart édifie également une chapelle, calquée sur les plans de celle de Versailles. La Porte verte ou porte Dauphine est l'une des entrées menant au domaine, reliant la forêt de Versailles à Meudon.

SALLE DU CHÂTEAU NEUF
*1706-1709. Jules Hardouin-Mansart*
*Domaine national de Meudon*

Le vieux château ne répond cependant plus aux besoins de son nouveau propriétaire. En 1706, la construction d'un nouvel édifice, appelé le Château Neuf, est décidée à l'emplacement de La Grotte, jugée vétuste. Élevé sur un soubassement qui sert d'orangerie, le château comprenant deux étages et un rez-de-chaussée est achevé en 1709. C'est la dernière œuvre de Jules Hardouin-Mansart. La famille royale apprécie le domaine de Meudon. En 1702, Louis XIV dicte une *Manière de montrer Meudon*, sorte de guide-itinéraire de promenade. Mais en 1711, le Grand Dauphin meurt de la petite vérole. D'autres membres de la famille royale – Philippe d'Orléans, la duchesse du Berry, le jeune Louis XV – s'y succèdent de manière plus ou moins régulière. En 1726, le domaine est rattaché à la couronne de France. Meudon sert essentiellement, sous Louis XV et Louis XVI, de terrain de chasse et son paysage est modifié en conséquence.

OBSERVATOIRE
*1877. Architecte : C. Moyaux*
*Château Neuf*
*Observatoire de Paris-Meudon*

En 1793, le domaine de Meudon est décrété bien de la Nation. Le Château Vieux est transformé en Établissement national pour les épreuves d'artillerie et sert de champs de tir et d'atelier de fabrication de boulets. L'établissement

est dirigé par Choderlos de Laclos (1741-1803) – l'auteur des *Liaisons dangereuses* –, alors commissaire en chef des expériences à Meudon. Des savants s'installent dans le Château Neuf et travaillent à la réalisation d'un aérostat militaire qui voit le jour en 1794. L'École nationale d'aérostation est fondée à Meudon. Un an plus tard, le feu détruit le Château Vieux. L'école d'aérostation demeure dans le Château Neuf jusqu'en 1802, date à laquelle l'édifice est attribué aux vétérans de la garde consulaire. Les restes du Château Vieux sont démolis en 1803. Napoléon Ier envisage, à partir de 1806, de faire de Meudon l'une de ses résidences. Il fait restaurer le Château Neuf et l'offre à son fils l'Aiglon, en 1812. Lorsqu'en 1815, l'Empereur est défait par les alliés, ces derniers occupent Meudon. Sous les rois Louis XVIII, Charles X et Louis-Philippe, le domaine est une fois de plus délaissé. Le duc d'Orléans le remet quelque temps au goût du jour et le parc de Meudon devient un lieu de promenade prisé.

STATUE DE JANSSEN
*XXe siècle*
*Grande Terrasse*
*Domaine national de Meudon*
Durant la guerre de 1870, les Prussiens s'installent dans le Château Neuf. Toute une année d'occupation se passe sans le moindre dégât mais trois jours après la fin des hostilités, le château brûle de manière inexplicable. Il n'en reste qu'une carcasse calcinée, affectée en octobre 1871 au Génie militaire. L'astronome Jules Janssen (1824-1907) l'occupe en 1877. Le Château Neuf devient une annexe de l'observatoire de Paris. Seule la partie centrale de la façade de l'édifice est préservée. Les étages supérieurs sont démolis et une vaste coupole vient surplomber le bâtiment.

LUNETTE ASTRONOMIQUE
*1894*
*Château Neuf*
*Observatoire de Paris-Meudon*
L'observatoire d'astrophysique est créé en 1877 par Janssen, avec l'aide de l'architecte Constant Moyaux. Le site est constitué d'une enceinte comprenant les jardins supérieurs, le début de la perspective Louvois, l'orangerie et les ruines du Château Neuf. Bien que certains déplorent encore la coupole qui surplombe l'édifice, on peut supposer que, sans l'intervention de Janssen, rien ne serait resté de l'ancienne demeure royale. En 1893, une immense lunette astronomique est installée sous la coupole tournante, de vingt-cinq mètres de diamètre et d'un poids de deux cent cinquante tonnes. Cette lunette, avec ses dix-sept mètres de focale et son objectif de soixante-deux centimètres, est la troisième au monde par sa taille.

CŒLOSTAT DE LA TOUR SOLAIRE
*1965-1970. Architecte : A. Remondet*
*Observatoire de Paris-Meudon*
Le site de Meudon accueille la section d'astrophysique de l'observatoire de Paris dont les deux administrations sont réunies en 1926. En raison de son implantation à proximité de Paris qui génère une source permanente de lumière, l'observatoire de Meudon axe ses recherches sur les astres très brillants, en particulier le soleil. Une tour solaire d'une hauteur de 31 mètres est construite en 1965 à cet effet. Elle abrite un télescope et un spectrographe qui permettent l'étude des vitesses de la matière dans l'atmosphère solaire. D'autres sites d'observations comme le Pic du Midi, l'observatoire européen austral du Chili et le télescope Canada-France-Hawaï de l'île d'Hawaï constituent des lieux privilégiés pour les astronomes français.

HANGAR Y
*Fin XIXᵉ siècle*
*Bois de Meudon*
Dès 1870, on constate que le domaine de Meudon souffre de plus en plus de l'état d'abandon dans lequel il est laissé depuis plusieurs années. Pour y pallier, la partie constituée des abords du bassin de Chalais est confiée, en 1877, au capitaine Charles Renard (1845-1905). L'ingénieur y fonde l'Établissement central de l'aérostation militaire dont la mission est de créer des prototypes de matériels destinés aux aérostiers. En 1880, débute la construction d'un dirigeable de cinquante mètres de long appelé *La France*. Il prend son envol le 9 août 1884 et réalise le premier vol en circuit fermé au monde. Le dirigeable est conçu dans un hangar ayant servi d'annexe à la Galerie des machines, lors de l'Exposition universelle de 1878 et reconstruit à l'emplacement du canal des Truites du domaine royal. Ce hangar a pour concepteur l'ingénieur Henri de Dion et c'est le colonel Renard qui prend l'initiative de le remonter à Meudon. Le hangar Y est le seul abri à dirigeables encore existant au monde. Il est actuellement en restauration.

SOUFFLERIE DE L'ONERA
*1929-1934. Ingénieur : Lapresle*
*8, rue des Vertugadins*
À la mort de Charles Renard en 1905, le centre Chalais-Meudon, dont il était le créateur, voit son champ d'investigation se transformer. Les aérostats sont peu à peu délaissés au bénéfice des premiers avions. Abrité dans un pavillon construit pour le duc de Nemours en 1844, le centre Meudon-Chalais travaille durant la Première Guerre mondiale à la mise au point de matériels d'aérostation et d'aéronautique pour l'armée française. De 1929 à 1934, une grande soufflerie est construite dans laquelle on teste la résistance des avions. Sur cette photographie, la maquette d'un avion Bréguet 941 subit des essais de caractérisation aérodynamique. Depuis 1946, le site Chalais-Meudon est occupé par l'Office national d'études et de recherches aérospatiales (ONERA) qui perpétue la destinée scientifique du site.

MAISON DE WAGNER
*XIXᵉ siècle*
*27, avenue du Château*
Cette maison, récemment restaurée par l'architecte meudonnais Lecaron, abrita pendant quelques mois, durant l'hiver 1841-1842, le couple Richard et Minna Wagner. Le compositeur (1813-1883) achève en ces lieux *Le Vaisseau fantôme*, tiré des mémoires de Herr von Schnabelewopski de Heine, et qui s'inspire du thème folklorique du navire fantôme *Le Hollandais volant*.

Cet opéra consacre le début de la période dite romantique de Wagner.

TERRASSE
DU CHÂTEAU DE BELLEVUE
*XVIIIᵉ siècle*
*Place du Président-Wilson*
En 1748, la marquise de Pompadour se fait offrir par Louis XV un terrain en bordure de Seine, face à l'île de Sèvres. Situées entre les châteaux de Saint-Cloud et de Meudon, ces terres offrent un agréable panorama qui est à l'origine du nom de Bellevue. En 1749, Mᵐᵉ de Pompadour fait édifier une vaste demeure, achevée un an plus tard. Puis, la marquise de Pompadour achète en 1750 une petite propriété, nommée Brimborion qu'elle intègre à son vaste domaine. Les propriétés royales de Meudon et de Bellevue sont reliées par l'avenue du Château, prolongée à cet effet. La marquise de Pompadour s'adjoint les services des plus grands artistes de l'époque pour aménager sa demeure. Les peintures de Carle Van Loo (1705-1765), Jean-Baptiste Oudry (1686-1755), ou encore François Boucher (1703-1770) viennent orner les différentes salles de l'édifice. Une chapelle est construite au centre du bâtiment,

tandis que l'aile gauche est réservée aux appartements des bains et que l'aile droite abrite un théâtre à la chinoise.

GLACIÈRE
*XVIIIe siècle*
*Ancien domaine de Bellevue*
*Mur d'entrée*
*Avenue de la Glacière*
En 1754, la marquise de Pompadour fait construire deux glacières. Ce sont les derniers aménagements de la propriétaire qui semble se lasser de sa nouvelle demeure. Louis XV reprend le domaine en 1757 et le fait remanier par Jacques-Ange Gabriel (1698-1782). Le roi y séjourne de temps à autre durant ses derniers jours, en compagnie de Mme du Barry. Lorsque Louis XV meurt en 1774, le domaine de Bellevue revient à ses filles Adélaïde, Victoire et Sophie. Quelques aménagements nouveaux voient le jour durant cette période, dont un jardin anglais. Durant la Révolution, on assiste au pillage et à la détérioration du château. Ce dernier n'est cependant pas détruit car on le destine à accueillir un établissement consacré à l'agriculture et aux arts. Les œuvres d'art sont vendues et dispersées et, en 1797, le domaine est vendu en adjudication. Nicolas Testu s'en rend acquéreur, édifie un belvédère et entame la destruction du château. L'homme d'affaires Achille Guillaume rachète le domaine en 1819. Il en entreprend le lotissement, en 1823, avec pour conséquence directe la disparition totale du château.

GRAND HÔTEL DE BELLEVUE
*1881*
*Actuellement CNRS*
*1, place Aristide-Briand*
En 1846, le docteur Louis Fleury fonde à Bellevue un établissement d'hydrothérapie et fait construire un hôtel pour les pensionnaires en convalescence. Il lègue son établissement en 1872 à son élève Louis Leroy-Dupré, lequel le cède à son tour à la Société anonyme du Grand Hôtel de Bellevue, en 1881. Le Grand Hôtel de Bellevue devient rapidement un endroit à la mode, où les Parisiens se rendent par la Seine, en empruntant les bateaux-mouches qui relient les rives du fleuve à Meudon. L'hôtel est un endroit luxueux qui abrite un restaurant, un orchestre et un casino. En 1913, l'Américain Eugène Singer le rachète pour Isadora Duncan (1878-1927), qui y fonde son école de danse. La Première Guerre mondiale met fin à cette activité et l'hôtel est temporairement transformé en hôpital militaire.

ÉLECTRO-AIMANT
*1927*
*Constructeur : Thomson-Houston*
*CNRS*
*1, place Aristide-Briand*
Jules-Louis Breton, directeur des Recherches scientifiques et industrielles et des inventions, achète le Grand Hôtel de Bellevue en 1919, au nom du ministère de l'Instruction publique et des Beaux-Arts. Ateliers et laboratoires de recherches y voient peu à peu le jour. 1927 est une date importante pour l'histoire du site, puisque c'est cette même année que le grand électro-aimant est installé à Bellevue. Fruit du travail du savant Aimé Cotton entrepris en 1914, l'électro-aimant est un appareil capable de donner naissance à des champs magnétiques. Financé par des fonds réunis lors de la journée Pasteur de 1923, le grand électro-aimant de l'Académie des sciences est inauguré en 1927. En raison de sa taille et de son poids imposant – 120 tonnes –, le laboratoire de recherche fondamentale se construit autour de celui-ci. 1973 marque la fin de son utilisation. L'office de recherches scientifiques est quant à lui remanié en 1938, puis en 1939 date à laquelle il devient le Centre national de recherche scientifique.

ÉGLISE NOTRE-DAME
DE L'ASSOMPTION
*XIXe siècle*
*36 bis, avenue du Général-Gallieni*
Lorsque le domaine de Bellevue disparaît au profit des lotissements, on constate l'absence d'un lieu de culte adapté à la nouvelle population. La paroisse de Meudon étant trop éloignée, les habitants de Bellevue sollicitent donc l'édification d'une église plus proche. Celle-ci est construite en 1846 et érigée en chapelle de secours par Napoléon III en 1857. L'année suivante l'empereur l'élève en paroisse distincte, fait sans précédent dans le département pour l'époque, et ce malgré l'avis contraire du curé de Meudon, du maire et du conseil municipal. Napoléon III intervient une nouvelle fois pour soutenir les paroissiens de l'église de l'Assomption lors de son agrandissement, ce qui laissa supposer qu'un personnage influent de l'Empire résidait à Bellevue. L'intérieur de l'église renferme, notamment, un orgue signé Cavaillé-Coll et une peinture sur bois, *Le Christ aux outrages*, attribué au peintre flamand Jan Sanders Van Hemessen (vers 1500-1565).

VILLA DU VERT LOGIS
*XIXe siècle*
*28, chemin des Lacets*
Mme Steinheil (1869-1954), née Marguerite Japy, fut la propriétaire de cette demeure meudonnaise. Surnommée la « belle Mag », Marguerite Steinheil fut l'égérie du président de la République Félix Faure (1841-1899), et c'est en sa galante compagnie que celui-ci décède au palais de l'Élysée. Elle refait parler d'elle en 1908, lors du drame de l'impasse Roncin où elle est accusée d'avoir assassiné sa mère et son mari. Elle sera néanmoins acquittée l'année suivante.

MAISON DES COLONNES
*1845*
*62, route des Gardes*
Située sur l'ancien domaine royal de Bellevue, la demeure garde quelques vestiges – notamment le jardin anglais – du domaine au temps où il est habité par Mesdames, filles du Roi.

MAISON DES MONTALAIS
*XVIIIe siècle*
*23, route des Gardes*
Demeure de style Louis XVI constituée de deux étages sur rez-de-chaussée, la propriété des Montalais, dont le nom évoque un lieu-dit, héberge, tout au long du XIXe siècle, un grand nombre de personnalités. Construite dans les années 1780, elle est acquise par les époux Simons en 1796. Mlle Lange, actrice, fait aménager cette demeure par l'architecte Bellanger. Lui succède le duc de Bassano qui reçoit aux Montalais Napoléon Ier. La demeure passe ensuite entre les mains du banquier Laffitte, puis c'est l'écrivain Eugène Scribe qui la rachète en 1829. Enfin, le général Le Roy de Saint-Arnaud, futur instigateur du coup d'État de Louis Napoléon, le 2 décembre 1851, en prend possession en 1853.

FOLIE HUVÉ

*1788. Architecte : Jean-Jacques Huvé*

*13, route de Vaugirard*

D'allure assez étrange avec sa rotonde en façade, cette demeure est construite en 1788 par l'architecte Jean-Jacques Huvé. Ancien Grand Prix de Rome et inspecteur du château de Versailles, Huvé dessine les plans de la maison qu'il destine à son propre usage. Élu maire de Versailles, il demeure dans sa maison meudonnaise de 1788 à 1793. C'est Barthélemy Scherer (1747-1804), général de l'armée napoléonienne d'Italie, qui se rend ensuite acquéreur de la propriété. Il y reçoit à l'occasion l'Empereur. L'originalité de cette demeure lui vaut d'être reproduite dans le *Recueil d'architecture civile* de Jean-Charles Krafft, en 1812. (Cl. M. H., 1945)

VILLA DES BRILLANTS

*XIXe siècle*

*Musée Rodin*

*7, avenue Auguste-Rodin*

Achetée en 1895 par le sculpteur Auguste Rodin (1840-1917), la villa des Brillants n'est au départ qu'une modeste maison faite de briques et de pierres. L'artiste est alors au sommet de sa gloire et il partage son temps entre son hôtel Biron de Paris, le dépôt des marbres et cette villa. Il aménage sa demeure, l'agrandit d'une pièce avec véranda et d'un atelier où travaillent ses élèves. Le pavillon de l'Alma, utilisé par l'artiste pour présenter ses œuvres lors de l'Exposition universelle de 1900, est récupéré par le sculpteur pour entreposer ses œuvres. Enfin, en 1903, Rodin fait remonter dans la propriété des Brillants des éléments de la façade du château d'Issy-les-Moulineaux, incendié en 1871, et qui était voué à une inexorable démolition. En 1909, Auguste Rodin fait les premières démarches nécessaires à la création d'un musée lui étant consacré dans son hôtel particulier de Paris. Sept années de tractations sont nécessaires pour que le musée Rodin soit institué par décret, le 15 décembre 1916. À la mort de Rodin l'année suivante, l'État, qui possède l'intégralité des œuvres de l'artiste, décide de transformer la villa des Brillants en un second musée, uniquement consacré aux ébauches et esquisses. Rodin est enterré dans le parc de sa propriété meudonnaise, sous la statue du Penseur. (Cl. M. H.)

FOLIE BIANCOURT

*XVIIIe siècle*

*19, rue du Val*

Cette ancienne demeure de style Louis XVI est située dans le quartier du Val. C'est Charles Biancourt qui la fait édifier en 1780 ainsi que ses dépendances. En 1836, la compagnie des chemins de fer de l'ouest rachète une partie du domaine en vue de l'édification de la ligne de chemin de fer et du viaduc. Du domaine ainsi démantelé, subsiste de nos jours le bâtiment défiguré qui abrite actuellement le Centre médico-pédagogique Alfred-Binet.

RUELLE AUX BŒUFS

*XVIIIe-XIXe siècle*

Cette vieille rue qui mène de la route des Gardes à la route de Vaugirard, en passant sur un pont qui surplombe la voie ferrée, est un vestige ancien de la commune. Son nom laisse supposer qu'elle était jadis empruntée par le bétail.

ANCIENNE CHAPELLE
DU CHÂTEAU DU VAL
*XVIII^e siècle*
*36, avenue du Maréchal-Joffre*

Sous le règne de Louis XV, l'orfèvre Robert-Joseph Auguste se fait construire, à partir de 1776, une vaste demeure appelée château du Val. Le domaine est ensuite racheté par la princesse de Rohan-Rochefort, veuve du duc d'Enghien. La princesse de Rohan-Rochefort habite le château du Val de 1816 à 1841. Avec l'arrivée du chemin de fer à la fin du XIX^e siècle, le domaine est démantelé, puis loti en 1911. Les seuls vestiges du château du Val sont un portail monumental aujourd'hui en ruine et une cha-

pelle où était conservé le cœur de la princesse de Rohan. L'architecture de cette chapelle, transformée en habitation, se devine plus ou moins sur l'une des façades de la maison actuelle.

ÉGLISE SAINTE-JEANNE-D'ARC
*1927-1928. Architecte : Droz*
*Béton*
*45, rue de Belgique*

L'église Sainte-Jeanne-d'Arc, de forme et de conception modernes, est construite à la fin des années vingt par l'architecte Droz. Celui-ci prend pour modèle l'église du village français de

l'Exposition des arts décoratifs de 1925. La façade de l'édifice qui n'a jamais été terminée laisse apparaître l'aspect brut du matériau de construction.

VIADUC DU VAL-DE-FLEURY
*1838-1840*
*L : 145 m. H : 31,55 m*

Le plus bel ouvrage d'art de la ligne de chemin de fer Paris-Montparnasse-Versailles est sans conteste le viaduc du Val-de-Fleury à Meudon. Sa conception s'est imposée d'elle-même, étant donné la configuration du terrain mais sa réalisation demanda plus de temps. Les projets de tracé de la ligne de chemin de fer, qui s'accumulent durant les années 1836-1837, essayent tous de pallier la difficulté de passer du niveau de la Seine à celui du plateau de Bellevue. Le tracé définitif est adopté à la fin de l'année 1837. La première pierre du viaduc du Val-de-Fleury – également nommé Pont Hélène en l'honneur de la duchesse Hélène d'Orléans – est posée en 1838. L'ouvrage d'art et la ligne de chemin de fer ne sont cependant pas inaugurés avant 1840 car les problèmes financiers ajoutés aux diverses contestations de la population ont contrarié le bon déroulement des travaux. Le viaduc est élargi en 1935.

GARE DE BELLEVUE
*1935. Architecte : Ventre*
*Avenue du Général-Gallieni*
Deuxième gare de la ligne Paris-Montparnasse-Versailles, cette nouvelle gare desservant le quartier de Bellevue est inaugurée en 1935. Elle succède à la gare initiale datant de 1840 qui s'avère rapidement trop petite. Son architecture est marquée de l'influence des formes modernes et dépouillées des années trente.

GARE DE MEUDON
*1935. Architecte : Philippot*
*Place du 8-mai-1945*
La ligne de chemin de fer Paris-Montparnasse-Versailles traverse Meudon dans sa longueur sur 2,5 km. Les gares de Meudon et de Bellevue sont à l'origine de petits bâtiments situés au niveau du quai. Les travaux entrepris pour le doublement des voies entre 1932 et 1935 ont obligé la construction de nouvelles gares. Celles-ci, reconstruites, sont placées au-dessus des voies et forment un pont.

ÉGLISE SAINT-MARTIN
*XVI^e^-XVII^e^-XVIII^e^ siècle*
*45, rue de la République*
Le premier édifice religieux de la paroisse de Meudon est mentionné au XIII^e^ siècle. De cette première église, on sait peu de choses, jusqu'à ce jour de janvier 1550 où le cardinal Jean du

Bellay, évêque de Paris, la donne en collation à son protégé, François Rabelais (1494-1553). Écrivain génial, inventeur d'une langue truculante et riche, il est aussi docteur en médecine et prêtre à l'occasion, même s'il semble à peu près certain qu'il n'ait jamais officié dans la paroisse. Mais l'auteur de *Pantagruel* reste néanmoins à jamais le Curé de Meudon. Il résigne sa charge le 9 janvier 1552. Le chœur de l'église est une première fois restauré entre 1540 et 1574. Sa façade originale défigurée au XIX^e^ siècle lui est rendue en 1983. (Ins. M. H., 1969)

BOISERIES
*XVII^e^ siècle*
*Nef*
*Église Saint-Martin*
En 1682, la nef vétuste menace ruine. Les paroissiens s'adressent alors à leur seigneur, le ministre Louvois, pour que ce dernier participe au financement des travaux de restauration. Il accepte en échange des droits communaux des terres incluses dans son domaine et que la population lui abandonne. Les travaux, terminés en 1683, laissent place à une façade neuve, une nef restaurée et un nouveau clocher. La réfection du chœur est interrompue à la mort de Louvois. Le Grand Dauphin, nouveau seigneur de Meudon, fait restaurer le clocher, puis abattre sa flèche, en 1709, selon le vœu de son père qui ne tolère pas d'édifices religieux de haute taille à proximité d'une demeure royale. Durant la guerre de 1870, l'église est pillée. Enfin, elle est dépouillée d'une partie de son décor vers 1955.

MUSÉE D'ART ET D'HISTOIRE
DE MEUDON
*XVIIe siècle*
*Façade intérieure*
*11, rue des Pierres*
Implanté dans une demeure datant du XVIIe siècle, le musée de Meudon existe, grâce à la société des Amis de Meudon, depuis 1943. Auparavant, le bâtiment, constitué d'un corps central et de deux ailes terminées par des pavillons carrés, fut habité par le chirurgien Ambroise Paré (1509-1590), puis, un siècle plus tard, par Armande Béjart. Veuve de Molière, Armande Béjart (1642-1700) occupe les lieux de 1676 à sa mort et son nom reste irrémédiablement lié au musée de Meudon. Les collections de ce dernier, devenu musée municipal en 1973, présentent les grandes étapes de l'histoire de la ville et les nombreux personnages qui l'ont illustrée. En 1979, l'établissement prend le nom de musée d'Art et d'Histoire. Les salles du musée sont consacrées notamment aux activités industrielles et artisanales de la ville, aux châteaux de Bellevue et Meudon, et offrent également une collection de sculptures contemporaines. (Cl. M. H., 1891)

SALLE PEINTE
*Milieu du XVIIe siècle*
*Premier étage*
*Musée d'Art et d'Histoire*
Cette vaste salle est l'un des rares témoignages de décor peint conservé dans une maison bourgeoise de la région parisienne. Elle regroupe des peintures anciennes provenant de l'église Saint-Martin, déposées au musée en 1957, puis en 1979. Ces toiles ont toutes été restaurées ces dernières années. En 1993 elle est dotée d'un lustre en bois doré et perles de cristal datant du XVIIe siècle.

ESCALIER
*XVIIe siècle*
*Bois*
*Musée d'Art et d'Histoire*
Constitué de balustres de bois et de tomettes rouges, cet escalier a été restauré dans le goût de l'époque et garde une coloration, tel que le voulait l'usage au XVIIe siècle.

DALLE FUNÉRAIRE
*XIVe siècle*
*Pierre*
*Musée d'Art et d'Histoire*
Le défunt représenté sur cette pierre tombale n'est autre que le chevalier

Henri de Meudon, gouverneur du château de Saint-Germain-en-Laye et seigneur de Meudon, mort en 1344. Il est enterré au prieuré d'Hennemont, situé à la lisière de la forêt de Saint-Germain, tout comme les premiers seigneurs de Meudon. Ses armoiries, gravées sur la partie manquante de cette dalle mais connues par un dessin, sont celles que la ville de Meudon adopte comme blason en 1943.

PRESSOIR
*Bois*
*Musée d'Art et d'Histoire*
Parmi les ressources économiques de Meudon aux siècles passés, la vigne tient une place importante, et ce jusqu'au début du XIXe siècle. Ce pressoir en bois s'en fait l'écho et se distingue par son excellent état de conservation. Dernier de Meudon, il est donné au musée par la famille Langlois qui l'utilise pour la dernière vendange de 1939. Son ancienneté est attestée par l'une de ses poutres qui porte la date de 1557.

BORNE ROYALE
*XVIIe siècle*
*Pierre*
*Musée d'Art et d'Histoire*
Gravée aux armes de la couronne de France, cette borne bordait la voie royale de la route de Verrières, aujourd'hui recouverte par une voie rapide. D'autres, plus ou moins identiques, sont également conservées dans le jardin du musée, non loin des sculptures contemporaines de l'artiste François Stahly (né en 1911), installé à Meudon depuis 1949.

TAQUE FOYÈRE
*XVIIIe siècle*
*Fonte*
*Musée d'Art et d'Histoire*
Provenant du château de Bellevue, cette plaque de cheminée est gravée aux armes de sa première propriétaire, la marquise de Pompadour. On reconnaît, au centre, les trois tours qui constituent ses armoiries. Le musée de Meudon conserve une autre taque foyère, celle-ci aux armes du Grand Dauphin, et qui provient du château de Meudon.

CIBOIRE
*XIXe siècle*
*Métal doré*
*Musée d'Art et d'Histoire*
Ce ciboire de style Troubadour a été offert à la paroisse de Bellevue par la maréchale de Saint-Arnaud qui demeure, à partir de 1853, dans la maison des Montalais à Meudon. Il est orné de motifs émaillés représentant des pièces d'armure et des chevaliers.

HELVÉTIA
*1875*
*Bronze. Gustave Courbet*
*Musée d'Art et d'Histoire*
Peintre de talent, auteur de nombreuses toiles au succès parfois scandaleux — *Les Casseurs de pierres* (1849), *Les Baigneuses* (1853), *L'Atelier* (1855) —, Gustave Courbet (1819-1877) a signé également quelques sculptures dont celle-ci qui possède une histoire bien particulière. Lorsque surviennent les événements sanglants de la Commune en 1871, le peintre, maître du mouvement réaliste, est au sommet de sa gloire. La III$^{e}$ République instaurée, Courbet est faussement accusé d'avoir fomenté la destruction de la colonne Vendôme érigée par Napoléon I$^{er}$ « à la gloire de la Grande Armée ». La jalousie de certains ou bien certaines de ses idées « socialistes » le conduisent en prison, puis en exil en Suisse en 1873. C'est en reconnaissance de l'accueil qu'il reçoit des autorités helvétiques que Courbet sculpte ce buste féminin, appelé Helvétia. Curieusement, on retrouve la sculpture en 1889 exposée à l'entrée du domaine de Meudon et érigée en symbole de la République française, alors que c'est cette même République qui avait condamné le peintre. Le buste, renversé en 1942, intègre le musée en 1943.

ABREUVOIR
*XVIII$^{e}$ siècle*
*Pierre*
*Rue de la République*
Vestige de la vieille ville, cet abreuvoir de grande dimension a conservé presque intact son appareillage en pierre, ainsi que ses murs de soutènement. On y accède par deux rampes latérales. Avant que Meudon soit alimenté en eau potable, il était destiné au bétail, puis sert aux blanchisseuses au XIX$^{e}$ siècle. Il fut restauré en 1729, en partie grâce au financement de la comtesse de Verrue.

HÔTEL DE TOURMONT
*Fin XVII$^{e}$ siècle*
*Portail*
Rue Rushmoor et ruelle Hérault, M. de Tourmont, secrétaire de Louvois, se fait construire cet hôtel particulier pour se rapprocher du domaine du ministre. Par la suite, les lieux sont occupés par le marquis de Mirabeau (1715-1789) — non pas l'élu du tiers état, mais son père — qui héberge quelques jours le philosophe Jean-Jacques Rousseau (1712-1778), alors en fuite à cause de la teneur ses écrits. La comtesse de Montesquiou fait aménager ultérieurement un vaste parc à la française. Ce dernier est morcelé en 1910.

PORCHE
*1877-1888*
*Fondation Brignole-Galliera*
*1, rue du*
*Père-Brottier*

VERRIÈRE
*1871-1881. Architecte : Conchon*
*Fondation Brignole-Galliera*
*1, rue du Père-Brottier*
Outre l'orphelinat, l'établissement accueille également une maison de retraite réservée aux frères de la doctrine chrétienne qui ont en charge l'enseignement et l'encadrement des jeunes orphelins. Après un cycle d'enseignement primaire, les enfants apprennent l'horticulture à l'école que la duchesse a fait édifier à l'entrée de l'orphelinat. Cette école reçoit d'ailleurs l'agrément du ministère de l'Agriculture en 1926 et devient le Centre d'apprentissage horticole.

ORPHELINAT SAINT-PHILIPPE
*1877-1888. Architecte : Conchon*
*Fondation Brignole-Galliera*
*1, rue du Père-Brottier*
La générosité de Marie de Brignole-Sale, marquise de Ferrari et duchesse de Galliera (1811-1888) est à l'origine de l'orphelinat Saint-Philippe. Riche veuve d'un industriel italien, la duchesse Galliera consacre une partie de sa fortune à la construction de l'hospice Ferrari de Clamart. Elle s'attache également à créer un refuge et une école pour recueillir trois cents orphelins. Construit de 1877 à 1888 sur les hauteurs de Fleury, l'édifice, luxueux et de taille imposante, domine sur une dizaine d'hectares toute la commune et offre une vue imprenable sur le bassin parisien.

CHAPELLE
*1877-1888. Architecte : Conchon*
*Fondation Brignole-Galliera*
*1, rue du Père-Brottier*
Cette chapelle néo-gothique, composée d'une nef flanquée de deux croisillons, est très nettement inspirée des élévations de Notre-Dame de Paris « restaurée » par Viollet-le-Duc. Elle est conçue pour recevoir les cent religieux de la maison de retraite et les trois cents élèves de l'orphelinat. Après la loi de séparation de l'Église et de l'État, l'établissement est tenu par des enseignants laïcs, mais des difficultés financières entraînent sa fermeture. De 1938 à 1952, les locaux sont occupés par des Bénédictines. Enfin, en 1946, l'orphelinat confie sa gestion à l'Œuvre des orphelins-apprentis d'Auteuil.

CHAPELLE MARBEAU
*XIXe siècle*
*16, rue du Père-Brottier*
Le hameau de Fleury, qui dépend en partie, jusqu'en 1791, de la commune de Clamart, possède sa propre chapelle depuis le XIIe siècle. Celle-ci, dédiée à saint Claude, fait l'objet d'une importante restauration au milieu du XVIIe siècle. Elle disparait au début du XIXe siècle. En 1857, M. Marbeau, trésorier général de la Marine, fait élever à cet emplacement une nouvelle chapelle en mémoire de ses enfants très tôt disparus. Actuellement la chapelle Marbeau dépend de la paroisse Sainte-Jeanne-D'Arc. Elle contient les tombeaux de la famille Marbeau.

ÉCOLE MATERNELLE MARBEAU
*XVIIe-XXe siècle*
*12, rue du Père-Brottier*
Incluse dans la propriété Marbeau, l'école maternelle possède encore une partie de la maison construite au XVIIe siècle. Celle-ci appartient aux Le Maistre à la fin du XVIIe, puis à la famille de l'éditeur Barbou qui s'en rend acquéreur en 1736. Elle revient ensuite en héritage à la famille Marbeau, avant d'être rachetée par la ville de Meudon en 1946.

MAIRIE
*1888. Architecte : Eugène Dupuis*
*Brique et meulière*
*Avenue Le Corbeiller*
Maison d'été de la famille Le Corbeiller, le bâtiment ancien de la mairie est acheté par la ville en 1926 aux héritiers de Louis Le Corbeiller, ancien maire de Meudon mort en 1921. La

demeure en brique et meulière possède un perron en pierre de Comblanchien ; une autre maison, de plus petite taille, est destinée à l'origine au jardinier. La propriété possédait également une serre, un tennis et un potager. À l'emplacement de ces deux derniers s'élèvent maintenant les locaux de la Sécurité sociale. Le bâtiment moderne accolé à la maison Le Corbeiller comprend, sur deux étages, les services de la mairie et date de 1966.

ÉCOLE JULES-FERRY
*1914*
*Rue Servien*
À l'origine réservée aux filles, l'école Jules-Ferry a subi des transformations depuis sa création. Elle demeure cependant un excellent exemple d'architecture civile du début du siècle avec sa façade faite d'un appareillage de pierres et de briques.

PORTAIL
*XIXe siècle*
*Maison de retraite du Châtelet*
*Rue du Bel-Air*
Ce portail est un vestige de la propriété du Châtelet qui appartient à la fin du XIXe siècle à M. Berthelot. Il existe alors une riche demeure qui rappelle par son architecture certains châteaux des bords de Loire. Un vaste parc ceint cette habitation. C'est à cet

emplacement qu'aujourd'hui s'élèvent les bâtiments de la maison de retraite du Châtelet.

GARE DE VAL-FLEURY
*1901*
*Détail*
*Place Henri-Brousse*
La gare de Val-Fleury est une station de la ligne de chemin de fer qui relie Paris-Invalides à Versailles-Chantiers. Cette ligne traverse la ville sur près d'un kilomètre et demi, perpendiculairement à la ligne Paris-Montparnasse-Versailles.

ÉCOLE NATIONALE DE MUSIQUE DE MEUDON
*1894*
*7, boulevard des États-Unis*
Le conservatoire est implanté dans l'ancienne école de garçons, construite en 1894, qui vient de faire l'objet d'une importante rénovation. Le bâtiment a été reconçu pour recevoir, entre autres, un hall d'honneur, une bibliothèque, plusieurs studios d'enregistrements, ainsi qu'un auditorium et s'adapter à sa nouvelle destination. Devenus École nationale de musique en 1982, les locaux sont rénovés et inaugurés en 1988.

MAISON DE VAN DOESBURG
*1929-1931*
*29, rue Charles-Infroit*
La maison de Theo Van Doesburg (1883-1931) est contemporaine de celle d'un autre artiste qui participe à l'histoire de l'art abstrait : Jean Arp établi à la même époque à Clamart, près de Fleury. Theo Van Doesburg est avec Piet Mondrian (1872-1944) le fondateur du mouvement artistique hollandais De Stijl, créé à partir de la revue du même nom en 1917. L'artiste est à la fois peintre, écrivain, conférencier et architecte. Ce sont ses propres plans qui sont réalisés par l'architecte Elzas et qui donnent naissance à une architecture très géométrique et scientifique à l'image du reste de l'œuvre de Theo Van Doesburg.

TOUR HERTZIENNE
*1952*
*(H : 73 m)*
*Carrefour de l'Arbre-Vert*
Implantée au milieu de la forêt domaniale de Meudon, la tour hertzienne est composée de trois plates-formes servant de support d'antennes. Destinée aux transmissions hertziennes de communication téléphonique, elle sert de relais pour la télévision et effectue l'une de ses premières transmissions en juin 1953 en présentant le couronnement de la reine Élisabeth II d'Angleterre. L'année suivante la première liaison hertzienne à grande distance entre Paris et Strasbourg est créée. Cependant, en 1965, le centre de Meudon abandonne ses activités de transmetteur d'images pour se consacrer uniquement à la téléphonie.

IMMEUBLES POUILLON
*Vers 1960*
*Meudon-la-Forêt*
Le site actuel de Meudon-la-Forêt est créé sur une partie des terres qui furent auparavant le lieu d'implantation de grands domaines agricoles comme la ferme de Trivaux. En 1959, une vaste opération de construction de logements sociaux et d'équipements urbains est lancée. La Société civile immobilière de Meudon-la-Forêt voit le jour la même année.

PONT JAPONAIS
*Meudon-la-Forêt*
La mise au point du plan de principe et de zonage est confiée à l'urbaniste et architecte Robert Auzelle, à qui l'on doit le cimetière paysager de Clamart. La conception architecturale d'une grande partie des différents ensembles d'habitations est, quant à elle, l'affaire de l'architecte Fernand Pouillon dont on peut voir certaines constructions à Boulogne-Billancourt. Véritable ville nouvelle, Meudon-la-Forêt offre un cadre composé de grands ensembles ponctués de bassins et de lacs artificiels, et bénéficie de la proximité de la forêt.

MAISONS PROUVÉ
*1950*
*93, route des Gardes*
Pionnier de l'architecture en métal, Jean Prouvé (1901-1984), à l'origine ferronnier, met au point en 1938 un prototype de maison individuelle préfabriquée. Plusieurs d'entre elles lui sont commandées par le ministère de la Reconstruction en 1950 et sont installées route des Gardes, à la limite de Meudon et de Sèvres. Construites sur pilotis, elles sont intégrées dans un décor végétal luxuriant.

MAISON D'ANDRÉ BLOC
*1949*
*Rue des Capucins*

André Bloc, éditeur de *Architecture d'aujourd'hui* et président du groupe Espace, a réalisé sa maison d'habitation en 1949 avec comme souci majeur l'intégration de l'architecture, de la sculpture et de la peinture. La maison est en bas du terrain, presque à sa limite inférieure. Cette solution permet une meilleure orientation. La forme courbe du volume bâti présente comme avantage majeur la concentration de la vie autour d'un large patio, constitué par le mur extérieur concave et par un cirque de verdure. Par ailleurs, de larges baies vitrées ont été réalisées pour permettre de prendre vue le plus largement possible sur le parc. (Cl. M. H.)

HABITACLE N°2
*1964*
*Maison André-Bloc*
*Rue des Capucins*

L'essentiel de l'œuvre d'André Bloc, on le doit à ses sculptures-habitacles majeures qui se définissent comme un espace utilisable intérieurement mais non habitable. Le premier habitacle est la Tour de briques rouges haute de 25 mètres qui combine le déroulement en spirales de type labyrinthe avec ascension verticale. Univers étrange qui va de l'architecture habitacle à l'architecture humour. Le deuxième habitacle de forme arrondie de briques peintes en blanc réalise un espace architectural, qui surgit de la terre comme une boîte crânienne géométrique, à la fois fantastique et organisé. L'habitacle concrétise le passage de la sculpture à l'architecture. Il associe la géométrie indisciplinée, l'enroulement continu et l'étagement hélicoïdal. Cet ensemble réalise une des pages les plus originales de l'architecture caractéristique des années cinquante-soixante.

DOLMENS
*Néolithique*
*Cimetière des Longs-Réages*

Ce dolmen, qui se trouve au-dessus du tombeau de la famille Piketti, est un véritable vestige celtique, découvert en 1886 à Ker-Han, lieu-dit de la commune de Saint-Philibert dans le Morbihan. Dix ans plus tard, il est déplacé de Bretagne. L'ensemble, composé de douze blocs, protégeait différents objets néolitiques dont une hache, un vase en argile et des silex taillés.

MONUMENT AUX MORTS
*1925*
*Cimetière de Trivaux*

Le cimetière de Trivaux, construit entre 1923 et 1925, possède un imposant monument aux morts, surmonté d'une colonnade, qui fut inauguré le 8 septembre 1925 en présence du maire de l'époque et du préfet du département de la Seine-et-Oise.

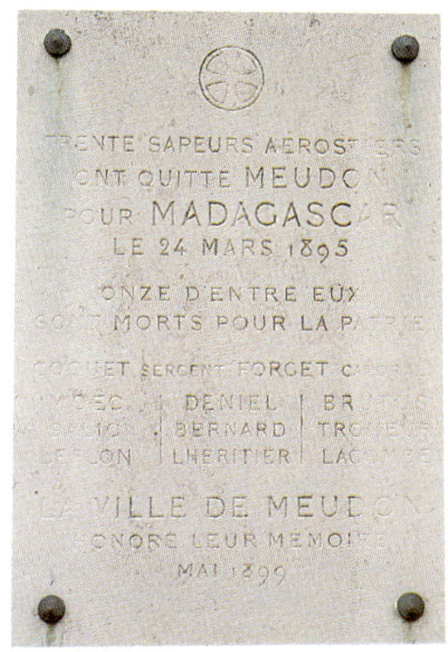


PLAQUE DES AÉROSTIERS
*1899*
*Cimetière des Longs-Réages*

Cette plaque rend hommage aux sapeurs aérostiers morts en 1895 sur l'île de Madagascar. Placée sous protectorat français en 1885, l'île est le théâtre d'une révolte dix ans plus tard. Un corps expéditionnaire est alors envoyé là-bas pour rétablir l'ordre et, sous le commandement du général Duchesne, l'île est déclarée colonie française. Madagascar redeviendra indépendante en 1960 sous la présidence de Tsiranana.

# Montrouge

Canton de Montrouge
Arrondissement d'Antony

Superficie : 207 ha – Population 1990 : 38 106 hab.
Habitants : les Montrougiens – Voies : RN306, RN20

Origine du nom : mal élucidée, les terres de ce plateau n'étant point rouges, il faut peut-être y voir la déformation du mot latin *rubens* signifiant inculte.

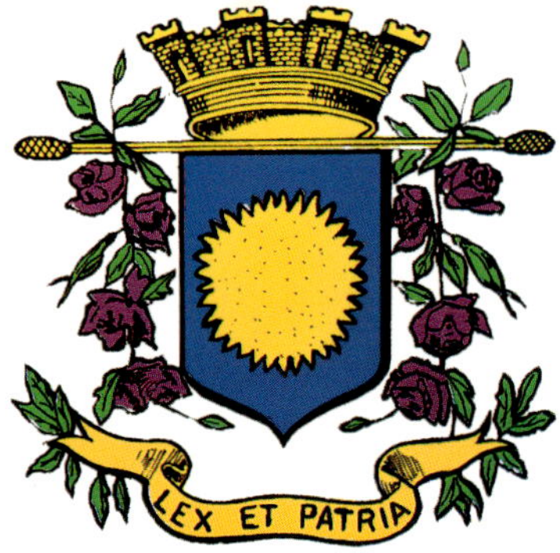


Blason : une étoile à trente-quatre rais d'or, armoiries de la première municipalité de 1790 ; la devise – alors *rex et patria* (le roi et la patrie) – est devenue *lex et patria* (la loi et la patrie).

## HISTORIQUE

La première mention écrite de Montrouge apparaît en 1194, au sujet de possessions détenues par l'abbaye de Saint-Lazare. La paroisse de Montrouge est attestée vers la fin du XIII^e siècle et englobe deux hameaux que l'histoire séparera à jamais au XIX^e siècle : le Petit Montrouge, le plus proche de Paris, et le Grand Montrouge, qui correspond à peu près aux limites territoriales actuelles de la commune.

Déchiré par les luttes entre Armagnacs et Bourguignons, Montrouge renaît au XVII^e siècle, grâce aux Jésuites qui possèdent à Montrouge une « maison de campagne » faisant office de noviciat.

Au XVIII^e siècle, le territoire de Montrouge commence sa mutation, la plus grande partie du Grand Montrouge étant réservée à l'exploitation de carrières.

Les Jésuites, peu appréciés, reviennent un temps dans la commune pendant la Restauration, mais leurs possessions sont pillées en 1830. C'est à partir de 1836 que s'amorce le tournant de l'histoire montrougienne. Le parc du château du duc de La Vallière est loti, générant de nouveaux quartiers au Grand Montrouge. Les premières industries se créent, de l'autre côté des fortifications de Paris, à partir de 1840. Le Petit Montrouge, à l'intérieur des barrières, devient peu à peu le centre de gravité de la ville. On y transfère la mairie en 1855. Le Grand Montrouge est désormais un quartier excentré. Le 1^er janvier 1860, le décret de Napoléon III, annexant à Paris l'ensemble des territoires situés à l'intérieur des fortifications, entre en application. Montrouge perd les quatre cinquièmes de son territoire, au bénéfice d'un nouveau XIV^e arrondissement parisien, et l'ancienne mairie montrougienne en devient l'hôtel de ville. « Montrouge n'est plus maintenant qu'un triste village » écrit-on alors, et l'on se demande s'il va pouvoir survivre à une telle amputation.

À la fin de la guerre de 1870, Montrouge renaît de ses cendres, en partie grâce à une industrialisation bien menée qui apporte à la ville un sang nouveau. Les efforts de développement entre les deux guerres renforcent encore la situation économique de cette petite ville de banlieue, aux portes de Paris, qui a su gagner son autonomie. Aux côtés de l'industrie de pointe, Montrouge est également un pôle culturel, dont le salon de peinture – qui connut ses grandes heures dans les années cinquante et soixante – est la vitrine.

Pratiquant désormais une reconversion au bénéfice du secteur tertiaire, Montrouge doit sans doute son caractère à la continuité de son expansion, sans à-coups ni ruptures, poursuivant une politique d'urbanisation concertée qui tient compte des espaces verts.

LE CHÂTEAU
DU DUC DE LA VALLIÈRE
*1903. Gaston Bocquet*
*Huile sur toile (115 × 180 cm)*
*Hôtel de ville*

Vers 1750, Louis César de la Baume Le Blanc, duc de La Vallière (1708-1780), décide de se faire construire une maison des champs à Montrouge. Gouverneur du Bourbonnais, grand fauconnier, le duc est le petit neveu de Louise de La Vallière, l'une des favorites du roi Louis XIV. Il mène grande vie dans son château, bel exemple de l'architecture de style Louis XV. En 1815, le château est fortement endommagé et n'en demeurent que les deux pavillons, ici peints par Gaston Bocquet. Sous la Restauration, le château de La Vallière appartient à Amaury Pineux-Duval, écrivain et fondateur de revue philosophique. En 1817, M<sup>me</sup> Récamier, aux premiers temps de sa liaison avec Chateaubriand, loue la propriété pour l'été. Le parc est divisé en 1836 par le baron du Tremblay, qui le lotit, tandis que le fils de Pineux-Duval, le peintre Eugène Emmanuel Amaury-Duval (1808-1885) conserve le château. Les bâtiments accueilleront un temps le collège pensionnat Joliclères, avant d'être définitivement abattus en 1879. Ce tableau, peint après la disparition des bâtiments, est conservé dans l'hôtel de ville de Montrouge, qui est érigé à l'emplacement de la propriété du duc de La Vallière.

HÔTEL DE VILLE
*1880-1903*
*Architectes : Lequeux et Baboin*
*43, avenue de la République*

À partir de 1840, les fortifications de Paris entraînent la coupure du territoire de Montrouge. Il n'y a plus de liens entre le Grand Montrouge, région presque déserte qui deviendra l'actuelle commune, et le Petit Montrouge, centre administratif, de l'autre côté de la barrière fortifiée. Le décret impérial qui annexe à Paris les zones intérieures des fortifications prend effet le 1er janvier 1860 : le Petit Montrouge devient parisien, et le bâtiment communal mairie du XIVe arrondissement. Le Grand Montrouge aurait pu alors mourir, privé de ses ressources, de ses équipements et d'une grande partie de sa population. Il résiste cependant, et l'on décide, en 1876, de construire un nouvel hôtel de ville, centré sur le présent. La première pierre est posée en 1880, à l'emplacement de l'ancien château du duc de La Vallière. L'architecte du département de la Seine, Jacques Paul Lequeux, est chargé des travaux. Il réalise alors, de 1880 à 1883, une mairie élégante, où se marient la pierre et la brique, fonctionnelle et bien aménagée. Elle ne comporte alors qu'un corps central, qui se révèle insuffisant vingt ans plus tard. L'architecte montrougien Jules Baboin agrandit alors le bâtiment, entre 1902 et 1903, avec la construction des deux ailes latérales.

VUES DE MONTROUGE
*Vers 1900. J. Hoffbauer*
*Huiles sur toile (61 × 130 cm)*
*Premier étage*
*Hôtel de ville*

Ces deux vues de Montrouge regardant vers Paris constituent un témoignage de ce qu'était autrefois le Grand Montrouge. En bas, Montrouge tel qu'il devait apparaître au XVIIIe siècle, si l'on s'en réfère à la carte des chasses levée vers 1740 par l'abbé Delagrive : une campagne presque nue, d'où surgit, au centre, le parc du château. En haut, l'état des terrains au début de notre siècle – on aperçoit la tour Eiffel : le parc est loti, les premières constructions se groupent autour des grands axes, et le quartier du Haut Mesnil est encore terre de prédilection pour les maraîchers.

MOLIÈRE
*Vers 1850. Sculpteur : Ottin*
*Pierre peinte (H. : 200 cm)*
*Hall d'entrée*
*Hôtel de ville*

Parce qu'il faut alors faire front, et que les édiles décident de clamer haut et fort leur désir de maintenir Montrouge comme commune indépendante, la décoration du nouvel hôtel de ville ne doit pas être négligée. Les quatre statues qui ornent le hall d'entrée proviennent de l'ancien hôtel de ville de Paris, incendié sous la Commune. Le monde des lettres – Molière, par Ottin, et Boileau, par Maindron – y côtoie le monde des sciences – Lavoisier, par Toussaint, et Papin, par Calmels. Les quatre personnages n'ont jamais vécu à Montrouge, mais correspondent à une certaine idée de grandeur de la France. Les artistes, parmi les plus représentatifs de la statuaire romantique, ne sont pas négligeables. Ottin est l'auteur du groupe *Acis et Galathée* de la fontaine Médicis, aux jardins du Luxembourg. Maindron, est le sculpteur de la *Velleda*, au même Luxembourg. Armand Toussaint est un élève de David d'Angers. Quant à Célestin Anatole Calmels (1822-1906), sa réputation déborde les frontières puisque la ville de Porto (Portugal) conserve de lui une statue équestre de Pedro IV.

PAPIN
*Vers 1850*
*Sculpteur : Calmels*
*Pierre peinte*
*(H. : 200 cm)*
*Hall d'entrée*
*Hôtel de ville*

LA JUSTICE
*1886. Théobald Chartran*
*Huile sur plafond*
*Salle du conseil municipal*

L'HYMÉNÉE
*1886. Théobald Chartran*
*Huile sur plafond*
*Salle du conseil municipal*

L'actuelle salle du conseil municipal, qui fut, entre la construction des ailes latérales de l'hôtel de ville et celle du centre administratif, la salle des fêtes, avait à l'origine la fonction de salle des mariages. Là encore, la décoration se doit d'être fastueuse et symbolique. On fait alors appel à Théobald Chartran (1849-1907), élève de Cabanel, grand prix de Rome en 1877, pour réaliser ce plafond peint, qu'il expose auparavant au Salon de 1886. L'allégorie de la justice se mêle à celle du mariage, deux notions fondatrices de la République. La Justice porte de symboliques tables de la loi, *lex* en latin, et les heureux époux, portant des habits de légende, s'apprêtent à célébrer leur hymen. Le vocabulaire emprunte beaucoup aux allégories religieuses et mythologiques, avec ses angelots virevoltants, dont l'un porte le glaive de la Justice, tandis qu'un autre embrase l'autel de l'amour.

CARRIÈRE
*1900. Paul Schmitt*
*Huile sur toile (270 × 500 cm)*
*Escalier d'honneur*
*Hôtel de ville*

Autre vestige des temps révolus, cette large toile évoque la principale activité montrougienne depuis le XVe siècle : l'exploitation de carrières. Les Montrougiens furent souvent carriers, comme leur premier maire, en 1790, François Ory. L'histoire du sous-sol de Montrouge, comme de celui de Bagneux, est liée aux mers venues déposer les marnes, les sables argileux et la craie. Le calcaire de Montrouge – le coquillier – est très recherché pour sa dureté. On l'extrait au moyen de puits de carrière, consolidés par les premières pierres dégagées. Les accidents – éboulements des puits, effondrements de maisons, chutes de blocs – sont innombrables. Les blocs de calcaire sont remontés grâce à un treuil actionné par une grande roue, à l'origine mue par l'homme. Alexandre Dumas a laissé ce témoignage de l'éreintante activité des carriers : « le soir venu, l'homme a fait dix lieues sans changer de place ; s'il montait en réalité, en hauteur, d'un degré à chaque fois que son pied se pose sur une traverse, au bout de vingt-trois ans, il serait arrivé dans la lune. » Abandonnées au tournant des XIXe et XXe siècles, les carrières seront ensuite utilisées comme champignonnières.

GLACE PEINTE
*XIXe-XXe siècle*
*Ancienne boulangerie*
*67, rue de Bagneux*
Alors que Montrouge n'est qu'une campagne désolée, presque sans habitation, seules les roues des carrières et les voiles des moulins dominent le paysage. On y moud le blé, le seigle et l'avoine, non seulement pour obtenir la farine nécessaire au pain, mais aussi pour fabriquer de la bière. Innombrables au XVIIIe siècle, les moulins disparaissent peu à peu : on n'en compte plus que sept ou huit à l'époque de la construction des fortifications. Cette ancienne boulangerie – devenue librairie – a conservé une glace peinte en guise de vitrine, où le traditionnel moissonneur domine l'un des moulins de Montrouge

MÉDAILLON
*Fin du XIXe siècle*
*Terre cuite*
*26, rue du Colonel-Gillon*
À la suite de l'annexion du Petit Montrouge par Paris, le prix des terrains du Grand Montrouge attire une population soucieuse de calme. Ici, un artiste sculpteur, qui orne sa maison de médaillons en terre cuite, symbolisant les arts.

LE COQ HARDI
*XIXe siècle*
*Enseigne de café*
*91, avenue Pierre-Brossolette*

MAISON
DE THÉOPHILE GAUTIER
*XIXe siècle*
*24, rue Victor-Hugo*
Au début du second Empire, Théophile Gautier (1811-1872) s'éloigne de l'agitation parisienne et vient emménager, avec sa famille, dans la demeure de son père, ancien contrôleur des contributions. Ardent défenseur, au début de sa carrière, de Victor Hugo, Théophile Gautier prend ses distances avec le mouvement romantique, préférant trouver l'accomplissement de son art loin de l'engagement politique ou moral et hors du lyrisme personnel. Ces poèmes cherchent la perfection technique, comme une transposition en mot de l'art musical, faisant de lui le précurseur des Parnassiens. À Montrouge, il habite avec sa fille Judith – fruit de ses amours avec la cantatrice italienne Ernesta Grisi. Écrivain également, Judith Gautier (1845-1917) rencontrera, adolescente, la fine fleur de la littérature – Nerval, Baudelaire, Flaubert, les Dumas, les Goncourt. Épouse de Catulle Mendès, l'un des fondateurs du mouvement du Parnasse, aimée de Wagner, Judith Gautier défraiera la chronique par ses amours nombreuses, artistiques et passagères.

PORTE D'ENTRÉE
*1897. Architecte : Eugène Petit*
*Décor sculpté*
*32, avenue Verdier*
L'un des plus anciens immeubles conservés de Montrouge est un hymne à Jean de La Fontaine. Conçu à la fois

comme demeure du propriétaire et immeuble de rapport, le bâtiment décline dans la pierre et le verre l'hommage au fabuliste. Les portes d'entrée sont surmontées de frontons sculptés évoquant l'une *Le Lion et le rat*, et sa morale : « On a souvent besoin d'un plus petit que soi », l'autre *Le Loup et la cigogne.*

PORTE D'ENTRÉE
*1897. Architecte : Eugène Petit*
*Décor sculpté*
*30, avenue Verdier*

USINE À PAPIER DE FANTAISIE
*1911. Architecte : Charles Lozouet*
*98, rue de Bagneux*

L'une des constantes de l'industrie montrougienne repose sur l'imprimerie, l'édition et les fournitures connexes. Plusieurs usines à papier fonctionnent à Montrouge au début de notre siècle. Cette fabrique de papier de fantaisie se consacrait principalement à la fourniture de papiers ornés pour la reliure, et notamment de papiers marbrés. À l'origine, on disperse dans un bain d'eau, de gomme et de lichen une couleur de base, sur laquelle on dépose les couleurs de premier plan, que l'on étire à l'aide d'un rateau. Le papier est ensuite posé à la surface du bain préparé et s'imprègne alors des teintes mêlées en un dessin à l'imitation du marbre.

MONUMENT DRAEGER
*Vers 1930. (H. : 180 cm)*
*Calcaire (éléments rapportés)*
*Place de la Mairie*

Charles Draeger, fils d'imprimeur, se fixe chez Plon, à Paris, en 1831. La première imprimerie Draeger est fondée en 1887 à Paris, par le père et ses trois fils, puis transférée à Montrouge. De nouveaux bâtiments sont édifiés, vers 1930, pour cette imprimerie à la pointe du progrès technique, qui se consacre principalement aux cata-

logues, brochures et publicités des plus grands noms de l'industrie de luxe. Le meilleur de la publicité française sort des ateliers Draeger. Gaufrages, vernis, découpes, couleurs multiples se mettent au service de l'automobile – Bugatti, Hispano-Suiza, Voisin – ou de la parfumerie – Coty, Guerlain, Lancôme. Hermès ou les établissements Nicolas profiteront également des services de l'imprimerie Draeger, qui s'adjoint les collaborateurs les plus prestigieux, dont le graphiste Cassandre. Ce monument, composé de décors sculptés des bâtiments Draeger, aujourd'hui disparus, a été assemblé dans les années quatre-vingts.

LE CHÊNE ET LE ROSEAU
*1897. Peintre verrier : L. Mansion*
*Verrière (150 × 165 cm)*
*30-32, avenue Verdier*

LE CORBEAU ET LE RENARD
*1897. Peintre verrier : L. Mansion*
*Verrière (165 × 150 cm)*
*30-32, avenue Verdier*

L'intérieur de la cage d'escalier répond aux mêmes critères d'ornementation. Les verrières, peintes et gravées à l'acide, suivent pas à pas le chemin des fables de La Fontaine.

MAGASIN LA MONTROUGIENNE
*1898. Architecte : Ch. Jolly*
*40, rue d'Estienne-d'Orves*
L'industrialisation de Montrouge, désormais en quête de ressources nouvelles, commence dès le milieu du XIX^e^ siècle. En 1898 est fondée la Société coopérative ouvrière de consommation, dite La Montrougienne, afin de répondre aux besoins d'une nouvelle population.

DISTILLERIE
*1920. Architecte : Arm. Guérard*
*Anciens établissements Belin*
*97, rue Gabriel-Péri*
Chocolaterie, confiserie, distillerie, fabrique de vinaigre, les industries de produits alimentaires sont également un pôle économique à Montrouge dès les premières années du siècle. Cette ancienne distillerie, qui a conservé son ornementation de la grande époque de l'architecture industrielle, et est la seule à posséder encore sa cheminée d'usine, fabriquait également de l'eau de Seltz – gaz carbonique en solution dans l'eau – que l'on pouvait trouver sous pression dans les célèbres « siphons » à la terrasse des cafés.

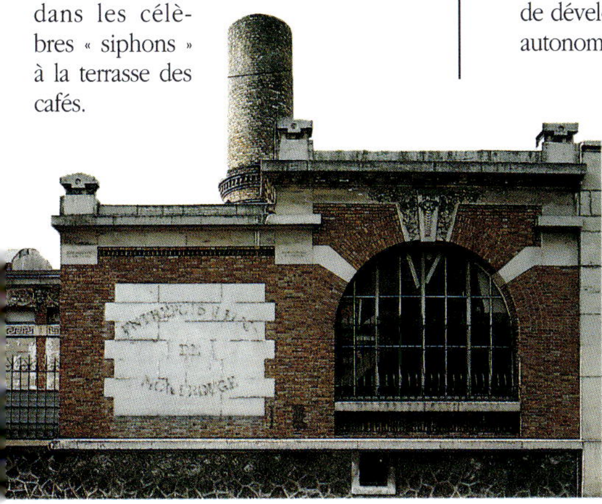

DÉCOR SCULPTÉ
*1920*
*Anciens établissements Belin*
*97, rue Gabriel-Péri*

USINE DE PRODUITS PHARMACEUTIQUES
*1931. Architectes : L. et G. Marnez*
*Anciens laboratoires Théraplix*
*7-11, rue Gossin*

Cette usine est construite en 1931 afin de développer, au sein d'une structure autonome, la fabrication des produits pharmaceutiques de la toute nouvelle Société générale d'applications thérapeutiques Théraplix, fondée le 30 avril de la même année par François Albert Buisson (1881-1961), directeur des établissements Albert-Buisson et administrateur des usines Rhône-Poulenc. Il répond ainsi aux exigences de diversification au sein du groupe. Pharmacien, François Albert Buisson sera également membre de l'Académie française et maire d'Issoire (Puy-de-Dôme). La première usine Théraplix abrite désormais l'administration des éditions Bordas.

MONUMENT AUX MORTS
*1922. Sculpteur : Eugène Paul Benet*
*Place des États-Unis*
Ce grand groupe relié, figurant la Victoire qui entraîne le soldat, tandis qu'un blessé tourne ses yeux vers elle en ultime consolation, rend à l'origine hommage aux victimes de la Première Guerre mondiale. Il est l'œuvre du sculpteur Benet, grand fournisseur de sculptures commémoratives dont il propose plusieurs modèles par le biais d'un catalogue.

ÉTABLISSEMENT DE BAINS
*1925*
*Police municipale*
*17, place des États-Unis*
Devant l'augmentation de la population montrougienne, laquelle s'installe dans de nouveaux bâtiments encore peu équipés en salles d'eau, il est décidé, en 1925, de réaliser un établissement de bains-douches, afin de répondre aux nouveaux critères d'hygiène et de confort qui se développent alors.

FEMME A LA CONQUE
*Vers 1930. Fernand Dubois*
*Pierre calcaire (H. : 120 cm)*
*Place des États-Unis*

Le nouveau Montrouge est issu de la municipalité d'Émile Cresp, premier magistrat de la commune de 1928 à 1944. Homme de gauche, volontaire et actif, il conçoit sa ville autour d'équipements administratifs et sociaux de grande envergure, tout en préservant les espaces verts qui deviendront vite nécessaires en raison d'une urbanisation soutenue. C'est ainsi qu'en 1928 on aménage la place des États-Unis, ornée de cette statue de nu féminin, au mouvement gracieux, œuvre du sculpteur Fernand Dubois (1877-1939).

CENTRE ADMINISTRATIF
*Vers 1934. Architecte : Henry Decaux*
*Avenue de la République*

L'hôtel de ville, dans les années trente, ne suffit plus aux besoins d'une ville en plein développement. Le maire Emile Cresp décide alors de faire construire, en face, un nouveau centre administratif, qui fera également office de salle des fêtes et de tribunal. L'immense bâtiment, couronné par un beffroi de quarante-trois mètres de hauteur, est réalisé par l'architecte Henry Decaux.

BAS-RELIEF
*1933. Sculpteur : Louis Sajous*
*Pierre calcaire*
*Centre administratif*
L'ornementation du centre administratif est composée de longs bas-reliefs évoquant la vie à Montrouge. La famille, aux côtés de l'automobile, jouxte le monde du travail, les maraîchers vendant leurs fruits sur le marché, et le sport – dont on souligne l'importance depuis la construction du stade vélodrome Buffalo en 1923.

GROUPE SCOLAIRE
DU HAUT-MESNIL
*1931-1933*
*Architectes : Tisseyre et Génin*
*24, rue Arthur-Auger*
Très longtemps champêtre, territoire de prédilection des maraîchers, le

quartier du Haut-Mesnil s'urbanise également et il convient alors de fournir à la jeune population des équipements scolaires. Ce bâtiment, à l'architecture caractéristique de l'époque, développe sans agressivité de longues horizontales, d'après des plans de l'architecte Jean Auguste Tisseyre.

BUREAU DE POSTE
*1937. Architecte : Armand Picard*
*128, avenue Aristide-Briand*

Orné des armoiries de Montrouge et de la devise de la ville : *lex et patria*, ce bureau de poste dessert, à partir de 1937, le quartier dit de la Vache noire. L'origine de ce nom remonte au chemin de fer reliant Paris à Arpajon par la route d'Orléans, créé en 1893. Les wagons sont alors tractés par une locomotive à vapeur qui tant fume, au grand dam des voyageurs et des marchands de légumes venant à Paris vendre leur production, qu'on a tôt fait de la surnommer la « vache noire ».

ÉGLISE SAINT-JACQUES LE MAJEUR
*1933-1937. Architecte : Éric Bagge*
*Béton*
*Place de la Libération*

Depuis la première paroisse, déjà mentionnée en 1413, nombre d'églises se sont succédé à cet emplacement. La première, sans doute du XIV<sup>e</sup> siècle, est agrandie au XVI<sup>e</sup> siècle, puis détruite le siècle suivant, parce que menaçant ruines. La nouvelle église perd son clocher en 1778, puis, pour les mêmes raisons, est abattue en 1819. En 1823, la duchesse d'Angoulême pose la première pierre d'un nouvel édifice qui subsistera, après bien des vicissitudes – campanile rasé en 1870 puis reconstruit – jusqu'à la fin des travaux de l'église actuelle, destinée à la remplacer. Le chantier est mené de 1933 à 1937 par l'architecte Éric Bagge. Prévue comme devant comporter un haut clocher effilé, l'église paroissiale de Montrouge ne sera jamais achevée. Elle se ressent de l'influence d'Auguste Perret – architecte coutumier du béton armé, qu'il utilise comme source de nouvelles formes.

IMMEUBLE
*1930*
*Architectes : Gonnot et Albenque*
*40-46, place Jules-Ferry*
Fruit des efforts d'urbanisation menés par Montrouge entre les deux guerres, cet immeuble, dû aux architectes Eugène Gonnot et Georges Albenque, est orné, dans la cage d'escalier, d'une verrière géométrique réalisée par Louis Barillet.

CITÉ LA CHÂTILLONNERAIE
*1934. Architecte : Henry Denis*
*5-7, avenue de la Marne*
La construction d'immeubles traditionnels ne permettant plus d'offrir suffisament d'espace aux nouveaux Montrougiens, on décide de réaliser, en 1934, cet immense ensemble de douze immeubles à appartements, dont la structure, à base de béton et d'acier, demeure impressionnante.

IMMEUBLE
*1902. Architecte : Jules Baboin*
*2, place de la Mairie*

Cet immeuble, œuvre de l'architecte Baboin, est contemporain des travaux d'agrandissement de l'hôtel de ville.

MAISON
*Vers 1895*
*Décor de céramique*
*25-27, rue d'Estienne-d'Orves*
L'ornementation de la façade de cette maison – frise et guirlande de céramique – est issue des ateliers d'Hippolyte Boulenger, à Choisy-le-Roi.

# Nanterre

Canton de Nanterre
Arrondissement de Nanterre

Superficie : 1 220 ha – Population 1990 : 86 627 hab.
Habitants : les Nanterriens – Rivière : la Seine
Voies : A86, RN186, RN13, RN314

Origine du nom : des mots celtiques *nemeto* (temple) et *dor* (forteresse), latinisés en *Nemetodorum*, évoquant le sanctuaire du Mont Valérien.

Blason : les deux fasces ondées évoquent les deux bras de la Seine qui forment l'île de Chatou.

## HISTORIQUE

Dès le néolithique, le territoire de Nanterre est un lieu de passage, si l'on en croit les outils découverts à proximité de la Seine. L'implantation humaine à l'époque gallo-romaine est attestée par le résultat des fouilles menées en 1994, qui ont mis au jour un habitat du Ier siècle avant notre ère. Des vestiges du IIIe siècle ont également été découverts lors de travaux menés dans la cour de l'hôpital Max-Fourestier. L'histoire de Nanterre commence deux siècles plus tard, vers 422, avec la naissance de Geneviève, future sainte, et le début de la christianisation qui s'opère autour du culte de la sainte patronne de Paris, vénérée pour avoir préservé la capitale de l'invasion des Huns par ses prières. Selon Grégoire de Tours, Nanterre est dès le VIe siècle une importante paroisse, puisque l'on y célèbre en 591 le baptême de Clotaire II, fils de Chilpéric Ier, alors que le palais mérovingien se situe à Rueil. À partir du Xe siècle, le Mont Valérien, alors dépendant de Nanterre, devient un pôle religieux d'importance. Au XIIe siècle, Nanterre est un fief de l'abbaye parisienne de Sainte-Geneviève, confié aux moines de l'abbaye de Saint-Victor, appelés les Génovéfains.
En 1346, le bourg est incendié par les troupes anglaises d'Édouard III. Selon certains documents contestés, le roi Jean le Bon aurait épousé à Nanterre en 1350 Jeanne de Bourgogne. Foyer de protestantisme au XVIe siècle, Nanterre accueille le siècle suivant le Collège Royal, qui deviendra l'École nationale du génie, fondé en 1642 par Anne d'Autriche et le père Beurrier. À la même époque s'installe une communauté de Génovéfaines, et Nanterre devient un foyer intellectuel et religieux. Nanterre constitue sa première municipalité en 1790, sous l'égide du maire Jérôme Barot.
Le XIXe siècle voit le début de l'industrialisation, favorisée par la création en 1837 de la ligne de chemin de fer reliant Paris à Saint-Germain. En 1850, Nanterre perd au profit de Suresnes le site du Mont Valérien, devenu dans l'intervalle un fort militaire.
À l'aube du XXe siècle, s'établissent de nombreuses industries qui fleuriront au lendemain de la Première Guerre mondiale, sans pour autant faire disparaître les activités agricoles de la commune. Le fort accroissement de la population à majorité ouvrière, entre 1921 et 1936, conduit à l'élection en 1935 de la première municipalité à majorité communiste, dirigée par Raymond Barbet. Emprisonné durant la Seconde Guerre mondiale, évadé et entré dans la Résistance, Raymond Barbet prend de nouveau la tête de la commune de la Libération à 1973. Préfecture du nouveau département des Hauts-de-Seine, créé en 1964, Nanterre change de visage, tout en conservant, au sein de son vieux centre, le souvenir du village d'autrefois. Son université est le foyer des révoltes estudiantines de 1968. Le pôle administratif du département se double d'un centre culturel, notamment représenté par le théâtre des Amandiers, créé en 1976.

MAISON DE NANTERRE
*1873-1886. Architecte : A. Hermant*
*Centre d'accueil et de soins hospitaliers*
*403, avenue de la République*
La maison départementale de Nanterre est envisagée à partir de 1834, à la suite de délibérations du conseil général, afin de remplacer la maison d'arrêt de Saint-Denis jugée trop vétuste. À la suite de nombreuses polémiques relatives à son emplacement, on décide finalement d'édifier les bâtiments à l'extrémité du Petit-Nanterre, à la limite de la ville. La construction des bâtiments commence en 1873 et s'achève en 1886. La prison referme ses portes le 7 juin 1887 sur quatre cents détenus de droit commun, inculpés de vagabondage et de mendicité. Dès septembre 1887, l'institution est autorisée à recevoir les mendiants libérés, les individus prévenus de vagabondage et de mendicité, les indigents infirmes ou peu valides et les individus qui sollicitent leur admission.

MAISON DE NANTERRE
*1873-1886. Architecte : A. Hermant*
*Centre d'accueil et de soins hospitaliers*

INFIRMERIE
*1873-1886*
*Maison de Nanterre*
*Hôpital Max-Fourestier*
À l'époque, les bâtiments sont divisés en trois secteurs organisés autour d'une grande cour centrale, avec le dépôt réservé aux mendiants, l'hospice, l'hôpital et les quatre cent vingt cellules. Quelques internés valides sont employés à l'infirmerie, au dortoir ou au cimetière, mais la plupart travaillent dans le secteur industriel, notamment à la papeterie des éditions Hachette. Le caractère répressif et infamant de la maison de Nanterre disparaît peu à peu à partir de la fin du XIXe siècle. À l'occasion d'une visite du président de la République Félix Faure en 1897, on dénombre bien plus de miséreux sans logis et de vieillards sans famille que de délinquants. La maison départementale de Nanterre se consacre alors à apporter une aide physique et morale à ceux qui y viennent chercher refuge. Transformés au fil des années, les bâtiments comprennent aujourd'hui l'hôpital Max-Fourestier, une maison de retraite et deux centres d'hébergement.

PUITS DE SAINTE GENEVIÈVE
*Superstructure : 1880*
*1, rue de l'Église*
Au sein de la légende dorée de sainte Geneviève (vers 422-502), l'épisode de la guérison miraculeuse de sa mère Géronce tient une place de choix. Devenue aveugle parce qu'elle contrariait les élans mystiques de sa fille, Géronce est guérie par l'eau de ce puits mêlée aux larmes d'affliction versées par la jeune Geneviève. Le puits, voisin de l'emplacement supposé de la maison natale de la sainte, sera l'objet d'innombrables pèlerinages. Le 3 juin 1636, Anne d'Autriche, future mère de Louis XIV, y vient prier pour qu'enfin soit exaucé son désir de maternité. Le puits que l'on dit miraculeux subsiste, surmonté d'un dôme soutenu par quatre colonnes, datant de la fin du siècle dernier.

CATHÉDRALE SAINTE-GENEVIÈVE
ET SAINT-MAURICE
*XIVe-XXe siècle*
*28, rue de l'Église*
Une église est attestée à Nanterre dès le VIe siècle, où l'on célèbre en 591 le baptême de Clotaire II, fils du roi Chilpéric Ier. Les sarcophages – dont certains remontent à l'époque gallo-romaine –, découverts sous la nef de la cathédrale, prouvent l'existence à cet emplacement d'un lieu de culte encore plus ancien. Au fil des guerres et des invasions, l'église de Nanterre, placée sous le vocable de saint Maurice, subit de nombreuses modifications. L'édifice du XVIe siècle conserve le clocher antérieur, vestige du XIVe siècle. Une nouvelle façade apparaît en 1699, achevant les restaurations menées tout au long du XVIIe siècle. C'est en 1924 que l'église Saint-Maurice change à nouveau de visage, sous l'égide de l'abbé Jules Froidevaux, qui décide de faire reconstruire l'ensemble par l'architecte Georges Pradelle. L'église prend alors le nom de Sainte-Geneviève. Les travaux – transept puis chœur – se prolongent jusqu'en 1937, et sont interrompus par la guerre. La nef et la façade seront à nouveau reconstruites dans les années soixante-dix. L'église, qui conserve son clocher du XIVe siècle, est devenue depuis 1966 la cathédrale Sainte-Geneviève et Saint-Maurice.

SARCOPHAGE
*Vers le VIIIe siècle*
*Plâtre*
*Cathédrale Sainte-Geneviève et Saint-Maurice*
De nombreux sarcophages, principalement mérovingiens, sont découverts en 1973 sous la nef de la cathédrale. Leur forme trapézoïdale est caractéristique de l'époque. L'orientation - au sens étymologique du terme - des sépultures répond aux exigences de la liturgie médiévale, la tête du défunt étant tournée vers Jérusalem.

DALLE FUNÉRAIRE
*1778. Charles Le Roy*
*Marbre polychrome*
*Cathédrale Sainte-Geneviève et Saint-Maurice*

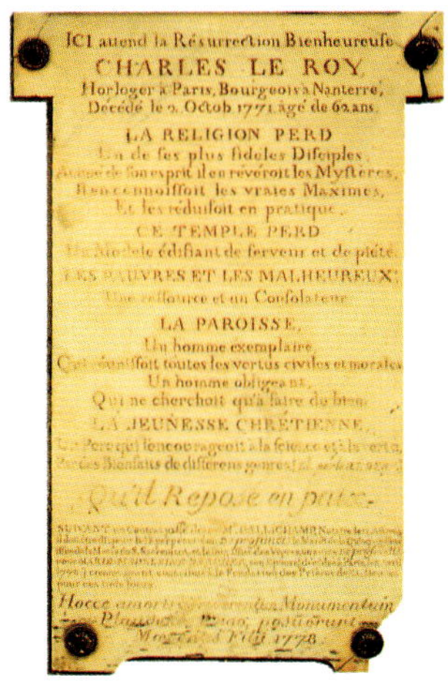


Bourgeois de Nanterre et horloger à Paris, Charles Le Roy décède en 1771. Son corps est inhumé en l'église Saint-Maurice, et cette dalle funéraire à son effigie est bénie en 1778, laquelle célèbre les donations effectuées par le défunt. Le fils de Charles Le Roy, Michel Nicolas, avocat et prêtre, sera lui aussi considéré comme un bienfaiteur de la paroisse. (Cl. M. H., 1907)

CHAPITEAU FLORAL
*1920-1926*
*Chapelle Sainte-Geneviève*
*Cathédrale Sainte-Geneviève*
*et Saint-Maurice*

CHAPITEAU HISTORIÉ
*1920-1926*
*Déambulatoire*
*Cathédrale Sainte-Geneviève*
*et Saint-Maurice*
Suite à la reconstruction du chœur de la cathédrale décidée par l'abbé Froidevaux, les six colonnes du déambulatoire reçoivent des chapiteaux narratifs, dessinés par Madeleine Froidevaux et sculptés par Lemaire et Malais dans du granit artificiel. Ils sont

la mise en image de la légende de sainte Geneviève, depuis sa naissance jusqu'à la translation de ses reliques. Le style épuré, qui rappelle un certain art roman, va de pair avec les silhouettes élancées qui s'intègrent à la forme du chapiteau.

VOÛTES DU CHŒUR
*1926-1936. M. Toublanc*
*Fresque*
*Cathédrale Sainte-Geneviève*
*et Saint-Maurice*
La demi-sphère au-dessus du chœur est dominée par l'immense figure d'un Christ de majesté, assis sur son trône, encadré par les représentations de sainte Geneviève et de sainte Jeanne d'Arc, patronnes de la France. Le Christ présente aux fidèles son cœur, objet de vénération. Au centre de la coupole rayonne la croix, entourée des neuf chœurs des anges, tandis qu'une banderole circulaire rappelle les quatre vertus cardinales pratiquées par sainte Geneviève : justice, prudence, tempérance, force. L'ensemble de ces compositions reprend l'exigente technique, héritée de Fra Angelico et délaissée depuis le XVIII^e^ siècle, de la peinture « a fresco », où la matière picturale est directement posée sur l'enduit du mur avant qu'il ne soit sec.

ABSIDE
*1926-1936. Paul Baudouïn*
*et ses élèves*
*Fresque*
*Chapelle Sainte-Geneviève*
*Cathédrale Sainte-Geneviève*
*et Saint-Maurice*
L'intérieur de la cathédrale Sainte-Geneviève et Saint-Maurice est décoré d'un étonnant ensemble de peintures murales, courant sur près de mille mètres carrés, réalisé sous la direction de Paul Baudouïn (1844-1931), élève de Puvis de Chavannes, professeur à l'école des Beaux-Arts, et dont c'est là la dernière œuvre, exécutée en partie et achevée par ses élèves. L'immense fresque de la voûte de l'abside représente sainte Geneviève, tenant dans sa main la nef symbolisant Paris. La sainte se tient debout au centre de représentations architecturales des villes qu'elle protège, parmi lesquelles on peut reconnaître Nanterre, Paris, Saint-Denis, etc. Cette fresque est de la main de M. Toublanc. Au-dessous des fenêtres de la rotonde, Paul Lemasson développe sur quatre-vingt mètres le triomphe de sainte Geneviève, procession des reliques de la défunte sainte lors d'une épidémie de peste, impressionnante cérémonie où toutes les catégories sociales suivent la châsse contenant les saintes reliques.

COURONNEMENT DE LA VIERGE
*1926-1936*
*Fresque*
*Chapelle de la Vierge*
*Cathédrale Sainte-Geneviève*
*et Saint-Maurice*
Ce panneau, exécuté sous la direction de Baudouïn, représente le couronnement de la Vierge Marie par la Sainte Trinité – le Christ et Dieu de part et d'autre de la colombe symbolisant le Saint Esprit.

RECUEIL DE CHANTS
*1809*
*Cathédrale Sainte-Geneviève*
*et Saint-Maurice*
Ce recueil imprimé en 1809, destiné à la paroisse de Nanterre, contient les textes et chants de l'« Office propre de la translation de sainte Geneviève », célébré lors de la translation des reliques de la sainte patronne de la ville.

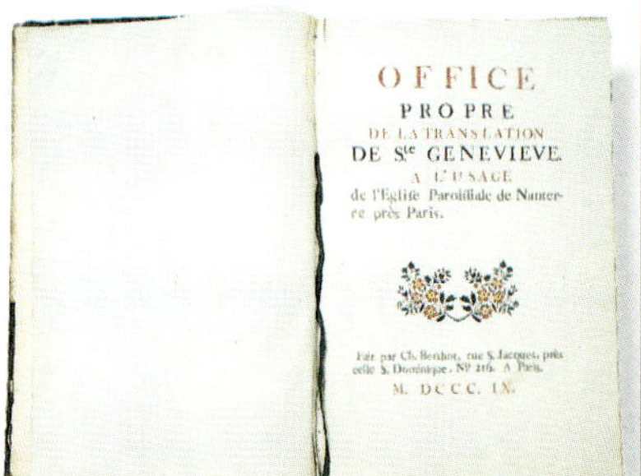


CHASUBLE
*XIXe siècle*
*Drap d'or*
*Cathédrale Sainte-Geneviève*
*et Saint-Maurice*

Les broderies de cette chasuble – vêtement liturgique sans manche – en fils d'or et d'argent, représentent saint Joseph, saint Maurice, chef de la légion thébaine et martyr, saint Loup, évêque de Troyes, et son compagnon saint Germain, évêque d'Auxerre. Présentés à la manière des figures de saints sur les vitraux de la même époque, ils dominent des armoiries parmi lesquelles celles de Nanterre.

CHASUBLE
*Vers 1638-1639*
*Soie*
*Cathédrale Sainte-Geneviève*
*et Saint-Maurice*

DALMATIQUE
*Vers 1638-1639*
*Soie*
*Cathédrale Sainte-Geneviève*
*et Saint-Maurice*
La reine Anne d'Autriche (1601-1666), épouse de Louis XIII, fait don à la paroisse de Nanterre de ce magnifique ensemble de vêtements liturgiques, en remerciement de la naissance de son fils, le futur Louis XIV, naissance que l'on dit miraculeuse et intervenue après un pèlerinage au puits de sainte-Geneviève. Les broderies de fils blanc et or dessinent des motifs décoratifs, à base de lys de jardin, qui sont l'expression du style Louis XIII. Sur la chasuble, les ornementations sont disposées de telle manière qu'elles dessinent, sur le dos du prêtre célébrant, le signe de la croix.

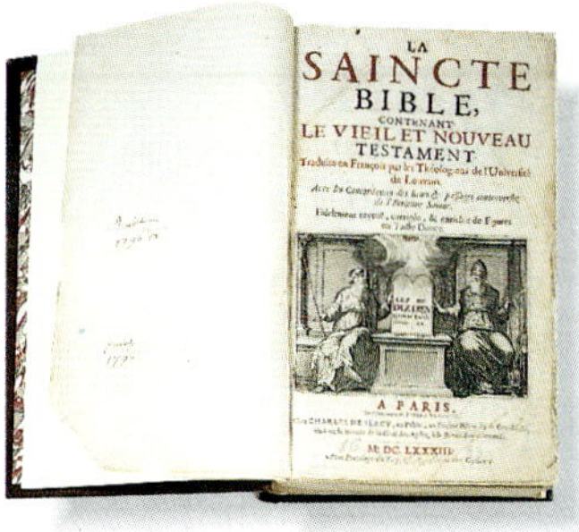


BIBLE
*1683*
*Cathédrale Sainte-Geneviève*
*et Saint-Maurice*
Regroupant sous un seul volume l'ancien et le nouveau testament, La Sainte Bible de Nanterre, imprimée à Paris en 1683, présente sur la page frontispice une gravure évoquant la remise des tables de la Loi à Moïse. Dieu figure comme l'image de la majesté céleste, tandis que Moïse porte le bâton du pèlerin, errant à la recherche de la terre promise. Au dessus des tables de la Loi, gravées en latin et en vieux français, deux nuages s'écartent pour laisser filtrer la lumière solaire, symbole de la sagesse divine.

SAINTE GENEVIÈVE ENFANT
*1923. Eugène Bénet*
*Marbre (H. : 125 cm)*
*Abside du transept nord*
*Cathédrale Sainte-Geneviève*
*et Saint-Maurice*

À la suite d'un rapprochement avec celle de Jeanne d'Arc, l'iconographie de sainte Geneviève se modifie à partir du XVIe siècle, pour se conformer à l'image d'une pieuse bergère. Le sculpteur Eugène Bénet s'applique ici à traduire dans le marbre les attributs traditionnels des personnages pastoraux. La pose de la sainte met en valeur la médaille crucifère – marquée du signe de la croix – donnée par saint Germain.

SAINTE GENEVIÈVE
*XVII[e] siècle*
*Bois polychrome (H. : 85 cm)*
*Cathédrale Sainte-Geneviève*
*et Saint-Maurice*
Cette statue de sainte Geneviève en lecture est dite céroféraire parce qu'elle porte dans la main le cierge dont la légende dit que le diable soufflait la flamme tandis que l'ange la ravivait.

SAINT GERMAIN
ET SAINTE GENEVIÈVE
*Vers 1925. Sculpteur : Réal del Sarte*
*Calcaire (H. : 250 cm)*
*Pignon du transept sud*
*Cathédrale Sainte-Geneviève*
*et Saint-Maurice*
Dominant du haut de ses dix-sept mètres le pignon du transept sud de la cathédrale, ce groupe sculpté est l'œuvre de Maxime Réal del Sarte (1888-1954). Saint Germain porte les attributs épiscopaux et protège sainte Geneviève. L'iconographie fait référence à la très ancienne tradition qui veut que saint Germain, passant à Nanterre en 429, y rencontre la jeune bergère Geneviève, dont la piété l'impressionne, et la consacre à Dieu.

ANCIENNE USINE
DU DOCTEUR PIERRE
*1901. Façade sur cour*
*Entrepôts Natalys*
*18, avenue du Général-Gallieni*
En 1837, le Dr Pierre Musot fonde à Asnières une usine de distillation d'alcool de menthe, qui est transférée à Nanterre en 1901. On y fabrique alors de la pâte, de l'eau et de la poudre dentifrice, aux propriétés antiseptiques. L'usine de Nanterre cultive également, sur près de quatre-vingts hectares, la menthe poivrée qui est la base de toute la gamme de produits pharmaceutiques du « Dr Pierre ». Devenus, à la veille de la Première Guerre mondiale, usine de l'eau de cologne Forvil, puis Forvil, dentifrice du Dr Pierre, les anciens bâtiments abritent désormais les entrepôts Natalys. Conçue comme un édifice de prestige, l'usine présente, sur sa façade principale, une importante ornementation mêlant brique et céramique de couleur, surmontée d'un dôme sommé d'un campanile. Les bâtiments sur cour, plus sobres, sont centrés autour d'un pavillon conçu autrefois comme logement de fonction pour le responsable de l'établissement. (Ins. M. H.)

ATELIERS DE LA FOLIE
*1910-1920*
*SNCF*
*Rue Noël-Pons*

La première ligne de chemin de fer pour voyageurs, reliant Paris à Saint-Germain, est créée en 1837. Considérée par le ministre Adolphe Thiers comme un « joujou pour les Parisiens », elle constitue néanmoins le point de départ de l'urbanisation de Nanterre, alors deuxième station sur la ligne après Asnières. Le raccordement en 1892 de la ligne de Versailles à celle de Saint-Germain accentue l'industrialisation déjà amorcée. La Compagnie des chemins de fer de l'ouest implante en 1910, au lieu-dit La Folie, des ateliers de rénovation du matériel roulant. Au fil des ans, de nombreux bâtiments industriels naissent sur le site, comme l'atelier de wagonnage en 1913 et le service électrique en 1915.

ANCIENS ABATTOIRS
*1819-1820. Architecte : Blanchon*
*Pierre de taille, calcaire*
*Rue Raymond Barbet*

Les charcutiers exercent leur artisanat à Nanterre depuis cinq cents ans, lorsqu'au siècle dernier la commune répond à leur demande en ordonnant la construction d'abattoirs pour les porcs. Les bâtiments sont édifiés entre 1819 et 1820 par l'architecte Blanchon, à cent mètres au-delà de la porte Saint-Denis, hors du bourg de Nanterre proprement dit. Les « abattoirs » – qui d'ailleurs ne remplissaient pas que cet office – comprennent brûloirs, échaudoirs, lavoirs ainsi qu'une triperie et fournissent près de la moitié de la viande de porc de Paris, où l'on sait apprécier le petit salé de Nanterre. La concurrence avec les charcutiers parisiens et l'absence de marché sur Nanterre conduisent à la fermeture des abattoirs en 1914. Leurs vestiges sont devenus par la suite des remises et des garages, mais, en souvenir de l'époque de pleine activité, le lieu conserve dans certaines mémoires le nom de « terre rouge ».

ATELIER DE WAGONNAGE
*XXe siècle*
*Intérieur*
*Ateliers de la Folie*
Mis à la disposition de l'armée pendant la Première Guerre mondiale, les ateliers de la Folie ne retrouvent leurs fonctions ferroviaires qu'à partir de 1921. Aménagés, modernisés, ils continuent de nos jours à entretenir les trains du réseau parisien.

USINES HEUDEBERT
*1906-1933*
*Rues Henri-Barbusse*
*et Thomas-Lemaître*
Fils d'un boulanger de Nanterre, Charles Heudebert fonde une petite société de panification en 1906, et fait construire, dès l'année suivante, une usine de mille mètres carrés, destinée à la fabrication de produits de régime : les « pains essentiels ». Le slogan commercial reprend un mot de Voltaire : « Régime vaut mieux que médecine. » Les cheminées de l'usine, dans le quartier du Vieux Pont, posent quelques problèmes aux blanchisseries voisines. La société Heudebert prend de l'ampleur dans les années vingt, et les usines s'agrandissent, notamment sous l'égide de l'architecte Louis Nadot. Potages, entremets, pâtes s'ajoutent aux biscottes originelles. En 1926, les établissements Heudebert proposent un produit « radiopaque » qui sera ensuite largement utilisé lors des examens radiologiques du tube digestif. Grande entreprise familiale, Heudebert propose sur son site des équipements sociaux. L'usine de production de Nanterre ferme ses portes en 1968, et ses bâtiments accueillent désormais des bureaux.

PAPETERIES DE LA SEINE
*1904-1917*
*Ateliers*
*109, avenue de la Commune de Paris*
Jean Dupuy, propriétaire du journal Le Petit Parisien crée en 1904 sa propre usine de fabrication de papier, afin de subvenir aux besoins de son entreprise. L'emplacement des ateliers est déterminant, puisqu'ils jouxtent la Seine, et permettent l'acheminement du papier vers Paris par l'intermédiaire d'un quai – innovation rare à l'époque. La première machine est mise en service en 1906, mais ce n'est qu'en 1917 qu'est officiellement créée la Société des papeteries de la Seine, dite aussi Papeterie du Petit Parisien. En 1933, l'usine de Nanterre produit du papier kraft, et la tradition veut qu'on y ait également fabriqué des tickets de métro. À partir de 1961, l'usine appartient à la Cellulose du pin, et fabrique alors du carton ondulé, à base de déchets de papier recyclé. Seuls vestiges de l'usine primitive, ces ateliers appartiennent désormais à la société Socar.

CITÉ DU VIEUX-PONT
*1945-1955*
*Boulevard National*
*et avenue Lamartine*

L'urbanisation de Nanterre reprend à la fin de la Seconde Guerre mondiale, et l'accroissement de la population conduit à la construction de nouvelles habitations à bon marché, dont celles de la Cité du Vieux-Pont.

MAISON DES CHEMINOTS
*1932. Architecte : Henri Pacon*
*Ciment et brique*
*21, avenue Henri-Martin*
*et 31, rue de Stalingrad*

En collaboration avec Edmont Lafont, l'architecte Henri Pacon réalise en 1932 un groupe d'immeubles destinés à loger les cheminots de l'État. La structure de l'édifice, constituée de deux parties semi-circulaires distinctes, l'une pour le corps d'habitation, l'autre pour les accès aux étages, est ornée de médaillons sculptés par Paul Belmondo (1898-1982).

BIBLIOTHÈQUE FLORA TRISTAN
*Vers 1901 et 1937*
*2, rue des Anciennes Mairies*

Cet édifice est construit vers 1901-1902, à l'emplacement des anciennes écoles, afin de remplacer la mairie de la place du Martray (aujourd'hui Gabriel-Péri). Inachevé, le bâtiment finalement ne deviendra pas le siège de la municipalité. Ce n'est qu'en 1937 que l'architecte Georges Gautier termine la construction de ce qui deviendra la bibliothèque Flora Tristan.

CASERNE DES POMPIERS
*1902. Architecte : Albert Aubert*
*20, rue de Stalingrad*
À l'emplacement d'un cimetière ancien, l'architecte Aubert construit un gymnase municipal, associé à une remise à pompes à incendie et une tour destinée au séchage des tuyaux. L'édifice s'agrandit en 1903, avec la construction d'un stand de tir, annexe du bâtiment principal. L'entrée de la caserne est monumentale, avec sa baie en plein cintre à deux niveaux, encadrée par les colonnes soutenant le toit. Les pompiers de Nanterre ont cédé la place aux sapeurs-pompiers de Paris, et la caserne abrite un centre de secours de la vingt-huitième compagnie.

ÉGLISE SAINTE-MARIE
DES FONTENELLES
*1912. Architecte : Jules Barbier*
*30, avenue Félix-Faure*
Construite en 1912 par Jules Barbier, l'église Sainte-Marie des Fontenelles présente une architecture qui se veut

la plus proche possible du style roman, à une époque où le souci d'honorer le Moyen Âge – considéré comme l'âge d'or du christianisme – est primordial. La forme du terrain détermine l'emplacement du chœur et son orientation sud-ouest, peu courante dans la tradition architecturale sacrée.

CLOCHER ANNEXE
*1931*
*Charpente de bois*
*Église Sainte-Marie*
*des Fontenelles*

CHAPELLE SAINT-JOSEPH
*1933. Architecte : Jean Margerand*
*56, rue Edmond-Dupuis*
Très symboliquement bénie le 24 décembre 1933, cette chapelle de brique rouge coiffée d'un haut clocher, dépend de la paroisse Sainte-Marie des Fontenelles.

ÉCOLE DES FONTENELLLES
*1902-1918*
*Architectes : Valez et Gontier*
*231, avenue Georges-Clemenceau*
L'école des Fontenelles, bâtie sur le même plan que celle du Petit Nanterre, est l'œuvre de l'architecte Jules Valez. Inaugurée en 1902, elle ne comporte à l'époque que le rez-de-chaussée. L'étage lui est adjoint en 1918 par l'architecte Gontier, selon des conceptions esthétiques qui ont évolué. Une maternelle vient en 1930 compléter l'ensemble. L'école des Fontenelles est aujourd'hui un centre de formation professionnelle pour adultes.

BAS-RELIEF
*1918*
*École des Fontenelles*

ÉCOLE DU CENTRE
*1874. Architecte : Guérin*
*11, boulevard du Midi*
Construite en 1874 sur un terrain cédé à la commune deux ans plus tôt par Thomas Lemaître, l'école des garçons est rattachée en 1885 à l'école des filles achevée l'année précédente. L'ensemble constitue alors le groupe scolaire du centre, qui accueille, en

1901, cinq cent soixante élèves. Un enseignement classique y est dispensé, auquel viennent s'adjoindre des cours de dessin et d'agriculture appliquée. Accueillant également les locaux de la bibliothèque, l'école du centre est momentanément transformée, durant la Première Guerre mondiale, en hôpital auxilliaire. En 1948, on y ouvre les premières classes d'un lycée, avec une section de radioélectricité unique dans la région. Le groupe du centre abrite le LEP et une école élémentaire.

DEMEURE
*1888. Architectes : Dubois et fils*
*Centre de loisirs de la Boule*
*19, rue Gambetta*
Cette belle demeure que l'on surnommait château, encore munie de ses communs, est édifiée en 1888 sur les plans des architectes Dubois, père et fils. Deux pavillons latéraux encadrent la façade en retrait dont l'axe central est mis en valeur par l'escalier monumental, le balcon en fer forgé du premier étage, le cartouche sous la corniche et la fenêtre, surmontée d'un fronton brisé, de l'étage de combles. Le mariage de la brique et de la pierre se fait en harmonie, verticale sur le bâtiment principal, horizontale sur les façades des communs. L'ensemble des bâtiments abrite aujourd'hui un centre de loisirs.

COMMUNS
*1888*
*Centre de loisirs de la Boule*

MOULIN DES GIBETS
*XVIIe et XIXe siècles*
*118, rue de Saint-Cloud*

Édifié à la fin du XVIIe siècle, ce moulin côtoyait alors les gibets auxquels, selon toute vraisemblance, on pendait les brigands, détrousseurs de voyageurs sur la route de Saint-Germain. Racheté sous le second Empire par les frères Chauveau, le moulin est alors restauré et l'on reconstruit la maison attenante avec des éléments architecturaux récupérés à Paris, lors des chantiers menés par Haussmann. Le moulin est depuis 1948 propriété communale.

CHARPENTE
*XVII^e et XIX^e siècles*
*Moulin des gibets*

MAISON dite DU NOTAIRE
*XVIII^e siècle*
*1, place Gabriel-Péri*

Traditionnellement demeure de notaire, cette maison remonte au règne de Louis XV. Les lucarnes rondes dessous le toit permettent d'éclairer les chambres des combles, autrefois habitées par la domesticité. Pendant la guerre de 1870, Alphonse Daudet y séjourne un temps, consignant par écrit ses souvenirs : « Drôle de monde pour une maison de notaire ! Des capotes galonnées, des barbes de huit jours, des képis, des cabans, de grandes bottes ; et partout, sur le piano, sur le guéridon, pêle-mêle avec les coussins de guipure, les corbeilles en tapisserie, des sabres et des revolvers qui traînaient. Tout cela faisait un étrange contraste avec ce logis patriarcal où flottait encore une odeur de pâtisseries de Nanterre, servies par une belle notairesse à des rosières en robe d'organdi... »

BANC SCULPTÉ
*XIX^e siècle*
*Parc du moulin*
La maison construite par les frères Chauveau a disparu, mais le parc en conserve quelques vestiges, comme ce monumental banc sculpté orné de sirènes.

MAISON
*Époque Restauration*
*Place Plainchamps*
*et rue de Colombes*

ANCIENNE MAIRIE
*1840*
*Crèche familiale*
*1, rue Waldeck-Rochet*

En 1840, la mairie est édifiée à l'emplacement de l'ancien cimetière des Génovéfains, déplacé deux ans auparavant. Agrandi en 1859, le bâtiment est détérioré durant la Commune. Il conservera ses fonctions de maison commune jusqu'en 1922, date à laquelle la municipalité intègre la propriété dite « villa des tourelles ».

MAISON PAYSANNE
*XIX$^e$ siècle*
*70, rue Volant*

VILLA DES TOURELLES
*1884. Architecte : Nizet*
*Ancienne mairie*
*Conseil des prud'hommes*
*9, rue des Anciennes Mairies*
Surnommée « villa des tourelles », cette demeure construite en 1884 par l'architecte Nizet est caractéristique des maisons bourgeoises du XIX$^e$ siècle finissant. Un soin tout particulier est appliqué aux ornementations : balustrade courant le long des façades, frontons sculptés, bustes dans des niches. En 1922, lorsque la municipalité s'en porte acquéreur afin d'y établir la nouvelle mairie, la propriété comprend un jardin à l'anglaise, une pièce d'eau, des écuries et des serres. Cette mairie restera en fonction de 1924 à 1973. Elle accueille depuis le conseil des prud'hommes.

MAISON
*XIX$^e$ siècle*
*Rue du Castel-Marly*
Avec son architecture de pierre et de brique mêlées et sa toiture soignée, cette maison est construite après la guerre de 1870, puis agrandie vers 1900. L'intérieur du premier étage est orné de lambris provenant d'une marquetterie de plancher de l'Exposition universelle de 1900.

MAISON
*XVII$^e$ siècle*
*Boulevard du Couchant*
*et rue Henri-Barbusse*
Témoignage architectural du règne de Louis XIV, cette demeure possède une encoignure arrondie, renforcée par deux ancres de fer, destinées à éviter l'écartement des deux pans de mur. Une solide tradition veut qu'elle ait été un relais de poste.

MAISON PAYSANNE
*XIX$^e$ siècle*
*44, rue Volant*
Les maisons paysannes de la rue Volant témoignent du passé agricole de Nanterre, avec leurs portes charretières munies d'une petite ouverture pour le piéton. Au siècle dernier, la rue est habitée par des producteurs de lait, exploitants de « vacheries », cultivateurs ou commerçants liés à l'agriculture. Les granges et écuries, donnant sur les cours intérieures, seront peu à peu transformées en garages, entrepôts ou menuiseries.

LA ROSIÈRE DE NANTERRE
*XIX^e^ siècle*
*Gravure*
*Société d'histoire de Nanterre*
Œuvre de Burn-Smeeton et de son élève Pierre Émile Tilly, cette gravure représente la sortie de l'église après la cérémonie du couronnement de la rosière de Nanterre. La fête de la rosière est instituée en 1818, sous la Restauration, et devient à partir de 1820 la fête annuelle du village durant la Pentecôte. Une jeune fille, de mœurs irréprochables et de condition modeste, est choisie par un jury que préside le curé. La cérémonie se déroule dans l'église, où la rosière, vêtue d'une robe immaculée, est couronnée de roses. Sa « dot » est constituée de dons faits par la municipalité et par les fidèles lors de la quête. À partir de 1881, en raison de l'anticléricalisme naissant, la cérémonie de couronnement devient civile, et le curé ne fait plus partie du jury. Changement respectant l'évolution des mentalités, la rosière de Nanterre assiste en 1936 aux mouvements de grèves des usines environnantes.

LES POMPIERS DE NANTERRE
*Journal* L'Éclipse. *13 décembre 1868*
*Société d'histoire de Nanterre*
Créée en 1824, la compagnie des pompiers de Nanterre était une des grandes fiertés de la ville. Engagés volontaires bénévoles pour cinq ans, issus de milieux modestes, les pompiers de Nanterre sont de toutes les

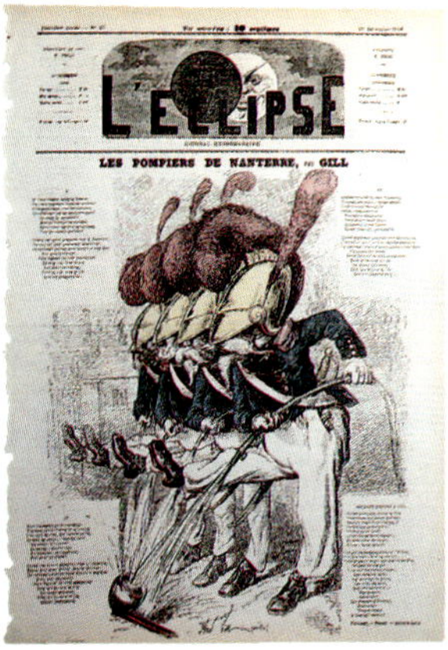
L'ECLIPSE
LES POMPIERS DE NANTERRE, par GILL

cérémonies officielles. Leurs prestations gymniques participent aux festivités de la rosière. Une chanson, fredonnée dans les cabarets, leur est même consacrée, qui célèbre leur courage : « Comme un n'héros dans l'incendie, risquant ses jours... même sa vie ! Pour extirper l'humanité de la... combustibilité. »

LA MARCHANDE DE GÂTEAUX
*XIX^e^ siècle. Carle Vernet*
*Lithographie*
*Société d'histoire de Nanterre*

Lorsqu'au XIX^e^ siècle, Madeleine, l'une des marchandes de gâteaux de Nanterre, vient les vendre dans les jardins des Tuileries, la ville est depuis fort longtemps réputée pour ses succulentes pâtisseries : Le « cran », gâteaux en forme de guirlandes ou les petits pains aux amandes et à la violette confite. Le nom de Madeleine restera pour toujours associé à une pâtisserie, souvenir du temps perdu. Cette tradition culinaire remonte sans doute au XVI^e^ siècle avec les pains bénis marqués d'une croix, perpétuation des « eulogies » que l'évêque saint Germain envoyait à la fin de sa vie à sainte Geneviève, afin de lui marquer son estime.

FRONTON ARMORIÉ
*1676*
*39, rue du Docteur-Foucault*
Ce blason daté de 1676, encastré sous un fronton cintré, pourrait être un remploi d'une ancienne plaque de cheminée.

COQ DE CLOCHER
*1911*
*Société d'histoire de Nanterre*
Abattu par la tempête de 1963, ce coq est un antique symbole chrétien, placé au sommet des églises pour rappeler le reniement de saint Pierre.

PESON
*Ier siècle av. J.-C.*
*Pierre*
*Dépôt de fouilles*
*Société d'histoire de Nanterre*
Les récentes fouilles menées à hauteur des rues Benoît-Frachon et Henri-Martin ont mis au jour les vestiges d'un habitat remontant au Ier siècle avant

notre ère. Ce site est exceptionnel pour la région parisienne, la plupart des autres fouilles menées dans des terrains similaires ne concernant généralement que des nécropoles. Parmi les fossés, les fonds de cabanes, les silos à grains, quelques pièces liées à l'artisanat du tissage ont été retrouvées, comme ce peson en pierre qui servait à tendre les écheveaux sur le métier à tisser.

POINTE DE FLÈCHE, MONNAIE ET PIÈCE DE HARNACHEMENT
*Ier siècle av. J.-C.*
*Bronze et alliage*
*Dépôt de fouilles*
L'une des plus intéressantes pièces retrouvées lors des fouilles de Nanterre est sans doute la monnaie composée d'un alliage de trois métaux, provenant de la tribu des Parisii. Elle représente – scène de chasse ou allégorie – un cheval au-dessus d'un sanglier et une roue de char.

FRAGMENTS DE CÉRAMIQUE
*Ier siècle av. J.-C.*
*Dépôt de fouilles*
Nanterre est l'un des rares sites archéologiques d'Île-de-France à avoir conservé des céramiques d'importation, ornées de motifs ornementaux à base de formes végétales, de fasces et de damiers. Leur finesse d'exécution permet de supposer qu'il s'agit de pièces provenant de Roanne, alors grand centre de production de céramique. Elles prouvent par ailleurs la présence à Nanterre d'une riche aristocratie qui pouvait se procurer de telles céramiques, peu répandues, dont la qualité contraste avec celle de la production locale.

VASE TULIPIFORME
*Vers le Ier siècle av. J.-C.*
*Céramique*
*Dépôt de fouilles*
Daté de l'extrême fin de la période gauloise, ce vase à la forme élégante est en céramique. La couleur noire tient au mode de cuisson à four fermé, la fumée de carbone retenue venant alors colorer l'argile.

FIBULE
*Ier siècle av. J.-C.*
*Or et argent*
*Dépôt de fouilles*
Découverte sur un fond de cabane, cette fibule en alliage d'or et d'argent permettait de maintenir ensemble les pièces de vêtements superposées.

# Neuilly-sur-Seine

Cantons de Neuilly-sur-Seine nord et sud
Arrondissement de Nanterre

Superficie : 375 ha – Population 1990 : 62 033 hab.
Habitants : les Neuilléens – Rivière : la Seine
Voies : RN13, A4

Origine du nom : du celte *lun*, forêt, ou encore de *noue*, plaine marécageuse. *Portus Lulliaci* ou *Nulliaci* est cité en date de 1222, qui donnera par déformation au cours des siècles : Nuly, Port-Nully, Port-Neuilly puis Neuilly-sur-Seine.

Blason : trois fleurs de pomme de terre, les premières cultures développées au XVIIIe siècle sur le site des Sablons par Parmentier ; un vaisseau sur la mer, pour l'histoire portuaire de Neuilly entre Paris et la Normandie. Sa devise : « Déjà illustre par son passé, de jour en jour florissant. »

## HISTORIQUE

Une tradition affirme que, en 52 av. J.-C., le site aurait été le lieu d'une bataille entre les Parisii et la légion romaine. Des vestiges d'une voie romaine, des poteries, des armes et divers objets témoignent certainement du passage romain. Au haut Moyen Âge, le territoire est une plaine marécageuse recouverte par la forêt de Rouvray bientôt défrichée. Un premier village de cultivateurs, *Villare*, qui deviendra Villiers, est cité dès le IXe siècle.

Au XIIIe siècle, l'abbaye de Saint-Denis, dont la seigneurie domine la région, installe à *Lulliacum* – hameau de pêcheurs en bordure de Seine – sa « Chantrerie » pour y percevoir les droits de péage des bateliers. Une chapelle est édifiée. La population du village s'accroît rapidement, au détriment de Villiers dont il dépend cependant. Port-Nully est une halte pour les mariniers et se situe sur la route vers la Normandie, établie sous le règne de Philippe le Bel. En 1606, le pont commandé par Henri IV, lequel manque de se noyer avec la reine Marie de Médicis en passant la Seine sur un bac, renforce cette identité de Neuilly. En 1727, un recensement dénombre 888 habitants. À la fin du XVIIIe siècle, Neuilly, chef-lieu de canton, devenu un lieu privilégié aux portes de la capitale, compte plus de 16 000 habitants. Les châteaux de Madrid, de Neuilly – résidence de la famille d'Orléans –, aujourd'hui disparus, les Folies d'Artois et Saint-James, étendent leurs immenses parcs. Sous le second Empire, le lotissement de ces domaines contribuera à l'extension résidentielle de Neuilly. La ville, épargnée par la guerre de 1870 mais très touchée par la Commune, continue son essor, répondant au nouvel engouement des Parisiens pour les espaces verts, le canotage et les promenades sur les quais de la Seine, immortalisés par les impressionnistes. Malgré les amputations successives du quartier des Ternes, de la zone des fortifications et du bois de Boulogne, de la barrière de l'Étoile et de l'arc de Triomphe, désormais rattachés à Paris, Neuilly demeure un prolongement de la capitale, dans un cadre privilégié d'espace et de verdure. Après la Seconde Guerre mondiale, Neuilly, avantagé par l'arrivée du métro en 1937, développe une politique d'urbanisme moderne, et favorise l'accueil des bureaux et sièges sociaux de grandes sociétés, traditionnellement dans le secteur de la communication, de la banque, mais aussi de la parfumerie et du cinéma, sans pour autant perdre son caractère calme et résidentiel.

FOLIE SAINT-JAMES
*1779*
*Architecte : François Bélanger*
*34, avenue de Madrid*
Le très riche baron de Saint-James (nom anglicisé de Saint-Gemme-sur-Loire dont il est originaire), de son vrai nom Baudard de Vaudésir, ancien trésorier général des colonies, achète en 1772 une propriété à Neuilly. Son voisin, le comte d'Artois, vient de se faire construire par l'architecte François Bélanger (1745-1818) la fameuse « Folie d'Artois ». Cet harmonieux château a été édifié en soixante-quatre jours suivant un pari fait par le comte d'Artois avec la reine Marie-Antoinette, sa belle-sœur. Le château, situé dans le bois de Boulogne, est connu aujourd'hui sous le nom de « Pavillon de Bagatelle ». Saint-James donne carte blanche à ce même architecte pour la construction d'une « folie » plus belle encore. Dans le parc est installé un ensemble de roches avec des eaux jaillissantes et des cascades, ainsi qu'une grotte conçue pour des bains et jeux d'eau qu'alimente une rivière artificielle. Le baron, après les dépenses de cette « folie » et les réceptions données dans sa propriété, connaît des revers de fortune. À la suite d'une intrigue à la cour dans « l'affaire du collier de la reine », il est emprisonné et ruiné, sa banqueroute étant de vingt-cinq millions. La Folie Saint-James, vendue, connaîtra de nombreux propriétaires, notamment, en 1921, l'industriel Jacques Lebel, inventeur des fameux fusils du même nom. En 1922, l'État rachète la propriété et construit un lycée dans le parc.

TEMPLION
*1779*
*Folie Saint-James*
*Architecte : François Bélanger*

CHÂTEAU DE NEUILLY
*XVIII^e siècle*
*52, boulevard d'Argenson*
En 1740, le comte Marc-Pierre de Voyer d'Argenson, secrétaire d'État à la guerre, de passage à Neuilly, est séduit par le site et achète la maison de campagne de M^me de Gontaut-Biron. La demeure qui a été construite en 1648 pour le marquis de Nointel est démolie et un nouveau château est édifié. M. d'Argenson est un personnage éclairé, il possède une riche bibliothèque et reçoit les philosophes Diderot, Voltaire, Rousseau… On dit même qu'il cacha le manuscrit de *L'Encyclopédie*. Envoyé en exil en 1757, son domaine est vendu à un financier douteux, Radix de Sainte-Foy, puis, en 1792, à M^me de Montesson. Les occupants se succèdent : Talleyrand qui y organise de somptueuses fêtes ; Murat dont les armes ornent encore le fronton de l'édifice ; Pauline Borghèse, sœur de Napoléon I^er, et enfin, en 1818, le duc d'Orléans, futur Louis-Philippe. C'est là que, le 30 juillet 1830, Thiers vient supplier le duc d'Orléans d'accepter la couronne. Durant son règne, le château reste le lieu de villégiature de la famille royale, mais il finit pillé et incendié en 1848. Le domaine, confisqué par Napoléon III, devient un parc public en 1855, puis un lotissement. Il ne demeure aujourd'hui du château que l'aile nord. Le pavillon de M^me Adélaïde, fille de Philippe Égalité et sœur du roi Louis-Philippe, est construit en 1804 par Pierre François Léonard Fontaine (1762-1853) et restauré en 1908.

TABLE DE PIERRE
*XVIII^e siècle*
*Château de Neuilly*
*52, boulevard d'Argenson*
La table de pierre, dite « de Louis-Philippe », est située dans le jardin du pavillon de la princesse Adélaïde, ancienne dépendance du château de Neuilly. Sur cette table, où le roi et sa sœur avaient l'habitude de jouer au piquet, la tradition rapporte que le futur roi aurait signé son appartenance à la lieutenance générale du royaume.

TEMPLE DE L'AMOUR
*1774*
*Île de la Grande Jatte*
Lorsque, en 1818, le futur Louis-Philippe fait l'acquisition du château de Neuilly, il entreprend son réaménagement pour y loger sa nombreuse famille – dix enfants dont trois naîtront à Neuilly. Il achète des terrains et aménage le parc qui s'étend jusqu'à la Seine, englobant l'Île de la Grande Jatte reliée à la propriété par un pont de bateaux. À la pointe nord de l'île, il fait placer le Temple de l'amour, que son père, le duc de Chartres, bientôt Philippe Égalité, avait érigé en 1774 dans le parc Monceau à Paris.
(Cl. M. H., 1913)

CHAPELLE NOTRE-DAME-DE-LA-BONNE-DÉLIVRANCE
*1907*
*52, boulevard d'Argenson*
Une congrégation religieuse fait l'acquisition de cette aile du château de Neuilly en 1907. Ce sont les sœurs de Saint-Thomas de Villeneuve, qui sont expulsées de leur couvent de la rue de Sèvres à Paris lors du percement du boulevard Raspail. Elles font construire une chapelle de style baroque, vouée à Notre-Dame-de-la-Bonne-Délivrance, dans laquelle elles déposent leur précieuse statue : la fameuse *Vierge noire.*

VIERGE NOIRE
*XIV^e siècle*
*Chapelle Notre-Dame-de-la-Bonne-Délivrance*
La tradition associe une *Vierge noire* miraculeuse aux plus anciens souvenirs de Paris, mention en étant faite à la fin du XI^e siècle. À cette époque, l'église Saint-Étienne-des-Grès, située à Paris sur la montagne Sainte-Geneviève, possède un sanctuaire garni d'ex-voto où les visiteurs viennent implorer la *Vierge noire.* Achetée par la comtesse de Carignan-Saint Maurice en 1792, lors de la démolition de l'église, la statue est placée dans un oratoire de son hôtel, rue Notre-Dame-des-Champs. Celle-ci fait don de la *Vierge noire* aux hospitalières de Saint-Thomas de Villeneuve en 1806. Si la sculpture du XI^e siècle était en bois – sa couleur noire due selon certains à la patine du temps –, cette *Vierge noire* est une copie de l'original disparu, réalisée en pierre peinte

et datée du XIV^e siècle. La Vierge polychrome est vêtue d'une tunique rouge étoilée, d'un manteau bleu fleurdelisé comme son sceptre et doublé d'hermine. À l'époque, les fleurs de lys symbolisaient la fécondité avant de devenir, pour cela même, symbole de la royauté depuis le règne de Philippe le Bel. Mais il semble bien que les atours de cette Vierge soient dus à une restauration plus tardive. L'attitude maternelle et attentive de Marie, sa position déhanchée, tête infléchie vers son enfant, contrastent avec la couronne et les riches vêtements, représentation assez naïve de la Vierge et Reine. Au cours de l'histoire, les Vierges noires sont rares dans la tradition chrétienne – il existerait 272 madones noires peintes ou sculptées, avec l'enfant Jésus, fréquemment couronnées et ornées d'ors et de bijoux. L'origine de la couleur noire de la peau de Marie et de Jésus a donné lieu à plusieurs hypothèses. On retiendra celle du XII^e siècle qui fait référence à une interprétation d'un verset du Cantique des Cantiques « *Nigra sum sed formosa* » (Je suis noire mais belle).

ÉGLISE SAINT-JEAN-BAPTISTE
*1827*
*Architectes : Jacques et Auguste Molinos*
*158, avenue de Neuilly*
Placée sous le vocable de saint Jean-Baptiste, une chapelle offerte par un gentilhomme champenois, messire Jean-Baptiste de Chantemerle, est érigée vers l'an 1540, sur les bords de la Seine, pour les fidèles de Port-Nully très éloignés de l'église paroissiale de Villiers-La-Garenne. Après sa démolition, à l'emplacement de l'actuelle église, une nouvelle chapelle est bâtie, en 1778, grâce à une souscription publique. Pillée et dégradée par les sans-culottes, baptisée le « Temple de la Raison », la chapelle, fermée au culte, accueille en 1790 la réunion du premier conseil municipal. La prospérité de Neuilly, alors que Villiers se déserte et que son église mise en vente en 1795 a été rasée, rend nécessaire la construction d'une véritable église. La chapelle vétuste et trop petite est démolie, et une nouvelle église Saint-Jean-Baptiste est construite de 1827 à 1831 – œuvre de deux architectes, Jacques Molinos (1743-1841), membre de l'Institut, chargé par Napoléon Ier des travaux du château de Villiers, et son fils Auguste. L'édifice, d'une grande simplicité architecturale, construit sur un plan basilical, porte sur le fronton une horloge datant de 1778, provenant de la Folie Saint-James.

ANGES ADORATEURS
*XVIIe siècle*
*Bois doré*
*Église Saint-Jean-Baptiste*
Les deux anges qui encadrent l'autel faisaient partie d'un retable donné à l'église Saint-Martin de Villiers par le duc Maximilien II Emmanuel (1662-1726). Électeur de Bavière, exilé en France, il habitait le bourg de Villiers. Les anges ont été donnés à la chapelle de Neuilly lors de la démolition de l'église Saint-Martin, en 1795.

CHRIST EN CROIX
*XVIIIe siècle*
*(350 × 200 cm)*
*Église Saint-Jean-Baptiste*
Cette peinture sur toile est attribuée à l'école française du XVIIIe siècle.

GRAND ORGUE
*1875*
*Église Saint-Jean-Baptiste*
Récemment restauré par la municipalité, le grand orgue, œuvre du facteur d'orgue Cavaillé-Coll, date de 1875.

FONTS BAPTISMAUX
*XVe siècle*
*Pierre*
*Église Saint-Jean-Baptiste*
Dans la chapelle du collatéral est se trouvent des fonts baptismaux du XVe siècle provenant de l'ancienne église Saint-Martin. La cuve ovale en pierre est décorée d'une guirlande et de deux reliefs sculptés. L'un illustre le baptême du Christ, l'autre un ange agenouillé présentant sans doute le saint chrême.

CENTRE CULTUREL
*1836*
*Place Parmentier*
L'ancien hôtel de ville est aujourd'hui transformé en centre culturel et bibliothèque.

STATUE ÉQUESTRE
DU DUC D'ORLÉANS
*1844. Sculpteur : Marochetti*
*Fondeur : Soyer*
*Bronze*
*Boulevard Victor-Hugo*
Ce portrait équestre du duc d'Orléans rend un hommage au fils aîné du roi Louis-Philippe. Ayant perdu le contrôle des chevaux de sa voiture, il est tué dans l'accident, le 13 juillet 1842, sur la route de Paris à Neuilly, alors qu'il se rendait dans la résidence de la famille royale. Alfred de Musset a consacré un de ses plus beaux poèmes à l'événement funeste. L'armée d'Afrique, émue par la disparition du duc et lieutenant général, ouvre une souscription pour faire élever une statue sur la principale place d'Alger. Commande est passée, en 1844, au baron Charles Marochetti (1805-1862), sculpteur né à Turin et naturalisé français, auteur d'un grand nombre de statues, essentiellement des portraits de grands personnages, en France comme à l'étranger. La sculpture de Marochetti est fondue en 1844 en deux exemplaires. Le premier part à Alger, le second, placé dans la cour du Louvre, puis à Versailles après la Révolution, se trouve aujourd'hui en Normandie, dans le parc du château d'Eu appartenant à la famille d'Orléans. Après l'indépendance de l'Algérie, en 1962, la statue est récupérée par la France. Réclamée par la municipalité de Neuilly, elle y est installée depuis 1981.

MAIRIE
*1882-1885*
*Place de l'Hôtel-de-Ville*
En 1790 la première assemblée du corps municipal a lieu en la chapelle Saint-Jean-Baptiste, qui restera la mairie de Neuilly jusqu'à ce que, en 1816, la municipalité fasse l'acquisition d'une maison communale, aujourd'hui rue de Madrid. Une seconde mairie, plus vaste, est aménagée place Parmentier en 1836. En 1882, un monumental hôtel de ville est édifié, qui conserve aujourd'hui sa fonction. Ce bâtiment prestigieux, œuvre des architectes Dutocq et Simonnet, est d'un style pseudo-renaissance typique de la fin du XIX^e^ siècle. Il comporte, lors de sa construction, un campanile de plus de quarante mètres qui n'a pu être restauré dans l'état. L'ensemble du bâtiment est richement décoré de colonnes, stucs et dorures. Plafonds et murs sont agrémentés de toiles marouflées. Les quatorze tympans du péristyle sont ornés de peintures de paysages et monuments du passé de Neuilly. L'histoire de la mairie s'enorgueillit de la signature du traité de paix franco-bulgare, qui a lieu en ses murs, le 27 novembre 1919, entre Clemenceau et Alexandre Stamboulisky, chef du gouvernement bulgare.

ÉGLISE SAINT-PIERRE
*1896*
*Architecte : M. Dauvergne*
*90, avenue du Roule*
La croissance de la population oblige à la création d'une seconde église à Neuilly. La première pierre est posée en 1887 par le cardinal Richard, et l'église est ouverte au culte en 1890, mais les travaux ne sont achevés qu'en 1896. De nouveaux travaux d'agrandissement sont entrepris en 1913-1914, et des réaménagements, tels que la réalisation des portails, sculptés de 1945 à 1952 par les élèves de Georges Saupique.

LES DISCIPLES D'EMMAÜS
*1753*
*(280 × 170 cm)*
*Église Saint-Pierre*
La boiserie du grand autel et ce tableau sont un don du duc de Bavière provenant de l'église Saint-Martin. La peinture est commandée en 1717 à André Jean (1662-1753), frère dominicain. Une toile semblable du même artiste se trouve à Paris dans l'église Saint-Nicolas-du-Chardonnet. Le thème de l'apparition de Jésus à deux disciples après sa résurrection, à Emmaüs ville de Palestine, inspira les plus grands artistes, tels Titien, Véronèse, Le Caravage.

ÉGLISE RÉFORMÉE ÉVANGÉLISTE
*1867-1872*
*8, boulevard d'Inkerman*
Inaugurée le 7 juin 1867 et détruite en partie en 1871, l'église a été reconstruite l'année suivante. Le temple évangélique est la propriété de la paroisse depuis 1903.

HÔTEL
*XIX<sup>e</sup> siècle. Architecte : Henri Labrouste*
*Pierre et brique*
*68, boulevard Bourdon*
Cet hôtel particulier est attribué à Henri Labrouste (1801-1875), prix de Rome en 1827. Architecte de la bibliothèque Sainte-Geneviève et de la Bibliothèque nationale, il peut être considéré comme l'initiateur de l'architecture fonctionnaliste par son utilisation novatrice de structures métalliques. Cette villa, qui porte le nom de Labrouste sur le fronton de son péristyle à l'antique, est construite en mariant un appareillage de briques à l'anglaise et la pierre de taille, dans un style néo-classique. (Ins. M. H., 1976)

MAISON DE THÉOPHILE GAUTIER
*XIXe siècle*
*32, rue de Longchamp*
Théophile Gautier, né à Tarbes en 1811, vit à Paris où, au collège, il se lie avec Gérard de Nerval. Il renonce à son projet d'étudier la peinture et se consacre à la poésie et à la littérature et, à partir de 1836, pour subvenir à ses besoins matériels, au journalisme. Auteur très apprécié pour son œuvre poétique (*Émaux et Camées*) et ses romans (*Mlle de Maupin*, *Le Roman de la Momie* et *Le Capitaine Fracasse*), Théophile Gautier y exprime son exigence de beauté pure et désintéressée. Réagissant contre le romantisme moralisateur social, il fonde une doctrine de « l'art pour l'art » et est tenu pour un précurseur des Parnassiens. Vers 1860, l'écrivain s'installe à Neuilly dans une modeste maison. Il y vit dans une profusion pittoresque de livres, objets d'art et souvenirs de ses voyages, avec son épouse, la chanteuse italienne Ernesta Grisi, ses deux filles, ses deux sœurs et ses chats. Il reçoit chez lui ses amis écrivains et artistes – entre autres Baudelaire et Victor Hugo, dont il fut un ardent défenseur lors du scandale d'*Hernani*. Les artistes se réunissent aussi dans le café voisin qui prend le nom de « Café des Arts ». Après une longue maladie au cours de laquelle la princesse Mathilde, nièce de Napoléon Ier, se rend plusieurs fois à son chevet, l'écrivain meurt le 23 octobre 1872. Ses obsèques, comme le mariage de l'une de ses filles, ont lieu à Neuilly, en l'église Saint-Jean-Baptiste. Depuis Guernesey, Victor Hugo compose un poème *Sur le tombeau de Théophile Gautier*. Charles Baudelaire lui dédie son œuvre poétique *Les Fleurs du mal*. Sur la façade de la maison, une plaque rappelle la présence et la mort de l'écrivain.

LYCÉE PASTEUR
*1912*
*Architecte : Umbdenstock*
*2, boulevard d'Inkerman*
Umbdenstock, l'architecte, a pensé ce lycée comme la « maison du libre et gai savoir »… Cet imposant établissement est malheureusement bientôt détourné de sa vocation et fait office d'hôpital militaire, de 1914 à 1918.

TOMBEAU
DE PUVIS DE CHAVANNES
*Cimetière ancien*
*1, rue Victor-Noir*
Pierre Cécil Puvis de Chavannes est né dans une famille de la bourgeoisie lyonnaise en 1824. Après une éducation classique, ses voyages en Italie déterminent sa vocation artistique. Il est élève des peintres Delacroix, Couture et Scheffer et rencontre Chassériau qui l'initie aux fresques murales. Ses plus grandes réalisations sont les fresques des musées de Marseille et de Lyon, de la Sorbonne et de l'hôtel de ville de Paris. Considéré comme le maître du symbolisme naissant, Puvis marque ses contemporains comme Odilon Redon et Hodler, mais aussi des nabis comme Maurice Denis, ainsi que Gauguin et Picasso. Les artistes ont apprécié la sobriété de ses moyens picturaux, la gamme restreinte en camaïeu de ses couleurs et la simplicité de son vocabulaire, de conception très moderne. L'artiste, décédé en 1898, est enterré dans le caveau familial avec son épouse et inspiratrice, la princesse Marie Cantacuzène.

HÔTEL LOPEZ
*1902*
*12, rue du Centre*
Après la Seconde Guerre mondiale, un milliardaire chilien, Arturo Lopez, s'installe dans cet hôtel particulier, construit pour la famille Rodocanachi, en 1902. Le bâtiment de style XVIII$^{e}$ est situé dans un joli jardin avec un théâtre de verdure. Le nouveau propriétaire y fait adjoindre une vaste salle de bal richement décorée de marbres polychromes, de stucs et de véritables coquillages. La magnifique collection d'objets d'art et de meubles du milliardaire fait l'objet d'un don au château de Versailles après sa mort. L'hôtel Lopez, acquis par la ville de Neuilly en 1971, est aujourd'hui un musée, avec une importante collection d'automates du XIX$^{e}$ siècle donnée à la municipalité par l'antiquaire Jacques Domiot. Il renferme également le musée de la Femme, avec des objets et souvenirs de la reine Marie-Antoinette.

ÉGLISE ADVENTISTE DU 7$^{e}$ JOUR
*1876*
*83, boulevard Bineau*
Bâti en 1876 pour la communauté anglicane de Neuilly et inauguré par le prince de Galles, ce temple est racheté en 1949 et devient église adventiste du 7$^{e}$ jour. Fondée aux États-Unis vers 1830 par William Muller, cette religion anabaptiste sabbataire est répandue en Amérique et aux Antilles. Les disciples attendent le retour du Christ (*second advent*). Ils célèbrent le Sabbat, repos sacré du samedi, suivant la tradition judaïque instituée par Moïse, et se conforment à des règles de morale et de vie très strictes.

TOMBEAU D'ANATOLE FRANCE
*1924*
*Cimetière ancien*
*1, rue Victor-Noir*
Anatole François Thibault, dit Anatole France (1844-1924), est né à Paris. Fils d'un libraire bibliophile, il est dès l'enfance initié aux beaux livres et à la littérature, il devient bibliothécaire au Sénat. Il fréquente le poète Lecomte de Lisle et fonde le groupe d'écrivains des Parnassiens. En 1873, il publie ses premiers poèmes et des romans : *Le Crime de Sylvestre Bonnard*, *Le Lys rouge* et *L'Île des pingouins*, qui connaissent un vif succès. Auteur d'une histoire contemporaine en quatre volumes, il s'intéresse à la vie sociale et politique et prend parti pour Zola au moment de l'affaire Dreyfus. À la fin de sa vie, radical et anticlérical, il soutient le socialisme et le communisme naissant. Nommé à l'Académie française en 1896, il reçoit le prix Nobel de littérature en 1921. Son œuvre le rattache à une tradition classique. Avec une écriture limpide et élégante, il manie une ironie souriante, mais toujours tempérée par sa grande sensibilité à la misère humaine.

ÉGLISE SAINT-JACQUES-LE-MAJEUR
*1937. Architecte : Henri Vidal*
*Brique*
*167, boulevard Bineau*
L'église est inaugurée en 1937 par le cardinal Verdier, archevêque de Paris, surnommé le « bâtisseur de cent églises » en raison de sa politique de construction d'églises (pour étendre les lieux de culte devenus insuffisants en région parisienne et lutter contre le chômage consécutif à la crise). L'édifice, de conception très moderne dans son architecture et l'utilisation de la brique pour matériau, subit plusieurs remaniements et agrandissements, dus au même architecte Henri Vidal en 1952, puis à P. Millocheau et J. Gardet en 1959.

# Le Plessis-Robinson

Blason : il représente les deux tourteaux des armoiries du maréchal et seigneur de Plessis, Montesquiou d'Artagnan, le chêne rappelle les châtaigniers de Robinson, le hibou du Vieux Plessis, dont l'origine reste mystérieuse, la couleuvre, emblème de Colbert, et les trois lys, le symbole de l'Île-de-France.

Canton du Plessis-Robinson
Arrondissement d'Antony

Superficie : 344 ha – Population 1990 : 21 289 hab.
Habitants : les Robinsonnais – Voie : RN186

Origine du nom : du latin *plessiacus,* qui signifie terrain enclos et fortifié, et de Robinson, en référence au quartier des guinguettes.

## HISTORIQUE

Le site est peuplé dès la période préhistorique comme l'ont montré des fouilles réalisées par Claude Seignolle : on a également retrouvé les traces d'une substructure fortifiée, d'où la ville tire son nom.

Au XIe siècle, le centre du village se déplace, le seigneur s'installant à flanc de coteau, à l'endroit du château actuel. La première mention historique de Plessiacus, qui dépend, depuis 839, de la paroisse de Châtenay, date de 1112, dans une charte en latin qui régira l'église construite par les époux Barthélemy. Dès lors, ce qui caractérise le village sont ses fréquents changements de nom.

Au XIIe siècle, le seigneur est un « chambrier » de Philippe Auguste, un certain Raoul, qui appelle le village Le Plessis-Raoul. Sous Charles VI, c'est grâce à Jean de La Haye, le nouveau seigneur, qui porte plus volontiers le nom de sa mère Piquet, que le village s'appelle Le Plessis-Piquet, en alternance avec Le Plessis-Raoul, sans qu'il y ait de dénomination officielle. Au XVIIe siècle, à deux reprises, la seigneurie du Plessis-Piquet est réunie à celle de Sceaux : d'abord vers 1620 par la famille Potier de Gesvres, puis en 1682 lorsque Colbert (1619-1683) la rachète au conseiller du roi, Charles Levasseur. Au XVIIIe siècle, le territoire retrouve pour un temps son autonomie sous la suzeraineté de Pierre Montesquiou d'Artagnan (1645-1725), maréchal de France.

En 1793, emporté par le souffle de la Révolution, le village change à nouveau de nom pour se nommer Le Plessis-Liberté. En 1801, on le rebaptise officiellement Le Plessis-Piquet. En 1848, un cabaretier parisien, Joseph Gueusquin, qui passe ses dimanches dans les guinguettes de Sceaux, a une idée de génie. Il fait installer dans un très grand châtaignier des cabanes pour en faire un bal-restaurant, nommé « Au Grand Robinson ». Il a tellement de succès que d'autres arbres sont pareillement investis, et l'affluence est telle que, en 1895, suite à la prolongation de la ligne de Sceaux, naît la gare de Sceaux-Robinson. En 1909, le village change une dernière fois de nom pour s'appeler définitivement Le Plessis-Robinson, en hommage à son fameux quartier. Les premières cités-jardins sont construites en 1923, sous la direction de l'architecte Payret Dortail. Le château devient mairie. D'autres HBM sont construites de 1930 à 1939 et après la guerre. De village qui ne comptait que quelques centaines d'habitations, Le Plessis-Robinson est devenu aujourd'hui une cité résidentielle.

MAIRIE
*XVe-XVIIe siècle*
*Pierre de taille, ardoise*
*Rue de la Mairie*
Jehan Piquet de La Haye, chevalier banneret, seigneur du village à qui il donne son nom – Le Plessis-Piquet –, fait construire cette « maison de plaisir », en fait sa résidence secondaire, aux environs de 1412. Trésorier général des Finances, ayant rapidement fait fortune, il est protégé par Isabeau de Bavière qui, en 1416, vient passer quelques jours dans cette demeure. Il ne reste que peu de chose de la construction originale, entourée de douves et ceinte d'une haute muraille. De grands réaménagements ont lieu aux XVIIe et XVIIIe siècles lorsque la seigneurie passe, entre autres, aux mains de Colbert, de 1682 à 1683, puis du maréchal Montesquiou d'Artagnan, de 1699 à 1725. Un escalier de belles proportions monte vers un bâtiment aux lignes sobres, dont les fenêtres sont d'inégales hauteurs. En 1854, le grand éditeur Louis Hachette (1800-1864) en devient le propriétaire ; il y meurt en 1864 après avoir été maire de la ville, de 1856 à 1857 et conseiller municipal jusqu'à sa mort. Cette résidence devient mairie en 1931.

PASSAGE COUVERT
*XVIIe siècle*
*Mairie*
Ce passage voûté du XVIIe siècle relie un premier corps de logis à un second sous lequel s'ouvre le porche. La terrasse et surtout la rambarde en fer forgé, qui reprend le motif de l'escalier monumental de la façade, sont remarquables.

LE PRINTEMPS
*Seconde moitié du XIXe siècle*
*Terre cuite*
*Jardin de la Mairie*
Sculptée dans le style néo-gothique cher à la fin du XIXe siècle, cette statue appartient à un ensemble illustrant les quatre saisons. Elles proviennent du château de la Solitude. Elles ont été rachetées et restaurées par la municipalité pour orner les jardins de la mairie. On retrouve les caractéristiques néo-gothiques, principalement dans le visage dont les traits sont autant influencés par l'art religieux du XIIIe siècle que par l'art profane de la Renaissance.

ESCALIER
*XVIIe siècle*
*Bois*
*Mairie*
Cette magnifique pièce de menuiserie du début de la seconde moitié du XVIIe siècle a peut-être été ajoutée par le seigneur de l'époque, le conseiller du roi, correcteur en sa chambre des comptes, Charles Levasseur.

TRIPTYQUE
*XVIII^e^ siècle*
*Sacristie*
*Chapelle Saint-Jean-Baptiste*
Dans la sacristie – l'ancien chœur – ce retable d'autel en stuc peint est orné de trois toiles d'Antoine Odier dit James Odier, beau-père du général Cavaignac (1802-1857) et propriétaire du château du Plessis de 1827 à 1853. Ce triptyque met en scène *L'Adoration des mages.*

CHAPELLE SAINT-JEAN-BAPTISTE
*XIII^e^-XX^e^ siècle*
*Pierre, ciment, meulière*
*2, rue de la Mairie*
En 1112 est établie la charte de fondation de l'église du Plessis : De ecclesia sita in Plessiaco, réglementant la présence religieuse dans ce petit village à l'initiative du sieur Barthélemy et de sa femme. Construite au XII^e^ siècle, l'église n'a rien gardé de ses origines, si ce n'est un joli clocher. En 1737, alors qu'elle tombe en ruine, elle est reconstruite, à l'exception de ce même clocher. Devenue trop petite, elle est, en 1949-1950, considérablement agrandie grâce à une donation et par les soins de l'architecte Henri Vidal. Il y adjoint une église plus moderne orientée vers le nord. La nef de l'ancienne église devient le narthex de celle-ci, l'ancien chœur, la sacristie. L'édifice ainsi remanié et béni en 1950 reçoit le nom de Saint-Jean-Baptiste.

CLOCHER
*XIII^e^ siècle*
*Pierre taillée, ardoises, tuiles*
*Chapelle Saint-Jean-Baptiste*
Le clocher est la partie la plus ancienne de la chapelle. À souche carrée, il est ajouré sur chaque face d'une baie en plein cintre surmontée d'une archivolte. Sa flèche repose sur des corbeaux anciens. (Cl. M. H., 1929)

SAINT JÉRÔME
*XVII^e^ siècle*
*Huile sur toile*
*Chapelle Saint-Jean-Baptiste*
Saint Jérôme (v. 347-420) est le patron des érudits, des exégètes et des traducteurs – il a traduit la Bible en latin, la célèbre vulgate qui fait encore référence – et l'un des quatre grands docteurs de l'Église latine. L'artiste, Philippe Mercier, a représenté ici saint Jérôme écrivant sur un rocher alors qu'un ange muni d'une trompette symbolise l'inspiration. Les éléments principaux de l'iconographie du saint sont présents : le drapé alors qu'il est nu, les rochers – il vécut en ermite –, la plume et le papier.

PLAQUE
*XXe siècle*
*Marbre*
*Chapelle Saint-Jean-Baptiste*
Cette plaque a été gravée à l'occasion du remaniement de la nef en 1959-1960 pour conserver la mémoire du maréchal de Montesquiou, seigneur de Plessis, inhumé dans l'église en 1725. Homme d'armes, il se distingue aux côtés du duc de Villars (1653-1734) lors des batailles de Malplaquet (1709) et de Denain (1712) et fait partie du conseil de Régence en 1720.

PLAQUE
*1669*
*Calcaire*
*Chapelle Saint-Jean-Baptiste*
Sur cette plaque est gravée la requête selon laquelle il est expressément demandé que des messes, déjà payées par testament, soit dites pour le repos de l'âme d'une défunte, dame Françoise Le Quin, veuve du seigneur de Cambray, par les marguilliers de l'église.

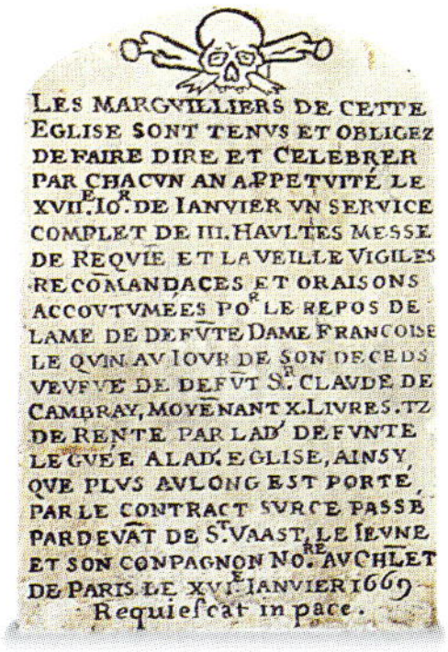


VIERGE À L'ENFANT
*XVIIe siècle*
*Chapelle Saint-Jean-Baptiste*
Cette statue, se trouve primitivement dans une chapelle consacrée en 1631. Au XVIIIe siècle, on pouvait lire dans l'église l'inscription suivante : « Tronc pour Notre-Dame de la Quinte. » Il existait en effet dans cette région une très forte croyance, plus ou moins superstitieuse, qui voulait que la Vierge, surnommée Notre-Dame de la Quinte, malgré l'interdiction par l'Église de lui attribuer ce genre de surnom, soulage les enfants de la coqueluche. Et l'on prétend qu'ainsi personne ne fut atteint par cette maladie. Invoquée sous le nom de Notre-Dame de Bon Secours, elle a peut-être succédé à cette Vierge miraculeuse.

CHÂTEAU DE LA SOLITUDE
*Fin du XIXe siècle*
*Vestiges*
*Rue Paul-Rivet*
Bâtiment néo-gothique maintenant à l'abandon, cette folie est construite par M. Marquis, un riche chocolatier à la fin du XIXe siècle, dans un endroit à l'époque encore très sauvage et difficile d'accès. À la mort de M. Marquis, sa fille, carmélite, y fonde momentanément un couvent. Malgré les nombreuses zones d'ombre dans l'histoire de ce bâtiment mystérieux, on sait que pendant la Première Guerre mondiale il abrite un bal clandestin, lorsqu'ils sont partout interdits. Le conseiller Viviani qui avait signé l'ordre de mobilisation générale de 1914 y meurt en 1925 « sur un canapé Louis XV, marmonnant des prières, lui qui, dans son discours sur la séparation de l'Église et l'État, prétendait éteindre certaines étoiles au firmament ». En 1937, il retrouve sa vocation religieuse en abritant à nouveau un carmel. En 1956, il devient collège d'enseignement technique féminin. C'est sa dernière utilisation, car désormais ce n'est qu'une demeure abandonnée aux intempéries et aux malveillances. Un permis de démolir est accordé en 1984, mais il n'a pas eu de suite. Raymond Radiguet (1903-1923) s'est inspiré de cet endroit à l'histoire mouvementée pour abriter *Le Bal du comte d'Orgel*, son second et dernier roman publié en 1924, un an après sa mort.

MAISON-TOUR
*Fin du XIXe siècle*
*Meulière et béton*
*19, rue de Malabry*
Cette étrange demeure est construite dans le pur style néo-gothique.

COUR COMMUNE
*XII^e^ XIII^e^ siècle*
*Cour commune*
En entrant dans cette cour au pavement irrégulier, on pénètre au cœur du village du Moyen Âge avec ses maisons serrées autour de leur église, lorsqu'il s'appelait encore Le Plessis-Raoul. Chevauchant sur ces pavés désordonnés, on s'attendrait à voir surgir quelque héros d'Alexandre Dumas. D'autant que le célèbre capitaine des *Trois Mousquetaires*, d'Artagnan, se trouve être le cousin germain de Pierre de Montesquiou (1645-1725), comte d'Artagnan et un temps suzerain du Plessis-Piquet.

ANCIENNE MAIRIE-ÉCOLE
*Fin XIX^e^-début XX^e^ siècle*
*Rue de la Mairie*
Ce bâtiment est construit selon le même schéma architectural que la plupart des écoles de la République. La simplicité de son ordonnance est à peine soulignée par les bandeaux de brique. Il abrite la mairie et l'école jusqu'en 1931.

MONUMENT AUX MORTS
*Pierre de taille, métal*
*Rue de la Mairie*
On remarque, sur ce monument commémoratif de la Première Guerre mondiale, l'importance des noms d'origine israélite. Il s'agit des jeunes accueillis par le château du Plessis lorsqu'il abritait une maison de correction pour les délinquants juifs de la région parisienne.

LE MOULIN FIDEL
*1925. Architecte : Laprade*
*Ancienne propriété Chauvin*
*80, rue du Moulin-Fidel*
Cette grande maison entourée d'un vaste parc doit son nom à l'existence d'un ancien moulin. Commandée par un milliardaire, est née de l'imagination de l'architecte Laprade en 1925. Passionné de style mauresque, Laprade a construit la résidence de France au Maroc. Malheureusement, il n'achèvera pas l'ensemble du Moulin Fidel. Tout autour de ce bâtiment à la conception originale basée sur des couleurs claires et le contraste entre les courbes du style mauresque et les rigueurs du style Arts déco, il créa un magnifique jardin, aujourd'hui disparu. C'est en ces murs que sont actuellement accueillies les expositions et les manifestations culturelles de la ville. La première pierre de la maison de la musique et de la danse y a été posée en 1994.

CITÉ-BASSE
*1926-1930*
*Architecte : Payret-Dortail*
*Place de l'Auditorium*
À partir des années 1926-1930, l'architecte Payret-Dortail et ses élèves construisent des logements pour répondre à l'afflux de nouvelles populations qui accompagne l'expansion économique. Ces logements sociaux ont des objectifs bien précis : éviter à tout prix les cités-dortoirs, installer le confort matériel maximal, mêler le plus possible les classes sociales, et surtout bannir l'uniformité des bâtiments pour laisser la place à la personnalisation de chacun.

PETIT CHÂTEAU DU PLESSIS
DIT CHÂTEAU COLBERT
*XVIIe siècle*
*Pierre de taille, ardoise*
*6, rue de Fontenay*
Ce château est construit au XVIIe siècle par la famille Potier qui possède la seigneurie du Plessis de 1609 à 1670. Colbert en fait l'acquisition en 1682 mais n'y demeure guère. Le château reste la propriété des seigneurs du fief. Divers propriétaires se succèdent ensuite jusqu'en 1888, date à laquelle la duchesse d'Orléans met en vente le château. Il est alors racheté par un groupe de riches banquiers israélites qui en font un centre pour jeunes juifs délinquants. Après la Première Guerre mondiale, le château est transformé en école horticole dont le domaine s'étend sur quinze hectares. En 1925, il est loti pour céder la place à la zone pavillonnaire actuelle. Un temps le château abrite le presbytère, puis est laissé à l'abandon. Il est aujourd'hui la propriété d'une petite communauté catholique. Sa façade est caractéristique de la calme ordonnance du style classique des années 1660, dans l'esprit des constructions des frères Le Vau. Sobre, la décoration extérieure est réduite au fronton de l'étage.

ORANGERIE
*XVIIe siècle*
*Pierre de taille, tuile*
*Petit château du Plessis*
*14, rue de Fontenay*
Ce charmant petit bâtiment avec ses ouvertures en plein-cintre est aujourd'hui une demeure particulière.

ÉCURIES
*XVIIe siècle*
*Pierre de taille, ardoises, tuiles*
*Petit château du Plessis*
*23-25, rue de Fontenay*
Le toit à double matériau, tuiles sur la partie supérieure et ardoises sur la partie inférieure, est d'origine. On retrouve fréquemment cette alternance en Île-de-France.

PORCHE
*XVIIe siècle*
*Petit château du Plessis*
Cette entrée caractéristique des écuries des XVIIe et XVIIIe siècles s'ouvre sur une avant-cour en demi-cercle.

ÉTANG COLBERT
*XVII^e^ siècle*
*Chaussée de l'Étang*

Ce grand bassin de retenue est creusé sur les ordres de Colbert pour alimenter les jeux d'eau, bassins et cascades, aménagés par Le Nôtre, de son château de Sceaux. Irrigué par le ru de la Fontaine du moulin, il faisait autrefois partie de la propriété du Petit-Plessis, maintenant lotie. Au siècle dernier, de grands artistes viennent chercher l'inspiration dans la majestueuse beauté des lieux : Zola y écrit, Cézanne y peint... Des travaux ont lieu en 1954-1955 : curage de l'étang et construction d'un agréable chemin de promenade tout autour.

MAISON SERTILLANGES
*XVII^e^ siècle*
*Pierre de taille, ardoises, tuiles*
*Avenue du Général-Leclerc*

Cette belle et grande demeure dont l'origine remonte au XVII^e^ siècle a servi de refuge aux populations du nord de la France et de la Belgique pendant l'exode de 1915. Elle abrite actuellement le Centre de loisirs municipal.

PARC HENRI-SELLIER
*Rue de l'Étang-d'Écoute-s'il-pleut*

Pierre de Montesquiou d'Artagnan fait creuser, pour en faire un vaste réservoir, une mare afin que les troupeaux viennent boire. Mais l'étang qui en résulte n'est alimenté que par les eaux de ruissellement, d'où le nom donné par la malignité publique et que porte aujourd'hui la rue qui borde le parc Henri-Sellier. Il s'agit de l'ancien parc du château de Plessis qui devient, en 1854, la propriété de l'éditeur Louis Hachette. Il est acheté en 1936 par le département de la Seine, pour compléter son patrimoine d'espaces verts. Il reçoit alors le nom d'Henri-Sellier, maire de Suresnes et pionnier en matière d'urbanisme.

PORTAIL DE FERME
*1-3, rue Marc-Sangnier*

Témoin du passé agricole du Plessis-Robinson, ce magnifique portail orne un ancien corps de ferme qui est maintenant le siège d'une association. Il a conservé les vestiges des deux bornes charretières ainsi qu'une porte piétonne.

CAFÉ LE D'ARTAGNAN
*Début du XIX^e^ siècle*
*Rue de la Mairie*

L'ancien nom du café, « La Bombe », vient d'un incident qui aurait pu être terrible en cette année 1814. Paris est alors assiégé par les troupes suédoises, autrichiennes et anglaises alliées contre Napoléon. Un jour, une bombe autrichienne tombe à l'endroit même du café... et n'explose pas. Pour commémorer cette heureuse issue, elle devient l'emblème du café. Depuis, le nom de l'établissement a changé, mais la bombe, suspendue à l'enseigne, perdure.

ROBINSON
*1930. H. Le Pecq*
*Restaurant « Le Panoramic »*
*32, rue de Malabry*
En 1848, un cabaretier du nom de Joseph Gueusquin (1819-1889), un Parisien originaire de Lorraine, lit avec intérêt les aventures de Robinson Crusoé. Il a alors l'idée de créer une guinguette où les tables seraient installées sur des estrades dans les branches d'un gros châtaignier, accessibles par un escalier, et de nommer le lieu Robinson. Il venait simplement de confondre le Robinson Crusoé de Daniel Defoe, écrit en 1719, qui s'abrite dans une grotte et le Robinson suisse de Johann David Wyss, écrit en 1813, qui lui, élit domicile dans un arbre. Cette imposante statue de près de deux mètres de hauteur représente le Robinson Crusoé de Defoe. Elle appartient au restaurant « Le Panoramic » et domine un magnifique point de vue.

L'ARBRE DE ROBINSON
*1848*
*106, rue de Malabry*
Il s'agit de l'un des derniers vestiges des nombreuses guinguettes qui scandent la rue de Malabry à partir de 1848 lorsque Joseph Gueusquin installe une première guinguette dans les branches d'un châtaignier, en l'appelant « Au Grand Robinson ». Juchés là-haut, les consommateurs ne sont certes pas dérangés : on leur sert champagne et poulets rôtis dans des paniers hissés à l'aide de savants dispositifs de cordes. En 1855, un critique gastronomique commente à sa façon ces déjeuners particuliers : « On a dressé des tables où, fourchettes en main, des tourtereaux sans plumes se content des douceurs en se donnant des baisers dont zéphyr et la feuillée sont les seuls confidents. » Le succès de son entreprise est tel qu'il attire très vite d'autres restaurateurs. On compte en 1896 une trentaine de débits de boisson dans la ville, pour 475 habitants ! Les derniers échos des flonflons s'évanouissent dans les années soixante et, avec eux, les dernières guinguettes. Bien mal en point aujourd'hui, l'arbre de Robinson n'offre plus au regard du promeneur que les plates-formes de ces anciennes tonnelles, quelques balustrades en bois et une esquisse d'escalier.

PAVILLON LAFONTAINE
*Fin du XIX^e^ siècle*
*33, rue Lafontaine*
Le succès des guinguettes est tel qu'une installation plus accessible est

nécessaire. Les restaurateurs se voient donc dans l'obligation de construire leurs établissements sur la terre ferme. Mais ils n'en cherchent pas moins à imiter l'enchevêtrement des arbres pour soutenir les murs. Cette ancienne guinguette accueillait encore musiciens et danseurs à la Libération et jusqu'en 1950.

LE MODERN BAR
(MAISON CONSTANT)
*Fin du XIX^e^ siècle*
*122-124 (ex 54-56), rue de Malabry*
« Que nous annoncent ces cris de joie, ces chants peut-être bacchiques, ces éclats de cornet à pistons ! Que nous approchons des frontières de Robinson. » En effet, la moindre maison, le plus petit jardin donnant sur la rue de Malabry se transforme en buvette, en boutique, en guinguette, telle celle des sœurs Constant. À partir de 1846, l'ouverture de la ligne de chemin de fer Paris-Sceaux permet chaque dimanche à des hordes de Parisiens de venir danser au quartier des guinguettes. Dès 1895, la ligne est prolongée jusqu'à Robinson, rapprochant encore les promeneurs de leur lieu de plaisir.

LA CALABRESETTA
*XIX^e^ siècle. E. Tap*
*67, avenue de Robinson*
Ce restaurant, anciennement nommé « Au tout va mieux » conserve des fresques de E. Tap, qui rappellent la joyeuse ambiance des guinguettes.

# Puteaux

Canton de Puteaux
Arrondissement de Nanterre

Superficie : 319 ha – Population 1990 : 42 766 hab.
Habitants : les Putéoliens – Rivière : la Seine
Voies : A86, RN13, RN187, RN192

Origines du nom : viendrait de *puteoli* – petites sources – mais une charte de Dagobert de 636 mentionne le nom d'*aquaputa*, tandis qu'un acte de 1148 préfère celui de Putiauz. Le nom de la ville serait néanmoins en rapport avec l'eau.

Blason : les armes de l'abbaye de Saint-Germain-des-Prés, où le rouge a été substitué au noir.

## HISTORIQUE

On trouve trace de Puteaux dès 636 alors que le hameau dépend de l'abbaye de Saint-Germain-des-Prés. Mais la véritable fondation remonte à 1148 quand le prieur de l'abbaye de Saint-Denis signe l'acte de constitution du village, et oblige la population à faire des offrandes à l'église de Suresnes. En 1212, les habitants refusent de s'astreindre à cet impôt, et sont excommuniés. Guillaume, abbé de Saint-Denis les affranchit moyennant une somme forfaitaire. La seigneurie passe en 1685 aux dames de Saint-Cyr. Malgré leurs demandes répétées, les habitants ne réussissent à obtenir l'autorisation de bâtir une simple chapelle qu'en 1509. Elle est bénie en 1523 sous le vocable de Notre-Dame de Pitié. En 1698, le duc de Gramont fait édifier un château. Au XVIIIe siècle, Puteaux est une petite ville de vignoble, de culture d'asperges, de petits pois et de roses qui accueille également des maisons de villégiature pour la noblesse parisienne. La paroisse de Puteaux devient indépendante en 1717. Les premières industries s'installent sous la Restauration et se développent sous la monarchie de Juillet. L'établissement du chemin de fer, en 1839, accélère la modernisation de la cité. Entre 1841 et 1846, la population augmente de mille habitants. En 1860, on trouve dans la ville des fabriques de produits chimiques, d'encre d'imprimerie – comme les célèbres établissements Lorilleux, installés depuis 1824 – de savon, de matières colorantes et d'impression d'étoffes. Mais c'est la naissance de l'automobile en 1882 qui, avec la fabrication de la première voiture, marque l'entrée de la ville dans l'ère moderne. En 1881, l'ancien château construit par le duc de Gramont est démoli. Entre les deux guerres, la ville fait un effort important d'urbanisme pour accueillir une population de plus en plus nombreuse. Sous le mandat du maire Marius Jacotot, l'aspect de la ville est modernisé et plusieurs édifices communaux, dont l'hôtel de ville, sont construits. Parallèlement, la ville connaît une vie artistique importante, tout d'abord en hébergeant le compositeur Bellini, mais surtout en étant le siège d'un groupe de peintres cubistes, le « groupe de Puteaux », composé de Jacques Villon, frère de Marcel Duchamp, et Franz Kupka. Après guerre, la création du quartier de La Défense entraîne la reconstruction complète de toute la partie nord de la commune. Malgré la présence de ce centre d'affaires, qui a permis à la ville de passer sans encombre de l'industrie au tertiaire, Puteaux n'a pas rompu avec son passé et l'on peut découvrir de vieux quartiers préservés qui trouvent encore leur place dans cet environnement de tours.

HÔTEL DE VILLE
*1934*
*Architectes : Jean et Édouard Niermans*
*Place Stalingrad*
Entre les deux guerres, de nombreuses communes suburbaines s'avisent de l'insuffisance des locaux municipaux et entreprennent la reconstruction de leur mairie. À Puteaux, le bâtiment construit est le véritable centre administratif de la ville puisqu'il contient à la fois la mairie, le bureau de Poste, le centre des contributions directes et indirectes, le bureau de perception, l'office de justice de paix, la bibliothèque municipale et enfin les pompiers. L'architecture des frères Niermans, Jean (1897-1989) et Édouard (1904-1984), se fait l'ambassadrice du modernisme : utilisation de nouveaux matériaux et prise de conscience de l'intérêt fonctionnel de l'édifice. Cependant, on distingue également un certain classicisme dans les formes, dû à la formation à l'École des Beaux-Arts des deux architectes. La construction est néanmoins caractéristique de l'époque des années trente, avec ses façades rythmées et la grandeur de ses proportions. L'hôtel de ville de Puteaux est l'un des plus beaux édifices municipaux de cette époque.

FRISE
*1934. Sculpteur : Alfred Janniot*
*Haut-relief*
*Hôtel de ville*
*131, rue de la République*

La frise de la façade de la rue de la République, qui s'étend sur une centaine de mètres, représente la vie d'une cité moderne. On peut lire en dessous l'inscription suivante : « La ville de Puteaux sous l'égide des vertus républicaines, protège le travail, les lettres, les sciences et les arts ». La frise montre en effet dans le style volontaire de la sculpture de l'entre-deux-guerres les différentes vertus, avec au centre la figure allégorique de la ville.

ESCALIER D'HONNEUR
*1934*
*Hôtel de ville*
Ce majestueux escalier à deux volées montre le souci d'homogénéité de style qui est propre à l'art jusqu'à la Seconde Guerre mondiale. Les rambardes, créées par le ferronnier Raymond Subes, sont composées de motifs géométriques venus du style Arts déco. Au mur, on peut admirer une immense fresque de Louis Bouquet représentant l'histoire de Puteaux. On y retrouve les petits puits qui ont donné son nom à la ville, les roses, que l'on cultivait en champ vers le milieu du XIXe siècle pour les industries pharmaceutiques naissantes et les parfumeurs. On peut y voir aussi les vignes et les vendanges, rappelant que sous l'Ancien Régime les coteaux étaient recouverts de vignobles qui produisaient un vin de faible qualité. L'artiste s'est également inspiré pour la composition du motif central, appelé le *Rond-Point des bergères*, d'une anecdote relatée dans le *Mercure de France* à propos d'une fête donnée par la duchesse de Guiche en l'honneur de la duchesse de Bourgogne en 1706, où toutes les paysannes vinrent se présenter devant cette dernière avant de danser. Enfin, malgré ces réminiscences, la fresque n'oublie pas l'hommage à la modernité, thème principal des années trente, avec des représentations d'usines et de voitures.

SALLE DES MARIAGES
*1934*
*Hôtel de ville*
Sur les murs de cette salle se trouve une fresque très colorée de Pierre Dionisi qui évoque diverses scènes de la vie quotidienne de l'époque, dans un cadre champêtre et lyrique. Certaines tonalités bleues renvoient à la couleur du mobilier, qui date des origines de l'édifice. Ce mobilier est très épuré dans ses formes et on peut également noter la recherche géométrisée de la composition du parquet.

FRISE
*1935. Alfred Jeanniot*
*Entrée de la Poste*
*133, rue de la République*
Cette frise en haut-relief d'Alfred Jeanniot représente la liaison de l'ancien et du nouveau continent grâce aux progrès des communications. Celle-ci est conçue en même temps que l'ensemble du bâtiment et de sa décoration. On y retrouve le mot d'ordre de l'époque : éloge de la modernité et des progrès de la civilisation.

BUSTE DE MARIUS JACOTOT
*Sculpteur : Lagriffoul*
*Escalier d'honneur*
*Hôtel de ville*

Le maire Marius Jacotot est à l'origine du formidable développement de la ville de Puteaux au cours des années trente. Il est le promoteur d'un intéressant effort d'urbanisme concrétisé par la construction de l'hôtel de ville et d'écoles publiques, le réaménagement de la gare et de certaines voies de la commune. Les préoccupations urbanistiques de Marius Jacotot sont d'ailleurs à replacer dans un vaste esprit de modernisation qui anime, à cette époque, de nombreux maires de la région parisienne.

GROUPE SCOLAIRE
MARIUS-JACOTOT
*1935-1936*
*Architectes : Édouardet Jean Niermans*
*Brique et dalle de verre*
*48, rue Fernand-Pelloutier*
L'école est réalisée par les mêmes architectes que ceux de l'hôtel de ville. La structure de l'édifice a été étudiée par rapport à sa fonction, c'est pour cela qu'il est si différent de la mairie. L'école abrite aussi une piscine. La structure du bâtiment se retrouve dans beaucoup d'autres édifices de l'époque, scolaires ou non, dans les municipalités dites alors « progressistes ».

ÉCOLE BENOÎT-MALON
*1924-1925*
*Béton*
*7, rue Colin*
Benoît Malon est le fondateur de la première coopérative ouvrière « La Revendication » en 1866, cellule de base qui deviendra au XX<sup>e</sup> siècle, « l'Union des coopérateurs ». Le style de ce bâtiment est fidèle aux traditions architecturales établies pour les édifices scolaires et se démarque de la construction contemporaine des frères Niermans qui se veut davantage innovante.

GROUPE SCOLAIRE JEAN-JAURÈS
*1924*
*Béton*
*48, rue Eichenberger*
Puteaux est une ville attachée à la tradition démocratique. Sous le second

Empire, elle décide d'allouer un traitement fixe aux instituteurs, à partir du 1er janvier 1863. Elle instaure aussi la gratuité absolue de l'enseignement à partir de 1866. C'est ici le même style d'architecture « traditionnelle » qui prévaut, à l'image du groupe scolaire Malon.

CONSERVATOIRE
*XIXe siècle*
*157, avenue de la République.*
Juste à côté du Moulin de Chantecoq, ce bâtiment est une partie de l'ancienne manufacture d'encre d'imprimerie de Charles Lorilleux, une des plus anciennes de France, fondée en 1818. Ce n'est qu'en 1979, que le bâtiment change de vocation pour abriter désormais le conservatoire.

MOULIN DE CHANTECOQ
*XVIIe siècle*
*157, avenue de la République*
Propriété de la ville depuis 1979, ce moulin a une longue histoire derrière lui. La tradition veut qu'Henri IV y ait établi son quartier général lors de sa conversion. Bâti en 1648, un plan des communes de Puteaux, de Suresnes et de Nanterre de 1699 le montre entouré de terres vierges. En 1787, les

religieuses de la Maison royale de Saint-Louis établies à Saint-Cyr-lès-Versailles, alors propriétaires du hameau, le donnent en bail à un meunier. Le 3 septembre 1790 la commune achète le bâtiment. Il change à nouveau de propriétaire quand, en 1823, Charles Lorilleux, propriétaire des usines d'encre d'imprimerie, le rachète pour y fabriquer son encre. Le moulin de Chantecoq devient l'image de marque et le symbole, connu dans le monde entier, des Établissements Lorilleux. Sa restauration est entreprise par la municipalité en 1990. C'est le plus vieux moulin conservé dans les Hauts-de-Seine, plus ancien encore que celui de Nanterre. (Ins. M. H., 1935)

PLAQUE DE DION-BOUTON
*1903*
*1, rue Bourgeoise*
C'est en 1882, après quelques essais à Paris, que le comte de Dion et l'ingénieur Bouton, unissant leurs idées et leurs capitaux, fondent une fabrique d'où sort l'année suivante la première automobile à essence. Les usines de fabrication s'installent rue des Pavillons, mais les terrains s'avèrent rapidement trop exigus pour réaliser les véhicules et répondre à la demande sans cesse croissante. Les usines de Dion-Bouton acquièrent d'autres terrains rue Ernest et quai National. L'entreprise compte 200 employés en 1897 et 6 000 pendant la Première Guerre mondiale.

MACHINE LORILLEUX
*XIXe siècle*
*Musée Pierre-Gaudin*

Vestige des Établissement Lorilleux, cette machine à encre était encore en fonctionnement à la fin du siècle dernier dans l'actuel conservatoire.

ÎLE DE PUTEAUX
*Fin XVIIIe siècle*
*Musée Pierre-Gaudin*
Une partie des terres de l'île appartient au XVIIe siècle à M. de Bourges, correcteur des comptes, qui y donne des fêtes brillantes au bord de l'eau. L'île change assez souvent de propriétaires au cours du XVIIIe siècle. En 1820, le baron Seillière y installe une fabrique de laine. En 1847, Salomon de Rothschild acquiert un grand nombre de terrains et se fait édifier une belle propriété. Le parfumeur Coty achète, en 1917, une partie de l'île où il installe une usine de jouets fabriqués par des mutilés de guerre et une usine de flacons de parfums. Le plan d'aménagement de l'île, en cours en 1927, tente de lui conserver l'aspect champêtre qui l'a toujours caractérisée. Les habitations collectives y sont exclues, ainsi que les établissements industriels. Une piscine y est construite en 1937. Aujourd'hui l'île demeure un lieu de promenade et de sports.

CAVALIERS
*1902. Franz Kupka*
*Huile sur toile (68 × 104 cm)*
*Musée Pierre-Gaudin*
Peintre tchèque, né à Opocno en Bohême orientale, Franz Kupka (1871-1953) étudie à l'école des Beaux-Arts de Prague et de Vienne avant de venir se fixer à Paris en 1894. Pour survivre il vend dans un premier temps des dessins à des journaux satiriques, comme *L'Assiette au beurre*. Installé à Puteaux auprès du peintre Jacques Villon à partir de 1908, il participe à la Section d'Or du groupe cubiste. En 1911, il crée sa première œuvre abstraite. Il peint dans ses débuts selon une technique assez académique, où les couleurs sont clairement rendues, mais il s'intéresse rapidement à un travail de recherche plus novateur, grâce aux habitués des « Dimanches de Puteaux » : Marcel Duchamp, Raymond Duchamp-Villon, entre autres. Il essaye de rendre le dynamisme et la lumière des formes, bien avant les futuristes italiens, et on voit dans les *Cavaliers* les prémices de cette recherche dans le traitement du ciel en étroites bandes de couleurs opposées qui rendent une sensation de vitesse. Il se marie à Puteaux et meurt en 1957 après une vie de travail laborieux et réservé. Il est malheureusement assez mal connu du public.

LA MAISON DU PEINTRE DURST
*1905. Franz Kupka*
*Huile sur toile (65 × 64 cm)*
*Musée Pierre-Gaudin*
Franck Kupka peint ici la maison du peintre Auguste Durst. Avec Jacques Bon, également peintre, et Jacques Villon, ils forment une sorte de communauté artistique et vivent en commun, à la manière d'un phalanstère.

FRONTON AVEC ARMOIRIES
*Première moitié du XXe siècle*
*Bois*
*Musée Pierre-Gaudin*
Ce fronton provient de l'ancienne mairie de Puteaux.

NOTRE JARDIN À PUTEAUX
*Vers 1906. Franz Kupka*
*Huile sur toile (46 × 38 cm)*
*Musée Pierre-Gaudin*

CAMILLE RENAULT
*1948. Raynold Arnoult*
*Huile sur toile (196 × 130 cm)*
*Musée Pierre-Gaudin*
Le restaurateur putéolien Camille Renault est un amateur d'art éclairé et l'ami des peintres du « Groupe de Puteaux ». Ces derniers se retrouvent régulièrement dans son établissement sur les murs duquel sont exposés de nombreux tableaux. Le peintre Jacques Villon fit également le portrait de Camille Renault.

SANITA FORTUNA À L'OMBRELLE
*Jacques Villon*
*Huile sur toile (54 × 70 cm)*
*Musée Pierre-Gaudin*
Frère de Marcel Duchamp et de Raymond Duchamp Villon, Jacques Villon, de son vrai nom Gaston Duchamp, est né à Damville dans l'Eure en 1875. Il s'installe tôt à Puteaux, et devient une des grandes figures du cubisme de la Section d'Or. Il traite l'espace en plans subtilement colorés, étudie l'objet selon différents points de vue et intègre ainsi la notion de mouvement à sa peinture. Le cubisme inventé par Georges Braque et Pablo Picasso en 1907 et qui a été repris dans les années dix par différents groupes dont les inventeurs se sont dissociés, a pour objectif premier l'étude de l'objet en opposition avec la peinture académique qui représente un sujet.

CLOCHES
*XVII^e^ siècle*
*Musée Pierre-Gaudin*

En 1640, la vieille église Notre-Dame de-Pitié est agrandie et on lui rajoute un clocher. En 1648, une première cloche est bénie. Elle a pour marraine dame Hineline qui la prénomme Catherine. Le 17 Mars 1662, Catherine de Ricouard bénit une seconde cloche Charlotte, dont elle est la marraine. Ce sont en tout quatre cloches qui sont placées dans le clocher de l'église. Trois d'entre elles sont déposées durant la Révolution. Elles sont actuellement exposées dans le parc Offenbach qui entoure le musée.

FRONTON-FONTAINE
*1903*
*Pierre*
*Parc Offenbach*
Cette ancienne horloge est actuellement réhabilitée en fontaine dans le parc du musée. Elle ornait le fronton du groupe scolaire des Bouvets.

RAMBARDE
*1895*
*Ancien pont de Puteaux*
Le premier pont de Puteaux, en pierre, est construit en 1895 grâce à une aide financière de Salomon de Rothschild, propriétaire d'une partie de l'île de Puteaux. On prétend que les initiales RF portées sur les mascarons des parapets du pont signifieraient Rothschild frères et non République française. En 1975, le pont ne suffisant plus à la circulation il est démoli et remplacé cinq ans plus tard par un pont moderne sans pilier central. Don de la direction départementale de l'équipement en 1978, la rambarde de l'ancien pont est exposée dans le parc du musée.

PLAQUE BELLINI
*Pierre*
*Musée Pierre-Gaudin*
En 1833, Vincenzo Bellini (1801-1835) s'installe à Puteaux, au 63, quai Royal, aujourd'hui quai National, dans une maison disparue en 1958. Né à Catane en Sicile, Bellini est l'auteur de plusieurs opéras célèbres, dont *La Norma*, le préféré de la cantatrice Maria Callas. Il compose à Puteaux *Les*

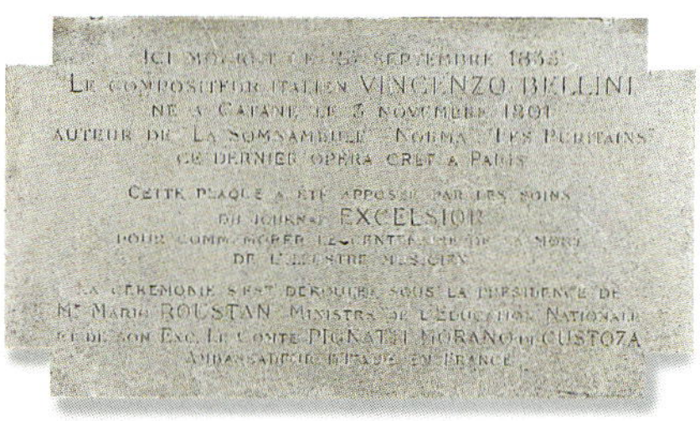


*Puritains* en 1835, et meurt la même année dans des circonstances étranges et toujours inexpliquées. En 1878, la municipalité nomme une rue et un quartier à son nom.

ÉGLISE NOTRE-DAME DE PITIÉ
*XVI^e^-XIX^e^-XX^e^ siècle*
*Place de l'Église*
Le hameau de Puteaux, écart de Suresnes, obtient l'accord en 1509 de construire une chapelle qui est placée

sous le vocable Notre-Dame de Pitié en 1523. Elle est achevée dans le courant du XVI^e^ siècle et érigée en paroisse en 1718, ce qui constitue le premier événement marquant l'indépendance de Puteaux. Elle est restaurée à plusieurs reprises, en particulier au XIX^e^ siècle. Son plan est relativement simple : une nef rectangulaire, terminée par une abside polygonale, sans transept ni bas-côtés. En 1939, l'édifice est fermé et laissé à l'abandon, et tombe peu à peu en ruines. Il est voué à la destruction en 1962, restauré à partir de 1975 et réouvert au culte en 1985.

VIE DE SAINT RENÉ
*1558*
*Vitrail*
*Église Notre-Dame de Pitié*

Ce vitrail, gardé en réserve lorsque l'église est à l'abandon, est remis en place après une restauration entreprise lors du classement des vitraux par les Monuments historiques. Il y avait autrefois un *Baptême du Christ* au-dessus de l'autel. Les vitraux sont au nombre de trois et représentent la vie de saint René, une *Assomption de la Vierge* offerte par un artisan boucher et datée par sa dédicace également de 1558, et enfin une *Pentecôte*. Cette composition est un magnifique exemple de l'art du vitrail de la Renaissance, avec des harmonies de couleurs très fines. (Cl. M. H., 1886)

ÉGLISE SAINTE-MATHILDE
*1934. Jean Rey*
*Béton*
*33, rue Lucien-Voilin*

La construction de l'église Sainte-Mathilde est mise en œuvre à l'instigation du curé de la paroisse pour pallier la déficience de la vieille église Notre-Dame de Pitié. L'emplacement primitif qui lui était attribué était à l'origine celui sur lequel s'élève aujourd'hui l'hôtel de ville. Le clocher et la chapelle absidiale lui manque toujours bien qu'un projet soit envisagé par la mairie actuelle. L'intérieur est en béton nu, ce qui fait un ensemble assez imposant. Le portail en bronze est l'œuvre de Richard Desvallières. Une frise décorative surmonte l'arcade de façade et représente le Christ en train de prêcher parmi une assemblée constituée de femmes, d'hommes et de jeunes enfants.

THÉÂTRE
*1913-1921*
*Architecte : Léopold-Camille Bevière*
*Rue Henri-Martin.*
Ce théâtre, construit entre 1913 et 1921, relève d'une architecture assez classique pour l'époque. Il présente en façade une large baie vitrée, surmontée d'une frise en demi-cercle sur laquelle sont sculptées les armoiries de la ville dans un décor de fleurs, le tout encadré par deux enfants ailés. La décoration est complétée par des mascarons sculptés évoquant des masques d'acteurs et de pantomimes.

VILLA DES ARTS
*XIXe-XXe siècle*
*Pierre et béton*
*5, rue Gerhard*
L'ancien casino est construit en 1895 et abrite à son origine une salle des fêtes et un cinéma, car Puteaux peut s'enorgueillir d'être la première commune des Hauts-de-Seine à présenter des spectacles de cinéma à ses habitants dès le début du XXe siècle. Devenu aujourd'hui la Villa des arts, l'édifice appartient à une société privée qui l'a acheté au début de 1990, pour abriter des activités artistiques, notamment un studio de photographies.

LA DÉFENSE DE PARIS
*1881. Sculpteur : L. E. Barrias*
*Rond-point de La Défense*
Une statue de Napoléon Ier est placée au milieu du Rond-Point de Courbevoie au cours de la première moitié du XIXe siècle. Elle est descendue en 1870 pour la protéger des Prussiens. Elle ne sera jamais remontée. À la fin de la guerre, le gouvernement décide de consacrer le rond-point au souvenir de la défense de Paris de 1871. L'emplacement reçoit ce nom, et un concours est ouvert pour l'orner d'un monument. Gustave Doré présente un projet qui est refusé pour sa médiocrité. C'est le statuaire Louis-Ernest Barrias (1841-1905) qui remporte le concours. Son œuvre est érigée en 1882. Elle représente un groupe allégorique composé d'un personnage féminin symbolisant la ville de Paris protégée au pied duquel repose un soldat en armes.

CNIT
*1955-1958*
*Architectes : Camelot, de Mailly, Zehrfuss*
*Béton et verre*
*Parvis de La Défense*
Premier édifice inaugurant le quartier de La Défense, le Centre national des industries et des techniques est construit de 1955 à 1956 par un groupe de jeunes architectes. Ce projet ambitieux est composé d'un gigantesque voile de béton d'une portée record de 218 mètres, supporté seulement par trois points. L'intérieur, couvrant une surface de 2 200 m² est destiné, à l'origine, à abriter diverses expositions. Cette prouesse technique conquiert rapidement le public et devint le symbole du modernisme. L'édifice a été entièrement réaménagé ces dernières années et ne laisse plus deviner l'ampleur de la voûte aérienne. Mais le CNIT est un exemple caractéristique des formes architecturales nouvelles qui sont expérimentées depuis trente ans dans le centre de La Défense et qui témoignent de l'imagination des concepteurs et de la hardiesse des ingénieurs au service du secteur tertiaire. Les ingénieurs du CNIT font également, à la demande de l'État, les premiers plans d'aménagement de La Défense.

# Rueil-Malmaison

Cantons de Rueil-Malmaison et de Garches
Arrondissement de Nanterre

Superficie : 1 474 ha – Population 1990 : 67 321 hab.
Habitants : les Ruellois – Rivière : la Seine
Voies : A86, RN13, RN190

Origine du nom : Rueil, déformation de Ruel, en raison des nombreux rus qui sillonnent le territoire ; Malmaison, souvenir des exactions normandes sur le domaine, dont le nom fut accolé à celui de Rueil en 1928.

Blason : le château de Malmaison, le « N » de l'Empereur, l'hortensia évoquant le souvenir de la reine Hortense, fille de l'impératrice Joséphine.

## HISTORIQUE

La présence de vestiges néolithiques, découverts lors de fouilles menées tout au long de notre siècle, milite en faveur d'une installation précoce de l'homme sur le site de Rueil. Celui-ci se développe aux premiers siècles de notre ère, qui voient l'implantation d'une villa gallo-romaine, bientôt remplacée par le domaine de la dynastie mérovingienne.

Au VIe siècle, Childebert Ier, fils de Clovis, puis Dagobert au siècle suivant séjournent à Rueil. L'essor de la bourgade prend tôt ses racines, par la création d'une pêcherie aux limites de Rueil et de Bougival, sous l'égide de Charles Martel. En 846, les Normands ravagent une partie du site et s'installent sur le domaine qui prendra le nom de la Malmaison. Le roi Charles le Chauve, en 875, fait don de la pêcherie et de la seigneurie de Rueil à l'abbaye de Saint-Denis, qui conservera ses droits jusqu'au XVIIe siècle. Pour la première fois, au début du XIIe siècle, le nom de Ruellium apparaît, cité dans une charte de Louis le Gros. À l'image des villages voisins, Rueil est dévasté au XIVe siècle par les troupes anglaises du Prince Noir. Le développement du village est attisé par la présence du cardinal de Richelieu, qui reprend, en 1633, le château du val de Ruel. Alors un des centres du pouvoir, le village se transforme peu à peu en un lieu de résidence plaisant, autour de la nouvelle église achevée par le cardinal. En 1648, la cour royale du jeune Louis XIV et de sa mère Anne d'Autriche réside au château, fuyant la fronde des Princes. En 1756, Louis XV encourage l'irrésistible croissance du bourg, en le choisissant pour accueillir, avec Courbevoie et Saint-Denis, le casernement des Gardes suisses. Marqué par l'empreinte des grands du royaume – la comtesse du Barry se réfugie au château à la mort de Louis XV –, Rueil n'est pas bouleversé par la Révolution. À l'aube du XIXe siècle, l'héritier des années révolutionnaires s'installe à Rueil, en la personne du Premier Consul Napoléon Bonaparte, lequel se porte acquéreur, pour son épouse Joséphine, du domaine de Malmaison. Dès lors, Rueil vit à l'heure impériale. Envahi par les Anglais et les Prussiens à la chute du premier Empire, Rueil n'a jamais rompu ses liens avec la famille Bonaparte. Les enfants de Joséphine, puis Napoléon III demeurent fidèles au domaine de Malmaison, malgré les vicissitudes des successions. La première industrie du village, la blanchisserie, prospère en raison de la qualité de ses eaux, ce qui provoque un net accroissement de la population, facilité par le lotissement d'une grande partie des domaines tout au long du XIXe siècle. Siège de combats meurtriers en 1870 et 1871, Rueil renoue avec sa tradition résidentielle au début de notre siècle.

La ville, la plus vaste du département, a su préserver son caractère tout en se tournant vers l'avenir : quelque cinq cents entreprises, dont de nombreux sièges sociaux, y sont désormais installées.

ÉGLISE SAINT-PIERRE-SAINT-PAUL
*Clocher*
*XIXe siècle*
*Architecte : Eugène Lacroix*
*Place de l'Église*
La première paroisse de Rueil, placée sous le vocable des apôtres saint Pierre et saint Paul, remonte probablement au VIIIe siècle. Une église y est attestée au XIIe siècle, laquelle, ruinée par la guerre de Cent Ans et l'occupation anglaise du XVe siècle, nécessite au sortir des époques noires une complète reconstruction. Elle conservera néanmoins son clocher originel jusqu'au milieu du XIXe siècle. Fortement ébranlé, il est alors rebâti dans le style roman initial, fait exceptionnel à cette époque. (Cl. M. H., 1941)

PORTAIL NORD
*XVIe-XVIIe-XIXe siècle*
*Église Saint-Pierre-Saint-Paul*
Hormis le clocher, l'église du XIIe siècle est entièrement reconstruite à la fin du XVIe siècle. Elle change alors d'orientation, l'ancienne nef et le chœur devenant transept, tandis que l'on édifie une nouvelle nef. La première pierre est posée en 1584 par Antoine Ier, prétendant exilé au trône du Portugal, et ses deux fils, don Emmanuel et don Christophe. Antoine Ier est le bâtard de Henri le Cardinal (1512-1580), dernier roi du Portugal de la dynastie des Aviz, mort sans filiation légitime. Les droits d'Antoine n'étant pas reconnus, le trône portugais est occupé en 1580 par Philippe II, roi d'Espagne. Achevé en 1603, le portail nord de l'église est attribué à l'architecte Nicolas Lemercier, père de celui qui achèvera l'édifice vers 1635 à la demande du cardinal de Richelieu. Le portail sera fortement restauré, pour ne pas dire reconstruit, au milieu du XIXe siècle, par l'architecte Eugène Lacroix, maître d'œuvre des travaux menés en l'église au début du second Empire. Le fronton est désormais gravé de ses deux dates fondatrices : 1603 et 1857, ainsi que des initiales « J » et « H », en hommage à l'impératrice Joséphine et à la reine Hortense.

FAÇADE
*1635*
*Architecte : Jacques Lemercier*
*Église Saint-Pierre-Saint-Paul*
Lorsque, dans les années 1630, le cardinal de Richelieu s'installe à Rueil, l'église est encore inachevée. Il confie alors les dernières réalisations, dont la façade, à Jacques Lemercier (vers 1585-1654), fils de Nicolas Lemercier. Premier architecte du roi Louis XIII depuis 1618, Jacques Lemercier travaille au Louvre puis, à partir de 1631, au château de la ville de Richelieu (Indre-et-Loire). Son œuvre majeure demeure l'église à dôme de la Sorbonne à Paris (1635-1642), pour laquelle il transpose dans le goût français les formes architecturales italiennes. Considéré comme l'initiateur du classicisme français, Lemercier œuvre en collaboration avec le sculpteur Jacques Sarrazin (1588-1660). Les niches de la façade de l'église de Rueil sont à l'origine ornées de quatre statues de Sarrazin : saint Pierre et saint Paul, détruites à la Révolution, et deux anges, disparus en 1848. Peu touchée par les restaurations du second Empire – épis et feuillages autour de l'horloge –, la façade de l'église de Rueil a été rétablie à l'identique en 1990 – mise en place des pots-à-feu et des armes de Richelieu, nouvelles statues dans les niches.

CHAPITEAU SCULPTÉ
*XIXe siècle*
*Nef*
*Église Saint-Pierre-Saint-Paul*
Au début du XIXe siècle, l'église de Rueil, abîmée à la Révolution, nécessite tant de restaurations que l'empereur Napoléon Ier engage une première campagne en 1804, vite insuffisante. Dès 1850, l'église est à nouveau délabrée et Napoléon III se consacre, pour d'évidentes raisons familiales, à la remise en état de l'église ruelloise. Les travaux sont confiés, de 1854 à 1856, à Eugène Lacroix, architecte de l'Élysée et filleul de la reine Hortense. La structure intérieure de l'église, due à Nicolas Lemercier à la fin du XVIe siècle, est conservée, malgré l'agrandissement du transept. La plupart des décorations intérieures, quant à elles, datent du second Empire.

CLÉ DE VOÛTE
*XIXe siècle*
*Chœur*
*Église Saint-Pierre-Saint-Paul*
Tout comme la majeure partie des ornementations intérieures, les sculptures des clés de voûtes remontent à la campagne de restauration de l'église de Rueil sous le second Empire. Elles sont réalisées par l'entreprise Savreux.

TOMBEAU
DE L'IMPÉRATRICE JOSEPHINE
*1825. Sculpteur : Cartellier*
*Marbre*
*Église Saint-Pierre-Saint-Paul*
En 1809, après son divorce d'avec Napoléon I^er^, l'impératrice Joséphine, née Marie-Josèphe-Rose de Tascher de La Pagerie (1763-1814), se retire à la Malmaison où elle s'éteint en 1814. Dans l'attente d'un mausolée, son corps repose dans les caves du presbytère jusqu'en 1825, date à laquelle ce monument est érigé, par l'architecte Louis Martin Berthault (1770-1823), qui travailla beaucoup à Malmaison, et le sculpteur et orfèvre Pierre Cartellier (1757-1831), fournisseur des commandes officielles sous l'Empire et la Restauration. Les donateurs sont les deux enfants de Joséphine, issus de son premier mariage avec le général Alexandre de Beauharnais (1760-1794), président de l'Assemblée constituante en 1792, guillotiné pour la perte de la ville de Mayence en 1793 : Eugène de Beauharnais (1781-1824), général, prince d'Empire et vice-roi d'Italie en 1805, réfugié à la chute de l'Empire chez son beau-père Maximilien I^er^ de Bavière, qui le fait duc de Leuchtenberg et prince d'Eichstätt ; et sa sœur Hortense de Beauharnais (1783-1837), qui repose également en l'église de Rueil. Afin de ne pas trop mettre en avant un idéal impérial peu en vogue, on choisit de représenter la défunte en prière, dans l'attitude du Sacre célébré par le peintre David. (Cl. M. H., 1927)

ANNEAUX DE CORDAGE
*XIX^e^ siècle*
*Navire* La Belle Poule
*Musée municipal de Rueil*
Les cendres de la reine Hortense reposent dans une crypte sous la chapelle. Le sarcophage monolithe, orné des armoiries impériales, portait également ces anneaux en guise de couronne funéraire, désormais conservés au musée de Rueil. Ils présentent la particularité d'avoir été tressés avec les cordages de la frégate *La Belle Poule*, navire qui ramena de Saint-Hélène les cendres de Napoléon I^er^ en 1840.

MONUMENT
DE LA REINE HORTENSE
*1854-1857*
*Sculpteur : Jean-Auguste Barre*
*Chœur*
*Église Saint-Pierre-Saint-Paul*

Second enfant de Joséphine, Hortense de Beauharnais (1783-1837), épouse en 1802 Louis Bonaparte (1778-1846), frère de Napoléon I^er^, roi de Hollande de 1806 à 1810. De leurs trois enfants, un seul survit, Charles Louis Napoléon Bonaparte (1808-1873), futur Napoléon III. La reine Hortense est également la mère du duc de Morny (1811-1865), ministre et proche conseiller de Napoléon III, fruit d'une liaison adultère avec le général comte de Flahaut. Avant sa mort en exil au château d'Arenenberg (Suisse), Hortense avait manifesté le désir d'être enterrée à Rueil aux côtés de sa mère Joséphine. Ses cendres sont ramenées en 1838 et un premier monument est édifié par le sculpteur Bartolini en 1846. Fort critiqué, le monument est remplacé lors des restaurations de l'église de Rueil par ce cénotaphe, représentant la reine Hortense sous la protection d'un ange.

LA DÉPOSITION DE CROIX
*XVIIe-XVIIIe siècle*
*Bronze doré (54 × 187 cm)*
*Maître-autel*
*Église Saint-Pierre-Saint-Paul*
Le modèle original de ce bas-relief est sculpté en 1667 pour le devant d'autel de l'église parisienne du Val-de-Grâce, par François Anguier (1604-1669), auteur de nombreux travaux de décoration au Louvre, et sculpteur, avec son frère Michel, du mausolée d'Henri II de Montmorency. La fonte en bronze n'intervient qu'en 1737, par le maître-fondeur Dizy. Enlevé à la Révolution de son emplacement d'origine, le bas-relief est acheté par Napoléon Ier en 1805, pour la chapelle de La Malmaison. En 1837, le nouveau propriétaire du domaine impérial, Hagermann, en fait don à l'église de Rueil. Autour du corps du Christ, dont la tête est soutenue par la Vierge, l'artiste représente saint Jean, courbé aux pieds de Jésus, et sainte Madeleine, les mains jointes, dans une posture de douleur particulièrement expressive. (Cl. M. H., 1907)

L'ASSOMPTION
*Début du XVIIIe siècle. Frère André*
*Huile sur toile marouflée*
*(270 × 230 cm)*
*Transept sud*
*Église Saint-Pierre-Saint-Paul*
Marie s'élevant au ciel, entourée d'anges, tandis que les apôtres se recueillent autour de son tombeau : cette Assomption est de la main du peintre Jean André (vers 1662-1753), dit Frère André, membre de l'ordre des Dominicains. Le tableau est agrandi par le restaurateur Fredon, et placé en 1784 à la maison royale de Saint Louis, à Saint-Cyr. Donné à la paroisse en 1806, il demeure dans le chœur, jusqu'à son marouflage en hauteur sur les murs du transept sud, à la demande de l'architecte Lacroix, lors des restaurations de l'église sous le second Empire. (Cl. M. H., 1907)

BUFFET D'ORGUES
*Fin XVe siècle*
*Attribué à Baccio d'Agnolo*
*Bois sculpté doré*
*Église Saint-Pierre-Saint-Paul*
Revêtue de ses nouveaux atours, l'église de Rueil méritait des orgues à sa mesure. Une fois encore, Napoléon III contribue à la mise en valeur de l'édifice en offrant en 1863 un magnifique buffet d'orgues sculpté, dans lequel on installe un instrument Cavaillé-Coll. Le buffet à deux baies, orné de guirlandes et de fleurs de tournesol, possède une corniche qui présente des écussons en amande dont un aux armes de Florence. Il provient de l'église Santa-Maria-Novella de Florence, sans que l'on sache avec précision ce qui l'a conduit en France. On attribue le travail de sculpture à Baglioni Baccio d'Agnolo, qui travailla dans l'église Santa-Maria-Novella, et notamment à des stalles, entre 1491 et 1496.
(Cl. M. H., 1970)

SAINTE CÉCILE
*XVe-XVIe siècle*
*École milanaise*
*Huile sur bois (125 × 110 cm)*
*Transept nord*
*Église Saint-Pierre-Saint-Paul*
Sainte Cécile est ici traditionnellement représentée en patronne des musiciens : entourée d'anges et de partitions, elle joue de l'épinette, petit clavecin simplifié courant en Italie aux XVe et XVIe siècles. La légende de sainte Cécile est connue depuis le Ve siècle. Romaine fiancée au païen Valérien, elle convainc son époux de renoncer à elle et le convertit au christianisme dans la chambre nuptiale. Le couple est alors martyrisé. L'origine de son invocation par les musiciens tient à ce que, tandis que les musiciens jouaient pour les festivités du mariage, sainte Cécile chantait les louanges de Dieu.
(Cl. M. H., 1974)

PIÈCE D'EAU DU VAL DE RUEL
*XVIIe siècle*
*Sandoz France*
*14, boulevard Richelieu*
Le « petit château du Val de Ruel » est ici attesté depuis le milieu du XVIe siècle. Modeste demeure, elle est transformée par son propriétaire entre 1606 et 1620, Jean de Moisset, important financier du règne d'Henri IV. Après la mort du dernier héritier de Moisset, le domaine est acheté en 1633 par Armand Jean du Plessis, cardinal et duc de Richelieu (1585-1642). L'ancien évêque de Luçon, compagnon d'exil de Marie de Médicis et de son conseiller Concini, est le principal acteur de la réconciliation entre le roi Louis XIII et sa mère. Il entre au conseil royal en 1624. Premier soutien de Louis XIII, Richelieu achète le château du Val de Ruel, où il séjourne souvent, en raison de sa proximité avec le château royal de Saint-Germain.

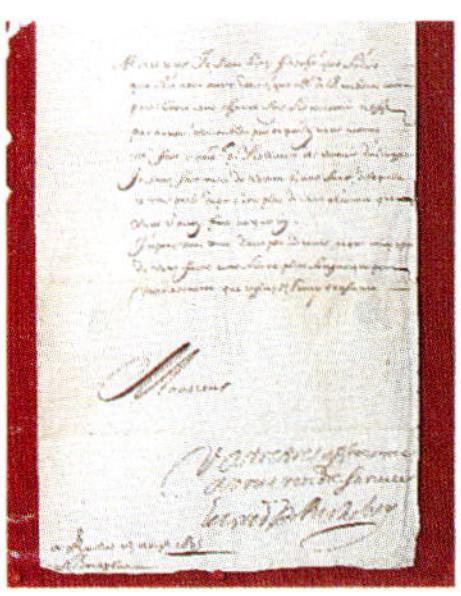

LETTRE MANUSCRITE
*XVIIe siècle*
*Signée de Richelieu, à Rueil*
*Musée municipal de Rueil*

Le château du Val de Ruel, sous l'égide de Richelieu, devient un des lieux d'importance du gouvernement du royaume. Louis XIII et sa femme Anne d'Autriche s'y rendent souvent, à l'invitation du maître des lieux. De très nombreuses lettres, comme celle-ci signée de Richelieu, partent de Rueil. C'est également au château qu'ont été préparés les statuts de la future Académie française, créée sur l'instigation du cardinal en 1634.

VESTIGE DU NYMPHÉE
*XVIIe siècle*
*Jardins du Val de Ruel*
*Sandoz France*
Richelieu fait agrandir la demeure par l'architecte Jacques Lemercier (vers 1585-1654), auquel il commande également la façade de l'église de Rueil. Les jardins du domaine sont déjà

célèbres avant l'arrivée du cardinal. Le nymphée – une grotte artificielle avec retenue d'eau – semble remonter au financier Moisset, ouvrage sculpté en 1608 par Jean Séjourné. Richelieu transforme le parc en une féerie de verdure et de jeux d'eaux : la grande cascade, l'orangerie, l'arc de triomphe, inspiré de celui de Constantin Ier à Rome, avec son mur aveugle peint en trompe-l'œil par Jean Lemaire (1598-1659). De ces somptuosités presque royales, il ne demeure que les vestiges des pièces d'eau, dans le parc Sandoz.

BANC SCULPTÉ
*XVIIe siècle*
*Pierre (585 cm)*
*34, rue Carnot*
Ce superbe banc, vestige des ornementations du parc de Richelieu, est désormais – en raison des démembrements du domaine – conservé et entretenu dans une propriété privée. À la mort de Richelieu, le château passe à sa nièce Marie Madeleine de Vignerot, duchesse d'Aiguillon (1604-1675), qui y accueille Anne d'Au-

triche, le jeune Louis XIV et l'ensemble de la cour, chassés de Paris par la Fronde des princes. C'est ici que l'on signe en 1649 le traité dit de « la paix de Ruel », qui met un terme aux hostilités entre les grands seigneurs et le pouvoir royal. Jusqu'à la Révolution, le château demeure dans la famille des ducs d'Aiguillon. En 1800, le général André Masséna (1756-1817) s'en rend propriétaire. Ses héritiers le conservent jusqu'en 1832, date à laquelle le domaine est vendu aux familles Lemarié, Bréant et Mercier qui démolissent le château et lotissent le domaine. À l'emplacement du château du Val de Ruel, Jean Coquelin, fils du comédien Constant

Coquelin, créateur du *Cyrano de Bergerac* d'Edmond Rostand, fait édifier un manoir. Un temps habité par le physicien Georges Claude (1870-1960), l'ensemble est désormais propriété de Sandoz France, dont le parc abrite encore de modestes vestiges des fabuleux jardins de Richelieu.

LETTRE MANUSCRITE
*XVII^e siècle*
*Signée du père Joseph*
*Musée municipal de Rueil*

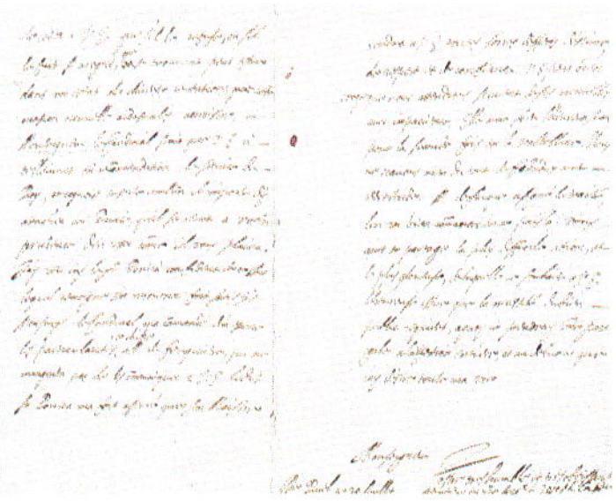

François Joseph Le Clerc du Tremblay (1577-1638), dit le père Joseph, commence sa carrière comme soldat puis entre dans les ordres. Prédicateur capucin, il devient à partir de 1624 le confident et l'agent de Richelieu, acteur déterminant de la politique étrangère du cardinal, notamment dans la lutte menée contre les Habsbourg. Son influence est telle qu'on le surnomme « l'éminence grise ».

MAISON DU PÈRE JOSEPH
*XVII^e-XIX^e-XX^e siècle*
*34, boulevard Richelieu*
Cette demeure récemment restaurée conserve encore une partie des murs du pavillon d'origine, qui dépendait du château du Val de Ruel. À l'écart du château proprement dit, ce pavillon accueillait le père Joseph lors de ses séjours à Rueil. Victime d'une attaque d'apoplexie à Compiègne en mai 1638, le père Joseph retourne à Rueil à la demande de Richelieu. Il y meurt le 18 décembre 1638, sans que l'on sache s'il reposait au château ou dans ce pavillon. Éprouvé par ce décès, Richelieu dira aux obsèques : « Je perds ma consolation et mon unique secours, mon confident et mon appui. »

MAISON DU PÈRE JOSEPH
*XVII^e-XIX^e-XX^e siècle*
*Façade sur jardin*
La maison suit la destinée du domaine de Richelieu. Transformée par l'adjonction de l'avancée arrondie sur jardin vers 1832-1836, elle est conservée par M. Mercier, gendre des Lemarié qui viennent d'acheter le Val de Ruel. Ses héritiers la conservent, tandis que le domaine principal est loti. Parmi ceux-ci, Jean Robert Bréant (1774-1852), vérificateur général des monnaies de France et inventeur fécond, qui modifie encore la demeure et y installe un véritable atelier laboratoire. La propriété passe à son neveu, le contre-amiral Jacques Nicolas Lemarié (1790-1861), puis sort de la famille. La maison du père Joseph abrite pendant la Première Guerre mondiale une « ambulance » – hôpital provisoire, sous l'égide de sa propriétaire et bienfaitrice de la commune Eugénie Henriette Rose Haby-Sommer (1855-1925). En 1931, la demeure appartient au couple américain Gould, qui font modifier la toiture et apposer la plaque commémorative. La maison du père Joseph est depuis 1988 propriété communale.

PERTUISANE
*XVII^e^ siècle*
*(H. : 215 cm)*
*Acier, or et chêne*
*Musée municipal de Rueil*

Cette pertuisane – hallebarde au long fer – au décor de soleil, de lys et de laurier, était autrefois conservée en l'église de Rueil. Tout comme le célèbre uniforme rouge, elle est indissociable des Gardes suisses, et témoigne de leur présence séculaire à Rueil. On considère le traité de Montil-les-Tours, en 1453, comme l'acte fondateur de l'amitié franco-suisse. Cette alliance, scellée sous François Ier en 1521, conduit à un contrat de protection de la Confédération par la France, en contrepartie de la fourniture de régiments de soldats suisses au royaume. En 1571, Charles IX crée l'État-Major des Suisses et des Grisons pour coordonner les différents régiments sur le territoire du royaume. Une seule unité échappe à cette institution : la compagnie des Cent Suisses, recevant directement les ordres du roi, et qui perdra rapidement son caractère militaire. Le régiment des Gardes suisses, corps permanent de soldats, est créé en 1616 par Louis XIII. Les premiers Suisses s'intègrent à la population ruelloise vers 1646. Logés chez l'habitant, ils travaillent de concert avec lui hors des heures de service. (Cl. M. H., 1905)

CASERNE DES GARDES SUISSES
*1756. Architecte : Guillaumot*
*Caserne Guynemer*
*64, avenue Paul-Doumer*

En 1754, Louis XV décide de créer trois casernes pour les Gardes suisses, afin d'améliorer l'efficacité de ce corps d'élite chargé de la protection du roi. Trois sites sont choisis, en raison de leur proximité avec les résidences royales de Paris, Versailles et Saint-Germain : Rueil, Courbevoie et Saint-Denis. La réalisation des bâtiments est confiée en 1756 à l'architecte Charles Axel Guillaumot. La caserne de Rueil, à l'image de ses deux voisines, comporte un grand corps de bâtiment central, coiffé d'un dôme quadrangulaire et d'un fronton sculpté, muni de deux ailes en retour qui délimitent une cour. (Cl. M. H., 1974)

BÂTIMENT CENTRAL
*1756. Architecte : Guillaumot*
*Corps central*
*Caserne Guynemer*

Désormais vidée, la caserne de Rueil sert durant la période révolutionnaire de magasin militaire. En 1814, les armées alliées contre l'Empire y aménagent un hôpital militaire. Le corps des Gardes suisses est reconstitué pendant la Restauration, puis définitivement dissous en 1831 pour former la légion étrangère. Les bâtiments abritent sous le second Empire la garde impériale, avant d'être occupés par les Prussiens en 1871. C'est en hommage à l'aviateur abattu que la caserne prend le nom de Guynemer en 1917. En 1944, on constitue dans la caserne le bataillon Marianne, formé de deux cent vingt-neuf résistants. Aménagée, la caserne Guynemer est aujourd'hui le siège du Groupement administratif des personnels isolés de l'armée de terre.

CHARPENTE INTÉRIEURE
*XVIII^e^ siècle*
*Escalier du corps central*
*Caserne Guynemer*

Le principe du casernement est à l'époque peu répandu. La structure de la caserne de Rueil répond à des nécessités pratiques qui demeurent de nos jours : deux séries de salles le long de chaque façade, qui s'ouvrent sur l'espace d'un grand couloir central. Environ huit cents Gardes suisses logent ici au XVIIIe siècle. Chaque semaine, un détachement quitte Rueil pour assurer le piquet d'honneur à Versailles. Les conditions de recrutement sont fort sévères, et la taille des soldats suisses – environ un mètre quatre-vingt – est largement supérieure à la moyenne française de l'époque. En août 1792, la quasi-totalité des effectifs suisses de Rueil et de Courbevoie quitte le casernement pour assurer la protection du roi Louis XVI à Paris, et trouveront la mort, à un contre dix, lors de la prise d'assaut des Tuileries, le 10 août.

MONUMENT
DES VOLONTAIRES DANOIS
*1925. Sculpteur : Sinding*
*Haut-relief (100×100 cm)*
*Place des Volontaires-Danois*

Durant le premier conflit mondial, la caserne de Rueil accueille et entraîne, au sein de la légion étrangère, un corps de volontaires danois. Une trentaine d'entre eux trouvent la mort au front, et la communauté danoise de Rueil fait ériger en 1925 ce monument commémoratif. Le pro-

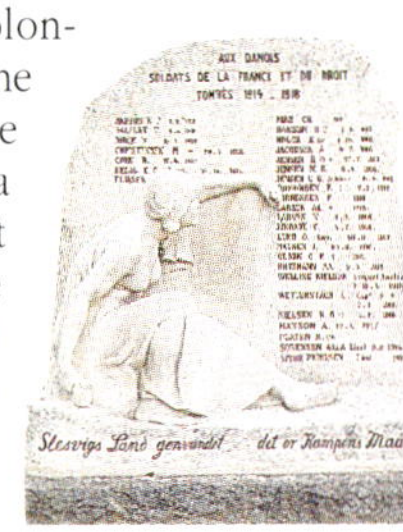

jet original est de la main du sculpteur danois d'origine norvégienne Stephen Sinding (1846-1922), qui vivait à Paris depuis 1910. Le haut-relief représente une jeune femme au buste dénudé qui grave le nom des volontaires tombés au combat, dans un style à rapprocher des figures épiques de la mythologie nordique.

DOMAINE DE VERMONT
*Parc*
*10, rue Charles-Floquet*
La propriété connue alors sous le nom de domaine des Fossés se constitue de 1855 à 1858 à partir de parcelles du domaine de Bois-Préau et de terres environnantes, appartenant à des paysans. Le maître du domaine est Gustave d'Eichthal (1804-1884), gendre du propriétaire de Bois-Préau, Abraham Rodriguès Henriquès. Une première demeure est construite vers 1858, à un seul étage et toit en terrasse, qui sera fortement endommagée par un incendie en 1870.

CHÂTEAU DE VERMONT
*XIXe-XXe siècle*
*10, rue Charles-Floquet*
En 1899, le domaine des Fossés est acheté par Edward Tuck, qui le baptise du nom de « Vermont ». C'est sans doute lui qui fait reconstruire en partie la demeure, sur la base de l'ancien bâtiment, dont le premier étage conserve la trace. Les deux étages supérieurs, ainsi que la petite annexe latérale, dite « salle de verdure », possèdent une ornementation à frontons triangulaires, différente de celle du rez-de-chaussée, soulignant les deux étapes de construction.

PORTRAITS
DE M. ET Mme TUCK
*Premier quart du XXe siècle*
*Pastels*
*Musée municipal*

Edward Tuck (1842-1938), qui naît à Exceter, dans le New-Hampshire (États-Unis), est le fils d'un avocat, membre du Congrès, ami personnel d'Abraham Lincoln. Très tôt venu en France, comme membre de la délégation consulaire américaine à Paris, il commence une brillante carrière au sein de la banque Munrœ à New-York. De retour à Paris en 1871, il y rencontre sa compatriote Julia Stell (1850-1928), qu'il épouse l'année suivante. Il quitte bientôt la banque Munrœ pour devenir le principal actionnaire de la compagnie de chemins de fer américaine Northern Pacific Railroad. Il se retire des affaires en 1882, s'installe en France en 1896 et achète, trois ans plus tard, le domaine de Vermont. Le couple Tuck s'investit totalement dans la vie de la commune, et son mécénat permet le développement des équipements. À partir de 1907, une grande amitié lie les Tuck au premier conservateur du musée de La Malmaison, Jean Ajalbert. Leur générosité permet d'accroître considérablement les collections et le domaine. « Citoyen d'honneur et grand bienfaiteur de la ville de Rueil-Malmaison », citoyen de Paris, Edward Tuck s'éteint en 1938, et repose aux côtés de son épouse au cimetière de Saint-Germain-en-Laye.

HÔPITAL STELL
*1903 et 1930*
*1, rue Charles-Drot*
Parmi les innombrables actions de mécénat du couple Tuck, l'hôpital tient une place de choix. Construit en 1903 pour accueillir les malades indigents domiciliés à Rueil, le bâtiment fait figure de modèle pour l'époque, avec ses chambres claires et sa salle de chirurgie. Julia Tuck-Stell se prend de passion pour l'hôpital dont elle devient la directrice à vie, assistant régulièrement aux consultations de nourrissons. Pendant la Première Guerre mondiale, les locaux servent d'hôpital militaire. Afin de pérenniser leur œuvre, les Tuck transfèrent la propriété au département de la Seine-et-Oise en 1916. À l'origine constitué d'un bâtiment d'un étage avec toit en balustrade, l'hôpital est rehaussé en 1930.

MUSÉE MUNICIPAL
*1869. Architectes : Lebois et Prince*
*Ancienne mairie*
*6, rue Paul-Vaillant-Couturier*
Auparavant réunie « chez l'habitant », la municipalité de Rueil achète en 1836 une propriété qu'elle transforme en mairie. Vétuste, le bâtiment doit être tant remanié qu'on juge plus facile de bâtir une nouvelle mairie. Les terrains environnants, réunis sous l'égide du maire Adrien Cramail, fournissent un lieu propice à la construction menée en 1868 et 1869 par les architectes Lebois et Prince. Responsables de la construction de l'hôtel de ville de Fontainebleau, ils s'en inspirent pour ce grandiose édifice du plus pur style second Empire. L'ancien hôtel de ville de Rueil est désormais consacré aux collections du musée municipal, qui témoignent de la très riche histoire de la ville.

ACTE DE DÉCÈS
*Impératrice Joséphine*
*2 juin 1814*
*Musée municipal*
Parmi les innombrables pièces conservées par le musée – ailleurs illustrées – l'acte de décès de l'impératrice Joséphine, morte en son domaine de la Malmaison le 29 mai 1814. Il est notamment signé du Ruellois chargé de constater le décès : Pierre Louis Busset (1736-1824), officier des anciennes Gardes suisses tout comme le fut son père, et l'un des derniers survivants du légendaire régiment. Busset demeurait dans la maison familiale, au 33 de l'actuelle rue Jean-Le-Coz.

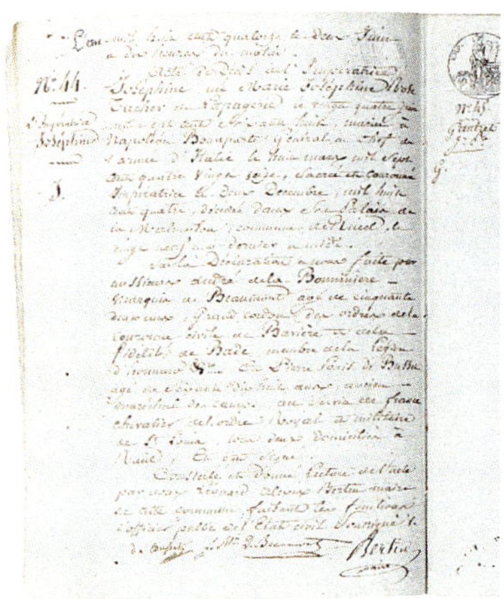

FAUTEUIL CÉRÉMONIAL
*1852*
*Chêne sculpté (H. : 138 cm)*
*Musée municipal*
Ce grandiose fauteuil d'apparat est offert au prince président par le conseil de fabrique de l'église de Rueil. Sommé de l'aigle impérial, orné du monogramme « LN », il porte, allusion au plébiscite du 20 décembre 1851 qui ratifia le coup d'État de Louis Napoléon, la mention « Vox populi, vox dei », accompagnée du nombre de suffrages recueillis par le futur empereur : 7 500 000.

AFFICHE DU TRICENTENAIRE
*Rattachement de Colmar à la France*
*1935*
*Musée municipal*
Trois cents ans après, cette affiche célèbre la signature à Rueil du traité qui plaçait la ville de Colmar sous la protection française. Foyer de l'expansion de la Réforme, l'Alsace connaît en 1635 les affres de la guerre de Trente Ans, qui déchire l'Allemagne depuis 1618. Le rattachement de Colmar anticipe le traité de Münster-Westphalie, en 1648, qui allait placer la totalité de l'Alsace sous domination française.

CHÂTEAU
*Premier quart du XIXe siècle*
*Institut français du pétrole*
*Place Bir-Hakeim*

Le bâtiment est construit au début du siècle dernier, et la propriété achetée par l'architecte Claude Philippe Cramail en 1827, comme maison des champs. Son fils, Adrien Cramail (1806-1876), maire de Rueil entre 1848 et 1870, y demeure jusqu'à sa mort. C'est sous son mandat, long et dynamique, que se développent les premiers équipements modernes de la ville de Rueil. Cramail est aussi l'initiateur de la restauration de l'église et de la construction de la mairie. En 1911, la propriété se transforme en « sanatorium de Malmaison », polyclinique spécialisée dans le traitement des affections du système nerveux, sous la direction des docteurs Antheaume et Bour.

PAVILLON
*1911*
*Architectes : Patout et Scalliet*
*Institut français du pétrole*

En 1911, les architectes F. Scalliet et Pierre Patout construisent deux pavillons de belle prestance, dans le style dit « anglo-normand », au sein du parc de la polyclinique. Ils sont réservés à l'isolement des patients « agités ». La réputation de la clinique de Rueil est nationale. On y soigne notamment le président de la République Paul Deschanel (1855-1922), après ce qu'on a pudiquement appelé son « aventure ferroviaire » – il avait sauté d'un train en vêtement de nuit et eut toutes les peines du monde à justifier de sa très officielle identité. C'est également ici que meurt le dramaturge Georges Feydeau (1862-1921), orfèvre en matière de vaudevilles trépidants. Depuis 1946, l'ensemble de la propriété appartient à l'Institut français du pétrole.

MAISON
*Vers 1850*
*Institut français du pétrole*
*228, avenue Paul-Doumer*

Depuis 1965 propriété de l'Institut français du pétrole, cette maison aurait appartenu au XIXe siècle à la duchesse de Ségovie. Joliment conservée, elle témoigne, avec sa décoration soignée, son perron couvert et ses deux annexes au toit en terrasse, de la période où elle fut un salon de thé fort prisé.

MAISON DITE DE DISDÉRI
*1847*
*Façade sur jardin*
*200, avenue Paul-Doumer*
Construite en 1847 à des fins de placement, la demeure est tout d'abord mise en location, puis achetée en 1862 par André Adolphe Eugène Disdéri (1819-1889). Disdéri commence une carrière de photographe parallèle à celle de son ami et rival Nadar – dont on a longtemps dit à tort qu'il fut le propriétaire de cette demeure. Disdéri est l'une des figures marquantes de la photographie au siècle dernier, notamment par l'invention de la « carte-portrait », petite photographie tirée en plusieurs exemplaires, dont le modèle peut se servir comme d'une carte de visite illustrée. Sa renommée est telle qu'elle fait un temps ombrage à celle de Nadar. Toute la bourgeoisie du début du second Empire, le couple impérial et Sarah Bernhardt en tête, se presse dans son studio parisien. La mode passant, Disdéri est obligé, sous le poids des dettes, de revendre sa charmante propriété ruelloise en 1865.

NIEPCE
*Vers 1862*
*Bas-relief*
*Maison Disdéri*
Malgré la brièveté de son séjour ici, Disdéri a su transformer sa maison en un hommage à la photographie naissante, par le biais de quatre médaillons sur la façade postérieure, qui célèbrent les pionniers de l'optique et de l'image : William Talbot (1800-1877), inventeur du procédé calotype permettant de tirer des images à partir de négatifs sur papier ; Giambattista Della Porta (vers 1535-1615), physicien auteur de traités sur les lentilles optiques, les chambres noires et la lanterne magique ; et bien entendu Nicéphore Niepce (1765-1833) et Jacques Louis Daguerre (1787-1851), associés dans la découverte de ce qui deviendra le daguerréotype.

DAGUERRE
*Vers 1862*
*Bas-relief*
*Maison Disdéri*

ÉCOLE NOTRE-DAME
*XVIIe et XIXe siècles*
*15, rue René-Cassin*
Depuis les années cinquante, l'école Notre-Dame siège dans l'une des plus anciennes maisons de Rueil, remontant à la fin du XVIIe siècle. Les façades en ont été modifiées au XIXe siècle.

ESCALIER
*XVIIe et XIXe siècles*
*Ecole Notre-Dame*
Ce bel escalier, sans doute remanié au XIXe siècle, pourrait dater des origines de la maison.

CHÂTEAU DE BUZENVAL
*XVIIIe-XIXe-XXe siècle*
*Collège Passy-Buzenval*
*200, rue Otys-Mygatt*
L'origine du nom du hameau de Buzenval, sur la colline dominant Rueil, semble remonter à Bozon, favori du roi et empereur d'Occident Charles le Chauve (823-877), qui semble ici habiter un premier château en 870, construit et offert par son royal protecteur. La bâtisse est achetée en 1470 par Jean II Choart, qui devient marquis de Buzenval. Sa descendance conservera la propriété jusqu'au milieu du XVIIIe siècle. Sur les hauteurs, l'emplacement choisi est stratégique. Le château est occupé en 1567 par un détachement de soldats protestants commandés par le prince de Conti. On parle à l'époque d'un bâtiment « ...composé de quatre corps d'hôtel formés en pavillons carrés, flanqués néanmoins d'une tourelle à chaque encoignure ». La garnison tient fermement sa position derrière les fossés fortifiés, et ne renonce que devant l'importance des troupes catholiques des ducs d'Aumale et de Longueville. Les combats détruisent en partie le château, qui sera ensuite très fortement remanié au XVIIIe siècle. Annexé en 1805 au domaine de la Malmaison, le château est vendu en 1818 par le prince Eugène au maire Jean Dherbès. De 1852 à 1868, le prince Napoléon François Murat en est propriétaire. Le domaine de Buzenval est ensuite scindé en deux parties, dont l'une deviendra propriété du Saint-Cloud Country Club.

CHAPELLE
*1875*
*Collège Passy-Buzenval*
En 1874, le duc de Cadore achète le château et son parc. Il y meurt en 1896. Sa veuve, qui a commandé la construction de la chapelle attenante au bâtiment principal, fait don du domaine à l'œuvre de Saint-Nicolas, qui y fonde un collège en 1901. Divers bâtiments destinés à loger les pensionnaires seront alors ajoutés. Le château de Buzenval est depuis 1960 le collège Passy-Buzenval.

TOMBE DE CHARLES GOBIN
*1907. Sculpteur : Anfue*
*7e division*
*Cimetière ancien*
Auteur dramatique, artiste du Palais-Royal, Charles Gobin reçoit, après sa mort, l'ultime hommage de l'Association des artistes dramatiques, qui commande ce buste en bronze destiné à sa tombe dans le cimetière de Rueil.

MAISON
*Vers 1900*
*26, boulevard Belle-Rive*
Cette imposante demeure à tourelle, où le jeu alterné des briques et des pierres en façade rehausse les décrochements de la toiture, fut propriété de la tragédienne Colona Romano, épouse du comédien français Pierre Antoine Alcover.

MAISON
*Début du XVIII^e^ siècle*
*50, rue Jean-Le-Coz*
Cette maison sur rue et sur cour est habitée, comme nombre de ses voisines, par un caporal des Gardes suisses, avant d'accueillir le peintre Joseph Vernet (1714-1789), grand spécialiste des vues de ports, précurseur par ses scènes de tempête en montagne du romantisme en peinture.

DEMEURE
*XVIII^e^ siècle*
*Maison de l'avenir*
*35, rue Jean Le Coz*
Agréablement restaurée, cette demeure conserve ses ornementations de façade sculptées de mascarons. Aujourd'hui propriété communale, elle fut le domicile du général Noël Varin, qui y meurt en 1863 et est enterré au cimetière de Rueil.

TOMBE DU GÉNÉRAL VARIN
*Vers 1863*
*3^e^ division*
*Cimetière ancien*

Simple soldat des premières armées napoléoniennes, Noël Varin (1784-1863) suit les campagnes d'Italie, d'Espagne et d'Allemagne. Il deviendra plus tard général de l'armée d'Égypte, en lutte contre les Turcs, comme un certain nombre de militaires français appelés à servir d'instructeurs après le massacre des mamelouks. Il se plaît tant dans son nouveau rôle qu'il signe les actes officiels du nom de « Varin-Bey », titre donné aux officiers supérieurs de l'armée ottomane.

CHEMINÉE
*Brique rouge*
*Angle des rues Clemenceau et Foch*
Originale construction que cette cheminée de toit, avec sa fenêtre encastrée entre les deux conduits.

MAISON VIGNERONNE
*XVII^e^-XVIII^e^ siècle*
*4-6, rue du Gué*
Avec ses lucarnes de toit typiques et sa porte cochère, ouvrant le passage vers la cour intérieure, cette maison témoigne des anciennes demeures de vignerons, bâties sur des caves destinées à entreposer le matériel et la production.

PORTAIL
*Vers le XVIII^e^ siècle*
*34, rue Haute*
Vestiges d'une ancienne grande propriété, ce portail, qui a conservé ses bornes charretières, se dresse le long d'une des plus anciennes rues de Rueil.

IMMEUBLE
*1909. Architecte : Henri Patout*
*45, avenue Albert-Ier*

TOMBE PATOUT
*1929. 13e division*
*Cimetière ancien*
*Place du Souvenir français*
Sous ce monument sobre et rigoureux, repose la dynastie des architectes Patout : le père, Henri Patout (1851-1929), auteur d'immeubles ruellois aux décorations de céramique ; le fils Pierre Patout (1879-1965), qui fait ses premières armes au sanatorium de Malmaison et sera considéré comme l'une des figures majeures de l'architecture des années trente ; et le petit-fils, Michäel Patout (1911-1974). La famille Patout habitait à Rueil, avenue Albert-Ier.

MONUMENT RAOUL KREUZNACH
*Vers 1875*
*Granite*
*Avenue du Commandant-Jacquot*
Paris encerclé par les troupes prussiennes, dont une partie occupe le château de la Malmaison, le général Ducrot mène le 21 octobre 1870 une contre-attaque destinée à briser le siège. Dix mille soldats appuyés par trente pièces d'artillerie échouent à traverser le front et atteindre Versailles. Le soir du 21 octobre, les

troupes françaises, décimées, reprennent leurs positions d'origine. Ce monument-sépulture sera érigé par les soins de la famille de Raoul Kreuznach, soldat prussien tombé au combat, puis donné à l'État français en 1902.

PORTAIL DE LA FONDATION COGNACQ
*Fin du XIXe siècle*
*16, avenue de Versailles*
En 1892, l'abbé Rosenberg, qui se révélera un escroc, fait construire dans le parc de cette propriété un édifice de style anglais, destiné à accueillir les enfants déshérités et les jeunes filles étrangères, sous le nom de la « Lumière éternelle ». Une rapide faillite

en 1898 conduit au rachat de l'ensemble par Ernest Cognacq (1839-1928) et son épouse Marie-Louise, née Jay (1838-1925). Directeur fondateur du magasin parisien de la Samaritaine, Ernest Cognacq crée ici le premier centre social d'Île-de-France, destiné aux employés d'une entreprise : une maison de retraite côtoie une maison de convalescence et un pouponnat. La propriété conserve de nos jours sa vocation de maison de retraite.

IMMEUBLE
*Vers 1901-1902*
*Architecte : Henri Patout*
*105, avenue Albert-Ier*

MONUMENT COMMÉMORATIF
*Combats de Buzenval*
*1875 (H. : 750 cm)*
*Rue du Sergent-Lambert*

Les combats dits de Buzenval sont la dernière tentative française pour rompre l'encerclement de la capitale. Le 19 janvier 1871, cent mille soldats affrontent les retranchements prussiens, sous la conduite du général Trochu – dont Victor Hugo dira cruellement qu'il est le participe passé du verbe « trop choir ». Par manque d'organisation, la confusion est totale et la contre-offensive tourne rapidement à la débandade. Parmi les quatre mille Français tombés ce jour, le peintre Henry Regnault (1843-1871), Grand prix de Rome en 1866.

SÉCHOIR DE BLANCHISSERIE
*1885*
*5, rue Trumeau*
Depuis le XVIIIe siècle, la blanchisserie est l'une des activités économiques les plus répandues à Rueil. Les familles des militaires suisses casernés dans la ville fournissaient une main-d'œuvre nombreuse et laborieuse. La situation géographique de Rueil – par la présence des sources issues du bois de Saint-Cucufa – privilégie la blanchisserie qui devient au XIXe siècle la principale industrie. Vestige de cet âge d'or, ce grenier à claire-voie, bien aéré et chauffé, qui permettait le séchage du linge pendant la saison froide. Une partie du linge de l'Élysée était – et est toujours – blanchi à Rueil.

HÔTEL DES POSTES
*1909-1910*
*Architecte : Eugène Gilbert*
*91, avenue Paul-Doumer*
Façade monumentale et toiture en dôme, le nouvel hôtel des postes, construit au début de notre siècle, répond à l'accroissement de la population ruelloise, et permet alors d'étendre le réseau téléphonique.

HACHETTE ET PIC
*Époque néolithique*
*Pierre polie, bois*
*Musée municipal*
À l'occasion de travaux effectués sur des terrains à l'angle des rues du Gué et Marollet, on vient de mettre au jour un important ensemble de vestiges préhistoriques et moyenâgeux. Les fouilles se situent en un emplacement peuplé de longue date. Les chronique de saint Grégoire de Tours au Vie siècle y mentionnent déjà une villa royale mérovingienne, et une ancienne seigneurie y est attestée sur des plans remontant au XIIIe siècle. Les découvertes effectuées, désormais conservées au murée municipal, témoignent de trois époques différentes. De la plus ancienne, aux environs de 3 000 ans av. J.-C., viennent cette hache en pierre polie et ce pic en bois de cerf. Du IXe siècle, on retrouve d'importantes substructures d'habitat, les vestiges d'un fossé qui aurait pu être défensif, ainsi que des réserves de graines, sans doute céréalières, et qui sont actuellement en cours d'analyse. La période des XIIIe et XIVe siècles est surtout représentée par divers ustensiles en céramique, parmi lesquels des tasses polylobées, un pichet et quelques cruches en céramique flammulée, caractérisées par les lignes de leur décor peintes à la barbotine rouge. Bien que l'emplacement exact de l'ancienne seigneurie n'ait pas encore été déterminé, les premières analyses laissent espérer de fructueuses conclusions, étant donné l'importance du matériel archéologique découvert.

PICHET ET TASSES
*XIIIe ou XIVe siècles*
*Céramique*
*Musée municipal*

CRUCHE
*Vers le XIVe siècle*
*Céramique flammulée*
*Musée municipal*

GRILLE ET PAVILLONS D'ENTRÉE
*XIX^e siècle*
*Domaine de Malmaison*
La Malmaison – dont l'étymologie évoque les malheurs des invasions normandes du IX^e siècle – est citée en 1244, comme tenue en seigneurie à la fin du siècle précédent par le prévôt de Paris, Hugues de Meulan. Un premier château est connu en 1330, lors d'une donation à l'abbaye de Saint-Denis, effectuée par son propriétaire, le bourgeois parisien d'origine écossaise Onfroy de Caripatrie – francisation du patronyme Kirkpatrick. Acheté en 1390 par Guillaume Goudet, marchand, sergent d'armes de Charles VI, le domaine restera au sein de la même lignée familiale jusqu'au milieu du XVIII^e siècle.

CHÂTEAU DE MALMAISON
*XVII^e-XIX^e siècle*
*Façade sur parc*
*Domaine de Malmaison*
La construction du nouveau château intervient vers 1610 sous l'impulsion de Christophe Perrot (1573-1641), prévôt des marchands, conseiller au Parlement de Paris, propriétaire du domaine en 1596. L'architecture des élévations originelles – le corps central et le pavillon sud – est sobre, dans le goût de ce début du XVII^e siècle. Chaque corps est coiffé d'un toit indépendant, et le pavillon sud, à haut comble, percé de grandes lucarnes à fronton curviligne. La construction du château est complétée en 1686-1687 par Jacques Honoré Barentin (1628-1689), qui fait ériger le pavillon nord et les deux petites ailes mansardées de part et d'autre, afin d'équilibrer l'ensemble. Les travaux sont réalisés par le maître maçon Laurent Vaze (1641-1709). Loué à des financiers, le château fait les délices du poète Jean-François Marmontel (1723-1799), qui y est souvent reçu. En 1763, le domaine de la Malmaison quitte la famille qui le tient depuis la fin du XIV^e siècle, et est acheté par Henri François de Paule d'Aguesseau (1698-1764), conseiller d'état et fils du chancelier d'Aguesseau.

CHÂTEAU DE MALMAISON
*XVII^e-XVIII^e-XIX^e siècle*
*Domaine de Malmaison*
C'est un financier d'origine normande, Jean-Jacques Le Couteulx du Molay (1740-1823), propriétaire en 1771, qui achève la construction du château de Malmaison. Sous sa direction, on élève les avant-corps de la façade encadrant la cour. Résolument différente, l'architecture est ici caractéristique de la fin du XVIII^e siècle, avec les fenêtres surmontées du fronton triangulaire percé d'un oculus. Jean-Jacques Le Couteulx du Molay et son épouse Sophie reçoivent ici une aimable société d'artistes, parmi lesquels Élisabeth Vigée-Lebrun qui y exécute le portrait de la maîtresse des lieux. Ruinés par la Révolution, les du Molay se voient contraints de vendre leur « plaisante campagne ». L'histoire de la Malmaison devient celle de Malmaison tout court, qui se confond avec celle de la première des Françaises, Marie-Josèphe-Rose de Tascher de La Pagerie (1763-1814), veuve d'Alexandre de Beauharnais, l'une des « merveilleuses » des salons parisiens qui vient d'épouser en 1796 le général Napoléon Bonaparte (1769-1821). Joséphine achète pour son propre compte le domaine en 1799, Bonaparte étant en Égypte. À son retour, le nouveau Premier Consul acquitte la dette et commencent alors les travaux de consolidation et d'aménagement du domaine, puisque, malgré le désir de Joséphine, Bonaparte renonce à tout reconstruire. L'ouvrage est dirigé dans un premier temps par les architectes Pierre François Léonard Fontaine (1762-1853) et Charles Percier-Bassant (1764-1838), à qui l'on doit le renforcement des murs extérieurs à l'aide de piédroits de pierre couronnés de vases et de statues, ainsi que la construction de la « tente » devant l'entrée principale.

CABINET D'ÉTÉ
*Vers 1790-1793*
*Architecte : François Cointeraux*
*Parc de Malmaison*
Ce curieux pavillon date des derniers travaux de la famille Le Couteulx du Molay. Réalisé par François Cointeraux (1740-1830), sa structure extérieure octogonale s'ouvre sur un espace intérieur circulaire, qui servait de cabinet d'été à l'Empereur. Si le couple consulaire réside souvent à Rueil les deux premières années du siècle, leurs visites s'espacent de 1802 à 1809. Ils s'y retrouvent parfois, dans l'intimité. À partir de 1809, après le divorce pour raison d'État, le domaine est donné par Napoléon à Joséphine qui s'y retire, entre deux voyages à l'étranger. Elle s'y éteint en 1814, et Malmaison passe à Eugène de Beauharnais (1781-1824), enfant de son

premier mariage. Napoléon retourne se recueillir à Malmaison en juin 1815 avant l'exil pour Sainte-Hélène.

PARC ET CÈDRE
*Vers 1800*
*Domaine de Malmaison*
Le magnifique cèdre remonte aux heures de gloire du parc de Joséphine, ici planté pour célébrer la victoire de Marengo. À la mort d'Eugène de Beauharnais en 1824, sa veuve cède la propriété au banquier suédois Jonas Philippe Hagerman (1774-1839), qui commence le morcellement des terres. Le mobiliers est vendu aux enchères en 1829. La reine Marie-Christine d'Espagne achète le domaine déjà réduit en 1842. En 1861, Malmaison retourne aux Bonaparte, en la personne de Napoléon III qui renoue avec la propriété de sa grand-mère. Un premier musée impérial est inauguré, malgré de sévères transformations des appartements. Confisqué à la chute du second Empire, occupé par les Prussiens, Malmaison est vendu en 1877. Bâtiments détruits, terrains lotis – ce qui explique que certaines constructions se trouvent désormais dans des propriétés privées –, le domaine passe de main en main. Il est sauvé de la ruine en 1896 par le philanthrope Daniel Iffla, dit Osiris (1824-1907), qui n'y habitera jamais mais procédera aux restaurations les plus urgentes, parfois sans discernement. Donné à l'État en 1903, le domaine de Malmaison est depuis 1906 un musée, où se mêlent collections impériales patiemment reconstituées et appartements restaurés en l'état originel. (Cl. M. H., 1991)

VESTIBULE D'HONNEUR
*1800 et 1812*
*Architectes : Percier, Fontaine et Berthault*
*Château de Malmaison*
Restauré en 1991-1992, le vestibule d'entrée a retrouvé son apparence de 1812, après les menus aménagements effectués par l'architecte Louis Martin Berthault (1770-1823), à la demande de l'impératrice Joséphine. Le dallage de marbre noir et blanc, ainsi que les quatre colonnes stuquées peintes à l'imitation du marbre, du porphyre et du granite, remontent aux premiers travaux de Percier et Fontaine. Le trépied en marbre de Carrare a été sculpté en 1807, sous la direction de Joseph Chinard (1756-1813). Les chaises proviennent de la bibliothèque de Murat à l'Élysée. Réalisées vers 1802, elles sont signées Jacob frères : Georges II Jacob (1768-1803) et François-Honoré-Georges Jacob (1770-1841).

LES OMBRES D'OSSIAN
*1801, Girodet-Trioson*
*Huile sur toile*
*Salon de compagnie*
Les chants épiques calédoniens, attribués alors au barde Ossian (IIIe siècle) marquent l'époque. Parce que Bonaparte les admire, le peintre Anne Louis Girodet-Trioson (1767-1824) choisit d'offrir au Premier Consul cette vaste composition où les ombres des

héros français morts pour la patrie, conduites par la Victoire, viennent habiter l'élysée aérien où elles sont accueillies par les ombres d'Ossian et de ses valeureux guerriers. Les poèmes calédoniens d'Ossian ont en réalité été composés en 1760 par le poète écossais James Macpherson (1736-1796).

SALON DE MUSIQUE
*1800 et 1812*
*Architectes : Percier, Fontaine et Berthault*
*Château de Malmaison*
Dit aussi « petite galerie », le salon de musique a retrouvé son éclat d'antan. À côté des bustes antiques des empereurs romains Caracalla et Maximin, la harpe de l'impératrice Joséphine, en acajou, bronze et nacre, par Cousineau, côtoie l'élégant piano Erard qui appartenait à la reine Hortense.

DOUBLE PORTE PEINTE
*1800. D'après Percier et Fontaine*
*Salle du conseil*
*Château de Malmaison*
Au XVII<sup>e</sup> siècle, cette pièce était la chambre à coucher de la maîtresse de maison. Bonaparte, qui y dort quelques mois, décide de la faire transformer en salle du conseil, lieu vital du gouvernement. Comme la plupart des travaux d'aménagement du château, elle est réalisée en l'espace de dix jours, intervalle de temps entre deux séjours du Premier Consul. La décoration prend la forme d'une tente tendue de tissus, dont les portes sont ornées de trophées militaires évoquant les grands peuples guerriers de l'histoire du monde. Ici, le Carthagenois, le Romain, le Grec et le Chevaleresque.

SALLE À MANGER
*1800 et 1812*
*Architectes : Percier, Fontaine et Berthault*
*Château de Malmaison*
Cette pièce, remontant au château du XVII<sup>e</sup> siècle, est transformée et agrandie par Percier et Fontaine en 1800, notamment par l'adjonction d'un hémicycle, souligné par le dessin raffiné du dallage de marbre. La vasque est le vestige d'une fontaine. L'élégance du lieu repose sur le décor

peint par Louis Lafitte (1770-1828), d'après des dessins de danseuses dans le style pompéien dus à Charles Percier.

SALON DE MUSIQUE
*1812, Auguste Garnerey*
*Aquarelle*
*Château de Malmaison*
Cette splendide aquarelle – œuvre d'Auguste Garnerey (1785-1824), qui travailla pour Joséphine et fut peintre du cabinet de sa fille la reine Hortense – est un précieux témoignage de ce qu'était en 1812 le salon de musique.

BIBLIOTHÈQUE
*1800*
*Architectes : Percier et Fontaine*
*Château de Malmaison*

La bibliothèque est située dans l'aile construite en 1687. La pièce est divisée en trois parties, séparées par deux arcs sur colonnettes d'acajou, réalisées par Jacob frères. Les voûtes de plâtre à pénétration et les culs-de-four du plafond sont peints d'après des dessins de Percier. Apollon et Minerve y côtoient les plus grands écrivains, parmi lesquels Virgile, Homère, Dante et Montaigne. La bibliothèque a traversé les âges sans altération.

CHAMBRE DE JOSÉPHINE
*1812*
*Architecte : Berthault*
*Château de Malmaison*

Rectangulaire en 1800, la chambre à coucher de l'Impératrice est modifiée à sa demande en 1812, et prend alors l'aspect d'une tente ovale drapée d'écarlate. Le lit sculpté et doré, où Joséphine meurt le 29 mai 1814, provient de l'ébénisterie Jacob-Desmalter – association entre le père Georges Jacob (1739-1814) et le fils François-Honoré-Georges Jacob. Marqué du chiffre de l'Impératrice, il est orné de cygnes et de cornes d'abondance.

BOUDOIR
*1800*
*Architectes : Percier et Fontaine*
*Château de Malmaison*

Malencontreusement transformé en salle de bains factice sous le Second Empire, le boudoir octogonal de Joséphine a retrouvé son état initial et une grande partie du mobilier d'origine, comme ce petit fauteuil gondole de Jacob frères.

LE PREMIER CONSUL
*1801. David*
*Huile sur toile*
*Château de Malmaison*

Parmi les innombrables pièces de collection réunies et conservées au sein du musée de Malmaison, ce tableau commandé par le roi Charles IV d'Espagne à Jacques Louis David (1748-1825), représentant le Premier Consul franchissant les Alpes au Grand-Saint-Bernard.

TEMPLE DE L'AMOUR
*1807*
*Architecte : Berthault*
*Ancien domaine de Malmaison*
*Avenue du Premier-Consul*
Il existait ici, dans les années 1803-1805, un premier temple que Berthault remonte, en le modifiant profondément, sur un chaos de rochers. Les colonnes de marbre d'ordre ionique proviennent d'églises parisiennes, retirées à la Révolution et déposées au musée du Louvre. C'est sur la demande pressante de Joséphine qu'elles prennent place ici, sous le fronton sculpté d'une couronne de fleurs et de rubans. La statue de l'Amour décochant son trait, due à Jean Pierre Antoine Tassaert (1727-1788) qui reposait sous la coupole jusqu'en 1877, est désormais conservée au musée de Malmaison. Le temple de l'amour est aujourd'hui situé dans une propriété privée.

PAVILLON DE GARDE
*1801 et début XX^e^ siècle*
*Architectes : Percier et Fontaine*
*Ancien domaine de Malmaison*
*Institut français du pétrole*
À l'origine situé dans l'avant-parc de Malmaison, ce pavillon sort du domaine en 1828, après la mort du prince Eugène. Il est aujourd'hui intégré dans le complexe de l'Institut français du pétrole. Le fronton triangulaire, orné d'un sabre et d'un casque, pourrait dater de sa construction. Au début du XIX^e siècle, la bâtisse faisait fonction d'écurie et abritait le piquet de cavalerie qui gardait l'entrée du parc de Malmaison. Transformé vers 1830 en maison bourgeoise, le pavillon subit un dernier remaniement au début de notre siècle, avec l'adjonction de la galerie en rotonde, par l'architecte Navarre.

LA PETITE MALMAISON
*1803-1805*
*Architectes : Morel, Thibault et Vignon*
*Ancien domaine de Malmaison*
*229 bis, avenue Napoléon-Bonaparte*
Joséphine souhaite aménager le parc de Malmaison selon ses désirs, ce qui ne va pas sans frictions avec Percier et Fontaine. Aussi commande-t-elle, à la fin de 1803, le bâtiment des serres chaudes à l'architecte paysagiste Jean-Marie Morel (1728-1810), qui est peu après remplacé par Jean Thomas Thibault (1757-1826) et Barthélemy Vignon (1762-1846). La superbe construction est achevée en 1805. Elle se compose de deux parties : les serres proprement dites, chauffées et permettant la pousse d'arbustes de cinq mètres de hauteur ; le bâtiment de réception, d'où l'on peut admirer les vastes espaces clos de verre. Le salon central est aménagé en 1807 par l'architecte Berthault. La petite Malmaison a perdu ses magnifiques serres – fruits d'une remarquable prouesse technique – et en 1827, Hagermann remanie le bâtiment. En raison des morcellements du domaine lors de la vente de 1877, la petite Malmaison devient une habitation indépendante, propriété en 1887 de Pierre Pascal Marie de Bourbon, comte de Bari (1852-1904), fils de Ferdinand II, roi de Naples. (Ins. M. H.)

PARC DE BOIS PRÉAU
*Domaine de Malmaison*
*Avenue du Château-de-Malmaison*
En 1696, Frédéric Léonard et son fils Frédéric Pierre, tous deux imprimeurs et libraires ordinaires du roi, achètent des terres et font ici construire un premier château, achevé en 1700. Au début du XIXe siècle, les jardins sont encore si beaux qu'ils sont convoités par l'impératrice Joséphine. La propriétaire, Anne-Marie Julien, refuse de vendre. Après son suicide dans les bassins de Bois Préau, ses héritiers finissent par accéder aux désirs de l'impératrice, qui intègre la propriété à Malmaison en 1810. (Ins. M. H., 1947)

STATUE DE JOSÉPHINE
*1867. Sculpteur : Vital-Dubray*
*Parc de Bois Préau*

Commandée en 1867 par Napoléon III au sculpteur Gabriel Vital-Dubray (1813-1892), cette statue de Joséphine se dressait à Paris. Achetée par Edward Tuck, elle est installée dans le parc de Bois Préau en 1932.

CHÂTEAU DE BOIS PRÉAU
*1854*
*Domaine de Malmaison*
*Avenue du Château de Malmaison*
Sorti du domaine en 1828, Bois Préau est acheté en 1852 par Abraham Edouard Rodriguès Henriquès (mort en 1878), président du conseil d'administration du chemin de fer de Saint-Germain, conseiller municipal de Rueil à partir de 1855. Il abat les ailes du château ancien, et reconstruit une nouvelle bâtisse, sur les fondations du corps central. Bois Préau est acheté en 1923 par le mécène américain Edward Tuck, qui le donne à l'Etat en 1926, à condition qu'il soit de nouveau rattaché au domaine de Malmaison, et deviennent un musée napoléonien.

MONUMENT SEPULCRAL
*Enfants de la reine Marie-Christine*
*1866. Sculpteur : Moratilla*
*Marbre (H. : 540 cm)*
*Cimetière ancien*

Veuve du roi d'Espagne Ferdinand VII, la reine Marie-Christine de Bourbon (1806-1878) épouse en secondes noces le duc de Riansarès, gentilhomme de la cour. En exil en France, le couple achète le château de Malmaison en 1842. Leurs enfants logent à la petite Malmaison, ancien bâtiment des serres de Joséphine. Trois d'entre eux meurent jeunes et sont inhumés à Rueil. L'impressionnant monument sépulcral, sculpté de médaillons représentant les trois princes, est surmonté d'une statue de la Vierge.

MAUSOLÉE DU PRINCE IMPÉRIAL
*1938. Architecte : Jean Hulot*
*Pierre, marbre*
*Avenue Marmontel*

Ce monument rend hommage au prince impérial Eugène Louis Jean Joseph-Napoléon Bonaparte (1856-1879), fils de Napoléon III et de l'impératrice Eugénie, tué par les Zoulous au Natal (Afrique du Sud), tandis qu'il combattait dans les rangs de l'armée anglaise. Un premier mausolée, dressé sur des colonnes cannelées géminées à chapiteaux corinthiens, œuvre de l'architecte Destailleurs, est tout d'abord érigé en 1881 à Paris, à la demande de l'impératrice Eugénie. Elle le fait transporter en 1912 à Rueil, sur un lot de l'ancien parc de Malmaison. La guerre interrompt l'opération, qui ne s'achève qu'après la mort d'Eugénie. Le conservateur de Malmaison y fait installer une épreuve en bronze de la statue de Carpeaux représentant le jeune prince impérial et son chien Néro (1865). La parcelle de terrain est donnée à l'Etat en 1924, mais les matériaux utilisés pour le mausolée résistent mal, et il est urgent de le restaurer. L'opération se révélant impossible, on décide alors de construire un nouveau monument, en 1938. Similaire, il bénéficie néanmoins de nouvelles colonnes renflées en marbre, provenant du bâtiment parisien de la Cour des comptes.

CHÂTEAU « LES ŒILLETS »
*Deuxième quart du XIXe siècle*
*Domaine de Malmaison*

La demeure est construite sur une partie de l'avant-parc de Malmaison, lotie en 1829 par le banquier Hagermann. Émilie Levert, sociétaire du Théâtre Français, y meurt en 1853. Le bâtiment sert d'hôpital annexe durant la première Guerre mondiale. Propriété de l'État depuis 1968, il est intégré au domaine de Malmaison.

PORTAIL D'ENTRÉE
*XVIe-XVIIe siècle*
*Ancien château de Fouilleuse*
*Paris country club*
*121, rue du Lieutenant-Colonel-Monbrison*

Le très ancien domaine de « Foliosa » appartient à la châtellenie de Ruel sous le règne de Dagobert Ier (628-638). Donné par le roi Charles le Chauve à l'abbaye de Saint-Denis en 864, il connaît d'incessants va-et-vient entre seigneurs ecclésiastiques et seigneurs laïques, parmi lesquels Radulf

de Puteaux au milieu du XIIIe siècle. La construction massive du portail d'entrée, avec sa porte cochère, sa poterne piétonne et ses traces d'un ancien pont-levis, semble remonter à un château édifié au tournant des XVIe et XVIIe siècles. Des fossés défensifs sont encore attestés au XVIIIe siècle. Le domaine est divisé en de nombreux lots pour cultivateurs à partir de 1844. De nouveau réunies entre 1859 et 1867, les terres se constituent, sous l'égide de Napoléon III, autour d'une ferme modèle – avant-garde du progrès mécanique en matière agricole. Le château et la ferme sont dévastés par les combats de 1870 et 1871. Remis en état, les bâtiments subsistants abritent en 1872 une colonie pénitentiaire de garçons, créée par M. Bochet, transformée en 1887 en une colonie pénitentiaire de jeunes filles tenue par l'administration. (Ins. M. H., 1986).

ANCIEN MANÈGE
*Vers 1990*
*Hippodrome*

MAISON DIT CHÂTEAU
*1898-1900*
*Architecte : Louis-Emile Berthauld*
*Paris Country Club*
En 1898, l'ensemble du domaine de Fouilleuse est acheté par Edmond Blanc (1856-1921), député des Pyrénées, maire de La Celle-Saint-Cloud. Membre du Conseil supérieur des haras, Edmond Blanc est un fin connaisseur de la race chevaline qui n'a pas son pareil pour reconnaître les étalons des meilleures lignées. Sur son initiative, le domaine, dont une grande partie est située sur la commune de Saint-Cloud, se transforme en champ de courses d'entraînement. Il fait bâtir divers pavillons autour des vestiges de l'ancienne ferme modèle, dont celui-ci, surnommé le château, qui lui sert de demeure. L'architecture, dans le goût anglo-normand, est un modèle du genre : appareillage soigné des briques blanches et rouges au premier niveau, revêtement de bois au second, et majestueuse ordonnance de la toiture. Loué à la Société d'encouragement pour l'amélioration du cheval français de demi-sang, le champ de courses de Saint-Cloud ouvre en 1901. Depuis 1981, cette partie ruelloise du domaine appartient au Paris Country Club.

PAVILLON
*Vers 1990*
*Architecte : Louis-Émile Berthauld*
*Paris Country Club*

# Saint-Cloud

Canton de Saint-Cloud
Arrondissement de Boulogne-Billancourt

Superficie : 756 ha – Population 1990 : 28 597 hab.
Habitants : les Clodoaldiens
Rivière : la Seine – Voies : A13, RN185, RN307

Origine du nom : du latin *sanctus Clodoaldus*, nom du fondateur de la ville, saint Clodoald.

Blason : ce sont les armes de l'ancien chapitre de l'église collégiale : d'azur à la demi-fleur de lys d'or, accostée d'une crosse contournée.

## HISTORIQUE

En 551, le roi Childebert offre à Clodoald, petit-fils de Clovis et de Clotilde, un hameau du nom de Novigentum, situé près de la forêt de Rouvray. Tout juste ordonné prêtre, Clodoald se consacre entièrement à la vie religieuse. Il fonde une communauté, ou « moutier », appelée Saint-Martin, et fait bâtir une église. Après sa mort, en 560, des miracles ont lieu près de son tombeau. Clodoald est alors canonisé. Le hameau devient un lieu de pèlerinage et adopte le nom de Sanctus Clodoaldus, comme l'atteste un acte de 765. En 1356, Saint-Cloud est entièrement brûlé par les Anglais. Au siècle suivant, les luttes entre Armagnacs et Bourguignons ensanglantent de nouveau le village. Après ces temps agités, une période d'accalmie commence alors. François Ier séjourne de temps en temps à Saint-Cloud, de même qu'Henri II, qui s'y fait même construire une villa à l'italienne. Au XVIe siècle, Saint-Cloud souffre de nouveau des troubles causés par les Guerres de religion. Protestants et catholiques luttent tour à tour pour s'approprier le village, devenu un point stratégique pour accéder à Paris. C'est là que, un jour de juillet 1589, Henri III, de passage dans le bourg, tombe sous les coups de poignard du moine Jacques Clément. Pendant la Fronde, le village subit les assauts des troupes de Condé, qui l'occupent et le saccagent. Au milieu du XVIIe siècle, Saint-Cloud est érigé en duché-pairie ecclésiastique, ce qui permet aux archevêques de Paris de pouvoir se prévaloir du titre de duc de Saint-Cloud. Une longue période de paix et de prospérité commence alors. La proximité de Versailles profite beaucoup au village, où bon nombre de personnages de la cour viennent résider. Une manufacture de céramique, créée au XVIIIe siècle, se rend célèbre dans toute l'Europe. Après la Révolution, Saint-Cloud est le théâtre du célèbre coup d'État du 18 brumaire (9 novembre 1799) de Napoléon Bonaparte contre le Directoire. En 1871, la ville est, pour la quatrième fois, entièrement détruite par les Prussiens. Une destruction totale dont seules vingt et une maisons et l'église pourront y réchapper ! Théophile Gautier émet d'ailleurs, à l'occasion, l'idée de « garder comme un Pompéi de la destruction » cette ville. Peu à peu reconstruite, elle est devenue depuis une ville résidentielle.

ÉGLISE SAINT-CLOUD
*XIXe siècle*
*Place de l'Église*
En 1778, l'heure est venue de remplacer l'église collégiale, qui menace à tout moment de s'effondrer. La première pierre de la future église est posée le 22 mai par la reine Marie-Antoinette, à la condition toutefois que les marguilliers et les habitants de la paroisse ne soient « tenus ny chargés d'aucune dépense ». L'architecte Lemoine de Couzon envisage un édifice de style néo-classique, tourné vers la Seine, flanqué de deux tours et précédé d'un escalier monumental descendant jusqu'au fleuve. À peine les murs commencent-ils à s'élever que la Révolution éclate, interrompant la poursuite des travaux. Ils reprennent finalement en 1819, sur des plans plus modestes. L'église, précédée d'un péristyle à colonnes, est enfin bénie le 25 août 1820. Trop exiguë, elle est reconstruite, aux frais de Napoléon III et sous la direction de Delarue. En août 1861, le prince impérial pose ainsi la première pierre de la nouvelle église, qui sera consacrée en 1878. L'édifice affiche cette fois un style néo-gothique, à trois nefs, avec un haut clocher à flèche octogonale de pierre effilée, cantonné de quatre clochetons, surmontant le porche. La nef est soutenue par des contreforts et encadrée de bas-côtés. À la croisée du transept, les médaillons ornant les chapiteaux représentent l'un Marie-Antoinette portant la maquette de son église, et l'autre Napoléon III portant celle de l'actuel édifice.

RELIQUAIRE
*XIXe siècle*
*Église Saint-Cloud*
L'histoire des reliques de saint Cloud ressemble à un voyage au long cours. Elle commence à sa mort, lorsque le saint homme lègue à la « Mère église de Paris » sa ville et son église. Ses reliques possèdent le pouvoir de guérir les écrouelles. Ces miracles se renouvellent chaque année le 7 septembre, date de sa mort, lors d'une fête où un prêtre applique aux malades l'eau de la fontaine, dans laquelle a été trempé préalablement l'un des doigts du défunt. En 811, les assauts normands font craindre le pire. Aussi, par précaution, le corps est transféré momentanément à Notre-Dame de Paris. De 1428 à 1443, il trouve à nouveau refuge à Paris en l'église de Saint-Symphorien. Il retourne ensuite dans son lieu d'origine pour y rester jusqu'à la Révolution. C'est à ce moment-là que quelques révolutionnaires s'en emparent et le brûlent. À l'exception cependant de deux fragments, présents dans ce reliquaire du XIXe siècle.

STATUE DE SAINT CLOUD
*XVIIe siècle*
*Église Saint-Cloud*
Cette petite statue du XVIIe siècle provient de l'ancienne église collégiale. Elle représente saint Cloud foulant aux pieds le sceptre et la couronne royale. Par anachronisme, le saint figure décoré des croix de Saint-Michel et du Saint-Esprit.

CHŒUR
*XIXᵉ siècle*
*Église Saint-Cloud*
Le chœur est ceint de cinq grandes peintures murales de Duval Le Camus, illustrant des épisodes de la vie de saint Cloud. Un crucifix de bois sculpté, représentatif de l'art bourguignon du XVᵉ siècle, trône en son milieu.

CHAIRE
*XIXᵉ siècle. Sculpteur : Guilbert*
*Église Saint-Cloud*
Cette chaire en chêne, sculptée par Guilbert, est présentée à l'Exposition universelle de 1900, avant d'y être primée. Amusante autant qu'exubérante, elle représente des personnages de l'époque, grandeur nature. Ainsi saint Pierre figure-t-il sous les traits du pape Léon XIII, saint Jean l'évangéliste sous ceux de l'artiste et saint Cloud sous ceux du curé d'alors. Un grand ange surmonte l'abat-son.

ORGUES
*XIXᵉ siècle*
*Église Saint-Cloud*
Ces orgues sont l'œuvre d'Aristide Cavaillé-Coll (1811-1899), célèbre facteur d'orgues français du XIXᵉ siècle. Toute sa vie, il a essayé, dans ses principaux instruments, une synthèse entre une tradition classique et une conception romantique, qui finalement l'emporta. Les plus grandes églises ont fait appel à ses services, notamment celles de Saint-Denis, de la Madeleine, de Notre-Dame ou encore de Saint-Sulpice. Les orgues de l'église Saint-Cloud ont vu de nombreux compositeurs célèbres les tenir : Charles Gounod (1818-1893), Camille Saint-Saëns (1835-1921), Florent Schmitt (1870-1958), Henri Busser. Elles ont été rénovées en 1956.

SAINT CLOUD
SACRIFIANT SA CHEVELURE
*1831. Peintre : Durupt*
*Église Saint-Cloud*
En ce début du XIXᵉ siècle, la nouvelle église de Saint-Cloud reçoit de nombreux dons, provenant de particuliers ou du roi. Louis-Philippe lui offre ainsi, en 1838, ce tableau de Durupt. Peint en 1831, il représente Clodoald se tonsurant devant Eusèbe, évêque de Paris.

COLONNE
*XIX^e^ siècle*
*(H. : 2 m)*
*Église Saint-Cloud*
En 1819, le roi ordonne que l'on remette au maire de la commune, M. de Silly, pour la décoration de sa nouvelle église, divers objets, dont notamment une colonne de marbre noir, un vase de marbre blanc et une demi-colonne de marbre, noir également. C'est à partir d'une composition de ces trois objets qu'est érigé ce monument à la mémoire de Marie-Antoinette, « fondatrice de l'église Saint-Cloud » qui venait juste d'être d'achevée. Cette colonne reconstituée, dont l'une des parties date de 1620, comme le laisse envisager l'inscription sur le socle, se termine par un chapiteau en marbre blanc sur lequel repose une urne de même matière.

DESCENTE DE CROIX
*XIX^e^ siècle*
*Église Saint-Cloud*
Ce tableau est signé Gaston La Touche, né à Saint-Cloud en 1854.

VESTIGES DE LA COLLÉGIALE SAINT-CLOUD
*Époque gothique*
*Place de l'Église et square Gounod*
En 551, Clodoald se retire à Saint-Cloud après son ordination et se lance aussitôt dans la construction d'une chapelle. Devenue trop exiguë, elle est agrandie aux frais du roi Dagobert. Au VIII^e^ siècle, l'église devient collégiale. Elle se rend célèbre en 1589

lorsque les funérailles d'Henri III y sont célébrées. Pour l'occasion, une chapelle est consacrée à la mémoire du souverain. En 1635, l'église collégiale sert en même temps d'église paroissiale. Très délabrée, elle doit être rasée en 1778, à l'exception des parties encore subsistantes. Il ne reste donc aujourd'hui que les soubassements du chœur et du transept, avec l'abside de la crypte dans le square, et, sur la place, la dernière travée, à chevet plat, du bas-côté nord, englobée dans la maison voisine. Selon toute vraisemblance, ces parties dateraient d'aménagements réalisés à l'époque gothique.

CHAPELLE DE L'ANCIEN HÔPITAL DE LA REINE
*1787*
*3, place Silly*

En cette fin du XVIII^e^ siècle, l'hospice fondé par Philippe d'Orléans ne répond plus aux besoins de la population. Marie-Antoinette, propriétaire du château de Saint-Cloud et désireuse de faire don d'un hôpital à la ville, décide alors la construction d'un nouvel hospice, pourvu d'une chapelle. Cette dernière est construite par Richard Mique, architecte personnel de la reine. Il reprend les éléments qu'il a déjà utilisés dans d'autres édifices religieux, comme le couvent de la Reine à Versailles ou le Carmel de Saint-Denis : plan centré, couverture en coupole, façade inspirée des temples antiques et de l'architecture palladienne. La chapelle présente une façade décorée de lignes de refends, couronnée d'un fronton supporté par une frise dorique et précédé d'un portique à deux colonnes de style pseudo-dorique.

ÉGLISE NOTRE-DAME-DES-AIRS
*1919. Architecte : Georges Bénézech*
*13, avenue Alfred-Belmontet*
Cette église dessert le quartier du Val-d'Or, créé au cours des années 1900-1914, et trop éloigné de la grande église de Saint-Cloud pour ses habitants. Dominée par un clocher-arcade à deux ouvertures ogivales, elle se compose d'une salle rectangulaire couverte d'une charpente apparente, suivie d'un chœur voûté en cul-de-four. Sur la façade s'élève une statue de bronze de trois cent vingt kilos, œuvre de Mauzé, en remplacement d'une statue en pierre, du sculpteur Jean Tournoux, qui n'a pu résister à un violent orage en 1951. De cet artiste restent cependant visibles les motifs du clocher, symbolisant les voix douloureuses et les voix joyeuses.

MONUMENT SANTOS-DUMONT
*XXe siècle*
*Place Santos-Dumont*
La fin du XIXe siècle voit se multiplier de nombreuses tentatives pour conquérir les airs. Les coteaux de Saint-Cloud sont tout naturellement sélectionnés pour tester les premiers essais d'aéronefs à moteur et pour voir s'élever les ballons sphériques. Le 19 octobre 1901, le Brésilien Santos-Dumont, un des pionniers de l'aviation, réussit l'exploit d'utiliser pour la première fois un moteur à explosion en aéronautique. Il parvient, sur son dirigeable numéro six, à faire l'aller-retour entre le parc de l'aéro-club de France de Saint-Cloud et la tour Eiffel en moins de trente minutes. Une statue en bronze, symbolisant Icare, en hommage au premier homme qui tenta l'aventure aérienne, est érigée à cette occasion sur le terrain. Pendant la Seconde Guerre mondiale, celle-ci est fondue par les Allemands. La paix survenue, le gouvernement brésilien ouvre une souscription qui permet d'offrir à la France une réplique de la statue détruite. Elle est inaugurée le 4 juillet 1952.

AMAZONE
*Parc de Saint-Cloud*
Cette statue de marbre est la copie d'une œuvre en bronze, créée par Phidias vers 440 av. J.-C., connue grâce à une réplique romaine conservée à la Villa Hadriana, à Tivoli (Italie).

DISCOBOLE
*Parc de Saint-Cloud*
Cette statue de marbre s'inspire d'une œuvre de bronze exécutée par le sculpteur grec Naucydès vers 390-380 av. J.-C. Elle se dresse dans le magnifique parc aménagé par la famille des Gondi, propriétaire du domaine de Saint-Cloud au XVIe siècle. En 1658, le financier allemand, Barthélemy d'Hervart, vend le domaine à Philippe d'Orléans, frère de Louis XIV, qui le transforme superbement. Il confie à André Le Nôtre la conception du parc, qui couvre alors six cents hectares. Louis XVI s'en rend acquéreur en 1785. Marie-Antoinette crée un jardin privé et ouvre le reste du parc, pour la première fois, au public parisien. Dans cette demeure se sont succédé tous les souverains français de la fin du XVIIIe et du XIXe siècle. Bonaparte a orchestré dans l'orangerie son coup d'État du 18 brumaire.
Napoléon III y est proclamé empereur le 1er décembre 1852. C'est aussi dans ce château qu'est signée la déclaration de guerre à la Prusse le 17 juillet 1870. Deux mois plus tard, en pleine guerre, le château est incendié.

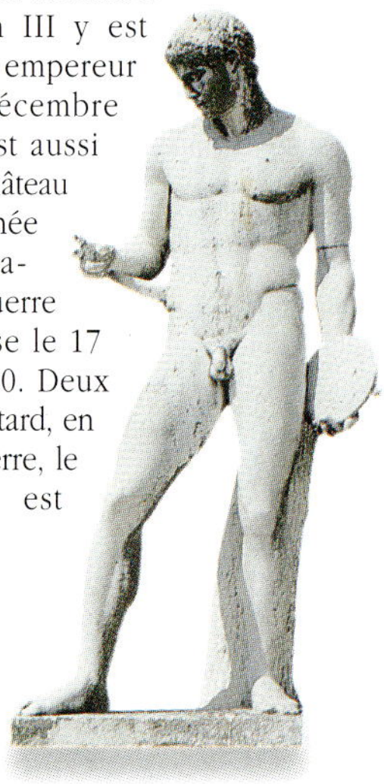

LES VINGT-QUATRE JETS
*Parc de Saint-Cloud*
Derrière le Palais, une grande allée, bordée de parterres et de vases, est ouverte par Le Nôtre pour rejoindre l'esplanade de la Gerbe et des Vingt-Quatre Jets.

GRANDE CASCADE
*1664-1665*
*(L. : 90 m)*
*Parc de Saint-Cloud*
Cette grande cascade, l'un des plus remarquables ouvrages hydrauliques de France, reste l'œuvre maîtresse du parc de Saint-Cloud. Sur le conseil du roi, Philippe d'Orléans demande à Antoine Le Pautre, architecte de Monsieur, d'imaginer et de réaliser une cascade. Celle-ci voit le jour en 1664-1665 et s'étend sur trente-neuf mètres de façade ! En 1698-1699, l'architecte Hardouin-Mansart ajoute le bassin circulaire, où l'eau jaillit de gueules de monstres, dans un buffet à trois étages de vasques, et le canal du bas, qui lui confère son ampleur. Enfin, on donne, au XVIIIe siècle, la dernière touche à l'édifice en l'agrémentant de deux statues, *La Seine* et *La Marne*, œuvres du sculpteur Lambert Sigisbert Adam.

SCULPTURES
*1867*
*Parc de Saint-Cloud*
L'Exposition universelle de 1867 donne l'occasion de voir s'élever en France quelques édifices singuliers. Ainsi le Palais de l'industrie, énorme bâtiment construit sur les Champs-Élysées. Lorsqu'il est démoli, en 1900, son fronton et ses sculptures, œuvres d'Élias Robert et Diebolt, rejoignent le parc pour sa décoration.

BUSTE DE GOUNOD
*XIXe siècle. Jean-Baptiste Carpeaux*
*Place de l'Église*
Charles Gounod (1818-1893), célèbre compositeur français du XIXe siècle, apprécie Saint-Cloud où il s'installe une partie de l'année, à partir de 1852. Là, il compose ses plus célèbres œuvres de théâtre, comme *Faust* (1859), *Mireille* (1864) et *Roméo et Juliette* (1867), qui révèlent son talent de mélodiste et qui l'imposent comme le maître du chant et de la simplicité dramatique. Il meurt le 18 octobre 1893, trois jours seulement après avoir joué pour ses proches son *Requiem*, composé à la mémoire de Maurice, son petit-fils, décédé à l'âge de cinq ans. Jean-Baptiste Carpeaux (1827-1875) s'est révélé à travers la peinture et la sculpture. Nourri des exemples de la Renaissance avec Michel-Ange, puis de Rubens ou de Rude, et soutenu par la cour impériale, il réalise de grandes commandes tels *Le Triomphe de Flore* pour une façade du Louvre et *La Danse* pour l'opéra Garnier. Ses nombreux bustes lui confèrent une certaine renommée : ceux de l'impératrice Eugénie, de Napoléon III ou encore d'Alexandre Dumas fils.

PONT DE SAINT-CLOUD
*1940*
*Métal (L. : 186 m 30)*
Saint-Cloud est l'une des premières villes à se parer d'un pont en 841. Il ne s'agit alors que d'une simple passerelle. Mais ce modeste ouvrage oblige cependant les armées de Charles le Chauve à camper entre Saint-Denis et Saint-Cloud, afin « d'empêcher l'armée de Lothaire, son frère, d'y passer ». Construit en 1940, le pont actuel de la ville est un grand ouvrage métallique.

MUSÉE DE SAINT-CLOUD
*1935. Architecte : Mourot*
*60, rue Gounod*
Construite en 1935 par l'architecte Mourot, dans le style néo-classique, cette maison est connue du grand public pour avoir servi de décor à de nombreux cinéastes. Les trésors du musée concernent essentiellement l'histoire locale, évoquée à travers des gravures, des peintures du XIXe siècle et des céramiques de la manufacture. La réputation des porcelaines de Saint-Cloud date du XVIIIe siècle grâce, notamment, aux découvertes de Pierre Chicaneau et de son successeur Henri Trou.

# Sceaux

Canton de Sceaux
Arrondissement d'Antony

Superficie : 360 ha – Population 1990 : 18 200 hab.
habitants : les Scéens – Voies : RN20, RN186

Origine du nom : du mot latin *cellae*, qui signifie petites maisons ou, selon l'orthographe choisie, avance l'idée d'un « cellier pour les vins des environs ».

Blason : les armes des principaux propriétaires du domaine : la couleuvre d'azur ondoyante en pal, de Colbert, trois fleurs de lis d'or, au bâton de gueules péri en barre, de Bourbon-du-Maine et de Bourbon-Penthièvre.

## HISTORIQUE

La première mention de Sceaux se retrouve dans un cartulaire du prieuré de Longpont, rédigé vers 1120. En 1203, Eudes de Sully, évêque de Paris, prononce le détachement de cette chapelle de la paroisse Saint-Germain-des-Prés de Châtenay et son érection en paroisse, dès lors placée dans la mouvance du chapitre de Notre-Dame de Paris. En 1530, un incendie ravage le village. Sa reconstruction débute et permet la constitution à partir de cette époque d'un véritable domaine seigneurial. La bourgade prend de l'importance. En 1597, Louis Potier de Gesvres se fait alors bâtir une vaste demeure, signalée comme étant le premier château édifié dans le village. En 1624, la seigneurie passe entre les mains de son petit-fils, René Potier, duc de Tresmes, pair de France, qui la fait ériger en baronnie. À partir de 1670, Sceaux se modifie considérablement, grâce à l'acquisition du domaine par Jean-Baptiste Colbert, principal ministre de louis XIV. Dès lors, il prend en charge le développement de la ville. Il dote le village de deux fontaines publiques, et crée une infirmerie ainsi qu'une école pour les jeunes filles du bourg. La ville se compose de nombreuses maisons de plaisance, aidée en cela par la proximité de Versailles. L'histoire de Sceaux dès lors se confond avec celle de son domaine, qui rencontre un destin presque national. La Révolution cause la destruction de nombreux bâtiments, et fait quelques remous, à cause notamment de la présence sur place de Palloy, le célèbre démolisseur de la Bastille. En 1800, Napoléon, alors Premier consul, fait transférer à Sceaux la sous-préfecture, jusqu'alors installée à Bourg-la-Reine. La ville, forte de 1348 habitants, devient un lieu de promenade pour les Parisiens, attirés par le bal très prisé de Sceaux, immortalisé par un roman de Balzac. À partir de 1846, l'urbanisation s'accélère avec la création d'une des premières lignes de chemin de fer construit par l'ingénieur Arnoux et reliant la capitale. La ville en plein essor subit de plein fouet la guerre de 1870 et les dommages causés par l'occupation bavaroise. La suppression, en 1879, des sous-préfectures de la Seine ramène Sceaux au simple rang de chef-lieu de canton. Depuis la fin du XIXe siècle, de nombreux universitaires viennent se fixer dans la commune. À la suite de la vente du domaine au département en 1923, une partie des abords du parc fait l'objet d'un lotissement. Le musée de l'Île-de-France prend place dans le château en 1937. Le taux de population voit son chiffre doubler entre 1954 et 1962. Sceaux adopte aujourd'hui le visage d'une ville à caractère résidentiel.

CHÂTEAU
*XIX<sup>e</sup> siècle*
*Parc de Sceaux*
Lorsqu'en 1670, le ministre Colbert (1619-1683) acquiert le domaine de Sceaux, celui-ci n'est alors composé que d'un simple manoir champêtre entouré d'un jardin d'une cinquantaine d'hectares, et dont les premières traces remontent au XV<sup>e</sup> siècle. Le ministre le transforme considérablement. Il sollicite l'architecte Perrault, déjà célèbre pour avoir travaillé au château de Versailles et réalisé la colonnade du Louvre et l'Observatoire, pour lui édifier une « somptueuse demeure ». Il charge Lebrun (1619-1690) de tous les embellissements et donne à Le Nôtre (1613-1700) le soin de lui dessiner un parc grandiose. À la Révolution, le domaine, confisqué, est déclaré bien national. Un décret de la convention y installe alors une école d'agriculture. Les plombs des toitures du château servent à faire des balles, et la majorité des statues du parc sont dispersées. En 1798, le Directoire met Sceaux en vente. Un négociant de Saint-Malo, nommé Lecomte, achète le domaine. Il préfère, devant l'état de délabrement du château, le faire raser. Après sa mort, sa fille épouse en 1828 le marquis de Trévise, qui tente de rendre au domaine son éclat premier.

VUE INTÉRIEURE
*XIX<sup>e</sup> siècle*
*Château de Sceaux*
Le parc est replanté suivant les plans de Le Nôtre et les bâtiments restaurés.

Pour remplacer le château disparu, le marquis fait construire à partir des plans de Quantinet, par l'architecte Lesoufaché de 1856 à 1858, un château en brique et pierre, dans le style Louis XIII, sur l'emplacement du corps central de celui du duc de Tresmes, que Colbert avait augmenté. Le domaine retrouve sa beauté jusqu'à la guerre de 14-18. De nouveau abandonné, le domaine passe finalement dans les mains en 1923 du Conseil général de la Seine. Il abrite depuis 1937 le musée de l'Île-de-France.

GROUPES SCULPTÉS
*XVII<sup>e</sup> siècle*
*Parc de Sceaux*
Le parc conserve sa fameuse entrée du XVII<sup>e</sup> siècle, encadrée de deux guérites portant des groupes sculptés. Le premier réalisé par le sculpteur Coysevox (1640-1720), représente une licorne combattant un dragon, et le second, un dogue combattant un loup, est de la main d'un des élèves de Coysevox, Raon (1630-1707). Ces deux groupes sont censés représenter les deux vertus principales de Colbert : probité et fidélité.

ORANGERIE
*1685*
*Parc de Sceaux*
L'orangerie est construite par Jules Hardouin-Mansart en 1685, à la demande du marquis de Seignelay, le fils de Colbert, afin de servir d'abri aux orangers du parc en hiver et de salle de fête en été. Au cours d'une somptueuse fête en l'honneur du roi Louis XIV, le bâtiment à peine achevé sert de cadre à un spectacle pour le moins de circonstance : *l'Idylle de Sceaux*, œuvre de Racine et Lully, chantée par les plus belles voix de l'Opéra ! Peu avant la Révolution, le duc de Penthièvre, « le père des indigents » et bienfaiteur des pauvres,

transforme une partie de l'édifice. Aujourd'hui, l'orangerie sert comme salle d'expositions, de concerts et de représentations théâtrales du musée de l'Île-de-France. Le bâtiment a perdu un quart de sa longueur par suite des bombardements de l'armée bavaroise en 1870.

BASSINS ET TERRASSES
*XVII^e siècle*
*Parc de Sceaux*
Le projet qu'entreprend Colbert pour son domaine nécessite des eaux abondantes, dont malheureusement Sceaux est dépourvu. Le miracle se produit néanmoins lorsqu'un ouvrier s'aperçoit qu'Aulnay « est bien plus haut que Sceaux », et entrevoit la possibilité d'en faire venir les eaux. Informé, Colbert fait alors étudier le projet par ses ingénieurs, et les travaux peuvent commencer. Le ministre fait construire des voûtes, des aqueducs, des tuyaux, indemnise les propriétaires des terrains, ce qui permet d'amener l'eau en quantité suffisante. Il reprend la même idée pour faire venir l'eau des Vaux-Robert, puis celle de l'étang du Plessis et d'Aulnay. Ses cascades, son octogone, ses bassins peuvent fonctionner. Le parc à deux niveaux et à deux orientations reste l'une des plus intéressantes créations de Le Nôtre.

CASCADES
*XVII^e-XX^e siècle*
*Parc de Sceaux*
Les grandes cascades de Sceaux, si chères à Colbert, disparaissent à la Révolution; elles étaient alors dessinées par Le Brun et avaient reçu une décoration d'animaux, dont certains fantastiques, sculptés par Coysevox (1640-1720), Girardon (1628-1715)-à qui l'on doit le tombeau de Richelieu à la Sorbonne- et leurs élèves. Lors de la restauration du parc par le département de la Seine en 1935, l'architecte Azéma imagine ces nouvelles cascades en style contemporain, ornées de mascarons de bronze sculptés par Rodin (1840-1917) pour l'Exposition universelle de 1900.

CERFS
*XVII^e siècle*
*Entrée de l'octogone*
*Parc de Sceaux*
À son arrivée à Sceaux, Colbert découvre dans le parc au sud de la colline, un étang, appelé « la mare morte ». Il demande alors à André Le Nôtre de le transformer en un bassin régulier à huit côtés, entouré de statues. « L'Octogone », construit en 1675, est le point de chute de l'ensemble des cascades.

CASTOR ET POLLUX
*1925*
*Parc de Sceaux*
Également situé en bordure de « l'Octogone », ce groupe sculpté est une copie d'antique. Il met en scène les héros mythologiques Castor et Pollux, appelés aussi les Dioscures, fils jumeaux de Zeus et de Léda, qui participèrent à la lutte de Sparte contre Athènes et à l'expédition des Argonautes. Immortalisés, ils ont été placés parmi les constellations sous le nom de Gémeaux.

PAVILLON DE L'AURORE
*XVIIe siècle*
*Parc*
Le XVIIe siècle voit l'émergence dans les jardins des grands seigneurs de petits bâtiments, sorte de halte ou simple lieu de divertissement. Tout naturellement, Colbert désire le sien pour son domaine, et confie sa réalisation à Claude Perrault (1613-1688), son architecte favori, en 1672. Situé sur l'ancien jardin potager du domaine, ce petit édifice reste indéniablement le plus célèbre de Sceaux. Il est dédié à Aurore pour annoncer la disparition de la Nuit. Il se compose d'une salle circulaire, coiffée d'une coupole, et de deux petites pièces occupant les ailes. Audessous, trois salles identiques sont couvertes d'une belle voûte appareillée. La coupole reste une des plus belles œuvres de Charles Lebrun (1619-1690), premier peintre du roi. Colbert se sert de ce pavillon pour y recevoir son conseil et y installe un cabinet de travail. Plus tard, son fils Jean-Baptiste, marquis de Seignelay, y donne de nombreuses fêtes et réceptions. Néanmoins, le Pavillon va connaître son heure de gloire lorsque le domaine est vendu au duc et à la duchesse du Maine. Cette dernière, petite-fille du grand Condé, désire se constituer une cour, tant littéraire que politique. « La cour de Sceaux » attire ainsi quotidiennement une cinquantaine d'illustres personnages, dont Malézieu, l'abbé Genest, le duc de Richelieu, le poète Jean-Baptiste Rousseau ou encore Voltaire, qui y écrit *Zadig et Micromégas*. Les fêtes se succèdent et notamment en 1714 et 1715 les « Nuits de Sceaux ». Ces fêtes doivent néanmoins prendre fin, lorsqu'est découverte la conspiration dite de « Cellamare » contre le régent, Philippe d'Orléans, à laquelle ont pris part le duc et la duchesse du Maine. Endommagé lors de la guerre de 1870, l'édifice retrouve sa splendeur d'antan, grâce à la restauration entreprise par le département des Hauts-de-Seine, devenu propriétaire du domaine.

PLAFOND
*XVIIe siècle. Charles Le Brun*
*Pavillon de l'Aurore*
Commandé par Colbert au peintre de la cour Charles Le Brun, ce plafond peint orne la coupole du pavillon de l'Aurore. Sorte d'auto-allégorie, car Colbert se comparait volontiers à l'aurore, la scène représente la déesse Aurore suivant la route du Zodiaque, encadrée entre autres par Flore, les Saisons, Céphale, et les Dioscures.

GRAND CANAL
*XVIIe siècle*
*Parc de Sceaux*
Versailles éblouit et illumine en cette fin du XVIIe siècle. Désireux d'imiter le grand roi Louis XIV, le marquis de Seignelay, fils de Colbert, décide la construction de ce grand canal, qui va demander cinq ans, de 1685 à 1700. Il mesure 1080 mètres de long, contre 1200 mètres pour celui de Versailles. Il est à noter qu'il était déjà prévu par les plans de Le Nôtre.

ÉCURIES
*XVII^e siècle*
*Parc de Sceaux*
Vers la fin du XVII^e siècle, Colbert ajoute à son château des bâtiments qui serviront d'écuries. Elles peuvent contenir jusqu'à dix carrosses, et une centaine de chevaux. Plus rare en revanche, le domaine conserve encore aujourd'hui un bain aux chevaux.

LE PETIT CHÂTEAU
*Portail*
*XVII^e siècle*
*9, rue du Docteur-Berger*
Le petit château construit en 1661 par Nicolas Boindin, conseiller du roi, appartient au conseiller d'État Le Boult lorsqu'il est racheté par Colbert en 1682 pour l'inclure dans son domaine. Plus tard, la duchesse du Maine l'aménage pour l'éducation de ses enfants, en grande partie pour les tenir à l'écart des mondanités de la Cour qu'elle se réserve. Le duc de Penthièvre l'utilise pour loger son aumônier et Cornuo, son trésorier. La demeure se compose d'un vaste bâtiment de trois étages avec sept fenêtres de façade, et reste considérée comme un véritable bijou d'architecture, conservant sa grande allure du XVII^e siècle et un fort beau portail monumental, style Louis XIV. En 1890 y habitent les frères Berger, Théodore, financier, et Paul, médecin. En souvenir de ce dernier, la ville choisit de donner son nom à la rue.

MAISON PALLOY
*XVIII^e siècle*
*37, rue des Imbergères*
L'entrepreneur Palloy devient célèbre à la Révolution pour avoir organisé en 1789-90 la démolition de la Bastille. Lorsqu'il s'installe à Sceaux, il se fait bâtir cette maison, avec, selon la tradition, les pierres de la célèbre forteresse. Il devient par la suite le grand organisateur des fêtes publiques. C'est aussi lui qui se retrouve chargé de la translation des cendres de Voltaire et des funérailles de Mirabeau. En 1819, le gouvernement achète la demeure et y installe la sous-préfecture de l'arrondissement entre 1820 et 1866. Au cours de travaux entrepris au rez-de-chaussée, furent découvertes des dalles sur lesquelles était gravé le nom des rues dont Palloy avait gratifié Sceaux pendant la Révolution. Comme la rue des Droit de l'Homme, de Voltaire, de l'Agriculture, ou encore la place Jacobite. Selon toutes vraisemblances, Palloy a dû récupérer ces dalles pour le sol d'une des pièces de sa maison.

ANCIEN BÂTIMENT
DE LA MANUFACTURE DE SCEAUX
*1735*
*1, rue des Imbergères*
*et 12 bis, rue du Docteur-Berger*
À cet emplacement est fondée en 1735 une manufacture de poterie, en pierre de taille, par l'architecte de Bey. Quelques années plus tard, il s'attache les services d'un chimiste, Jacques Chapelle, pour se lancer dans la porcelaine. Faute de recevoir les lettres patentes nécessaires pour pouvoir exercer, ils décident de se lancer dans la faïence japonée, imaginée par Chapelle. Le succès est immédiat, encouragé après 1775 par les commandes importantes du duc de Penthièvre. La manufacture compte alors jusqu'à quatre-vingts ouvriers. Après la Révolution, la manufacture perd de son prestige. Le musée de l'Île-de-France possède de nombreuses pièces de cette faïence raffinée.

LYCÉE LAKANAL
*1882-1885*
*Architecte : Anatole de Baudot*
*3, avenue Franklin-Roosevelt*
Jules Ferry, ministre de l'Instruction publique, est très désireux en cette fin du XIXe siècle de créer dans la banlieue parisienne un lycée moderne pour servir de modèle à la province, sorte « d'internat des champs », selon ses propres mots. Sur un terrain de 97 606 m², acheté au marquis de Trévise, est créé à partir de 1882 le lycée Lakanal. Un nom judicieusement choisi, à en croire la carrière de cet homme politique (1762-1845) à qui l'on doit notamment l'organisation de l'enseignement primaire et secondaire, de l'École normale supérieure, mais aussi l'idée, neuve à l'époque, de faire instruire les maîtres eux-mêmes avant de les envoyer instruire les enfants. La construction de l'édifice est confiée à Anatole de Baudot, élève de Viollet-le-Duc. Dans un premier temps, l'école accueille cent vingt-cinq élèves, et très vite connaît une certaine renommée. Il faut noter que se sont succédé sur les bancs des classes un grand nombre d'écrivains et d'historiens célèbres : Charles Péguy, Jean Giraudoux, Pierre Benoît, Maurice Genevoix, Jacques Rivière, Paul Hazard, Jules Isaac. Et Alain-Fournier, qui aurait imaginé le domaine perdu du Grand Meaulnes, en contemplant le domaine délabré de Sceaux.

FRESQUE
*1899. Guyonnet*
*Parloir*
*Lycée Lakanal*
Le parloir est orné de cette fresque en deux panneaux de dix mètres carrés chacun, œuvre de Guyonnet, en hommage à l'un des élèves du lycée de 1885 à 1889, Frantz Reichel. Ce dernier est l'introducteur en France des sports athlétiques, à la mode en cette fin du XIXe siècle, comme le rugby. Il devient capitaine de l'équipe du lycée, qui sera la première équipe universitaire française de rugby.

LYCÉE MARIE-CURIE
*1936*
*Vue intérieure*
*1, rue Constant-Pilate*
À la fin du XIXe siècle, Sceaux ne possède aucun établissement pour l'enseignement des filles après le certificat d'étude. Pour combler ce manque, certains professeurs du lycée Lakanal avancent alors l'idée de fonder un établissement féminin. Ainsi voit le jour, en 1897, le cours Florian qui accueille une vingtaine d'élèves. Au début des années trente, le cours s'avère trop petit et un nouvel établissement est construit, bâtiment moderne en briques rouges agrémenté d'un plan d'eau. Inauguré le 8 octobre 1936, le lycée porte le nom de Marie Curie, décédée deux ans plus tôt et inhumée au cimetière communal de Sceaux au sein de la famille Curie.

LE CHALET BLANC
*1908. Architecte : Hector Guimard*
*2, rue du Lycée*
Sceaux conserve avec cette maison un exemple de « l'Art nouveau », construite par l'architecte Hector Guimard (1868-1942), pour sa tante en 1908. Réalisée en meulière et en brique, elle se distingue par une utilisation très importante du bois laqué, qui lui confère un certain charme et par ses lignes arrondies, qui contrastent avec les habitudes architecturales de l'époque. L'Art nouveau est un mouvement qui va durer une dizaine d'an-

nées, comme d'ailleurs la renommée de Guimard. Cet architecte popularise son art grâce à l'exposition de 1900, lorsqu'il réalise l'aménagement de certaines entrées du tout nouveau réseau de transports souterrains.

ÉGLISE SAINT-JEAN-BAPTISTE
*XVI^e^-XVII^e^ siècle*
*1, rue du Docteur-Berger*
Dès le XII^e^ siècle, est attestée à Sceaux une chapelle, dédiée à saint Mammès et dépendante de la paroisse de Châtenay. Quelques gros moellons de cette époque sont d'ailleurs encore visibles à la base du clocher. Un peu plus tard est alors construit au même emplacement et dans les mêmes dimensions que l'église actuelle, un édifice dédié à saint Jean-Baptiste, plus court cependant d'une travée à l'ouest et flanqué au nord d'un clocher en hors d'œuvre. L'histoire de l'église depuis n'est qu'une interminable succession de travaux, en 1476, en 1541, en 1669. De 1719 à 1726, le curé Baudouin fait reconstruire et voûter la nef à laquelle il fait ajouter une travée et transforme la façade. La Révolution bouleverse les habitudes. Conformément au décret de la Convention du 10 novembre 1793, le conseil municipal décide la fermeture de l'église le 30 novembre, et sa transformation en temple de la Raison. Le temple se retrouve ainsi tapissé aux couleurs nationales et orné d'une statue de la Liberté! Au cours de la fête de la Raison, il accueille une procession où la déesse Raison, représentée par la jeune Démarate Palloy, fille du démolisseur de la Bastille, est portée en triomphe sur un char. Divers patriotes entreprennent même de brûler la châsse de saint Mammès, très vénérée des Scéens, et les archives de la fabrique, heureusement sauvés in-extrémis du feu par l'ancien marguillier Maufra. Pendant plusieurs mois, le temple de la Raison va servir à la fois de mairie, de bureau de bienfaisance, de siège de la Société populaire, de raffinerie de salpêtre et d'entrepôt pour les statues de Diane et du Gladiateur provenant du parc de Sceaux. À partir du 22 mai 1794, l'édifice devient le temple de l'être suprême, comme le rappelle l'inscription sur la façade: « le peuple français reconnaît l'être suprême et l'immortalité de l'âme ». Le 21 juin 1795, l'église est enfin rendue au culte. Dépouillée et abîmée, elle bénéficie tout au long du XIX^e^ siècle des derniers grands travaux d'entretien et d'amélioration.

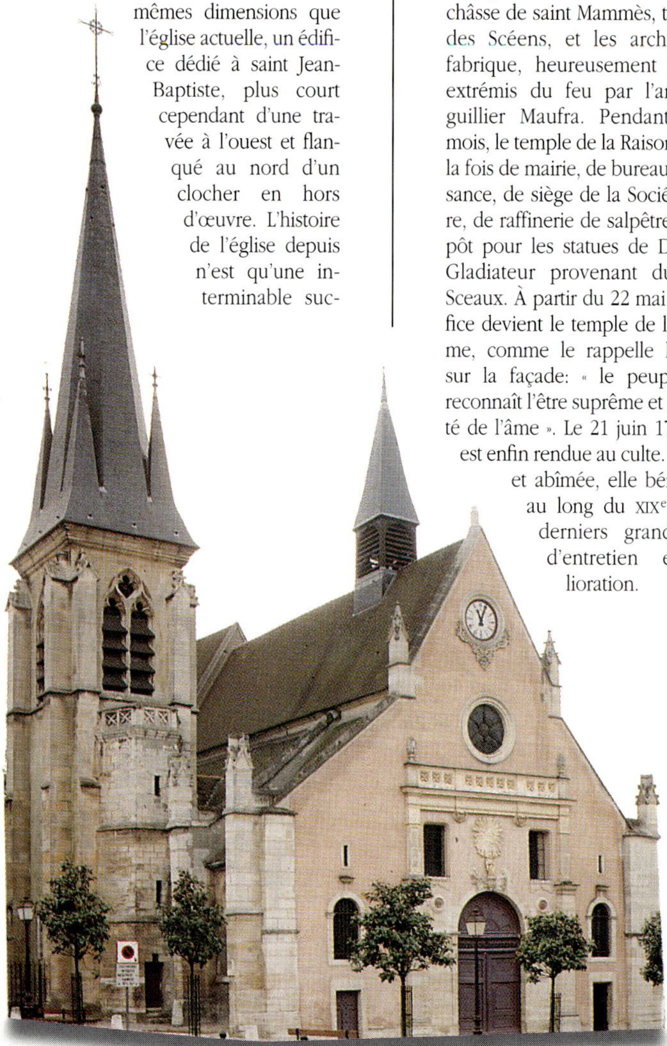

PORCHE
*XVIII^e^ siècle*
*Détail*
*Église Saint-Jean-Baptiste*
Le grand portail cintré est surmonté d'une gloire en relief, au centre de laquelle un triangle porte le nom de Yahvé. Deux fenêtres encadrent ce motif. Sur la façade du XVIII^e^ est plaqué en 1838 un décor pseudo-gothique et renaissance. Les pilastres sont alors prolongés et reliés par un entablement que soutiennent des consoles ornées de chérubins. Au-dessus de l'entablement court une fausse galerie découpée en trois groupes de croix de Saint-André et surmontée à chaque extrémité de pommes de pin.

LE BAPTÊME DU CHRIST
*XVIII^e^ siècle. Jean-Baptiste Tuby*
*Plâtre*
*Église Saint-Jean-Baptiste*
Pour orner la chapelle de son château, Colbert commande au sculpteur Jean-Baptiste Tuby (1635-1700), élève de Bernin (1598-1680), ce *Baptême du Christ* en marbre. Et offre à sa paroisse l'étude en plâtre de cette œuvre majeure. En 1768, cette dernière se pare d'un superbe décor réalisé aussi en plâtre, par Jean-Baptiste Buisson, entrepreneur de bâtiments de Sceaux et surtout par Charles-Symphorien Jacques et Joseph Julien, directeurs de la manufacture de faïence de la ville. Il est appliqué alors sur le mur de l'abside, et s'inspire de la coupole de Le Brun et de la Gloire en marbre et bois

doré, qui surmonte le groupe original dans la chapelle du château. À cet ensemble s'ajoute en 1787 un maître-autel en marbre, exécuté par le marbrier Vassy, aidé de Charles-Symphorien Jacques pour les moulures et de Charles Léveillé, doreur à la manufacture de céramique de Bourg-la-Reine pour les bronzes, en remplacement de l'ancien autel en bois. Ce nouvel autel est surmonté d'un décor d'arcade et de pilastres en bois peint façon marbre. L'ensemble, grandiose, perd malheureusement, avec la Révolution, la copie en plâtre de Tuby.

L'espoir renaît néanmoins en 1795, lorsqu'au moment où le château est mis en vente par le gouvernement du Directoire, une commission des Arts confie à la commune le groupe en marbre original de Tuby. L'occasion est trop belle. En 1804, il rejoint finalement l'église, à l'emplacement de la copie en plâtre donné par Colbert. L'ensemble retrouve toute sa splendeur. Mais pas pour longtemps. L'abbé Elie Celles, curé de 1895 à 1900, désire modifier à son tour l'église et supprime le décor créé au XVIIIe siècle...

BOISERIE
*XVIIIe siècle*
*Église Saint-Jean-Baptiste*
Afin de faire face aux dégradations multiples subies pendant la Révolution, la fabrique et les confréries achètent chez divers antiquaires et brocanteurs plusieurs objets pour embellir leur église. Ils acquièrent notamment l'autel de la Vierge, divers vitraux du XVIe siècle, ainsi que ce panneau de bois sculpté du XVIIIe siècle. Son origine est longtemps restée mystérieuse. Il semble, d'après les résultats de la thèse de 3e cycle de Bruno Pons, que ce panneau est l'œuvre de François Roumier, sculpteur du Roi entre 1723 et 1725-26, réalisée pour l'église du Noviciat des Jacobins, rue du Bac à Paris. Ce panneau en bois ne serait qu'une partie de l'œuvre originale, qui représente le Christ par une tête d'homme jeune nimbée de rayons lumineux et les quatre évangélistes figurés par leur symbole.

AUTEL DE SAINT-MAMMÈS
*XVIIe siècle*
*Église Saint-Jean-Baptiste*
En 1795, l'église est rendue au culte. La chapelle de saint Mammès, martyr de Césarée en Cappadoce, retrouve son lieu d'origine. Elle existe sans doute depuis le XVIe siècle. Le culte de ce saint, invoqué contre les maux de ventre, est très répandu en France depuis qu'en 1075 l'évêque de Langres rapporte de Constantinople un fragment d'os de ce martyr. Le retable est offert à l'église en 1801, alors qu'il orne le château de Sceaux. La châsse, sur l'autel, contient un morceau de l'humérus du saint.

CONSOLE
*XVIIe siècle*
*Bois et marbre*
*Église Saint-Jean-Baptiste*

TOMBE DE FLORIAN
*XVIIe-XIXe siècle*
*Avenue du Président-Roosevelt*
Jean-Pierre Claris de Florian (1755-1794), petit-neveu de Voltaire (1694-1778), débute sa carrière comme capitaine de cavalerie au Royal-Penthièvre. Mais très rapidement, il se tourne vers sa passion qui est l'écriture, aidé par le duc de Penthièvre, dont il devient le gentilhomme. Il traduit les pastorales de Cervantès. On lui doit surtout *Galathée et Estelle*, des comédies, des fables, qui lui valent le titre de second fabuliste français. En 1788, à l'âge de 33 ans, il devient membre de l'Académie française. Arrêté pendant la Révolution, il quitte la prison après vingt-cinq jours de détention. Malade depuis longtemps, il meurt quelques semaines plus tard. La Société des Cigaliers et des Félibres de Paris, tous originaires comme Florian du midi de la France et l'estimant comme leur précurseur, viennent chaque année en pèlerinage le premier dimanche de juin depuis 1879 au tombeau de leur compatriote, transféré ici au XIXe siècle et orné d'un buste de 1837, d'après

l'œuvre de Dévéria (1800-1857). Cette tombe fait de Sceaux une « cité félibréenne », qui a vu défiler à cette occasion une kyrielle d'artistes et de poètes : Paul Arène, Aubanel, Zola, Anatole France, Maurice Faure, le peintre Eugène Baudouin, Henri de Bornier, l'auteur de *La Fille de Roland*, Sextius Michel, Albert Tournier, Benjamin Constant, etc.

VILLA BALTARD
*1859*
*26, rue Bertron*
Au XVIII^e siècle, la propriété Muiron fait partie des « enclos », ces grandes propriétés de Sceaux habitées l'été par des bourgeois parisiens. En 1842, la propriété est acquise par Adolphe Bertron, surnommé le « candidat humain », quand il se présente régulièrement aux élections législatives du département de la Seine. L'architecte Victor Baltard (1805-1874) achète une parcelle de la propriété en 1858, puis d'autres dans les années suivantes. « L'architecte des Halles », y construit sa maison de campagne, sorte de villa de goût italien, surmontée d'un belvédère en brique. Sa plus grande œuvre reste toutefois les Halles de Paris, pour lesquelles il utilise à merveille le fer et la fonte. Aujourd'hui disparues, on peut encore admirer l'un des dix pavillons de l'ensemble originel à Nogent-sur-Marne.

COLONNES
*Jardin de la Ménagerie*
La duchesse du Maine fait construire, par Jacques de la Guêpière au XVIII^e siècle, un petit pavillon de plaisance dans le jardin dit de la « Ménagerie ». Le bâtiment est détruit à la Révolution. En 1798, le Directoire met en vente le domaine de Sceaux. Un groupe de Scéens se mobilise et achète le jardin de la Ménagerie. Ils constituent alors « la Société des eaux de Sceaux », dans le but de conserver le jardin et d'exploiter les eaux de l'étang Colbert qui alimentent la ville. Les deux colonnes qui s'élèvent sont les tombes des serins de la duchesse du Maine.

URNE
*XVII^e siècle*
*Jardin de la Ménagerie*
Cette urne porte l'inscription « ici gît Marlamin, le roi des animaux », en fait le tombeau du chat de la duchesse du Maine !

MAISON CURIE
*XIX^e siècle*
*9, rue Pierre-et-Marie-Curie*
Dans cette maison habite la famille Curie en ce milieu du XIX^e siècle. Pierre (1859-1906) y passe sa jeunesse. Après son mariage avec Marie Sklodowska (1867-1934) en 1895, le jeune couple s'installe souvent, au premier étage, jusqu'au décès de Pierre en 1906. L'année suivante, Marie se fixe avec ses deux filles à Sceaux, au 6, rue Jean-Mascré. Pierre et Marie Curie, tous deux physiciens, restent mondialement connus pour leurs nombreuses découvertes, qui leur vaut l'honneur de partager en 1903, le prix Nobel de physique avec Henri Becquerel (1852-1908), et à elle, après le décès de son époux, d'obtenir le prix Nobel de chimie en 1911. Leurs travaux portent sur le domaine de la radioactivité, avec notamment la découverte du polonium et surtout du radium. Marie Curie a aussi mis en évidence de nombreuses applications en chimie, en biologie et en thérapeutique. Leur fille, Irène, et son mari poursuivent son tra-

vail et découvrent la radioactivité artificielle, dont les développements et les applications sont sans bornes, et qui leur vaut à leur tour le prix Nobel de Chimie en 1935.

HÔTEL DE VILLE
*XIXe siècle*
*122, rue Houdan*
En 1843, sur les plans de Claude Naissant, architecte de l'arrondissement, est construite la première mairie appelée de nos jours « ancienne mairie ». C'est en 1863 que le même architecte bâtit la sous-préfecture où les services municipaux s'installent à partir de 1880. L'ancienne mairie possède tous les registres paroissiaux depuis 1609 et les registres d'état-civil depuis la Révolution.

ACTE DE MARIAGE
DE BERNADOTTE
*30 Thermidor An VI*
*Archives municipales*
*Hôtel de ville*
En ce 17 août 1798, Sceaux est le théâtre du mariage du général divisionnaire des armées de la République Jean-Baptiste Bernadotte (1763-1844) avec Désirée Clary, en présence de Joseph et Lucien Bonaparte, comme témoins. Bernadotte habite alors une petite maison de Sceaux, rue de la Lune. L'année suivante, il devient ministre de la Guerre, et passe pour un rival possible de Bonaparte. Il se brouille finalement avec Napoléon en 1809, et accepte sa désignation comme prince héritier par les États de Suède. Le 21 août 1818, il devient roi de Suède, sous le nom de Charles XIV, en remplacement du vieux roi Charles XIII, qui l'avait alors adopté comme son fils. Un destin surprenant.

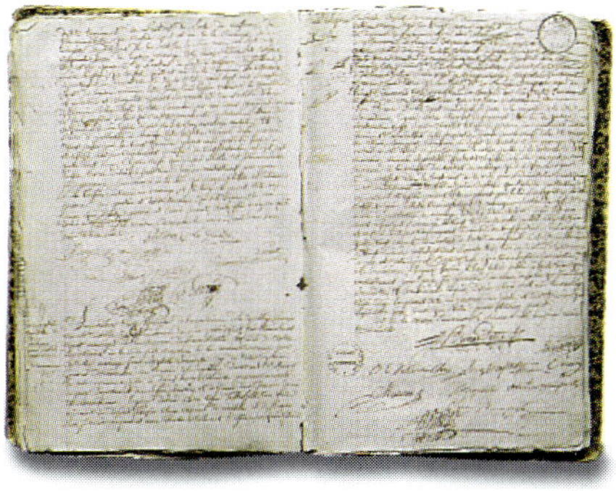

MAISON CAUCHY
*XVIIIe siècle*
*Avenues Émile-Morel et Cauchy*
Cette imposante bâtisse fut la dernière demeure du mathématicien Augustin Cauchy (1789-1857). Ses travaux, qui se caractérisent par une rigueur d'ana-

lyse ouvrant la voie aux évolutions les plus modernes des mathématiques, se situent dans la lignée de ceux initiés par son confrère et voisin Évariste Galois qui demeurait à Bourg-la-Reine. La théorie des groupes, créée par Galois, trouve d'ailleurs ses développements dans l'œuvre du mathématicien scéen. Le domaine de prédilection de Cauchy ne se limite pas aux pures mathématiques, et on lui doit également des recherches appliquées à la physique et une œuvre sociale.

ESCALIER
*XVIIIe siècle*
*Maison Cauchy*

# Sèvres

Canton de Sèvres
Arrondissement de Boulogne-Billancourt

Superficie : 391 ha – Population 1990 : 21 990 hab.
Habitants: les Sévriens
Rivières : la Seine, le ru de Marivel – Voies : RN118, RN10

Origine du nom : Sauara, Savara au VIe siècle, Savra au IXe, Sevra et Separa au XIIIe siècle ; le suffixe pré-celtique *ar*, signifie l'eau courante, la vallée tandis que le préfixe *sav* pourrait provenir de l'ancien nom du ru de Marivel.

Blason : sur fond d'azur, le pont posé sur la rivière ondée souligne l'importance de l'eau, le huchet d'or rappelle les chasses royales, les vases d'azur chargés d'une fleur de lys d'or célèbrent la manufacture ; la couronne formée d'une branche de laurier et d'une palme évoque l'ancienne École Normale de jeunes filles.

## HISTORIQUE

Sur le flanc de la colline de Brimborion, la découverte d'une exploitation de silex néolithique suggère l'existence d'un premier groupe humain installé le long du ru de Masurel, au fond de la vallée de la Seine. La mention la plus ancienne de Sèvres apparaît en 558, dans une charte de Childebert. La vallée étroite où Sèvres prend naissance est un lieu de communication. Le long du ru de Masurel, les Gallo-Romains, dit-on, tracent la route appelée plus tard « le pavé de Sèvres ». Après les souffrances infligées au village par les invasions normandes, les seigneurs se succèdent dans le château entouré par les deux bras du ru, et bâti en contrebas de l'église. L'édifice est dominé à un angle par un donjon, qui lors des cérémonies dans Paris accueille les prisonniers les plus redoutables pour la sécurité de la capitale. Les seigneurs de Livres, de Longueil, et les Célestins se partagent le domaine de Sèvres, non sans quelques conflits, jusqu'à la seconde moitié du XVIIIe siècle, époque à laquelle la seigneurie est vendue à Louis XV. Avec l'essor de Versailles, le pavé de Sèvres est de plus en plus fréquenté. Très vite de grandes propriétés résidentielles s'étirent le long de la Grande Rue, et autour de la colline de Brimborion. L'installation des fabriques et des manufactures royales de cristallerie, de verrerie et de porcelaine, et d'un moulin, confèrent à Sèvres une grande renommée. La localité est aussi célèbre auprès des Parisiens pour son vin de coteaux et pour ses caves creusées dans la falaise.

Sous le second Empire, l'industrie de la blanchisserie, que facilite la présence du ru de Marivel, se développe. La mise en service de deux voies ferrées entre 1839 et 1842 entraîne l'extension pavillonnaire. En 1854, Loubat lance le tramway « L'Américain ».

Sèvres est au cœur de la guerre de 1870 : le centre ainsi que le bas de la ville sont bombardés, et les négociations de l'Armistice sont discutées au lieu-dit la fontaine d'Amour.

Après la Seconde Guerre mondiale, qui entraîne de nouveau le bombardement de la ville en raison de la proximité des usines Renault, Sèvres organise sa reconstruction. Le Centre technique des industries de la fonderie, et le Centre international d'études pédagogiques, installé dans les locaux de l'ancienne manufacture, s'implantent à Sèvres, tandis que perdure la magie de la porcelaine. De 1960 à 1971, une rénovation permet la résorption de l'habitat insalubre à la faveur de l'élargissement de la RN10. Ces dernières années, l'aménagement du front de Seine a créé un grand centre d'affaires qui regroupe à la fois des logements sociaux, des équipements collectifs et de nombreuses entreprises de secteurs industriels et tertiaires.

ÉGLISE SAINT-ROMAIN
*XII^e^-XIX^e^ siècle*
*Façade*
*Rue de l'église*

La tradition veut que Germain le Doré, évêque de Paris et futur saint Germain, ait consacré vers 560 la première église de Sèvres à saint Jean-Baptiste. Après avoir été pillée et détruite par les invasions normandes, une nouvelle église est dédiée, vers la fin du XII^e siècle, à saint Romain de Blaye (mort vers 385), le patron des bateliers. Des reliques du saint, provenant de Saint-Denis, y sont conservées puis disparaissent en 1793. L'église de Sèvres connaît diverses phases de restaurations ou de reconstructions. L'une des plus importantes intervient au tournant des XV^e et et XVI^e siècles, qui aboutit à une nouvelle consécration en 1504 par l'archevêque Jean-François de Gondi. La façade du XVIII^e siècle, constituée d'un portail principal surmonté d'un fronton et encadré de pilastres, est flanquée d'une tourelle d'escalier coiffée d'un petit dôme. Pendant la Révolution, Louis XVI de retour vers Paris, salue la petite église au passage, qui devient alors un lieu de pèlerinage pour sa fille la duchesse d'Angoulême (1778-1851). Les projets de restauration formés sous le premier Empire, ne sont menés à bien qu'en 1839, date à laquelle l'église est inaugurée par Louis-Philippe. (Ins. M. H., 1937)

CLOCHER
*1897*
*Église Saint-Romain*

Si la base du clocher se situe au niveau de la travée la plus ancienne de l'église, datée des tout débuts du XIII^e siècle, son sommet est reconstruit en 1897.

NEF ET CHŒUR
*XVI^e et XVIII^e siècles*
*Église Saint-Romain*

En 1765, grâce au mécénat de Louis XV, un nouveau chœur est bâti par l'architecte Caron. Construit en abside arrondie, et percé de fenêtres, il s'ouvre sur la nef aveugle du XVI^e siècle.

L'ANGE GARDIEN
*Vers 1840. Henri Decais*
*Vitrail*
*Église Saint-Romain*

Offert par l'impératrice Eugénie, ce vitrail, fortement restauré, est posé sous le second Empire en présence de la donatrice et de son fils le prince impérial.

ECCE HOMO
*XVII^e^ siècle*
*Plâtre*
*Église Saint-Romain*

VIE DE SAINT PHILIPPE
*1847*
*Vitrail*
*Église Saint-Romain*

Commandé par le roi Louis-Philippe en 1840, ce vitrail n'est achevé qu'en 1847. L'œuvre est une production des ateliers de peinture sur verre de la manufacture. Il est le pendant de celui consacré à la vie de Saint Louis, mis en place en 1839, et qui, très endommagé par un orage en 1927, est alors remplacé.

FONTS BAPTISMAUX
*XVIII^e^ siècle*
*Bronze (H. : 110 cm)*
*Église Saint-Romain*

Vestiges du mobilier de l'église au XVIII^e^ siècle, les fonts baptismaux sont contemporains des boiseries sculptées qui l'encadrent, lesquelles sont peut-être des fragments remployés d'un ancien retable.

JEANNE D'ARC PRIANT
DANS L'ÉGLISE DE SÈVRES
*1901. Paul Hippolyte Flandrin*
*Huile sur toile (220 × 270 cm)*
*Église Saint-Romain*

Bien que l'histoire ne la soutienne pas, la tradition demeure encore ferme d'un passage de Jeanne d'Arc à Sèvres. L'épisode inspire au début de notre siècle le peintre Paul Hippolyte Flandrin (1856-1921), membre d'une dynastie de peintres héritière des enseignements d'Ingres.

ESCALIER INTÉRIEUR
*XII^e^-XIII^e^ siècle*
*Église Saint-Romain*

Cet escalier à l'intérieur d'une colonne, permettant d'accéder aux cloches – dont la plus ancienne fut baptisée Anette en 1760 par l'épouse du directeur de la manufacture – remonte aux premiers âges de l'église de Sèvres.

BALUSTRADE
*XIXe siècle*
*Parc de Brimborion*
Au XVIIIe siècle, Louis XV achète sur la butte de Châtillon une propriété pour sa maîtresse Mme de Coislin, et y fait construire un pavillon à deux étages ainsi qu'une orangerie. À la mort de Mme de Coislin en 1817, le château est acquis par le chanteur Tamburini, qui détruit les bâtiments existants et les

remplace par un édifice de style Louis-Philippe. C'est au début du XIXe siècle que l'ancienne butte de Châtillon prend le nom de Brimborion, en souvenir d'une modeste demeure située au pied de la colline de Bellevue et au bord de la Seine, appartenant à la marquise de Pompadour. En 1865, le nouveau domaine de Brimborion est habité par le caïd Samama, ancien ministre tunisien. Propriétés du comte de Saint-Cène, le château et le domaine sont cédés à la Caisse des dépôts et consignations. De peur que les projets de construction immobilière des nouveaux propriétaires ne défigurent la colline, la commune fait classer le site en 1934. La colline de Brimborion est aujourd'hui partagée entre la ville et l'Office national des eaux et forêts. Ne reste des bâtiments qui ont fait son histoire que cette terrasse à balustrade. (Site Cl., 1934)

HÔTEL DES BRANCAS
*XVIIe, XVIIIe et XXe siècles*
*Hôtel de ville*
*54, Grande Rue*
La demeure, alors dite hôtel de Courchamps, est acquise en 1651 par Pierre Monnerot, conseiller du roi. La cour Saint-Omer sera fermée par une aile en 1740 et l'ensemble profondément remanié par leurs nouveaux propriétaires après 1772, le famille, d'origine italienne, des Brancas. Émigrés

pendant la Révolution, les Brancas voient leur demeure confisquée. Elle sera utilisée dans un premier temps par les ateliers d'un tanneur, servira de relais de poste, puis subira l'occupation des armées alliées contre l'Empire en 1815. L'hôtel des Brancas devient finalement la mairie-école en 1835, subissant au cours du XXe siècle plusieurs campagnes de reconstruction. (Ins. M. H.)

VICARIAT
*XVIIIe siècle*
*Rue de l'Église*
Les dépendances de l'église Saint-Romain, se composent de deux maisons, datées de la première moitié du XVIIIe siècle, dont celle-ci, adossée à l'église, et qui faisait autrefois fonction de vicariat. L'autre, à l'angle des rues de l'Église et du 8-Mai-1945, est le presbytère, construit sur un terrain donné à la paroisse en 1746.

PRESBYTÈRE
*XVIIIe siècle*
*Rues de l'Église et du 8-Mai-1945*

HÔTEL PARTICULIER
*Dit des enfants de Madame de Montespan*
*XVIIe siècle*
*164, Grande Rue*
Mme de Montespan (1640-1707) aurait vécu au XVIIe siècle dans ce bel hôtel élevé sur la rue principale de Sèvres. L'appellation de la demeure laisse supposer que la favorite de Louis XIV ait élevé en ce lieu les huit enfants issus de sa liaison avec le roi. Les deux ailes en avancée qui encadrent le corps principal de logis, donnent à l'hôtel des proportions imposantes, assouplies par la polychromie des matériaux de couverture. (Ins. M. H., 1974)

VILLA
*1890. Architecte : Thion*
*2, avenue Henri-Regnault*
Cette villa est bâtie en 1890 d'après les plans de l'architecte Thion. L'agencement de la tourelle qui flanque le corps principal, et la polychromie des matériaux de construction confèrent au bâtiment des allures de castel de fantaisie.

HÔTEL PARTICULIER
*XIXe siècle*
*Centre technique des industries de fonderie*
44, avenue de la Division-Leclerc
Le Centre technique des industries de fonderie est installé à Sèvres dans un hôtel particulier du XIXe siècle. On mène, à l'intérieur de ce grand bâtiment de deux étages, des recherches de pointe concernant divers secteurs de la métallurgie, comme la fusion des alliages. Sont également regroupés les services administratifs, le laboratoire central et une station expérimentale d'essai.

FRAGMENT DE FONTE
*XVIIe-XVIIIe siècle*
*Centre technique des industries de fonderie*
*44, avenue de la Division-Leclerc*
Dans les jardins du Centre technique des industries de fonderie, est exposé un fragment de fonte provenant de la machine de Marly, créée sous Louis XIV pour remonter les eaux de Marly à Versailles. La machinerie aurait été réalisée à Sèvres.

MAISON GRAVANT
*XVIIIe siècle*
*14, rue Ville-d'Avray*
Situé au fond de la vallée, plus précisément au lieu-dit « ruisseau de la forge », l'emplacement du domaine aurait été initialement occupé par le couvent des Célestins. Une importante carrière, ensuite transformée en mûrisserie de bananes, est la seule partie subsistante des aménagements de cet ordre religieux. À la fin du XVIIe siècle, la propriété appartient aux Noailles de la Garde. Elle entre en 1748 en la possession de Jean Gosselin, l'un des vingt-cinq marchands de vin accrédités par Louis XV. Lorsqu'en 1756, François Gravant, ex maître-verrier et chercheur à la manufacture de Sèvres, achète le domaine, il effectue de nombreux travaux sur les bâtiments existants. Elevée sur deux étages, la façade de sa demeure est rythmée par des pilastres. Vers l'ouest, elle porte la marque de modifications architecturales importante : des fenêtres sont murées sur la moitié de leur largeur, d'autres sont peintes en trompe-l'œil. (Ins. M. H., 1977)

ESCALIER
*XVIIIe siècle*
*Maison Gravant*

TOURELLE D'ESCALIER
*Début du XIXe siècle*
*Cour intérieure*
*110, Grande Rue*
En haut de la Grande Rue, deux corps de bâtiments datés de la fin du XVIIIe siècle et du début du XIXe siècle, l'un appuyé à la base du versant du coteau dit « côte d'or », l'autre sur rue, sont reliés par une aile étroite, et délimitent une cour rectangulaire. Dans cette dernière, une tourelle d'escalier

hors-d'œuvre distribue les étages supérieurs du bâtiment adossé au coteau. Une carrière souterraine, taillée directement dans le calcaire, remplit les fonctions de cave et servait autrefois d'entrepôt.

PAVILLON DE BRETEUIL
*1672. Architecte : Thomas Gobert*
*Bureau international*
*des poids et mesures*
*12 bis, Grande rue*
L'origine de ce bâtiment remonte aux premières époques du domaine de Saint-Cloud, bien qu'il soit situé géographiquement à l'intérieur des limites communales de Sèvres. Construit par Thomas Gobert pour Monsieur, duc d'Orléans et frère de Louis XIV, le Trianon est en 1672 un pavillon des fêtes. Ermitage sous la régence de Philippe d'Orléans, le pavillon devient propriété du chancelier de Louis d'Orléans (1703-1752), l'abbé de Breteuil. C'est à son neveu, Louis Auguste le Tonnelier, baron de Breteuil (1730-1807) que le bâtiment doit son nom. Diplomate, ministre de Louis XVI, passionné de sciences, le baron de Breteuil émigre à la Révolution et ses biens sont saisis. Le pavillon suit alors les vicissitudes du domaine, avant de renaître à l'histoire moderne en 1870. Un projet de Napoléon III le destine à l'établissement d'un observatoire d'astrophysique. Gravement endommagé par la guerre de 1870, le pavillon de Breteuil est donné au Bureau international des poids et mesures en 1875, suite à la signature de la Convention du mètre, signée à Paris le 20 mai de cette même année, par dix-sept nations. Les prototypes internationaux de référence pour le mètre et le kilogramme y sont déposés après 1889. Depuis, le pavillon de Breteuil et les bâtiments qui l'environnent sont le siège des études relatives aux notions de mesure et de précision. Le site bénéficie du statut de territoire international.

GARE DU PONT DE SÈVRES
*1889*
En 1881, sous la troisième République, la ligne Saint-Lazare-Invalides est mise en service. Mais il faut attendre l'Exposition universelle de 1889, pour que la station de chemin de fer du pont de Sèvres soit ouverte. Le bâtiment de la gare, percé de fenêtres en plein cintre et surmonté d'un toit en balustrade, conserve le charme indéfinissable des gares d'autrefois.

GARE
*XIXe siècle*
*Place Pierre-Brossolette*
Sous le second Empire, la plupart des petites villes des bords de Seine se dotent de réseaux ferrés. Sèvres n'échappe pas à cette évolution. Dès 1839, au départ de la gare Saint-Lazare, une ligne de chemin de fer dessert toutes les agglomérations jusqu'à Versailles, en passant par la station de « Sèvres-Ville-d'Avray ».

COLLÈGE SAMUEL-MOORAT
*XVIIIe et XIXe siècles*
*26, rue Troyon*
Face à la Seine et au pied de la colline de Brimborion, s'élève cette grande demeure de deux étages. La façade donnant sur le jardin est percée de nombreuses fenêtres, remarquables par leurs arcs en plein cintre. Appartenant au XVIIIe siècle à la marquise de Pompadour, qui y crée une école de jeunes filles, la propriété est ensuite modifiée entre 1816 et 1824, pour le créateur des sciences géographiques, le baron Baclère d'Albe. Occupé en 1898 par un foyer de convalescence de soldats des colonies, le domaine est devenu aujourd'hui le collège arménien Samuel-Moorat. (Ins. M. H., 1986)

GROUPE SCOLAIRE GAMBETTA

*1881. Architecte : Laisne*

*Brique*

*2-4, rue Victor-Hugo*

Le groupe scolaire Gambetta est établi dans l'ancienne rue des Écoles, face à la mairie de la Grande Rue. Le groupe, constitué d'une école de filles, de garçons et d'une salle d'asile, est édifié par l'architecte Laisne sur un terrain acquis par la commune en 1878. Il est inauguré en 1881, date à laquelle l'enseignement primaire public devient gratuit à l'instigation de Jules Ferry (1832-1893).

BASTIEN-LEPAGE

*XIXe siècle. Auguste Rodin*

*Bronze*

*Square Carrier-Belleuse*

Pendant de celle représentant Carrier-Belleuse, la statue du peintre Jules Bastien-Lepage (1848-1884), fut elle aussi sculptée par Auguste Rodin.

VILLA DES JARDIES

*(Détail)*

*XIXe siècle*

*17, avenue Gambetta*

En 1837, l'auteur de la Comédie humaine, Honoré de Balzac (1799-1850), achète à Sèvres une propriété. La folie des grandeurs gagne l'écrivain qui imagine alors un décor somptueux pour sa demeure, en marbre de Paros et bois de cèdre, où trôneraient des fresques de Delacroix. Et son imagination s'empare du jardin. Là, il conçoit d'implanter une serre où pousseraient des ananas destinés à être mis en vente à Paris. Ces plans mirifiques ne se réalisent bien évidemment pas, et Balzac, désargenté, quitte la villa entre 1840.

MONUMENT À GAMBETTA

*1891. Bartholdi*

*Villa des Jardies*

*14, avenue Gambetta*

Quelque quarante ans plus tard, en 1878, Léon Gambetta (1838-1882) tombe à son tour sous le charme de la ville de Sèvres, et loue la propriété des Jardies. Il n'y réside d'ailleurs que les dimanches et les mois d'été avec sa maîtresse Léonie Léon. C'est dans cette demeure qu'il se blesse à la main, accident dont les complications provoqueront la mort du tribun le 31 décembre 1882. Les conseils municipaux de l'Alsace-Lorraine annexée font ériger en 1891, en bordure de la propriété, un monument à la mémoire de l'homme politique par le statuaire Frédéric-Auguste Bartholdi (1834-1904). Le soubassement du tombeau, fait de pierres provenant des provinces annexées, garde le cœur du tribun, transféré au Panthéon vers 1920.

CARRIER-BELLEUSE

*XIXe siècle. Auguste Rodin*

*Bronze*

*Square Carrier-Belleuse*

Le sculpteur Albert-Ernest Carrier-Belleuse (1824-1887), directeur des travaux d'art à la Manufacture de porcelaine de 1875 à 1887, est immortalisé par une statue de son élève Auguste Rodin (1840-1917), placée dans le square crée à l'emplacement des bas jardins de l'ancienne fabrique royale.

PAVILLON dit DE LULLI
*XVIIe-XVIIIe siècle*
*Centre international*
*d'études pédagogique*
*Avenue Léon-Journault*

Le pavillon que l'on dit de Lulli est situé dans la cour d'honneur de l'actuel Centre international d'études pédagogiques. Compositeur, surintendant de la musique de la chambre de Louis XIV, Jean-Baptiste Lulli (1632-1687) possède à Sèvres une maison des champs, appelée « la Guyarde ». Cependant, rien ne prouve que la petite construction quadrangulaire à toit à quatre pans ait été réalisée pour le musicien. En effet, on pense aujourd'hui que le pavillon fut construit vers 1700 – c'est à dire postérieurement à la mort du musicien, due à une gangrène résultant d'une blessure occasionnée par la canne qui faisait alors office, pour les chefs d'orchestre, de baguette. Le domaine passe ensuite de mains en mains : la famille des Courtin, celle des Bory, puis enfin les Péan de Saint-Gilles. Au milieu du XVIIIe siècle, il devient propriété du roi Louis XV. (Ins. M. H.)

ENTRÉE DE LA COUR DU ROI
*XVIIIe siècle*
*Ancienne manufacture*
*Centre international*
*d'études pédagogiques*
*Avenue Léon-Journault*

Au XVIIIe siècle, la maîtrise d'une manufacture de porcelaine est pour le royaume un symbole de pouvoir et un moyen habile de propagande. Influencé par la marquise de Pompadour (1721-1764), Louis XV devient en 1751 actionnaire de la manufacture de porcelaine de Vincennes. Deux ans plus tard, il accorde à cette dernière le titre de manufacture royale. La favorite du roi, de pair avec les fermiers généraux, entreprend le transfert de la manufacture de Vincennes à Sèvres en 1756, lieu idéal pour sa proximité de Paris, des châteaux de Bellevue et de Versailles.

ANCIENNE MANUFACTURE
*1754-1756*
*Architectes : Lindet et Perronet*
*Centre international*
*d'études pédagogiques*
*Avenue Léon-Journault et Grande Rue*

Du domaine de « la Guyarde », acheté en 1752, n'est conservé que le pavillon Lulli. Les nouvelles constructions, d'après les plans dressées par Lindet et revus par l'ingénieur Jean-Rodolphe Perronet (1708-1794), sont achevées en 1756. Les bâtiments abritent sur trois étages les salles consacrées à la fabrication, à la vente, à l'exposition des porcelaines, et les appartements réservés au roi. L'avant-corps de la façade principale, monumental, s'élève sur un rythme ordonné de fenêtres classiques. Il est à son sommet couronné d'un fronton et d'une horloge imposante. (Ins. M. H.)

PAVILLON DU ROI
*1754-1756*
*Ancienne manufacture*
*Centre international*
*d'études pédagogiques*
*Avenue Léon-Journault*

En 1759, le roi achète la totalité de la manufacture, qu'il fait entrer dans le domaine de la couronne. La porcelaine dure entre dès 1770 en concurrence avec la porcelaine tendre, dont la

fabrication cesse quelques années plus tard. La manufacture, dont la renommée est grandissante, reçoit les commandes de monarques étrangers. Les artistes au service du roi sont tenus au plus grand secret quant au mode de fabrication de la porcelaine. La façade du pavillon du roi est percée au rez-de-chaussée de fenêtres dont les arcs en plein cintre reposent sur des pilastres. La partie centrale, soulignée par des pierres apparentes, est ornée d'un fronton sculpté, où deux amours portent un écu.

PORCHE DE LA COUR DU ROI
*XVIII^e siècle*
*Ancienne manufacture*
*Centre international*
*d'études pédagogiques*
Ouvert à travers la façade du pavillon du roi, ce porche est surmonté d'un arc en plein cintre où s'inscrit une petite fenêtre, et donne accès à une cour abritant une fontaine.

BIBLIOTHÈQUE
*XVIII^e siècle*
*Ancienne manufacture*
*Centre international*
*d'études pédagogiques*
Des salles aux belles proportions sont aménagées dans les appartements privés du roi. La longue pièce rectangulaire, qui accueille la bibliothèque, fait également office de salle d'exposition pour les nouveaux modèles de porcelaine créés à la manufacture.

PORTE DE LA BIBLIOTHÈQUE
*XVIII^e siècle*
*Pavillon du roi*
*Ancienne manufacture*
*Centre international*
*d'études pédagogiques*
Louis XV vient souvent dans ses salons de la manufacture, qui lui offrent l'horizon des paysages de Boulogne, Chaillot ou Auteuil. Là, il aime s'entretenir avec les artistes.

FONTAINE
*XVIII^e siècle*
*Ancienne manufacture*
*Centre international*
*d'études pédagogiques*
La fontaine monumentale en pierre de l'arrière cour du pavillon du roi est nichée dans une cavité en hémicycle. Le jet d'eau sort de la gueule d'un monstre à tête de lion, surgissant d'une couronne de feuilles. L'activité florissante de la manufacture ne cesse pas à la mort de Louis XV. Sous le règne de Louis XVI, le développement du « biscuit » permet à l'entreprise de s'ouvrir à des clients plus modestes. Si la Révolution occasionne de graves dégâts, la manufacture lui survit, dès lors administrée par l'État. Sous la direction d'Alexandre Brongniart (1770-1847), membre de l'Académie des sciences, une nouvelle impulsion est donnée, avec la fondation d'un musée de la céramique.

CENTRE INTERNATIONAL
D'ÉTUDES PÉDAGOGIQUES
*Façade sur jardin*
*XVIIIe siècle*
*Ancienne manufacture*
Au XIXe siècle, la manufacture qui s'est beaucoup développée, est transférée à quelques centaines de mètres de sa localisation initiale, dans de nouveaux locaux construits par Laudin entre 1862 et 1880. Les bâtiments d'origine sont ensuite attribués à l'École normale supérieure des jeunes filles, fondée et dirigée par Julie Favre, née Velten (1834-1896), veuve de l'ancien ministre des Affaires étrangères Jules Favre. Les bâtiments accueillent depuis 1945 le Centre international d'études pédagogiques.

JARDIN JAPONAIS
*Ancienne manufacture*
*Centre international*
*d'études pédagogiques*
Ce jardin à la japonaise est un vestige de l'ancien parc de la manufacture royale.

MANUFACTURE NATIONALE
DE SÈVRES
*1862-1880. Architecte : Laudin*
*4, Grande Rue*
Sous le second Empire, il est nécessaire de réformer la manufacture de porcelaine de Sèvres, de la transformer en un établissement industriel à la mesure de son patrimoine et de ses ambitions. Plutôt que de modifier les bâtiments originels, on décide d'en construire de nouveaux. Le terrain, soustrait du domaine impérial de Saint-Cloud, est offert par Napoléon III, le projet confié à Victor Regnault, professeur de chimie à l'École polytechnique, les travaux menés entre 1862 et 1880 sur des plans de l'architecte Jacques Félix Alexandre Laudin. Ce sera donc la troisième République qui héritera de la nouvelle manufacture. Commence alors l'histoire de la « seconde » manufacture de porcelaine, héritière de la manufacture royale, aboutissement de ce qui est aussi l'histoire d'un matériau, d'une technique et d'un art : la porcelaine. (Ins. M. H., 1942)

FRONTON SCULPTÉ
*1876. Architecte : Laudin*
*Manufacture nationale de Sèvres*
Au début était la Chine et ses porcelaines que l'Europe découvre, émerveillée, au XVIe siècle. Mais si l'on connaît cette splendide céramique, fine, translucide, cette porcelaine dure insensible aux rayures, on ne sait l'imiter. Les recherches patiemment menées n'aboutissent qu'à la fabrication de porcelaine tendre, aux couleurs magnifiques, mais de structure plus fragile. Les manufactures fleurissent en Île-de-France à la fin du XVIIe et au début du XVIIIe siècle : Saint-Cloud en 1740, Chantilly en 1735 et Vincennes en 1738, fondée dans deux tours du château par Claude-Humbert

Gérin. Devenue royale en 1753, sous la protection de Louis XV et de M^me^ de Pompadour, la manufacture de Vincennes est transférée à Sèvres en 1756, dans des bâtiments spécialement conçus pour elle. Mais l'on n'y fabrique pour l'heure que la porcelaine tendre, alors que depuis 1709, la ville de Meissen (Saxe) connaît le secret de la porcelaine dure. La manufacture de porcelaine de Saxe jouit d'une exclusivité qu'elle protège jalousement. Le secret réside dans le kaolin – sorte d'argile à base de silicate d'aluminium, matériau infusible qui donne à la porcelaine sa structure et sa dureté – découvert par hasard par François Frédéric Bœtteger. Et ce n'est qu'en 1768 que Sèvres produit ses premières pièces en porcelaine dure, grâce au kaolin découvert à Saint-Yrieix, près de Limoges.

ATELIER DE GRAND COULAGE
*XIX^e^-XX^e^ siècle*
*Manufacture nationale de Sèvres*
Lorsque la pièce de porcelaine en genèse est de grande taille, on procède en premier lieu à la réalisation d'un moule dans lequel une pâte de porcelaine liquide – la barbotine – est coulée. La presque totalité des moules de l'histoire de la porcelaine de Sèvres est conservée à la manufacture. Une fois moulée, façonnée, calibrée, garnie ou tournée, la pièce est soumise à un premier feu – la « cuisson de dégourdi » – qui lui donne la rigidité nécessaire aux opérations suivantes, concentrées principalement sur l'application du décor.

GRAND ATELIER DE FAÇONNAGE
*XIX^e^-XX^e^ siècle*
*Manufacture nationale de Sèvres*
À Sèvres, la longue liturgie de la porcelaine débute au « moulin », où l'on entrepose, précieux et indissociables comme la Sainte Trinité, les blocs de kaolin, de feldspath et de quartz. Broyés dans la « marcheuse » – une immense meule où officient des galets polis par les marées – ils en sortent comme transfigurés en une pâte malléable, prête au façonnage, que l'on réalise dans le grand atelier au cœur de la manufacture. Selon leur destinée, leur forme, leur usage, les pièces sont tournées – lorsqu'elles sont circulaires – ou façonnées à la main dans la pâte fragile. Chaque détail de modelage est un miracle de sculpture, et il faut compter avec les premiers feux qui feront se rétracter les garnitures, les prévoir et les dominer, afin de ne rien laisser au hasard. C'est également dans le grand atelier de façonnage que l'on fabrique les moules destinés aux pièces les plus complexes.

FOUR À BOIS
*Fin du XIX^e^ siècle*
*Manufacture nationale de Sèvres*
Hormis pour les « biscuits » – qui subissent une double cuisson sans émaillage, afin que la porcelaine demeure mate, immaculée comme le marbre – les pièces sont plongées dans un bain de pegmatite et de quartz broyés, qui imprègne la pâte encore poreuse. C'est l'émaillage, opération virtuose réalisée à la main en quelques secondes durant lesquelles toute erreur de manipulation est fatale. Après séchage – plusieurs jours – les artistes décorateurs posent les couleurs. Il n'est pas rare que certaines futures porcelaines passent plusieurs fois au feu des fours durant cette opération, afin de fixer et d'exalter les teintes. C'est enfin, pour certaines, l'épreuve du grand feu, l'épreuve de vérité dont toutes ne sortent pas vainqueurs. Portées pendant vingt-quatre heures à 1360°C, les porcelaines refroidissent ensuite lentement plusieurs jours durant. Le « défournement » est un rituel dans le rituel, une naissance, une incarnation. Le sublime seul est conservé, le reste impitoyablement détruit. Le grand four à bois de bouleau, le dernier de ce type encore en activité, est encore parfois utilisé pour la cuisson des grandes pièces.

LA FÊTE DANS LE HAREM
*1802. D. Vivant Denon*
*Planche gravée*
*Manufacture nationale de Sèvres*

ASSIETTE PEINTE
*Porcelaine de Sèvres*
*Manufacture nationale de Sèvres*
Au début du premier Empire, la publication de l'ouvrage de Vivant Denon *Voyage dans la Basse et dans la Haute Égypte*, inspire les artistes de la manufacture de Sèvres. Deux services de dessert dits « égyptiens » sont alors mis en fabrication. Le premier, donné en 1808 au tsar de Russie, est aujourd'hui conservé à Moscou et à Saint-Pétersbourg. Le second est commandé par Joséphine après son divorce. Achevé en 1812, il n'entrera jamais à Malmaison – Joséphine le juge démodé. Il sera offert en 1818 au duc de Wellington par Louis XVIII, et est désormais conservé à Londres. Puisant aux sources des archives de la manufacture, les artistes d'aujourd'hui ont réédité ce service, comme on réédite un exploit. Une frise de hiéroglyphes en or sur fond beau bleu rehausse l'interprétation en camaïeu de la planche gravée originale.

VASE POTICHE DE ROUEN
*1898. Exposition universelle de 1900*
*Porcelaine de Sèvres*
*Pièce unique*
*Manufacture nationale de Sèvres*

DANSEUSE À L'ÉCHARPE
*1900. Agathon Léonard*
*Biscuit de Sèvres (H. : 42 cm)*
*Manufacture nationale de Sèvres*
Présentée au public en 1897, cette sculpture est éditée en porcelaine en 1900. Elle constitue la douzième pièce d'un surtout de table qui en comporte quinze, et dont le thème récurrent est « le jeu de l'écharpe ».

SERVICE À THÉ
*1832 et 1900*
*Porcelaine de Sèvres*
*Manufacture nationale de Sèvres*
Ces pièces proviennent du service à thé réticulé chinois dessiné par Ferdinand Régnier en 1832. Le dessin des réticules sur les parois a fait l'objet d'une modification en 1900 par Léon Kann.

VASE « CHASSE AU TIGRE »
*1930*
*Porcelaine de Sèvres*
*Manufacture nationale de Sèvres*
La forme de ce vase est créée en 1923 par Félix Aubert, et le décor, de 1930, est de la main de Jean Beaumont. Cette pièce unique fut présentée au public à la galerie Paramount, à Paris, lors de l'exposition de 1930, « La Jungle ».

# Suresnes

Canton de Suresnes
Arrondissement de Nanterre
Superficie : 380 ha – Population 1990 : 36 951 hab.
Habitants : les Suresnois – Rivière : la Seine – Voie : RN187

Origine du nom : de *surisnas* (petites sources), pluriel roman latinisé, évoquant les sources du mont Valérien auxquelles les Celtes auraient voué un culte. Une déesse celtique des sources portait le nom de Sirona.

Blason : inspiré du drapeau élaboré en 1789 par la Garde nationale de Suresnes. Les lettres S et L entrelacées au centre sont les initiales de saint Leufroy, patron de la ville depuis le XIe siècle.

## HISTORIQUE

Situé à l'entrée de la presqu'île de Gennevilliers, le site de Suresnes semble avoir été occupé par la tribu gauloise des Parisii, qui firent du mont Valérien un observatoire et, peut-être, un lieu de culte. Des fouilles archéologiques ont en effet révélé la présence de hauts dignitaires gaulois à Nanterre. Pendant la période gallo-romaine, le domaine impérial de la presqu'île ne connaît pas de grands changements.
Dès le VIIe siècle, on trouve la trace d'une église chrétienne. Suresnes fait ensuite partie du domaine royal conquis par Clovis au VIe siècle et devient vassal de l'abbaye normande de la Croix-Saint-Leufroy sur la décision de Carloman, petit-fils de Charles le Chauve, en 884. Au Xe siècle, fuyant les invasions vikings, les religieux de la Croix-Saint-Leufroy se réfugient à l'abbaye de Saint-Germain-des-Prés. Charles le Simple décide alors de faire don de Suresnes à cette abbaye en 918. En 1070, Suresnes est érigé en paroisse. C'est alors un petit village de vignerons ramassé autour de son église. En 1593, Suresnes est choisi pour accueillir les délégations chargées de débattre des questions religieuses et surtout politiques qui empoisonnent le pays. Ce sont alors les « conférences de Suresnes », présidées par l'archevêque de Bourges, qui préparent l'abjuration d'Henri de Navarre, à Saint-Denis, le 25 juillet 1593. Pendant la Révolution, les domaines religieux sont déclarés biens nationaux et vendus. Le calvaire du mont Valérien attire pourtant une foule de pèlerins et de promeneurs qui favorise l'essor du commerce et des guinguettes. Au début du XIXe siècle, Suresnes voit s'installer une première teinturerie qui marque le début de la vie industrielle du village.
En 1839, la première ligne de chemin de fer reliant Versailles à Paris est mise en service, permettant plus tard le développement des industries automobiles et aéronautiques qui remplacent le textile. Le mont Valérien, et son fort construit en 1845, appartenant jusque-là à la commune de Nanterre, sont annexés à Suresnes par un décret de l'Assemblée nationale de 1850. Suresnes n'est déjà plus un petit bourg de vignerons, mais une ville en pleine expansion. À la fin du siècle, les usines occupent les bords de Seine et les villas bourgeoises envahissent tous les anciens coteaux. L'évolution rapide de la ville laisse bientôt apparaître des problèmes d'infrastructure. Ceux-ci ne se résoudront de façon satisfaisante qu'après la Première Guerre mondiale, avec l'arrivée, en 1919, à la mairie de Suresnes d'Henri Sellier. Socialiste convaincu, il axe tous ses efforts sur l'amélioration de l'hygiène et du cadre de vie de la population ouvrière. Depuis cinquante ans, la physionomie de la ville s'est modifiée, les immeubles résidentiels venant à gagner sur les implantations industrielles. Suresnes conserve, malgré les métamorphoses des banlieues urbanisées, le souvenir vivace de son riche passé historique.

LE COURONNEMENT
DE LA ROSIÈRE
*1867. Pierre Renard*
*Gouache sur papier*
*Musée de Suresnes*
*Avenue du Général-de-Gaulle*
Ce tableau, œuvre du vigneron Pierre Renard, illustre l'une des plus anciennes coutumes de Suresnes : l'élection des rosières. La légende veut que ce soit saint Médard, évêque de Noyon, qui ait institué ce prix annuel de vertu, couronnant de roses la jeune fille la plus sage et la plus vertueuse. En 1777, le prêtre Jean Benoît d'Hélyot (1698-1786) instaure cet usage à Suresnes. Mais il fait plus. Il octroie une dot à chaque rosière. En contrepartie, les candidates doivent remplir deux conditions : avoir plus de dix-huit ans et se marier dans l'année. La couronne de roses est enviée et honore grandement la famille dont l'enfant s'est montrée digne. Ces célé-

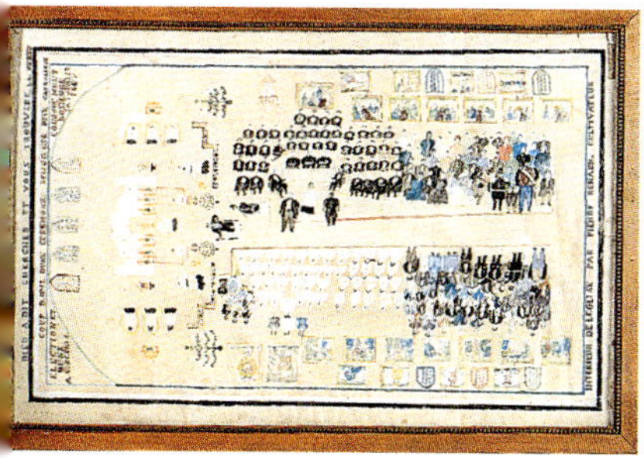

brations donnent lieu à de somptueuses festivités. Une foule nombreuse se presse, à tel point qu'il faut louer sa place à l'église. Sur l'estrade et sous les regards attendris des spectateurs défile tout ce qu'il y a de plus pur et de de plus vertueux en matière de jeunes filles dans la paroisse.

PORTRAIT
*Camille Panon Desbassayns*
*de Richemont*
*Début XIX^e siècle*
*Huile sur toile*
*Musée de Suresnes*
De 1777 à 1793, Suresnes célèbre dans la liesse le couronnement de la rosière, la jeune fille jugée la plus vertueuse du village. La Révolution interrompt cet usage considéré comme trop religieux. Ce n'est qu'en 1805 que le maire, M. Bougault, restaure la tradition des rosières, selon les souhaits de la comtesse Desbassayns de

Richemont qui vient de perdre sa fille Camille, âgée de trois ans, à la suite d'un accident. Elle fait don à la commune d'une rente destinée aux dots des heureuses élues. Ce geste, dicté par un souci de reconnaissance envers les villageois qui avaient manifesté leur soutien à la comtesse dans l'épreuve, cherche à perpétuer le souvenir de la petite Camille dans le cœur des Suresnois. Désormais les rosières sont élues chaque dimanche précédant l'anniversaire de sa mort – de nos jours fin mai. La comtesse Desbassayns de Richemont se fait parfois remplacer par des couronneuses de haute lignée, telles la comtesse d'Artois ou la duchesse de Berry. Ce portrait illustre un idéal d'innocence et de vertu que Suresnes célèbre aujourd'hui encore.

POUTRE SCULPTÉE
*XVI^e siècle*
*Bois*
*Musée de Suresnes*
Le musée de Suresnes consacre une partie de son espace aux traditions qui font la spécificité de la vie suresnoise. Cette poutre sculptée représente un rinceau de vigne habité d'une faune variée. On peut y voir le symbole des ennemis de la vigne, menacée par divers prédateurs, quadrupèdes, volatiles et maraudeurs. Ce type de motif, inspiré d'Ésope et des fabliaux, est courant au Moyen Âge, mais il prend une valeur quasi affective dans une ville au passé marqué par une forte tradition viticole.

VIERGE AUX RAISINS
*XVIII^e siècle*
*Terre cuite*
*Musée de Suresnes*
Cette sculpture occupait autrefois une niche ménagée dans le mur d'une maison située au 5, rue du Puits-d'Amour, habitée par une certaine Véronique Bernard, ancienne religieuse de l'abbaye de Longchamp. Autour du 15 août, les vignerons venaient accrocher la première grappe du raisin nouveau à la main de l'enfant, espérant ainsi bénéficier de la protection de la Sainte Famille pour leur récolte.

PRESSOIR DE PROCESSION
*1867*
*Bois sculpté*
*Musée de Suresnes*
Parmi les souvenirs de la forte activité viticole de Suresnes conservés au musée, ce pressoir, à l'effigie de saint Vincent, où le sacré se mêle au profane. On le promenait dans les rues de la ville le 22 janvier, jour de la Saint-Vincent. L'origine de la protection des vignerons par le saint martyr remonterait probablement à un jeu de mots autour du vin et du sang et du patronage de l'abbaye de Saint-Germain-des-Prés (autrefois Saint-Vincent).

VIGNES
*64, rue du Pas-Saint-Maurice*
Considéré au XVII^e siècle comme l'un des meilleurs crus de l'Ile-de-France, le vin de Suresnes ne pourra longtemps rivaliser avec les productions de Champagne et de Bourgogne qui arrivent régulièrement, dès le XVIII^e siècle, en région parisienne. La viticulture se poursuit néanmoins tout au long du siècle dernier, et les vignes de Suresnes, réhabilitées, sont un témoignage vivant de la grande époque des vignerons.

PIERRE TOMBALE
*Guillemette Faussart*
*1561*
*Pierre*
*Musée de Suresnes*
Cette pièce est l'un des plus anciens témoignages de l'histoire religieuse du mont Valérien. En effet, dès le début du XV^e siècle, le mont accueille quelques laïcs désireux de mener une vie solitaire, faite de prières et de méditation. Le premier de ces ermites dont nous avons gardé la trace est un certain Antoine, installé sur le mont Valérien en 1400. À sa suite, la présence d'ermites y est périodique, jusqu'à l'arrivée, en 1554, de Guillemette Faussart, la première femme ayant choisi de vivre en recluse. La légende veut que Guillemette soit venue au mont Valérien à la suite de la mort de son fiancé, mais il semble à la vérité qu'elle ait toujours fait preuve d'une grande dévotion. Membre de deux confréries parisiennes de pèlerins, Guillemette a sans doute conçu l'ermitage comme un « pèlerinage immobile ». Et de fait, elle conserve dans sa cellule sa besace et son bâton de pèlerin, et ce, jusqu'à sa mort, survenue en 1561. La longue épitaphe inscrite en lettres gothiques sur sa pierre tombale la désigne comme la fondatrice de la chapelle du Saint-Sauveur, édifiée sur le mont Valérien. Il semble en outre que les trois grandes croix élevées près de son oratoire soient à l'origine du nom de Calvaire prêté au mont Valérien pendant deux siècles.

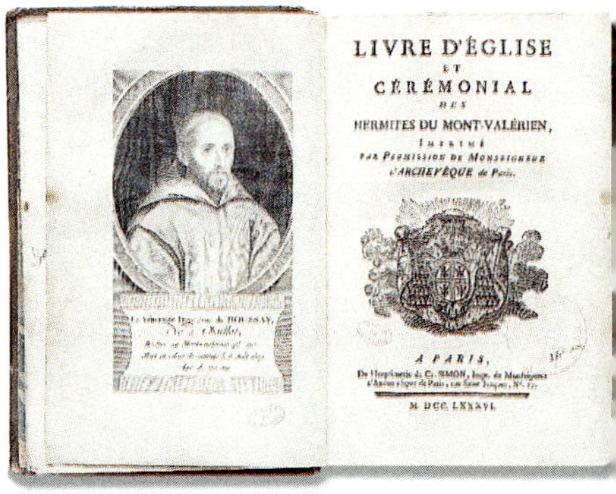


LIVRE D'ÉGLISE
*Cérémonial des Ermites*
*du mont Valérien*
*1786*
*Musée de Suresnes*

MANUSCRIT DE LA RÈGLE
DES ERMITES
*XVII^e siècle*
*Musée de Suresnes*
Au XVII^e siècle, une communauté de religieux se constitue sur le mont Valérien pour y célébrer le culte et prêter assistance aux reclus. Le frère Jean de Houssay, l'un des ermites les plus célèbres, est à l'origine du déve-

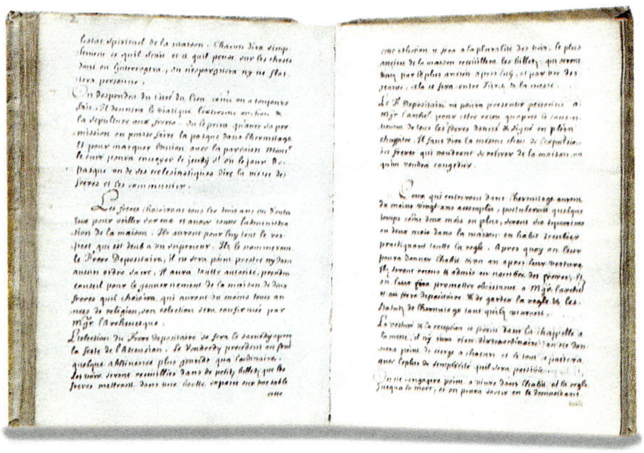

loppement de la communauté. L'un de ses émules, Pierre Séguin, participe en 1616 à l'élaboration de la règle régissant la vie des ermites, toujours plus nombreux. Cette règle est réformée en 1672, à l'exemple de celle des frères du Hayer à Troyes, connus pour leur travail de bonneterie : les ermites fabriqueront désormais des bas… L'arrivée, en 1634, d'Hubert Charpentier (1565-1650), professeur de théologie et prédicateur réputé, provoque d'importants changements dans la communauté. Il fait ériger la chapelle Sainte-Croix et fonde la congrégation des Missionnaires du Calvaire qui occupe les nouveaux locaux alors bâtis au sommet du mont. Les ermites, perturbés par l'affluence des curieux et des pèlerins attirés par le nouveau calvaire, élèvent des murs, délimitant un terrain qui devient le « clos des ermites », dont une rue de Suresnes porte encore le nom.

LES CHEMINS DU CALVAIRE
*1862. Pierre Renard*
*Gouache sur papier*
*Musée de Suresnes*
Ce tableau naïf peint par Pierre Renard, un vigneron suresnois épris des traditions de la ville, représente les différents chemins de pèlerinage empruntés par les Suresnois pour se rendre au Val-Saint-Germain (Essonne), où est conservée une relique de sainte Julienne, patronne secondaire de l'église de Suresnes. Ce pèlerinage contre la peste naît au XVIe siècle et se poursuivra jusqu'à la guerre de 1870. Il connaît un renouveau lors des deux grandes épidémies de choléra du XIXe siècle. C'est dans ce milieu des confréries « pesteuses » qu'est née la vocation de Marguerite Nezot.

ESCALIER DES CENT MARCHES
*1780*
*Mont Valérien*
Au XVIIIe siècle, les prêtres du calvaire connaissent des difficultés financières et n'entretiennent qu'avec peine les chapelles, malgré l'affluence des pèlerins. On construit pourtant, en 1780, un escalier permettant de desservir les différentes stations du chemin de croix. Pourvu à l'origine de près de 150 marches, il est amputé de son dernier tronçon lors des travaux de l'époque napoléonienne. La Révolution disperse les prêtres et abat le calvaire, mais tolère les ermites désormais organisés en Société civile d'agriculture et d'industrie. En 1793, le domaine du calvaire est déclaré bien national, puis vendu en 1795 au thermidorien Merlin de Thionville qui s'y installe sans en chasser pour autant les ermites. Il faut attendre le rétablissement officiel du culte, en 1802, pour voir à nouveau les pèlerins gravir les pentes du mont Valérien. Le calvaire est desservi de 1808 à 1812 par les trappistes – ordre de cisterciens réformés –, temporairement admis au sommet du mont.

CHÂTEAU DE FORBIN-JANSON
*XVIII[e] siècle*
*Mont Valérien*
Bâti au XVIIIe siècle, ce sobre château constitue la propriété de la marquise de Rochegude, puis de sa fille, la marquise de Forbin-Janson. L'abbé Charles de Forbin-Janson, évêque de Nancy et primat de Lorraine (1823), l'occupe dès le début du XIXe siècle. Ayant ramené une série de reliques d'un pèlerinage en Terre sainte, il décide de reconstruire un calvaire sur le mont Valérien et d'y animer une équipe de missionnaires jusqu'en 1830, date à laquelle le roi Louis-Philippe fait abattre encore une fois le Calvaire. En 1841, la loi Thiers, prévoyant l'édification d'enceintes autour de la capitale, fait du mont Valérien un point stratégique de la défense de Paris. Forbin-Janson est exproprié, et

son château intégré aux structures de la forteresse sert de résidence au commandant de la place, puis plus tard, de mess des officiers.

TOURELLE DU CHÂTEAU
*XIXe siècle*
*Château de Forbin-Janson*
*Mont Valérien*
Pendant son séjour au mont Valérien, l'abbé exécute de nombreux travaux, concernant le Calvaire, mais aussi sa propre demeure. Le château est agrandi et doté de tourelles d'angles. Les croix de Lorraine qui ornent le linteau des fenêtres rappellent les fonctions de primat qu'il occupe en Lorraine de 1823 à 1830.

CIMETIÈRE
*1823-1830*
*Mont Valérien*
Ouvert en 1823 par Charles de Forbin-Janson, le cimetière est destiné à recueillir les corps inhumés dans les deux anciennes églises du Calvaire. Par la suite, des concessions sont mises en vente, les revenus devant servir à terminer l'église néo-byzantine projetée par Forbin-Janson. L'espace est réparti en deux zones, l'une laïque et l'autre destinée aux religieux, séparées par un escalier central. Le cimetière est fermé en 1830, après la destruction du Calvaire.

TOMBE DE LA PRINCESSE TOLSTOÏ
*XIXe siècle*
*Cimetière du mont Valérien*
Malgré le prix élevé des concessions, le cimetière du Calvaire connaît un immense succès. De nombreuses personnalités y achètent une « dernière demeure », et il devient le principal concurrent du Père-Lachaise et du cimetière de Picpus.

MONT VALÉRIEN
*1812. Architecte : Vestier*
*Bâtiment principal*
Le 2 décembre 1811, le mont est décrété propriété de l'État. Napoléon Ier chasse les trappistes, fait raser le Calvaire et détruire les parties restantes du couvent. En 1812, il décide de confier à l'architecte Vestier la construction d'un pensionnat d'orphelines de la Légion d'honneur mais le projet est interrompu par la campagne de France (1813-1814). En 1817, un jeune prêtre ultra-royaliste, M. de Forbin-Janson, s'intéresse au site et lui rend vie quelque temps, jusqu'en 1831 lorsque, sur l'initiative de Thiers, le gouvernement décide d'entourer Paris d'une enceinte fortifiée de seize forts. (Cl. M. H.)

LA RÉSURRECTION
*1828. Sculpteur : Cortot*
*Haut-Relief*
*Mont Valérien*
Ce fronton triangulaire, orné d'une saisissante scène de Résurrection, évoque la dernière personnalité de l'histoire religieuse du mont Valérien : l'abbé Charles de Forbin-Janson. Installé dans sa propriété familiale sur le mont depuis 1814, l'abbé réorganise les pèlerinages au Calvaire avec un faste particulier et reçoit les Missionnaires de France, prenant la relève d'Hubert Charpentier. Dès 1828, il projete la construction d'une église de style néo-byzantin et utilise, pour en orner la façade, le grand fronton de l'édifice bâti en 1812 par Napoléon. Jean-Pierre Cortot (1787-1843) sculpte le Christ ressuscité apparaissant aux soldats romains effrayés. Lors des travaux de construction du fort en 1841,

l'église, encore inachevée, est rasée, et le fronton conserve sa place d'origine, accompagné sur la façade nord des colonnes qui ornaient le chevet du sanctuaire.

ESCALIER
*1812*
*Bâtiment principal*
*Mont Valérien*

BÂTIMENT DU FORT
*1841-1845*
*Mont Valérien*
Après la révolution de 1830, le mont Valérien est pour la troisième fois déclaré bien national. En 1837, à la suite de la loi Thiers, d'énormes travaux de terrassement sont entrepris, afin de permettre la construction d'un fort capable de protéger Paris face à d'éventuelles menaces de la part des Anglais, les ennemis d'alors. Les travaux, gigantesques pour l'époque, sont confiés au général Dode de la Brunerie et durent quatre ans. Ils sont achevés en 1844. En 1850, la colline, toujours rattachée à Nanterre, passe sous la dépendance de Suresnes. Après avoir détruit le reste des édifices religieux pour en faire du mortier, on édifie une caserne couvrant quelque 23 hectares, et pouvant contenir 2 000 soldats. Occupé un temps par la Garde nationale suresnoise, le fort n'entame son activité militaire véritable que durant la guerre de 1870-1871. Il joue alors le rôle auquel ses créateurs l'avaient destiné : défendre Paris contre les assauts prussiens grâce à ses canons de longue portée — les célèbres Joséphine et Valérie. Plusieurs événements tragiques vont encore teinter le mont Valérien de sang. Le 18 décembre 1882, une explosion d'une rare violence éclate à la cartoucherie du fort. On dénombre 25 victimes, des femmes pour la plupart. Le 30 août 1898, le lieutenant-colonel Henry, reconnu coupable de l'accusation portée contre le capitaine Dreyfus, se donne la mort alors qu'il est aux arrêts dans l'une des cellules du bâtiment.

CRYPTE
*XVII<sup>e</sup> siècle*
*Mont Valérien*
Bien que son origine demeure controversée, cette crypte aurait été construite vers 1610-1615 par l'architecte Autissier, à la demande de la reine Margot - première épouse du roi Henri de Navarre pour l'ermite Séraphin de la Noüe. Sans doute aucune chapelle ne vint jamais parachever l'ouvrage. Elle apparaît sur les plans de 1848. À l'intérieur, une étonnante voûte annulaire repose sur un pilier central. À l'extérieur, un simple pignon porte une cloche que les hommes du huitième régiment de transmission baptiseront la Jeanne d'Arc - communément considérée comme l'une des patronnes des transmissions du fait de son aptitude à capter les voix. Longtemps utilisée comme cave à vin par les cantiniers de la garnison, elle est rendue au culte en 1954. (Cl. M. H., 1972)

CANON LA VALÉRIE
*XIX^e siècle*
*Mont Valérien*
Après la reddition de l'Empereur à Sedan en septembre 1870, l'armée prussienne marche sur Paris. Dès le 19 septembre, Rueil, Versailles et Nanterre sont occupés par l'ennemi. Les Suresnois commencent à fuir vers la capitale. Le 10 novembre, le fort reçoit une pièce d'artillerie de marine, capable de lancer des projectiles de 144 kilos à plus de 7 kilomètres. En 1870-1871, la Valérie tire quelque trente-cinq obus, incendiant par mégarde le château de Saint-Cloud, et, plus à propos, le pavillon Henri IV à Saint-Germain, où s'était établi le mess des officiers prussiens. Après la guerre, la Valérie devient une sorte de trophée, symbole des affrontements franco-allemands. Les deux pays se la disputent d'ailleurs âprement. Exposée sur une place berlinoise après 1871, elle est rapatriée en France grâce au traité de Versailles en 1920. Pendant la Seconde Guerre mondiale, Hitler donne l'ordre de la ramener en Allemagne. Le canon revient à nouveau en France en 1945, pour être exposé dans la cour d'honneur des Invalides. Aujourd'hui, elle a repris sa place au mont Valérien.

MÉMORIAL DE LA FRANCE COMBATTANTE
*Reliefs*
*1958*
*Mont Valérien*
De 1941 à 1944, le fort du mont Valérien subit l'occupation de l'armée allemande. Au cours de ces trois années, près de 4 500 résistants, français et

étrangers, y sont exécutés. C'est en leur hommage que le général de Gaulle fait édifier, en 1958, ce mémorial, sous la direction de l'inspecteur général Felix Bruneau. Seize victimes représentant la diversité des origines et des corps d'armée touchés par ce massacre sont déposées provisoirement dans une casemate. Chaque 18 juin, le général de Gaulle venait perpétuer leur souvenir. La chapelle du château de Forbin-Janson constitue un second lieu de mémoire de cette tragique période. Les condamnés y étaient enfermés pour passer les dernières heures précédant leur exécution ; les murs sont couverts d'inscriptions patriotiques et de témoi-

gnages poignants. Parmi les fusillés du mont Valérien, on retiendra, entre autres, le nom d'Honoré d'Estienne d'Orves (1901-1941), lieutenant de vaisseau et résistant, et du député Gabriel Péri (1902-1941). Deux hommes à qui Aragon a rendu hommage dans son célèbre vers *Celui qui croyait au ciel, celui qui n'y croyait pas.* De part et d'autre d'une monumentale croix de Lorraine sont disposés seize hauts-reliefs de bronze, sculptés par seize artistes différents. Ils sont l'évocation allégorique des lieux ou des idées liés à la guerre. La première plaque, ici présentée, illustre le départ du corps expéditionnaire français de Narvick, en Norvège. La nef, percée de flèches, symbolise les troupes affaiblies mais déterminées. La plaque suivante symbolise l'effort de la France pour ramener à elle la Victoire, à Sienne. Parmi les autres sculptures, on trouve notamment de poignantes figurations de la Déportation, de la Libération de Paris, et de la France libre qui presse sur son sein ses fils immolés.

CHAPELLE
*1932. Architectes : William et Geoffroy Plath*
*Cimetière américain*
*Boulevard Washington*
Inauguré en 1919 par le président des États-Unis Thomas Woodrow Wilson, le général américain John Joseph Pershing et le maréchal Ferdinand Foch, le cimetière américain de Suresnes est destiné à recueillir les corps des soldats américains tombés durant la Première Guerre mondiale. Parcelle de terre américaine, il est aménagé en 1932 par la construction de cette chapelle, munie d'un péristyle à colonnes doriques, dans l'esprit de l'architecture dite « coloniale ». De part et d'autre du bâtiment à fronton, deux pavillons sont désormais consacrés à chacun des deux conflits mondiaux.

LA PAIX
*1930. Barry Faulkner*
*Mosaïque*
*Chapelle du cimetière américain*

BEFFROI
*1907*
*Rue Jules-Ferry*
En 1874, la commune de Suresnes envisage la construction d'un édifice destiné à accueillir l'école, qui jusque-là occupait divers locaux plus ou moins appropriés à cette fonction. Depuis le milieu du siècle la population s'est considérablement accrue du fait de l'implantation des premières usines. De village, Suresnes devient un gros bourg. Après plus d'un siècle de loyaux services, la plus ancienne école de Suresnes est entièrement rénovée en 1986. Le petit beffroi chargé de sonner le début des cours est conservé comme témoin du temps passé et de la tradition. Il est construit en 1907 pour accueillir la pendule de l'église démolie.

PEINTURE MURALE
*1911. Henri Brémont*
*Hôtel de ville*
L'hôtel de ville renfermait une série d'œuvres peintes, de qualité variable, dont un certain nombre est aujourd'hui conservé au musée de Suresnes. Parmi celles-ci, les plus remarquables restent les toiles marouflées d'Henri Brémont toujours visibles à l'hôtel de ville. L'auteur des cartons des vitraux de l'église de Suresnes a choisi de représenter, dans un style impressionniste, la ville dans son rapport avec la Seine, en figurant le barrage et l'écluse, symboles de la modernisation du trafic fluvial suresnois et régulateur nécessaire des inondations – récentes – de 1910.

HÔTEL DE VILLE
*1887-1889. Architecte : Bréasson*
*Rue du Mont-Valérien*
Depuis 1855, le conseil municipal a installé ses bureaux dans la demeure que le physicien Hippolyte Fizeau (1819-1896) lui a louée. Membre de l'Institut, cet homme d'expériences calcule la vitesse de la lumière entre sa maison de Suresnes et la Butte Montmartre et s'intéresse aussi de très près au diamètre des étoiles. En 1885, le conseil général vote l'achat de la propriété Grignon afin d'y bâtir un nouvel hôtel de ville. Un concours d'architectes est organisé, présidé par Charles Garnier (1825-1898), auteur du fameux Opéra de Paris. L'architecte Bréasson, spécialiste des hôtels de ville – il a déjà construit ceux de Versailles, Neuilly et Pantin –, remporte le premier prix. Il réalise alors un édifice dans le style composite cher à Garnier et au sénateur et baron Haussmann (1809-1891). Il comprend une façade de type néoclassique, ornée de statues figurant la Loi et la Justice, un escalier monumental à double révolution et de hauts combles. Inauguré en décembre 1889, il subit par la suite les vicissitudes de l'histoire : un raid allemand détruit, en 1940, la verrière surplombant l'escalier d'honneur et fragilise l'édifice entier. Malgré les réparations effectuées à la Libération puis en 1970, il fallut entreprendre d'importants travaux de restauration en 1992. Ceux-ci redonnent à l'architecture imposante et harmonieuse de Bréasson tout son éclat.

PLAFOND PEINT
*1901. Michel Lançon*
*Salle des mariages*
*Hôtel de ville*
La salle des mariages présente trois fresques figurant respectivement une chevrière couronnée par des colombes, une scène de vendanges et une ronde de nymphes, ici présentée. Ces fresques sont des évocations poétiques de la douceur de la vie suresnoise : les vendanges constituent une tradition séculaire, le couronnement de la bergère évoque aussi bien sainte Geneviève, originaire de Nanterre, que la tradition des rosières. La devise de la ville n'est-elle pas , « Nul ne sort de Suresnes, qui souvent n'y revienne » ?

SALLE DES FÊTES
*1897. Architecte : Bauhain et Barbaud*
*Rue du Mont-Valérien*
Construite peu après l'hôtel de ville, cette imposante salle des fêtes participe de la période de développement de la ville qui voit naître, entre autres, le chemin de fer et l'école communale. Sa charpente de fer provient des établissements Eiffel (de Levallois). L'innocence d'Alfred Dreyfus y fut pour la première fois proclamée.

ESCALIER
*XVII<sup>e</sup> siècle*
*Bois*
*39, rue Émile-Zola*

MAISON
*XVIII<sup>e</sup> siècle*
*Place Henri-IV*
Cette maison témoigne du passé de Suresnes qui, au XVIII<sup>e</sup> siècle, est encore une modeste bourgade de vignerons, aux maisons serrées les unes aux autres, sans ordre apparent. Dans sa partie supérieure, elle conserve de cette époque des lucarnes en saillie des plus pittoresques.

FONTAINE
*1892*
*Cité Raymond-Cosson*
*Au carrefour des rues de Montretout et de l'Hippodrome*
Pendant les dernières années du XIX<sup>e</sup> siècle, la municipalité concentre tous ses efforts sur l'aménagement des espaces publics. Elle réalise, outre la nouvelle mairie et la salle des fêtes, une place destinée à accueillir le marché. On détruit l'ancienne école bâtie en 1787, dégageant ainsi un espace au sud de la place, qui est bordée d'arbres et agrémentée de la fontaine, acquise en 1892 de la ville d'Asnières.

CHÂTEAU DE LA GRÈVE
*1867. Architecte : Duttenhoffer*
*28, rue Merlin-de-Thionville*
Ce petit hôtel particulier construit par des teinturiers suresnois, les frères Meillassoux, doit son nom à une grève occasionnée par l'exposition universelle, peu avant sa construction. Un tel édifice illustre la période d'urbanisme liée au baron Haussmann, qui donne naissance à une architecture éclectique, d'inspiration néo-classique, dite « Napoléon III ». Il abrite aujourd'hui le service des affaires sociales, et la cave municipale qui faisait office de chai.

STATUE DE VULCAIN
*XX<sup>e</sup> siècle*
*Ciment*
*Rue Lakanal*
Parmi les éléments pittoresques qui parsèment la ville, on trouve cette étrange sculpture, fruit de l'art populaire, représentant le dieu romain du feu et de la métallurgie. Abritée par une niche, elle constituait sans doute l'enseigne de quelque artisan forgeron.

GARE DE SURESNES-LONGCHAMP
*1886-1889*
*Boulevard Henri-Sellier*
Suresnes possède depuis 1839 une petite gare, station sur la ligne Paris-Versailles. Mais à partir de 1878, les Suresnois réclament une gare de marchandises. Ils obtiennent satisfaction dix ans plus tard, à l'occasion de la construction de la ligne des Moulineaux. Mise en service en 1889 pendant l'exposition universelle, la ligne est électrifiée en 1928 et sera prochainement desservie par le Val.

ÉGLISE DU CŒUR-IMMACULÉ-DE-MARIE
*1909. Architecte : Édouard Bernard*
*23, Rue de Verdun*
Dès le début du XXe siècle, la vieille église Saint-Leufroy, éprouvée par le temps, menace de s'écrouler. À l'encontre du curé qui réclame une restauration de l'édifice, le maire Diederich prend la décision de le fermer, puis de le détruire en 1906. L'année suivante, la construction d'une nouvelle église est décidée, dans le quartier de la mairie.

VIERGE À L'ENFANT
*1824. Sculpteur : Cortot*
*Plâtre*
*Église du Cœur-Immaculé-de-Marie*
La statue monumentale qui orne le chœur de l'église provient du mont Valérien. Elle fut commandée à Jean-Pierre Cortot pour l'église néo-byzantine projetée par Forbin-Janson. Le globe sur lequel se tient la vierge exprime la toute-puissance de sa miséricorde sur le monde. Une réplique de marbre existe à Arras et un moulage d'argent estampé à Marseille (Notre-Dame-de-la-Garde).

VITRAIL DE LA VIE SURESNOISE
*1907-1911. H. Calor*
*Église du Cœur-Immaculé-de-Marie*
Les vingt baies de l'église présentent une série de vitraux signés Calor inspirés des dessins d'Henri Brémont. Divisés en deux registres, ils content d'une part l'histoire mariale, et de l'autre, des épisodes importants de l'histoire religieuse de Suresnes. L'un de ces vitraux, ici présenté, illustre une scène de la montée au calvaire, ainsi qu'un épisode typique de la tradition suresnoise : la procession des vignerons en l'honneur de saint Vincent, leur patron.

VITRAIL DE SAINTE GENEVIÈVE
*1907-1911. Calor et Brémont*
*Église du Cœur-Immaculé-de-Marie*
Un autre vitrail, consacré à sainte Geneviève (422- V. 500), illustre son histoire dans la scène biblique de l'Annonciation. La sainte patronne de Paris, dont le corps repose dans l'église parisienne Sainte-Étienne du Mont, est originaire de Nanterre. La légende veut que la jeune bergère ait guéri sa mère atteinte de cécité en lui baignant les yeux à l'eau d'un puits.

Une autre fontaine, que l'on nomme plus tard la fontaine du Tertre – disparue en 1907 –, serait celle où la sainte venait abreuver ses moutons.

VITRAUX DE SAINT LEUFROY
*1907-1911. Calor et Brémont*
*Église du-Cœur-Immaculé-de-Marie*

VITRAIL DE MARGUERITE NEZOT
*1907-1911. Calor et Brémont*
*Église du-Cœur-Immaculé-de-Marie*
Marguerite Nezot – ou Naseau – (1594-1633), jeune vachère de Suresnes, est remarquée par saint Vincent de Paul (1581-1660) pour sa grande piété. Elle apprit seule à lire. Partie pour Villepreux, elle travaille dans une confrérie venant en aide aux malades et aux miséreux. Dans sa grande bonté, elle recueille chez elle une malade atteinte de la peste, contracte la maladie et meurt en 1633, à l'âge de trente-neuf ans. Le vitrail évoque ses derniers instants, à l'hôpital Saint-Louis.

BUSTE D'ÉMILE ZOLA
*1906. Sculpteur : Derré*
*Bronze*
*Avenue Franklin-Roosevelt*
Ce buste en bronze constituerait le seul vestige de l'église Saint-Leufroy. Sur les quatre cloches vendues, l'une est utilisée pour modeler un buste d'Émile Zola (1840-1902), sculpté par Derré. Sur son socle est gravée la parole de l'écrivain au moment de l'affaire Dreyfus : « Un jour, la France me sera reconnaissante d'avoir sauvé son honneur. » Depuis 1992, Zola occupe les jardins du collège portant son nom.

PARC DU CHÂTEAU DE SURESNES
*XVII^e siècle*
*Quai Léon-Blum*
Avant 1630, le château de Suresnes n'était qu'une maison de vigneron, avec un pressoir, une étable, un colombier... Achetée en 1638 par André Bourret, trésorier du roi, la propriété est alors transformée et agrandie. À la fin du XVIII^e siècle, elle passe aux mains de plusieurs propriétaires : Paul Barras, membre du Directoire qui reçoit à goûter Bonaparte et son épouse, puis Talleyrand ; la princesse de Vaudémont, alliée à la famille de Bourbon, qui achète des terrains aux alentours dont une partie du château de La Source, pour agrandir encore la propriété ; Louis-Marc Chabrier, directeur du théâtre des Variétés à Paris et dont la fille épouse Gustave Gallimard, le grand-père de l'éditeur Gaston Gallimard ; le docteur Magnan enfin qui, en 1875, sur le domaine crée une « maison de santé, repos et régimes », rendue célèbre par le passage d'Adèle Hugo (1830-1915), internée après la mort de son illustre père. La fondation Magnan est vendue en 1975 à une société immobilière qui détruit la plupart des pavillons. Le château, désaffecté depuis 1960, est abattu en 1986. Une partie du parc est lotie, et le reste, aménagé par la commune, fait office de parc public depuis 1988. (Ins. M. H.)

FLACONS DE PARFUM COTY

*Début XXᵉ siècle*

*Musée de Suresnes*

Depuis 1786, Suresnes abrite dans ses murs les alambics de Fargeon, parfumeur attitré et renommé de Marie-Antoinette, installé rue de Saint-Cloud. En 1905, François Spoturno, un Corse plus connu sous le nom de Coty, achète le château de la Source, à quelques mètres des anciens ateliers de Fargeon, pour y établir son usine. Il y crée quelques essences aux effluves délicats, Rose Jaqueminot, Origan, ou Ambre antique, qui sont à l'origine de son succès, et lui permettent d'agrandir son entreprise. Coty reste l'un des emblèmes du développement économique que connaît Suresnes au début du XXᵉ siècle. Au sommet de sa réussite nationale et internationale, il devient directeur au *Figaro* en 1927 et fonde *L'Ami du peuple* en 1928.

FLACON DE PARFUM : CYCLAMEN

*Années 20*

*René Lalique*

*Cristal*

*Musée de Suresnes*

Une grande part du succès du parfumeur François Coty tient au fait qu'il a radicalement rénové la présentation des parfums. Abandonnant les flacons aux formes vieillottes et aux étiquettes surchargées, il commande au joaillier et décorateur René Lalique (1860-1945), créateur du style Art nouveau, des croquis de bouteilles sobres et raffinées. Pour les réaliser, il n'hésite pas à faire venir des maîtres verriers de la célèbre cristallerie Baccarat, fondée au XVIIIᵉ siècle dans les Vosges. Le flacon de Cyclamen reste le plus fameux de la collection Coty.

PORTE MONUMENTALE

*1864*

*Ancienne propriété Worth*

*15, avenue Franklin-Roosevelt*

Le couturier anglais Charles Frédéric Worth (1825-1895) s'illustre en s'imposant comme le principal artisan de la garde-robe de l'impératrice Eugénie, femme de Napoléon III. Innovateur, il est le premier à présenter ses collections sur mannequins vivants. Riche, célèbre, il se retire de la haute-couture à Suresnes, dans le château de style anglais qu'il vient de faire construire. Le parc est orné par ses soins de ruines monumentales provenant des Tuileries, détruites par un incendie durant la Commune. De cette propriété, remplacée au début des années trente par l'hôpital Foch, ne demeure que le pavillon d'entrée. La grille porte, forgés, deux escargots qui symbolisent l'irrésistible ascension sociale du couturier.

PAVILLON WORTH

*1892*

*Hôpital Foch*

*Rue Worth*

Ce grandiose pavillon fin de siècle est construit en 1892 par le fils du couturier Worth, afin de remplacer la bâtisse originelle. Il subsiste, intégré aux équipements de l'hôpital Foch.

CITÉ-JARDIN
*1922-1936*
*Architecte : Alexandre Maistrasse*
*Avenues de la Fouilleuse*
*et Jean-Jaurès*
La cité-jardin de Suresnes fait partie des grands projets d'urbanisme réalisés par Henri Sellier (1883-1943) qui se prévaut de l'héritage spirituel d'Édouard Vaillant (1840-1915), socialiste, membre de la Commune et ami de Jaurès. Maire de Suresnes de 1919 à 1941, Henri Sellier est à l'origine des Offices publics des habitations à bon marché (OPHBM) de Paris, en 1914, et de Suresnes, en 1919. Hygiéniste convaincu, il est nommé au ministère de la Santé dans le cabinet de Léon Blum en 1936 et peut enfin mettre en œuvre son idéal : améliorer l'hygiène et les conditions de vie des classes modestes. La cité-jardin de Suresnes représente la plus importante et la plus aboutie des créations d'Henri Sellier. Sur les 40 hectares de la plaine de la Fouilleuse acquise par la municipalité en 1919, l'architecte Alexandre Maistrasse bâtit un premier îlot d'im-

meubles entre 1922 et 1926. Des bâtiments de quatre étages se répartissent autour de jardins, éléments primordiaux que Sellier appelle « le matériau vert ». En 1936, le dernier îlot est achevé : 2 500 habitations sont ainsi créées, disposées en quatre catégories, dont les loyers varient en fonction des pièces et du confort offert (chauffage central, salle de bain...). La structure de la cité comprend en outre un centre médico-social, une crèche, un hôtel pour célibataires et une résidence pour personnes âgées.

PISCINE
*1930-1931*
*Architecte : Alexandre Maistrasse*
*Groupe scolaire Henri-Sellier*
Très attaché à la qualité de l'équipement scolaire, Henri Sellier n'en néglige pas moins l'aspect esthétique. Toutes les réalisations de l'architecte Alexandre Maistrasse tirent parti de la chaleur des matériaux tels que la brique et l'émail, tout en créant des espaces aux lignes sobres et élégantes dans le plus pur style Arts déco.

GROUPE SCOLAIRE HENRI-SELLIER
*1930-1931*
*Architectes : Alexandre Maistrasse*
*et J. Quoniam*
*7, boulevard Aristide-Briand*
Le nombre des enfants de la cité-jardin rend nécessaire l'ouverture d'une école. Prévue dès l'origine dans le projet d'ensemble, elle est placée sous l'autorité de la commune, qui achète à cet effet, en 1921, un terrain à l'office HBM. Appelé Edouard-Vaillant – du nom du père spirituel d'Henri Sellier – le groupe scolaire comprend vingt classes réparties entre garçons et filles, des salles destinées au dessin et au travail manuel et quatre classes de maternelle. Ce premier complexe se révèle insuffisant dès 1929. Un second groupe est achevé en 1930 et baptisé Aristide-Briand.

FONTAINE
*1931*
*Groupe scolaire Henri-Sellier*
Cette superbe fontaine aux formes Arts déco qui agrémente la cour de l'école illustre la grande importance accordée à l'espace extérieur dans la politique urbaniste d'Henri Sellier.

AU PÈRE LAPIN
*1925-1926. Jean Dorville*
*Toiles marouflées*
*77, boulevard de Lattre-de-Tassigny*
Marouflées sur les murs de l'escalier, ces toiles sont contemporaines de la construction de la maison qui les abrite. Fruits d'un art populaire vivant, elles rappellent le temps des canotiers et des guinguettes des bords de Seine, florissantes dès le Second Empire. La plus célèbre d'entre elles était la cabane « Au père lapin », où l'on pouvait se régaler d'une gibelotte confectionnée avec la chair des lapins chassés sur les flancs du mont Valérien.

ÉGLISE NOTRE-DAME DE LA PAIX
*1932. Architecte : Dom Paul Bellot*
*Cité-jardin*
L'office HBM offre en 1922 un terrain à l'archevêché, afin d'édifier une nouvelle église au cœur de la cité-jardin. L'architecte Paul Bellot, moine bénédictin, spécialisé dans la réalisation d'ensembles monastiques, est chargé du projet. La première pierre est posée en 1932, mais faute de fonds suffisants, l'édification ne peut être réalisée dans son intégralité : Dom Bellot doit abandonner le déambulatoire et les chapelles du chœur, la tour-porche et la flèche octogonale initialement prévus. Consacrée et ouverte au culte en 1934, l'église présente un ensemble austère que seule anime la polychromie des matériaux, alternant la brique, l'émail et les jeux de lumière des vitraux.

ÉCOLE DE PLEIN AIR
*1936. Architectes : Beaudouin et Lods*
*Rue du Pas-Saint-Maurice*
L'hygiène et la santé font partie des principales préoccupations d'Henri Sellier. L'école de plein air, l'une des réalisations les plus originales du maire, a pour vocation d'accueillir des enfants dont la santé fragile est un frein à une scolarité régulière, en particulier ceux atteints de tuberculose, le fléau de l'époque. Inaugurée en 1936, l'école réunit tous les acquis de l'architecture et de la technique contemporaines. Chaque classe forme un cube indépendant dont les parois de verre se replient pour laisser entrer l'air et la lumière, niant l'habituelle distinction entre intérieur et extérieur. Les trois cents enfants de l'école bénéficient, outre les équipements habituels – cantines, douches...– du vaste parc de l'ancienne propriété de la Motte et de terrasses destinées à l'héliothérapie. (Cl. M. H.)

JEAN JAURÈS
*1929. Sculpteur : Paul Ducuing*
*Bronze*
*Avenue Édouard-Vaillant*
Jean Jaurès (1859-1914), fondateur du parti socialiste français, vient parfois à Suresnes avec son ami Charles Péguy (1873-1914) rendre visite aux imprimeurs suresnois de la *Revue socialiste*. Commandée en 1925 à Paul Ducuing et fondue par le célèbre atelier Leblanc-Barbedienne, la statue est installée au cœur de la cité-jardin en 1929.

LYCÉE PAUL-LANGEVIN
*1927*
*Architecte : Maurice Payret-Dortail*
*2, rue Payret-Dortail*
En 1927, l'architecte Maurice Payret-Dortail réalise ce grand complexe en brique rouge, présentant les formes typiques des années trente, dans la lignée des constructions de Maistrasse, l'auteur de la cité-jardin. L'accent est mis avant tout sur la fonctionnalité, la luminosité et la ventilation des locaux, principes primordiaux des œuvres commandées par Henri Sellier. De nombreuses plaques gravées de devises ornent la façade : la devise de Suresnes, ou bien, dans l'esprit de l'idéologie dominant le projet : « Ce groupe scolaire, où l'on enseigne l'amour de la France, de l'Humanité et de la Patrie, fut bâti en 1927. » Ce type d'architecture, où dominent la brique et l'émail, ne tarde pas à être détrôné par les édifices de béton nu inaugurés par Le Corbusier. (Ins. M. H.)

PISCINE
*1927. Architecte : Payret-Dortail*
*Groupe scolaire Paul-Langevin*
Vainqueur du concours ouvert par Henri Sellier en 1920 pour la construction d'un groupe scolaire, l'architecte Maurice Payret-Dortail aménage celui-ci selon le modèle anglo-saxon : respect des déclivités du terrain, importance accordée aux espaces verts. Le bâtiment des sports, à demi enterré, est au centre du projet. Un soin tout particulier est accordé à la décoration intérieure de la piscine, aux murs revêtus de céramique colorée, avec la statue de figure féminine qui vient se refléter dans les eaux du bassin.

GYMNASE
*1927. Architecte : Payret-Dortail*
*Groupe scolaire Paul-Langevin*
Le gymnase surplombe la piscine. Il peut également, grâce à sa scène, sa cabine de projection et ses tribunes, faire office de salle des fêtes. L'air et la lumière jouent ici un rôle primordial. En raison de l'harmonie générale et du choix judicieux des matériaux employés - décoratifs et peu coûteux - les équipements sportifs de ce groupe scolaire feront longtemps référence en la matière.

DISPENSAIRE
*1932. Architectes : Maurey et Maroille*
*12, rue Carnot*
Toujours dans la perspective d'améliorer les services de santé à Suresnes, Henri Sellier propose la construction d'un dispensaire municipal. Le projet est accepté par le conseil municipal en juillet 1925. Les architectes Maurey et Maroille édifient un bâtiment sobre et rigoureux, entièrement revêtu d'émail.

CRÈCHE
*1932. Architecte : Maurice Maurey*
*Rue Alexandre-Darracq*
La crèche municipale fait partie du projet médico-social qui donne le jour au dispensaire. En grande partie financée par un industriel suresnois, Alexandre Darracq, qui désire aider la municipalité dans son action pour les services de l'enfance, la crèche est gérée par une fondation qui porte son nom. Ses bâtiments à l'allure austère sont surmontés d'une coupole favorisant une bonne luminosité et sont ornés de pièces de ferronnerie reproduisant des dessins d'enfants.

ATELIERS LOUIS BLÉRIOT
*1916*
*Quai Marcel-Dassault*
Au début du XXe siècle, les industries automobiles et aéronautiques se

développent dans les villes de banlieues : Boulogne-Billancourt accueille les frères Renault dès 1899, et la société Voisin en 1905 ; Puteaux, la filiale aéronautique de Dion-Bouton. Après avoir réalisé l'exploit de traverser la Manche en aéroplane en 1909, Louis Blériot (1872-1936) cherche à ouvrir ses ateliers de construction près de Paris, et choisit pour ce faire Suresnes, où Léon Levavasseur (1863-1922), concepteur du fameux moteur Antoinette adopté par Blériot, est déjà installé. Il rachète le terrain de l'ancienne usine à gaz désaffectée, pour y construire les avions SPAD, sur lesquels s'illustrent Guynemer et tous les as de la Première Guerre mondiale. L'enseigne émaillée de ses ateliers s'inscrit dans le courant esthétique Art nouveau, alors en vogue, et reflète l'esprit avant-gardiste de Blériot. Le département des Hauts-de-Seine reste, aujourd'hui encore, l'un des bastions de la recherche technologique.

THÉÂTRE JEAN VILAR
*1932*
*Centre de loisirs Albert-Thomas*
*Place Stalingrad*
Ce centre de loisirs de style Arts déco accueille à partir de 1951 la troupe de Jean Vilar (1912-1971) et de Gérard Philipe (1922-1959) désireux d'établir des « bastions dramatiques » dans la banlieue parisienne et de développer une interactivité culturelle avec la capitale. Suresnes, première ville où se tente l'expérience de Vilar, est le théâtre de week-ends culturels alternant théâtre, danse, musique, conférences et bals... Le théâtre qui porte aujourd'hui le nom du grand metteur en scène voit la création, entre 1951 et 1954, de nouvelles versions du *Cid* de Corneille, et de *Mère courage* de Bertold Brecht.

ÉCLUSE
*1926-1927*
La Seine a toujours joué un rôle primordial dans la vie de Suresnes. On commence à l'aménager dès le milieu du XIXe siècle, à l'initiative du baron Haussmann (1809-1891), alors préfet de la Seine. Il décrète la construction d'une écluse à Suresnes en 1864, mise en service en 1869 et qui améliore grandement le trafic fluvial. Le peintre Sisley devait l'immortaliser sur une toile intitulée *La Débacle* (1892). Mais en 1910, une violente crue met en évidence la nécessité d'en édifier une nouvelle : elle voit le jour en 1927.

VILLAGE ANGLAIS
*1923*
*Rues des Conférences, Diderot et de la Belle-Gabrielle*
Ce lotissement privé, doté d'un cahier des charges impératif, est réalisé à l'emplacement d'un ancien chantier de charbonnier.

PORCHE D'ENTRÉE
*Ancien cinéma* Le Capitole
*Vers 1925*
*Avenue de la Belle-Gabrielle*

# Vanves

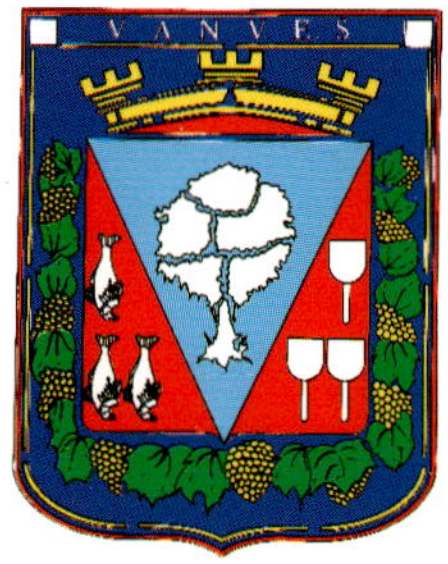


Blason : le V représente l'initiale de Vanves ; les trois poissons symbolisent l'activité de la pêche, les trois battoirs, des lavandières ; le chêne rappelle les anciennes forêts ; la couronne, emblème de la ville ducale, rappelle que les derniers seigneurs de Vanves étaient ducs de Bourbon ; la guirlande de feuilles de vignes et de grappes de raisin évoque le souvenir des vignobles.

Canton de Vanves
Arrondissement d'Antony

Superficie : 155 ha – Population 1990 : 25 953 hab.
Habitants : les Vanvéens

Origine du nom : peut-être du latin *vanna* ou *banna*, ancien mot gaulois usité à l'époque gallo-romaine, qui signifierait la pêche ou la pêcherie.

## HISTORIQUE

L'acte le plus ancien dans lequel est cité Vanves remonte au xe siècle : il s'agit d'une charte de Robert le Pieux, datée de 998 environ. Au Moyen Âge, la seigneurie de Vanves est partagée entre plusieurs propriétaires : la puissante abbaye parisienne de Sainte-Geneviève et divers feudataires laïques et religieux. Sous le règne de Saint Louis, en 1247, l'abbé Thibaud affranchit tous les serfs, sans doute moyennant finances. Pendant la guerre de Cent Ans, les armées anglaise et bourguignonne commettent de nombreuses exactions dans la région.

Aux xvie et xviie siècles, Vanves est en revanche un village paisible qui vit essentiellement de l'agriculture : vigne, blé, produits maraîchers et surtout élevage laitier. Le beurre de Vanves est alors très réputé. Ce village proche de Paris devient rapidement un lieu de villégiature apprécié. Le cardinal Duprat, le peintre François Clouet, le poète Philippe Desportes ou même François Ier aiment y résider. La « maison des champs » la plus fameuse reste celle de Claude Le Bas de Montargis, qui fait bâtir par Mansart un magnifique château entouré d'un parc. Cette résidence est acquise en 1717 par les princes de Condé, qui deviennent seigneurs de Vanves jusqu'à la Révolution. Au xviiie siècle, c'est la blanchisserie qui rapidement va prospérer, grâce à l'abondance et à la pureté des sources. Vanves s'étend alors bien au-delà des limites actuelles : comprenant une partie des xive et xve arrondissements, la paroisse englobe Malakoff et déborde sur Montrouge. Sous la Révolution, le château des Condé est confisqué comme bien national. En 1799, le rattachement du Petit-Vanves à Montrouge marque le début des amputations successives du territoire de la commune. En 1814 et 1815, le château est occupé par les Prussiens. En 1822, les docteurs Voisin et Falret ouvrent à Vanves une maison de santé pour le traitement des aliénés. Avec le second Empire, la transformation de Vanves s'accentue. Le village rural devient peu à peu une petite ville de banlieue. En 1857 sont bâtis une mairie et un groupe scolaire. Si les forts de Vanves et d'Issy protègent la ville en 1870, Vanves est en revanche le théâtre d'affrontements sanglants entre Fédérés et Versaillais pendant la Commune. Sous la iiie République, l'évolution de la ville se poursuit. La gare de Vanves-Malakoff est inaugurée en 1883. Mais, la même année, Malakoff devient une commune distincte, ce qui réduit de moitié l'étendue de la commune de Vanves. La ville se dote d'une nouvelle mairie en 1898.

À l'aube du xxe siècle, la physionomie de Vanves a définitivement changé : la vigne disparaît et le Plateau s'urbanise rapidement. Dans les années trente, la création du parc municipal et le plan d'aménagement, d'embellissement et d'extension contribuent à moderniser Vanves. Profondément rajeunie et rénovée, la ville n'a pourtant rien perdu de son ancienne douceur de vivre.

PARC MUNICIPAL FRÉDÉRIC-PIC
*XXᵉ siècle*
*Rues Larmeroux, Falret et Jean-Baptiste-Potin*
Petite ville aux abords encore agrestes, Vanves se transforme au cours du XXᵉ siècle en quartier suburbain. Pour pallier le manque d'espaces verts, Frédéric Pic, maire de Vanves de 1919 à 1940, se rend acquéreur en 1933 d'un domaine d'environ vingt hectares. Situé au cœur de la ville, ce lieu est chargé d'histoire. D'après une tradition, il ferait partie des possessions du cardinal Duprat. Une certitude : la propriété appartient au XVIIIᵉ siècle à la duchesse de Mortemart ; puis, au XIXᵉ siècle, un établissement médical s'y installe. Les travaux d'aménagement sont confiés à l'architecte Maurice Payret-Dortail. Une entrée est réalisée, les clôtures sont reconstruites, une île artificielle est créée, des arbres aux essences rares sont plantés, et la pièce d'eau, dernier vestige de la rivière de Vanves, est mise en valeur par une bordure de peupliers. Un buste de Frédéric Pic orne aussi les jardins. Outre la richesse et la beauté de son aménagement paysager, le parc Frédéric-Pic est une mine de vestiges architecturaux : il renferme en effet en son sein les traces de constructions des XVIIIᵉ et XIXᵉ siècles.

CHAPELLE
*XVIIIᵉ siècle*
*Parc Frédéric-Pic*
Cet édifice à l'aspect de chapelle est envahi par la végétation du parc. Il constitue, avec son pendant presque contigu, la seule trace encore visible des éléments de la « maison des champs » de la duchesse de Mortemart. Selon certains, ce serait une ancienne glacière transformée en chapelle. Après la Révolution, la demeure et le jardin attenant subissent le sort de toutes les grandes propriétés de la ville. Ils sont confisqués, au titre de bien national, pour être ensuite vendus, vers 1820, au docteur Félix Voi-

sin, maire de Vanves de 1832 à 1839. En association avec son confrère le docteur Jean-Pierre Falret, il y crée, en 1822, une maison de santé pour le traitement des aliénations mentales. Son action va servir d'exemple à la commune, qui, à sa suite, va porter une attention croissante aux questions de santé.

CABANE DU GARDIEN
*XIXᵉ siècle*
*Parc Frédéric-Pic*
Des bâtiments, construits au XIXᵉ siècle pour la maison de santé des docteurs Falret et Voisin, il ne reste que quatre pavillons de tailles différentes. L'un d'entre eux, situé aux abords de la serre municipale, est aujourd'hui la cabane du gardien du parc. La polychromie de ses murs verts et blancs s'intègre parfaitement au cadre naturel du lieu. Les autres constructions sauvegardées ont aussi changé de fonction : une école maternelle s'est installée dans le pavillon du Dʳ Arnaud, successeur des fondateurs de la maison de santé.

PAVILLON DE LA TOURELLE
*XIXᵉ siècle*
*Parc Frédéric-Pic*
*10, rue Larmeroux*
Cette élégante demeure de deux étages, à la polychromie rouge et blanche des murs en pierres de taille et briques, est composée d'un avant-corps, d'une aile en retrait et d'une tourelle couverte en ardoises. Elle est connue de nos contemporains tant par le charme de son architecture que pour la dégustation de sa gastronomie. C'est en effet aujourd'hui un restaurant. Mais pour les habitants de Vanves intéressés par l'histoire de leur commune, c'est aussi l'un des pavillons de l'établissement des docteurs Voisin et Falret.

PAVILLON MANSART
*1704*
*Lycée Michelet*
*2, rue Jullien*
Le site sur lequel est implanté l'actuel lycée Michelet est celui d'une seigneurie qui joua un rôle important dans la vie du village. Appartenant aux Vaudétard, famille mentionnée à Vanves dès le XVe siècle, elle passe ensuite entre les mains de Charles Le Prevost, abbé de Samer. À sa mort, Le Prévost cède le domaine à son petit-neveu Louis-Auguste de Thou. En 1677, le domaine est vendu par adjudication. La seigneurie passe rapidement de mains en mains. Ses deux détenteurs suivants, Achille de Harlay et Lambert Clerx, sont eux aussi acculés à la vente par adjudication. Ce n'est qu'en 1695 que le domaine trouve un acquéreur en la personne de Claude Le Bas de Montargis, qui est à la fois receveur des enquêtes du palais, trésorier-général de l'extraordinaire des guerres, garde du Trésor royal et enfin seigneur de Vanves. Son domaine comprend une maison seigneuriale, avec pressoir, colombier et bâtiments divers, des jardins avec une fontaine et des jets d'eau, ainsi qu'une ferme. En 1697, il épouse la fille de Jules Hardouin-Mansart (1646-1708), le célèbre premier architecte et surintendant des bâtiments royaux de Louis XIV. Il conçoit, dès 1698, les plans de la nouvelle demeure de sa fille et de son gendre. Il construit un important pavillon rectangulaire de deux étages, achevé en 1704. En pierre de taille et recouvert d'ardoises, ce dernier possède pour unique ornement une horloge logée dans le tympan de la façade. La construction est complétée par l'aménagement d'un vaste parc à la française. En 1717, Louis-Henri de Bourbon, septième prince de Condé et Premier ministre de Louis XV, achète le domaine pour en faire sa maison de plaisance. En 1721, il organise en l'honneur du jeune roi une somptueuse réception. Il tombe pourtant en disgrace en 1726. À sa mort, en 1744, c'est son fils, Louis-Joseph de Bourbon, qui devient le nouveau seigneur de Vanves. D'autres bâtiments sont construits, les jardins sont aménagés à l'anglaise. La Révolution de 1789 confisque le domaine en bien national. (Ins. M. H., 1986)

PARC
*Lycée Michelet*
En 1798, le Prytanée français, ex-collège Louis-le-Grand, achète le domaine pour en faire sa maison des champs. En 1853, la propriété devient un petit collège et prétend recevoir quatre cents élèves. À cette fin, deux ailes munies de deux préaux sont ajoutées au pavillon Mansart. Construites à l'identique, elles sont légèrement en retrait sur la façade sud-ouest. Le ministre de l'Instruction publique et l'archevêque de Paris inaugurent ces nouveaux bâtiments. Le vaste parc aménagé à la française accueille, en 1878, une magnifique piscine agrémentée d'une chaufferie permettant d'attiédir l'eau. D'après le poète Fernand Gregh, qui a passé ses années d'études au lycée, elle en était « l'un des orgueils et l'une des attractions ». D'autres élèves ont pu apprécier ses délices ou l'agrément du manège édifié dans ce même parc pour les exercices équestres, tels le futur président de la République, Alexandre Millerand, ou le philosophe Alain.

CHAPELLE
*XIXe siècle*
*Lycée Michelet*

Sous le second Empire, l'institution Louis-le-Grand à Vanves se dote de nouvelles constructions. En 1862, Louis Joseph Duc fait bâtir une infirmerie et une chapelle. Cette dernière, en briques de couleurs et en pierres, est flanquée d'une petite tourelle ornée de dessins de formes géométriques.

CHANDELIER
*Fin XIXe siècle*
*Lycée Michelet*
Ce chandelier d'autel à cinq branches, en métal doré, date d'environ 1868. Son emplacement d'origine est la chapelle, aujourd'hui désaffectée.

BUSTE DU PRINCE IMPÉRIAL
*1865-1866*
*Bronze (64 × 34,5 cm)*
*Lycée Michelet*

Par un décret du 6 août 1864, l'annexe du collège Louis-le-Grand devient le sixième lycée de Paris. Le 17 septembre de la même année, Napoléon III donne à l'établissement le nom de Lycée du prince impérial, en souvenir de la visite de son fils en 1863. Jean-Baptiste Carpeaux (1827-1875) réalise, en 1865, un buste en marbre du prince impérial. L'année suivante, le célèbre fondeur Barbedienne effectue de nombreuses copies en bronze de cette œuvre, dont l'une est offerte par Carpeaux au lycée. Sous la direction du proviseur Jean-Baptiste Jullien, des agrandissements sont effectués : un moyen collège est construit en 1866, un gymnase couvert et une salle de spectacles sont bâtis en 1868. D'années en années, des classes se rajoutent : en 1869, le collège accueille des internes, du cours préparatoire à la sixième. La guerre de 1870 et l'occupation allemande n'occasionnent pas de graves dégâts, à l'inverse de la Commune au cours de laquelle le lycée est en partie incendié et le buste du prince impérial mutilé : il porte l'impact de six balles et le visage est enfoncé.

BUSTE DE MICHELET
*1881. Sculpteur : Ernest Émile Pascal*
*Marbre monolithe blanc (60 × 40 cm)*
*Salle du réfectoire*
*Lycée Michelet*
En 1888, le président de la République Sadi-Carnot (1837-1894) donne au lycée de Vanves le nom de lycée Michelet. Ernest Émile Pascal réalise, en 1881, un buste de l'historien et professeur au collège de France, Jules Michelet (1798-1874). L'œuvre est exposée l'année suivante au Salon. Elle est ensuite placée au palais de l'Institut. Une copie, ou peut-être l'original, est offerte au lycée lorsqu'il prend le nom de lycée Michelet.

CHAUFFE-FERS
*Fin XIXe siècle*
*Lycée Michelet*
La troisième République voit encore s'agrandir le lycée. De 1883 à 1887, l'architecte Alfred Normand fait élever un grand collège. Il est muni d'une lingerie pour les internes, d'où proviennent ces chauffe-fers.

ESCALIER
*XVIIIe siècle*
*Lycée Michelet*

COUPE EN ARGENT
*Fin XIXe siècle*
*Lycée Michelet*
L'internat du lycée Michelet possède de nombreux objets courants inscrits à son nom, telle cette coupe en argent. Elle est retrouvée emmurée après la guerre de 1914-1918.

ÉGLISE SAINT-RÉMY
*XVe-XVIIIe-XIXe siècle*
*Calcaire et pierre de taille*
*17, place de la République*

L'église de Vanves est dédiée à saint Rémy (v. 437-v. 530) et à sainte Geneviève (v. 422-502). Une tradition fait remonter sa création à l'époque de Clovis (466-511), en raison du lien étroit qu'entretient dans sa vie le saint patron Rémy avec la monarchie fraude. Noble gallo-romain et évêque de Reims, Rémy convertit et baptise le roi des Francs à la suite de la victoire de Tolbiac contre les Alamans. C'est en 1163 qu'apparaît la première mention de la dévolution de l'église à l'abbaye de Sainte-Geneviève. L'église Saint-Rémy a subi de nombreuses transformations architecturales. Certains pensent qu'elle était à l'origine en bois, avant d'être reconstruite en pierre au XIIIe siècle. Après la guerre de Cent Ans, le chœur et les dernières travées de la nef sont entièrement rebâtis dans le style gothique flamboyant du XVe siècle. Édifiée sur un plan rectangulaire, l'église comprend une grande nef de six travées de longueur, terminée par un chœur à trois pans. L'évêque de Paris, Guillaume Chartier, la consacre en 1449. Au XVIIIe siècle une mairie et une prison y sont accolées ; ces bâtiments seront démolis vers 1848. L'architecte Claude Naissant ajoute des modifications à l'église entre 1848 et 1858 : les trois premières travées de la nef sont reconstruites dans le style gothique du chœur. Le nouveau clocher, édifié à l'extérieur de l'édifice, au niveau de la quatrième travée, est partiellement démoli pendant la guerre de 1870 et la Commune. L'architecte Monnier le reconstruit de 1871 à 1874. Il est constitué de trois parties, la tour, le beffroi et la flèche. (Ins. M. H., 1928)

VITRAUX
*XIXe siècle*
*Chœur*
*Église Saint-Rémy*

L'hémicycle du chœur de l'église est percé de cinq ouvertures ornées de verrières qui éclairent le maître-autel.

Le peintre et maître verrier Gustave Bourgeois les réalise en 1871. Ces vitraux retracent des épisodes de la vie des saints patrons de l'église, et des thèmes bibliques. Autour de la Résurrection du Christ du vitrail central, saint Rémy et sainte Geneviève sont représentés avec leurs attributs. Rémy porte la mitre et la crosse épiscopales ainsi que la sainte Ampoule remplie d'huile, celle que la colombe du Saint-Esprit lui apporta lors du baptême de Clovis. Depuis lors, c'est avec cette huile qu'on sacre les rois de France. Geneviève, la « bergère de Nanterre », porte la médaille crucifère que lui a remis saint Germain l'Auxerrois lorsqu'elle était enfant. Très vénérée pour sa piété, elle aurait détourné par ses prières les armées d'Attila assiégeant Lutèce en 451. Clovis et son épouse Clotilde ont pour elle une grande dévotion. Ils font construire une basilique sur la montagne qui prendra plus tard le nom de Sainte-Geneviève et, à sa mort, Clotilde fait placer le corps de la sainte dans la crypte de la basilique qui allait être le centre de l'abbaye dédiée, à la fin du IXe siècle, à la patronne de Paris.

PORTAIL
*XVe et XIXe siècle*
*Église Saint-Rémy*

Ce portail ogival, dont le tympan, daté du XVe siècle, est décoré de roses aveugles, donne accès, dans la quatrième travée du collatéral droit, à la chapelle dite des fonts baptismaux, elle-même située dans la base du clocher, élevé au milieu du XIXe siècle. Cette appellation n'a plus lieu d'être aujourd'hui, car les fonts se trouvent désormais dans la nef.

FONTS BAPTISMAUX
*XVIIIe siècle*
*Calcaire, marbre*
*Nef*
*Église Saint-Rémy*
Ces fonts baptismaux en forme de coquillage semblent dater du XVIIIe siècle. Pendant le troisième quart du XXe siècle, ils quittent la chapelle baptismale pour être installés dans la première travée de la nef. Il existait autrefois un couvercle en cuivre, aujourd'hui disparu.

LUSTRE
*XVIIe-XVIIIe siècle*
*Nef*
*Église Saint-Rémy*
Les spécialistes ne se sont pas mis d'accord sur la date de création de ce lustre à plaquettes de cristal. Les points de vue oscillent entre le XVIIe et le XVIIIe siècle. Derrière le lustre, l'important buffet d'orgue entoure le vitrail de la façade d'entrée.

PORTAIL
*1848*
*Église Saint-Rémy*
La façade de la grande nef est percée d'une fenêtre et d'une porte ogivales au galbe fleuronné, rajoutées par Claude Naissant en 1848. Elle était autrefois encadrée d'un rinceau de pampres orné d'oiseaux et de monstres, difficilement visibles aujourd'hui.

BAS-RELIEF
*XIXe siècle*
*Marbre blanc*
*Église Saint-Rémy*
Ce bas-relief en marbre blanc représente le Christ au tombeau.

PLAQUE COMMÉMORATIVE
*1449*
*Calcaire (40 × 62 cm)*
*Nef*
*Église Saint-Rémy*
Cette plaque commémorative écrite en caractères gothiques rappelle que l'église de Vanves a été consacrée en 1449 par l'évêque de Paris, Guillaume

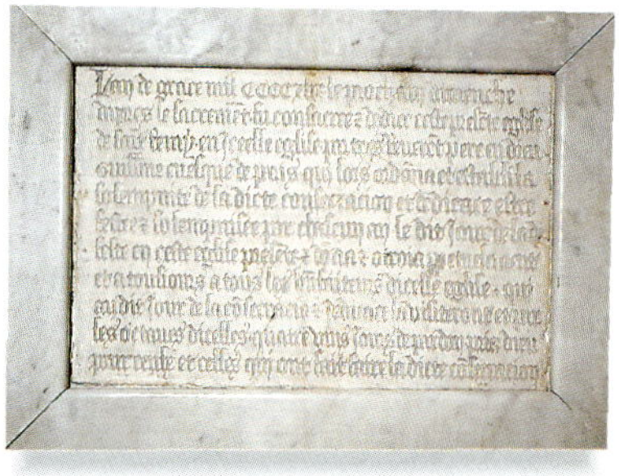

Chartier. Transcrite pour nos contemporains, elle porte une nouvelle mention : « Cette église a été restaurée de 1848 à 1858. » Initialement encastrée dans le dallage selon les uns, posée contre un pilier de la nef selon d'autres, elle est, au XIXe siècle, transportée et fixée au bas du collatéral, à gauche de l'entrée principale.
(Cl. M. H., 1906)

CHAPELLE DE LA VIERGE
*XIXe siècle*
*Église Saint-Rémy*
Cette chapelle est dominée par une voûte sur croisée d'ogive avec nervures. Des fenêtres, ogivales elles aussi, divisées par des meneaux de pierre, sont ornées de vitraux. Une petite statue de la Vierge donne son nom à la chapelle.

MAIRIE
*1895. Architectes : Camille Morel et Émile Lecamp*
*Façade postérieure*
*23, rue Mary-Beyssère*

Jusqu'au milieu du XIX^e^ siècle la ville de Vanves ne possède pas de mairie à proprement parler. Le conseil municipal se réunit dans la maison du maire, moyennant une contribution financière. En 1833, une mairie improvisée est installée au premier étage d'un bâtiment adossé à l'église Saint-Rémy. Sous le mandat de Charles Depinoy, maire de 1853 à 1864, une mairie est construite le long de l'actuelle rue Antoine-Fratacci, en même temps que le premier groupe scolaire de la ville. Lorsqu'en 1893 Vanves devient chef-lieu de canton, la construction d'un hôtel de ville plus grand s'avère nécessaire. Son emplacement est choisi juste en face de l'ancienne mairie, désormais occupée par la justice de paix. Les travaux, menés par les architectes Camille Morel et Émile Lecamp, s'achèvent en 1898. Le corps central est flanqué de deux ailes. L'ensemble s'élève sur deux étages, dont un en soupente. Construite en pierre de taille et couverte d'ardoise, la nouvelle mairie offre un aspect imposant. L'escalier à deux rampes, les frontons des fenêtres et les décorations du balcon de l'avant-corps concourent à la majesté de l'ensemble. La nouvelle mairie est inaugurée en 1898 par MM. Bourgeois, ministre de l'Instruction publique, et Baudouin, maire de Vanves jusqu'en 1900.

MAIRIE
*1898*
*Façade antérieure*

PLAN CADASTRAL
*1807*
*Archives de la mairie*

Ce cadastre, daté de 1807 et levé sur l'ordre de l'empereur Napoléon I^er^, permet de rendre compte de ce que fut le territoire de Vanves, du temps où Malakoff n'était pas érigé en commune indépendante et où Paris n'avait pas encore agrandi ses limites.

L'HYMÉNÉE
*Fin XIX^e^ siècle*
*Huile sur toile*
*(800 × 600 cm)*
*Plafond de la salle des fêtes*
*Mairie*

En juillet 1898, lors de l'inauguration de la nouvelle mairie, le seul décor déjà en place est celui des artistes Gerbert et Vouriot. Sur le plafond de la salle des fêtes, ils réalisent, au milieu d'une exubérance de stucs dorés, une fresque de forme ovale sur le thème du mariage, « L'Hyménée ».

PAX : LA CUEILLETTE DES CERISES
*Huile sur toile*
*Salle des fêtes*
*Mairie*
La douceur de vivre de Vanves est illustrée ici par la cueillette des cerises.

PAX : VUE DE VANVES
*1904*
*Huile sur toile (4 × 2,6 m)*
*Salle des fêtes*
*Mairie*

L'EFFORT
*Début XXe siècle*
*Parc de la mairie*
L'aménagement du parc est légèrement ultérieur à l'inauguration de la mairie en 1898. Cette statue est due au sculpteur Bernard-Adrien Steiner. À l'origine en bronze, elle est fondue probablement pendant la Seconde Guerre mondiale. Le sculpteur Serraz la reproduit en 1981, dans un matériau moins riche.

ESCALIER D'HONNEUR
*Fin XIXe siècle*
*Mairie*
L'escalier d'honneur de l'hôtel de ville supporte sur son pilastre un vase de style Médicis en terre cuite. Il est réalisé par le sculpteur Steiner résidant à Vanves.

La décoration des murs de la salle des fêtes fait l'objet d'un concours, organisé en 1901, par le conseil général de la Seine. Obligation est donnée aux artistes de peindre des vues prises exclusivement dans la commune de Vanves et de ses environs les plus proches. En 1903, le jury prime Henri Darien (1864-1926), ancien élève de Guillemet et artiste lancé dans les salons officiels. Il réalise ainsi, en 1904, un ensemble de quatre fresques aux thèmes différents : *Pro Patria, Labor, Studia* et *Pax*. La vie paisible de la commune de Vanves est illustrée par une vue de Vanves et des fortications. On découvre au loin Paris et la tour Eiffel.

PRIEURÉ SAINTE-BATHILDE-
DES-BÉNÉDICTINES
MISSIONNAIRES
*1930-1936*
*7, rue d'Issy*

À la naissance de ce prieuré se trouve une femme d'origine anglaise et petite-fille d'un pasteur anglican, Bénédicte Waddington-Delmas. Elle entre dans l'église catholique en 1916, après son veuvage, et se consacre à la vie monastique inspirée des Bénédictins. Dans un hôtel particulier à Paris, elle rassemble autour d'elle ses compagnes. En 1928, la communauté devenue nombreuse s'installe à Vanves. Un premier projet de construction est commandé à Auguste Perret (1874-1954), mais il n'aboutit pas. C'est alors l'architecte bénédictin dom Bellot qui conçoit le prieuré, bâti entre 1930 et 1936. Le monastère est inauguré à la fin des travaux par le cardinal Verdier, la petite église est consacrée en 1949 par Mgr Roncalli, futur Jean XXIII. Un ensemble de bâtiments s'ordonne autour d'un cloître et d'une chapelle à nef unique. Pour recouvrir le gros œuvre en béton armé de la construction, l'architecte utilise des briques flamandes liées par des ciments de couleurs différentes. L'attachement de dom Bellot à ce matériau est un souvenir de ses nombreux voyages en Angleterre et en Hollande. Les murs en briques, les tuiles flamandes du toit en bâtière, le vitrail du tympan, enserré dans l'arc en tiers-point du portail, créent une polychromie qui avive la grande sobriété de la façade principale.

CONCESSION BÉNÉDICTINES-
DE-SAINTE-BATHILDE
*XXe siècle*
*Cimetière*

Un monument à la louange des Bénédictines missionnaires du Prieuré Sainte-Bathilde s'élève dans le cimetière de Vanves. Il porte l'inscription : « Heureux ceux qui croient ».

CLOCHER
*1936*
*Prieuré Sainte-Bathilde-*
*des-Bénédictines missionnaires*

Le clocher du prieuré surplombe le domaine des bénédictines.

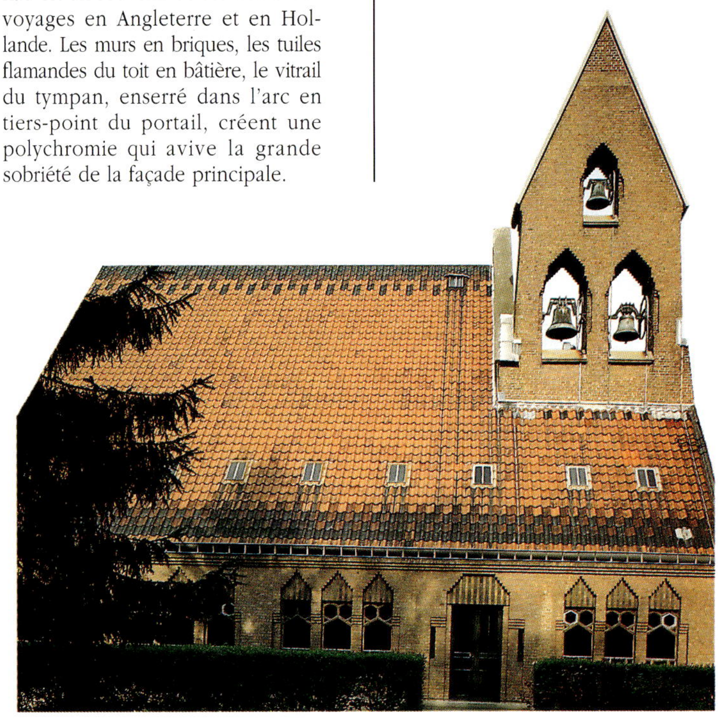

CHAPELLE
*1936*
*Prieuré Sainte-Bathilde-des-Bénédictines missionnaires*
La chapelle à nef unique est à charpente métallique et à toiture en fibrociment. L'obscurité de l'ensemble met en valeur l'incandescence des lumières qui entourent l'autel, ainsi que la statue du Christ.

CLOÎTRE
*1936*
*Prieuré Sainte-Bathilde-des-Bénédictines missionnaires*
Les nombreuses fenêtres et les couleurs chaudes du dallage et des murs en briques baignent les couloirs du cloître dans une lumière douce.

TOMBE DE FÉLIX VOISIN
*1872*
*Cimetière*
*Rue René-Sahors et rue Sadi-Carnot*
Né au Mans, Félix Voisin (1794-1872) se voue à la médecine et applique à l'étude des maladies mentales le système phrénologique de Gall. En 1822, il crée à Vanves une maison de santé pour les aliénés mentaux, dans une grande propriété qu'il achète avec son associé le docteur Jean-Pierre Falret. Il devient ensuite maire de la commune, de 1832 et 1839. Il finit sa vie à Vanves et est enterré dans le cimetière de la ville. Il est l'auteur de nombreux ouvrages, parmi lesquels *Du traitement intelligent de la folie.*

VITRAIL
*1936*
*Chapelle du Couvent des Pères Jésuites*
*15, rue René-Marcheron*

Outre la communauté des Bénédictines missionnaires, Vanves accueille aussi la congrégation des Jésuites. Auguste Perret réalise pour leur couvent une chapelle en 1936. La modernité des vitraux est à la mesure de l'utilisation du béton armé pour le gros œuvre.

MONUMENT AUX MORTS
*1924*
*Rue René-Sahors*
En 1920 la commune demande à l'architecte et sculpteur Robert Le Bout de concevoir près du jardin de la mairie un monument à la mémoire des soldats morts pendant la Première Guerre mondiale. Son projet est adopté en 1922 et s'achève deux ans plus tard. Il crée un monument en pierre de taille à l'aspect massif et épuré, décoré en son centre d'un simple bouclier en bronze peint et doré, qui porte l'inscription : « A nos morts 1914-1918 ». Plus tard, l'édifice est transporté contre le mur du cimetière, rue René-Sahors. Il s'est enrichi après 1945 de deux ailes en retrait, ornées de plaques de marbre inscrites au souvenir des morts de la Seconde Guerre mondiale et de ceux qui ont péri au cours des guerres coloniales.

IMMEUBLE
*Vers 1935*
*8, place de la République*
Les frères Marme sont à l'origine de cet immeuble d'habitation de sept étages. Élevé vers 1935, il abrite leur agence d'architecture. Ici encore, le béton armé est utilisé, allié à la brique, au verre et au ciment.

CITÉ SQUARE PAYRET-DORTAIL
*1929*
*13, rue de Châtillon*
Maurice Payret-Dortail ne s'est pas seulement illustré dans l'aménagement du parc municipal Frédéric-Pic, il a aussi créé pour Vanves un immeuble d'habitation qui porte son nom. Des appartements sont distribués sur quatre étages, de chaque côté d'une cage d'escalier monumentale en béton armé ajouré.

LEP DARDENNE
*1935*
*Architectes :*
*Paul et Marcel Marme*
*25, rue Dardenne*
C'est en 1920 que Paul et Marcel Marme sont nommés architectes de la commune. Les deux frères signeront d'ailleurs ensemble toutes les œuvres qu'ils réaliseront à Vanves. En 1932, ils construisent une nouvelle école maternelle, rue Louis-Dardenne. Édifiée trois ans plus tard sur le même terrain, la nouvelle école de filles – dénommée alors « Groupe scolaire du centre » – est surtout l'œuvre de Paul. Fort des leçons de son maître Auguste Perret, il utilise ici le béton comme matériau principal. Par un parti pris de transparence exacerbée, il développe sur trois étages de grandes verrières horizontales qui viennent aérer les murs de briques jaunes et roses. À chaque niveau, les classes s'ouvrent ainsi sur des terrasses ornées de végétation. Ces « jardins suspendus » ne sont plus visibles aujourd'hui. Paul Marme a déclaré un jour avoir voulu bâtir une sorte de « paquebot rompant avec la tristesse et l'obscurité des écoles traditionnelles ». L'école des frères Marme est devenue depuis un lycée d'enseignement professionnel.

VILLA DUPONT
*1898*
*45, rue Raymond-Marcheron*
Cette maison d'aspect coquet porte le nom de son créateur, l'architecte Dupont. Réalisée en 1898, elle possède deux corps de bâtiments : l'un est orienté sur le jardin, l'autre donne pignon sur rue. Les toits en tuiles mécaniques à longs pans débordant animent cette structure. La diversité de ses matériaux la distingue : la pierre, la meulière, la brique et le moellon sont mélangés.

PORTE HENRI IV
*XVIIe siècle*
*42, rue René-Marcheron*
Une tradition voudrait que cette porte cochère soit l'entrée d'un rendez-vous de chasse ayant appartenu à Henri IV (1553-1610). Il s'agit en tout cas de l'un des plus anciens vestiges architecturaux subsistant à Vanves.

CHAPELLE
*XXe siècle*
*Maison de retraite Larmeroux*
*15, rue Diderot*
Sous la troisième République, les querelles entre cléricaux et anticléricaux battent leur plein au sein du conseil municipal. L'un des membres de cette assemblée, Louis-Marie Larmeroux, veut en 1873 faire don à la ville d'un local devant servir de crèche et d'hospice pour les vieillards, à condition que l'établissement soit dirigé par des religieuses. En 1877, le conseil refuse cette donation, il ne reste plus à M. Larmeroux qu'à fonder une société pour créer son institution. Sous le mandat de Frédéric Pic, vers 1939, la commune déplace la crèche et l'hospice dans la rue Diderot, où des bâtiments créés par les frères Marme attendent d'être investis. C'est la première fois que les architectes de la ville réalisent un bâtiment religieux à Vanves. La chapelle édifiée pour la maison de retraite est constituée d'une longue abside construite en piliers de béton, revêtus extérieurement de briques jaunes encadrées de saillies de béton rose. De longues baies vitrées rythment les espaces entre les piliers.

ENTRÉE
*XXe siècle*
*Maison de retraite Larmeroux*
L'orientation horizontale du dessin des briques jaunes confère au corps de bâtiment un aspect massif. Cette sensation est contrebalancée par deux hauts-reliefs, distribués de chaque côté de l'entrée. Ils sont réalisés en 1939 par les sculpteurs Robert Coutin et L. Piron. Les thèmes de la vieillesse, de l'enfant, de la femme et de la piété y sont développés.

# Vaucresson

Canton de Chaville
Arrondissement de Boulogne-Billancourt

Superficie : 310 ha – Population 1990 : 8 118 hab.
Habitants : les Vaucressonnais – Voie : A13

Origines du nom : de *vallis crisonis* – vallée du cresson – ou bien de *villa Crissonis*, signifiant terre de Crisson.

Blason : en chef les armes de l'abbaye de Saint-Denis, surmontant celles de la famille de Beauvillier.

## HISTORIQUE

La fondation de Vaucresson par l'abbé de Saint-Denis, Suger, est clairement attestée en date de 1154. La région, fortement boisée et infestée de brigands, est alors défrichée par des moines et une église est érigée, selon le vœu de l'abbaye propriétaire des terres. Des paysans sont incités à s'établir sur le domaine dont les premiers seigneurs sont les abbés de Saint-Denis. Par la suite, ces derniers sont représentés par des seigneurs locaux. Nicolas Dugué, ayant demandé que sa propriété soit érigée en fief, devient en 1582 le premier seigneur laïc de Vaucresson. Il est le garant du droit de moyenne et basse justice, tandis que l'abbaye de Saint-Denis conserve celui de haute justice. En 1642, la confrérie du Saint-Sacrement s'installe en l'église de Vaucresson. Parmi les successeurs de Nicolas Dugué et de ses descendants au titre de seigneur, on trouve Robert de Parroy en 1649 ou encore le conseiller du roi, Nicolas Arnoult en 1673. À la fin du XVIIe siècle, la seigneurie revient à Paul de Beauvillier, duc de Saint-Aignan, haut dignitaire de la Couronne, ami de Fénelon et de Saint-Simon. Jean-Baptiste Trutié, anobli par Louis XVI et autorisé à être appelé Monsieur de Vaucresson, est l'ultime seigneur du village. Vaucresson est à l'époque très peu peuplé bien que son territoire soit assez vaste. Les domaines de Jardy et de La Marche comptent alors au titre des possessions vaucressonnaises. Après la chute de l'Ancien Régime, différents châtelains se succèdent dans la propriété seigneuriale, dont le comte de Coutard, personnalité de la Révolution française et du premier Empire. En 1817, les terres de Jardy et de La Marche sont annexées à Marnes-la-Coquette. À partir de 1856, le maire de l'époque, André Théry, entreprend le lotissement du domaine du Clos Toutain devant permettre à Vaucresson de s'agrandir. Le succès de l'entreprise reste cependant très modéré, le manque d'eau et l'éloignement s'avérant dissuasifs. La guerre de 1870 contraint la commune à six mois d'occupation prussienne durant laquelle les édifices civils et religieux sont dévastés et les archives de la ville détruites. Comme pour un grand nombre de villes de la banlieue parisienne, l'arrivée du train à Vaucresson, en 1886, est un facteur déterminant de développement. Les Parisiens sont tentés de s'installer dans cette région verdoyante, surnommée parfois la « Petite Suisse ». En 1930, on construit les lotissements des Fonds Maréchaux qui participent à l'urbanisation de la ville. Cependant, Vaucresson demeure de nos jours une commune à caractère essentiellement résidentiel qui a su garder les charmes de son passé villageois, tout en s'ouvrant à l'activité économique, notamment en accueillant le siège social de plusieurs sociétés.

ÉGLISE SAINT-DENYS
*XII^e-XX^e siècle*
*Vue générale*
*5, place de l'Église*
Lorsque l'abbé Suger (v. 1081-1151) décide en 1145 la création d'un village susceptible d'attirer une population sédentaire et laborieuse, il donne également ordre de construire une église en ces lieux. La paroisse est placée sous la dépendance de l'abbaye de Saint-Denis qui détient le droit de haute justice et tire bénéfice des terres de Vaucresson. En 1686, la maison royale de Saint-Louis des Dames de Saint-Cyr succède à l'abbaye de Saint-Denis. Quelques années plus tard, l'église est reconstruite, puis démolie, pour être de nouveau édifiée en 1770. Modifications et restaurations sont nombreuses aux XIX^e et XX^e siècles. En 1904, le porche de l'église est détruit. Cinquante ans plus tard, on adjoint à l'édifice religieux un bas-côté mais l'église demeure vétuste et insuffisante. La dernière transformation prend corps en 1964, date à laquelle l'église est démolie pour laisser place à l'édifice actuel, conçu par l'architecte Kinderman.

CLOCHER
*XII^e siècle*
*Église Saint-Denys*
Unique vestige de l'église primitive, le clocher est datable de 1145. Restauré de nombreuses fois, notamment en 1460 à la demande du seigneur Nicolas Dugué, il demeure néanmoins un exemple caractéristique de l'architecture religieuse du Moyen Âge. Situé latéralement par rapport à l'église, le clocher se distingue par une souche carrée, des baies en plein cintre et quatre colonnes engagées dans les angles, le tout surmonté d'une flèche en ardoise.

OSTENSOIR
*XIX^e siècle*
*Métal doré et verre*
*Église Saint-Denys*
L'aspect décoratif de cet ostensoir est donné par le travail du métal finement ciselé, orné de cabochons de verre rouge et de médaillons en cuivre où sont figurés des anges et l'agneau pascal.

FONTS BAPTISMAUX
*XVIII^e siècle*
*Marbre (H : 108 cm)*
*Église Saint-Denys*
Supportée par un socle en pierre calcaire, la cuve de ces fonts baptismaux est sculptée dans du marbre rouge et possède, en guise de décoration, deux têtes de lion placées aux deux extrémités.

VITRAIL
*1936. A. Bonneville*
*Chapelle latérale*
*Église Saint-Denys*

VIERGE À L'ENFANT
*XVII^e siècle*
*Bois stuqué et doré (H : 150 cm)*
*Église Saint-Denys*
Cette sculpture de la Vierge tenant l'Enfant Jésus demeure, malgré son mauvais état de conservation, d'une très grande qualité. Le Christ, dans les bras de sa mère et sous son regard bienveillant, protège de sa main gauche une sphère représentant la terre tandis que la Vierge tenait dans sa main droite un sceptre aujourd'hui disparu. (Cl. M. H.)

ANNONCIATION
*XIX^e siècle*
*Huile sur toile (125 × 92 cm)*
*Église Saint-Denys*
L'annonce faite à la Vierge Marie de la naissance du Christ est traditionnellement décrite à partir d'un schéma identique. L'archange Gabriel, messager des cieux, s'adresse à la Vierge, surprise dans son ouvrage. L'ange tient dans sa main une fleur de lys qui symbolise la virginité de Marie. Audessus d'elle la colombe du Saint-Esprit diffuse une lumière divine en direction de la mère du Christ.

VIERGE À L'ENFANT
*XVII^e siècle*
*Huile sur toile (118 × 84 cm)*
*Église Saint-Denys*
La représentation de cette Vierge à l'Enfant est à rapprocher des premières images chrétiennes de style byzantin. Plusieurs signes iconologiques permettent en effet cette interprétation. La Vierge est vêtue d'un maphorion – grand châle à bordure ornée, dérivé des tuniques antiques – sur lequel on distingue les traditionnelles étoiles de la virginité qui, lorsqu'elles sont au nombre de trois, symbolisent également la Sainte Trinité. Le Christ, représenté non pas en enfant mais comme un homme de petite taille, fait un signe de bénédiction, tandis que sa main gauche tient

un livre qui indique son érudition. La composition de ce tableau et le traitement des visages ne sont pas sans rappeler certaines icônes. (Cl. M. H.)

ÉVÊQUE ET DEUX SAINTS
*1849. Lagrange*
*Huile sur toile (230 × 168 cm)*
*Église Saint-Denys*
Outre sa qualité artistique, l'intérêt de ce tableau réside dans l'inscription latine située en bas de celui-ci. Il est en effet signifié que la toile a été lacé-

rée par les Prussiens, sans doute lors de l'occupation de 1870, puis restaurée en 1876 grâce à la famille Henrotte.

SAINT-DOMINIQUE
*XIX^e siècle*
*Huile sur toile (214 × 108 cm)*
*Église Saint-Denys*
Canonisé en 1234, saint Dominique de Guzman (1170-1221) est un moine d'origine espagnole auquel le pape Innocent III confie la reconquête spirituelle du sud-ouest de la France, alors sous l'influence des idéologies vaudoise et cathare. Prêchant la pauvreté, Dominique attire à lui quelques disciples avec qui il fonde la communauté des Frères prêcheurs, plus connus sous le nom de Dominicains. Ordre mendiant dont les membres sont identifiables à leur robe de laine blanche et leur manteau noir, les Dominicains se sont appliqués à enseigner la théologie dès le XIII^e siècle. Le livre que tient ici saint Dominique évoque ce dernier aspect.

CHRIST EN CROIX
*XIX^e siècle*
*Huile sur toile (193 × 97 cm)*
*Église Saint-Denys*
La représentation de ce Christ en croix se réfère à la doctrine janséniste qui voit le jour au XVII^e siècle. Réfutant le dogme selon lequel Jésus serait venu pour sauver tous les hommes, les jansénistes considèrent au contraire que la grâce n'est donnée qu'à un petit nombre d'élus. Sur le plan iconographique, cette pensée est illustrée dans le fait que le Christ sur la croix n'a pas les bras écartés – en signe d'ouverture au monde entier – mais rapprochés. Au bas de la croix figure un crâne, symbole du péché originel d'Adam, faute rachetée lors de la crucifixion du Christ. À l'arrière-plan de ce tableau, il est possible de voir une architecture qui évoque sans doute l'abbaye de Port-Royal-des-Champs, le refuge et le siège des jansénistes et dont Louis XIV ordonne la destruction en 1710.

LA FUITE EN ÉGYPTE
*XVII^e siècle*
*Huile sur toile (138 × 138 cm)*
*Église Saint-Denys*
La fuite en Égypte est un épisode de l'enfance du Christ conté par saint Matthieu. Le roi Hérode de Judée, ayant appris la naissance du Messie, décide de supprimer le rival éventuel. Joseph, prévenu lors d'un songe, emmène avec lui la Vierge et l'Enfant Jésus afin d'échapper aux persécu-

tions d'Hérode qui, furieux, ordonne le massacre des Innocents. Dans cette représentation, des anges aident et guident le cortège saint, tandis que des angelots parsèment de fleurs leur chemin.

LA COMMUNION DE SAINT JÉRÔME
*XVII^e siècle*
*Huile sur toile (138 × 273 cm)*
*Église Saint-Denys*
Située dans un décor architectural, cette scène évoque les derniers instants de saint Jérôme (vers 347-420), docteur de l'Église et figure emblématique de l'ermite. L'accent est mis sur l'aspect ascétique du personnage, tandis que veille à ses côtés le lion qui traditionnellement l'accompagne.

CHRIST EN CROIX
*XVII$^e$ siècle*
*Huile sur toile (79 × 60 cm)*
*Église Saint-Denys*
Les représentations de la crucifixion montrent parfois le Christ avec une enveloppe charnelle intacte, à l'image de son âme parfaite. Ici, le peintre met au contraire l'accent sur les blessures du supplicié d'où jaillissent des gouttes de sang.

ENFANT JÉSUS
TERRASSANT UN DRAGON
*XIX$^e$ siècle*
*Huile sur toile (191 × 128 cm)*
*Église Saint-Denys*
Cette image de l'Enfant Jésus, entouré d'angelots et terrassant une sorte de dragon ou de serpent, est peut-être à rapprocher de la thématique de l'Enfant sauveur du monde – *Salvator Mundi* – et rédempteur. Le sol arrondi sur lequel se tient le Christ évoque la sphère terrestre; le dragon, figure du mal et des ténèbres, est à mettre en parallèle avec le Serpent du péché originel.

DESCENTE DE CROIX
*XIX$^e$ siècle*
*Huile sur toile (265 × 170 cm)*
*Église Saint-Denys*
Les trois personnages du premier plan qui composent cette descente de Croix sont ceux décrits dans les Évangiles. Il s'agit du Christ, de la Vierge Marie et de Marie de Magdala que l'on associe communément à Marie-Madeleine. Le personnage, au second plan, est plus difficilement identifiable. Il s'agirait soit de saint Jean l'Évangéliste, soit de Marthe, parfois considérée comme la sœur de Marie-Madeleine.

DESCENTE DE CROIX
*Détail*

SAINT FRANÇOIS DE SALES
REÇU AU CIEL
PAR SAINT FRANÇOIS D'ASSISE
*XIX$^e$ siècle*
*Huile sur toile (140 × 190 cm)*
*Église Saint-Denys*
Le thème de cette composition est original parce que peu traité. Saint François d'Assise (vers 1182-1226), situé à droite du tableau, est issu d'une riche famille de drapiers italiens. Il se consacre à partir de 1206 à la prière et à la solitude contemplative. Son idéal de pauvreté le porte à créer, trois ans plus tard, l'ordre religieux des Frères mineurs ou Franciscains. Selon l'iconographie classique, saint François d'Assise est représenté en robe brune à capuchon long, ceinturée d'une corde. Saint François de Sales (1567-1622) est quant à lui représenté en habit de prélat. Évêque de Genève dès 1602, il est cofondateur, avec Jeanne de Chantal, de l'ordre contemplatif de la Visitation. Contrairement à saint François d'Assise, saint François de Sales considère qu'il n'est pas nécessaire de se retirer du monde pour faire son salut. Il y a donc, dans ce tableau, confrontation de deux idéaux religieux.

VIERGE À L'ENFANT
*XIX$^e$ siècle. D'après Raphaël*
*Huile sur toile (91 × 68 cm)*
*Église Saint-Denys*
Cette toile est largement inspirée du tableau *La Madone à la chaise* (1514)

du peintre de la Renaissance Raphaël (1483-1520). Mais l'auteur de cette copie n'a pas retenu la forme sphérique du tondo originel ni la présence de saint Jean auprès de la Vierge et de l'enfant Jésus. La coiffe et les habits de Marie évoquent la mode vestimentaire du XVIe siècle et l'attitude affectueuse de la Vierge envers son enfant contribue à humaniser cette image sainte.

MADELEINE PÉNITENTE
*XIXe siècle. D'après Charles Le Brun*
*Huile sur toile (240 × 170 cm)*
*Église Saint-Denys*
Marie-Madeleine est, avec saint François, le personnage qui illustre le mieux la conversion et la pénitence. Figure emblématique de la femme pécheresse, la sainte se retire du monde et de ses vanités pour expier sa vie passée. Le crâne symbolise ici la fin de toutes choses et la Rédemption. Pourtant, une certaine ambiguïté demeure dans cette image car si Marie-Madeleine se repent, le souvenir de sa vie de pécheresse, symbolisée par la chevelure dénouée et l'épaule dénudée, est toujours présent. On retrouve souvent cette dualité dans la peinture des XVIe et XVIIe siècles la représentant. L'original de ce tableau, conservé dans la chapelle de l'hôpital militaire du Val-de-Grâce à Paris, est une œuvre de Charles Le Brun (1619-1690). Il est couramment admis que le peintre s'est inspiré ici du visage de Louise de la Baume Le Blanc, duchesse de La Vallière (1644-1710), maîtresse de Louis XIV qui finit ses jours chez les Carmélites.

LE MARIAGE MYSTIQUE
DE SAINTE CATHERINE
*XVIIIe siècle. D'après Le Corrège*
*Huile sur toile (105 × 105 cm)*
*Église Saint-Denys*
Cette scène représente le mariage mystique de sainte Catherine d'Alexandrie avec l'Enfant-Jésus, thème fréquemment exploité dans la peinture de la Renaissance italienne. Popularisée par la *Légende dorée* au XIIIe siècle, la vie de sainte Catherine tient plus de la fable que de la réalité historique. Celle qui est dénommée parfois « la fiancée du Christ » est ici en compagnie de Jésus, la Vierge Marie et saint Sébastien. Mariée au Christ dans cette représentation, sainte Catherine d'Alexandrie subit par deux fois le supplice de la roue avant d'être décapitée : on voit ici l'épée et la roue, instruments de sa torture. La scène de martyre située à l'arrière-plan, la présence de saint Sébastien, supplicié lui aussi, mettent l'accent sur cette interprétation. Également patronne des philosophes, sainte Catherine d'Alexandrie est peinte ici tenant un livre en main.

SAINTE FAMILLE
*XIXe siècle*
*Huile sur toile (78 × 63 cm)*
*Église Saint-Denys*
La Vierge Marie, le Christ, saint Joseph et saint Jean le Baptiste composent cette Sainte Famille. La Vierge est représentée sous les traits d'une très jeune femme ; auprès d'elle se tient son époux Joseph qui semble prier. Saint Jean se prosterne devant le Christ dont il baise la main.

***Invisibles depuis longtemps, situés dans une annexe de l'église, tous ces tableaux ont été exhumés à l'occasion de ce travail. Étant donné leur mauvais état de conservation, il serait nécessaire de les restaurer afin qu'ils puissent à nouveau être admirés dans tout leur éclat.***

CASTEL AUBERT

*Vers 1880. Architecte : Henri Parent*
*Brique, pierre et meulière*
*160, boulevard de la République*

La demeure que l'architecte Henri Parent (1819-1895) se construit pour lui-même vers 1880 revêt une grande originalité dans la diversité des références architecturales. Certains éléments sont empruntés au style Renaissance, notamment la tourelle centrale, tandis que d'autres parties du bâtiment évoquent plus volontiers les formes gothiques. Le contraste des matériaux participe à la décoration et à la dynamique de l'édifice que son concepteur baptisa Castel Aubert en souvenir de son père, l'architecte Aubert Parent.

MANOIR BLÉSOIS

*XIX^e siècle*
*Meulière, brique et pierre*
*30, allée Saint-Gilles*

Au même titre que le Castel Aubert, le manoir Blésois fait référence au vocabulaire architectural des demeures et châteaux des bords de Loire. Certains éléments décoratifs, comme les représentations de la salamandre de François I^er – l'emblème des Orléans-Angoulême depuis 1461 –, attestent également l'emprunt fait à l'architecture d'époque Renaissance.

PRIEURÉ SAINT-GILLES

*XVIII^e siècle*
*2, place de l'Église*

Le prieuré Saint-Gilles, autrement appelé maison Bertrand, est l'une des demeures les plus anciennes de Vaucresson, avec l'ancien presbytère.

CHÂTEAU

*XIX^e siècle*
*54, rue de Garches*

De la première demeure seigneuriale appartenant à Nicolas Dugué on sait peu de chose, si ce n'est qu'elle était composée d'un corps de logis principal et de dépendances ceints dans un parc de trente-sept hectares. L'emplacement précis de ce premier château reste également bien mystérieux même si l'on suppose qu'il se situait non loin de l'église. Le domaine est agrandi au cours des siècles par les différents seigneurs de Vaucresson. Le dernier d'entre eux, Jean Baptiste Trutié, intègre dans sa propriété, en 1786, le canton de Champs-sur-Seine, autrement appelé Haras Lupin. Le château actuel n'est pas celui habité par les seigneurs de Vaucresson, qui a été détruit au début du XIX^e siècle. Édifié en 1855 par le châtelain Acloque, le bâtiment est agrémenté d'une décoration de style Louis XIII quelque vingt années plus tard. Le château moderne, avec ses dépendances et son parc, s'étend alors sur vingt-huit hectares. En 1950, les terres de la propriété sont vendues. Le ministère de la Justice se rend acquéreur du château, le reste est cédé aux constructeurs de la résidence de Vaucresson.

FOLIE CLARET
*Début XIXᵉ siècle*
*7, rue du Docteur-Christen*
Rare exemple de l'architecture privée du début du XIXᵉ siècle à Vaucresson, cette maison reflète parfaitement le style Directoire. Surmontée d'un fronton central, la bâtisse aux larges proportions est scandée par deux rangées de fenêtres.

LE PETIT MANOIR
*XVIIᵉ siècle*
*Ancien presbytère*
*3, place de l'Église*
Le premier presbytère de la paroissse de Vaucresson est à l'origine situé à une certaine distance de l'église. Ce n'est qu'au XVIIᵉ siècle qu'on décide la construction d'un nouveau presbytère attenant à l'église et élevé avec les matériaux récupérés pour partie de l'ancien édifice. Un escalier est construit, permettant de relier le presbytère à la tribune de l'église. Après la Révolution, le bâtiment est acheté par M. Demouy qui accorde un droit de jouissance de l'escalier aux habitants de la commune. S'y succèdent ensuite de nombreux propriétaires dont Antoine-Justin Pentagaime, maire de Vaucresson de 1840 à 1848. De nos jours le presbytère demeure une propriété privée appelée le Petit Manoir.

CHAPELLE SAINTE-HÉLÈNE
*1908. Architectes : Barbier Bouvet et Laborderie*
*Façade*
*12, avenue de la Celle-Saint-Cloud*
La chapelle Sainte-Hélène est construite au début du siècle pour desservir le plateau de Vaucresson, à la limite de Garches. C'est sous l'impulsion de l'abbé Véron, curé de la ville depuis 1903, que la première pierre de l'édifice est posée en 1908. Destinée initialement à former une nouvelle paroisse, elle est, aujourd'hui encore, toujours dépendante de l'église Saint-Denys.

CHŒUR
*1916*
*Chapelle Sainte-Hélène*
Placée sous le vocable de sainte Hélène, le chœur de la chapelle offre une peinture murale qui représente Hélène (vers 255-327), mère de Constantin (270-337), le premier empereur romain chrétien.

CHEMIN DE CROIX
*1908. Charlotte Latapie de Gerval*
*Pyrogravure*
*Chapelle Sainte-Hélène*
Ce chemin de croix, œuvre de Mˡˡᵉ Latapie de Gerval, représente la sixième station de la passion du Christ. Jésus est représenté genoux à terre tandis qu'une femme pieuse s'approche pour lui essuyer le visage.

ÉCOLE DU COTEAU
*1894. Architectes : Olézinski et Farcy*
*1, rue Louis-Barthou*
Lorsque l'école communale quitte les locaux qu'elle partageait jusqu'ici avec la mairie, elle vient s'installer dans le tout nouveau groupe scolaire du coteau qui voit le jour grâce à la volonté du maire, le docteur Christen. La réalisation du bâtiment est confiée aux architectes Olézinski et Farcy. Les salles de classe se situent au premier étage, tandis que le rez-de-chaussée est réservé aux préaux. Jugée de taille insuffisante, l'école est surélevée en 1903 pour accueillir de nouvelles salles et des préaux couverts sont construits. En 1936, le groupe scolaire est une nouvelle fois agrandi.

CHATEAU DIT LA VAUCRESSONNIÈRE
*1885*
*Caserne de CRS*
*1, place du Général-Leclerc*
Cette ancienne demeure, qui se souvient encore du style impérial, accueille actuellement une caserne de CRS. Elle est dotée d'un péristyle à colonnes ioniques ; les deux entrées latérales sont surmontées d'un fronton triangulaire. L'intérieur du bâtiment abrite un bel escalier avec une rampe ouvragée ainsi qu'une salle de réception au plafond mouluré.

VILLA LES TERRASSES
*1927. Architectes : Le Corbusier et Jeanneret*
*Béton armé*
*17, rue du Professeur-Pauchet*
Construite par Le Corbusier et son cousin Pierre Jeanneret, cette maison est également connue sous le nom de villa Stein, du nom de l'un des commanditaires, Léo Stein, frère de l'écrivain américain Gertrude Stein. Jugé comme l'une des meilleures réussites d'architecture à caractère privé de Le Corbusier, cet édifice reprend le principe du toit-terrasse, les fenêtres horizontales, la structure en béton armé, chers à l'architecte moderniste.

MAISON MOUNT VERNON
*1931*
*33, rue du Professeur-Pauchet*
Présentée lors de l'Exposition universelle de 1931, cette maison est une réplique de la propriété du président George Washington (1732-1799), située à Mount Vernon aux États-Unis. Elle est achetée ensuite par un riche Américain pour le moins extravagant qui entreprend de la reconstruire à Vaucresson. Témoignage de sa réussite, cette demeure est entourée de deux colonnades; sa façade est agrémentée d'un portique et d'un fronton à oculus.

GARE
*1884*
*Place de la Gare*
La commune de Vaucresson n'est desservie par le train qu'à partir de 1884. Auparavant, ses habitants étaient contraints de se rendre dans la ville voisine de Saint-Cloud. Station de la ligne Paris-L'Étang-la-Ville, la gare de Vaucresson est inaugurée en 1884 par le maire de l'époque, Pierre-Marie Sevestre. Avec l'arrivée du chemin de fer, la population de la ville augmente peu à peu, attirant à elle des Parisiens à la recherche de verdure. Le 28 avril 1919, la gare de Vaucresson accueille la délégation allemande venue signer le traité de paix à Versailles. Ce n'est réellement qu'après la Seconde Guerre mondiale que la présence du train se fait déterminante et permet l'afflux de nouvelles populations.

MAISON LA VIEILLE ÉGLISE
*XIXe siècle*
*Pierre de taille, calcaire et brique*
*16, avenue du Clos-Toutain*
Cette demeure tient son nom des ruines de l'ancienne chapelle sur laquelle elle est édifiée et qui lui donne toute son originalité. Ainsi, le soubassement de la maison est à l'image d'une église, avec son porche et une petite niche sculptée. La partie haute du bâtiment, en revanche, contraste par ses parements de brique et ses pans de bois. Le Clos Toutain, nom de l'avenue où se situe la maison, fut anciennement un petit domaine dépendant du château seigneurial qui fut loti au XIXe siècle et qui constitue la division Théry.

MAISON LA VIEILLE ÉGLISE (détail)
*XIXe siècle*
*16, avenue du Clos-Toutain*
Situé sur le mur qui borde la maison, cet oculus laisse apparaître un personnage qui n'est pas sans évoquer les héros des livres de Rabelais.

VILLA
*XIXe siècle*
*Ancien hôpital militaire*
*2, rue du Docteur-Christen*
Cette propriété, appelée la Croix-Blanche, est la demeure du docteur Pierre-Eugène Christen, maire de Vaucresson de 1893 à 1904. Durant la Première Guerre mondiale, l'habitation est transformée en hôpital militaire dirigé par les Dames françaises de Garches et de Vaucresson. Telle est sa fonction jusqu'en février 1918. Depuis, la villa a recouvré son caractère privé.

TOMBE DES ÉPOUX OUMIROFF
*XXe siècle*
*Marbre, fer et pierre*
*Cimetière*
Datant du début du XXe siècle, cette tombe possède la particularité d'être encadrée par deux petits bancs servant au recueillement des familles et des proches, comme le veut la coutume dans certains pays slaves.

MAIRIE
*1866*
*8, Grande-Rue*
Au lendemain de la Révolution française, bon nombre de communes n'ont pas de locaux susceptibles de recueillir les toutes nouvelles municipalités. Vaucresson ne déroge pas à ce principe, et c'est à l'église que se réunit l'assemblée communale jusqu'au début du XIXe siècle. En 1827, l'ancien maire de la ville Antoine Mazeleyre lègue une maison, dite « maison des pauvres », destinée à héberger les services municipaux et une école. Logées trop à l'étroit, les institutions communales déménagent ensuite dans la maison Deglarge où elles demeurent jusqu'en 1847. Puis la ville loue, de 1848 à 1865, la maison de l'ancien maire Michel Espézol qui s'avère elle aussi rapidement insuffisante. La municipalité décide alors d'édifier une nouvelle mairie à l'emplacement de la maison des pauvres. Le bâtiment construit de 1865 à 1866 regroupe la mairie et l'école jusqu'en 1894, date à laquelle l'administration communale prend entièrement possession des lieux. La mairie fut depuis plusieurs fois agrandie pour répondre à de nouveaux besoins.

# Ville-d'Avray

Canton de Chaville
Arrondissement de Boulogne-Billancourt

Superficie : 348 ha – Population 1990 : 11 616 hab.
Habitants : les Dagovéraniens – Voie : RN185

Origine du mot : de *Davren* ou *Dauvre*, nom de la plus ancienne propriétaire du lieu, ou de *avre* ou *aure*, d'origine celtique, qui indique une fontaine ou une rivière.

Blason : armoiries du baron Marc-Antoine Thierry : « d'azur au chevron d'argent accompagné en chef de deux tours d'or et en pointe d'un lion de même lampassé de gueule ».

## HISTORIQUE

Ce n'est qu'au XIIe siècle que l'on découvre l'existence de Ville-d'Avray. Au XIVe siècle, le village est érigé en paroisse et la seigneurie appartient alors à Pierre de Chaillot, puis à ses descendants. La guerre de Cent Ans dévaste la région. Les propriétaires vendent leurs terres et leurs droits féodaux aux Célestins. Les moines font exploiter ce fief pendant deux cent cinquante années.

En 1747, ils cèdent la seigneurie au roi Louis XV désireux d'unifier son domaine de Versailles. Dans le même but, Louis XVI procède, en 1778, à un échange de terres avec son premier valet de chambre Marc-Antoine Thierry (1732-1792), les terres de Ville-d'Avray contre des terres à Vaucresson et Guyancourt. Thierry, déjà propriétaire du château de la Brosse qu'il avait fait démolir pour édifier à la place une somptueuse demeure, devient ainsi seigneur de Ville-d'Avray. Soucieux du bien-être de la population, il ouvre deux écoles et finance la construction d'une nouvelle église.

En 1784, la seigneurie est érigée en baronnie. Pour avoir évolué dans le proche entourage du roi, Thierry est arrêté le 15 août 1792 et exécuté le 2 septembre suivant. Le XIXe siècle voit l'arrivée à Ville-d'Avray de riches personnages du monde des affaires et de la politique tels Léon Gambetta, mais l'on y rencontre surtout tout ce que le monde des arts et de la littérature compte de talents inspirés par la beauté des lieux avec ses étangs et ses bois : Alfred de Musset, Frédéric Chopin, Camille Corot, Honoré de Balzac.

« Le vieux village et la fontaine du Roy »
1793. Pau de Saint-Martin
Musée municipal

Tout au long de ce siècle, de nouveaux aménagements embellissent la commune et la modernisent. On voit ainsi l'installation d'une nouvelle mairie, d'une bibliothèque municipale et la création d'écoles. En 1837-1839, l'arrivée du chemin de fer accélère le développement de la ville et provoque ainsi la venue croissante de nouveaux résidents.

Au XXe siècle, Ville-d'Avray attire toujours scientifiques, artistes ou hommes de lettres : le grand savant Jean Rostand y poursuit ses recherches sur la parthénogenèse animale, Édouard Branly, Claude Debussy ou Boris Vian.

Les années cinquante voient naître de grands ensembles immobiliers, la création d'établissements scolaires, d'un stade municipal et d'un foyer culturel et de loisirs. Ville-d'Avray perpétue ainsi sa vocation depuis deux siècles, celle d'accueillir artistes, écrivains et penseurs.

CHÂTEAU THIERRY
*1775*
*8, rue de Marnes*

En 1747, Louis XVI entre en possession de la seigneurie de Ville-d'Avray. En 1775, il la baille, puis la cède en 1778 à son premier valet Marc-Antoine Thierry qui devient seigneur du lieu. Issu d'une famille au service du roi depuis un demi-siècle, Thierry suit la voie tracée par ses ancêtres. D'abord premier valet de chambre du duc de Berry, il devient en 1770 colonel du régiment Dauphin-Dragons. Avec l'avènement de Louis XVI que sa mère avait soigné à son berceau, la faveur dont il jouit grandit rapidement. Surintendant des petits cabinets et du garde-meubles, il fait fortune et achète en 1775 le manoir délabré de la Brosse qu'il fait démolir pour édifier le château ici présenté. Il s'agit pour lui de « respirer un air sain et se purifier de l'air contagieux de la cour qu'il n'a jamais aimée ».

FONTAINE DU ROI
*1723*
*Calcaire et pierre de taille*
*1, rue de Saint-Cloud*

Dès le XVII^e siècle, la question de l'eau potable à l'usage du palais de Versailles fait multiplier les recherches dans les environs. C'est à Vaucresson et Ville-d'Avray que l'on découvre les meilleures sources. Selon le goût avisé de l'abbé Bergier, aumônier de la comtesse de Provence, « celle de la Ville-d'Avray est claire, légère et très bonne ». On transporte l'eau là où réside la cour, jusqu'à la Conciergerie même pour désaltérer Louis XVI et Marie-Antoinette, alors détenus. Dans ce petit édifice à fronton triangulaire, construit en 1723 et remanié en 1785, deux sources sont captées et s'épanchent dans un réservoir destiné à la consommation du Roi et auquel on accède par un escalier à gauche. Sur la droite, un mince filet d'eau coule à l'usage du peuple. L'eau de cette fontaine, hier si appréciée, s'est aujourd'hui tarie.

CHÂTEAU THIERRY
*1775*
*Façade sur jardins*

Marc-Antoine Thierry ne néglige rien pour donner à sa demeure une apparence somptueuse. Il fait construire une salle de spectacles dans laquelle Louis XVI vient en 1782 avec la cour assister à une représentaion théâtrale donnée par les comédiens du roi. Il édifie également une chapelle où il marie le 21 juillet 1777 sa fille Marie-Louise avec Jean-Georges-Claude Baude, baron de Pont-l'Abbé. Enfin, il achète les prairies alentour pour aménager un immense parc comprenant un jardin à l'anglaise, un vaste potager, une ferme et une grange. À la veille de la Révolution le baron Thierry possède la majorité du territoire de Ville-d'Avray. Il dote le village de deux écoles, d'un bureau de bienfaisance et fait reconstruire l'église. En 1787, Louis XVI crée la nouvelle administration municipale de Versailles. Thierry en devient le syndic, titre remplacé en 1789 par celui de maire. Il est ainsi le premier à porter le titre de maire de Versailles, non pas élu, mais nommé. Il donne sa démission la même année. Arrêté en août 1792, il est exécuté le mois suivant. Le château connut par la suite divers propriétaires. Il ne reste plus aujourd'hui que la partie centrale, acquise par la commune en 1969 et aménagée en musée.

MAIRIE
*XIX^e siècle*
*9, rue de Saint-Cloud*

Un temps propriété du sculpteur Roll, cette demeure est rachetée par la municipalité pour abriter à partir de 1853 la mairie et l'école. La réplique de la tête de l'Apollon du Belvédère dans la niche qui orne le fronton gauche de la mairie a sans doute été placée là par Roll lui-même. En face de l'édifice, un arc de triomphe est édifié en l'honneur du tsar Nicolas qui traverse Ville-d'Avray en octobre 1896 pour se rendre à Versailles.

ÉGLISE SAINT-MARC-SAINT-NICOLAS
*1789*
*Architecte :*
*Charles-François Darnaudin*
*Place Charles-Laroche*
C'est en 1788 que le baron Marc-Antoine Thierry décide la construction d'une nouvelle église en remplacement de l'édifice du XIVe siècle, menaçant ruine. Il s'entoure de l'entrepreneur des bâtiments du roi, Jacques Marquet et de l'architecte royal Charles-François Darnaudin, auteur de l'hôpital civil de Versailles. La première pierre est posée le 11 juillet 1789. L'église Saint-Marc-Saint-Nicolas est l'une des rares églises, avec celle de Courbevoie, construite pendant la Révolution. Elle est placée sous le double vocable de saint Nicolas, patron de l'ancienne église, et de saint Marc, patron du seigneur de Ville d'Avray. Consacrée en 1791 par un prêtre constitutionnel, elle est transformée en 1793 en temple de la Raison, puis rendue au culte en 1795. De style Louis XVI, l'église présente une façade percée d'un porche encadré de lignes de refends, le tout surmonté d'un fronton abritant une horloge. Elle est flanquée d'un clocher carré peu élevé. L'architecte Poirot la restaure en 1830. (Ins. M. H.)

NEF
*1789*
*Église Saint-Marc-Saint-Nicolas*
La nef est couverte d'une voûte à caissons sculptés, tandis que la croisée du transept est coiffée d'une coupole aplatie ornée du même décor. Le croisillon nord est prolongé par la chapelle Saint-Nicolas, réservée au baron Thierry à laquelle sont adjoints, en 1832-1835, des bâtiments annexes qui font office de sacristie. Ils disparaissent en partie lors de l'élargissement de la rue.

CHAIRE
*XIXe siècle*
*Église Saint-Marc-Saint-Nicolas*
Cette chaire en bois de chêne est dotée d'un double escalier droit orné d'une balustre ajourée. L'abat-voix est surmonté d'une toit dont les angles sont surmontés d'acrotères.

ADAM ET ÈVE
CHASSÉS DU PARADIS TERRESTRE
*1849. Camille Corot*
*Fresque (100 × 180 cm)*
*Église Saint-Marc-Saint-Nicolas*
Camille Corot (1796-1875) a exécuté gracieusement pour l'église de son village quatre fresques qu'il a peintes à l'huile directement sur le mur, de part et d'autre du transept. À droite, on reconnaît Adam et Ève chassés du paradis terrestre, ici représenté, et Madeleine au désert. À gauche, *Le Baptême du Christ* et *Le Christ au jardin des Oliviers*. (Cl. M. H., 1928)

LE BAPTÊME DU CHRIST
*Fresque (100 × 180 cm)*
*1849. Camille Corot*
*Église Saint-Marc-Saint-Nicolas*

SAINT JÉRÔME DANS LE DÉSERT
*1837. Camille Corot*
*Huile sur toile (176 × 241 cm)*
*Église Saint-Marc-Saint-Nicolas*
Camille Corot fait également don à l'église, en 1849, de cette peinture qu'il expose au Salon de 1837 et qui lui vaut beaucoup d'éloges. Représentatif de son œuvre, le paysage utilise une gamme restreinte de couleurs. Le peintre racontait souvent que faute de moyens, il ne chauffait pas son atelier et que son modèle serait mort quinze jours après avoir posé. Cela explique, selon lui, la couleur violacée et glaciale de saint Jérôme. (Ins. M. H., 1907)

MARIAGE DE LA VIERGE
*1842. Sculpteur : James Pradier*
*Plâtre (225 × 140 cm)*
*Église Saint-Marc-Saint-Nicolas*
Le sculpteur James Pradier (1792-1852) achète une maison à Ville d'Avray en 1830, laquelle abrita un temps Alfred de Musset (1810-1857). Couronné du grand prix de Rome en 1813, membre de l'Académie des beaux-arts en 1823, il fut avec David d'Angers le sculpteur le plus apprécié de Louis-Philippe. On lui doit notamment des bas-reliefs au palais Bourbon, les statues de Lille et Strasbourg place de la Concorde et les Douze Victoires du tombeau de Napoléon. Outre Saint Louis et La Vierge debout en prière, offerts à l'église de Ville d'Avray, l'église renferme le modèle du *Mariage de la Vierge*, dont on peut admirer l'original en marbre dans l'église de la Madeleine à Paris. (Ins. M. H., 1907)

BAPTÊME DU CHRIST
*Vers 1845. Sculpteur : François Rude*
*Plâtre (230 × 145 cm)*
*Église Saint-Marc-Saint-Nicolas*
Le sculpteur François Rude (1784-1855) est l'auteur de ce baptême du Christ par Jean-Baptiste dans les eaux du Jourdain. Il s'agit du modèle en plâtre du marbre qui orne l'église de la Madeleine à Paris.

MAISON DE COROT
*Fin du XVIIIe siècle*
*7, rue du Lac*

En bordure de l'étang, cette maison est louée par Thirriet de Grandpré, capitaine de la chaîne des forçats, pour y loger une danseuse d'opéra, Mlle Vié. Il fait surélever la demeure, construire des dépendances, tracer un jardin anglais et édifier un kiosque. En 1817, elle est vendue à Louis-Jacques Corot, père de l'artiste, et devient ainsi la résidence d'été de la famille. Camille y passe les mois de printemps et d'été à peindre le paysage alentour qu'il chérit tant, les étangs et les bois. En 1875, la maison est achetée par l'éditeur Alphonse Lemerre, qui attire chez lui de nombreux artistes. Le peintre Chabas a réalisé une grande toile intitulée *Chez Lemerre à Ville-d'Avray* sur laquelle on reconnaît entre autres, José-Maria de Heredia, Alphonse Daudet, François Coppée, Sully Prudhomme, Leconte de l'Isle... C'est aussi en séjournant dans cette propriété que Gambetta prend goût à l'environnement. Ce dernier achètera d'ailleurs l'ancienne propriété de Balzac, Les Jardies à Sèvres. Élu maire de la commune de 1881 à 1892, Lemerre organise chaque mois de juin à la grille du parc, une représentation théâtrale avec les artistes de la Comédie-Française et de l'Odéon.

KIOSQUE
*Fin du XVIIIe siècle*
*Maison de Corot*

Ce kiosque aux murs roses est un havre de paix pour Corot. Il aime s'y retirer pour travailler. Voulant faire une surprise à sa mère qu'il chérissait, il couvre l'intérieur de six peintures murales représentant des vues de Ville-d'Avray. Alphonse Lemerre fait déposer ses fresques et les transfère sur toile pour orner son salon.

MONUMENT DÉDIÉ À COROT
*Fin du XIXe siècle*
*Sculpteur : Raoul Larche*
*Marbre*
*Mail Lemerre*

Camille Corot est enterré au cimetière du Père Lachaise en février 1875. Peu de temps après sa mort, un comité réunissant ses amis, ses élèves et ses admirateurs se constitue dans le but d'ériger un monument à sa mémoire. Le 28 mai 1880, une fontaine, élevée le long de l'étang près de sa propriété, est inaugurée en présence de nombreuses personnalités. L'édifice en marbre blanc est sculpté par Adolphe-Geoffroy Dechaume. Le médaillon, offert par souscription publique, est à

l'effigie du peintre. Un second monument est élevé en hommage à Camille Corot, sculpté par son ami Raoul Larche et exposé au salon de 1909. Lovée le long de la statue du peintre, une nymphe sortant des flots. Cette statue était placée, jusqu'en 1933, dans le square du Carrousel, date à laquelle elle fut cédée par l'administration des Beaux-Arts.

MONUMENT DE COROT (Fontaine)
*1880*
*Berge de l'étang*

AUBERGE CABASSUD
*1845*
*51-53, rue de Versailles*
Située en bordure de l'étang Neuf, l'auberge Cabassud est le lieu de rencontre de tous les artistes qui viennent chercher l'inspiration au sein du paysage singulier de Ville-d'Avray. Non loin d'elle se dresse ce petit kiosque où Alphonse Daudet (1840-1897) se retire pour écrire *Sapho* (1884), mis en musique par Jules Massenet (1842-1912).

MAISON
*Fin du XIX^e siècle*
*31, rue Pradier*
L'écrivain Boris Vian (1920-1959) passe toute son enfance et son adolescence dans cette maison. Dans *Vercoquin et le plancton* (1946), il la décrit ainsi : « Une glycine à 30 ° chimiquement pure ombrageait le porche majestueusement prolongé par une volée de deux marches donnant accès au grand salon du major. Pour arriver au porche lui-même, il fallait monter douze marches de pierre naturelle étroitement imbriquées les unes dans les autres et formant ainsi, par cet artifice ingénieux, un escalier. » Lui succède le grand violoniste Yehudi Menuhin (né en 1916) qui y fait aménager une salle de musique.

TOMBE DE BORIS VIAN
*1959*
*Cimetière*
Auteur de *J'irai cracher sur vos tombes*, de *l'Écume des jours* ou de *L'Arrache-Cœur*, Boris Vian reste une figure marquante de la littérature d'après-guerre. La mort le surprend à trente-neuf ans en pleine activité musicale, littéraire et poétique. Il a voulu une tombe sobre, absente de tout ornement et sans nom ni date aucune.

TOMBEAU D'ÉMILE-LOUISE VALTESSE DE LA BIGNE
*1910*
*(H. : 3,58 m)*
*Cimetière*
La danseuse Louise Valtesse de la Bigne s'installe à Ville-d'Avray dans sa maison du « Rayon d'or » – surnom que lui donnaient ses familiers – grâce à la rente généreuse d'un prince. Protectrice des talents artistiques naissants (Detaille, Gervex et Guillaumet), son salon accueille aussi des personnalités célèbres, telles Zola, Meilhac ou Massenet. À sa mort en 1910, on élève en son honneur un monument funéraire destiné à reccueillir ses cendres. Sur cet édifice de marbre et de granit, des aigles sculptés encadrent l'urne et le flambeau.

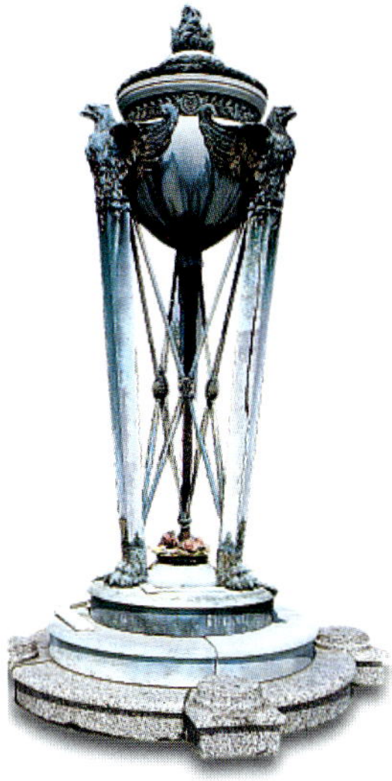

VILLA HEFFERLIN
*1932. Architecte : André Lurçat*
*Béton*
*33, rue de Marnes*
Cette maison est édifiée en 1932 par André Lurcat (1894-1970), partisan d'une architecture à la fois moderniste et démocratique. Tout le mobilier important est réalisé en même temps que la maison et intégré à la maçonerie. Outre la reconstruction de la ville de Maubeuge détruite pendant la Seconde Guerre mondiale, on lui doit plusieurs projets d'urbanisme dans la région parisienne, au Blanc Mesnil, à Villejuif et à Saint-Denis. (Ins. M. H., 1974)

# Villeneuve-la-Garenne

Canton de Villeneuve-la-Garenne
Arrondissement de Nanterre

Superficie : 325 ha – Population 1990 : 23 824 hab.
Habitants : les Villeno-Garennois – Rivière : la Seine
Voies : A86, RN186

Origine du nom : de la garenne, petit bois et réserve de chasse, et de *villa nova*, ville neuve, nom donné aux domaines de colonisation rurale.

Blason : la nef – similaire à celle de Paris – rappelle les liens étroits avec la Seine et les chantiers navals, les dauphins évoquent la pêche tandis que l'arbalète fait référence au territoire qui était réserve de chasse de l'abbaye de Saint-Denis et des rois de France.

## HISTORIQUE

Le doute subsiste encore sur la localisation originelle du hameau de Villeneuve-la-Garenne puisque les cartes, du XIVe au XVIIIe siècle, mentionnent alentours un Villeneuve et un Neuville aux destinées contradictoires. La première mention écrite du lieu remonte à une bulle du pape Adrien IV en 1158 qui signale une ferme de Villeneuve dans la presqu'île de Gennevilliers, témoignage écrit confirmé en 1248 lors de l'affranchissement des serfs par l'abbé de Saint-Denis.

En 1302, Villeneuve-la-Garenne passe du giron d'Asnières sous la dépendance de la toute nouvelle paroisse de Gennevilliers.

Le hameau, comme l'ensemble de la presqu'île, est dévasté au XIVe siècle par la guerre de Cent Ans, puis au XVe siècle par les rivalités sanglantes entre Bourguignons et Armagnacs.

Dans l'ombre de ses aînés, Villeneuve-la-Garenne retrouve les chemins de l'histoire, à partir de la seconde moitié du XIXe siècle, avec la construction des ponts suspendus, les premières implantations industrielles et les misères de la guerre de 1870, puis de la Commune.

Lorsqu'en 1886, sous le mandat d'Édouard Pommier, maire de Gennevilliers, l'administration institue le principe du sectionnement électoral de la commune, commence la patiente action de ce qui n'était alors que le hameau de Villeneuve vers l'indépendance. Suivant ce nouveau découpage, Gennevilliers est divisé en trois secteurs – le centre, les Grésillons et l'écart de Villeneuve –, chacun élisant ses propres conseillers municipaux afin de former la municipalité de Gennevilliers. Cette fragmentation met en lumière les griefs du hameau contre le centre. Les premières élections obéissant à ce principe se déroulent en 1888, et aboutissent, sous la constante pression des six conseillers villeno-garennois, à la constitution en 1891 d'une commission syndicale chargée d'examiner l'éventualité d'une séparation, projet qui n'aura pour l'heure pas de suite. Pendant plus de quarante ans, les conflits vont se succéder, les oppositions se cristalliser. Les élections de 1902 dévoilent un renversement de tendance : alliés, les élus des Grésillons et ceux de Villeneuve – pourtant minoritaires en voix – prennent le pas sur ceux de Gennevilliers-centre, provoquant un nouveau blocage institutionnel. Le projet de séparation réapparaît en 1911, après trois nouvelles élections municipales, puis est à nouveau enterré par la Première Guerre mondiale. Ce n'est qu'en 1929 qu'il aboutit enfin, faisant de Villeneuve-la-Garenne la plus jeune commune du département. Son essor industriel en est renforcé : depuis 1904, la Société d'éclairage chauffage et force motrice par le gaz, ancêtre de Gaz de France, dont l'usine est à moitié sur Gennevilliers ; les usines automobiles Ariès dès avant la Première Guerre mondiale ou, en 1926, les Cokeries de la Seine. Suivant les inévitables évolutions du siècle, Villeneuve-la-Garenne assume de nos jours son héritage industriel.

TRONÇON D'ÉPÉE
*Époque mérovingienne*
*Damas, or, cuivre rouge, bois*
*Musée de Saint-Germain-en-Laye*

Ce tronçon d'épée longue d'apparat, privilège réservé aux chefs francs, est découvert par un pêcheur en 1865. Pour l'heure, aucune autre fouille n'a pu préciser son origine, ni indiquer la présence de sépultures royales à Villeneuve-la-Garenne. Le décor de la chape d'entrée du fourreau – sorte de collerette enserrant les deux plaques

de bois – est particulièrement remarquable. La plaque de cuivre incrustée d'or présente au centre deux monstres stylisés affrontés, entre deux dragons bicéphales, le tout encadré de motifs cruciformes. L'autre face est à décor d'oiseaux-griffons affrontés, à l'image de ceux découverts en Scandinavie et en Rhénanie. Rapprochée des oiseaux-griffons de la région du Rhin moyen, l'épée pourrait être datée de la première moitié du VIIe siècle.

COLLÈGE ÉDOUARD-MANET
*1905-1910. Architecte : Delamotte*
*180, boulevard Galliéni*
Écart de Gennevilliers, le hameau de Villeneuve-la-Garenne connaît son premier groupe scolaire d'importance en 1888, l'année des premières élections municipales relevant du sectionnement électoral. La question scolaire est épineuse. La Caisse des écoles, destinée à encourager les bons élèves par la remise de prix, fonctionne selon le bon vouloir du maire de Gennevilliers, qui semble privilégier le centre-ville. Le sentiment d'injustice n'est pas modifié par la construction en 1905 d'une nouvelle école de garçons. Agrandies en 1910, par l'adjonction d'une école de filles et de classes

maternelles, les « nouvelles écoles » connaîtront, bien après l'indépendance, un nouvel essor lorsque l'architecte communal Gaston Appert leur adjoindra en 1957 un nouvel étage.

HÔTEL PARTICULIER
*XIXe siècle*
*Centre culturel municipal*
*23, quai d'Asnières*
Construite au XIXe siècle pour Mlle Dupont de Chambon, artiste lyrique qui se produisait dans les théâtres parisiens, cette folie – comme l'époque se plaisait à nommer les résidences de plaisance – peut s'enorgueillir d'avoir été le centre de l'action menée pour l'indépendance communale. Marie-France Claudine Élisabeth Dupont de Chambon (morte en 1909) possède au tournant du siècle bon nombre de propriétés sur le territoire de Villeneuve et se passionne pour « son pays » qu'elle rêve de voir érigé en commune. Déjà bienfaitrice du village, elle décide par testament de léguer la forte somme de cent mille francs au hameau de Villeneuve si celui-ci devenait enfin commune à part entière. L'unanimité se fait autour de cette nouvelle donnée, et le président de la République Armand Fallières autorise en 1913 le maire de Gennevilliers à recevoir le legs au nom du hameau de Villeneuve. Le projet de séparation renaît de ses cendres mais il lui faudra encore seize années avant d'aboutir définitivement.

DEMEURE D'HOMÈRE ROBERT
*XIXe-XXe siècles*
*Centre de loisir Athéna*
*51, quai d'Asnières*
Les tractations entre Gennevilliers et l'écart de Villeneuve-la-Garenne portent principalement sur les limites territoriales de la future commune, et donc sur la répartition des revenus des industries déjà implantées. La Première Guerre mondiale interrompt les négociations. À la fin des hostilités, tout semble à refaire : le legs Dupont de Chambon n'a plus la même valeur pécuniaire, les budgets sont à revoir, et l'on retrouve, au sein du conseil municipal, les oppositions du début du siècle. Le sectionnement électoral est remis en question, le conseil général de la Seine propose même de rattacher Villeneuve-la-Garenne à la commune voisine de l'Île-Saint-Denis – proposition qui fait l'unanimité contre elle. De guerre lasse, le conseil général donne son accord en 1926 pour l'érection de Villeneuve-la-Garenne en commune indépendante. L'artisan principal de cette victoire est un résidant des quais de Villeneuve, Homère Robert (1873-1934), ancien ajusteur, fondateur d'une entreprise de sciage et d'emballages et conseiller municipal du secteur de Villeneuve depuis la fin de la guerre. Dès la parution du décret, Homère Robert prend en charge les destinées de la nouvelle commune. Il est élu premier magistrat de la ville le 5 mai 1929. Don de Mlle Dupont de Chambon, la mairie d'alors lui survivra jusqu'à la construction du nouvel hôtel de ville en 1965.

ÉGLISE SAINT-JOSEPH
*1932. Architecte : Ch. Venner*
*Béton, brique*
*5, rue Dupont-de-Chambon*
Pour des raisons de proximité, les habitants du hameau de Villeneuve-la-Garenne ont toujours dépendu de la paroisse de l'Île-Saint-Denis. Ce n'est qu'à l'aube de la Première Guerre mondiale que se développe modestement la « cité paroissiale de Villeneuve », à l'instigation de l'abbé Chavy, vicaire de l'Île-Saint-Denis. Une chapelle, un presbytère, quelques salles de patronage s'installent dans les bâtiments laissés vacants par une usine de matières colorantes, à l'emplacement des premiers Laboratoires Pointet. Conséquence logique de l'indépendance communale, la chapelle devient église paroissiale le 13 avril 1930, et l'abbé Oppenot – vicaire de Clichy et ancien professeur à la maîtrise de Notre-Dame – premier curé de Villeneuve-la-Garenne. Malgré le legs Dupont de Chambon, les locaux demeurent précaires, et il est bientôt décidé d'édifier une nouvelle église, plus en accord avec la solennité du moment.

Commencée le 4 octobre 1931, l'église Saint-Joseph sera la première église à être entièrement construite dans le cadre des Chantiers du cardinal, institution créée par l'archevêque de Paris, le cardinal Verdier, afin de permettre l'édification de nouveaux lieux de culte rendus nécessaires par l'explosion démographique de la région parisienne. Bénie le 20 novembre 1932, l'église Saint-Joseph se compose d'une ossature en béton avec parements de briques. La façade pignon est ajourée d'une rose encadrée de lancettes, et ornée d'une statue de saint Joseph par le sculpteur Serraz.

ÉCOLE DE MUSIQUE
*XIXe siècle*
*38, quai d'Asnières*
Beau témoignage architectural des bords de Seine aux temps de l'impressionnisme, cette demeure accueille depuis 1969 l'école de musique.

ANCIENS LABORATOIRES POINTET
*Vers 1893*
*Rhône-Poulenc Rorer*
*35, avenue Jean-Jaurès*
Parmi les très nombreuses entreprises qui ont marqué le tissu industriel de Villeneuve-la-Garenne dès le tournant du siècle, les Laboratoires Pointet tiennent une place importante. Créée en 1891 par l'un des artisans de la séparation de Villeneuve-la-Garenne, M. Pointet, futur conseiller municipal, l'usine de produits pharmaceutiques s'installe tout d'abord dans l'actuelle rue Dupont-de-Chambon. Elle déménage en 1893 pour se développer sur le site actuel. Devenue, au fil du temps, l'Usine Pointet-Girard, sa production se spécialise dans la fabrication de sels d'iode et de bismuth, ainsi que dans celle des dérivés de quinine, alcaloïde provenant de l'écorce du quinquina et alors beaucoup utilisé pour lutter contre les fièvres. Les bâtiments industriels ont aujourd'hui conservé leur vocation puisqu'ils appartiennent désormais au groupe Rhône-Poulenc Rorer.

MAISON
*Milieu du XIX^e^ siècle*
*Détail de façade*
*8, quai Sisley*
L'une des belles demeures riveraines de la Seine possède l'originalité d'avoir été immortalisée par le peintre Alfred Sisley en 1872.

PONT DE L'ÎLE-SAINT-DENIS
*1903*
*Quais d'Asnières et Sisley*
Lové dans une boucle de la Seine, le hameau de Villeneuve reste très longtemps isolé de ses voisins jusqu'à la construction des ponts suspendus en 1844. D'entretien coûteux, trop étroit pour le trafic qui se développe, le pont qui relie Villeneuve à l'Île-Saint-Denis est remplacé en 1903 par cet ouvrage d'art élégamment orné : la ville peut désormais prospérer.

ANCIENS LABORATOIRES MOUNEYRAT
*1902*
*Services techniques municipaux*
*10, rue Henri-Barbusse*
Docteur en médecine, pharmacien, docteur ès sciences, le professeur Mouneyrat, un moment associé au pharmacien Naline, crée en 1902 les laboratoires pharmaceutiques qui seront dans les années trente considérés comme un modèle du genre : rationalisation de la production, rigueur de la recherche. L'on ne connaît pas encore les antibiotiques et la majeure partie de la production gravite autour d'une découverte du professeur Mouneyrat : l'hectine. Il s'agit d'un dérivé de l'arsenic – poison violent qui, savamment dosé, est utilisé dans le traitement contre deux fléaux alors fatals : la syphilis et le paludisme. Conservant leur structure de bâtiments industriels, les locaux abritent désormais les services techniques municipaux.

LES BORDS DE SEINE
*1872. Alfred Sisley*
*Huile sur toile*
*Musée de l'Ermitage, Saint-Pétersbourg*
Nombreux sont les peintres impressionnistes qui viennent œuvrer sur le motif, le long des quais de Seine – pour l'heure encore gennevillois. Le plus villeno-garennois de tous, c'est Alfred Sisley (1839-1899), le timide et solitaire Britannique à la touche aérée, qui peindra par deux fois les berges et l'ancien pont suspendu (*Le pont de Villeneuve*, Metropolitan Museum of Art, New York).

ACCASTILLAGE
*XX^e siècle*
*Chantiers navals Vandenbossche*
*60, quai Sisley*
À la fin du siècle dernier, la proximité de la Seine conduit à l'installation de chantiers navals à Villeneuve. Les premiers d'entre eux, les Établissements Rachaert, sont fondés en 1880 par M. Rachaert, père du futur bras droit d'Homère Robert : Edmond Rachaert (1880-1943). Héritiers de cette tradition, les Chantiers navals du Nord aménagent pour l'Exposition universelle de 1925 trois péniches, *Amours*, *Délices*, *Orgues*, sur une commande du couturier Paul Poiret (1879-1944). Leurs voisins quai Sisley, les Chantiers navals Vandenbossche, sont créés en 1898.

REMORQUEUR
*Vers 1900-1910*
*Chantiers navals Vandenbossche*
*60, quai Sisley*

*Abbaye* : monastère dirigé par un abbé ou une abbesse.

*Abside* : extrémité d'une église derrière le chœur, lorsqu'elle est arrondie en hémicycle.

*Absidiole* : petite chapelle en demi-cercle d'une abside.

*Allégorie* : personnification d'une idée.

*Aplat* : teinte plate appliquée de façon uniforme.

*Appareillage* : disposition régulière d'un matériau de construction.

*Arc doubleau* : arc séparant deux voûtes ou renforçant un berceau.

*Archivolte* : face verticale moulurée d'un arc.

*Arc en plein cintre* : arc dont la courbure est un demi-cercle.

*Arpent* : mesure de superficie d'une quarantaine d'ares environ.

*Arts déco (style)* : se dit du style représenté par l'Exposition des Arts décoratifs de 1925 et ses suites.

*Art nouveau (style)* : se dit des styles d'art plastique développés en Europe entre 1885 et 1914.

*Atrium* : cour intérieure d'une maison romaine, généralement entourée d'un portique couvert.

*Balustre* : courte colonnette renflée.

*Banc d'œuvre* : banc réservé aux marguilliers.

*Barbotine* : pâte délayée que l'on emploie pour des pièces se fabriquant par coulage.

*Baroque* : se dit d'un style qui s'est développé aux XVIe, XVIIe et XVIIIe siècles, d'abord en Italie, puis dans de nombreux pays catholiques, caractérisé par la liberté des formes et la profusion des ornements. Se dit, par extension, d'un style qui laisse libre cours à la sensibilité et à la fantaisie.

*Bas-relief* : ouvrage de sculpture en faible saillie sur un fond uni.

*Bâtière* : toit en forme de bât ou de selle à deux versants, les deux autres côtés formant pignons.

*Béguin* : coiffe qui s'attache sous le menton par une bride.

*Boulin* : trou ou pot en terre où niche un pigeon dans un colombier.

*Bow-window* : sorte de fenêtre en saillie sur le mur d'une maison.

*Calvaire* : représentation de la passion du Christ.

*Cambiste* : celui qui effectue des opérations de change, agent de change.

*Campanile* : tourelle ajourée surmontant le toit de certains édifices civils.

*Carrier* : se dit de celui qui exploite une carrière comme entrepreneur ou comme ouvrier.

*Cartel* : cartouche ornemental qui entoure certaines pendules ou, par extension, la pendule elle-même.

*Cartouche* : ornement sculpté ou dessiné, en forme de carte à demi déroulée et destiné à recevoir une inscription, une devise ou des armoiries.

*Cassons* : petits fragments de faïence utilisés principalement en décoration.

*Castrum* : lieu fortifié.

*Cl. M. H.* : classé monument historique.

*Cène* : repas que Jésus-Christ prit avec ses apôtres la veille de la Passion et au cours duquel il institua l'Eucharistie.

*Céramique* : Ensemble de matériaux regroupant, entre autres, la terre cuite, la faïence et la porcelaine.

*Chambranle* : encadrement d'une porte, d'une fenêtre ou d'une cheminée.

*Chancelier* : fonctionnaire royal ayant la garde et la disposition du sceau de France.

*Chanoine* : dignitaire ecclésiastique investi d'un pouvoir d'administration.

*Chapitre* : assemblée des chanoines.

*Chasuble* : vêtement sacerdotal en forme de manteau à deux pans, que le prêtre revêt par dessus l'aube et l'étole pour célébrer la messe.

*Chevet* : partie d'une église qui se trouve à la tête de la nef, derrière le chœur.

*Ciboire* : vase sacré en forme de coupe où l'on conserve les hosties consacrées pour la communion des fidèles.

*Ciborium* : baldaquin qui recouvrait le tabernacle du maître-autel des basiliques chrétiennes.

*Claustra* : cloison légère, de faible hauteur, souvent ajourée.

*Clef de voûte* : pierre en forme de coin placée à la partie centrale d'une voûte et servant à maintenir en équilibre les autres pierres.

*Cloître* : partie d'un monastère interdite aux profanes et fermée par une enceinte ou, par extension, le monastère lui-même; lieu situé à l'intérieur d'un monastère comportant une galerie à colonnes qui encadre une cour ou un jardin carré.

*Collatéral* : bas-côté.

*Collégiale* : se dit d'une église qui, sans être une cathédrale, possède un chapitre de chanoines.

*Console* : moulure saillante en forme de volute qui sert de support ; table-applique à pieds.

*Conventuel* : relatif à une communauté religieuse.

*Coquemar* : bouilloire à anse.

*Corbeau* : grosse pierre, pièce de bois ou de métal en saillie sur le parement d'un mur qui supporte une poutre ou toute autre charge.

*Corbeille* : partie, généralement sculptée, d'un chapiteau.

*Corinthien* : se dit d'un style d'architecture grecque, caractérisé par un chapiteau orné de deux rangs de feuilles d'acanthe entre lesquelles s'élèvent des volutes.

*Cul de four* : de forme hémisphérique.

*Dalle tumulaire* : pierre tombale.

*Déambulatoire* : galerie qui tourne autour d'un chœur d'une église et qui relie les bas-côtés.

*Dîme* : impôt constitué d'une fraction variable de la récolte prélevée par l'Église.

*Diocèse* : circonscription ecclésiastique placée sous la juridiction d'un évêque ou d'un archevêque.

*Dorique* : se dit du premier et du plus simple ordre d'architecture grecque caractérisé par l'absence de base, la colonne reposant sur le soubassement général.

*Eau-forte* : estampe obtenue au moyen d'une planche préparée avec de l'acide nitrique.

*Échauguette* : guérite en pierre, placée en encorbellement aux angles des châteaux forts, des bastions, pour en surveiller les abords.

*Écu* : bouclier des hommes d'armes au Moyen Âge ; par extension, armoiries puis pièce de monnaie.

*Encorbellement* : position d'une construction en saillie sur un mur, soutenue par des corbeaux ou des consoles.

*Entrait* : poutre horizontale qui maintient l'écartement entre deux structures.

*Éocène* : se dit du groupe le plus ancien des terrains tertiaires et désigne également une période préhistorique.

*Escarcelle* : grande bourse que l'on portait suspendue à la ceinture.

*Essartage* : défrichement d'un terrain boisé en ôtant les broussailles par arrachement ou brûlage.

*Estampille* : empreinte qui atteste l'authenticité d'une œuvre d'art ou d'un document et qui en indique l'origine.

*Fabrique (conseil de la)* : ensemble des clercs et des laïcs chargés de l'administration des fonds et revenus affectés à la construction ou à l'entretien d'une église.

*Faïence* : poterie de terre, à pâte opaque, vernissée ou émaillée.

*Ferme* : assemblage de pièces destinées à supporter un comble.

*Fibule* : agrafe ou broche antique tenant les extrémités d'un vêtement.

*Fief* : domaine concédé par un seigneur à son vassal.

*Flammée* : se dit d'une céramique décorée de taches allongées et ondoyantes.

*Flammule* : trainée à l'oxyde de fer rouge décorant les céramiques du Moyen Âge.

*Fondeur* : désigne la personne qui fond le bronze, celle qui dirige une fonderie ou bien l'ouvrier y travaillant.

*Fonds lapidaire* : collection de pierres gravées ou sculptées.

*Frontispice* : façade principale d'un édifice.

*Gabelle* : impôt indirect sur le sel, par extension, administration qui percevait cet impôt.

*Godron* : ornement creux ou saillant, de forme ovoïde.

*Gothique* : style répandu en Europe du XII^e^ au XVI^e^ siècle, chronologiquement situé entre le style Roman et le style Renaissance.

*Gothique flamboyant* : se dit du gothique d'époque tardive.

*Grisaille* : peinture monochrome en camaïeu gris.

*Guéret* : terre labourée et non ensemencée.

*Guérite* : abri où une sentinelle se met à couvert.

*Halage* : action de tirer un bateau.

*Haut-relief* : sculpture présentant un relief très saillant sans se détacher toutefois du fond dans toute son épaisseur.

*Hygromètre* : instrument de précision servant à mesurer le degré d'humidité de l'air.

*Imposte* : tablette saillante posée sur le pied-droit d'une porte ou sur un pilier de nef.

*Impressionnistes* : se dit des peintres qui, à la fin du XIX^e^ siècle, s'efforcèrent d'exprimer dans leurs œuvres les impressions que les objets et la lumière suscitent.

*Ins. M. H.* : inscrit à l'inventaire supplémentaire des monuments historiques.

*Ionique* : se dit de l'ordre architectural grec caractérisé par un chapiteau orné de deux volutes latérales.

*Jacquerie* : révolte paysanne.

*Lanterneau* : petite lanterne au sommet d'une coupole.

*Ligne de refend* : canal taillé dans le parement d'un mur pour accuser ou simuler le tracé des joints de maçonnerie.

*Linteau* : pièce horizontale qui ferme la partie supérieure d'une ouverture et soutient la maçonnerie.

*Litre funéraire* : bande noire que les seigneurs avaient le droit de faire peindre, ornée de leurs armoiries, dans les églises, en l'honneur des morts de leur famille.

*Lutrin* : pupitre sur lequel on met les livres de chant, à la messe ou à l'office.

*Mâchicoulis* : balcon au sommet des murailles ou des tours, percé d'ouvertures à sa partie inférieure pour observer l'ennemi ou laisser tomber sur lui des projectiles et des matières incendiaires.

*Manoir* : logis seigneurial ; petit château.

*Marguillier* : chacun des membres composant le bureau du conseil de fabrique d'une paroisse.

*Marouflée* : se dit d'une toile peinte collée sur une surface pour la renforcer.

*Mascaron* : figure, masque fantaisiste ou grotesque.

*Mégalithe* : monument de pierre brute de grandes dimensions.

*Meneau* : montant vertical divisant une ouverture, généralement une fenêtre, en compartiments.

*Meulière* : pierre à surface rugueuse, variété de calcaire siliceux employée en maçonnerie.

*Modern style* : synonyme d'Art nouveau.

*Modillon* : ornement en forme de console renversée placé sous la saillie d'une corniche ou appliqué à un mur, pour supporter un vase ou un buste.

*Moellon* : pierre de construction maniable en raison de son poids et de sa forme.

*Monastère* : établissement où vivent des religieux ou des religieuses appartenant à un ordre quelconque (abbaye, prieuré, commanderie, chartreuse, couvent, ermitage etc.).

*Mortier* : mélange de chaux éteinte (ou de ciment) et de sable délayé dans l'eau et utilisé en construction pour lier ou recouvrir des pierres.

*Nabis* : nom hébreu signifiant « prophètes » que se donna un groupe d'artistes français de la seconde génération symboliste (Maurice Denis, Pierre Bonnard, Edouard Vuillard, Félix Vallotton etc.), tous nés entre 1860 et 1870. Ils réagissent contre l'Impressionnisme et se disent disciples de Gauguin.

*Nappe phréatique* : nappe d'eau souterraine qui alimente des sources.

*Nécropole* : vaste cimetière antique, souterrain ou à ciel ouvert, de caractère monumental.

*Nef* : partie comprise entre le portail et le chœur d'une église dans le sens longitudinal, où se tiennent les fidèles.

*Néolithique* : période archéologique caractérisée par la naissance de l'agriculture, de l'élevage et de la vie sédentaire.

*Oculus* : fenêtre ronde, œil-de-bœuf, ou partie découpée dans une porte, une cloison.

*Ogive* : chacun des deux arcs diagonaux qui se croisent pour former l'ossature d'une voûte gothique.

*Oratoire* : lieu destiné à la prière ou petite chapelle.

*Oriel* : fenêtre en encorbellement faisant saillie sur un mur de façade.

*Oseraie* : endroit ou terrain où pousse l'osier.

*Ostensoir* : pièce d'orfèvrerie destinée à contenir l'hostie consacrée et à l'exposer à l'adoration des fidèles.

*Paléolithique* : période archéologique qui marque le début de l'ère quaternaire où apparaissent les premières civilisations humaines avec des outils de pierre taillée.

*Palmette* : ornement en forme de feuille de palmier.

*Parisii* : peuple celtique implanté à Lutèce et sa région avant l'invasion romaine.

*Péristyle* : colonnade entourant la cour intérieure d'un édifice ou disposée autour d'un édifice.

*Pertuis* : ouverture qui permet de retenir l'eau d'une écluse ou de la laisser passer.

*Phylactère* : banderole à extrémités enroulées portant des légendes du sujet représenté.

*Pietà* : sculpture ou tableau représentant la Vierge tenant sur ses genoux le corps du Christ détaché de la croix.

*Pilastre* : pilier, colonne plate, engagés dans un mur ou un support et formant une légère saillie.

*Porcelaine* : substance translucide, imperméable, qu'on utilise en céramique fine, par extension, objet fabriqué en cette matière.

*Portique* : galerie ouverte soutenue par deux rangées de colonnes, ou par un mur et une rangée de colonnes.

*Prieuré* : couvent dirigé par un prieur.

*Quiétisme* : doctrine mystique, qui fait consister la perfection chrétienne dans l'amour de Dieu et la quiétude passive et confiante de l'âme.

*Refend* : mur formant une séparation à l'intérieur d'un bâtiment.

*Retable* : partie postérieure et décorée d'un autel, qui surmonte verticalement la table.

*Rinceau* : ornement sculpté ou peint à motif principal de tiges stylisées disposées en enroulement, et décorant le plus souvent des frises, des pilastres.

*Rocaille* : se dit d'un style ornemental en vogue sous Louis XV, caractérisé par la fantaisie des lignes contournées rappelant les volutes des coquillages.

*Roman* : désigne l'ensemble des expressions artistiques qui se sont développées dans l'Occident chrétien entre le début du XI^e^ et le début du XIII^e^ siècle.

*Salamandre* : figure héraldique en forme de lézard ou de dragon, représentée au milieu de flammes.

*Sécularisation* : passage d'une communauté religieuse ou d'un religieux à la vie séculière ou à la vie laïque.

*Seigneurie* : pouvoir, droits du seigneur sur les terres et sur les personnes ; terre d'un seigneur ; droits féodaux d'une terre seigneuriale, indépendamment de la terre elle-même.

*Site Cl.* : site classé.

*Taque* : plaque de fonte qui recouvre la paoi d'une cheminée.

*Tène (la)* : époque archéologique divisée en trois phases, située entre 450 et 50 avant Jésus-Christ correspondant à l'âge de fer.

*Tiers-point* : sommet d'un triangle équilatéral.

*Tondo* : tableau de forme ronde.

*Tore* : grosse moulure pleine, de profil arrondi.

*Tourteau* : en héraldisme, figure circulaire en couleur.

*Transept* : nef transversale qui coupe la nef maîtresse d'une église et lui donne la forme symbolique d'une croix.

*Tumulaire* : synonyme de tombal.

*Tympan* : espace triangulaire entre la corniche et les deux rampants d'un fronton.

*Vaisseau* : espace allongé que forme l'intérieur d'un grand bâtiment. Synonyme de nef.

*Vénerie* : art de la chasse à courre ou administration des officiers des chasses.

*Verrière* : grande ouverture ornée de vitraux.

*Vitrail* : panneau constitué de morceaux de verre, généralement colorés, assemblés pour former une décoration.

*Volige* : planche mince, jointive avec d'autres, utilisée dans la réalisation de couvertures et autrefois, de cloisons.

*Voûte* : ouvrage de maçonnerie cintré, fait de pierres spécialement taillées, servant en général à couvrir un espace en s'appuyant sur des murs, des piliers ou encore des colonnes.

# SOURCES ET REMERCIEMENTS

## SOURCES GÉNÉRALES


• ARIÈS Maddy, *Hauts-de-Seine*, Éditions Bonneton, 1990.

• BALTEAU J., BARROUX M. et PREVOST M., *Dictionnaire de biographie française*, 18 tomes, Letouzey et Ané, Paris, 1933.

• BÉNÉZIT Emmanuel, *Dictionnaire des peintres, sculpteurs, dessinateurs et graveurs*, 8 volumes, Gründ, 1966.

• COLLECTIF, *L'Annuaire des cotes*, Adec, 1988-1993.

• COLLECTIF, *L'Inventaire général des monuments et des richesses artistiques de la France*, microfiches, Inventaire général, ministère de la Culture.

• COLLECTIF, *Les Hauts-de-Seine – Xe anniversaire du Conseil général*, Puteaux, 1974.

• COLLECTIF, *Vocabulaire de l'architecture, Le Mobilier domestique, Objets civils domestiques*, 5 volumes, ministère de la Culture, 1972-1987.

• CONSEIL GÉNÉRAL, *92 Express*, 1993-1994.

• CONSEIL GÉNÉRAL, *Guide économique des Hauts-de-Seine*, Compagnie européenne d'édition et de publications périodiques.

• DE LA CHENAYE-DESBOIS et BADIER, *Dictionnaire de la noblesse française*, 19 volumes, Schlesinger frères, Paris, 1863.

• DIRECTION DES AFFAIRES DÉPARTEMENTALES, *État des communes, à la fin du XIXe siècle*, département de la Seine.

• DIVERS, *Monographies des communes*, manuscrits d'instituteurs.

• FÉDÉRATION DES SOCIÉTÉS HISTORIQUES ET ARCHÉOLOGIQUES DE PARIS ET ÎLE-DE-FRANCE, *Mémoires*, Paris, Tomes 22 et 23-24, 1973, 1975.

• FONDIN Jean, *Hauts-de-Seine, Berceau de l'automobile*, E.T.A.I., Colline de l'Automobile, 1992.

• GAILLARD Marc, *Grandes Heures des Hauts-de-Seine*, Image-Magie, Conseil général.

• GUILLIN Anne, *Les Peintres et les Hauts-de-Seine*, Peintres et départements, Sogemo, 1990.

• INVENTAIRE GÉNÉRAL, *Architectures du sport, Val-de-Marne, Hauts-de-Seine*, Cahiers de l'Inventaire, Association pour le patrimoine de l'Île-de-France, 1991.

• LACLOTTE Michel et coll., *Petit Larousse de la peinture*, 2 tomes, Larousse, 1979.

• LEBEUF Abbé, *Histoire de la ville et de tout le diocèse de Paris*, Paris, 1883.

• LEROUX Martial, *Histoires musicales des Hauts-de-Seine*, La Couronne d'Euterpe, 1993.

• PÉROUSE DE MONTCLOS Jean-Marie, *Le Guide du patrimoine Île-de-France*, Hachette, 1992.

• POISSON Georges et HILLAIRET Jacques, *Évocation du grand Paris : la banlieue sud*, tome I, Minuit, 1956.

• POISSON Georges, *Aspects du patrimoine des Hauts-de-Seine*, catalogue d'exposition, Paris, 29 mars-21 avril 1991.

• POISSON Georges, *Catalogue du musée de l'Île-de-France*, Conseil général, 1985.

• POISSON Georges, *Évocation du grand Paris : la banlieue nord-ouest*, tome II, Minuit, 1960.

• POISSON Georges, *Les Monuments historiques des Hauts-de-Seine*, Conseil général, 1992.

• RÉAU Louis, *Iconographie de l'art chrétien*, 3 tomes, PUF, 1955.



Nous remercions :

Mme Marie-Claude Buxtorf, conservateur des Archives départementales, M. François Filatriau et l'ensemble des services des Archives départementales.

M. Philippe Cuesta, coordinateur du Club 92.

M. Christian Michel, professeur d'Histoire de l'art à l'Université-Paris X.

Le Centre National de Documentation du Patrimoine.

M. Jean Jacquart, président des Fédérations des sociétés historiques et archéologiques de Paris et de l'Île-de-France.

La Direction des Espaces verts à l'Hôtel du département.

Les responsables des services d'archives et de documentation des municipalités concernées.


## SOURCES SPÉCIFIQUES

### ANTONY


• A.M.P.A. (Atelier-Musée du pays d'Antony), *L'Écho du terroir*, 6 numéros parus depuis 1992.

• A.P.P.A. (Association pour la promotion du patrimoine d'Antony), *Antony d'hier et d'aujourdhui*, 9 numéros parus depuis 1989.

• ENJALVIN Abbé, *Histoire d'Antony ou recherches faites sur cette localité*, Antony, 1852.

• FONTAINE Anne, GAUTHIER François, *Antony, du petit village à la grande cité de banlieue*, Antony, 1980.

• FONTAINE Anne, LIBBE Françoise, *Saint-Saturnin d'Antony*, Connaissance d'Antony, 1992.

• FONTAINE Anne, POUZET Alix, *Antony, des origines à nos jours*, Connaissance d'Antony, 1987, réimpression 1988.

• PERRACHON Paul, *Anthoigny et sa tour d'argent*, 9 cahiers ronéotypés, avant 1951.

• ROYER A., *Ville d'Antony, historique d'une commune de banlieue*, 1954.



Nous remercions :

M. Patrick Devedjian, maire d'Antony.

Mme Brigitte Gayet, directrice de cabinet.

Mme Hélène Philippe, responsable du service presse.

Mmes Anne Fontaine, Alix Pouzet et Thérèse Chenot,

co-auteurs de l'ouvrage *Antony des origines à nos jours*.
Mme Françoise Libbe, présidente de l'Atelier-Musée du pays d'Antony.
M. Jacques Werhlin.
M. Serin.

### ASNIÈRES-SUR-SEINE

• CASSAN Antoine, *Le Château d'Asnières-sur-Seine*, in *Sites et monuments*, décembre 1978.
• COLLECTIF (A.A.C.A.), *Asnières et son château*, in *Gazette du château*, n°2, 1980.
• PERIER Edme, *Notes sur la ville d'Asnières*, Asnières, 1890.
• PETIT Joseph, *Asnières, jadis Belle-Isle, aujourd'hui, 47e ville de France*, 1939.
• RIVAL Ned, *Album du cinquentenaire de l'usine Astra-Calvé à Asnières*, Éd. J. Grancher, 1993.
• VUITTON, *Voyages en France*, Éd. Louis Vuitton Malletier, 1993.
Nous remercions :
M. Franz Taittinger, maire d'Asnières.
Mme Martine Juston, secrétaire général.
M. Michel Faucheux, secrétaire général adjoint.
M. Jean-Charles Virmaux, archiviste municipal, et M. Pascal Deroche.
Mme Claude Chabas, présidente de l'Association des Amis du château d'Asnières et du vieil Asnières.
Mme Dominique Clemenceau, responsable du service communication, Vuitton.
Mme Marie-Thérèse Juillet, responsable des relations extérieures, Astra-Calvé.
M. Lathière, de l'Institut départemental Gustave Baguer.

### BAGNEUX

• COLLECTIF, Les Amis de Bagneux, bulletin n° 7, 1982, n°8, 1983, n°14, 1989, n°15, 1990, n°16, 1991, n°18, 1993.
• COLLECTIF, Les Amis de Bagneux, *L'Église Saint-Hemerland*, 1984.
• LEVAU-FERNANDEZ Madeleine et BERTONCINI Antoine, *Bagneux des origines à nos jours*, 1986.
• ROUSSEAU René, *Histoire – archéologie*, in *Bulletin de l'association des amis de Bagneux*, mars 1973.
• TOULOUZE Eugène, *Histoire d'un village ignoré (Balneolum)*, 1898.
Nous remercions :
Mme Janine Jambu, maire de Bagneux.
M. Pierre Morel, maire-adjoint à la culture.
M. Gilbert Desaissement, président des Amis de Bagneux.

### BOIS-COLOMBES

• QUÉNÉHEN Léon, *Histoire de Bois-Colombes*, Éd. Jouve & Cie, 1946.
Nous remercions :
M. Roger Blinière, maire de Bois-Colombes.
M. Michel Touet, maire-adjoint, chargé des affaires culturelles.
Et particulièrement, Mlle Danielle Benazzouz, archiviste municipale.

### BOULOGNE-BILLANCOURT

• ASSOULINE Pierre, *Kahnweiler, l'homme de l'art*, 1990.
• BEZANÇON Albert et CAILLET Gérard, *Histoire de Boulogne-Billancourt*, Éd. Boulogne-Billancourt, 1984.
• COLLECTIF, Direction des affaires culturelles de Boulogne-Billancourt, *L'Église Notre-Dame de Boulogne*, 1994.
• COLLECTIF, Direction des affaires culturelles de Boulogne-Billancourt, *Histoire d'un hôtel de ville*, 1993.
• COLLECTIF, *École et collège Dupanloup*, 1993-1994.
• COLLECTIF, *L'informateur municipal*, Éd. Krug, Boulogne-Billancourt, 1966.
• COLLECTIF, *La Synagogue de Boulogne-Billancourt*, Éd. R. Atlani, 1992.
• COLLECTIF, Mairie de Boulogne-Billancourt – Musées municipaux, *Raymond Couvègnes*, 1988.
• COLLECTIF, Musée municipal, Boulogne-Billancourt, *Parcours des années 30*.
• COLLECTIF, Musée municipal, *Cinquantenaire de l'hôtel de ville*, 1984.
• COLLECTIF, Musée municipal, *Juan Gris et les dimanches de Boulogne-Billancourt*, 1988.
• COURATIER E., BEZANÇON A., *Boulogne-Billancourt et son histoire*, 1972.
• INSTITUT FRANCAIS D'ARCHITECTURE, *Boulogne-Billancourt, Ville des temps modernes*, Éd. Mardaga ,1992.
• JANTZEN Hélène et SMITH Paul, *Un Site, une usine : Renault à Boulogne-Billancourt*, 1992.
• PENEL BEAUFIN M., *Histoire de Boulogne*, 2 tomes, 1904.
Nous remercions :
M. Paul Graziani, maire de Boulogne-Billancourt.
M. Gérard de Vassal, maire-adjoint.
Mme Michèle Monties, secrétaire général.
M. Jean-Frédéric Lamandé, directeur des affaires culturelles.
M. Emmanuel Bréon et Mme Michèle Lefrançois, conservateurs des musées municipaux.
Mme Françoise Pradalié, chef du service archives.
Mlle Jeanne Beausoleil, conservateur de l'Espace départemental Albert-Kahn.
Mme Françoise Cambon, responsable du service des affaires culturelles.
Le Père Bourdeau, paroisse Sainte-Thérèse.
M. Bernard Warensko, Régie Renault.
M. Alfred Zemmour.

### BOURG-LA-REINE

• COLLECTIF, *Bourg-la-Reine de jadis à demain*, in *Les Cahiers de notre histoire*, n°1, 1994.

Nous remercions :
M. Jean-Noël Chevreau, maire de Bourg-la-Reine.
M. Philippe Chaplain, conseiller municipal, délégué à la valorisation du patrimoine historique et culturel, aux parcs et promenades.
M. Francis Maurel, maire-adjoint à l'urbanisme.
Mlle Frédérique Diaz.
Mme Muriel Jardet.
L'Association Bourg-la-Reine, de jadis à demain.
Le Crédit Lyonnais de Bourg-la-Reine.
Sœur Paul-Marie, de l'Institution des jeunes sourdes.
Mme Duvernois.
La pizzeria « Bella Vita ».

### CHÂTENAY-MALABRY

• CHAMBAULT Philippe et GUYARD Fr., *Châtenay-Malabry*, 1990.
• COLLECTIF, *Châtenay-Malabry, Histoire et paysages*, 1988.

Nous remercions :
M. Jean-François Merle, maire de Châtenay-Malabry.
M. Michel Canet, maire-adjoint.
Mme Claudie Mercier. †
M. Philippe Chambault, conseiller municipal.
M. Clément.

### CHÂTILLON

• COLLECTIF, *De la folie Desmares à la nouvelle mairie*, 1990.
• COLLECTIF, Les Amis du vieux Châtillon, *Artisans et artistes à Châtillon depuis le XVIIIe siècle*, Châtillon, 1989.
• COLLECTIF, Les Amis du vieux Châtillon, *Eugène Veder*, 1993.
• COLLECTIF, Les Amis du vieux Châtillon, *Gabriel Coquelin*, 1991.
• COLLECTIF, *Paul Baudier*, 1990.
• COLLECTIF, Ville de Châtillon, *La Propriété Frémont*.
• MARTIN Jean, *L'Église Saint-Philippe et Saint-Jacques*.

Nous remercions :
M. Jean-Pierre Schosteck, maire de Châtillon.
M. Jean-Pol Hindré, maire-adjoint, président des Amis du vieux Châtillon.
Mme Monique Barrier et M. Jean Martin des Amis du vieux Châtillon.
M. Gilles Springmann, responsable du treuil de carrier – Sté PICAR.
Mme Leduc des usines aérospatiales.

### CHAVILLE

• COLLECTIF, *Arch'echos*, Chaville, 1990.
• DASSÉ Abbé, *Chaville historique*, Paris, 1897.
• FERAULT Marie-Agnès, *Charles Chamois, architecte parisien*, in Bulletin monumental, 1990.
• LACOSTE H., *Chaville*, Le Mans, 1968.

Nous remercions :
La Société Wen.

### CLAMART

• BOUCHERY Edmond et Louis, *Clamart le vignoble*.
• COLLECTIF, Les Amis de Clamart, *Clamart d'hier et d'aujourd'hui*, 1992.
• COLLECTIF, *Souvenir de Clamart*, 1976.
• DESCHAMPS Germaine, *Histoire de Clamart*, Clamart, 1972.
• PATS Jean, *Les Derniers Pas de Condorcet à Clamart-le-Vignoble en mars 1794*.

Nous remercions :
M. Jean-Pierre Foucher, maire de Clamart.
Mme Claude-Anne Chappey, adjointe au maire, chargée de la culture.
Mme Claude Poinsignon, responsable de la communication.
M. Michel Mousseau, secrétaire général.
La sœur Thérèse, principale du Carmel.
Et, tout particulièrement, M. le Général Jean Pats.

### CLICHY-LA-GARENNE

• COLLECTIF, Direction de l'éducation de Clichy-la-Garenne, *Clichy-la-Garenne*, coll. Citoyens de demain, 1989.
• COLLECTIF, *Journées du patrimoine*, 1992.
• COLLECTIF, *La Maison du peuple de Clichy-la-Garenne*, 1992.
• GAILLARD Marc, *Les Belles Heures de Clichy*, Éd. Martelle, 1992.
• LECANU Abbé, *Histoire de Clichy-la-Garenne*, 1848.
• MANONI Édith, *Les Sulfures et boules presse-papier*, coll. L'Amateur d'art, Éd. Massin, Paris.

Nous remercions :
M. Gilles Catoire, maire de Clichy-la-Garenne
M. Bernard Labbé, adjoint au maire, délégué à la culture.
Mme Annick Cabon, direction du patrimoine culturel et des arts plastiques.
M. Christian Capdet, conservateur du musée municipal.
Mme Isabelle Bouillet-Gabin, service communication du groupe L'Oréal.

### COLOMBES

• COLLECTIF, *Institution Jeanne d'Arc*.
• COLLECTIF, Musée municipal d'art et d'histoire de

Colombes, catalogue d'exposition, *T. Ribot, le maître de Colombes*, novembre 1991- février 1992.
• COLLECTIF, Ville de Colombes, *Le Stade de Colombes*, 1983.
• POLETTI Mattéo, *Colombes historique des origines à la fin de la Seconde Guerre mondiale*, 1984.
• QUÉNÉHEN Léon, MESUREUR DE WAILLY Amélie, *Histoire de Colombes à travers les âges*, Paris, 1937.
Nous remercions :
M. Dominique Frelaut, maire de Colombes.
M. Denis Fabre, directeur de cabinet.
M. Jean Lacombe, directeur de la communication.
Mme Michelle Mornet, conservateur des archives.
Mme Elisabeth Lezé-Olivier, conservateur du musée d'Art et d'Histoire de Colombes.
M. Mattéo Poletti.
Mme Martine Alberti.
Mme Marie-Lise Vallée.

COURBEVOIE

• COLLECTIF, *200 ans d'église*, 1990.
• COLLECTIF, *Historique de la ville de Courbevoie.*
• COLLECTIF, *Napoléon Ier, le retour des cendres (1840-1990)*, Courbevoie, 1990.
• GARRIGUES Jean, *Banania, histoire d'une passion française*, 1991.
Nous remercions :
M. Charles Deprez, maire de Courbevoie.
M. Claude Bourgeois, maire-adjoint.
M. René Biard, maire-adjoint, délégué à la culture.
M. Jean-Marie Verschraegen, secrétaire général adjoint.
Mme Isabelle Auffret, conservateur du musée Roybet-Fould.
Mlle Isabelle Stéphan, archiviste municipale.
M. Henri Frémont.
M. Theys, maternelle Ledru-Rollin.

FONTENAY-AUX-ROSES

• COLLECTIF, *Hier... Aujourd'hui, l'histoire de Fontenay-aux-Roses.*
• COLLECTIF, *Les Rosati de France à Fontenay-aux-Roses, un siècle d'amitié, 1892-1992.*
• MAILHÉ Germaine, *Histoire de Fontenay-aux-Roses*, 1987.
Nous remercions :
M. Alain Moizan, maire de Fontenay-aux-Roses.
M. Benoît Labat, chef de cabinet du maire.
Mme Nadeige Marquet, responsable du service Jeunesse.
Mme Micheline Leloir.

GARCHES

• COLLECTIF, *Golf de Saint-Cloud.*
• COLLECTIF, *L'Hôpital Raymond-Poincaré*, Éd. Association des Amis de l'A.P. à Paris, 1964.
• SARTHE INNOCENTI, *Les Vitraux de l'Église Saint-Louis.*
Nous remercions :
M. Paul Didelot, directeur des Relations publiques.
La bibliothèque Maurice-Genevoix.
M. Mercier, Golf de Saint-Cloud.
M. Khanh.
Le Père de Senneville.
M. Leman, Conservatoire de musique.
La comtesse Radvandski.

LA GARENNE-COLOMBES

• COLLECTIF, *La Garenne-Colombes, 1910-1985*, Syndicat d'initiative, 1985.
Nous remercions :
Mme Michèle Bonamy, maire-adjoint, déléguée aux affaires culturelles.

GENNEVILLIERS

• COLLECTIF, *De Manet à Caillebotte, les impressionnistes à Gennevilliers*, Éd. Plume, 1993.
• PÉRIER Edme, *Notes sur la ville d'Asnières*, 1890.
• QUINOT Robert, *Gennevilliers, évocation historique*, 2 tomes, 1966.
Nous remercions :
M. Jacques Brunhes, maire de Gennevilliers.
Mme Mireille Rustin, maire-adjoint.
M. Jean-Paul Batelier, directeur des affaires culturelles.
M. Georges Quiqueré, journaliste à la direction de l'information et de la communication.
Les pompiers fluviaux, port départemental.

ISSY-LES-MOULINEAUX

• BARBIER Agnès et GOUTAGNEUX Florian, *Édifices cultuels isséens postérieurs à 1900*, CRHIM, 1981.
• COLLECTIF, *Issy-les-Moulineaux : la mémoire en images*, CRHIM, 1988.
• COLLECTIF, *Journal du musée municipal, Henri Matisse*, avril-juin 1985.
• COLLECTIF, *L'Hôtel de ville et sa construction*, CRHIM.
• COLLECTIF, *Le Séminaire Saint-Sulpice à Issy-les-Moulineaux*, CRHIM, 1990.
• COLLECTIF, *Les Berges de la Seine à Issy-les-Moulineaux*, CRHIM, 1985.
• COLLECTIF, Musée français de la Carte à Jouer, *Saint-Étienne d'Issy-les-Moulineaux*, CRHIM, 1987.
• D'ALLEMAGNE H. R., *Les Cartes à jouer du XIVe au XXe siècle*, Hachette, Paris, 1906, rééd. Bologne, 1975.
• DEPAULIS T., *Tarot, jeu et magie*, Bibliothèque nationale, Paris, 1984.

• HARGRAVE C. P., *A History of Playing Cards and a Bibliography of Cards and Gaming*, Houghton, New-york, 1930. Rééd., Dover, New-York, 1966.
• HARLAY Gabriel, *Projet de musée local à Issy-les-Moulineaux*, 1975.
• HOFFMANN D., *Le Monde de la carte à jouer*, Leipzig, 1972.
• SEGUIN J. P., *Le Jeu de cartes*, Hermann, Paris, 1966.
• VERAME J., *Les Merveilleuses Cartes à jouer du XIXe siècle*. Nathan, Paris, 1989.

Nous remercions :
M. André Santini, maire d'Issy-les-Moulineaux.
Mme Isabelle Dapremont, directrice des affaires culturelles.
Mme Agnès Barbier, conservateur du musée français de la Carte à Jouer.
M. Florian Goutagneux, assistant pour l'histoire locale.
Mme Catherine Stouls-Nicolas, documentaliste.
Mme Grenouilleau, maison de retraite Corentin-Celton.
M. Grasset, Maison suisse de retraite.
M. Pegues, Foyer de la Solitude.
Le Père d'Izany, chapelle Notre-Dame des Pauvres.
M. Dominique Baguet, directeur du P.A.C.I.
M. Claude Duthuit.
M. Yves Legrand.

LEVALLOIS-PERRET

• COLLECTIF, *Les Hauts-de-Seine, X[e] anniversaire du Conseil général*, Éd. Puteaux, 1974.
• COLLECTIF, *Levallois, mémoires des rues, mémoires des pierres*, 1991.
• COLLECTIF, *Levallois, mémoires*, 1991.
• COLLECTIF, *Levallois, mémoires, les pionners de l'aviation*, 1993.
• D'HÉMON Pierre et THIÉBAUT Alain, *Levallois, histoire d'une banlieue*, Éd. Mardaga. 1981.

Nous remercions :
M. Patrick Balkany, maire de Levallois-Perret.
Mme Isabelle Balkany, vice-président du Conseil général.
Mme Véronique Soulié.

MALAKOFF

• COLLECTIF, *La Cité idéale*.
• COLLECTIF, *Malakoff, cent ans d'histoire*, Éd. 1983.

Nous remercions :
M. Léopold Figuières, maire de Malakoff.
Mme Christine Bocheneck, directrice de la communication.
M. Joulé.
M. Bernard Poulain, photographe de la mairie.
Le Père Rubin et sœur Irène, Église Notre-Dame de la médaille miraculeuse.
M. Yves Detaille, distillerie Clacquesin.
Mme François, Université Paris-V-René-Descartes.
M. Bernard Folliet.
Mme Houzel, directrice de l'ancien pensionnat Notre-Dame.
M. Daniel Vedel, responsable CER, France Telecom.
M. Chaigne.

MARNES-LA-COQUETTE

• COLLECTIF, *Guide officiel*, 1988-1989.
• COLLECTIF, Mairie de Marnes-la-Coquette, exposition *Villeneuve-l'Étang, 1698-1870*.
• COLLECTIF, *Mémoire d'un lieu, Haras de Jardy*, 1989.
• MACHARD Pierre-Henri, *Essai historique sur Marnes-la-Coquette*, 1932.

Nous remercions :
M. François Boucher, maire de Marnes-la-Coquette.
M. Léon Verrot, premier maire-adjoint.
Le Père de Senneville.
Mlle Leserf, Haras de Jardy.
Et, plus particulièrement, Mmes Annick Perrot et Claudie Lesieur, Institut Pasteur.

MEUDON

• COLLECTIF, Bulletins de la société des Amis de Meudon, Société des Amis de Meudon.
• COLLECTIF, Musée d'Art et d'histoire de Meudon, *Le Domaine national de Meudon*, 1987.
• POISSON Georges, *Guide du musée de Meudon*, Meudon.

Nous remercions :
M. Henri Wolf, maire de Meudon.
Mme Colette Vaillard, secrétaire général adjoint.
M. et Mme Villadier, conservateurs du musée d'Art et d'Histoire de Meudon.
M. Henri Clouzeau, secrétaire général des Amis de Meudon.
Mme Chatillon, présidente des Amis de Meudon.
M. Poisot, responsable administratif de l'observatoire de Paris, section Meudon.
M. Baume, de l'ONERA.
M. Pierre Pecetto, conservateur du cimetière.
Le service communication du CNRS.

MONTROUGE

• COLLECTIF, *Catalogue de vente étude Chayette & Calmels*, 1990.
• MAGNIER Abbé, *Notre Vieux Montrouge*, 1961.
• RENOU G., *Histoire de Montrouge*, Montrouge, 1932.
• THOMAS Armand et coll., *Montrouge et son histoire*, 1988.

Nous remercions :
M. Henri Ginoux, maire de Montrouge. †
M. Georges Dalex, premier maire-adjoint.
M. Maxime Vaillant.

NANTERRE

• COLLECTIF, *Bienvenue à Nanterre.*
• COLLECTIF, *Nanterre d'hier à demain*, supplém. n° 669 de L'Éveil, 1960.
• COLLECTIF, Société d'histoire de Nanterre, bulletin n°12, décembre 1992.
• WASSERMAN, *Nanterre, une histoire*, Messidor, 1982.
Nous remercions :
Mme Jacqueline Fraysse-Cazalis, maire de Nanterre.
M. Michel Dufour, maire-adjoint.
M. Thierry Simon, cabinet du maire.
M. Georges Belfais, maire-adjoint.
La Société d'histoire de Nanterre et son président Robert Cornaille.
Mme Cevasco, Centre d'accueil et de soins hospitaliers – Hôpital Max Fourestier.

NEUILLY-SUR-SEINE

• AUCLAIR Elisabeth et BASTIAN Michel, *Neuilly, hier, aujourd'hui, demain.*
• COLLECTIF, *La Balade de l'hôtel de ville.*
• COLLECTIF, *La Vierge noire de Paris.*
• COLLECTIF, *Promenade en ville.*
• COLLECTIF, *Ville de Neuilly-sur-Seine*, 1991.
• JOME Miguel et PENEL Benoît, *La Décoration picturale de l'hôtel de ville*, 1993.
• LEROUX CESBRON C., *Aux Portes de Paris*, Éd. Émile Paul, 1912.
• MARIE-ANDRÉ, *La Vierge noire de Paris, châtelaine de Neuilly*, Paris, 1958.
Nous remercions :
M. Benoît Penel.
Le Cabinet Amperex.
Le Père Dufourmantelle.
Les sœurs de la Congrégation de Saint-Thomas de Villeneuve.

LE PLESSIS-ROBINSON

• COLLECTIF, *Les Beaux Dimanches de Robinson*, Le Plessis-Robinson, exposition, 1990.
• COLLECTIF, *Moulin Fidel*, in *Le magazine du Plessis-Robinson*, 1993.
• COLLECTIF, *Promenade à travers Le Plessis-Robinson.*
• POTTIER R., *Histoire d'un village, Le Plessis-Robinson*, Éd. Sorlot, 1941.
• SEIGNOLLE Claude, *Les Fouilles de Robinson*, Paris, 1993.
• VARRO Joseph, *D'où viennent-ils ?*, in *Le magazine du Plessis-Robinson*, 1994.
Nous remercions :
M. Philippe Pemezec, maire du Plessis-Robinson.
M. Pierre Prévot-Leygonie, chargé de la communication.
M. Joseph Varro, conseiller municipal, chargé de mission à la vie culturelle.

PUTEAUX

• COLLECTIF, Bulletin municipal de Puteaux, nos 25 et 32, juin 1980.
• DENIS Jean-Émile, *Puteaux, chroniques du temps des puits*, Puteaux, 1969.
Nous remercions :
M. le maire, Charles Ceccaldi-Raynaud.
Mme Mauricette Grouazel, maire-adjoint chargé des affaires culturelles.
M. Nicolas Rousseau, attaché culturel.
Melle Chabot, archiviste municipal.

RUEIL-MALMAISON

• AJALBERT Jean, *Le Château de la Malmaison*, Paris, 1911.
• BOURGUIGNON Jean, *Malmaison*, Firmin-Didot, 1937.
• CHEVALLIER Bernard, *Malmaison, château et domaine des origines à 1904*, Éd. RMN, Paris, 1989.
• COLLECTIF, *30 ans de GAPI à Rueil-Malmaison*, in *Info Guynemer*, 1992.
• COLLECTIF, Bulletins de la Société historique de Rueil-Malmaison, 1975-1992.
• HUBERT Gérard, *Musée national du château de Malmaison*, coll. Petits Guides des grands musées, n° 11, RMN, 1985-1986.
• POISSON Georges, *Recherches sur l'Église de Rueil*, in *Bulletin de la Société d'Histoire de l'art français*, F. De Nobel, 1971.
• SONCARRIEU Gérard, *La Victoire de Marianne à Rueil-Malmaison*, 1992.
Nous remercions :
M. le maire Jacques Baumel.
Mme Isabelle Bérend, directeur de la communication.
M. Jean-Patrick Maignier-Devienne, directeur des affaires culturelles.
Mme Liliane Kalénitchenko, conservateur du musée municipal.
M. Bernard Chevallier, conservateur en chef du Musée national des châteaux de Malmaison et de Bois-Préau.
M. Éric Pautrel, documentaliste au Musée national des châteaux de Malmaison et de Bois-Préau.
MM. Chapuizet et Pelletier, architectes, service urbanisme de la ville.
M. Larroze, Institut Français du Pétrole (IFP).
Mme Marion Schneider, Laboratoires Sandoz.

SAINT-CLOUD

• COLLECTIF, Caisse nationale des monuments historiques et des sites, *Le Domaine national de Saint-Cloud*,

les monuments historiques de la France.
• DARNEY Georges, *Saint-Cloud*, Montluçon, 1903.
• MARIE André, *Saint-Cloud, cité historique*, 1966.
• PORTET Mariette, *Saint-Cloud, les Hauts-de-Seine*, 1966.
• SCHMITZ André & coll., *Histoire de la porcelaine de Saint-Cloud*, Musée historique de Saint-Cloud, 1980.
Nous remercions :
Le cabinet Polack.
La société Wen.

SCEAUX

• ADVIELLE Victor, *Histoire de la ville de Sceaux*, Marseille, 1981.
• COLLECTIF, Bulletins des Amis de Sceaux, n^os^ 2,3,5,6,7,8,9.
• COLLECTIF, *Centenaire du lycée Lakanal*, 1982.
• COLLECTIF, *Des trains dans un château, histoire de la ligne de Sceaux*, 1982.
• COLLECTIF, *L'Église Saint-Jean-Baptiste de Sceaux*, Ville de Sceaux, 1993.
• COLLECTIF, Musée de l'Île-de-France, *Du duc d'Anjou à Philippe V*, 1993.
• HARTMANN Paul, *L'Église Saint-Jean-Baptiste de Sceaux*, 1989.
• MALLARD Henri-Victor, *Les Blagis*, 1950.
• SÉRIS H., *Sceaux, depuis 30 ans (1882-1912)*, Sceaux, 1912.
Nous remercions :
M. le maire, Pierre Ringenbach.
M. Jean-Louis Oheix, premier adjoint.
M^lle^ Germaine Pelegrin, conseiller municipal, déléguée à l'action culturelle.
M^me^ Françoise Millet, responsable du service relations publiques et communication.
M. Jean-Jacques Lavit, directeur du musée de l'Île-de-France.
M^me^ Marianne de Meyenbourg, conservateur chargé de la documention au Musée de l'Île-de-France.
L'Association d'histoire locale Les Amis de Sceaux et sa présidente, M^me^ Jacqueline Combarnous.
M^me^ Garapon.
M^me^ Flinois, lycée Lakanal.

SÈVRES

• COLLECTIF, *Le Pavillon de Breteuil*, Bureau international des poids et mesures, 1991.
• COLLECTIF, *Réminiscences d'Égypte*, Manufacture nationale de Sèvres, 1993.
• MIDANT Jean-Paul, *Sèvres, la manufacture au XX^e^ siècle*, Éd. Michel Aveline, 1992
• MOREAU Henri, *Sèvres, rues et lieux-dits*, Archives de Sèvres, 1989.
• PRÉAUD Tamara et d'ALBIS Antoine, *La Porcelaine de Vincennes*, Adam Biro, 1991.
Nous remercions :
M. Pierre Zambaux, maire-adjoint.
M. Georges Touzenis, directeur de la Manufacture de Sèvres.
M^me^ Tamara Préaud, conservateur en chef du patrimoine, chef du service des archives de la manufacture de Sèvres.
M^me^ Barbara de Montaigu, chargée de mission, Manufacture de Sèvres.
Le Père Pierre-Marie Marion.
M^me^ Christine Monedière, Centre technique des industries de la fonderie.
M. Ravat, Centre international d'études pédagogiques.

SURESNES

• COLLECTIF, Bulletin de la Société historique de Suresnes, Tome 6, n^os^ 29-30, 1970-1971.
• COLLECTIF, Suresnes Magazine, *20 objets nous racontent Suresnes*, Suresnes.
• PRÉVOST Francis et coll., *Histoires de Suresnes*, 1989.
• SORDES René, *Histoire de Suresnes, des origines à 1945*, Éd. Société historique de Suresnes, 1965.
Nous remercions :
M. Christian Dupuy, maire de Suresnes.
M. Claude Hyest, maire-adjoint.
M. Alexis Glorieux, service des affaires culturelles.
M. Grégoire de la Fouchardière.
M. Michel Guillot, conservateur du musée.
M. Testut, président de l'Association du Clos du Pas-Saint-Maurice.
M. le Commandant Sibille, Mont Valérien.
M^me^ Van Wittenberghe, École de Plein Air.
M. Benaïm, Lycée Paul-Langevin.
M. Lacroix, Groupe scolaire Henri-Sellier.

VANVES

• CHAILLET Hippolyte, *Vanves, des origines au début du XX^e^ siècle*, 1956.
• COLLECTIF, *Bénédictines Missionnaires*, 1954.
• COLLECTIF, *Le Triomphe des mairies*, exposition 1986.
• COLLECTIF, *Vanvéennes, Vanvéens, la mairie à votre service*, 1987.
• COLLECTIF, *Vanves, du Moyen Âge à nos jours*, 1982.
• MONNER Eugène, *L'Ancienne Église de Vanves*, 1887.
Nous remercions :
M. Didier Morin, maire de Vanves.
M^me^ Marie-Yvonne Halpern, maire-adjoint, chargé de la communication.
M. Bruno Nguyen, archiviste municipal,
M^me^ Sabine Lion, chargée de la communication.
M. Jean Lesuisse et le syndic du conseil municipal.
M. Castellino, directeur des services techniques.

MM. Bousquet et Capron, lycée Michelet.
M. François Charconnet, conservateur du cimetière de Vanves.
Sœurs Cécile et Marie-Pierre, du Prieuré Sainte-Bathilde.

VAUCRESSON

• CHRISTEN Docteur, *Histoire de Vaucresson, 1923-1991*, Res Universis.
• COLLECTIF, Revues municipales, Vaucresson informations.
Nous remercions :
M. Jean-Marc Janodet, maire de Vaucresson.
M. François Perrot, maire-adjoint, chargé de la communication.
Mme Roselyne Levesque, maire-adjoint.
Les services techniques de la mairie.
Mme Lanquetin.
Mme Zanolli.
Le Père Goupy.

VILLE-D'AVRAY

• BRUNET-MORET Jean, *Ville-d'Avray et son histoire*, 1985.
• COLLECTIF, *Branly et la vie à Ville-d'Avray de 1900 à 1950*, Éd. Ville-d'Avray.
• COLLECTIF, *Propriétés et grandes demeures de Ville-d'Avray*, Musée municipal, 1986.
Nous remercions :
Mme Georgette-Cécile Sireyjol, maire de Ville-d'Avray.
Dr Jean Bazennerye, président de la Société des Amis du musée.
Mme Geneviève Matheron, Société des Amis du musée.
Mme Estève.
Cavrois S.A.

VILLENEUVE-LA-GARENNE

• COLLECTIF, *Villeneuve-la-Garenne, images du passé*, Les Amis de Villeneuve-la-Garenne, Ville de Villeneuve-la-Garenne, 1985.
• DELMAS-PRÉVOT Marie-Charlotte, *Villeneuve-la-Garenne d'hier et d'aujourd'hui*, Ville de Villeneuve-la-Garenne, 1985.
Nous remercions :
M. Roger Prévot, maire de Villeneuve-la-Garenne.
Mme Deberre, du collège Édouard-Manet.
M. Jean-Claude Crubezy, directeur de l'Établissement Rhône-Poulenc.

Les sources mentionnées ne sont évidemment pas exhaustives, et ne tiennent pas compte des très nombreux documents fournis par les services d'archives municipales.

# LA DÉFENSE

Situé à l'intérieur d'une boucle de la Seine, le quartier d'affaires de La Défense joue le rôle d'une figure de proue à l'extrémité ouest du navire parisien.

Après la construction du premier pont de Neuilly, sous le règne d'Henri IV, l'aménagement de l'axe principal de développement de Paris incombe à Le Nôtre qui se voit confier, par décret du 24 août 1667, la charge d'orner l'allée des futurs Champs-Élysées. Un siècle plus tard, le nivellement de la montagne de Chaillot et le prolongement des Champs-Élysées jusqu'à la montagne de Chante-Coq tracent la « voie triomphale » de l'urbanisation parisienne, dont les étapes majeures, d'est en ouest, sont autant de balises sur la ligne d'une expansion qui n'a jamais failli : place des Vosges, palais du Louvre, place Vendôme, Tuileries, place de la Concorde, Champs-Élysées, Étoile, avenue Foch, avenue de la Grande-Armée, La Défense.

LA GRANDE ARCHE
1989
La Défense

CNIT
1958
La Défense

Si les premiers projets d'aménagement de cet aboutissement, nés durant l'entre-deux-guerres avec l'appui d'architectes urbanistes comme Mallet-Stevens et Le Corbusier, gravitent autour de la notion de lieu commémoratif et d'exposition, il faut attendre 1951 et la décision du Conseil général de la Seine pour que prenne racine la constitution du quartier d'affaires.

L'Établissement public pour l'aménagement de La Défense, créé en 1958, fonde son projet sur un plateau artificiel, en terrasses, sous lequel sont assurées les connexions et les dessertes. Pour la première fois à cette échelle, le monde piétonnier et le monde automobile sont totalement séparés, suivant en cela les principes posés avant-guerre par les urbanistes.

L'architecture de La Défense se divise en trois niveaux : l'ordre majeur, concernant les tours accueillant les bureaux, l'ordre moyen, avec des immeubles d'habitation centrés autour d'espaces verts, et l'ordre bas, destiné aux commerces et aux expositions.

Avec son poids économique toujours en expansion, sa situation privilégiée et son rôle de vitrine architecturale, La Défense – administrativement partagée entre les communes de Nanterre, Puteaux et Courbevoie – est souvent considérée comme la trente-septième commune du département des Hauts-de-Seine.

Étude pour *LA DANSE*
1869. Jean-Baptiste Carpeaux
Plâtre
Musée Roybet-Fould de Courbevoie

ESCALIER
XVIIe siècle
Bois
Mairie du Plessis-Robinson

CRÉDIT PHOTOGRAPHIQUE : Pascal Cadiou et Dominique Genêt pour la photothèque du Musée municipal de Boulogne-Billancourt, Philippe Chaplain, Emmanuel Gaffard, Giraudon, Mairie d'Antony, Mairie de Bourg-la-Reine, Mairie d'Issy-les-Moulineaux, Mairie de Rueil-Malmaison, Pierre Laure, Musée de l'automobile, RMN, Musée Albert-Kahn – Département des Hauts-de-Seine, Musée français de la Carte à Jouer, Musée de l'Île-de-France, Service communication Astra-Calvé, Service communication Renault, Société des Amis du musée de Ville-d'Avray.

PHOTOGRAVURE : Couleur 2000, Graphic Communication System, BMPI, MBM

IMPRESSION : Imprimerie Campin – Tournai, Belgique


28, avenue Jean-Jaurès
94220 Charenton-le-Pont

Achevé d'imprimer
Juin 1994
Dépôt légal